此书系国家社科基金项目

"近代儒学与文学：以边省贵州文人群体为中心的研究
（13BZW104）"最终成果

近代儒学与文学：
以边省贵州文人群体为中心

谭德兴 著

中华书局

图书在版编目（CIP）数据

近代儒学与文学：以边省贵州文人群体为中心/谭德兴著. ——
北京：中华书局，2021. 11
ISBN 978-7-101-15394-1

Ⅰ.近… Ⅱ.谭… Ⅲ.儒学-关系-地方文学史-文学史研
究-贵州-近代 Ⅳ.①B222②I209.973

中国版本图书馆 CIP 数据核字（2021）第 201805 号

书　　名	近代儒学与文学：以边省贵州文人群体为中心	
著　　者	谭德兴	
责任编辑	吴爱兰	
出版发行	中华书局	
	（北京市丰台区太平桥西里 38 号　100073）	
	http://www.zhbc.com.cn	
	E-mail：zhbc@zhbc.com.cn	
印　　刷	北京瑞古冠中印刷厂	
版　　次	2021 年 11 月北京第 1 版	
	2021 年 11 月北京第 1 次印刷	
规　　格	开本/920×1250 毫米　1/32	
	印张 18¾　插页 2　字数 450 千字	
国际书号	ISBN 978-7-101-15394-1	
定　　价	98.00 元	

目 录

绪　言

一、课题的缘起与研究现状

近代中国，社会发生翻天覆地的变化。这种变化是全方位的。在政治、经济、文化等领域，从中央政权到偏远乡村的每一个角落，每个中国人都感受到这种变化所带来的冲击与影响。

"文变染乎世情，兴废系乎时序。"社会的巨大变革与发展必然带来文学与文化的质变。随着西方船坚炮利洞开中国国门，西方文化涌入华夏。面对中国在政治、经济上的劣势，有识之士逐渐开始反思中国文化之不足。"师夷长技以制夷"，学习西方文化，强国强军强我华夏，成为无数先驱毕生的理想。近代中国改变文化发展思路的首要举措就是改变教育内容与方式。从传统的官学、书院、私塾到大学、中学、小学等新式学堂的创立；从童生、秀才、举人、进士的科举方式，到走出国门，远赴日本、欧美留学；从每天读《四书》《五经》到开设物理、化学、数学、地理等课程，近代中国正是通过教育的变革改变了国人的文化观念。

尽管西方文化一度占据强势地位，但随着国人视野的逐渐开拓，有识之士逐渐思索中西文化之关系。从全盘西化到中体西用，显示国人从国门洞开一刻的慌乱到心理稳定后的成熟、理智与冷静。如何处理中西文化关系，在很大程度上实际就是如何对待传统文化价值观特别是儒家思想的问题。近代中国的衰落，有人曾将责任归之于儒学，因此摒弃儒学亦成为近代中国社会改革的一个重要呼声。黎庶昌《〈儒学本论〉序》：

> 嗟乎！儒为世病久矣！自孔、孟没，而战国纵横之术兴，至秦尤不信儒，其亡遂立而待。西人立法施度，往往与儒暗合，世徒见其迹之强也，不思其法为儒所包，而反谓儒为不足用，是乌足语道哉！孔子曰："物穷则变，变则通，通则久，虽百世可知。"岂非善观世变乎？曰："形而上者谓之道，形而下者谓之器。"又曰："以制器者尚其象。"岂非今世西学之所从出乎？曰："送往迎来，嘉善而矜不能，所以柔远人。"曰："即以其人之道，还治其人之身。"岂非公法条约之所本乎？曰："通其变，使民不倦。"又曰："行夏之时，乘殷之辂，服周之冕，乐则《韶》《舞》。"使孔子而生今世也者，其于火车、汽船、电报、机器之属，亦必择善而从矣。至如孟子，其言尤合于时宜，曰："凡我同盟之人，既盟之后，言归于好。"则订约之说也。"惟仁者为能以大事小，惟智者为能以小事大。"则交邻之道也。"国君进贤，必国人皆曰贤。"又曰："不得罪于巨室。"则上下议政院之法也。"征商自贱丈夫始"，有布缕之征、粟米之征、力役之征，则关税之例也……孰谓儒果迂阔哉？孰谓孔、孟之道果不可施于今世哉？仆向蓄此论，在东西洋日久，愈信孔、孟之学为可行。①

面对当时甚嚣尘上的儒学迂腐论，黎庶昌深切担忧。在黎庶昌看来，儒学本身并没有问题，而是使用的人出现了问题。其梳理了孔、

---

① [清] 黎庶昌：《拙尊园丛稿》，（台北）文海出版社，1967年，第390—393页。

孟言论中的变革思想,诸如"穷则变,变则通,通则久"等,说明择善而从是儒家最核心的社会治理观。黎庶昌曾随郭嵩焘出使欧洲,两度担任中国驻日本大使,撰写了《西洋杂志》。在黎庶昌看来,西方文化之所以强大,其最核心的东西往往与中国传统文化中的思想精髓是相通的。真正见过、接触过、研究过西洋文化的黎庶昌无疑最有发言权。其《与莫芷升书》:

> 至与外人交涉,全视国势之强弱,以论事理之是非。外假公法与为维持,内怀狙诈以相贼害。又绝似乎春秋战国。今之遣使纯是周郑交质故智,故其国既非苏、张之舌所能说,亦非陈、班之勇所可施。计彼所以夸示于我者,则街道也,宫室也,车马也,衣服也,土木也,游玩也,声色货利也,此犹有说以折之。至于轮船、火车、电报、信局、自来水、火电气等公司之设,实辟天地未有之奇,而裨益于民生日用甚巨。虽有圣智亦莫之能违矣。①

黎庶昌并非不认同现代物质文明,而是深深忧虑,一味追求科技、物质,全盘西化,彻底否定儒学后,中国的文化话语权何在。只有走出国门,与西方文化面对面交流时,方才深刻明白民族文化的重要价值。

近代中国,尽管儒学发展逐渐成弱化趋势,但因其发展惯性以及与中国社会政治、文化之水乳交融关系,儒学在社会中的影响仍然是巨大的。在近代社会转型期,儒学与当时政治、文化的互动表现究竟如何? 其到底在近代中国社会发展中产生了什么具体作用? 这些无疑都是值得深入研究的问题。

---

① [清] 黎庶昌:《拙尊园丛稿》,(台北)文海出版社,1967 年,第 407 页。

中国传统文学的发展从来就没有游离于社会发展之外。面对近代巨大的社会变革，文学也受到强烈冲击。从题材到样式等均发生质的飞跃。特别是在新旧教育模式下，文学观念和表现内容均不同于以往。但，近代文学发展变化，涉及的领域十分宽广和复杂，这是一个巨大的研究课题，我们不可能一蹴而就，对整个近代文学发展演变展开全方位研究。因此，我们选取其中的一个切入点"儒学与文学互动关系"入手，剖析近代社会儒学的发展演变与文学发展之间的关系，从而探究近代中国社会文化的发展状况与特点。可即使对于近代儒学与文学而言，这仍然是一个较宽泛的对象，在有限时间内对其全部展开研究显然也是不现实的。于是，我们选取一个有代表性的区域进行深入探析。近代贵州，就儒学和文学发展而言，均有其代表意义。近代贵州文化发展居于全国前列，李端棻、丁宝桢、张之洞以及胡林翼、曾国藩等晚清重臣都与贵州文化存在密切关系。而郑珍、莫友芝作为西南巨儒，在近代儒学发展方面有其典型性。黎庶昌、黎汝谦、陈矩等出使西洋，特别是黎庶昌作为近代中国睁眼看西方的第一人，在中西文化碰撞的背景中具有突出代表性。而近代贵州文学发展更是特征明显，钱仲联《论近代诗四十家》称"清诗三百年，王气在夜郎"。正是因为近代贵州有这些特殊性，所以，考察其儒学与文学关系对于探究近代儒学与文学而言无疑具有典型意义。

近代贵州文学发展成绩斐然，名家辈出。诸如莫与俦、莫友芝、郑珍、郑知同、黎庶昌、黎汝谦、黄彭年、黄国瑾、姚华、傅寿彤、李端棻、丁宝桢等等，其文学创作在海内外产生了重要影响。近代贵州文学发展之所以能取得如此辉煌成就，一方面是传承了自明代以来贵州文学创作的优良传统，另一方面显然与近代贵州文化的巨大发展密不可分。而近代贵州文化最大的特点便是儒学获得了长足发展，产生了郑珍、莫友芝等名震海内的一批儒学大师。近代贵州儒学的发展无疑为文学创作与研究提供了营养丰富的文化土壤，许多儒学家、经学家同时又是文学家，其在撰著经学著述的同时又进行了大量的文学创作与研究。这种双重身份的复杂性决定了近代贵州儒学与文学之间存在密切互动关系。集儒学家与文学家于一身，其在进行文学创作与研究时，必然有十分强烈的儒学化色彩，例如郑珍的《巢经巢诗集》便有大量的化用儒家经典之题材与文句的融经为文现象；在撰著经学著述时又往往具有特殊的文学思想，例如萧光远有诗集《鹿山诗钞》，这种丰富创作实践经验使得其在撰著《毛诗异同》时又具有深刻的诗歌创作体悟。

本课题属于经学与文学关系研究。国内关于经学与文学关系研究在 20 世纪后期逐渐兴起，目前仍然是学术研究的前沿与热点。例如，董治安《两汉〈诗〉学史札记三则》、张启成《论魏晋南北朝诗学观的突破》较早开始思考经学与文学的内在关系。其后，刘松来《两汉经学与中国文学》、黄震云《经学与诗学研究》、陈松青《先秦两汉儒学与文学》、李生龙《儒家文化与中国古代文学》、边家珍《汉代经学与文学》、高明峰《北宋经学与文学》、侯文学《汉代经学与文学》、刘达科《金朝儒学与文学》、张鹏《北魏儒学与文学》、刘顺《初盛唐的儒学与文学》、刘毓庆的《从经学到文学——明代〈诗经〉学史论》等对儒家经学与中国文学之关系展开深入研究。这些研究著述虽然对不同历史时期的儒学（经学）与文学关系作了深入探析，但他们有一个共同不足，即均未涉及区域儒学与经学互动关系之研究。刘再华的《近代经学与文学》虽然是对近代经学与文学关系的研究，但其中也没有涉及区域经学与文学互动研究。目前，学术界对区域儒学与文学的关系研究探讨的不多，如杨旭辉《清代经学与文学：以常州文人群体为典范的研究》、谭坤《论清代常州今文经学与文学的交融对人文精神的影响》等虽然已经开始关注区域经学与文学互动，但如此小规模的探讨与中国丰富的地域文化显然不成正比。

近代中国处在文化与文学发展的特殊时期，中西文化激烈碰撞，文化观与文学观念均发生深刻之巨变。特别是以教育体制为依托的儒学发展受到空前挑战，"西语"馆的设立与儒学之失落、"西艺"与儒学关系之争鸣、"中体西用"下儒学之衰退以及壬寅、癸卯新学制颁布最终导致儒家经学退出学校教育的历史舞台。在这样的文化背景下，不同区域儒学与文学关系的发展明显呈现出不均衡性。近代贵州省外的儒学与文学互动关系明显呈现出一种逐渐疏离与淡化的倾向。但作为边省的贵州，其儒学与文学关系直至民国20年代左右仍呈现密切互动现象。这可能与近代贵州儒学的深入传播，以及书院、私塾等儒学传播载体在贵州的持续时间较长，以及新学制在贵州的发展不足有很大关系。

研究近代贵州文化的著述不少，但大多是从经济、政治与历史文化视角的探讨。例如，周春元、何长凤、张祥光《贵州近代史》，其中虽然有对近代贵州文学作家作品的介绍，但十分简略，且只是客观描述，不涉及对文学发展动因之探析。对近代贵州著名文学家如郑珍、莫友芝等作品及创作活动进行研究的著述不少，如王有景《郑珍诗歌研究》、陈蕾《郑珍诗学研究》、邢博《〈巢经巢诗钞〉研究》、曾秀芳《郑珍研究》、刘扬忠《莫友芝〈影山词〉简论》、易闻晓《莫友芝为诗路向的体制分殊》、李朝阳《莫友芝文学思想刍论》、王雨容《莫友芝词学思想简论》、张剑《莫友芝年谱长编》等等，这些著述或对作家创作背景与作品思想内容之分析，或对作家创作技法之探讨，但罕见就儒学与文学交融互动之阐释。黄万机《贵州汉文学发展史》对贵州近代文学作家作品的论述比较全面，但主要也是就作家作品思想内容与艺术特色之论析，没有从深层次上诸如儒学与文学互动等方面探讨近代贵州文学的发展动因。因此,目前对近代贵州儒学与文学互动关系研究的著述几乎没有。这方面的研究显然亟待加强。

本课题研究具有十分重要的价值与意义。与以往的研究相比,本课题第一次尝试探讨近代边省儒学与文学的生存状态及相互之间的影响。通过儒学与文学的互证,系统探究近代贵州文学发展中的儒学化动因以及近代贵州儒学著述中蕴含的文学思想。试图填补现有文学史研究所没有涉及的近代边省地区文学发展状况、文学批评思想发展状况等,为中国文学史在区域研究与儒学及文学关系研究等方面打下重要基础。

二、本课题研究的主要内容及研究重点

本课题研究,主要以近代边省贵州的文人群体为考察对象,探析以这些文人群体为中心的著述所呈现的儒学与文学互动关系。主要涉及两个方面的研究内容:

1.近代贵州文学发展的儒学内涵

这实际上审视的是近代贵州儒学对文学发展的作用与影响。儒学与文学的关系,总体上是一种互动关系。但儒学是根本与基础,在儒学获得充分发展的基础上,近代贵州文学才获得空前繁荣。因此,我们在探讨近代贵州儒学对文学发展的影响时,首先必须分析和了解近代贵州儒学的发展状况,这也是本课题各章节展开论述的前提和基础。

我们在第一章梳理了近代以前贵州儒学的发展简况,并对近代贵州的儒学教育状况进行深入分析,揭示了近代贵州儒学教育的基本内容、发展水平、主要特点以及对近代贵州文化发展所产生的重要推动作用。同时,我们对明清时期贵州经学家和经学著述的分布、特点和成因进行探讨，通过比较分析，可以看出从明至清，贵州经学获得巨大繁荣。特别是近代贵州的经学家和经学著述数量空前，是历代所难以比拟。我们对其中的原因展开深入探讨，以期说明，近代经学的蓬勃发展实际上也是文学繁荣的动因。因为这些经学家同时也是文学家，那么，近代经学的繁荣因素，诸如教育、交通以及省际互动等，也同时是文学的发展动因。儒学的广泛与深入传播，决定着文学发展的水平与品格。没有良好和浓郁的儒学氛围，文学的发展是缺乏底蕴与后劲的。贵州的文学家首先是一位儒学家，特别是经学家。除了从小接受的教育特别是儒学教育外，科举考试浓郁的儒学内容也决定着贵州文人的儒学倾向。莫友芝《巢经巢诗集序》曾评价郑珍说："论吾子平生著述，经训第一，文章第二，诗歌第三，而惟诗为易见才，将恐他日流传，转压两端耳。"[1] 郑珍集经学家与文学家双重身份于一身，而郑珍排在第二的文章和第三位的诗歌，都是以排在第一位的"经训"为创作基础的。郑珍的经学素养促使他的文学创作达到了一个相当高的成就。

我们在第二章探讨了近代贵州书院发展的儒学内涵，及其对科举文学作品的直接影响。书院是非官方学校教育的一种重要形式，是儒学传播的重要场所。近代贵州的书院十分发达，这也是近代贵州儒学发展的重要特征。书院是科举考试和文人交流的重要平台。近代贵州著名的经学家和文学家大多在书院学习过，并且很多人长期担任书院山长或讲席，在传播儒学和推动科举文学发展方面效果十分明显。作为一个载体，近代贵州书院在传播儒学和实现儒学与文学互动方面作用明显。

---

[1]［清］郑珍撰，杨元桢注释：《郑珍巢经巢诗集校注》，贵州人民出版社，1992年，第2页。

　　我们在第三章、第四章主要考察的是近代贵州家族文化与文学之间的关系。近代贵州文化发展的重要特征之一就是文化家族众多、家族文学繁荣。特别是遵义地区,在近代形成了一个庞大的家族文化体系。郑、莫、黎、唐、宦、赵、蹇等众多文化家族于近代贵州遵义兴立。这些家族相互间又存在密切的经济、文化与情感的交融。近代贵州文化家族与文学发展是近代贵州文化与文学发展的重要特点。凡近代贵州著名的文学家和学者,几乎都可以纳入一个文化家族进行考察。可以说,近代贵州文化家族的发展演变充分体现了儒学与文学之互动。一个家族能成为文化家族,必然有其文化内核与特质。近代贵州的文化家族,其文化核心与特质无一例外都是儒家思想。家族文化无一例外重视儒家忠孝节义,无一例外在家风与家规中渗透强烈的儒家标准。也就是说,一个家族,其儒学发展水平,直接决定了其文化与文学发展成就。我们重点考察了遵义沙滩文化家族的儒学内核和这些家族中有代表性的文学家其文学创作中所呈现的儒学色彩。以遵义沙滩文化家族为代表的家族文化建构,首先特别注重藏书建设,黎氏锄经堂、郑氏巢经巢、莫氏影山草堂。这种藏书建设是儒学发展的基本条件,也是近代贵州文化与文学发展的基础。近代贵州的家族藏书建设十分不容易。我们特别考察了莫友芝晚年的收书、藏书活动,一方面可以看出整个近代中国传统文化发展状况,另一方面也可以了解贵州学者在维护传统文化,特别是发展贵州文化方面的艰辛与努力。我们在《近代贵州的儒学与文化》[①]一书中,曾经探讨过黎庶昌散文、郑珍的诗歌以及近代贵州文学批评发展的儒学内涵,为避免重复研究,在本课题中,我们在考察家族文学的儒学内涵时,重点对黎氏家族的诗歌创作、黎汝谦的散文、郑珍

---

① 谭德兴:《近代贵州的儒学与文化》,贵州大学出版社,2009年。

的散文、郑知同的诗文创作中所蕴含的儒学思想进行深入探析，只期说明近代贵州家族文化的儒学建构及其对文学发展的深刻影响。

第四章主要探讨的是遵义宦氏家族的文化与文学创作。近代遵义宦氏家族编撰有家族文献《屏风山庄箕裘集》，其中的家风家规以及关于家族教育的规定等，全面展示了宦氏家族儒学文化内核。而其中收录的大量诗文作品，均呈现出明显的儒学化色彩。特别是其中的制艺作品，体现了科举文学中强烈的儒学思想。宦氏家族中，以宦懋庸最具代表性。首先，其经学著述丰富，撰写了《论语稽》《六书略平议》等经学巨著。其次，创作了《莘斋文集》《辛斋诗集》《播变纪略》等诗文与史传作品。在这些作品中，其儒学旨归是十分明朗的。

贵州史学发达，特别是方志编纂，在近代贵州十分繁荣。方志编纂要涉及艺文作品。近代贵州方志中的艺文编纂体现了近代贵州文学观的发展特点。在近代贵州方志艺文编纂中，呈现出明显的儒学化倾向。这是史学领域所呈现的儒学与文学互动。我们在第六章，选取了道光《平远州志》、光绪《黔西州续志》以及道光《仁怀直隶厅志》中的艺文编纂为考察重点。一方面，看整部方志艺文编纂的儒学原则和表现，另一方面看方志编撰者自己在收录其个人作品时的儒学化倾向。

我们在第七章探析了近代贵州女性文学发展的基本状况，及其所呈现的儒学内涵。明清时期，贵州女性文学发展十分繁荣。这种创作传统至近代达到高峰。近代贵州的女性文学有两类作品，其一为妇女是创作主体的文学作品。贵州女性作家和作品数量众多，特别是近代呈泉涌状。我们逐一叙录近代贵州女性作家及其闺秀集，以说明近代贵州女性作家创作的发展轨迹。我们同时在整体上探讨了近代贵州女性作家创作的内容、特点和繁荣原因。还以毕节路秀贞为个案,专题探析近代贵州女性作家的心灵发展史。其二为以女性为描写对象的文学作品。此类作品的作者主要是男性,这些作品主要是讴歌赞美以贞女节妇为代表的封建妇女德行,体现了男势强权话语下,儒学对女性束缚和对文学发展的影响。极少数的作家是女性,如许秀贞等贵阳许氏家族女性作家对贞女节妇的赞美,与男性作家的同类题材作品主旨和风格无异。又如日本藤野真子对黎庶昌夫人所撰写的墓志,这篇女性传记虽然作者是女性,是日本人,但实际体现的仍然是男性视野下的女性儒家规范。同时也说明了近代儒学在世界范围内的发展及影响。

2. 近代贵州经学著述的文学思想

近代贵州经学著述颇丰,这些经学著述的作者基本上都有大量的文学创作经历,故其中的经学阐释往往蕴含丰富的文学思想。经学文学化表现最突出的无疑是《诗经》研究著述。因为《诗经》的诗歌文学本质特征,使得在解析《诗经》时,往往能呈现出更多的文学思想。这方面的代表是萧光远的《毛诗异同》。萧光远既是一位经学家,又是一位著名的文学家,考察萧光远经学著述的文学化和文学创作的儒学内涵,无疑具有典型性,能充分说明近代贵州儒学与文学的深刻互动。

三、本课题的研究范围及思路

本课题为"近代儒学与文学"研究,其中"近代"涉及本课题研究的时间范围。何为近代? 从历史角度而言,中国近代史的时间范围是从1840年鸦片战争至1949年中华人民共和国建立前。其中又分为两段,第一段是从1840年鸦片战争至1919年"五四"运动前后。这是旧民主主义革命阶段。第二段是从1919至1949年,这是新民主主义革命阶段。后一段,实际上也可称为"现代"。如中国现代文学史即从 1919 年至 1949 年,1949 年以后则称为当代。但文化与文学研究,与历史研究不尽一致,更不可能与朝代发展时限同步。而且,每一个研究课题,有自己特殊的考察时限与对象。为此,本课题所谓的"近代",是指 1820 年道光时期至民国 20 年代左右。主体时间范围是晚清和民国初期。当然,有些历史人物和著述因为时间跨度并非一朝一时,所以在探析一些人物、事件或著述思想发展源流时,不可避免会适当宽泛,适当涉及嘉庆或民国中期的人与事件。而在为了突出说明近代儒学和文学思想发展流变时,我们也会在有些章节将时间上溯到明代,以期说明近代贵州儒学与文学的发展源头与突出成绩。

本课题研究"以边省贵州文人群体为中心",这又涉及本课题研究的两个核心方面:其一,研究的地域范围。我们主要考察的是近代边省贵州区域的儒学与文学互动关系。本课题涉及的儒学和文学的活动以及资料,基本上都是在近代边省贵州区域内的产物,具有典型的区域文化特征。但,由于文化与文学的发展不是封闭状态,特别是近代贵州文化发展的重要特点之一就是开放性。贵州文人与省外乃至国外的交流也是十分频繁的。故本课题所涉及的近代边省贵州文化与文学活动及资料,也有不少突破了贵州地域范围。如莫友芝晚年的文化活动多在东南江苏、浙江一带,宦懋庸很多诗文创作完成于浙江,黎汝谦不少诗文作品创作于日本。其二,研究的文人群体范围。本课题主要考察近代贵州籍文人群体的文化与文学活动,这种活动包括在贵州区域内外的一切值得考察的活动。但由于近代贵州文化的创作主体并非只是贵州籍文人,因此我们对近代在边省贵州区域内为贵州文化及文学发展做出巨大贡献的非贵州籍文人也根据需要适当纳入考察范围。近代贵州文化与文学发展,实际上与近代省际文化交流和人才互动关系密切。例如,湖湘文化的代表人物贺长龄,其政治主要经历在贵州任上,治理贵州9年,经世致用思想与实践主要是在近代贵州政治中体现。因此,近代的贵州文化与湖湘文化实质密不可分。特别是咸同时期,贵州大乱,湘军、川军、滇军援黔,省外人士对晚清贵州政治、经济、文化及文学发展发挥了巨大作用。因此,欲探讨近代贵州文化与文学发展,有时不得不涉及省外文人的文化与文学活动。

近代贵州儒学与文学内容丰富,资料庞杂,如何从这些时间漫长、类型多样的文献中梳理出本课题所需的资料,这无疑是一个难题。因此,选择有代表性的类型和每个类型中有代表性的人物和著述是本课题的基本研究路向。为此,我们选取了家族、科举、史学、经学以及女性文学文献为类型代表,且于其中选择了一些有典型代表性的人物和著述进行深入剖析,一切的目的还在于说明近代儒学与文学之互动特点及动因。我们在每一章节中,始终紧扣儒学与文学之关系,将儒学与文学互证,探寻文学发展中的儒学动因与儒学著述中的文学因子。以近代边省贵州文人群体的心灵历程和著述为考察中心,进而探究近代贵州文化发展繁荣的原因。我们通过对西南僻壤贵州近代儒学与文学关系的微观层面解析,揭示近代中国儒学与文学发展互动的表现与特征。

第一章　近代贵州的儒学传播与文化发展

第一节　近代以前贵州儒学发展概况

贵州的儒学发展,起步甚早,可溯源至汉武帝时期。陆德明《经典释文·序录》:"犍为文学《注》三卷。"又,本注云:"一云犍为郡文学卒史臣舍人,汉武帝时待诏。阙中卷。"①马国翰《玉函山房辑佚书序》:"《尔雅犍为文学注》三卷,汉郭舍人撰。陆德明《经典释文·续录》曰'犍为郡文学卒史臣舍人,汉武帝待诏。'《文选·羽猎赋》注引'《尔雅郭舍人注》'。张澍《蜀典》谓'即与东方朔同时待诏,为隐语被榜,"呼覺"之郭舍人也',又博考汉时官阶,云当是初为郡文学,后补太守卒史,以能诙谐、善投壶,入为待诏舍人也。《七录》有《犍为文学〈尔雅〉注》三卷,《隋志》云'梁有'又云'亡',《唐志》不著录,《释文》云'阙中卷',今佚。从《释文邢疏》及诸书所引,仍厘三卷。引者或称'文学',或称'舍人',要是一人之言。《释文》以为'阙中卷',故自《释宫》至《释水》,不及引舍人《注》,而《齐民要术》、《水经注》、《太平御览》等书所引,犹足捃摭成卷,以补陆氏之阙。舍人

---

① 吴承仕:《经典释文序录疏证》,中华书局,1984年,第168页。

在汉武时，释经之最古者。本多异字，尤可与后改者参校，而得《尔雅》之初义焉。"①

汉武帝时期，"罢黜百家，独尊儒术"，立五经博士，刚确立儒学的经典地位，犍为郡文学舍人便撰著《尔雅注》，"释经之最古者""得《尔雅》之初义"，这显示了早期贵州儒学研究的不凡实力。这种小学研究优势，在近代遵义的郑珍、郑知同、莫友芝、黎庶昌等人身上又得到了进一步继承与发展。

至东汉时期，儒学南传又通过一个贵州人得以大力推进。《后汉书·南蛮西南夷传》：

> 初，楚顷襄王时，遣将庄豪从沅水伐夜郎，军至且兰，椓船于岸而步战。既灭夜郎，因留王滇池。以且兰［有］椓船牂柯处，乃改其名为牂柯。牂柯地多雨潦，俗好巫鬼禁忌，寡畜生，又无蚕桑，故其郡最贫。句町县有桄榔木，可以为麱，百姓资之。公孙述时，大姓龙、傅、尹、董氏，与郡功曹谢暹保境为汉，乃遣使从番禺江奉贡。光武嘉之，并加褒赏。桓帝时，郡人尹珍自以生于荒裔，不知礼义，乃从汝南许慎、应奉受经书图纬。学成，还乡里教授，于是南域始有学焉。珍官至荆州刺史。②

《华阳国志·南中志》：

> 明、章之世，毋敛人尹珍，字道真，以生遐裔，未渐庠序，乃远从汝南许叔重受五经，又师事应世叔学图纬，通三材；还以教授，

---

① ［清］马国翰：《玉函山房辑佚书》，《续修四库全书·子部杂家类》第1203册，上海古籍出版社，1997年，第178页。
② ［南朝宋］范晔：《后汉书》，中华书局，1965年，第2845页。

于是南域始有学焉。珍以经术选用，历尚书丞、郎，荆州刺史；而世叔为司校尉，师生并显。平夷傅宝、夜郎尹贡亦有名德。[宝]历尚书郎、长安令、巴郡太守，[贡至]彭城相，号南州人士。①

贵州人尹珍游学中原，师从经学大师许慎和应奉，学成还以教授西南，足迹遍至贵州、四川、重庆、云南，极大地推动了儒学南传的发展。尹珍主要在贵州从事儒学教育活动，这不但大幅提升了贵州儒学的发展水平，也使得贵州文化获得长足发展。汉代贵州儒学的发展，还可从出土文物中得到印证。黔西南地区出土了东汉时期的铜马车、铜钟等文物，充分说明了汉代礼乐文化对偏远贵州的深刻影响。特别值得一提的是，1987年，黔西南兴仁县交乐出土了"尚方"铭七乳镜，该铜镜上有铭文曰："尚方作镜大毋伤，巧工刻成作文章，左龙右虎辞不羊，朱鸟玄武顺阴阳，子孙备居中央分。"②该铜镜为东汉时期所造。铜镜的铭文，正是汉代阴阳五行思想的核心。《汉书·王莽传》载：

　　皇孙功崇公宗坐自画容貌，被服天子衣冠，刻印三：一曰"维祉冠存己夏处南山臧薄冰"，二曰"肃圣宝继"，三曰"德封昌图"。又宗舅吕宽家前徙合浦，私与宗通，发觉按验，宗自杀……事连及司命孔仁妻，亦自杀。仁见莽免冠谢，莽使尚书劾仁："乘'乾'车，驾'巛'马，左苍龙，右白虎，前朱雀，后玄武，右杖威节，左负威斗，号曰赤星，非以骄仁，乃以尊新室之威命也。仁擅免天文冠，大不敬。"有诏勿劾，更易新冠。其好怪

①[晋]常璩撰，刘琳校注：《华阳国志校注》，巴蜀书社，1984年，第380页。
②贵州省黔西南布依族苗族自治州人民政府编：《黔西南文物精华》，黔新出（图书）内资字第225号，1999年，第26页。

如此。①

据此可知，"左苍龙，右白虎，前朱雀，后玄武"实乃汉代主流文化中十分流行的思想，这也是汉代儒学阴阳五行化思想的充分体现。而这种思想，至东汉时期，却已经深入传播至偏远的黔西南地区了。这是儒学南传至贵州后，落地、生根、开花、结果之产物。

汉以降至唐，其间文献有阙，载籍不详，难以明了贵州儒学发展的具体情况。但自宋、元始，贵州的儒学发展线索就比较清晰了。道光《遵义府志》卷二十二《学校志》载：

> 学校之设，自汉武始，六朝时兴时废。唐武德中，州、县及乡皆置学。宋初，但有书院。仁宗始诏藩镇立学，继而诏天下郡县皆立学。杨氏时守有遵义，文教盖蔑如也。南渡后，选始择师礼贤，轼益留意变俗，荒蛮子弟乃多读书。至粲乃始建学，再传至文，乃始建孔子庙。则遵义学校之设，盖与杨简之拓临安，与权之建钱塘同时并著矣。天荒文化，不以此欤！②

杨氏治播州，十分注重文教。其崇祀孔子、兴建学校，通过发展教育，传播儒学思想，从而改变蛮俗。崇儒兴学是播州杨氏历代尊奉的传统。《遵义府志》卷三十一《土官传》说杨文"留心文治，建孔子庙，以励国民，民从其化"。③《土官传》说："（杨）汉英为政急教化，

①［汉］班固：《汉书》，中华书局，1962年，第4152—4153页。
②黄加服、段志洪主编：《中国地方志集成·贵州府县志辑》第32册，巴蜀书社，2006年，第434页。
③黄加服、段志洪主编：《中国地方志集成·贵州府县志辑》第33册，巴蜀书社，2006年，第67页。

大治泮宫。南北士来归者众，皆量材用之。喜读濂、洛书，为诗文尚体要，著《明哲要览》九十卷，《桃溪内外集》六十四卷……其妻田氏亦善读书，人以为难能。"[1] 杨氏以儒学治理播州，为遵义乃至贵州的儒学与文化发展奠定了坚实基础。

至元代，中央政权对贵州的控制逐渐加强，而儒学在贵州的传播也逐渐推广。明弘治《图经新志》卷一说：

> 儒学，在治城内东，元初建于今都司北，为顺元路儒学，皇庆间改建于今都察院前，洪武间拓城，都指挥马烨、教授芒文缜等迁建于此。中为明伦堂，左右翼以四斋，曰同文，曰同仁，曰遵道，曰遵义。堂之东立太极图，西立欹器图二碑，东北立卧碑。景泰间按察司副使李睿，教授王训立二雁塔于墀之左右，其一赐进士题名，其一乡贡进士题名。后为育英堂，尊经阁。阁左右翼以斋庐十。弘治庚申（1500），巡抚都御使钱钺，巡按监察御使陈恪，命工刱建阅经堂三间、号房四十间于学之东，规制宏壮，以为诸生肄习之所。
>
> 前吏部尚书王直《学记》：国朝受天明命，混一海宇，其所以教授斯民，一用圣人之道。故虽荒服之外，裔夷之区，莫不服《诗》《书》，循礼义。治化之盛，盖自唐虞三代以来，未之有也。贵州去京师万里，实古荒服之外，裔夷之区也，德威所至，无思不服。太祖皇帝不鄙夷其民，既设贵州宣慰使司抚治之，又欲使皆复于善，诏立学校以教焉。由是贵州始有学，盖洪武二十六年（1393）也。学在贵州城之东北隅，有明伦之堂，堂前

---

[1] 黄加服、段志洪主编：《中国地方志集成·贵州府县志辑》第 33 册，巴蜀书社，2006 年，第 69 页。

开四斋以为讲肄之所，而未有庙。洪武三十五年（1402），贵州都指挥金镇、汤清始为大成殿，翼以两庑，奉圣人像于其中，群贤陪位以次序列。春秋二祀，行礼有所，缭以周垣，前有棂星门，规模备矣，然两庑犹草创。永乐十六年（1418），太宗皇帝绥靖诸夷，郡县其地，置布政司于贵州以统之，又设按察司以纠失，治教之不如令者。布政使蒋廷瓒周视庙中，叹两庑弗称，乃取材新作焉。历二十六年，凡三缮治，而后庙学始完美如制，今又二十六年矣。其棂星门日就颓仆，庙廷殿址亦有塌然圮坏者。副使济宁李睿自昔参议贵藩暨转今职，尝有意修治。适监察御使溧阳杨纲巡按来贵，而睿与之图于是，参将都指挥郭英、按察使莆田林垣、副使束鹿朱理、佥事番阳屈伸、济南戴诚、左布政使宜春易节、左参政钱塘严恭、左参议淮阳顾理、右参议嘉禾汪涿，皆出俸金以举事。而都指挥张锐、洛宣、侯理、张任、张景、宣慰使安陇富、宋昂，暨训导昌黎王训，各以赀力来助，乃伐木命工，重造棂星门。地之圮坏，悉以方石砌之。凡盖瓦及砖有破缺者，藻绘有漫漶黟黑者，皆整饬华好。又建尊经阁于明伦堂后，以藏朝廷所赐《五经大全》诸书。其左右别置十室，以为幕，次作石塔二于堂前，仿唐进士题名雁塔之义。有自科目进身者，则题姓字于此，示激劝也。作二石柱于棂星门内泮池上，以为之表。经始于正统八年（1443）六月初八日，而以正统九年（1444）七月初十日讫工。向之敝者，皆易而为新。昔所未有者皆有焉，高明壮丽，他学莫之先也。嗟夫！学校，教之地也，其所以为教者，则因人固有之善而明之。自夫伦谊之大以至日用事物之常，使必循其道而皆有得焉。由是发而为文辞，推而为事业，然后教学之功成。贵州之入职方久矣，朝廷教养其民，一切不异于中州，今诸君又大新庙学，诸生之游于斯者,仰圣贤之德容而兴其向慕之心,诵经傅之微言而致其学问之力,朝夕不懈以迄于成功,则庶几不负乎此。若徒饱食逸居而已,不有愧于心哉!届君伸来京师求予记,故记以告诸后之学者。①

这里,详细记载了自元代至明弘治间,贵州官方学校的发展过程。不难看出,元明时期,贵州学校建设随着中央政权对贵州的政治管辖逐步加强而逐渐繁荣。其中儒学的传播线索十分清楚,第一,有官方设置的固定学校场所,其中儒学色彩鲜明,如明伦堂、同文、同仁、遵道、遵义四斋等建筑均蕴含强烈儒学思想。第二,建圣人孔子像,群贤配祀,且春秋二季举行隆重的祭祀典礼,这些通过礼仪实践活动传播宣扬儒学,后来亦成为清朝时期学校常规儒学内容。第三,儒学典籍的传播。学校建藏经楼、尊经阁,专门收藏朝廷赐予的儒家经典如《五经大全》等,在儒家经典的流布与传播上作用明显。第四,对于学校的设置,流官的贡献巨大。通过一代又一代的流官捐俸禄兴学校,才使得荒服之地的贵州学校发展逐渐繁荣。这也是贵州文化发展的重要特点,正是流官们带来的先进文化理念,通过省内外文化交融,才使得贵州文化迅速发展,实现后发赶超,最终于近代居于全国前列。这是官学的发展,其他学校形式如书院也于元明时期获得较大发展。弘治《图经新志》卷一又云:"文明书院,在治城内忠烈桥西,即元顺元路儒学故址。皇庆间教授何成禄建。"②乾隆《贵州通志》卷二十说:"何成禄,皇庆中为顺元路儒学教授,富文学、饬容止、

---

① 黄加服、段志洪主编:《中国地方志集成·贵州府县志辑》第1册,巴蜀书社,2006年,第19—20页。
② 黄加服、段志洪主编:《中国地方志集成·贵州府县志辑》第1册,巴蜀书社,2006年,第20页。

训迪诚恳，郡中人材勃兴。又尝迁建学舍而以故址籾书院。"① 何成禄乃元代皇庆时期顺元路儒学教授，他通过兴建书院等方式大力弘扬儒学。何成禄只是一个代表，元代类似的从事儒学传播的事例还很多。正是由于何成禄的"富文学，饬容止，训迪诚恳"，贵州才会出现"郡中人材勃兴"局面。

至明永乐十一年（1413），贵州建省，儒学在贵州的传播发生了质的变化。郭子章《黔记》卷十六《学校志》说：

> 元以前，黔故夷区，人亡文字，俗本椎鲁，未有学也。黔之学自元始，元有顺元路儒学，有蔺州儒学。我明洪武二十六年（1393），设贵州、思州二宣慰司学，永乐间废田氏，思州宣慰司学亦废，已而，思南、思州、镇、铜、黎平五府学以次建焉。比各卫州县学亦以次建，中间沿革具详各学。万历二十八年（1600）播平，又益以印江县学，又议改平越卫学、普定卫学俱为府学，又设黄平州学、新贵县学，而学益备。通一省论，有卫而无学者，贵州、贵州前卫、永宁、普安、清浪是也；有州而无学者，镇宁、永宁是也；有县而无学者，镇远、施秉、铜仁、余庆、瓮安、湄潭是也；有卫学改府学者，都匀、平越、普定是也；有先有学而后革者，永从是也；有先为府学后为州学者，定番州是也。②

贵州建省，府、州、县均设置学校，儒学传播制度化，儒学发展有了强有力的政权支撑，从而带来贵州儒学与文化的高速发展期。莫

---

① 黄加服、段志洪主编：《中国地方志集成·贵州府县志辑》第 4 册，巴蜀书社，2006 年，第 381 页。
② 黄加服、段志洪主编：《中国地方志集成·贵州府县志辑》第 2 册，巴蜀书社，2006 年，第 344 页。

与俦《贵州置省以来建学记》曰：

学校之兴，人才所系。贵州自明永乐十一年（1413）二月，始割隶四川之贵州宣慰司，置贵州布政使司治之。废湖广布政所隶思南、思州两宣慰司，置思南、镇远、铜仁、乌罗、思州、石阡、黎平、新化八府，又以次割旧隶四川布政之普安、安顺、镇宁、永宁等州来隶，以一安抚、数十长官分隶焉。而洪武十五年（1382）旧设之贵州都指挥使司，是后以次领贵州、贵州前、龙里、新添、平越、都匀、清平、兴隆、威清、普安、平坝、安庄、安南、乌撒、赤水、毕节、永宁十七卫，并割自四川。普安一卫割自云南，以千户所长官司分隶焉。而湖广都司所隶在贵州境内者，又有偏桥、镇远、清浪、平溪、五开五卫及千户所，而贵州之永宁、乌撒、赤水等卫又寄四川永宁宣抚、乌撒军民府境。贵州布政司与行都司地赢缩相错，不能整划也。而隶四川布政之播州宣慰司后亦来隶，旋黔旋蜀。其建学也，当置布政时。唯贵州、播州两宣慰旧有学，思州因旧宣慰司学为府学，余皆未建。其年建黎平，明年建思南，明年建石阡、铜仁、镇远（《省志》谓思南十三年建，石阡十年建，镇远洪武间建。此依《明统志》）。十四年建普安州（《省志》云十五年）。洪熙元年（1425）建安庄。宣德七年（1432）建清平，八年建平越、都匀、安南、普定、威清、平坝，九年建兴隆。正统三年（1438）建毕节，五年建赤水，八年建乌撒，九年建龙里、新添〔《省志》云，平坝、普定、威清并洪武间建。安庄、清平、龙里、新添，正统八年建（1443）。此依《明统志》载，正统八年建乌撒卫学，又云旧有乌撒府学，永乐十四年（1416）省今止存卫学，则府亦寄卫学也〕。其新化、乌罗二府以宣德九年（1434）、正统三年（1438）先后省入。黎平、铜仁并未建学，安顺、镇宁、永宁三州附普定、安庄、安南三卫学。贵州、贵前二卫附贵州宣慰司学。永宁卫附永宁宣抚司学。普安卫附普安州学，而隶湖广都司诸卫，至嘉靖四十年（1561）俱准寄学贵州。五开寄黎平，平溪、清浪寄思州，偏桥、镇远寄镇远。又寻设偏桥、五开、平溪三卫学。当布政初置时，尚未有贵阳、平越、都匀诸府，而新置诸府皆无属县，唯思南寻置婺川县。宏（弘）治六年（1493），又置印江，县属之学并附府。嘉靖中乃建婺川学。万历三十年（1602）建印江学，又置安化，县倚府郭，学附府焉。贵州宣慰司至成化十二年（1476）七月置，程番府于其属，程番司并置程番府学（《省志》云十年，依《明史》）。隆庆二年（1568）六月移治宣慰司，寻改府名为贵阳，学为贵阳府学。万历十四年（1586）置定番、广顺、开三州，新贵一县属之，建定番学，广顺附定番，开附府。三十一年（1603）建新贵学。天启二年（1622）革宣慰学，亦裁贵州、贵前二卫，并附府（《省志》自置贵阳府后，乡榜题名即无宣慰司人。康熙《省志》云天启二年安氏叛，革司学，中式者今皆系之贵阳，而乾隆《志》未更正欤）。都匀卫至宏（弘）治七年（1494）于其地置都匀府，别置独山、麻哈二州，清平一县属之，改都匀卫学为府学，州县学并未置。二州附府学，县附清平卫学。镇远府正统九年（1444）置，施秉县宏（弘）治十一年（1498）置，镇远县隶之，施秉学附偏桥，镇远附府。黎平府正统六年（1441）置，永从县隶之。铜仁府万历二十六年（1598）置，铜仁县隶之，学并附府。万历二十九年（1601）播州平，增置平越、遵义二府，分隶贵州、四川，改平越卫、播州宣慰司两学为两府学，置真安一州，遵义、桐梓、绥阳、仁怀四县隶遵义府。置黄平一州，湄潭、瓮安、余庆三县隶平越府。又置龙泉县，隶石阡府。唯真安、黄平建学，瓮安、湄潭、余庆附黄平，龙泉及遵义四县各附府。遵义地又置

威远卫,未建学。三十六年(1608)置贵定县,隶平越府,学附新
添。四十八年(1620)建湄潭学。安顺州万历三十年(1602)升
为军民府,寻改普定卫学为安顺府学,卫附府。崇祯三年(1630)
平水西,革贵州宣慰司,增置敷勇、镇西二卫,唯敷勇建学。开州
移附敷勇,镇西盖附威清。其尚隶广西之荔波县、安陆所未有
学。隶湖广之铜鼓卫、天柱县,天柱学万历中建,铜鼓学天顺元
年(1457)建。此贵州明一代学校之大凡也。[①]

　　此详细梳理了有明一代贵州各行政区划变革与相应学校设置情
况。明代广设学校,这无疑是贵州文化发展繁荣的基础。而明代贵
州儒学与文化的根本性变化,则是王阳明入黔所导致。

　　王阳明在与宦官集团的斗争中,因得罪刘瑾,被捕入狱,受廷杖
四十,于正德三年至五年(1508—1510),被贬为贵州龙场驿(今修
文)驿丞。寓黔三年间,王阳明撰著《五经臆说》等儒学著述,心学思
想体系进一步理论化和系统化。其于龙冈书院和贵州书院讲学,宣扬
"知行合一"学说,为贵州培养了大批理学人才。王阳明被贬谪贵州
龙场驿,这虽然是王阳明的一次人生磨难,但却是阳明思想产生的契
机,更是贵州儒学与文化发展的福缘。故郭子章《黔记》卷四十五说:

　　　王文成谪龙场,黔士大夫始兴起于学。当时龙场诸生问答,
莫著其姓名,闻而私淑者,则有马内江、孙淮海、李同野三公云,
予尝读内江诗"寒夜窗前听雨时,暗思往事坐如痴。穷愁百结随
年长,人在虚空老不知。睡眼朦胧看远山,不知身尚寄尘寰。他

────────────

①[清]莫与俦、莫友芝:《莫氏四种》,(台北)文海出版社,1969年,第143—
148页。

年观化应何处,想在虚无缥渺间"。真有朝闻夕可之意。呜呼,可以不愧龙场矣! ①

乾隆《贵州通志·人物志序》说:

> 贵州于十五国中,风气开辟为独后,宜人材寥落也。夫民秉五行之秀以生,原不限以地,而风厉濯磨,以底于成,则朝廷教化之涵濡,父兄师友之讲习,繄有赖焉。汉晋时,尹珍受经华夏许慎,谢恕乃心中朝,文采风烈焜耀南土。明代开科取士,俊乂汇征。及王守仁谪戍龙场,一时孙应鳌、李渭诸人皆得兴起绝学。②

王阳明入黔,实质提升的是贵州儒学的发展水平。受王学影响而享誉海内的孙应鳌、李渭皆以儒学见长。孙应鳌《淮海易谈》四卷收入《四库全书存目》,其经学研究涉及的领域是广阔的,成果极其丰硕。《春秋节要》《律吕分解》《四书近语》等都是经学名著,对推动贵州乃至全国经学发展起到了积极作用。李渭的经学研究,虽然涉猎的范围没有孙应鳌广,著述没有孙应鳌多,但其《易问》以及《毋意篇》中的《大学》《中庸》研究等在当时的影响也是极大的。

王阳明入黔,使得贵州儒学人才勃兴。故田雯《黔书》(下)说:

> 黔之人物,尹珍以上无论已。明之以理学文章气节著者,如孙应鳌、李渭、陈尚象,以及王训、詹英、黄绂、秦禹、蒋宗鲁、

---

① 黄加服、段志洪主编:《中国地方志集成·贵州府县志辑》第3册,巴蜀书社,2006年,第281页。

② 黄加服、段志洪主编:《中国地方志集成·贵州府县志辑》第4册,巴蜀书社,2006年,第495页。

徐节、田秋、徐卿伯、易楚诚、张孟弼、许奇、申祐、吴淮、邱禾实、潘润民、王祚远、蒋劝善,皆大雅复作,声闻特达者也,而文恭为之最。①

有清一代,贵州儒学发展进入繁荣期。陈夔龙《黔诗纪略后编序》说:

> 黔本梁州徼外地,元明以来,文物始盛。今则东楚西滇,南粤北蜀,实介四省之中而为腹壤,声教涵濡,久成邹鲁。田山姜侍郎论黔中人物,叙其以理学文章气节著,声闻于明代者有数十人,以孙淮海为之最。国朝先达,则周桐野官詹才名最盛。同时,张豆村谕德,与为骖騑,诗歌跌宕,海内极艳称之。近世则郑子尹、莫子偲两征君尤为杰出,时称西南二子,是皆大雅扶轮,菁英特达,中原名硕未能或之先也。②

这里对明清贵州人才繁盛大加赞赏。"声教涵濡,久成邹鲁",揭示了贵州人才辈出的根本原因,即在于儒学的传播与发展,故明清贵州名扬海内者皆"以理学文章气节著"。其中特别褒扬了清代贵州人物。周渔璜,被誉为康熙时期国内诗坛第一人,为《康熙字典》总纂之一。其叔父周钟宣治理台湾,贡献巨大,深受台湾人民爱戴,去世后被建祠,至今祭祀不绝,周公祠现如今已成为台湾著名文化景点。而郑珍、莫友芝二人,号称"西南二子""西南巨儒",其不

---

① 黄加服、段志洪主编:《中国地方志集成·贵州府县志辑》第 3 册,巴蜀书社,2006 年,第 506 页。

② 徐丽华主编:《中国少数民族古籍集成》(汉文版)第 89 册,四川民族出版社,2002 年,第 471 页。

仅成为近代贵州儒学与文化发展的标志，更是近代整个西南地区，乃至全国儒学发展最高水平之体现。清代贵州儒学沿袭了明代以来的发展态势，首先，广泛设置学校，据民国《贵州通志·学校志》所载，清代府、州、厅、县均设置学校。清代官学推行到每一个角落，加之社学、义学以及私塾教育，儒学的传播十分普及。其次，儒学人才泉涌，以民国《贵州通志·人物志》中的清代总志为例，清前中期的人物有：周起渭、刘子章、梅建、张元臣、曹维城、黄世发、王士俊、包祚永、陈法、李世杰、王凯、王文雄、艾茂、高廷瑶、徐培深、花杰、宋邵谷、周际华。晚清的有：杨芳、张日晸、唐树义、陶廷杰、邱煌、郑珍、宋树、章永康、黄辅辰、傅寿彤、石赞清、莫友芝、黎庶昌、丁宝桢、黄彭年、谭均培、李端棻、雷廷珍、唐炯、刘春霖、陈田、陈灿。这只是总部人物，而清人物分部则按德行、政事、文学等编列，其中有名的人物太多。这些人物都是儒学教育下之产物。特别是据民国《贵州通志·选举志》可知，清代贵州进士、举人泉涌。这些儒学人才之涌现，正是清代特别是晚清儒学发展之成就。其三，经学发展成就较高，在国内影响较大。康熙时期安顺人陈法的《易笺》入选《四库全书》，这充分展示了清代前中期贵州儒学发展的较高水平。而晚清郑珍经学著述《巢经巢经说》《仪礼私笺》等被载入《皇清经解续编》，显示了有清一代贵州经学发展在全国的较高地位。其四，经学著述数量较多，成果丰硕。清代贵州的经学发展全面开花，在贵州十二府、一直隶州和三直隶厅中，只有石阡府与松桃直隶厅没有经学家与经学著述的记载。但这可能只是文献有阙、史志所载不全的原因，似乎并不能完全断定石阡府与松桃直隶厅就没有一个经学家与一部经学著作。而从史志记录的历史线索中看，这两个地区的经学活动实际上也是比较活跃的。关于明清时期贵州经学家和经学著述的具体数量和地域分布及特点等，我们在本章后文有专门探讨，此不赘述。

第二节　近代贵州的儒学教育及其影响

晚清时期,贵州的儒学教育十分繁荣。首先,教育形式多样,分为官学教育与非官学教育,而官学教育又包括府学、州学、厅学、县学等;非官学教育又包括书院、私塾、义学、社学等。其次,教育内容丰富,包括对儒学典籍的学习和举行祭祀与礼仪活动等。再次,教育成效显著,培养了大量人才,为贵州文化的发展繁荣打下了坚实基础。

一、各行政区划所置官学中的儒学教育

晚清时期,贵州儒学教育的发展与贵州的行政区划关系密切。晚清贵州布政司所辖的行政区划包括十二府、一直隶州、三直隶厅。其下又包括十三州、三十一县、十一厅、一卫。晚清各行政区划的府、直隶州、直隶厅、州、县、厅、卫皆设有学校,分别为府学、州学、厅学、县学和卫学。晚清这些行政区划所置办的学校,又称为儒学,属于官学性质,是学习儒家文化和开展儒学祭祀活动的学庙合一的教育机构。

1. 各类官学学宫的儒学意蕴

晚清的官学因为其学庙合一的性质,故其学宫整体建筑结构一般包括学署和文庙两部分。学署和文庙的结构与位置关系通常有两种,一种是前面文庙后面学署的结构模式,另一种是中间文庙两侧学署的结构模式。例如,咸丰《兴义府志》所载兴义府学图:

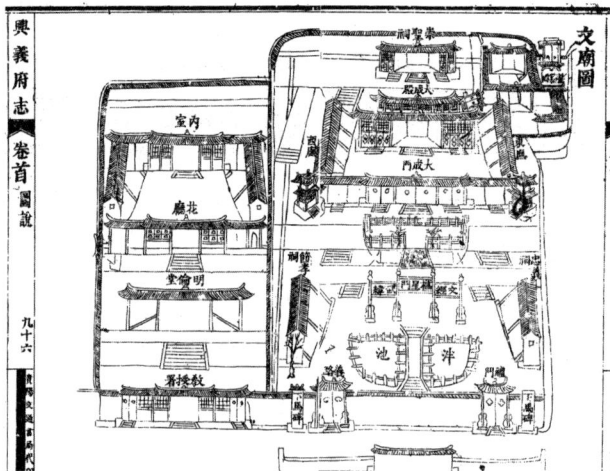

图1　兴义府文庙图①

光绪《普安直隶厅志》所载文庙图（附学署）：

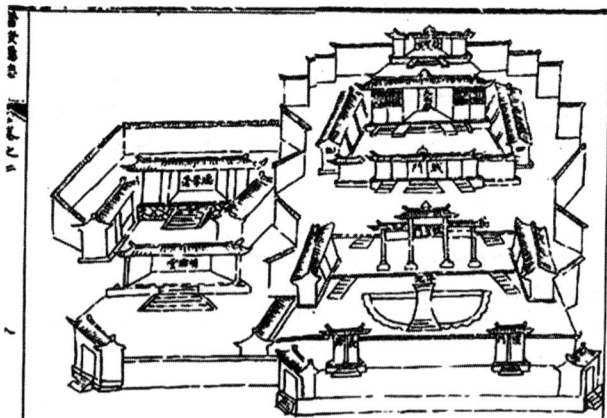

图2　《普安直隶厅志》文庙图②

①［清］张锳纂修：《兴义府志》，清宣统元年（1909）贵阳文通书局铅印本，卷首《图说》，第95—96页。

② 黄加服、段志洪主编：《中国地方志集成·贵州府县志辑》第14册，巴蜀书社，2006年，第328页。

光绪《黎平府志》所载学宫图：

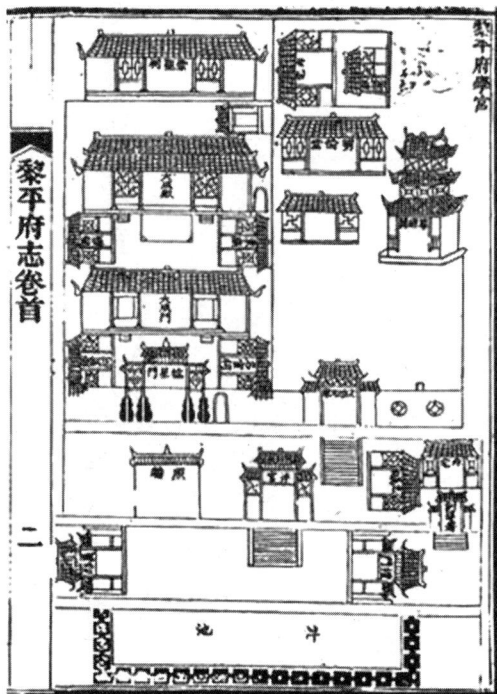

图3 黎平府学宫图①

以上这些基本都是前庙后学结构模式。虽然同为前庙后学样式，但各学校间文庙和学署的大小规模也不尽一致。咸丰兴义府学文庙的内部结构相对复杂些，面积和规模较其他学府要大。而光绪黎平学署的规模则相对要小些。光绪黎平府学建有尊经阁，这在兴义府学和普安直隶厅府学中似乎没有看到。又如道光《遵义府志·学校志》说遵义府学的尊经阁"旧未建，即以明伦堂前左魁阁为之橱

---

① 黄加服、段志洪主编：《中国地方志集成·贵州府县志辑》第17册，巴蜀书社，2006年，第27页。

贮"①,而遵义县学,也未建斋舍、射圃,甚至连教谕署、训导署都未
建,教谕、训导只能借寓府学前左文昌宫旁的公舍②。

晚清贵州官学里,中间文庙两侧学署的学校建筑样式也较多。
如光绪《续修正安州志》所载：

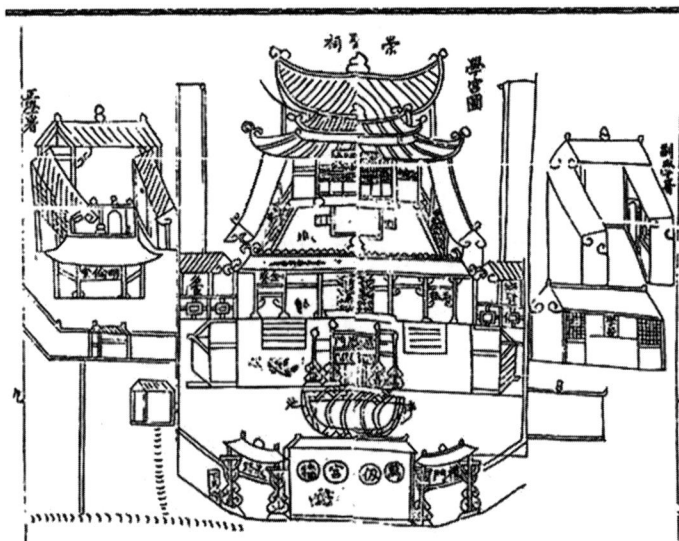

图4　《续修正安州志》学宫图③

乾隆《黔西州志》和嘉庆《黔西州志》所载学宫,至晚清一直在
使用：

---

① 黄加服、段志洪主编：《中国地方志集成·贵州府县志辑》第 32 册,巴蜀书社,
2006 年,第 468 页。
② 黄加服、段志洪主编：《中国地方志集成·贵州府县志辑》第 32 册,巴蜀书社,
2006 年,第 503 页。
③ 黄加服、段志洪主编：《中国地方志集成·贵州府县志辑》第 40 册,巴蜀书社,
2006 年,第 257 页。

图5　《黔西州志》学宫图①

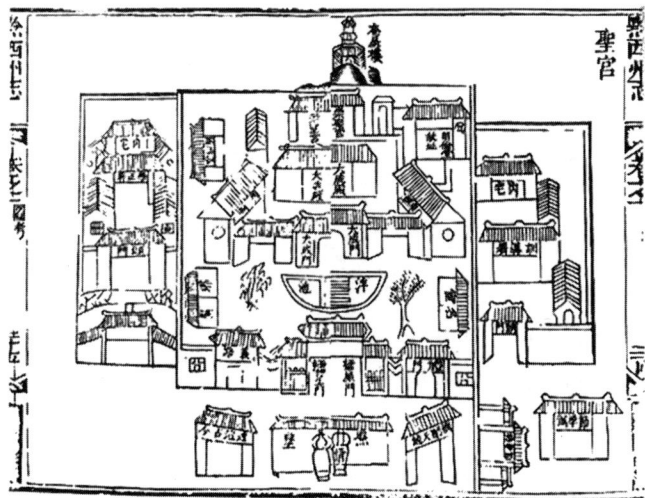

图6　《黔西州志》圣宫图②

---

① 黄加服、段志洪主编:《中国地方志集成·贵州府县志辑》第50册,巴蜀书社,
2006年,第9页。

② 黄加服、段志洪主编:《中国地方志集成·贵州府县志辑》第50册,巴蜀书社,
2006年,第121页。

学宫中文庙的内部结构,据嘉庆《黔西州志·学校志》有：大成殿、棂星门、明伦堂、名宦祠、乡贤祠、节孝祠、节孝祠坊等,并且文庙的这些内部结构的位置是有一定规定的。道光《遵义府志·学校志》："正中为大成殿,殿外为丹墀,墀左右列东西阶,阶下左右列东西廡,前为大成门,门外左右为各官更衣所。前筑石柱为棂星门,门外为泮池,泮池左右为圣域、贤关二门,门外各下马碑一,缭以红墙。"① "崇圣祠,在大成殿后；名宦祠,在大成门左；乡贤祠,在大成门右；节孝祠,在崇圣祠右；明伦堂,在崇圣祠左；尊经阁,在大成门前左；祭器库,在大成门前右。"② 大成殿、棂星门、明伦堂、名宦祠、乡贤祠、节孝祠、崇圣祠、尊经阁等,仅从学宫中文庙内部结构的名称便可以看出其中蕴含十分丰富的儒家文化,其作为儒学教育的载体,特征也是十分明显的。

2. 各类官学的学制与学额

旧学制下,晚清贵州各类官学的学制与学额,在民国《贵州通志·学校志》中有十分详细的表格说明。例如(图7)：

贵阳府各类学校的学制与学额表,清晰列出了贵阳府的贵阳府学、定番州学、广顺州学、开州州学、贵筑县学、贵定县学、龙里县学、修文县学的学制与学额情况。如贵阳府学学制为：教授一,训导一,廪增生各四十人,岁试额进文武生各二十人,科试额进文生十二人,岁贡生每岁一人。

晚清贵州方志对各类学校的学制学额多有记载。例如,道光《遵义府志·学校志》"学额"：

① 黄加服、段志洪主编:《中国地方志集成·贵州府县志辑》第32册,巴蜀书社,2006年,第435页。
② 黄加服、段志洪主编:《中国地方志集成·贵州府县志辑》第32册,巴蜀书社,2006年,第503页。

贵州通志（学校志二）五九

学制学额表

贵阳府及其所属罗斛定番州广顺州开州贵筑县贵定县龙里县修文县学制学额表

教官	岁试学额	科试学额	廪生	岁贡生额
教授一员	文生二十人	文生二十人	廪生四十人	每岁一人
学正一员	武生八人	文生八人	廪生三十人	三岁二人
训导一员	武生十二人	文生十二人	廪生三十人	三岁一人
学正一员	武生八人	文生八人	廪生三十人	三岁二人
训导一员	武生十二人	文生二十人	廪生三十人	二岁一人
训导一员	武生二十人	文生二十人	廪生四十人	二岁一人
学正一员	武生八人	文生八人	廪生三十人	三岁一人
训导一员	武生十二人	文生十二人	廪生三十人	三岁二人

贵州通志（学校志二）六〇

安顺府及其所属普定县镇宁州永宁州普安县安平县清镇县学制学额表

教官	岁试学额	科试学额	廪生	岁贡生额
教谕一员	文生十八人	文生十八人	廪生二十人	一岁一人
学正一员	武生十二人	文生十二人	廪生三十人	三岁二人
训导一员	武生八人	文生八人	廪生二十人	三岁一人
学正一员	武生十人	文生十二人	廪生三十人	三岁二人
训导一员	武生十人	文生十人	廪生十五人	三岁一人
训导一员	武生十二人	文生十二人	廪生二十人	三岁一人
训导一员	武生八人	文生十人	廪生二十人	三岁一人
定贡一县	武生十人	文生十二人	廪生二十人	二岁一人

图7　《贵州通志·学校志》学制学额表①

　　遵义府学,额进十八名,廪生三十六名,增生三十六名,一年一贡。遵义县学,额进十五名,廪生二十名,增生二十名,二年一贡。正安州学,额进十二名,廪生三十名,增生三十名,三年两贡。绥阳县学,额进十二名,廪生二十名,增生二十名,二年一贡。桐梓县学,额进八名,廪生二十名,增生二十名,二年一贡。仁怀县学,额进六名,廪生十六名,增生十六名,二年一贡。

　　按:此系乾隆四十一年(1776)分设仁怀厅学后之额,至今未改。②

① 黄加服、段志洪主编:《中国地方志集成·贵州府县志辑》第8册,巴蜀书社,2006年,第531页。

② 黄加服、段志洪主编:《中国地方志集成·贵州府县志辑》第32册,巴蜀书社,2006年,第480页。

又如，咸丰《兴义府志·学校志》详细记载了兴义府学制、兴义县学制、普安县学制、安南县学制、贞丰州学制和苗童旧额的发展历史。如兴义府学制：

兴义府，明时为安隆所、安南所。附于普安州学。（按，明安隆、安南二所未建学，附普安州学。明之普安州学，即今之普安厅学是也）。国朝康熙二十五年（1686），设南笼厅，仍附普安州学。《通志》云，府旧为厅，附学普安州。〔按，顺治十五年（1658），郡境始入版图。康熙二十五年（1686），裁二所，设南笼厅。时尚未设学，仍附普安州学。〕五十四年，始设南笼厅学，额进文武新生各八名，改普安县训导为南笼厅训导。《学政全书》云，康熙五十四年（1715），议准南笼厅设立学校，取进文武童生各八名，分普安县训导，专司学务。〔按，五十三年（1714），南笼通判张士佳始请设南笼学，巡抚刘荫枢为疏请。五十四年（1715），议准设学。此郡城设学之始也。〕雍正三年（1725），始设廪生额二十名。五年改厅为府，改厅学为府学，设教授。乾隆三年（1738），广文武生进额，为各十有二，廪增生各三十。嘉庆二年（1797），改南笼府学为兴义府学。今兴义府学制：教授一，训导一，廪增生各三十，岁试额进文武生各十有二，科试额进文生十有二，岁贡生每岁一人，拔贡生十二年一人。兴义府知府有亲辖地方，其童生不经县考，由府教授训导学考，录送府院试。学政考取入府学，不由州县学拔取。①

这实际上是兴义府学的发展史。详细叙述了兴义府学的设置始末,其中关于兴义府学的学制与学额发展演变也有详细说明。关于苗童旧额,这是晚清儒学教育发展的贵州特色了。《兴义府志·学校志》载:

> 兴义苗童,顺治、康熙、雍正时,别有加额。乾隆十六年(1751)裁。《学政全书》云,顺治十六年(1659),题准,贵州大学,取进苗生五名,中学三名,小学二名,均附各学肄业。廪额,大学二名,中小学一名。至出贡,现在苗生,新进尚少,令附大学者,三年一贡,附中小学者,五年一贡。俟入学人多,另照州学例,三年两贡。又云,康熙二十二年(1683),题准,贵州土官族属子弟,及土人应试,附于各府,三年一次,共考取二十五名,附各府学册后,解部察覈。又云,雍正三年(1725),议准,贵州苗童应试,准于各府州县,定额外,加取一名。又云,乾隆四年(1739),议准,贵州归化未久之苗,始知读书者,准照加额取进。其归化虽经百年,近始知读书者,亦准加额内取进。其归化年久,在未经题请加增苗额之先,已同汉童考试者,仍与汉童,照原额进取。十六年(1751),议准,贵州各属苗民,岁科两试,仍与汉童一体合考,不必分立新童加额取进。[1]

这是对贵州苗民教育的特殊优惠政策。对苗族子弟应试,特别加额取录,这也是清代贵州教育的特色。其目的,自然在于对归化苗民的教化。教育内容自然是儒家文化。

---

[1] 黄加服、段志洪主编:《中国地方志集成·贵州府县志辑》第28册,巴蜀书社,2006年,第242—243页。

3. 各类官学儒学教育内容

晚清贵州各类官学的主要功能有二：

其一，对儒家文化的教育与学习。道光《永宁州志》"学校志"说："学校之设，所以明人伦、敦风俗、广教化、育人才也。我朝文治昌明，声教暨讫。府、州、县皆立学校以培文风而陶士类，盛莫盛于斯矣。"[1] 此说明了清代学校设立的根本目的，即通过对儒家思想文化的教育学习，维系与强化封建伦理道德建设，达到文治教化的目标。官学是实现教化的主要场所，官学中传习的主要内容是儒学。这点从各官学的学习书目中也能得到充分映证。例如，道光《大定府志·学校志》载有大定府学、平远州学、黔西州学、毕节县学等尊经阁书目。请看大定府学书目：

> 《廿一史》五十二套五百本、《十三经注疏》十二套一百一十二本、《钦定周易折中》、《钦定书经传说汇纂》、《钦定诗经传说汇纂》、《御纂日讲四书》、《御制驳吕留良四书讲义》六本、《上谕广训》一本、《上谕》二部共三十四本《御纂文庙乐章》一本、《钦定先贤先儒位次》一本、《钦定御饮酒礼仪注》一本、《钦定学政全书》八本又一部一本、《钦定磨勘简明条例》一本、《钦定朱子全书》、《钦定四书文》一部、《钦定乡会墨选》一部、《御制平定准葛尔碑文》一道、《颁发各坛庙祝文》二本、《御纂周易述义》一部《御纂诗义折中》一部《御纂春秋直解》一部《钦定明史》一部、《御纂性理讲义》一部。[2]

---

① 黄加服、段志洪主编：《中国地方志集成·贵州府县志辑》第40册，巴蜀书社，2006年，第509页。

② 黄加服、段志洪主编：《中国地方志集成·贵州府县志辑》第48册，巴蜀书社，2006年，第322页。

从这些书目不难发现,晚清贵州官学中的教育内容是纯粹的儒学思想文化。其中儒家经学占据主导地位。故道光《遵义府志·学校志》说:"国家以经义取士,将使士子沉潜于《五经》《四子》之书,含英咀华,发摅文采"①,"士人以品行为先,学问以经义为重"②。此外上谕、四书、理学等教育内容所占份量也不小。其教育目的一目了然,就是"明人伦、敦风俗、广教化",以达到封建王朝所希冀的文治昌明、声教繁盛目的。再请看道光《遵义府志·学校志》所载遵义府学书目:

> 钦定《书》《诗》《春秋》三经《传说汇纂》各一部、钦定《周易折中》一部、十三经注疏各一部、相台五经各一部、《周易观象通论大旨》合刻一部、《四书正蒙》一部、钦定《乐谱笙诗》一部、十七史各一部、《宏简录》一部、《元史类编》一部、钦定《明史》一部、钦定《通鉴纲目三编》一部、《世宗宪皇帝上谕》二部、《初本学政全书》一部、钦定《朱子全书》一部、钦定《性理精义》一部、《近思录》一部、《大学两衍义辑要》一部、钦定《四书文》一部、钦定《刺钱诗》一部、《古文雅正》一部。③

此与道光《大定府志》所载书目大同小异,充分说明了晚清贵州各地官学在教学内容上的一致性。各级官学中,府学在教学中使用

---

① 黄加服、段志洪主编:《中国地方志集成·贵州府县志辑》第32册,巴蜀书社,2006年,第475页。

② 黄加服、段志洪主编:《中国地方志集成·贵州府县志辑》第32册,巴蜀书社,2006年,第476页。

③ 黄加服、段志洪主编:《中国地方志集成·贵州府县志辑》第32册,巴蜀书社,2006年,第468页。

书籍比州、县学稍多,故道光《遵义府志·学校志》说:"州、县贮书较府学少《十三经注疏》《十七史》《宏简二录》,余悉同。"① 相同的儒学教育内容,自然体现了晚清政权旨在通过儒学教育维系其统治的根本目的。

这种以儒学为主要内容的学校教育模式一直持续到民国初年。民国《开阳县志稿》曰:

> 清光绪二十七年(1901),令各省废八股科举,改组各地书院为学堂,于时政令初更,风气未开,人民多观望不前。难期普及。本县除县城外,其余各乡则仍为原有之义学与私塾。后始有劝学所之成立。②

光绪废科举,旧学制废除。随着壬寅学制的制定和癸卯学制的实施,以各级学堂为主的新学制登上中国教育历史舞台。但在新学制实施之初,旧学仍然具有很强的影响,使得义学、私塾等旧学形式在一定时期与一定范围内仍然有很大市场。即使一些新式学堂,在开办之初,也是名为新学,实际教学仍然是旧学内容。民国《开阳县志稿》载开阳县立城区男小学:

> 本校在县城南街。为清书院旧地。自清光绪二十七年(1901),令各省废科举,改书院为学堂。几经筹备,讫二十八年(1902),知州张键,乃改开阳书院为开阳学堂,委任原任开阳书

---

① 黄加服、段志洪主编:《中国地方志集成·贵州府县志辑》第32册,巴蜀书社,2006年,第503页。

② 黄加服、段志洪主编:《中国地方志集成·贵州府县志辑》第38册,巴蜀书社,2006年,第430页。

院之山长何庆菘任第一届堂长,是为本县创立新式学校之始。但以初值改组,法令规章,多不完备,书院之名虽去,实则一仍其旧。迨光绪三十二年(1906),知州张翰,三十三年(1907),知州倪家骥时代,乃奉令改名高等小学堂。延聘新由日本留学归来之邑人钟昌祚,以劝学所总董兼任堂长,锐意革新,力谋改进,学校之形式与实质,自是乃粗具规模矣。当时为诱掖入学计,对来学生徒,不收学费,并供给膳宿,其学科,除算术、地理、格致(即今自然)外,仍兼授读经,侧重国文,盖以招纳学生,多系逊清生童,并风气初开,人民守旧性强,自不能不有所迁就耳。①

新式学堂多在原书院基础上改组,在一定时期内,"书院之名虽去,实则一仍其旧"。这是因为长期的旧学发展对人的影响太大,虽然新式教育风气已开,但百姓一时尚未适应,或观望,或保守。为了新式学堂的发展,除了免费招收学生外,即使教学内容上也有所迁就,读经与国文的内容所占比重很大。这是新旧学制交替时的特殊教育现象。据民国《续修安顺府志·学校志》载《安顺八属公立中学堂章程》有文科"读经讲经"课程:第一学年,"《春秋左氏传》每日约二百字,程度稍差者读节本亦可",每周授课10课时。第二、三学年同。第四学年"读经讲经"为《周礼》节训本,每周10课时。第五年"读经讲经"讲《易经》,每周10课时。实科的"读经讲经"课程内容一样,每周课时数稍微少些②。《安顺八属初级

① 黄加服、段志洪主编:《中国地方志集成·贵州府县志辑》第38册,巴蜀书社,2006年,第430页。
② 黄加服、段志洪主编:《中国地方志集成·贵州府县志辑》第42册,巴蜀书社,2006年,第490—495页。

师范学堂章程》中规定的"读经讲经"课程共五个学年，每周9课时①。此足见新学制实施初期官办学堂中儒学教育内容所占比重之大。

　　试院也是儒学教育与学习的重要场所。试院是学校的附设机构，旧学制下的考试本身就属于儒学教育内容。首先主持考试的是饱浸儒家思想的有学之士，参加考试的是寒窗苦读儒家圣贤书的学子。考试命题内容、考试要求、评阅标准、录取原则无一不是充满儒学色彩，而考生作答自然也离不开儒学二字。旧学制下的考试实质就是对儒学思想文化的再现与阐发活动。晚清贵州官学对试院是十分重视的，这是学校选拔人才时最关键的一个环节。咸丰《兴义府志·学校志》载知府张瑛言：

　　　　试院拓，关防密，而后真才出。郡之旧试院，制庳陋，号舍少，不足以容多士。墙垣卑，不足以严关防。余有深虑焉。乃创捐得白金三万有奇，迁建试院。都计得屋二百有九间。平时课书院士子，擢其尤秀出者，读书其中。延名师童刺史翚，课之。余时过从，亲为讲论，如是者有年。后选拔而贡于朝，捷乡闱而联翩以去者，若孝廉景其全、胡尔昌、徐世德，副贡生缪振经，拔贡生曾永泰、景其泽，副选拔生周汝桢等，若而人，皆试院中读书佳士也。试院拓，关防密，而后真才出，不洵然欤②。

① 黄加服、段志洪主编：《中国地方志集成·贵州府县志辑》第42册，巴蜀书社，2006年，第497—499页。
② 黄加服、段志洪主编：《中国地方志集成·贵州府县志辑》第28册，巴蜀书社，2006年，第251页。

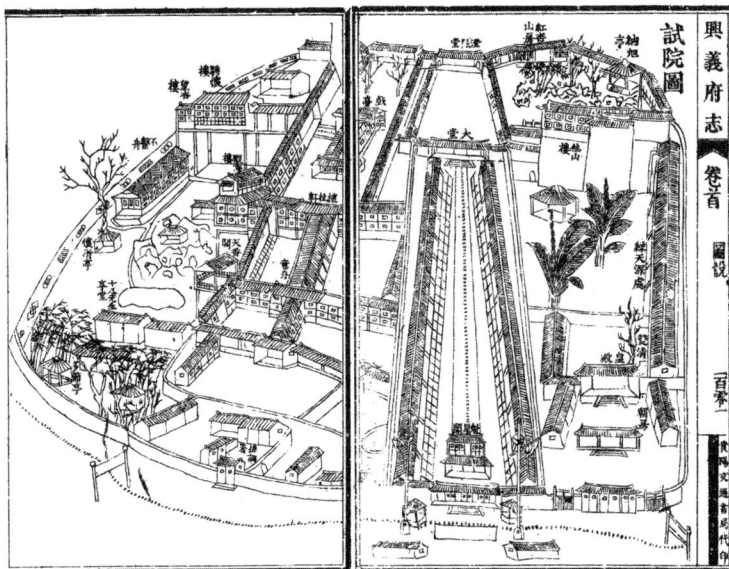

图8　兴义府试院图①

　　兴义府旧试院原来建在城外,居民寡少,加上没有旅店,参加考试的士子必须住在城里头,在城外试院与城内旅店之间往来很不方便,特别是天气不好的时候,跋涉十分艰辛。且旧试院已经历五十多年,残破不堪,号舍也很少,对于一个府学的考场来说极不相称。兴义知府张瑛自己带头捐赠白金千两,最后将试院迁到城内东门边书院旁边。据张瑛所说,兴义府试院兼具学校功能,而且培养了很多人才。

　　其二,开展礼仪与祭祀活动。因为府、州、县、厅等官办学校是学庙合一,所以在官学中除了学习儒家典籍等思想文化内容外,还会开展一些与儒学相关的礼仪与祭祀等实践活动。实质上,开展一些礼

<hr>

①［清］张锳纂修:《兴义府志》,清宣统元年(1909)贵阳文通书局铅印本,卷首《图说》第101—102页。

仪与祭祀活动，本身也是对儒学的一种学习与传承方式。例如，道光《遵义府志·学校志》载：

> 乡饮酒礼仪注：京府及直省府州县，岁以孟春望日、孟冬朔日举行于儒学。前一日执事者于儒学之讲堂，依图陈设坐次。司正率执事诸生习仪。至日，黎明，执事者宰牲具馔。主人及僚属、司正先诣学，遣人速宾僎以下，宾至，主人率僚属出迎于庠门之外，揖入，主居东，宾居西，三揖三让而后升堂，东西相向立……①
>
> 宾兴礼：凡三年乡试，府、州、县官前期七日，延集录科生员，行宾兴礼。先期儒学官将奉准督学录科生员，起具红批，呈送府、州、县官，择日具书柬延集科举诸生。至日，结彩于大堂或明伦堂，鼓乐设筵，拜揖如仪。府、州、县官与诸生簪挂花红就坐，府州县官、儒学官东西侖坐，诸生以次两旁列坐。酒五行或十行，起，由中门送出。
>
> 送学礼：凡督学岁、科取进文武新生，红案发到府、州、县官，送学肄业，行送学礼。前期择日，传集新生。至日，府、州、县官于大堂公庙，簪挂花红，诸生行庭参礼，本官拱立答礼，虚拜免，由中门鼓乐导出。府、州、县官率领诸生谒文庙，行三跪九叩头礼，毕，府、州、县官诣明伦堂与儒学官交拜，行两礼，毕，新生次见儒学官，行四拜礼。儒学官立受两拜，陪受两拜。②

---

① 黄加服、段志洪主编：《中国地方志集成·贵州府县志辑》第32册，巴蜀书社，2006年，第489页。
② 黄加服、段志洪主编：《中国地方志集成·贵州府县志辑》第32册，巴蜀书社，2006年，第502页。

这些在学校中开展的礼仪活动,实质上是儒学教育实践。是儒学实用于平日社会生活的具体表现。

官学中的祭祀活动也是比较频繁的。各官学中的祭祀主要以祭孔为主,兼及先贤先儒。例如,道光《遵义府志·学校志》所载《祀典》:

> 凡释奠于先师之礼,府、州、县、卫皆为庙,曰文庙。殿曰大成殿,以四配、十二哲侑飨殿中,以先贤先儒从祀两庑。至圣先师孔子神位居中,南向。四配:复圣颜子、宗圣曾子。东位,西向;述圣子思子、亚圣孟子。西位,东向;东序,先贤:闵子损、冉子雍、端木子赐、仲子由、卜子商、有子若。西序,先贤:冉子耕、宰子予、冉子求、言子偃、颛孙子师、朱子熹,位均东西向……①

祭祀以祭孔为中心,兼及颜回等四圣、朱熹等十二哲、蘧瑷等先贤、公羊高等先儒。其中涉及的儒家人物几乎涵盖了先秦两汉宋元明清儒学发展的整个历史,如此祭祀活动的展开相当于在娓娓叙说中国儒学发展的辉煌成就。同时,这种祭祀活动,对祭祀的布帛、牺牲、乐章、仪式程序等规定与要求极其繁缛。特别是对祭祀音乐的箫谱、笛谱、埙谱等要求严格。其中还涉及丰富的儒家诗乐理论。特别是对祭祀音乐的箫谱、笛谱、埙谱等有完整乐谱。而祝文更是从内容到格式有详细载录,如:

---

① 黄加服、段志洪主编:《中国地方志集成·贵州府县志辑》第32册,巴蜀书社,2006年,第441—446页。

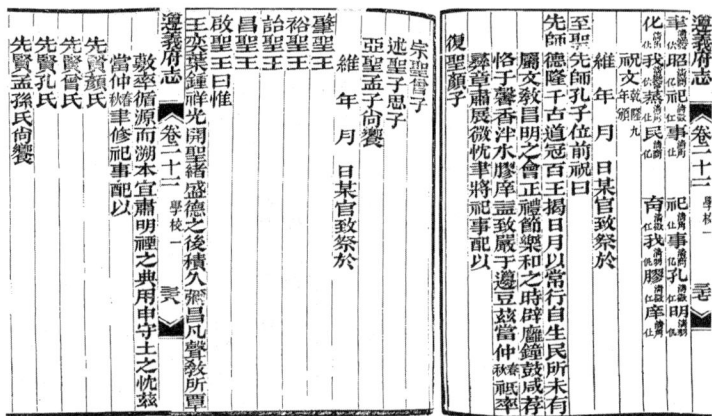

图9　《遵义府志·学校志》所载祝文[1]

其余文庙陈设图等，详细说明了祭祀典礼的物品摆设要求：

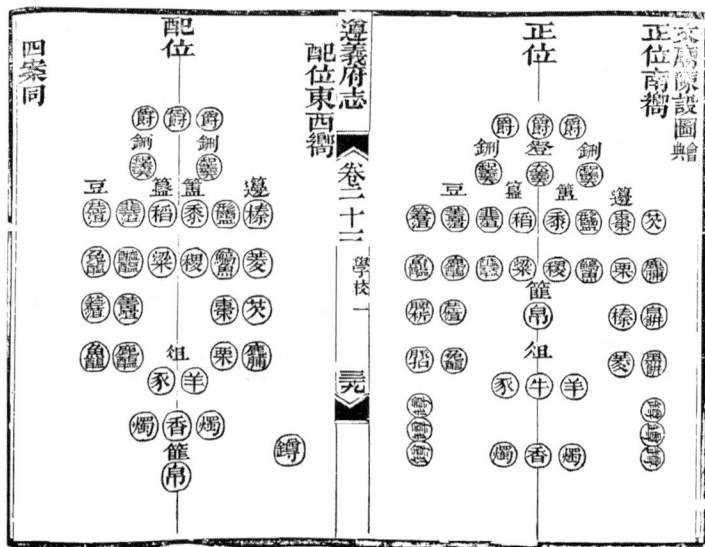

① 黄加服、段志洪主编：《中国地方志集成·贵州府县志辑》第32册，巴蜀书社，2006年，第452页。

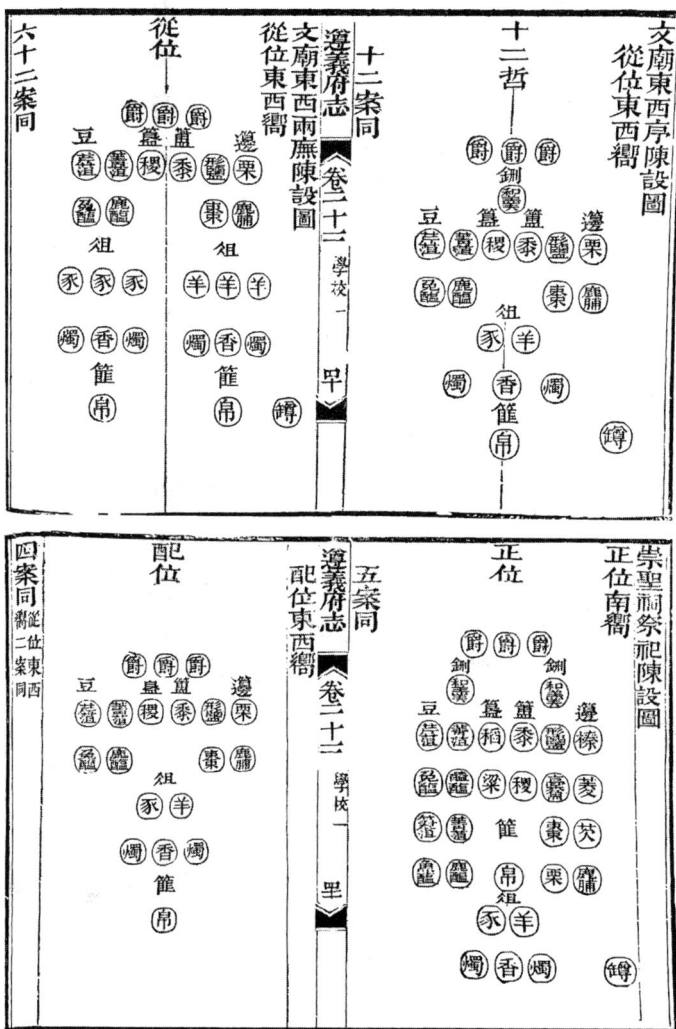

图10　《遵义府志·学校志》文庙陈设图[1]

---

[1] 黄加服、段志洪主编:《中国地方志集成·贵州府县志辑》第 32 册,巴蜀书社,2006 年,第 453—454 页。

图11　《遵义府志·学校志》典礼乐舞图①

一场祭祀活动的开展，需要学校相关人员不断反复演练才能顺利完成，这种演练实际上就是对儒家相关礼仪和思想文化的再学习与不断传播过程。而祭祀过程中对儒学先师、先圣、先贤的展示，实质就是对儒学思想的再温习。请看祭祀中的祝文：

> 维某年某月某日，某官致祭，于至圣先师孔子位前祝曰：先师德隆千古，道冠百王，揭日月以常行，自生民所未有。属文教昌明之会，正礼节乐和之时，辟廱钟鼓咸荐格于馨香；泮水胶庠益致严于笾豆。兹当仲（春、秋），祗率彝章，肃展微忱，聿将祀事。配以复圣颜子、宗圣曾子、述圣子思子、亚圣孟子尚飨。②

① 黄加服、段志洪主编：《中国地方志集成·贵州府县志辑》第 32 册，巴蜀书社，2006 年，第 455 页。
② 黄加服、段志洪主编：《中国地方志集成·贵州府县志辑》第 32 册，巴蜀书社，2006 年，第 453 页。

祝文是祭祀过程中用来念唱的,在庄严肃穆的大庭中,在众多后学的仰慕下,对一位位儒学先师先圣先贤放声赞美,充分表达了对儒家思想的高度推崇。如此内涵丰富的祭祀孔子与先贤先儒活动,本身就是一场场生动的儒学传布与学习教育。

二、非官学教育机构中的儒学教育

晚清时期,贵州非官学教育机构主要有书院、私塾、社学及义学,其中儒学教育色彩也是十分浓郁的。

1.书院

书院是儒学教育的重要场所。书院设置的目的与学校完全一致。咸丰《兴义府志·学校志》载知府张瑛言:

> 书院之设,所以裁成文士,为国储才也。盖乡曲之士,有志读书,每苦无名师指授,天下皆然,不独兴郡也。余守兴郡十年,见郡多英奇瑰伟才,乃登玉堂而黼黻太平者,虽有而不多,何欤?意者,乡先生未能遍为裁成欤!于是修书院,拓学舍,裕经费,聘主讲,并为筹小试、乡会试诸费。惟望之切,故为谋之周也。多士当必体余之苦心而自爱自奋。抑又思之,书院之流弊也,或有名无实,终年不课者,有之;或恃大吏荐剡,名为主讲,未尝诣书院讲课者,有之;甚至侵蚀经费者有之。此数者,深愿无之。抑更有进焉者。书院之课士以文,而士之行尤重于文,愿课士者,遇有敦行士,即文稍逊,间亦超擢,以风多士,则异日醇儒辈出,基于此矣。余于书院不仅望佳士为文人,尤厚望佳士敦行,而学为圣贤也。①

---

① 黄加服、段志洪主编:《中国地方志集成·贵州府县志辑》第28册,巴蜀书社,2006年,第247页。

据张瑛言，不难看出书院设置的目的，仍然在于传播儒学，敦厚风尚，培养封建统治所需要的人才。但书院与官学不同，书院不带有强制学习的色彩。官学的儒学教授和训导属于封建官吏的一员，住官家宿舍，拿官家俸禄，多半也不是什么名师名儒，但书院因其在体制特别是待遇上的灵活自由，可以延聘名师，这是书院的最大特色。因为这些书院民办性质较浓。以兴义府各书院为例。这些书院虽然最初大多是官方设置，但其维持运行的经费等却大多来源于自筹或捐赠。如九峰书院，本为海潮寺的前殿，靠寺租六十石为掌教修缮之资、延师讲学之费用。又如珠泉书院，有田租以供膏火，不敷者，由府捐给。笔山书院、盘水书院、莲城书院、珉球书院、册亨书院等都有固定的田租为书院经费。

书院一般多建在风光秀丽之地，其内部景色也极佳。如兴义府著名的笔山书院：

> 今书院，凡讲堂三楹，中为文昌殿，左右斋房十楹。头门一楹，二门楼一楹，门外有池，楼上有魁星像，左厅一楹，右厅一楹，皆杜友李建。山长内室三楹，东西厢房四楹，厨房一楹，皆徐铉建。其改建头门则张梦骥也。笔山奇秀峭拔，书院前临河，山水竞秀，远眺，奇景如画。①

又如光绪《普安直隶厅志》所载凤山书院：

> 凤山书院在城西门内山半，嘉庆十二年（1807）建。前面笔

---

① 黄加服、段志洪主编：《中国地方志集成·贵州府县志辑》第28册，巴蜀书社，2006年，第249页。

峰,后枕奎阁,地势雄特,万象森罗。有头门二门讲堂三楹。上有楼,正中祀仓圣,颇极轩敞。两旁翼室为斋房。讲堂右折为山长内室三楹,右偏为厨湢,对面有亭翼然。署同知吴公宗兰榜曰:绿绕青来。讲堂下,有丹桂紫薇各一株,花时足供游赏。院后有井泉,甘洌清香。前教谕刘汉英缀为八景曰:魁阁飞霞、书楼赏雨、薇云夏幕、桂露秋香、笔岫凌云、斗亭留月、山房抱胜、井泉洗心,各系以诗。①

　　书院是一个风景如画的安静讲学、读书场所,也是文人雅士吟咏情性的胜地。这与官办的学校风格完全不同。特别是书院的这些建筑,经过文人建构,被赋予了儒家修身养性的思想内涵。以普安凤山书院为例。教谕刘汉英有《凤山书院八景》诗:

魁阁飞霞

杰阁凭虚矗,登临思邈然。人扶鼇背上,山接凤头圆。

俯瞰城如斗,高吟笔插天。丹霞遥对峙,落落锦标悬。

书楼赏雨

问字来携酒,披书共上楼。风声抬雨过,暑气入杯收。

梅笛思黄鹤,萍沙感白鸥。为霖应慰望,五凤待谁修。

薇云夏幕

绕屋双薇树,垂垂一朵云。小帘晴昼永,美荫画堂分。

翠落琴书润,霞烘笔墨芬。黄昏仍独坐,相对亦欣欣。

桂露秋香

何年植斯树,义本取高攀。读罢露初上,行吟庭自闲。

---

① 黄加服、段志洪主编:《中国地方志集成·贵州府县志辑》第14册,巴蜀书社,2006年,第378页。

天香散遥夜，秋意满空山。翘首月中桂，蟾宫咫尺间。

笔岫凌云

手把凌云笔，开轩引兴长。雨山如挂榜，双管想临场。
翰戏鸦千点，书空雁几行。文章应假我，鸣凤听朝阳。

斗亭留月

夜深月初上，太空云尽回。闲亭无俗客，对影好衔杯。
共得琴中趣，都忘漏下催。长更且相待，莫报五更来。

山房抱膝

青分山一角，绿绕屋三椽。有客此容膝，抱琴常醉眠。
答歌花坐鸟，和曲树鸣蝉。解识读书乐，四时心浩然。

井泉洗心

古甃层巅上，清泉晓露酣。此心原似水，绝顶好分甘。
独别色香味，一空廉让贪。不应徒洗耳，井渫亦怀惭。①

又湘西罗振瀚《凤山书院八景步刘广文韵》：

魁阁飞霞

山颠耸魁阁，屹立势巍然。云气随烟上，霞光荡日圆。
灵氛长隐雾，祥霭欲连天。磴道攀跻处，苍藤石壁悬。

书楼赏雨

西风吹雨至，乘兴一登楼。雾掩山光暗，云浮日影收。
遥天迟度雁，低渚稳栖鸥。小酌怀前哲，兰亭禊事修。

---

① 黄加服、段志洪主编：《中国地方志集成·贵州府县志辑》第14册，巴蜀书社，
2006年，第580—582页。

薇云夏幕

紫薇双树秀,花发曜朝云。荫偕墙头罩,枝从屋角分。

浅霞蒸薄晕,浓艳袭清芬。消夏围成幕,依依众鸟欣。

桂露秋香

丹桂森森立,新秋得意攀。一枝自清洁,千古总幽闲。

夜静露凝芷,风来香满山。会当明月上,酌酒饮花间。

笔岫凌云

烟峦看树崝,逸兴引杯长。是处钟灵秀,当年叹战场。

霞烘天作纸,鸦戏墨成行。欲把凌云笔,书空问夕阳。

斗亭留月

山际露微月,亭前望几回。狂歌谁和曲,快饮莫停杯。

云送凉飙起,星稀曙色催。徘徊不成昧,明夕可重来。

山房抱膝

荦确砌顽石,权杈架短椽。有时还兀坐,得趣且酣眠。

习静闲栖鹤,长吟偶听蝉。幽居饶雅兴,抱膝自怡然。

井泉洗心

沿溪寻古井,散步酒微酣。地僻心原净,泉清味亦甘。

临流思可濯,止水戒毋贪。把注尘襟涤,应怀汲绠惭。[①]

　　这些诗歌作品,其创作灵感均来自书院建筑所蕴含的儒学文化。实乃儒学与文学互动之表现。一方面,书院蕴含的儒学文化意蕴推动了诗歌创作,而另一方面,以书院八景为题材的诗歌又进一步阐释了书院的儒学文化内涵,并对书院儒学文化意蕴的凝练发挥作用。

---

① 黄加服、段志洪主编:《中国地方志集成·贵州府县志辑》第14册,巴蜀书社,2006年,第581—582页。

文学与儒学通过诗歌的创作有机结合，相得益彰。

晚清贵州书院众多，自 1840 年至 1902 年的 60 余年中，贵州新建与改建的书院有 79 所，最迟到 1900 年前后还在新建书院。据民国《贵州通志·学校志》的《书院表》统计，贵州共有书院 141 所。书院的繁荣，无疑对晚清贵州儒学教育的开展发挥了重要作用。

书院所习课程比官学稍自由些，但仍以儒学为主。故咸丰《兴义府志·学校志》说"凡书院之长，必择经明行修者，以礼聘请。生徒必择沉潜学问者，肄业其中。其放诞佻达之士不得滥入书院中。酌仿朱子《白鹿洞条规》，立之仪节，以检束其身心。仿分年读书之法，予之程课，使贯通乎经史"，"应令院长，将经学、史学、治术诸书讲贯，余功兼及对偶声律之学。其资质难强者，当先攻八股，徐及经史治术对偶声律。月课仍以八股为主。或论，或策，或表，或判，酌量兼试。兼长者，酌赏鼓励，则今兴郡书院士子，专习八股之外，于经史策论，亦兼宜心究也"①。

2. 私塾

私塾属于民间私学，晚清贵州各地的私塾发展相当繁荣。道光《遵义府志·序》说遵义地方"经行虽僻，无一二里无塾童声"②。其他地区也是"行其野而户诵家弦与机杼之声相杂，盈耳者洋洋也"③。据民国《续修安顺府志·学校志》所载宣统三年（1911）《安顺私塾调查表》，安顺有私塾 45 所，学生 774 人，其中读经学生 163 人，读四

---

① 黄加服、段志洪主编：《中国地方志集成·贵州府县志辑》第 28 册，巴蜀书社，2006 年，第 250 页。

② 黄加服、段志洪主编：《中国地方志集成·贵州府县志辑》第 32 册，巴蜀书社，2006 年，第 13 页。

③ 黄加服、段志洪主编：《中国地方志集成·贵州府县志辑》第 32 册，巴蜀书社，2006 年，第 11 页。

子学生 611 人[①]。私塾的发展一直持续升温至民国初期。据《贵州省志·教育志》，民国四年（1915）九月，天柱县知事胡吉卿在给贵州巡抚使龙建章的报告中记载，天柱东西 180 里，南北 140 里；丁口 12 万左右；学龄儿童 15000 有余；全县有公、私立小学 32 所，在校学生 1594 人；私塾 220 所，在私塾就读的学生 3426 人。全县共有小学、私塾 252 所，其中公、私立学校仅占 12.6%，私塾则占 87.4%。在读学生 5020 人，其中私塾学生占总人数的 60.8%[②]。

私塾的教育内容主要是儒学。晚清遵义黎安理《长山公自书年谱》载：

> 五岁。乙亥，是年先君馆双车坡，携余至馆，画红鸡一只，为余嬉戏。每日以竹简书《论语》数行授余记诵。讫，即抹去另写上。《论》毕，然后以书本授读。
>
> 七岁。丁丑，先君馆双车坡。余熟《周易》，又授读《书》经及朱注小学，日讲《四书》旁训蒙解，皆先君手订。
>
> 八岁。戊寅，先君仍馆双车坡。是岁，余熟《书》经、小学、《孝经》，先君授以《诗经》、古文，《礼记》则读删本。当时《五经》、《周礼》、《左传》等书未大行于学校，乡村学究多以《诗经》授徒，间有习《书》、《易》者。至《礼记》、《春秋》等则目全未见。余先人家学原传《周易》，余故究心《易》学，此外如《诗》、《书》、《礼》三经不过节读大文，略知句解。《左传》、《国语》、《国策》则取《古文》所载诵习，全本未窥也。下至秦汉魏晋以迄唐宋元明古文

---

① 黄加服、段志洪主编：《中国地方志集成·贵州府县志辑》第 42 册，巴蜀书社，2006 年，第 487—489 页。
② 贵州省地方志编纂委员会编：《贵州省志·教育志》，贵州人民出版社，1990 年，第 58 页。

词则尽读之。《括发》《蒙观》《止觉》斯三部至于《周礼》,则家无藏书,童时未购读本。诗诵排律诗钞,然其时童试无诗,故亦不甚习之。

　　十岁。庚辰,余讲《四书》,备旨章头节旨,讲辞字义及附考典故,讨论不遗,作文成篇,颇知理路。①

　　黎安理在私塾中所习内容就是以《诗》《书》《易》《礼》《春秋》《四书》等儒学典籍为中心。遵义黎氏家族的私塾还拥有藏书甚富的锄经堂,实乃晚清贵州儒学的发展基地,为遵义"沙滩文化"乃至整个近代贵州儒学与文化的发展打下了重要基础。黎氏家族的私塾也正是依凭厚实的儒学基础孕育出了郑、莫、黎等诸家英才。

　　3. 社学与义学

　　社学乃乡社之学,主要针对偏远的乡村而设立的教育机构。民国《贵州通志·学校志》说:"凡汉人在乡之学总曰社学,所以别于府、州、县在城之学也。"②义学实乃针对苗民所设立的学校。民国《贵州通志·学校志》曰:"朝廷为彝洞设立之学及府州县为彝洞捐立之学则曰义学,盖取革旧之义,引于一道同风耳。"③其实,社学、义学都有移风易俗的教化目的。故民国《贵州通志·学校志》载,乾隆十六年(1751),议准贵州苗疆设立社学,"原期化其狂野,渐知礼义,以昭

---

① [清] 黎安理:《长山公自书年谱》,《黎氏家集》,清光绪十五年(1889)黎氏日本使署刻本。

② 黄加服、段志洪主编:《中国地方志集成·贵州府县志辑》第 8 册,巴蜀书社,2006 年,第 560 页。

③ 黄加服、段志洪主编:《中国地方志集成·贵州府县志辑》第 8 册,巴蜀书社,2006 年,第 560 页。

圣朝声教之盛"①。又,民国《贵州通志·学校志》载道光时期张经田《广兴义学文》:

> 黔省地处边隅,民苗杂处,地瘠民贫。多有俊秀子弟,苦于无力延师。又夷俗不事《诗》《书》,罔知礼义,亟当诱掖奖劝,俾其向学亲师,以化其鄙野强悍之习。是义学之设,文教所关,风化所系,实力奉行,在黔省尤急。②

对于贵州特殊的地理条件和风俗,设置义学似乎是最佳选择。晚清时期,贵州义学十分繁荣,据民国《贵州通志·学校志》"义学表",贵州义学大概有240所③。义学、社学与书院,实乃一种相辅相成关系,是非官学中儒学教育的不同形式而已。故咸丰《兴义府志·学校志》说:"义学与书院相表里,有义学以端蒙养,有书院以教成才,而羧羧髦士济济兴起矣。社学,更所以辅义学者也。"④

义学与书院性质相仿,以民办为主,官办为辅。其没有单独校舍,多利用祠堂开办,经费以商业投资获利、田租等维持。由于义学体制较灵活,故设置也比较多。仅以开阳一县,就有:陶淑义学、养正义学、务本义学、崇正义学、育英义学、飞凤义学、佘家义学、开化义学、玉清义学、义和义学等十所。"陶淑""养正""务本""崇正"等,仅从名字,

---

① 黄加服、段志洪主编:《中国地方志集成·贵州府县志辑》第8册,巴蜀书社,2006年,第560页。
② 黄加服、段志洪主编:《中国地方志集成·贵州府县志辑》第8册,巴蜀书社,2006年,第563页。
③ 黄加服、段志洪主编:《中国地方志集成·贵州府县志辑》第8册,巴蜀书社,2006年,第564—570页。
④ 黄加服、段志洪主编:《中国地方志集成·贵州府县志辑》第28册,巴蜀书社,2006年,第263页。

便可以感受到义学中浓郁的儒家文化氛围。

义学是旧学制下产物，随新学制下新式学堂的开办逐渐退出历史舞台。《开阳县志稿》说：

> 按上列各义学自民国开办各区小学以后，均经停办。本城内陶淑义学，四街绝基租金，前已将产变卖，作武备学堂款。合其他义学所有经费，均归地方财务委员会保管收付，供各小学校经费之用。①

由于晚清贵州各式旧学十分繁荣，各种办学软硬件设施相对完善，故在此之上开办新式学校教育则比较有利。晚清贵州旧学为清末民初贵州新式教育发展打下了坚实基础。

据民国《贵州通志·选举志》可知，道光朝贵州有进士95人、举人596人，其中包括著名学者萧光远、郑珍、莫友芝等。咸丰朝有进士30人、举人90人，其中包括名臣丁宝桢。同治朝有进士45人、举人389人，其中包括维新大员李端棻。光绪朝有进士143人、举人706人，其中包括状元赵以炯、夏同龢和探花杨兆麟②。而晚清四大名臣之一的张之洞，生在贵阳长在贵州，正是在贵州儒学教育下脱颖而出的。作为曾国藩门下四大弟子之一的黎庶昌，在晚清贵州的儒学教育中成长，上万言书，出使欧洲，两度作为大使出使日本，在海内外产生了巨大影响。从1820年道光朝至1908年光绪朝，短短的88年间贵州所出的举人与进士，包括状元，超过了前面贵州建省以来四百余年的总和。晚清时期

---

① 黄加服、段志洪主编：《中国地方志集成·贵州府县志辑》第38册，巴蜀书社，2006年，第430页。

② 黄加服、段志洪主编：《中国地方志集成·贵州府县志辑》第9册，巴蜀书社，2006年，第50—66页。

贵州人才之泉涌充分证明了其儒学教育发展所取得的显著成效。

晚清的贵州,其文化发展臻至一个高峰,一跃而居于全国文化发展之前列。究其原因,核心因素是儒学在贵州的落地、生根与全面开花。晚清时期,可谓贵州教育发展的黄金时期。学校、书院、私塾、义学等十分繁荣。晚清贵州教育的蓬勃发展,促使了贵州文化的大爆炸。而其中坚实的儒学教育底蕴,也使得从这种教育文化熏陶下走出去的贵州人能在全国乃至海外产生重要影响。

第三节　明清贵州经学家与经学著述的
地域分布及成因

明清时期,贵州经学发展较为繁荣,经学家与经学著述的地域分布有如下特点:其一,不同时期不同地域的经学发展极不平衡;其二,各地经学研究的侧重点与优势各不相同;其三,有些地区的经学自明至清呈逐渐壮大的发展趋势,而有些地区的经学却在某一个时段呈集中爆发的特点。明清时期贵州经学家与经学著述地域分布特点的成因主要在于:各地域经学自身发展之积淀、时代学风之影响、与省外文化之互动以及各地交通发展之影响。

一、明清时期贵州经学家与经学著述的地域分布

明永乐十一年(1413),贵州建省。在贵州建省之前,今贵州区域分别归属湖广、四川、云南、广西。建省后,贵州的行政区域也屡经调整。例如,清康熙、雍正年间,便将原属湖南省的镇远、偏桥、五开、铜鼓、清浪、平溪六卫及天柱县划归贵州,将原属四川省的遵义军民府划归贵州等。此番变动后,贵州省区域基本稳定,其行政区划包括

十二府、一直隶州、三直隶厅，我们统计贵州各地的经学家与经学著述即以此行政区划为依据。据民国《贵州通志·艺文志》①，同时参考其他贵州地方志，制成明清时期贵州经学家与经学著述地域分布图表：

贵州省 府州县	经学家（人）明	清	明·易	书	诗	礼	乐	春秋	孝经	群经	四书	小学	清·易	书	诗	礼	乐	春秋	孝经	群经	四书	小学
贵阳	7	17	1	1	1			1		2		1	10	1	2	5			1	3	6	8
贵定		2											1						1			
广顺		1											1									
清平	1		1			1	2				1											
黄平		3											1	1					1		4	
思南	1	3	1																	1		1
玉屏	1	3																	1		1	
铜仁		3											4		1						1	2
安化	1		1																			
瓮安		5											5	1	1	1			1	2		
毕节		3											1	4	1				2	1		
正安		2											2									
安顺		4											3							2		
平坝		1																	1			
黎平	2	11			1				1				2	1		2	2				6	1
独山		3													1						2	3
麻江		1											1								1	1

---

① 黄加服、段志洪主编：《中国地方志集成·贵州府县志辑》第10册，巴蜀书社，2006年，第511—531页。

续表

贵州省府州县	经学家（人）		经学著作（部）																			
	明	清	明										清									
			易	书	诗	礼	乐	春秋	孝经	群经	四书	小学	易	书	诗	礼	乐	春秋	孝经	群经	四书	小学
都匀		1																				1
平越		1														5	1					
施秉		2																	1	1		
威宁		1																		1		
大定		4																	1	1	1	2
印江		1																			1	
德江		1																				1
普安	1	1								2												
普定		1																				1
兴义		3											1		1			1		1		
绥阳		2												1	1							
仁怀		1																1			1	
遵义	1	17											7	1	4	10		4		2	9	29
总计	15	98	4	1	1	1	1	3		4	3	1	42	10	12	25	1	16	2	17	30	49

我们按十二府、一直隶州、三直隶厅,对各地经学家及经学著述数量进行统计,其基本情况如下:

1. 各地经学家数量

（1）贵阳府（包括贵筑、贵定、广顺等）:27人

（2）遵义府（包括绥阳、正安等）:20人

（3）黎平府:13人

（4）大定府（包括威宁、毕节等）:8人

（5）思南府（包括安化、印江、德江等）:7人

（6）都匀府（包括都匀、麻江、独山、清平等）：7 人

（7）安顺府（包括普定、平坝等）：6 人

（8）平越直隶州（包括瓮安等）：6 人

（9）镇远府（包括施秉、黄平等）：5 人

（10）思州府（包括玉屏等）：4 人

（11）铜仁府：3 人

（12）兴义府：3 人

（13）普安直隶厅：2 人

（14）仁怀直隶厅：1 人

2.　各地经学著述数量

（1）遵义府（包括绥阳、正安等）：70 部

（2）贵阳府（包括贵筑、贵定、广顺等）：46 部

（3）平越直隶州（包括瓮安等）：17 部

（4）黎平府：16 部

（5）都匀府（包括都匀、麻江、独山、清平等）：16 部

（6）大定府（包括威宁、毕节等）：15 部

（7）镇远府（包括施秉、黄平等）：9 部

（8）铜仁府：8 部

（9）安顺府（包括普定、平坝等）：7 部

（10）思南府（包括安化、印江、德江等）：7 部

（11）思州府（包括玉屏等）：4 部

（12）兴义府：4 部

（13）普安直隶厅：2 部

（14）仁怀直隶厅：2 部

这里，我们对"经学家"的定义是：只要某人撰写有一部经学著作，则视其为经学家。根据这个标准，明代贵州的经学家共有 15 人，

其中以贵阳地区占据最多,达7人,将近占整个明代贵州经学家一半,其次为黎平府。清代经学家共计98人,以遵义和贵阳最多,其次为黎平府,再次为瓮安、大定等县。明清贵州各地经学著作的分布与各地经学家的数量基本成正比。只有遵义地区的经学家与经学著作几乎全部集中在清代,这是一个特殊现象。

在贵州十二府、一直隶州和三直隶厅中,只有石阡府与松桃直隶厅没有经学家与经学著述的记载。但这可能只是文献有阙、史志所载不全的原因,并不能完全断定石阡府与松桃直隶厅就没有一个经学家与一部经学著作。而从史志记录的历史线索中看,这两个地区的经学活动实际上是比较活跃的。例如,民国《石阡县志》卷十三"人物志"载:"王显文,石阡人,有勇善谋,阡屯赖多赖保全。明洪武间以忠毅称,授思州千户所百户,诗书忠厚传家。"既云"诗书传家",则对儒家经学的研习当有传统。又,胡允恭,石阡人,明万历乙卯解元,己未进士,民国《石阡县志》称其母杨氏"训读成名"。既然能被训读成进士,则当地的经学教育水平应该不低[1]。又,徐培深,清嘉庆翰林院庶吉士,在扬州主讲梅花书院[2]。徐培深能主讲扬州著名书院,则其儒家经学素养自然不浅了。再如,"唐必聪,明成化丙午举人,任云南曲靖府南宁县知县,升知州,告归,以经术开导士类,品学见重一时"。此明云以"经术开导士类",则石阡自明代始即十分推崇儒家经学了。又,费以矩,康熙癸卯举人,积学笃行,生平著作甚富,悉因兵

---

① 黄加服、段志洪主编:《中国地方志集成·贵州府县志辑》第47册,巴蜀书社,2006年,第524页。

② 黄加服、段志洪主编:《中国地方志集成·贵州府县志辑》第47册,巴蜀书社,2006年,第525页。

灾散失①。这可能很好地说明了为什么石阡府没有经学著作被著录的原因，不是没有著作，而是著作甚富，但因为天灾人祸等原因全部散失了。又，夏纯彦，"少务根柢之学，六经注疏章节皆熟记贯通"②。黄河源，光绪乙酉举人，"恂恂儒雅，贯穿经史，尤肆力于诗、古文辞，著作深刻，迥异浮嚣"③。这些说明，直到清末，石阡府的经学活动仍十分繁荣。

松桃厅情况也是如此。道光十五年（1835）《松桃厅志学校志》记载道光九年（1829）松桃厅学使用教材，共十四部：《钦定四书正蒙》《钦定周易折中》《钦定书经传说》《钦定诗经传说》《钦定春秋》《钦定礼记义疏》《钦定仪礼》《钦定四书文》《御纂纲目三编》《古文渊鉴》《朱子全书》《性理精义》《康熙字典》《古文雅正》④。明显可见清代松桃厅的经学教育在当时学校教育中占据主导地位。虽然史志中对松桃厅经学家与经学著述没有著录，但从晚清当地经学教育看，松桃厅的经学活动十分活跃。可以推知当地应该有一定数量的治经者及经学著述。没有被著录的原因可能与石阡府相同。

据上可知，明清时期，贵州经学传播的覆盖面是比较广的，几乎贵州每一个行政区划内都有经学家活动，每一个地区都有经学著述传世。从明至清，贵州各地治经人员与经学著述的数量越来越多，到晚清时期达到高峰。但不同时期不同地区经学家与经学著述的数量

① 黄加服、段志洪主编：《中国地方志集成·贵州府县志辑》第47册，巴蜀书社，2006年，第535页。
② 黄加服、段志洪主编：《中国地方志集成·贵州府县志辑》第47册，巴蜀书社，2006年，第535页。
③ 黄加服、段志洪主编：《中国地方志集成·贵州府县志辑》第47册，巴蜀书社，2006年，第536页。
④〔清〕徐鉉主修，萧琯纂修，龙云清校注：《松桃厅志校注》，贵州民族出版社，2006年，第154页。

相差也是比较大的。

二、明清时期贵州经学家与经学著述的不平衡性

明清时期,贵州各地经学家与经学著述数量整体呈增多趋势。清代贵州经学发展规模远远超过明代。贵州明代经学家共计15人,而清代则达到近百人(98人);贵州明代经学著作计19部,而清代则达到204部。明清时期,贵州经学研究有传承优势继续发展的地方,如明代贵州经学研究主要集中在《易》学、群经、《四书》与《春秋》,而清代贵州经学著述中,《易》学以42部占据次席,《四书》以30部占据第三,群经类17部和《春秋》类16部继续占优,这些无疑都是继承了明代贵州经学发展的优势。但清代贵州小学类著述以49部独占鳌头,而《礼》学研究著述也以25部优势超越群经与《春秋》类著作,这却是清代贵州经学发展的特殊变化。清代贵州小学类与《礼》学类研究著述突然增多,主要归功于遵义地区的经学发展。

虽然明清时期贵州各地几乎都有经学家与经学著述,但不同时期不同地域相互间的数量差异也是比较悬殊的。据上文统计可以看出,无论从治经的人员,还是经学著述的数量,遵义与贵阳地区遥遥领先于贵州其他区域。遵义治经人数20人,经学著作达到70部;贵阳治经人数27人,经学著作也有46部。明清时期贵阳地区经学研究,除了乐经以外,几乎遍涉群经。而遵义地区,除乐经外,其余经典也皆有著述,虽然表中没有列出《孝经》著作,但实际上在郑珍《巢经巢经说》中,有对日本《古文孝经孔氏传》之辨伪,实际上对《孝经》的研究是比较深入的。

虽然同为经学研究发达地区,但遵义与贵阳的区别也是十分明显的,其一,遵义70部经学著作全部集中在清代,而且以晚清居多。但贵阳地区在明代即已经有7部经典,且几乎涉及全部儒家经典。

如易贵的《诸经直指》，研究面是十分广阔的。因此，贵阳地区经学发展是渊源有自，呈现出一个逐渐壮大的发展模式。而遵义地区的经学研究却呈现出清代突然爆发的特征。其二，遵义地区经学研究的重点首推小学，其次为《礼》学，再次为《四书》与《易》学。但贵阳地区的经学研究重点却首推《易》学，其次为小学、《四书》与《礼》学，虽然两个地区经学研究整体内容上基本一致，但各自研究优势与侧重点却有所不同。

　　除了遵义与贵阳两地区外，经学研究比较发达的还有平越直隶州（17 部）、黎平府（16 部）、都匀府（16 部）、大定府（15 部）。其中研究队伍最庞大的要数黎平府，有 13 人之多。其成果主要集中在《四书》研究方面，占 7 部。黎平府的《四书》研究，自明代就有传统。如卢腾凤的《四书讲义》。清代有张应诏《四书六六记》四卷、胡泘《四书一贯录》六卷、王配乾《四子集义》六卷、龙澄波《四书日记续》四卷、龙月《四书讲义》、刘锡禄《四子集说》二十卷，从明至清，黎平府《四书》研究的卷帙较多，整体水平较高，影响较大。平越直隶州的经学研究，主要集中在瓮安学者上，而瓮安学者中又以傅玉书、傅龙光等傅氏家族最具影响。瓮安的经学研究全部集中在清代，其中以《易》学研究成就最大，如傅龙光的《易经管见》十卷、《易经浅说》十二卷、傅玉书的《象数蠡测》四卷、《卦爻蠡测》二卷、商家鲲《易经义》。特别是傅玉书，其学术研究曾为清代著名学者阮元所极力推崇，对贵州文化发展与影响贡献巨大。大定府经学研究，全部集中在清代，以毕节、大定二县学者为主，经学研究没有明显重点，除《礼》《乐》《四书》等经典没有研究著述外，其余各经都有研究成果。其中对《尚书》研究稍具优势，共有 4 部著述，如邱煌《今文质疑》、秦克勋《书经正旨》《今文质疑》、冯云祥《书经提要》，邱煌与秦克勋都著有《今文质疑》，据书名看，此两部著作应该是关于《尚书》今古文真伪问题的研究，属于辨伪著作。西南僻壤贵州的经学研究中能产生一定的辨伪思想实属不易，当为清初以来海内推崇汉学风潮影响所致。都匀府的16部经学著述，主要由清平孙应鳌与独山莫与俦、莫友芝父子占据。孙应鳌的5部经学著作《淮海易谈》《春秋节要》《左粹题评》《律吕分解》《四书近语》不仅在贵州经学著述中独树一帜，而且在海内经学研究中占有一席之地。莫氏父子的经学著作，主要有莫与俦的《二南近说》四卷、莫友芝的《邵亭经说》《唐写本说文木部笺异》《韵学源流》《声韵考略》，但莫氏父子的经学著作实际上都是在遵义完成的，这里按作者籍贯将之划归独山，而实质上莫氏父子的经学研究应该属于遵义沙滩文化的重要组成部分。都匀府的经学著述还有李兰台《等音归韵》十卷，是书有道光十年（1830）贵州熊氏文光堂刻本10册，现藏贵州师范大学图书馆，属于贵州小学著述中影响较大的。其余地区经学家与经学著述中，影响较大的无疑要数思南府的李渭了，李渭与孙应鳌都是贵州理学发展开先河之人物，其经学著述有《易问》等，在明代影响巨大，只可惜后来大都失传了。

三、明清时期贵州经学发展地区差异性形成原因

明清时期，贵州经学发展存在如下特点：其一，清代贵州各地治经人数与经学著述数量明显超越明代。当然，这是经学发展的必然趋势，但也与清代学风发展密切相关。清代汉学极盛，风潮所至，深入影响到西南僻壤贵州的学术发展。例如，遵义府的经学发展，其学术根柢就在汉学中。最先对遵义地区经学发展产生影响的人物无疑是莫与俦。莫与俦乃清代汉学大师阮元的门生，其任遵义府学教授，极力推崇汉学。郑珍《汉三贤祠记》记载莫与俦言曰：

> 孔子之道，载在六经。自经秦坑焚，历汉高、惠、文、景，皆武

夫功臣用事，徒黄老清净，以与民休息，诗书礼乐之教殆如草昧，二三大师各抱其遗，私教授乡里，久乃稍稍为章句传。故建元之际，弟子著录者渐多，齐鲁秦晋燕赵吴楚梁越之间乃始诸儒云烂霞蔚，六经赖以复传。于时西南远徼，文翁为之倡，相如为之师，经术文章，灿焉与邹鲁同风，而文学公、盛公即以其时起于犍为、牂柯。东汉以后，儒者始不专一家讲说，至许、郑集汉学大成，而尹公乃即起于毋敛。仆尝独居深念，六经堂构于汉儒，守成于宋程朱诸子，而大败坏于明人。及我太祖、圣祖，崇朴学，教化海内。一时朝野诸老宿，痛惩前代空疏文巧之佛老吾道而力挽回之，事必求是，言必求诚，支离惝恍之习扫弃净尽。于是汉学大明，六经之义，若揭日月。至今二百年来，数天下铿铿说者，一省多且得数十人，独西南士仅仅，意无乃渊源俎豆之不存欤？　①

　　莫与俦十分强调对汉学的继承与宏扬，并有志在西南贵州续接两汉经学渊源。莫与俦在《示诸生教一》中也表明了其教育理念中对经学的高度推崇：

　　　　学之为道，莫先于正趋向，趋向不正，虽其胸贯古今，望绝当世，亦是小人耳。国家以经艺取士，群天下之人于六经、四子中童而习其文，长而试其义。学臣师长为之董劝，岁科乡会为之甄拔。所以使之服习圣贤之遗训，以定夫趋向之所从，矫其戾而正其偏，范其轶而策其退。虽有赋性纯驳之不齐，而皆不敢自畔于中正，故处则为良士，出则为名臣。即其最下无所成就亦足以奉

①［清］郑珍撰，王锳等点校：《郑珍集·文集》，贵州人民出版社，1994年，第51—52页。

身而寡罪。诚如是,三代盛时一道同风之美,岂有异哉! ①

莫与俦强调为学首先必须"正趋向",而"正趋向"的核心内容就是以经学为范型。莫与俦的言行对清代遵义地区的经学发展产生了直接的影响,郑珍、莫友芝等一生长期苦研经学,正是清代汉学发展风潮影响所致。这也是清代遵义地区经学突然爆发的重要原因。特别是郑珍,其明确表达了以汉学为圭臬的思想。《上程春海先生书》曰:

> 念昔从游于南,以师弟之爱,朝夕之亲,窥先生盘盘郁郁,胸罗众有。其言论类非宋明凭臆拟度者伦,其笔为文章,则如闻先秦两汉人声息,当时虽不识何以至,然心固已知某所为者,特剽窃涉猎焉耳,非古人学也……于是意寻一古人之路。先读《说文》为本,佐以汉魏人小学,及希冯、元朗以下等书,别声音、辨文字,效古之十岁童子所为。乃即以字读经,又即以经读字,觉其路平实直捷,履之甚安,遂斤斤恪守尺寸,不肯以宋后歧出泛滥纷其趋。②

郑珍仰慕程恩泽的学术,而程恩泽正是嘉、道间极负盛名的汉学家之一。程恩泽极力推崇汉学,曾提出"凡欲通义理者,必自训诂始"。程恩泽任贵州学政主持考选,十分赏识郑珍,并在调任湖南学政时招郑珍入幕。这也是郑珍、郑知同父子在小学研究方面能取得重大成就的重要原因。对汉学的极力推崇,充分说明了清代遵义地区经

---

① [清]莫与俦、莫友芝:《莫氏四种》,(台北)文海出版社,1969年,第117页。
② [清]郑珍撰,王锳等点校:《郑珍集·文集》,贵州人民出版社,1994年,第35页。

学发展中以小学明显见长的根本原因，也说明了清代贵州小学著述
（49部）在整个经学著述中占据数量最多的原因。

其二，明清贵州各地的经学研究，有明显的侧重点，对各经典的
研究极不平衡。研究重点明显集中在如下几个方面：首先，小学研究
著述最多，学术影响最大。如莫友芝的《韵学源流》《唐写本说文木
部笺异》、傅寿彤《古音类表》，李兰台《等音归韵》等都是海内小学研
究的重要代表。特别是郑珍、郑知同父子的《说文》系列研究，如《说
文逸字》《说文新附考》《说文本经答问》等，堪称佳作。一时海内
无人不知郑氏父子，无人不知郑氏父子的小学研究。其次，《易》学
研究成就显著。《四库全书》收陈法《易笺》八卷、《四库全书存目》
收孙应鳌《淮海易谈》四卷、《续修四库全书》收萧光远《周易属辞》
十二卷等，充分说明了贵州《易》学研究居全国最高水平。再次，《四
书》研究十分精当。贵州的《四书》研究自明代始即影响较大，如孙
应鳌的《四书近语》以及李渭《毋意篇》对《大学》《中庸》的研究，
这主要是理学发展的结果。理学十分强调《四书》的重要性，特别是
修身入门的性理功夫皆基于《四书》之上。清代黎平府的《四书》研
究等充分继承了明代的传统。最后，贵州的《礼》学研究考证十分精
审。明清贵州《礼》学研究著述26部，其中25部属清代著作，说明
了清代贵州《礼》学研究之繁荣。而清代的《礼》学研究又以郑珍最
具影响。其《轮舆私笺》二卷、《凫氏为钟图说》一卷、《仪礼私笺》八
卷等堪称海内《礼》学研究最优秀著作，故王先谦《清经解续编》将
这些著作收入其中，表明了学术界对郑珍《礼》学研究的充分认可。

前文有云，小学研究繁荣，根源在清代汉学发展之大背景影响，
同时，也与遵义沙滩文化推崇汉学有关，郑、莫、黎均涉及小学研究，
其文化影响力所及，使得贵州小学十分发达。《易》学研究繁荣，一
方面由于自明代以来贵州《易》学研究传统影响，另一方面，阳明理

学的影响,孙应鳌、李渭、陈法几乎都是从理学入手研究易学,故开拓
了研究新视角,有所创获,自成一家。《四书》研究繁荣,从本质上也
是理学发展的影响。孙应鳌《幽心瑶草》说:"《六经》、'四子'如药,
今人皆病夫。若肯审究己病,或攻或和,始因病以得药,终病去而药
忘,亦卒无其人。甘讳疾忌医,灭身不悟,悲夫!"① 将《六经》《四书》
视为治病之良药,这无疑是理学思想推动经学发展繁荣的根本动因。
《礼》学研究,成就最高的当属遵义郑氏父子,其根本动因仍然在汉学
发展上。

其三,明清贵州各地经学发展与省外文化关系密切。主要体现
在两个方面:一方面,因为仕宦、游学等原因,大量客籍文人涌入贵
州,带来的文化影响力是巨大的。如程恩泽主持贵州学政,发现郑珍,
对郑珍的学术研究道路产生重要影响。又如张瑛在兴义做知府,极
力推崇文教,对兴义文化发展产生巨大影响,而其子张之洞就是在这
样的文化环境中成长的。张之洞位居高官时一直大力提携贵州文人,
如其在蜀时,便招郑知同入幕府,使得郑珍父子学问传播于巴蜀地区,
后张之洞任两广总督,设广雅书局,招郑知同任书局总纂,出版了一系
列贵州学术著作,对弘扬与传播贵州文化贡献甚大。而王阳明对贵
州学术发展的影响那就更为明显了,王阳明龙场悟道,撰写《五经臆
说》,开馆授徒,一时黔地学术大兴。故郭子章《黔记》卷四十五说:

　　　王文成谪龙场,黔士大夫始兴起于学。当时龙场诸生问答,
莫著其姓名,闻而私淑者,则有马内江、孙淮海、李同野三公云,
予尝读内江诗"寒夜窗前听雨时,暗思往事坐如痴。穷愁百结随

---

① [明]孙应鳌撰,刘宗碧等点校:《孙应鳌文集》,贵州教育出版社,1996年,第
　341页。

年长,人在虚空老不知。睡眼朦胧看远山,不知身尚寄尘寰。他年观化应何处,想在虚无缥渺间"。真有朝闻夕可之意。呜呼,可以不媿龙场矣! ①

乾隆《贵州通志·人物志序》也说:"明代开科取士,俊乂汇征。及王守仁谪戍龙场,一时孙应鳌、李渭诸人皆得兴起绝学。"② 因此,贵州的经学研究肇始于明代,而其根本动因就在于王阳明入黔。

另一方面,贵州文人因仕宦、游学等原因走出贵州,吸收外面的新思想,反过来推动贵州文化之发展。明清之前,类似人物已经有尹珍,尹珍拜东汉经学大师许慎、应奉为师,并以经术选用,历任尚书丞郎、荆州刺史。虽然尹珍开启贵州文教先河,但汉以降至元代,其间却并不见学术人才涌现,而直到明清时期,贵州的经学研究才开始逐渐形成规模。又如黎恂,嘉庆进士,曾官浙江桐乡知县,回乡奔丧,购置大量古籍文献,于遵义建"锄经堂",供亲族子弟读阅,郑珍、莫友芝以及黎氏家族的黎庶昌、黎汝谦最受其益。又莫友芝游学曾国藩幕府、郑珍游学程恩泽幕府、郑知同游学张之洞幕府等,对开拓贵州学术研究视野,使得贵州经学研究能站在全国高度不无作用。还有,黎庶昌、黎汝谦、陈矩等出使日本,在日本收集与镌刻各种汉学文献,这些对促进贵州学术发展作用很大。《古逸丛书》《日本金石书》《灵峰草堂丛书》等,其影响所及,已经不仅仅局限于整个贵州了。特别是与邻近省份的学术文化交流,更是直接推动着贵州学术之发展,如遵义萧光远长期在成都讲学,其《毛诗异同》就是同治六年(1867)

---

① 黄加服、段志洪主编:《中国地方志集成·贵州府县志辑》第3册,巴蜀书社,2006年,第281页。
② 黄加服、段志洪主编:《中国地方志集成·贵州府县志辑》第4册,巴蜀书社,2006年,第495页。

于成都桂王桥刻成的教学讲义。清代著名经学家洪亮吉督学贵州,曾为贵州各地书院购置大量经史文献等,在编纂《洪北江遗集》时,贵州名士独山莫祥芝、贵筑傅寿彤等均参与其中,该书收录洪亮吉经学、小学等大量著述实际上多经贵州学者之手整理而成。这种学术文化互动,对推动贵州学术研究,提高贵州学术发展水平无疑有重要作用。

其四,明清贵州经学家与经学著述多集中于贵州交通发达地域。一个地域的交通发展状况无疑深刻影响其政治、经济与文化的发展水平。明清时期,贵州的交通主要靠驿道。驿道分省际干道"官马大路"、省道干道"官马支路"以及县道"大路"①。贵州经学发达地区多处于"官马大路"或"官马支路"上。例如,东西干道滇黔、黔湘的"官马大路"便是以贵阳为中枢的驿道。这条驿道自明代即铺设,东起玉屏西至兴义。在这条驿道上,东线玉屏、铜仁、黄平、清平、贵定的经学活动都是十分活跃的,而且著述丰富,研究水平高,影响较大;西线的平坝、安顺、普定、普安、兴义等也是经学著述不少,但东线由于靠近湖南,与湖广等经学发达地区接壤,故其经学发展比西线稍强。而中枢贵阳,由于其特殊的政治与地理位置,故其经学发展遥遥领先其他地区。东西干线还有两条,一条是清镇经毕节、威宁至宣威;一条为平溪经镇远、播州、水西至乌撒。这两条干道自明代即已铺设,清代又有所增递。可以看出,经学发达的遵义、大定、镇远等都处在驿道上。清代雍正年间,遵义划归贵州,贵州至四川的南北干线铺设,自贵阳,经修文、息烽、遵义、桐梓北入四川,此驿道实际上在明代就已经铺设。可以发现,遵义处在清代贵州东西干线与南北干线交汇点,故经学能随清代交通发展而迅速繁荣。又有贵阳至广西的南

---

①《贵州通史》编委会编:《贵州通史》,当代中国出版社,2002年,第197—201页。

北干道,自贵阳至平越、贵定、麻江、都匀、独山、荔波到达光西庆远府。这条驿道上,经学发达的有平越、都匀等。另外,清代新修了镇远至黎平、黎平至古州等驿道,以黎平为中心的政治、经济、文化中心形成。黎平处在湘、黔、桂交接地区,加之清水江、都柳江畅通的水路交通,为历代商贾云集之地,曾有"小南京"之称。发达的交通、繁荣的经济,无疑直接推动了黎平府的经学发展,使得黎平府的经学家数量仅次于贵阳与遵义。

很明显,交通的发展与贵州各地经学发展之间存在密切关系,交通越发展,则学术文化交流越便利,文人墨客往来越频繁,对当地经学发展推动作用就越大。

第二章　近代贵州书院与课艺的儒学内涵

第一节　明清时期贵州书院的儒学教育及其影响

明清时期,贵州书院发展十分繁荣。明清贵州书院从设置到日常运行,都呈现出强烈的儒学色彩。书院从最初的选址便极具儒学文化特征,将儒家的修身正心与明山秀水有机融合,达到人与自然和谐统一。书院的主体建筑和园林风景均体现出浓郁的儒学色彩,显示了明清书院文化的丰富儒学内涵。书院的日常教育多以儒家经学为主导,对书院山长、讲席和生徒的选择也呈现出强烈的儒学标准,而书院更是将儒学教育细化到师生日常的行为规范之中。书院教育的课艺作品乃科举活动之产物,其中的儒学色彩鲜明,对文人的儒学熏陶十分浓郁。明清贵州书院的儒学教育效果十分显著,对提升贵州文化发展品格和人才培养产生了巨大促进作用。

一、明清贵州书院环境蕴含的儒学内涵

作为儒学传播的重要场所,明清时期,贵州书院的内外环境处处彰显着强烈的儒学文化色彩,给书院的儒学教育营造出一种浓郁的文化氛围，从目之所及、手之所触处时时刻刻给书院士子以儒学熏陶。明清时期贵州书院环境所呈现的儒学文化内涵主要表现在如下方面：

其一，书院建设选址的儒学意蕴。

古代书院建设，在选址方面是十分讲究的。朱熹《衡州石鼓书院记》说：

> 予惟前代庠序之教不修，士病无所于学，往往相与择胜地、立精舍，以为群居讲易之所，而为政者乃或就而褒表之。若此山，若岳麓，若白鹿洞之类是也。①

"择胜地"而建书院，这不仅是石鼓、岳麓、白鹿洞书院的基本特征，也成为中国古代书院文化的有机组成部分。建书院为何要择"胜地"？这与书院的功能有关。书院主要属于民间性质的教育机构，与官学的教育理念和教育功能有所不同。朱熹《衡州石鼓书院记》指出：

> 抑今郡县之学官，置博士弟子员，皆未尝考其德行道义之素，其所授受，又皆世俗之书，进取之业，使人见利而不见义。士之有志于为己者，盖羞言之。是以常欲别求燕闲清旷之地，以共讲其所闻。②

官学只讲功利不讲德行，一味追求科举功名，教育极度的世俗化。而书院则注重个人道德品行的修为，以修身为主要目的，读的是

---

① [宋] 朱熹：《朱子文集》，中华书局，1985年，第407页。
② [宋] 朱熹：《朱子文集》，中华书局，1985年，第407页。

圣贤书,追求的是高雅的教育境界(后世书院发展亦重科举功名,与官学无异)。显然,书院的选址要求与其修身目标是相吻合的。故黄清宪《登瀛书院记》说:

> 先儒或择胜地建精舍以讲授生徒,其时为政者辄就而褒表之,号曰书院。书院,固讲学之所也,学者可正心修身也。齐家、治国、平天下,必本于修身。①

修身正心正是儒学的重要思想。《礼记·大学》亦云:"欲治其国者,先齐其家;欲齐其家者,先修其身;欲修其身者,先正其心。"②为达到这一目标,书院首先在选址上就得远离尘世世俗环境的干扰,必须选择"胜地"而建。何谓"胜地"?按朱熹所言,即"燕闲清旷之地",具体的地理位置特征如石鼓书院"据烝湘之会,江流环带,最为一郡佳处",实际上就是山水最美风景最秀丽的地方。古人修身正心,十分注重地理环境的作用。自然环境的明秀清丽,有助于人的身心纯净高洁,有助于个人品格的提升。人与自然的和谐,"天人合一"一直是儒家所十分强调的。《论语·雍也》载孔子曰:"智者乐水,仁者乐山。"《论语集解义疏》曰:"智者乐运其智化物,如流水之不息,故乐水也;仁者恻隐之义,山者不动之物也,仁人之性愿四方安静,如山之不动,故云乐山也。"③君子比德,儒家将仁、智这二种最重要的人之品德与山、水之德相比拟,不仅体现了人与自然的和谐,而且将修身、正心与自然山水紧密联系在一起,开启了于山水间修身养性的

---

① [清]黄清宪:《半弓居文集》,上海社会科学院出版社,2015年,第79页。
② [清]阮元校刻:《十三经注疏》,中华书局,1980年,第1673页。
③ [三国魏]何晏集解,[南朝梁]皇侃义疏:《论语集解义疏》,中华书局,1985年,第79页。

模式。

明清时期贵州的书院建设就充分体现了儒家的这种人与自然合一的修身养性思想。例如,弘治《贵州图经新志》卷八载程番府中峰书院：

> 在府城内北,弘治间知府汪藻建,本人诗："北来山趾固,郡后突三峰。中有层峦起,分明秀气钟。青影随皂盖,白屋绕苍松。无限烟云色,其如归兴浓。"①

知府汪藻建中峰书院,其诗歌描绘了书院周围的胜景：峰峦叠嶂,青帐如盖,书院掩映在苍松翠柏间,云雾缭绕,胜似人间仙境。在这样的环境中读书修身,恰似寻找到了人生的精神归宿。类似的：

道光《大定府志》载陈汝梅《新建狮山书院碑记》：

> 水西旧有义学无书院。义学仅令小子就学,而成材者不与焉。邑尚书李恭勤始谋诸当事,捐课田、设膏火、搆堂于文峰山下。惜其地卑远,课读维艰,肄业者数年来指不多屈,人杰地灵盖难言之矣。州署后狮山详载邑志,当州协署之西,蜿蜒而下,屹然中止,群山环立,气象万千。青鸟家谓撷全州之秀,其后必有伟人者出。②

光绪《平越直隶州志》载程荣寿《重建墨香书院记》：

---

① 黄加服、段志洪主编：《中国地方志集成·贵州府县志辑》第 1 册,巴蜀书社,2006 年,第 90 页。
② 黄加服、段志洪主编：《中国地方志集成·贵州府县志辑》第 48 册,巴蜀书社,2006 年,第 326 页。

其旧址正东向,列峰当前,嫌其障蔽,复与诸绅临视其地,稍折而南至苍坡,凭高四顾,则左右峰峦,重重分列,势皆合抱,如舒翼,后面远山周遭如设座,而前面远近山水如屏如案,山则九十九峰,名曰万笏朝天。水则三江汇合,中有石笋屹立,名曰中流砥柱。墨池文笔布设天然,其大势则左黎峨右犀水,以及月山叠翠,石壁书声诸名迹皆归一览,州城形势实会于此。移书院以当之,直据全州之胜。①

以上两例均为书院重建。狮山书院、墨香书院二者在重建时均改换了地址。狮山书院原来建在文峰山下,但路途遥远、交通不便,故改建至州署后狮山下。新址群山环立、气象万千,新建的狮山书院因为占据"风水宝地"而被一些堪舆家寄予振兴文教的厚望。同样,墨香书院背山面水"据全州之胜",正符合朱熹所说的"胜地",成为理想的书院位置。从陈汝梅《新建狮山书院碑记》和程荣寿《重建墨香书院记》不难看出,当时士人以书院能占据"胜地"而极度自豪,字里行间渗透出儒者们获得一理想读书修身场所的无比兴奋。

其二,书院主体建筑的儒学意蕴。

书院是儒学教育的重要场所,其主体建筑也呈现出浓郁的儒学色彩。例如,道光《大定府志》载平远平阳书院:

在城北隅,旧为义学。知州冷宗昱捐建。知州苏松重修。岁久倾颓,仅存基址。乾隆二十年(1755)知州李云龙捐俸修建,改为书院。前大门三间,中间讲堂三间,悬圣祖仁皇帝御笔"文

①　黄加服、段志洪主编:《中国地方志集成·贵州府县志辑》第26册,巴蜀书社,2006年,第193—194页。

教遐宣"匾额，后盖景贤堂五间，祀濂、洛、关、闽九贤神主。左
右厢房共三十二间，延师讲学，集士子肄业其中。

　　谢泽《新建平阳书院碑》：……郡中有义学旧基，尾盘魁仑，
首注平江，诸山屏翰，势若星拱。郡伯以山川灵秀，就其地而前
建龙门，囊括秀气；中建讲堂，昌明大道；左右建馆舍数十间，储
养英才；后建九贤祠，崇祀濂、洛、关、闽诸子，使诸生知理学渊源
之有自。①

　　平阳书院的主体建筑以中轴对称，这体现的是儒家中和诚正的
思想。院落又分为前、中、后三部分。每部分都蕴藉着丰富的儒学文
化内涵，前门被称为龙门，喻示着书院能吸纳一切钟秀之气。中间为
讲堂，平日为书院讲学、研习和从事各种礼仪活动的主要场所，悬挂
的是康熙皇帝亲笔题写的匾额"文教遐宣"，儒家教化意味甚浓。书
院后面为祠堂，供奉的是周敦颐、二程、张载、朱熹等理学先师，崇儒
色彩十分浓烈。

　　又如，民国《黄平县志》卷十载龙渊书院：

　　文昌阁于书院后，移节孝祠于右，前建牌楼一座，头门三间，
二门一间，讲堂三间，左右书舍各五间，曰"博文约礼"，后为院
长书屋三间，左右书舍各五间，曰"进德修业"。后厨房二间，讲
堂侧厨房三间，仓廒二间，缭以周垣，规模宏敞。②

---

① 黄加服、段志洪主编：《中国地方志集成·贵州府县志辑》第 48 册，巴蜀书社，
2006 年，第 325 页。
② 黄加服、段志洪主编：《中国地方志集成·贵州府县志辑》第 21 册，巴蜀书社，
2006 年，第 269 页。

　　龙渊书院与文昌阁、节孝祠等建在一起，形成一个儒学文化建筑群。书院因其中士子们要参加科举考取功名，故祭祀建筑文昌阁常常与书院毗邻，实际上成为书院建筑的一个有机组成部分。节孝祠以及文庙等往往也与书院紧邻，相互发明儒家思想。

　　另外，龙渊书院的匾额"博文约礼""进德修业""讲学明伦"辉耀着强烈的儒家文化，时时提醒院中的士子以弘扬儒学为己任。龙渊书院中的楹联也呈现强烈的儒学色彩：

　　　　按院在城西，咸丰丙辰（1856）毁于苗乱，至光绪庚辰年（1880），署知州刘启瑞建有三楹，旋圮，仅存一联曰："龙虎际风云有志竟成诸生岂让凤池麟阁，渊源溯濂洛相观而善此地何殊鹿洞鹅湖。"……书院讲堂匾曰："讲学明伦。"联曰："说礼乐以敦诗书愿诸君鼓吹休明振起党庠盛事，先器识而后文艺从此日讲求体用蔚为王国人材。"考棚联曰："试院听荼声忆昔年露布书勋此事已自崖而返，宏规开社厦看今日风檐献艺诸君当磨砺以须。"①

　　龙渊书院，顾名思义即该书院为俊彦汇集之所。"诸生岂让凤池麟阁"表明书院建设者立志高远，有儒学比肩中原的雄心；"此地何殊鹿洞鹅湖"显示出书院建设者学路纯正，有理学续接朱、陆的壮志。从龙渊书院的匾额、楹联不难看出近代贵州书院在弘扬儒学方面确实做出了巨大努力。

　　其三，书院园林景观的儒学意蕴。

---

① 黄加服、段志洪主编：《中国地方志集成·贵州府县志辑》第 21 册，巴蜀书社，2006 年，第 269 页。

除了主体建筑、匾额、楹联等呈现浓郁的儒学色彩外，书院中的园林景观也被赋予了浓厚的儒学韵味。例如，光绪《普安直隶厅志》所载凤山书院：

> 在城西门内山半。嘉庆十二年（1807）建。前面笔峰，后枕奎阁，地势雄特，万象森罗。有头门二门讲堂三楹。上有楼，正中祀仓圣，颇极轩敞。两旁翼室为斋房。讲堂右折为山长内室三楹，右偏为厨湢，对面有亭翼然。署同知吴公宗兰榜曰：绿绕青来。讲堂下，有丹桂紫薇各一株，花时足供游赏。院后有井泉，甘洌清香。前教谕刘汉英缀为八景曰：魁阁飞霞、书楼赏雨、薇云夏幕、桂露秋香、笔岫凌云、斗亭留月、山房抱胜、井泉洗心，各系以诗。①

凤山书院内部园林景观浓缩为八景，八景绝非纯自然景观，其中赋予了强烈的人文内涵。飞霞、山雨等自然景色充满诗情画意，一旦与魁阁、书楼等书院建筑融为一体，则其修身养性韵味跃然而出。所有的秀美景色，最终落实在"抱胜"——"洗心"之上，则凤山书院八种园林景观的书院味十分浓厚，书院的宗旨全部蕴含在这些园林景观之中了，人与自然和谐统一，达到修身正心的儒学追求。

又如，黄鉴《湘川书院艺圃序》说：

> 征君因名其处曰"芝庇"；庇之下曰"竹径"；又下则高砌，有

---

① 黄加服、段志洪主编：《中国地方志集成·贵州府县志辑》第 14 册，巴蜀书社，2006 年，第 378 页。

柏苍然,独立干云,曰"柏邹";东舍之砌与竹径对,大桃双株,曰"桃蹊";其下高砌,三橘树迤逦墙阴而下上,曰"橘磴",殆取春华秋实、成蹊不化枳之义。凡为庇、为径、为邹、为蹊、为磴,皆编竹为栏,区界曲折,玲明四通。中砌高阶,则竹栅屏门,门以内,杂莳花卉随时,统其名曰艺圃,亦有取于文圃游艺,自寄其意,且以隐蔼多士也乎! 夫藏修有所,游息有地,此儒者分内之事,惟征君知之而已。①

　　湘川书院乃遵义的著名书院,培养了郑珍、莫友芝等西南巨儒。湘川书院浓郁的儒学氛围从其园林景观即可窥知。当时的书院山长李腾华给湘川书院的艺圃取了一系列富有文化意蕴的名字:芝庇、竹径、柏邹、橘磴,并以总名"艺圃"名之。古代文人修身,往往以梅、兰、竹、菊、松等品格自喻,表达淡泊名利、追求个人道德修为的高洁境界。李腾华以庇(茶)、竹、柏、橘命名湘川书院园林景观,正是儒者修身行为与理想的寄托。对书院中花圃的耘作,实际表达的是在湘川书院这座巨大的文圃中"游艺"。《论语·述而》:"志于道,据于德,依于仁,游于艺。"邢昺疏:"六艺谓礼、乐、射、驭、书、数也。"② 在书院中游艺,实际上就是对儒学(六艺)的研习。李腾华、萧光远、莫友芝、黎庶焘、郑珍等多位主讲湘川书院的山长们,将儒学研究视为自己的使命,视儒学为自己的精神归宿,超越功名利禄的物质追求,真正做到修身正心,故曰"藏修有所,游息有地,此儒者分内之事,惟征君知之而已"。

---

① 黄加服、段志洪主编:《中国地方志集成·贵州府县志辑》第32册,巴蜀书社,2006年,第516页。
② [清] 阮元校刻:《十三经注疏》,中华书局,1980年,第2482页。

二、明清贵州书院教育的儒学内涵

明清时期贵州书院日常教育内容实际上与府、州、县等官学无异。关于书院的学习内容，实际上清代统治者是有明确规定的。民国《黄平县志》卷十载：

> 乾隆十年（1745）议准书院肄业士子，应令院长择其资禀优异者，将经学、史学、治术诸书留心讲贯，而以其余功兼及对偶声律之学，其资质难强者当先攻八股，穷究专经，然后徐及余经以及史学、治术、对偶声律，至每月之课，仍以八股为主，或论或策或表或判，听酌量兼试，能兼长者听酌赏以示鼓励。①

清廷要求书院留心讲贯的是经学、史学、治术诸书，即使资质较差的也以八股文、经学为主要学习内容，这些都是在儒学主导下的学习。书院每月有考试，称之课艺，模拟科举考试的形式与内容，以八股文为主。考题全部出自儒家经典，且重点出自《论语》《孟子》《诗经》等经典。《黔南三书院课艺初集》就是书院课艺活动最典型和最高水平之体现。其中满篇渗透的都是浓烈的儒学气息。

值得一提的是，有书院将儒家经学视为头等重要的学习大事，甚至立为书院条规。例如，乾隆《独山州志》卷四载书院"教条"，列的竟然是五经传授源流图（图12—14），详细排列出《易》学、《书》学、《诗》学、《春秋》学、《礼》学源流图，图文并茂，无异一部简略的经学发展史。为什么乾隆《独山州志》书院教条不像其他书院条规规定师生行为、经费开支等内容，而独出心裁开列五经源流图呢？史志编

---

① 黄加服、段志洪主编：《中国地方志集成·贵州府县志辑》第21册，巴蜀书社，2006年，第268页。

篡者自己有说明：

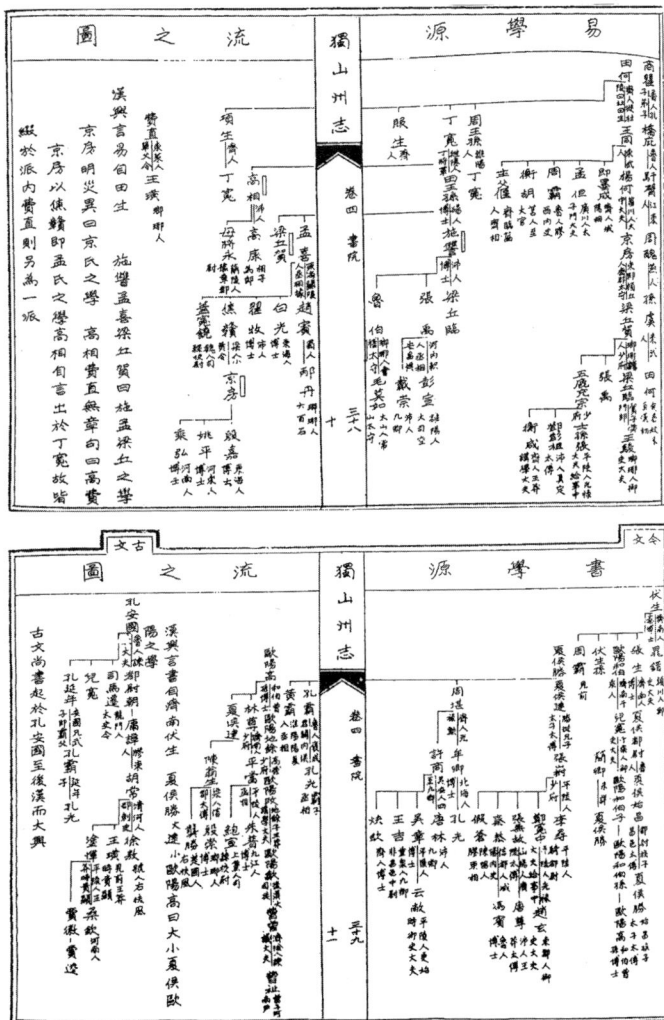

图12　《独山州志》书院教条1①

---

① 黄加服、段志洪主编：《中国地方志集成·贵州府县志辑》第24册，巴蜀书社，2006年，第151页。

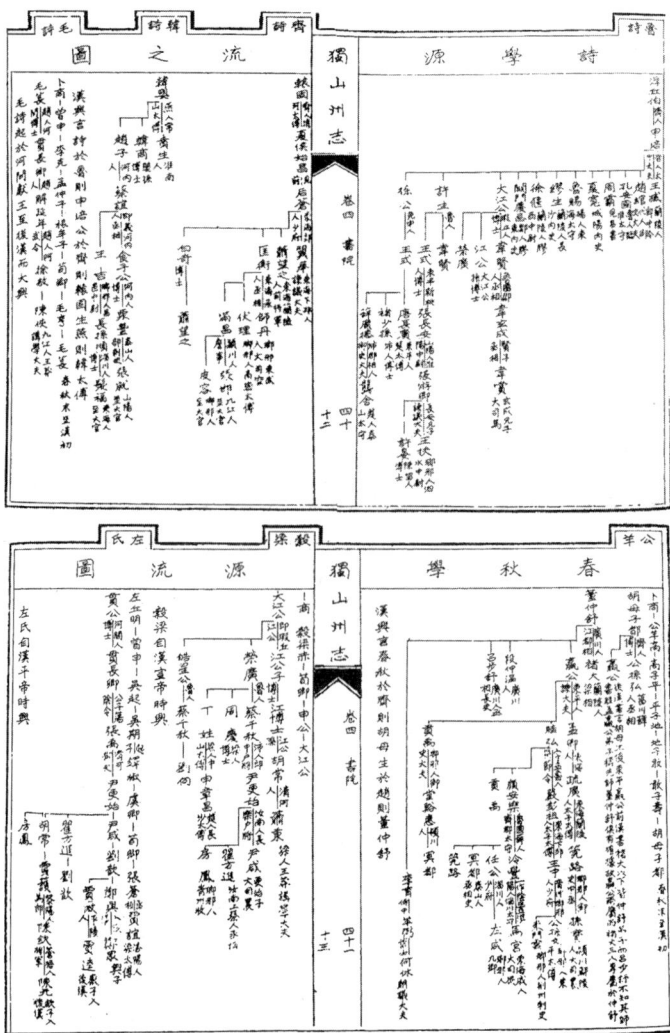

图13　《独山州志》书院教条2①

① 黄加服、段志洪主编：《中国地方志集成·贵州府县志辑》第24册，巴蜀书社，2006年，第152页。

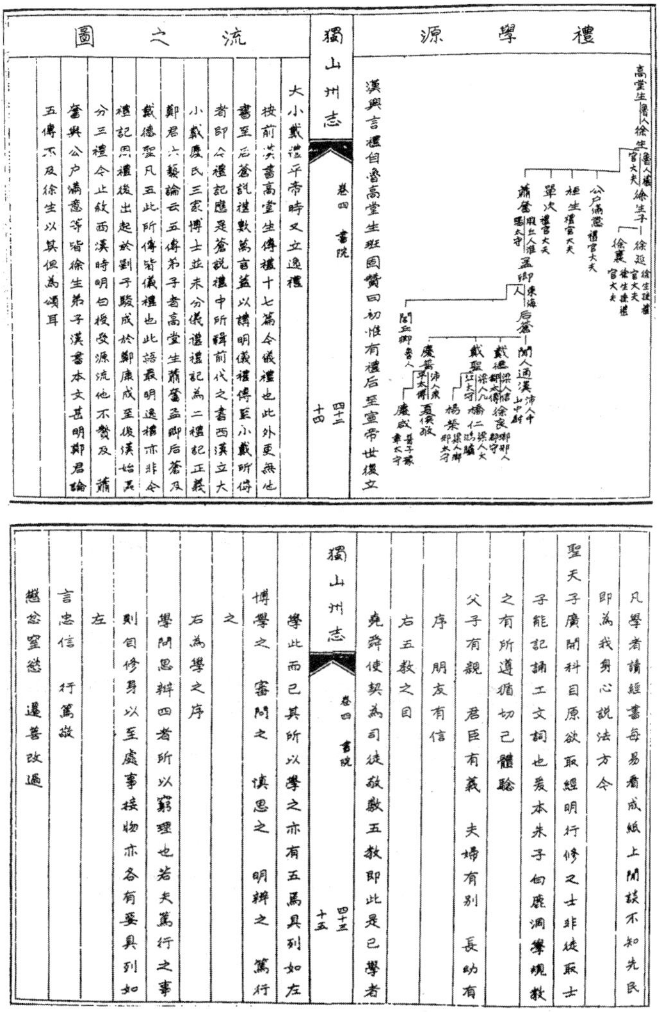

禮學源流二圖

獨山州志
卷四　書院
四十四

漢興言禮自魯高堂生班固贊曰切惟有禮后至宣帝世攝文

獨山州志
卷四　書院
四十五

大小戴造平帝時又立逸禮

圖14　《独山州志》书院教条3[1]

---

① 黄加服、段志洪主编:《中国地方志集成·贵州府县志辑》第24册,巴蜀书社,
2006年,第153页。

小学教人之法,经史子集之事业文章,茫乎！浩乎！固任人取携矣。今先载五经源流,后附朱子《白鹿洞教条》,俾为师者知所以教,而弟子知所以学,边方文教庶有裨焉。①

在经、史、子、集教学中,独取经学以教,这种教育理念明显与史志编撰者艾茂自身学术经历有关。民国《麻江县志》卷十六载："艾茂,字颖新,别号凤岩。六岁即授经训,年十四应童子试,督学邹一桂拔置第一,赠诗云：'两序温文归大雅,五经讲诵逊神童。'"②艾茂年幼即以经学出名,其著有《易经人道》《贵山四书集讲》《五经类纂》等经学著作,其主讲贵山书院时门下人才泉涌,显然与艾茂经学教育理念有关。艾茂的这种教育理念影响到独山的莫与俦,莫与俦为汉学大师阮元学生,其任遵义府学教授,立志要在贵州续接汉学学统。莫与俦又影响到郑珍、莫友芝、黎庶昌、萧光远等,使得"边方"文教获益匪浅。无独有偶,光绪乙未（1895）,天津严修视学黔中,一见雷庭珍则大奇之,聘主经世书院讲习,选诸生四十人肄业其中。雷庭珍《原学》曰："夫能使政材、艺材,保其心之善,启其心之智,益其心之力,增其心之才,以善其才之用者,其惟经学乎！若志在圣贤,志在天下,而欲修齐治平之业,成智仁圣神之功者,舍五经更莫得其道。是经也者,诚中西政艺之脑筋也。"③从经世书院讲席雷庭珍言行可知,即使在晚清时期,贵州儒者仍然坚守着经学教育传统,这是近代贵州

① 黄加服、段志洪主编：《中国地方志集成·贵州府县志辑》第24册,巴蜀书社,2006年,第150页。
② 黄加服、段志洪主编：《中国地方志集成·贵州府县志辑》第18册,巴蜀书社,2006年,第489页。
③ 黄加服、段志洪主编：《中国地方志集成·贵州府县志辑》第9册,巴蜀书社,2006年,第598页。

文化的重要特征,也是近代贵州文化能居全国前列的重要原因。

　　书院日常儒学教育还体现在对老师和生徒的行为规范上。因为书院主要是读书修身之所,故对进入书院的老师和生徒均有明确要求,其标准自然也是儒学的。例如,民国《黄平县志》卷十载:

　　　　乾隆三十年(1765)慎选山长谕:陕甘总督杨应琚奏,甘肃兰山书院延请丁忧在籍之府丞史茂来主讲席,此甚非是。督抚有维持风教之责,缙绅中积学砥行之儒,足备师资者谅不乏人,何必令丁忧人员觍居讲席,是应聘者固不能以礼自处,而延请之地方大吏亦复不能以礼处人,于风化士习,微有关系,恐他省不无类此者,特为明切晓示通谕之。①

　　书院山长人选关乎书院办学品质,故清代统治者对此有十分明确要求。甘肃兰山书院延请丁忧在籍的人员做书院讲席,这显然不符合儒家礼仪。丁忧期间,频繁从事讲席活动,明显违背儒家丁忧的相关礼仪要求,对移风易俗有巨大的负作用。故清廷要严厉禁止此类行为。又如《乾隆元年整饬书院课程诏》:

　　　　凡书院之长,必选经明行修,足为多士模范者,以礼聘请。负笈生徒必择乡里秀异沉潜学问者肄业其中,其恃才放诞佻达不羁之士不得滥入。书院中酌仿朱子《白鹿洞条规》立之仪节,以检束其身心,仿分年读书法予之程课,使贯通乎经史。有不率教者,则摒斥勿留。学臣三年任满,谘访考核,如果教术可观,人

----

① 黄加服、段志洪主编:《中国地方志集成·贵州府县志辑》第 21 册,巴蜀书社,2006 年,第 268 页。

才兴起，各加奖励，六年之后着有成效，奏请酌量议叙。诸生中材器尤异者，准令荐举一二，以示鼓舞。①

书院山长必选明经修行的社会楷模，生徒必须择文行兼优者。清廷的这种要求，被切实贯彻到了贵州的书院教育之中。如道光《松桃厅志》卷十书院条规：

> 肄业生童各宜肃衣冠、谨言行、端品立身，以期上进。如有不知自爱，博弈饮酒游荡不检，或吸食洋烟，以及扛帮词讼，一经查出，分别斥逐，并治以应得之罪。
>
> 肄业生童分住斋房，各宜潜心读书，不得常相往来，以己之旷惰扰人之造修，更不得招引戚党友朋进院聚谈，违者戒饬。
>
> 本署府诸生中访择平素安静、品学兼优者，立为斋长，每月给膏火钱一千二百文，米三京斗，即著住院读书，并稽查各生童行止。如有荡检踰闲、任性妄为，即禀明山长责处，不可丝毫徇隐。②

这些条规是晚清贵州书院日常儒学教育的具体表现。实际上也是《乾隆元年整饬书院课程诏》在贵州书院的落地与细化。松桃厅书院其他条规的儒学标准也是十分明确的，如“父母宜敬顺”“兄弟

---

① 黄加服、段志洪主编：《中国地方志集成·贵州府县志辑》第 21 册，巴蜀书社，2006 年，第 268 页。
② 黄加服、段志洪主编：《中国地方志集成·贵州府县志辑》第 46 册，巴蜀书社，2006 年，第 549 页。

须友爱""家人宜和睦""朋友宜劝勉""书籍宜多读"① 等均是十分明确的儒家思想教育内容。

三、明清贵州书院儒学教育的影响

明清时期,贵州书院发展十分繁荣。据民国《贵州通志·学校志》的《书院表》统计,明清时期贵州共有书院 141 所。特别是晚清贵州书院众多,自 1840 年至 1902 年的 60 余年中,贵州新建与改建的书院就有 79 所,最迟到 1900 年前后还在新建书院。据民国《贵州通志·学校志》的"书院表",贵州的书院有:

贵阳府:贵山书院、正习书院、正本书院、仰山书院、中峰书院、凤山书院、东麓书院、广阳书院、东皋书院、莲峰书院、龙山书院、兰皋书院、魁山书院、龙冈书院

安顺府:双桥书院、凤仪书院、源泉书院、岱山书院、爱莲书院、悬鱼书院、梅花书院、双明书院、维凤书院、凤梧书院、治平书院。

兴义府:九峰书院、桅峰书院、珠泉书院、文峰书院、珉球书院、册亨书院、笔山书院、盘水书院、培风书院、莲城书院。

普安直隶厅:凤山书院。

大定府:文龙书院、万松书院、(水城)□□书院、平阳书院、文峰书院、狮山书院、凤山书院、青螺书院、鹤山书院、松山书院、曹伍书院、(毕节)文峰书院。

遵义府:湘川书院、启秀书院、培英书院、味经书院;正安:

---

① 黄加服、段志洪主编:《中国地方志集成·贵州府县志辑》第 46 册,巴蜀书社,2006 年,第 550—551 页。

古凤书院、鸣凤书院、安溪书院；桐梓：鼎山书院、松江书院；绥阳：洋川书院、新添书院、小书院、三台书院；仁怀：怀阳书院、培基书院、双城书院、养正书院。

黎平府：黎阳书院、龙标书院、天香书院、西崖精舍、太平书院、小段书院、小蓬莱馆、南屏大舍、龙溪书院、双江书院、双樟书院、上林书院、清泉书院、秦山书院、印台书院、榕城书院、龙冈书院、文峰书院、福江书院、兴文书院、养正书院。

都匀府：鹤楼书院、南皋书院、龙泉书院、鸡窗书院、丹阳书院、（麻哈）□□书院、紫泉书院、星川书院、炉峰书院、龙江书院、荔泉书院。

石阡府：明德书院、龙泉书院。

镇远府：秀山书院、文明书院、三台书院、拱辰书院、莲花书院、龙渊书院、崇德书院、蔚文书院、岑麓书院、凤山书院、□□书院（胜秉）。

平越直隶州：石壁书院、中峰书院、溥仁书院、墨香书院、他山书院、柳潮书院、湄水书院、旗山书院、花竹书院。

思南府：斗坤书院、为仁书院、中和书院、凤冈书院、銮塘书院、竹溪书院、培宗书院、鹤鸣书院、文思书院、凤鸣书院、龙津书院、罗峰书院、培元书院、修文书院。

思州府：思赐书院、屏山书院、瑞云书院。

铜仁府：铜江书院、卓山书院。

松桃直隶厅：崧高书院、松茂书院、松阳书院。①

---

① 黄加服、段志洪主编：《中国地方志集成·贵州府县志辑》第 8 册，巴蜀书社，2006 年，第 552—559 页。

书院的繁荣,无疑对贵州文化发展影响巨大,特别是晚清贵州文化辉煌,能跃居全国前列,与书院的发展密不可分。明清贵州书院的儒学教育,直接推动贵州文化飞速发展,其影响主要表现在如下方面:

其一,对提升贵州文化品格产生了巨大的推动作用。

贵州文化从明代以前的几乎荒蛮,到近代跃居全国文化发展前列,其中根本原因,即在于儒学的大力普及与推广。而书院作为民间色彩浓郁、义学性质明显的儒学教育机构,使得普通百姓、寒门学子能有机会接触高水平的学者,接受高品质的教育,从而迅速改变了贵州文化发展水平。前文所引艾茂、雷庭珍等人的言行即充分说明这个道理。又如光绪《平越直隶州志》载墨香书院:

> 平越旧有书院乎?曰:有。数椽老屋附于府治西偏,卑隘凋残,久虚讲席,不可以为有也。有之,自太守唐乐宇始。乐宇以农部尚书郎于乾隆四十九年(1784)六月出典是郡,适岁试童子,览其文弗善也,越明年再举科试,览其文犹弗善也。夫以平越山川之奇丽,人物仪容之秀美而艺业若此,岂非不学之过?与急思所以教之,而必求其肄业之所。于是谋诸僚佐、乡大夫士,皆曰:善。三阅月,得募金千七百有奇,卜地城之东南隅,作于乾隆五十年(1785)秋八月,成于五十有一年(1786)夏四月。若堂若斋若门若室楼阁亭池之属,厘然具备,于戏,何其速也。①

乾隆时期,太守唐乐宇在平越建墨香书院,其原因在于有感当

---

① 黄加服、段志洪主编:《中国地方志集成·贵州府县志辑》第26册,巴蜀书社,2006年,第192—193页。

地士子"文弗善"。"文弗善"在清代中叶以前可以说是贵州士子的普遍现象，病因自然在于教育的缺失。清代雍正、乾隆时期大力扶持书院建设，这也给贵州文化发展带来契机。清代中叶以后，贵州书院蓬勃发展。墨香书院就是在这种背景下所建，其对区域文化发展成效十分明显。故道光《遵义府志》卷二十四载刘诏升《建修湘川书院记》：

> 学校为育才之地，书院则以济学校之所不及也。学校以官为师，即寓法于教，书院之设于官者，则官为择师，专主于教，其即古者党庠、术序之遗而变通之欤！方今寿考作人，化逮遐荒，百余年黔省人才蔚起，皆出于学校，而书院之设，各府州县皆然……顾萃一方之秀良，循循于规矩准绳中，气质于是变化焉，性情于是陶融焉，士尚文艺，不能自外德性也。欣逢文治日隆，郡人士涵濡圣教，文风之盛甲通省，而习俗移人，或朴而流于野，或直而失之率，陶融变化之方，其在温文尔雅和平中正之则乎！①

从乾隆至道光，贵州书院"专主于教"，其"化逮遐荒"，故经百年发展，"黔省人才蔚起""文风之盛甲通省"，贵州文化的飞速发展，书院实在功不可没。事实上，明清时期贵州书院的建设与发展也并非容易之举。书院虽然带有半官方半民间性质，但实际上是受到官方严控的。书院的建立首先都必须经过官府审批，建前必须呈报请求官府批准。有的虽然是地方官员新建、重建、修葺书院，但其如何运

---

① 黄加服、段志洪主编：《中国地方志集成·贵州府县志辑》第32册，巴蜀书社，2006年，第515—516页。

行,朝廷是有具体要求的。在朝廷眼里,书院就是义务教育性质的学校,故雍正元年(1723),奉上谕:"书院令改为义学,延师授徒,以广文教。"①

《遵义府志·学校志》叙书院却先叙义学发展源流,书院实际上属于广义的义学范畴。既然是义学,则经费方面民间捐助的色彩要浓郁些,书院的运行模式有官府监管,但主要以山长主管,束脩膏火多半是乡绅捐资,有的有固定的田产,通过收租来维系书院日常开支。书院、义学的增废现象则十分普遍。其废毁主要是社会动乱、经费不足等原因,如遵义启秀书院,有田一百九十七亩,岁收租息百金有奇,除长教束脩外,已经不敷肄业生膏火资,远方负笈来者,往往僦屋寄餐于旅馆。道光《大定府志》载王绪昆《重修万松书院记》:

　　余以道光壬辰七月(1832)摄篆大方,甫下车即以课试为首务。郡有万松书院,其租息甲于他郡,而堂室斋舍俱颓败而不可支。询之首事,咸云自嘉庆元年(1796)以来,其本年束脩膏火之费必俟下年租入始给,或不及待则称贷以应之,是以费无赢余。欲谋修葺,计惟暂停课士一年,庶乎费有所出焉。信如是也,必待一年收租一年兴作,是一停两年矣。其或一年所入不敷所费,又将取给于下年,而下年束脩膏火之费者又不能不出息称贷以给之。是终无赢余以为岁修也。因捐俸鸠工,择可任者经理其事。先建坐房五间,其次讲堂头二门及内外斋舍,次第修理……请于大中丞嵩公书额曰"读书明理"。旨哉!其言之也。夫学者朝夕弦诵,非徒求工于文辞也,必实就乎理道。上之将以

_____

① 黄加服、段志洪主编:《中国地方志集成·贵州府县志辑》第32册,巴蜀书社,2006年,第514页。

企于圣贤之域，次之亦不失为谨饬之儒，出可以为国家倚重之臣，处亦不失为品行端方之彦。盖所以为多士嚣者，意良深也。①

尽管贵州书院的发展十分不易，但总有一批有识之士不断坚持着发展书院，或新建，或重建，或修葺，从筹资开工，到书院束脩膏火的维系，都有赖于卓识之士的功劳。这种坚持，最终收到回报。清代中叶以后贵州人才蔚起，与书院繁荣有很大关系。

其二，对贵州人才培养产生了巨大的促进作用。

明清贵州进士举人泉涌，特别是近代，据民国《贵州通志·选举志》可知，道光朝贵州有进士95人、举人596人，其中包括著名学者萧光远、郑珍、莫友芝等。咸丰朝有进士30人、举人90人，其中包括名臣丁宝桢。同治朝有进士45人、举人389人，其中包括维新大员李端棻。光绪朝有进士143人、举人706人，其中包括状元赵以炯、夏同龢和探花杨兆麟②。这些人才出现多与书院有密切关系，如晚清四大名臣之一的张之洞，就是在兴义笔山书院的文化氛围中读书成长。西南巨儒郑珍，就是遵义湘川书院培养的杰出人才。明清贵州书院对贵州人才培养贡献巨大。郭子章《黔记》卷十六"学校志"云：

> 龙岗书院在治龙场驿内，正德间王文成守仁建。都御史刘大直诗：梦寐先生几十春，龙场遗像谒兹晨。百年过化居夷地，万里来游报国身。道在山川随应接，功存社稷自经纶。芳尘欲

---

① 黄加服、段志洪主编：《中国地方志集成·贵州府县志辑》第48册，巴蜀书社，2006年，第325页。
② 黄加服、段志洪主编：《中国地方志集成·贵州府县志辑》第9册，巴蜀书社，2006年，第50—66页。

步惭无伎,仕学工夫只日新。①

　　王阳明入黔,这是贵州文化品格的一次质的飞跃。而阳明先生建龙岗书院,对贵州的人才培养产生了巨大推动作用,真可谓"道在山川随应接,功存社稷自经纶"。故郭子章《黔记》卷四十五说:

　　　　王文成谪龙场,黔士大夫始兴起于学。当时龙场诸生问答,莫著其姓名,闻而私淑者,则有马内江、孙淮海、李同野三公云,予尝读内江诗"寒夜窗前听雨时,暗思往事坐如痴。穷愁百结随年长,人在虚空老不知。睡眼朦胧看远山,不知身尚寄尘寰。他年观化应何处,想在虚无缥渺间。"真有朝闻夕可之意。呜呼,可以不愧龙场矣!②

　　王阳明对贵州儒学人才的培养效果明显,龙岗书院所发挥的作用毋庸多说。又如,明代都匀鹤楼书院,嘉靖间为主事张翀建。张翀《都匀读书堂记》曰:

　　　　人之有堂,所以安身也;堂之有书,所以明心也。庶人不明书则不足以保身,士大夫不明书则不足以启性灵而弘功业,军旅不明书则不足以察古今之成败,夷狄不明书则无君臣而上下乱。贵州虽在西南,去中州不甚远,六籍亦往往具备,今诸君能取而

---

① 黄加服、段志洪主编:《中国地方志集成·贵州府县志辑》第2册,巴蜀书社,2006年,第360页。

② 黄加服、段志洪主编:《中国地方志集成·贵州府县志辑》第3册,巴蜀书社,2006年,第281页。

读之，与余聚堂中一事商榷邪？诸君曰：唯唯。①

　　张翀言传身教，以读书勉励都匀士子，以建书院培养人才，对都匀乃至贵州文化发展产生了巨大作用。其后，都匀邹元标又建南皋书院，巡抚江东之《南皋书院碑记》：

> 张公翀者，马平人，嘉靖中以比部郎疏论分宜，戍于匀，匀人构此以读书，张公是为鹤楼书院。而公视张公，后先一辙，遂结茆于张公堂左右。居匀六年，时时与都人士讲天人性衍之学，倏然巘然，无夷狄患难相，亦无无夷狄患难心。盖身在局中，法流界外，委化运于偾来，而不以人我参耳。其门第之高者，往往负奇气，掇巍科，词章行谊，得庐陵文宪之传。如陈给谏尚象亦以谠言放逐，要其凌霄亮节，不负所学，又宛然邹氏家法也。②

　　邹元标继承张翀做法，在都匀建书院培养人才，形成了邹氏家法。其生徒如陈尚象等多为名儒。黔南最终能产生诸如夏同龢这样的状元，显然与当地文化积淀深厚有较大关系。通过书院以培养人才在明清时期的贵州十分普遍，如民国《麻江县志》卷十六言艾茂："应滇黔督抚聘主讲五华、贵山两书院，凡十四年，得士称盛，膺荐加侍讲衔。其教人必先器识，故门人花杰、严匡山等多以文章经济显

---

① 黄加服、段志洪主编：《中国地方志集成·贵州府县志辑》第2册，巴蜀书社，2006年，第364—365页。
② 黄加服、段志洪主编：《中国地方志集成·贵州府县志辑》第2册，巴蜀书社，2006年，第367页。

茂。"① 民国《续遵义府志》卷二十二言萧光远："主讲湘川、育才、培英书院,弟子尝从讲学者甚众。"② 民国《贵州通志》载雷庭珍"学问益博,尤醉心经学,顾亭林、黄梨洲二派多所折衷。严范生学使耖设经世学堂聘主经学讲席,刘统之观察又延往南笼设帐,时黔中英俊多出其门。著有《经义正衡》《文字正衡》《时学正衡》等书传世。廷珍光绪戊子举人,乙未丙申应经世学堂聘主讲经学于省门,成材甚盛。后应兴义聘主笔山书院讲席,士风丕变,学者辈出"③。民国《绥阳县志》卷六载雷庭珍"主讲洋川书院、主讲贵阳学古书院、主讲兴义笔山书院,游其门者皆欲揣摩时艺,弋取功名,而玉峰则科其学弊,广其裁成,竭半生来之心得,特著《经义正衡》,以倡黔省之风气"④。"易道涵,研精经史……年六十四主讲洋川书院十一年,成就者众"⑤。道光《贵阳府志》载王国元,主讲贵山书院,循循善诱,出其门者多知名士,及其卒,业门人祀之尹公祠中⑥。

孙士毅《启秀书院记》云:

　　黔之士如其地然,夅涩而少华,椒崦皆童阜也;黔之文如其

① 黄加服、段志洪主编:《中国地方志集成·贵州府县志辑》第18册,巴蜀书社,2006年,第489页。

② 黄加服、段志洪主编:《中国地方志集成·贵州府县志辑》第3册,巴蜀书社,2006年,第154页。

③ 黄加服、段志洪主编:《中国地方志集成·贵州府县志辑》第9册,巴蜀书社,2006年,第598页。

④ 黄加服、段志洪主编:《中国地方志集成·贵州府县志辑》第36册,巴蜀书社,2006年,第363页。

⑤ 黄加服、段志洪主编:《中国地方志集成·贵州府县志辑》第36册,巴蜀书社,2006年,第361页。

⑥ 黄加服、段志洪主编:《中国地方志集成·贵州府县志辑》第13册,巴蜀书社,2006年,第438页。

居然，杂糅而失次，庖、湢而无异位也。使者瞿如怒如，而不能以
安。壬辰夏，至且兰，既扃袿弁而试之，翌日，校遵邑童子七百有
奇，阅其文，烝烝遂遂，饫醇而齐藏，其于道也几矣，异之！询邑
之宰同年友沈虚谷，知其地旧有育才、湘川两书院……悉其力于
艺文，用是大进，两君之用心亦挚矣。事患弗克创耳，今规制已
具，向风者众，弦诵声琅琅如吴越。后之宦斯土者，踵而行之，收
效愈远。①

　　初至贵州的孙士毅，对贵州文化发展水平感到十分惊异，没想到
黔地居然文风醇厚，几近于道。通过询问同僚，才知原来是书院在人
才培养方面发挥了重要作用。

　　明清时期贵州书院发展十分繁荣，特别是近代贵州书院以儒学
传播为己任，对贵州文化发展和人才培养做出了不可磨灭的贡献。

第二节　《黔南三书院课艺初集》及其儒学内涵②

　　晚清时期贵州书院考课活动频繁。《黔南三书院课艺初集》是晚
清贵阳地区贵山、正习、正本三书院士子考课的优秀作品选集。该书
的编辑目的是为贵州士子参加科举考试提供范本从而提升贵州科举
考试水平，同时也起到推广儒学、改变文教风俗的作用。该书包括八

---

① 黄加服、段志洪主编：《中国地方志集成·贵州府县志辑》第32册，巴蜀书社，2006年，第517页。
② 本节为何建菊、谭梅著《〈黔南三书院课艺初集〉与晚清贵州的书院教育》，《教育文化论坛》2017年第3期。

股文和试帖诗两种科举文学体裁,试帖诗题多从前人诗句或典故中出,八股文则出自儒家经典,具有浓郁的儒学气息。该书收录的诗文作品反映了晚清时期贵州书院教育的基本内容,是晚清贵州科举最高水平之体现。书中诗文作者很多成为贵州政治、文化领域的杰出人才,说明了晚清贵州书院的教育成效。对进一步探析晚清贵州文化繁荣原因及特点有重要意义。

晚清贵州书院发展繁荣,书院的重要活动之一就是考课,即模拟科举考试形式对书院生童所进行的测试。主要包括制艺(八股文)、试帖诗以及经史词章等。书院考课的试卷称之为课艺,课艺实则就是"课试之制艺"。由于各种原因,流传下来的书院课艺文献数量不多。据统计,全国目前现存的书院课艺文献大概只有200余种。而贵州现存的书院课艺文献则更少。只有《黔南三书院课艺初集》和《贵山课艺》。《贵山课艺》乃道光九年(1829)陶廷杰任贵山书院山长时编辑刊刻。选录了贵山书院生童最优秀的课艺作品31篇编辑成1册,目的当然是给参加科举的士子提供一个范型。而《黔南三书院课艺初集》是晚清同治年间黎培敬任贵州学政时选取贵阳贵山、正习、正本三书院生童优秀课艺作品编辑刊刻,规模数量远远超过《贵山课艺》。《黔南三书院课艺初集》是研究晚清贵州书院文化的珍贵史料,三书院学生的课艺作品内容异彩纷呈,论题丰富多样,且多选自儒家典籍,《黔南三书院课艺初集》不仅反映了贵山、正习、正本三书院的教育水准,更揭示了晚清贵州地区的儒学教育状况,甚至在一定程度上反映了科举文学的发展状况。

一、晚清时期贵州三书院的生童及考课情况

据道光《贵阳府志・学校志》所载,贵山书院在贵阳城内巡抚署左,旧为阳明书院。在府治东偏。嘉靖十四年(1535)由巡按王杏建。

康熙二十八年（1689）巡抚田雯重修，创建合一亭、传习轩五楹，集举人及诸生读书其中，三十一年（1692）巡抚卫既齐增修学舍，躬为训课，雍正十一年（1733）巡抚元展成奉旨发帑银一千两增建学舍五十间，延师以训士，又置田以资士子膏火，并购经史子集书千余卷贮之院中，合诸生而诵读。嗣后遂改称为贵山书院①。正习书院在贵阳城南隅，嘉庆五年（1800）巡抚常明建②。正本书院在贵阳府北门外新城陆广门内大街，嘉庆五年（1800）巡抚常明建③。

　　贵阳三书院主要招收生员和童生在其中学习，生员即秀才，这是参加过科举考试中的乡试后而获取参加下一级别考试的一种资格。童生是没有参加过任何科举考试的读书人。书院所招收的生童都是经过认真选拔考试择优录取的。道光《松桃厅志》云："每年十二月遍试生童，拔其文艺优长者，分取正附课，卜吉，于二月上旬送入书院肄业。"④ 书院招收生童肄业最终目的是为参加科举考试获取功名。书院对入住的生童提供住宿和膳食，由讲席指导生童学习。每个书院招收的生童规模不尽一致。为了更好地了解晚清贵阳三书院生童规模及待遇⑤，我们可将其与同时期松桃厅书院⑥进行对比：

---

① 黄加服、段志洪主编：《中国地方志集成·贵州府县志辑》第 13 册，巴蜀书社，2006 年，第 614 页。
② 黄加服、段志洪主编：《中国地方志集成·贵州府县志辑》第 13 册，巴蜀书社，2006 年，第 614 页。
③ 黄加服、段志洪主编：《中国地方志集成·贵州府县志辑》第 13 册，巴蜀书社，2006 年，第 615 页。
④ 黄加服、段志洪主编：《中国地方志集成·贵州府县志辑》第 46 册，巴蜀书社，2006 年，第 549 页。
⑤ 黄加服、段志洪主编：《中国地方志集成·贵州府县志辑》第 13 册，巴蜀书社，2006 年，第 615 页。
⑥ 黄加服、段志洪主编：《中国地方志集成·贵州府县志辑》第 46 册，巴蜀书社，2006 年，第 549 页。

	正课生员数及膏火	副课生员数及膏火	正课童生数及膏火	副课童生数及膏火	增加正课生员（科场之年）数及膏火	增加副课生员（科场之年）及膏火
贵山书院	27名,银一两二钱,米仓斗三斗	33名，银九钱，米仓斗三斗			30名,银米惟给六月起二月讫,共7个月	30名,银米惟给六月起二月讫,共7个月
正习书院	11名,银同贵山,米以银折	14名,银同贵山,米以银折	10名,银五钱	5名,银三钱		
正本书院	11名,银同贵山,米以银折	14名,银同贵山,米以银折	10名,银五钱	5名,银三钱		
松桃厅书院	8名,米三京斗,膏火钱八百文	8名,米三京斗,膏火钱六百文	10名,米三京斗,膏火钱六百文	10名,米三京斗,膏火钱四百文		

　　据上表可以发现,贵山书院学生的层次明显要高些,只招收生员,不招收童生。生源质量在一定程度上决定其教学成绩。贵山书院在科举人才培养上似乎要超过同城的正习和正本书院。另外,与州厅相比较,省府贵阳三书院的学生待遇要远远高出松桃厅书院。良好的学生待遇恐怕也是书院人才培养的重要基础。

　　书院教学活动的重要环节就是考课。考课一般分官课和师课。官课是官府定期对书院生童的考试,由巡抚、学政等官员对书院生童出题考试。师课又称堂课,则是由书院山长定期给书院生童出题的考试。考课是书院教育的重要特点,书院生童考课成绩会直接影响到其在书院中的地位、收入,甚至科举功名。每个书院对考课结果的使用并非完全一致。晚清贵阳城内三书院贵山、正习、正本关于考课的具体情况,因为文献有阙,具体不是很清楚。道光《贵阳府志》卷四十三云:"凡书院之在贵阳境内者十,义学五十二。书院皆有师以修教,有田以膳士,聚生徒于中而按月考课。曰贵山曰正习曰正本皆贵阳城内之书院也。"① 这里只是说道光时期的贵阳书院按月考课，考课次数、时间、规模及奖惩措施都不得而知。但从同时期贵州其他书院的考课情况可窥知一二。例如，道光《松桃厅志》载有考课条规十条，其中之一②：

> 肄业生童每月初二、十六日官课，初八、二十三日堂课。如官课不到，月米膏火全行扣除。若止应官课不应堂课，膏火减半给领。

书院的官课、堂课都有固定时间。书院要求生童必须参加考课，违者有相应的经济制裁。如：

> 每逢官课，无论正附课并额外附课，考取超等及上卷第一名者，酌加奖赏。如有抄录成文，意存搪塞者，正课降为附课，附课降为额外课。
>
> 每遇官课日期，各生童于卯刻齐集书院，听候点名领卷，日授午餐，限酉刻缴卷，断不给烛。违者文艺虽佳，概不列等。如或传递代情，一经查出，分别戒饬。
>
> 额外应课生童，如有连取三次超等上卷者，即拔为附课，再连取二次超等上卷者，即拔为正课，一并支领膏火，住院者并领月米。其原取附课者亦准升为正课。若正课连考三次末卷，降为额外课，并裁减膏火，以示惩劝。

① 黄加服、段志洪主编：《中国地方志集成·贵州府县志辑》第 13 册，巴蜀书社，2006 年，第 613 页。
② 黄加服、段志洪主编：《中国地方志集成·贵州府县志辑》第 46 册，巴蜀书社，2006 年，第 549 页。

书院对官课的要求十分严厉,成绩优异者酌加奖赏,考课成绩较差则有相应的经济制裁,若考课行为拙劣则会受到严厉处罚。晚清时期,贵州不同地区的书院,对考课的相关规定及奖惩措施也不尽一致。例如,《水城厅采访册》载凤池书院章程[①]:

> 每月官课一,自二月起至十一月止,共十课。内庠以超等为正课,特等为副课。外庠以上取为正课,次取为副课。正副课俱各取六名。内庠正课第一名膏火折谷六斗,第二第三折谷四斗,余每名折谷三斗,副课每名折谷二斗。外庠正课第一名折谷三斗,余每名折谷二斗,副课每名折谷一斗……十课共支租谷伍十四石。
>
> 每月师课二,自二月起至十一月止,共二十课。内外庠正副课俱各四名。内庠正课第一名膏火折谷三斗,余每名折谷二斗,副课每名折谷一斗。外庠正课第一名折谷二斗,余每名折谷一斗,副课每名折谷八升……合计二十课共支租谷四十二石四斗。

水城厅每月官课一,师课二,考课次数与时间都与松桃厅书院不同,且其对考课成绩前列生童的奖励措施也与松桃厅不一样。松桃厅、水城厅书院的考课情况大致反映了晚清时期贵州书院考课的基本情况。

二、黎培敬与《黔南三书院课艺初集》的编辑

清代书院十分注重学生考课,往往一月数考,将书院学生优秀的考课内容编纂成册,以示鼓励或供后学模仿参考是清代书院教育中

---

① 黄加服、段志洪主编:《中国地方志集成·贵州府县志辑》第15册,巴蜀书社,2006年,第323页。

较为流行的一种风气。《黔南三书院课艺初集》是对晚清贵州地区的贵山、正习、正本三所书院学生优秀课艺的编纂与收集，《黔南三书院课艺初集》共四卷①，由时任贵州学政的黎培敬捐资，在同治壬申春月（同治十一年，1872）由黔阳官署刊刻。书序部分由黎培敬撰写，大致内容是对书院历史、筹办书院的重要性以及选取课艺文章标准的一个说明。

《黔南三书院课艺初集》收录的内容分为"文"和"诗"两个部分，"文"共一百篇，悉数为摹拟应试的八股文章。"诗"一百二十篇，也都为符合制艺的试帖诗。由于《黔南三书院课艺初集》收录三书院的学生课艺，故其于每篇文章篇题下常常标明课艺的来源，说明课艺的作者、所属书院及其名次。例如"贵山超等一名 黄诗聘""正习超等一名 陈文锦""正本超等一名 唐选皋"等等。与此同时，每篇课艺文末往往还附有评点语句，评点大致分为两种类型：一种为对课艺全文的整体性评价，例如，贵山书院黄诗聘《太甲曰顾諟天之明命帝典曰克明峻德》文末评语为"顾视清高气深稳"。杜梦龙《是故君子有诸己而后求诸人无诸己而后非诸人》文末评语为"理服清真发挥切实"，陈灿《有人此有土有土此有财有财此有用》文末评语为"器局开张才力富健"。另一种是对课艺文章各部分分别点评，例如，贵山书院赵秉铨《失诸正鹄凡求诸其身》文末评点为"前半罗罗清疏，后二偶思力沉郁，寄托遥深，据一篇之胜"。总而言之，课艺的评点话语大都是褒奖之辞。

《黔南三书院课艺初集》的整编与成刊都与黎培敬密切相关，黎氏为课艺集所作序言中就提到他"时取诸生课艺之尤雅者……捐

---

① ［清］黎培敬编：《黔南三书院课艺初集》，同治壬申（1872）刻本。下文所引《黔南三书院课艺初集》资料均采自该文献，不再出注。

俸付梓成编"。黎氏如此重视黔南三书院学生的课艺文章并捐俸将其编纂成书,这与当时贵州的社会状况以及他本人的教育经历密不可分。黎培敬,湘潭人,同治三年(1864)出任贵州学政,当时贵州科举久停,儒教不兴,又值苗民起事,黎培敬在《黔南三书院课艺初集》的序中便提到"近岁顽苗蠢动,四境骚然,士率以流离失学而书院几废"。黎氏对因社会动乱造成的书院荒废、士子失学表示深刻担忧,故而在任期间十分重视文教。他在书序中提到:"审时政之当亟,以文教所宜先,为修葺贵山、正习、正本三书院筹膏火以资肄业。"黎氏不仅筹措资金修葺了贵阳三书院,更积极筹办贵阳府岁试又补行科试,录取了众多生员。《清史稿列传二百三十五》记载黎氏"于是出入寇氛,按试州县,虽危棘不缓期,贵州士民始复知文教"①。乱世中仍坚守文化教育,可以说,黎培敬在出任贵州学政期间的种种举措不仅有利于贵州书院教育的发展,更是推动了晚清贵州文化的巨大发展。

黎培敬如此推崇儒学文教,一方面是为了解决当时贵州的社会问题,另一方面则与他本人的经历息息相关。据载,黎培敬十分勤勉,曾在大杰寺奋发攻读,迄后便登第,是咸丰十年(1860)恩科会试第二名、会试覆试二等第一名,殿试二甲第一名传胪,点翰林院庶吉士。可以想见,经过如此层层选拔,黎氏必定是长期浸染在儒教系统之中的,而他本人对儒学教育也有着强烈的认同感,这点在《黔南三书院课艺初集》序中便可一窥端倪。黎氏在序中写到:"夫先器识而后文艺,立学当观其大也。蓄道德而能文章,为学当荣其全也。""道德文章"是孔孟之学的永恒话题,儒学教育中历来就很重视道德伦理和社会规范,而黎氏在序中强调的"先器识后文艺""蓄道德而能文章"

---

① [清]赵尔巽等:《清史稿》,中华书局,1977年,第12518页。

其实正具有鲜明的儒学色彩。《论语·为政》云："道之以德,齐之以礼,有耻有格。"① 此句是认为要用道德礼仪去引导教育百姓,他们才能有羞耻心遵守规矩。孔子十分讲求人之道德,在他的思想言论中常常可见这样对人的礼仪道德要求。孔氏不仅重视道德伦理,还常将其置于事物的首要位置,例如《论语·述而》云："德之不修,学之不讲,闻义不能徙。"② 可见在孔子眼中,讲求道德是被置于追求学问之前的。又如《论语·八佾》云："子谓《韶》:尽美矣,又尽善也;谓《武》:尽美矣,未尽善也。"③ 孔子认为《韶》乐尽善尽美,是因为《韶》乐展现了尧舜之德,而《武》未尽其善,是因为它表现的是武王征伐天下,杀伐之气不符合道德要求。"道德"在儒家思想中的地位由上述引文可窥一斑,黎培敬在书序中表达出的"蓄道德而能文章"意识也是将"道德"置于文章之前,蓄道德而后才能成文章,这正表现出他对以"道德"为先的儒学思想的遵从。这也是晚清贵州书院文化的共同特征,故咸丰《兴义府志·学校志》载知府张瑛言:

> 书院之课士以文,而士之行尤重于文。愿课士者,遇有敦行士,即文稍逊,间亦超擢,以风多士,则异日醇儒辈出,基于此矣。余于书院,不仅望佳士为文人,尤厚望佳士敦行,而学为圣贤也。④

以敦行为先,以文为次,这与黎培敬"蓄道德而能文章"理念完全一致。由此可见,黎培敬"夫先器识而后文艺,立学当观其大也。

---

① [清] 阮元校刻:《十三经注疏》,中华书局,1980 年,第 2461 页。
② [清] 阮元校刻:《十三经注疏》,中华书局,1980 年,第 2481 页。
③ [清] 阮元校刻:《十三经注疏》,中华书局,1980 年,第 2465 页。
④ 黄加服、段志洪主编:《中国地方志集成·贵州府县志辑》第 28 册,巴蜀书社,2006 年,第 247 页。

蓄道德而能文章,为学当荣其全也"的论述不仅体现出他对儒家思想相当熟悉,更反映了他对儒教观念的认同与接受,正因如此他才会选择在晚清时局混乱的贵州大力推行儒学教育。

三、《黔南三书院课艺初集》论题与选录标准的儒学色彩

课艺的论题是书院教育风格、观念及其教育内容的直接反映,《黔南三书院课艺初集》共收录了学生课艺的文章一百篇,其所涉及的课艺论题数目众多,包含了修身、为政、国家经济等许多方面内容,而这些论题的来源大都出自儒家经典,具有鲜明的儒学色彩,详见下表:

课艺论题	出处
《太甲》曰顾諟天之明命　克明峻德	《大学》
言欲致吾之知　莫不有知	《大学》
是故君子有诸己　而后非诸人	《大学》
有人此有土　有土此有财	《大学》
生财有大道。生之者众,食之者寡	《大学》
诗云伐柯伐柯　犹以为远	《中庸》
失诸正鹄　反求诸其身	《中庸》
天之生物　故栽者培之	《中庸》
故为政在人　取人以身　修身以道	《中庸》
所以行之者三　夫妇也	《中庸》
则知所以修身	《中庸》
其次致曲　曲能有诚　诚则形	《中庸》
变则化　唯天下至诚为能化	《中庸》
今夫天斯昭昭之多　货财殖焉	《中庸》
庶几凤夜　以永终誉	《诗经·周颂·振鹭》
下袭水土　辟如天地之无不持载	《中庸》
人不知而不愠　不亦君子乎	《论语·学而》
贤贤易色　言而有信	《论语·学而》
子曰道之以政　有耻且格	《论语·为政》

续表

课艺论题	出处
君子周而不比　小人比而不周	《论语·为政》
举直错诸枉	《论语·为政》
素以为绚兮　何谓也　子曰绘事后素	《论语·八佾》
君子之于天下也　无适也	《论语·里仁》
古者言之不出　耻躬之不逮也	《论语·里仁》
子路曰愿闻子之志　少者怀之	《论语·公冶长》
子之所慎齐战	《论语·述而》
子曰圣人吾不得而见之矣	《论语·述而》
似不能言者其在宗庙朝廷便便言	《论语·乡党》
享礼有容色私觌愉愉如也	《论语·乡党》
问人于他邦	《论语·乡党》
足食足兵	《论语·颜渊》
必不得已而去　于斯三者何先　曰去兵	《论语·颜渊》
问知子曰知人　举植错诸枉	《论语·颜渊》
如知为君之难也	《论语·子路》
可谓士矣　抑亦可以为次矣	《论语·子路》
君子而不仁者有矣夫　而仁者也	《论语·宪问》
子路曰　桓公杀公子纠	《论语·宪问》
管仲相桓公　民到于今受其赐	《论语·宪问》
何为其莫知子也　不尤人	《论语·宪问》
知及之仁　不能守之虽得之	《论语·卫灵公》
行义以达其道　吾闻其语矣	《论语·季氏》
其未得之也患得之　苟患失之	《论语·阳货》
太师挚适齐　入于海	《论语·微子》
其不可者拒之　人将拒我	《论语·子张》
宽则得众　公则说	《论语·尧曰》
不违农时　材木不可胜用	《孟子》
故居者有积仓　与百姓同之	《孟子》

续表

课艺论题	出处
为巨室则必使工师求大木　则王喜	《孟子》
行仁政民之悦之　功必倍之	《孟子》
民之悦之犹解倒悬也　惟此时为然	《孟子》
子路人告之以有过　善于人同	《孟子》
故曰域民不以封疆之界　得道者多助	《孟子》
我欲中国而授孟子室　子盍为我言之	《孟子》
乐岁,粒米狼戾,多取之而不为虐	《孟子》
夫仁政　必自经界始　谷禄不平	《孟子》
悦周公仲尼之道　彼所谓豪杰之士也	《孟子》
大夫有赐于士　而馈孔子蒸豚	《孟子》
过半矣	《孟子》
彼身织屦妻辟纑	《孟子》
离娄之明	《孟子》
沧浪之水清兮　小子听之	《孟子》
中也养不中　古人乐有贤父兄也	《孟了》
若禹之行水也　禹之行水也	《孟子》
孟子曰　禹稷颜回同道　易地则皆然	《孟子》
曾子居武城	《孟子》
予既烹而食之	《孟子》
一乡之善士　以友天下之善士为未足	《孟子》
季任为任处守　不见诸子	《孟子》
入其疆土地辟　则有庆	《孟子》
困于心衡于虑而后作	《孟子》
亲亲仁也　敬长义也	《孟子》
鸡鸣而起孳孳为善者　无他	《孟子》
春秋无义战	《孟子》
尽信书则不如无书	《孟子》
总计	论题 74 个:《大学》6,《中庸》9,《论语》29,《孟子》29,《诗经》1

　　《黔南三书院课艺初集》一百篇课艺文章中，除论题重复的个别篇章外一共有 74 个课艺论题，其中选题来源于《论语》和《孟子》的最多，各 29 个，其次以选自《中庸》的居多，共 9 个论题，论题选自《大学》的有 6 个，而选自《诗经》的最少，只有 1 个。《论语》《孟子》《大学》《中庸》《诗经》这五部典籍全都属于儒家经典，《黔南三书院课艺初集》的 74 个课艺论题都是由这五部典籍中的文句直接截取而来，而选题偏重最多的《论语》《孟子》则是孔孟二人的思想结晶，其儒学色彩不言自明。可以说三书院课艺文章的论题选择不仅揭示了贵州地区书院教育的内容重心，也更加突显了此地区书院教育具有鲜明且浓厚的儒学风气。

　　贵山、正习、正本三书院的课艺论题来源以《四书》为主《诗经》为辅并不是一种偶然现象，这其中自有其原由。历来书院教育，大多是以培养科举人才为国家政治系统服务为目的，书院重视学生考课，学生的课艺文章也绝不是游戏文字，这些课艺文章都是在为学生的科举应试打基础，论题的选取也是严格按照科举考试的规定标准。《清史稿》一百零六卷"选举志"载："古者取士之法，莫备于成周，而得人之盛，亦以成周为最。自唐以后，废选举之制，改用科目，历代相沿。而明则专取《四子书》及《易》、《书》、《诗》、《春秋》、《礼记》五经命题试士，谓之制义。有清一沿明制，二百余年，虽有以他途进者，终不得与科第出生者相比。康、乾两朝，特开制科。"[①]据此《清史稿》"选举志"可知，清朝延续明代的科举取士方法，而科举考试的命题来源就是《四书》和《五经》，《四书》的命题地位是排在《易》《书》《诗》等《五经》之前的，故而在《黔南三书院课艺初集》中论题选自《大学》《中庸》《论语》《孟子》的文章占据绝大多数，而选自《诗经》的

①［清］赵尔巽等：《清史稿》，中华书局，1977 年，第 3099 页。

仅仅一篇,对比十分明显。自汉代以来,儒家思想逐渐成为国家政局乃至社会生活的主导思想,唐宋以来,直至明清儒家思想的主导地位长久不衰,而孔孟之学是儒家思想的大宗,故而在《黔南三书院课艺初集》中我们很容易发现,论题源自《论语》《孟子》二书的文章要远多于论题来源于《大学》《中庸》的。

除了课艺文章的论题,《黔南三书院课艺初集》对课艺文章的评选及写作标准同样也具有浓厚的儒学色彩。黎培敬在书序中便提到了课艺集的选取标准,"夫文以清真雅正为宗,诗以清华名贵为尚,其故为诡异艰深,纤靡优俳者,悉屏弗取,愿诸生循是轨……"从明代到清代八股取士积弊日深,八股文的写作从朴质变得诡谲怪异,故而"清真雅正"成为清代对八股文共同的审美标准与要求,而实际上这样的标准是充满儒学色彩的,先秦时代人们便有着"雅正"的审美标准,《诗经》有雅乐,《毛诗序》云:"雅者,正也。"孔颖达解释说:"雅者训为正也,由天子以政教齐正天下,故民述天子之政,还以齐正为名。王之齐天下得其道,则述其美。"①可见"雅正"有美好齐正之意,在《诗经》时代就已经作为衡量君王为政的审美标准,而《诗经》作为儒家经典,其实间接反映代表的是儒家的审美标准,清代将"雅正"作为八股文章选取的标准以及写作的基本要求实际上是对儒家"雅正"审美的延续与继承。清真乃文笔之清丽、抒发性情之真实,雅正,则要求文风雅致,思想内容诚正,不离经叛道,符合儒家思想要求。这实际上是内容与形式的双重审美要求。

四、《黔南三书院课艺初集》所体现的书院教育成效

可以说,黔南三书院在学生课艺文章的写作要求、选拔标准以及

①[清]阮元校刻:《十三经注疏》,中华书局,1980年,第272页。

论题的选取上都充满浓厚的儒学意味。而学生在书院这样具有针对性的儒学教育的熏陶与训练下是否能够达到应试的目的呢？答案是肯定的。在黔南三书院的儒教培育下，有一批才德兼优之士从书院教育中脱颖而出。例如，贵山书院的黄诗聘，《黔南三书院课艺初集》选其文章22篇，属生童中最多的。《贵州通志·人物志》载："黄诗聘，字子衡，贵筑人。幼慧勤学，十岁应童试，背诵五经，取佾生。旋丁父艰难，哀毁如成人。服阕补诸生，家贫，授读以奉母，有至性，事亲愉色柔声，恒若孺子，母病，曾刲股和药以进，卒不起，毁几灭性。葬必……每晨必先往拜墓而后入馆……同治癸酉举于乡，主贵山书院讲习凡五年，既以身教，复勤训迪，成才甚众。滇抚谭钧培成经正书院，聘往主讲，未几病归，未至，卒于沾益州，年五十七岁。滇督王文韶，巡抚谭钧培奏请入祀文庙孝子祠。"[1]

又如，贵山书院的陈灿，《黔南三书院课艺初集》选其文章6篇。民国《贵州通志人物志》将其列在"清总部"人物传中，可见其影响。同治八年（1869）中举人，光绪丁丑（1877）以第二名中进士，官吏部主事、按察使署、布政使等，惠政甚多，士民颂之。其最著者如积谷种桑以养民，创建经正、道成、宏远三书院，一生有书院癖，近今所仅见。设高材生以教士，续修《云南通志》二百卷……所著有《宦滇存稿》五卷，《知足知不足斋文存》二卷[2]。

再如，正本书院的唐选皋，《黔南三书院课艺初集》选其文章5篇，据《贵州通志·人物志》载："唐选皋，字直父，贵筑人。同治庚午举人，光绪甲子成进士。分工部主事，改四川荣县知县，继任汉州、兴

---

① 黄加服、段志洪主编：《中国地方志集成·贵州府县志辑》第10册，巴蜀书社，2006年，第122页。

② 黄加服、段志洪主编：《中国地方志集成·贵州府县志辑》第9册，巴蜀书社，2006年，第601页。

文,调名山,所至有政声。而于荣先后十五年,政绩尤为卓著。以光绪庚子卒,年五十有三。归葬贵筑属之青岩。"唐选皋不仅政治清明,且文才卓然,更有识才之力,他在任四川荣县时曾出资力助赵熙赴京赶考,赵熙而后成为清末民国的四川大儒,赵熙为唐选皋撰写的墓志铭《光禄大夫唐公墓志铭》就称赞他:"君工书入米赵法,持朱署牍,玉珠天然。文尤天秀不群,如春流涣日。"①

又,正习书院的罗文彬,《黔南三书院课艺初集》选其文章8篇。据《贵州通志·人物志》载:"罗文彬,号质安,贵阳人。年十四补弟子员。同治庚午举于乡。明年,成进士,授礼部仪制司主事。旋充主客司掌印,迁铸印局员外郎,调祠祭司掌印。历充会典馆纂修、书图总纂处提调。以劳绩赏花翎,简授云南永昌府知府,以道员在任候补……文彬博闻强识,能文善书,在黔纂修《平黔纪略》,在蜀辑《盐法志》,在滇绘有全省舆图,皆不朽之作。又著有《家礼便览》《香草园集》未梓。"②

《黔南三书院课艺初集》收录作品较多的生童,基本上都考取了举人或进士,不少人在德行、政事、文学等方面卓有建树,且被载入史册。可见,晚清贵州书院的人才选拔和培养方式还是有效果的。同时,亦足见贵州学政黎培敬的识才能力。在黎培敬的推动之下,晚清贵州的儒学教育造就了一大批人才。晚清贵州文化的辉煌,有赖于像黎培敬这样的有识之士在书院教育上所做的巨大贡献。

---

① 黄加服、段志洪主编:《中国地方志集成·贵州府县志辑》第10册,巴蜀书社,2006年,第203页。
② 黄加服、段志洪主编:《中国地方志集成·贵州府县志辑》第10册,巴蜀书社,2006年,第280页。

第三章　近代遵义沙滩家族文化与文学

第一节　遵义沙滩家族文化的儒学建构

遵义文化家族众多,有黎氏、郑氏、莫氏、赵氏、唐氏、宦氏、寋氏等,这些文化家族对近代贵州乃至中国文化发展起到了十分重要的作用。其中,又以沙滩文化家族享誉海内外。沙滩文化家族的核心组成是郑、莫、黎三家,这三家相互间关系融洽,且互通婚姻,相互促进,相互影响,在近代贵州文化发展史上书写了靓丽篇章。而沙滩文化外围的家族,如唐氏、宦氏、赵氏等,不但相互间关系密切,而且也与郑、莫、黎三大家族存在千丝万缕的联系,或以婚姻,或以师徒等,相互联结,形成了蔚为壮观的近代遵义家族文化。

近代遵义的文化家族皆具有一些共同的文化特点,即以儒家思想为家族历代尊奉的行动指南,以诗书耕读为历代传家之法宝。在家族文化的发展过程中,十分注重儒学内涵的建构,在家风家规中,以儒学标准来规范言行,确立处世原则;以传播儒学为己任,购藏儒家经典,研习儒学典籍,编撰儒学著述,传授儒学内容,将儒学思想融化在家族成员的日常生活与行事之中。

1.锄经堂与黎氏家族的文化发展

遵义黎氏,原本居住于四川广安。明代,黎朝邦率族始迁入贵州龙里,万历二十九年(1601)迁入遵义乐安里沙滩官庄。黎庶昌刻《黎氏家谱》,将黎朝邦列为第一世。遵义黎氏家族,自第一世黎朝邦始,便十分注重家族文化建设。黎朝邦自己"生而岐嶷,八岁成诵,九岁即能为长短句,十岁出试,魁童子,十四岁,学使觇其不凡,登首选食廪饩"。但迁居遵义后,"隐而不出,观其所卜居之业,治家之法,饶有古儒风焉"①。其告诫儿子以诗书耕读为本。这在第二世黎怀仁身上得到充分体现。其教子孙则曰:

> 在家不可一日不以礼法帅子弟,在朝不可一日不以忠贞告同寮,在乡党不可一日不以正直化愚俗,在官不可一日不守清、慎、勤三字,凡百所为,敬恕而已。②

黎怀仁一切行事谨遵儒家礼义规范,将之贯彻于全部生活之中。其临终有句云:"生平半学朱元晦。"③ 亦足见其对理学思想之服膺。

至有清,遵义黎氏家族曾一度中落。清代中期,复兴遵义黎氏家族的关键人物是黎安理。据《长山公自书年谱》,黎安理从小便接受系统的儒学教育,故其行为准则皆以儒家思想为标准,其幼小时遭受继母夏氏迫害,但黎安理丝毫不计较,而是尽心侍奉夏氏五十年。祖父性格古怪,黎安理侍奉四十年,尽得欢心。道光《遵义府志》卷三十四称其:

> 论者谓其制行,当于古孝友传中求之。平生慷慨有为,为人谋必竭力。尝救一从兄出于险,坠崖几死,一友厄远所呼救,夜

---

① [清] 黎庶昌:《遵义沙滩黎氏家谱》,清光绪十五年(1889)南京刻本,第8页。
② [清] 黎庶昌:《遵义沙滩黎氏家谱》,清光绪十五年(1889)南京刻本,第9页。
③ [清] 黎庶昌:《遵义沙滩黎氏家谱》,清光绪十五年(1889)南京刻本,第9页。

行困极，即宿荒郊乱冢中，不悔亦不德也。待人必以礼法，见者畏焉。①

此将黎安理比肩于古孝友，称其"待人必以礼法"。黎安理行事体现的是典型的儒家思想。黎安理以诗书持家，对两个儿子黎恂、黎恺的要求十分严厉。黎恂、黎恺不负所望，均考中科举。其中，黎恂继承父辈训诫，对家族文化的发展贡献巨大。民国《续遵义府志》卷二十载黎恂传：

> 恂初仕桐乡，甫三十余，海内承平，浙江又人文渊薮。公余辄廷接人士，谈论上下今古。时复弹琴咏歌，声闻户外。尝曰："人以进士为读书之终，我以进士为读书之始。稽古，吾志也。"逮忧归，乃以廉俸万金，购置书籍。是时，遵义方僻陋，自明至今，学士文人可著录者甚少。至是郑珍以甥行，莫友芝以年家子，皆从恂发箧陈书，大肆力于学。厥后珍、友芝名满东南，称经学大师，子兆勋，姪庶蕃、庶涛、庶昌，孙汝谦皆以文学知名当世，流风余韵，沾溉百年，而华缕开先者，恂也。②

黎恂丁忧辞官返回遵义，从浙江购置了数十箱图书，充实扩建了黎安理的锄经堂，使得黎氏家族有了真正意义上的藏书楼，共有图书约三万卷，为当时黔中藏书之首。黎汝谦《锄经堂记》云：

① 黄加服、段志洪主编：《中国地方志集成·贵州府县志辑》第33册，巴蜀书社，2006年，第148页。
② 黄加服、段志洪主编：《中国地方志集成·贵州府县志辑》第35册，巴蜀书社，2006年，第48页。

锄经堂者，遵义黎氏之故庐也。有明神宗万历廿九年（1601），我始祖朝邦公由四川广安州金山里徙家遵义之东乡乐安里沙滩居焉。沙滩者，《元和郡县志》所称夷牢水也。中有洲长半里许，因以得名。黎氏庐于溪上，负山临水，层峦环秀，绿水潆洄，乔木幽篁，四时苍翠，邑中溪山之胜，毋或逾此基址。窈曲如半环，纵横数十丈。黎氏聚族而居，井灶数十，东犬西吠，篱舍交错如蜂房。阅七代至我曾祖静圃公，子姓益蕃，瓜剖豆分，家仅受方丈之地。静圃公旧庐宅之左偏古檬木下，今分授第九房者是也。取带经而锄义，名其堂曰锄经堂。后世子孙，遵承弗易。逮我祖雪楼公，嘉庆甲戌进士，授浙江桐乡令，五年以父忧归，乃出余俸，就族人补缀，遂全有其地。壬午岁，鸠工筑室，凡二年，成五间正室，三重结构，壮阔宏敞，又十五年，雪楼公再仕云南，丙午岁，复于正室之左建家祠二重，祀先代木主，间以砖垣别为一院，由正室之左，循除而上，附墙隙，地丈余，植枇杷一株，障以短垣，又上地稍窄，建白石方台，植牡丹芍药四丛，两台间大石罂盛石假山，玲珑剔透，上育莓苔菖茸，常若云气蓊翳，下潜儿鲤数十头。荡漾空碧，时隐时露，如在蓬壶瀛海间也。再上，墙角凸出，与楹连旁辟一门，通祠室，键小户以别内外，自户以内为妇女偃息庸保杂作之所，为庭二，为厨三。以内为舂磨酒浆醯酱腌菜之室。再左为厕为埘为榤为豚牢为煤房柴屋，曲折杂置，直达汲水之门。柴屋外隙地十数弓，缭以土垣，环植芭蕉女桑三春柳之属。中为菜畦，再外则修篁乔木直达外垣矣。此故叔祖雨耕公旧址。雪楼公买宅右，族人广宅易之，规为塘池，已而复废。由此而下，至祠堂之左为仓厫廪庾之属。丛竹环其外，今分与二房、九房、十房者，皆是也。由正室之右隙，地广六七丈，垣下周恭人莳椒数，本辟菜畦，种菘芦，缭以竹篱。余地为晾花晒草之场……室皆有楼，正室之右，楼高窗豁，藏书数十箧，公日弹琴读书其中。春晨秋夕夏午书倦，或莳花、灌树，曳杖行吟，览万物之荣枯，乐琴书之逸趣，子妇怡怡，童仆诉诉，旨蓄饔飧，不求自足，苹藻以莳，松楸不剪，盖人生之嘉福，林泉之至乐矣。公自归田后逍遥于此室者十二年。咸丰十一年壬戌（1861）正月，白号土匪扰劫里閈，一炬成灰。合室避乱北乡罗家河，公独率余弟兄寓四卫坝，王氏已复寓郡城西门沟。寇退，吾先君结寨禹门山，回视屋庐，则瓦砾纵横，余熄犹在。其年，公还居禹门山，去家甫里许，贼来去不常，岁只一二。至断礎颓垣，榛芜过膝，过者不胜禾黍秋风之思焉。癸亥七月，雪楼公即世，乃析土为六，中为祠址，左三右二，长房八房得右二，二房九房十房得左三。丙寅岁，先君乃徙尧湾老屋，鸠工庀材，就长房伯兄基址，筑室二重以居，九房亦相基为室。余悉未能建置也。余居于此室，盖五六年，读书左偏室中，每掩卷沉默，忆童子时事，都历历在目。晨夕指画履痕旧处，十余年中恍如隔世，只公手植庭薇一株尚无恙，然落落然已经偏枯矣。嗟乎！沧海桑田，楼台草莽，古之人已有味乎言之矣，余独奚为不能达旨哉！盖余更有深感者，余年甫二十即目睹兹堂凡三变，世固有生百年而未及遭者矣，苟非遭时丧乱，罹三百年未有之灾，则人事盛衰迁流亦乌能如是之速哉！兹堂成于道光癸未，毁于咸丰壬戌，凡三十八年。人道三十年而成世，剥复之理，固有是哉！堂毁距今二十有五年，其为一世不远矣。若不笔之，后将何述览斯文者。倘藉以知公平生气象规模与夫缔构之艰及二百余年之兴废乎！①

①［清］黎汝谦：《夷牢溪庐文钞》，《续修四库全书》第1567册，上海古籍出版社，1997年，第567页。

　　黎汝谦此文,详细记载了遵义沙滩黎氏锄经堂的兴废始末。遵义沙滩黎氏锄经堂,是自黎安理始黎氏三代苦心经营的著名藏书楼。在西南僻壤遵义建一个藏书楼实属不易。这也是令黎汝谦最为感慨的一件事。没想到,天灾人祸,黎氏辛辛苦苦建设的锄经堂在咸丰社会动乱中被付之一炬。黎氏三十八年的心血一夜之间灰飞烟灭。这是近代贵州社会动乱对文化发展所造成的重大损失,不亚于秦之焚书所造成的劫难。贵州文化能于近代在僻壤崛起真是不容易,与遵义沙滩黎氏这种前后几代不断努力进行文化硬件设施建设有直接关系。

　　黎氏所藏图书文献,为遵义沙滩文化的发展繁荣打下了重要基础,郑、莫、黎诸多人才皆受益于黎氏家族的锄经堂。黎庶昌《郑珍君墓表》说郑珍朝夕出入锄经堂,"鼓箧读之,恒达旦夕,肘不离案,衣不解带"[1]。《黔诗纪略后编》卷十九也说郑珍"依外租黎氏居,舅氏雪楼令浙归,多购古籍,先生发黎氏藏书,纵观古今,殚心四部,日读数万言"[2]。而黎庶昌受其伯父黎恂的影响,也喜读书、藏书、刻书,《拙尊园记》说"结园居室之偏,方广不盈亩,缺墙西南隅,面山有庭三楹,积书二万卷"[3]。黎庶昌出使日本,努力搜求中国流失日本的宋元旧版等珍贵图书,刊成《古逸丛书》二十六种二百卷。《黎氏家集》也是其出使日本时在官署刊刻的。其在四川道,又刊刻宦懋庸《辛斋诗钞》《辛斋文钞》等。在家族文化建设方面超越前代,视野跳出黎氏、遵义乃至贵州、中国范围,将黎氏家族文化推向世界,实现了更高境界的家族文化建构。

---

① [清] 黎庶昌:《拙尊园丛稿》,(台北)文海出版社,1967年,第100页。
② 徐丽华主编:《中国少数民族古籍集成》(汉文版)第89册,四川民族出版社,2002年,第698页。
③ [清] 黎庶昌:《拙尊园丛稿》,(台北)文海出版社,1967年,第358页。

2. 巢经巢与郑氏家族的文化发展

受黎氏藏书影响，郑珍一生也爱极力搜求书籍。因为经济困难，故郑珍收藏图书主要以抄录为主要手段。其《题移写〈春秋繁露〉卢氏校本跋》云："余家贫不能购也，从人借，移录此何镗本中，通照卢本改正，求其可读而已。贼方出境，官又括村里如火烈，而余尚苦如此，殊自怜，后人有能一读者，尚知此心。"① 可知郑珍藏书之不易。《巢经巢全集诗钞后集》卷五亦说："鸠集四十年，丹黄不离案。有售必固获，山妻尽钗钏。有闻必走借，夜钞恒达旦。不独有应有，亦多见未见。古州新附生，为起藏书馆。"② 郑珍凡听闻他人有好的书籍，必定想方设法借来抄录。即使家徒四壁，也以读书、抄书、藏书和撰著为追求。郑珍对地方文献的收集也十分重视，《播雅引》说："余束发来，喜从人问郡中文献，得遗作辄录之，久乃粗分卷帙，名曰《遵义诗钞》。"③ 郑珍通过一己之力，花费二十余年时间，努力搜求遵义诗歌，最终编纂成《播雅》二十四卷，其中收录了遵义自明万历二十九年（1601）至清咸丰二年（1852）252年间二十位诗人二千零三十八首诗歌，很多遵义诗人的诗歌因《播雅》而得以保存，郑珍在收藏与保存地方文献方面功劳巨大。郑珍将其藏书之所命名"巢经巢"，最多时候书籍达四万余卷。但可惜的是，巢经巢藏书最后几乎全毁于同治兵燹。贵州文献在咸同间被毁，郑珍、莫友芝等也多有记载。莫友芝在日记中记载了大量图书被焚毁的情况。例如：

---

① [清] 郑珍撰，王锳等点校：《郑珍集·文集》，贵州人民出版社，1994年，第100页。
② [清] 郑珍撰，杨元桢注释：《郑珍巢经巢诗集校注》，贵州人民出版社，1992年，第656页。
③ [清] 郑珍、郑知同：《巢经巢全集》，贵阳文通书局，1930年。

同治元年(1862)四月廿六日戊寅:得彝儿二月十六日所寄信,言……去年十月湄潭贼犯乐安里,半成灰烬。金栗、锄经之屋皆无存,至正月十一,慕耕之宅亦毁,巢经亦被焚。前寄存慕耕处典籍幸詹琼芸、王怀钰、白瑶圃为借项先移出,经巢所藏犹存三之一,金栗、锄经俱无存,真可惜也![①]

同治六年(1867)十一月十二日辛酉:得莼斋及两儿信……莼斋信谓故乡满目萧条,邻匪时时骚动,影山文籍大部尽毁,存者十之一二而已。[②]

这里讲的是遵义沙滩郑、黎两家藏书被毁的情况。同治时期,贵州农民起义,遵义成为一个主要战场。这场社会动荡,对图书摧毁十分严重。郑珍有诗记录巢经巢藏书被毁情况。《闻望山堂以十七日为贼毁书示儿》:

室场不作子孙图,自挈家行有若无。火尽村居何况此,但求冢木免焦枯。

贫家万卷得来难,连屋成灰也可叹。细算十三年七十,纵存能尽一回看?[③]

郑珍收集四十年的数万卷图书毁于一旦,确实令人心痛。近代贵州儒学能在如此艰难困境中不断发展实属不易。郑珍之所以努力搜求图书,那是因为他深知在僻壤从事学术研究的不易。贵州偏处

---

①[清]莫友芝撰,张剑整理:《莫友芝日记》,凤凰出版社,2014年,第88页。
②[清]莫友芝撰,张剑整理:《莫友芝日记》,凤凰出版社,2014年,第229页。
③[清]郑珍撰,杨元桢注释:《郑珍巢经巢诗集校注》,贵州人民出版社,1992年,第619页。

一隅，交通不便，经济落后，不可能如通都之士获取图书之便利。而没有文献，学术研究则寸步难行。郑珍有在西南僻壤弘扬儒学的决心与毅力，即使遭受巨厄，也没有打消掉其传承斯文的志向。

3. 影山堂与莫氏家族的文化发展

与黎、郑两家一样，遵义沙滩莫氏也喜好藏书。莫氏藏书之所名曰"影山草堂"。莫氏藏书，以莫友芝为主，特别是其晚年，将主要精力放在读书、搜书、购书、刻书之上。尤其难能可贵的是，莫友芝买了书，还得托人从东南江浙运回遵义，千里迢迢，常常需数月才能运到，此亦见近代贵州文化发展之不易。莫友芝的相关图书活动，见后文论述，此不赘述。

第二节　晚清咸、同时期莫友芝的图书活动
——以莫友芝日记为考察中心

莫友芝（1811—1871），字子偲，号郘亭，又号紫泉、眲叟，生于贵州独山，后随父至遵义生活。自咸丰十一年（1861）始直到去世，莫友芝先后依附于胡林翼、曾国藩、李鸿章、丁日昌等晚清重臣。莫友芝将晚年这段江南幕僚生活作了详细的日记。作为喜欢结交友人的著名学者、藏书家，特别是曾担任江宁书局总编校、江苏书局总纂、维扬书局总纂，莫友芝在日记中记载了大量晚清咸、同时期的图书编纂与流布状况。其中很多涉及儒家典籍编纂、刊刻和流布。有助于进一步了解晚清特别是咸、同社会动乱时期儒学的发展真貌，对深入研究近代中国学术与文化的发展具有十分重要的意义。特别是莫友芝身处中西文化碰撞的前沿，亲眼目睹了以儒学价值观为

核心的中国传统文化与西方文化的斗争与冲突,对中西文化矛盾,莫友芝谈了自己的真实想法,这些有助于认识莫友芝晚年的思想发展。

一、读书、藏书之风浓郁

晚清咸、同时期,中国内忧外患十分严重。外有西方列强入侵,八国联军攻占北京,迫使咸丰皇帝逃至热河;内有太平天国起义,建都南京,占据江苏、浙江、安徽、湖北、江西等大片土地,使得清政权飘摇欲坠。

莫友芝日记[1],较详实地记载了这个时期的社会动乱状况。莫友芝在江南各幕府行走,接触过各式官员、幕僚及普通知识分子,尽管整个社会动荡不安,个人生活窘迫,但当时士人间的读书、藏书之风却十分浓郁。

莫友芝自身就是一个典型。据日记可知,莫友芝最大爱好就是读书、校书、刻书、买书、藏书,图书文献几乎成为莫友芝每日生活的主要内容。例如:

> 同治七年(1868)二月初二日庚辰:逆风,阴雨。巳正始行,及阊门外泊,骤风密云似薄暮者,细雹沙沙然搅雨而下,闻雷者三,不能登岸,点灯笺《简明目录》,毕末卷,乃薄暮。忽暴风起,在泊诸舟增维坠锚,犹击撞摆簸一时许。
>
> 初三日辛巳:仍不能起载,还舟宿。《简明目录》集部四册,自舟中阻风,始笺校,昨日今夕竟毕功矣。

---

[1][清]莫友芝撰,张剑整理:《莫友芝日记》,凤凰出版社,2014年。下文所引莫友芝日记资料均出自该文献,不再出注。

十一日己丑：感冒已减，犹忌风不可出，数日无事，以阮文达所进呈《四库》未收书百七十三种，依部类节录于《简明目录》卷端，昏眩作辍，今晨乃毕功。

这几则日记记录了莫友芝平日的读书、笺书活动。不管是在家，还是在旅途恶劣天气中，莫友芝总是随身携带书籍，每日勤读、笺校不已。即使在感冒生病中，仍然读书、抄录不辍。又如：

咸丰十一年（1861）五月廿九日丙辰：校《兵略》，并以张习庵（成嵩）、汪梅岑（士铎）两校会核定本，始于三月十六日，至今日通毕，凡七十余日，以余所校稿本付绳，装而存之。

这则日记讲述的是莫友芝审校胡林翼《读史兵略》的情况。咸丰十一年（1861），莫友芝在湖北依附胡林翼。胡林翼当时为了与太平军作战，从古代文献中寻求带兵打仗的经验，于是编写《读史兵略》四十六卷。胡林翼十分推崇莫友芝的学识，故在《兵略》即将刊印前请莫友芝审校。这也是莫友芝在胡林翼幕府时期的一项重要工作。据日记可知，莫友芝前后花费七十多天来审校书稿，既是莫友芝读书、校书生活的写照，也从另一个侧面反映了清代统治阶层对古代文献现实价值的高度重视。

除了读书、校书，莫友芝平日最喜欢的事情就是搜书、买书了。

同治五年（1866）八月廿二日戊申：出，搜书摊，有《平播全书》五厚册，售以归，惜仅疏奏一至五，五卷，至露布、叙功而止，犹未及善后事。此书十五卷见《四库全书存目》，此后尚缺十卷，其第六卷盖犹是疏奏，其叙用兵节目自较史传为详，惜道光中撰

《遵郡志》未得见也。

　　莫友芝平日最爱逛书摊、书肆,搜寻有价值的图书。《平播全书》记载的是明代万历初年李化龙平定播州宣慰使杨应龙反叛事宜。这是一部贵州地方文献,详细记述了万历初期贵州的政治、军事等情况,具有较高的历史文化价值。作为长期生活在古播州旧地遵义的莫友芝,自然能够认识到《平播全书》的价值,故立即"售以归"。可惜这次买到的《平播全书》不是全本,莫友芝据《四库全书存目》校订,所购本仅为前五卷疏奏,尚缺后十卷。尽管如此,莫友芝已经十分感叹其在记叙用兵等方面远比其他史传详细。且很遗憾,道光时期,与郑珍一起编纂《遵义府志》时没有见到此书,否则可以将遵义历史编得更详细。这也反映出莫友芝道光时期在贵州编纂《遵义府志》时,贵州图书文献流传的局限性。不难看出,莫友芝的一次搜书、购书活动,连带着图书校勘、史实考订等丰富文化内容。

　　莫友芝搜书、购书常常父子齐上阵。例如:

　　　　咸丰十一年(1861)十月初三日戊午:晚携绳散步至西门,见街肆阁毕秋帆《续资治通鉴》,使送寓中,检有缺损否,当买之。

　　　　初五日庚辰:绳买《续通鉴》,价二两二钱。

　　　　初九日甲子:绳买得《集韵》《音学五书》等数种,又得近人《佩文广韵汇编》二册,欲尽书《说文》篆字于眉上,以便检,亦用功一法。

　　这是莫友芝、莫绳孙父子一起搜书、购书的记录。莫绳孙为莫友芝次子,咸丰八年(1858)随同父亲一道进京,并陪伴莫友芝在湖北、安徽、南京、扬州等地游历。莫友芝经常带绳孙一起拓碑刻、搜古籍、购图书，着力培养其读书、校书等处理古文献能力。在父亲言传身教中，莫绳孙也逐渐成为一位喜爱读书、藏书，且功力深厚的古文献专家。莫绳孙后来长期居住扬州，并整理和刊刻祖父与父亲遗著，编纂《独山莫氏遗书》六十六卷。莫绳孙独立购买了许多有价值的文献，诸如唐写本《说文解字木部残卷》等图书。特别是《说文解字木部残卷》，被莫友芝视为莫氏藏书中最有价值者，并撰写《唐写本说文木部笺异》。莫绳孙另一件功劳是编辑和刊印了莫友芝编撰的《郘亭知见传本书目》《宋元旧本书经眼录》，这是莫友芝同治时期游历南京、上海、江浙等地时所见宋、金、元、明椠本及旧抄本、稿本的记录。而这些图书文献很大部分在莫友芝日记中被记录过。

　　莫友芝搜书、购书有时还肩负着官方使命。例如：

　　同治四年（1865）正月廿一日丁巳：奉使相札，命往扬州、镇江一带搜求乾隆间颁存文汇、文宗两阁《四库全书》散失零星之本，恭藏以待补缮。闻镇江之阁在金山者悉为灰烬，唯扬州一阁经乱分散于民间市肆，或犹有一二可寻。

　　同治四年（1865）二月初四日己亥，谒湘乡公，问访两阁书，有残不成部者收否？公谓不必收，然大部之存过半者当酌。又谓所好《史》《汉》《韩文》本朝诸老经说，遇精本当为购以来，士礼居、抱经堂所刊书及秦敦父刊《法言》等亦然。

　　同治六年（1867）七月廿九日庚辰：谒辞湘乡相公，将以来月初二登舟往浙江。相公谓凡他子史、名集、旧本、初印，得其一足矣。唯《说文》、《通鉴》、《史记》、《汉书》、《庄子》、《翰文》、《文选》，有善刻善印，不妨多收异本，此七书直与十三经比重也。

　　这是莫友芝奉曾国藩之命在江浙一带搜求图书的活动。曾国藩青年时期在北京赶考，于琉璃厂搜书、购书时与莫友芝偶遇，交谈中深深折服莫友芝学识，二人即刻订交。曾国藩在与太平军交战中，招莫友芝入其幕府，主要负责一些文案等与军事无关事情。在曾国藩幕府时，莫友芝主要任务之一就是为曾国藩到江浙各地收书。特别是搜寻被战火摧毁的文汇、文宗两阁的《四库全书》。又如：

　　　　同治四年（1865）一月廿九日己丑，李宫保招同诸山长晚饮，示京师售书单子，中唯《史记》《文选》两宋本当善耳。

　　这是在李鸿章幕府中讨论购买图书事宜。于此一方面可见晚清重臣曾国藩、李鸿章对莫友芝古文献功力的推崇，另一方面亦可见晚清统治集团对保存图书文献的高度重视。

　　莫友芝身边的士大夫们，读书热情同样高涨。例如：

　　　　同治元年（1862）正月十七日庚子：又答看曹雷夏，其所携书粗备，史部为多，《三国志》《通典》及《两浙金石志》佳，惟经、子不足，文集亦不少，皆常见者。

　　当时士人喜好读书，尽管社会动乱，个人颠沛流离，但每人几乎都随身携带有一定数量书籍。曹雷夏就是其中一个代表。但毕竟个人所带书籍有限，因此，借书成为当时士人间习惯。例如：

　　　　咸丰十一年（1861）十月二十三日戊寅：慕庭书丛中有《皇极经世》……及《苏子美集》，是未看过者，先借《子美集》观。
　　　　咸丰十一年（1861）十一月初一日乙酉：敩甫过访，适已出，借《神气通》三册去。初二日丙戌：眉生、海航来谈，携《孝侯》、《子容》二册，并假《圣唐观》、《高羽真》二册及《太白集》去。初十日甲午：眉生假《史记》四函去。

同治元年（1862）六月廿七日戊寅：食后过子听，见案头有《说文校识》（严可均），刻本甚佳，寻当借观，遂过鹤生，鹤生方病疟初愈。聚垣来，遂同王内银钱所观吴赞仙所寄书，累累塞屋，而琴西所收明本《广韵略》本矫然出群，遂过眉、海谈，且晚饭，出遇澄士携《史记索隐》，假还观之。又见有《王忠文集》，未读过，当寻求。

莫友芝与朋友间相互借书观阅是十分频繁之事。这也是乱世中文人间图书流传的一种特殊方式。颠沛流离的生活，决定当时的士人不可能携带大量图书在身边，连镇江、扬州等地所藏《四库全书》都遭受浩劫，也更不可能有一个图书丰富的藏所可以清静地供士大夫们观阅。故借书也成为晚清士大夫间图书流传的重要方式。借书无疑正是喜好读书之表现。而有时这种借书甚至达到痴狂地步。例如：

同治四年（1865）六月初七日庚子：李眉生相过，夺抚本《礼记》、赵注《孟子》去。

这里，莫友芝用一个"夺"字，表现李眉生爱书之切。当然，也隐隐表达自己对珍贵图书的不舍。莫友芝对李眉生爱书情状有细致描写。咸丰十一年（1861）十二月廿九日，莫友芝在拜访李眉生时作《戏柬眉生》诗说："眉君好书如好色，宋椠元钞奉将息。"李眉生好书如命，似乎只有宋、元版珍贵图书才能满足其嗜欲。而这种好书如命无疑正是当时士人的生活写照。士人好书，因此友人间赠物最好的东西无疑是图书了。例如：

> 同治元年（1862）十六日己巳：购得《五礼通考》、《全唐诗》等十余种，以《杜诗》赠雨轩，以《李诗》赠咏如，以《赋钞》、《纲鉴易知录》赠程月波。廿六日己卯：丹臣携眷登舟，还巴陵省母，送之舟中，以《通鉴纲目》及《明史纪事本末》赠其行。
>
> 同治元年（1862）四月廿九日辛巳：弥之来辞行，即往送之，赠以《史记广舆》。
>
> 同治元年（1862）八月初三日，晚过周宅三，以世德堂《庄子》赠之。二十一日，眉生索余本《史记》甚殷，赠之。二十二日，自雨公所来谈，眉生攫《陆宣公集》以去。
>
> 同治六年（1867）四月初四日丁亥：观伯赠胡撰《地图》及谭古愚先生《读经史钞》。五月十四日丙寅：湘乡公过观所收善本书，且惠新刊五经四子五七言古近体诗，以明本《杜诗千家注》报之。

赠书，无疑也是晚清图书流传的一种重要方式。既是士人间友情的表达，也对图书保存、文化传播产生积极作用。读书、购书、赠书、借书等是莫友芝日记中最频繁的事情，反映出了晚清图书流布的各种方式。莫友芝的日常生活，一切以图书为中心。到各地收书、买书似乎成为主要生活内容。而且，身边之人，包括儿子、朋友，甚至直接上司曾国藩等均参与其中。购得好图书朋友间一起分享，获知有价值图书信息则相互传递。特别是送别赠图书，拜谒呈送版本最佳之图书，士人相互间赠书成为当时的一种社会文化时尚，这些士人无不以获得一本好的图书为乐。

尽管身处乱世，但士人藏书的风气依然很浓。日记中附录了几批次莫友芝收购的书目清单。例如：

同治元年（1862）四月初八日庚申：泾县运正史人至，雨少止，即起以来，凡四百数十册，殿本廿四史，贫士能读之，亦异数也。惜前后来者，《后汉》少一册，《魏书》少四册，《北史》少一册，《唐书》少二册，《旧唐》少三册，《宋史》少一册，《明史》少二册，《旧五代》少二册，共少十六册。十一日癸亥，归泾县送正史来直。计收武英殿板《史记》廿六本，《汉书》三十本，《后汉书》廿四本……（书目清单）

莫友芝在江浙、上海、南京等地所收的这些图书，成为莫氏"影山草堂"藏书的重要组成部分。后来也被收录在《郘亭知见传本书目》《宋元旧本书经眼录》，充分反映了晚清时期图书的流传与分布情况。莫友芝身边的士大夫们藏书也十分丰富。例如：

同治元年（1862）五月初九日庚寅：因看犮甫，晤吴竹庄（修）观察……竹庄去岁曾相识，犮甫谓其藏书最富，多善本。

同治元年（1862）六月廿二日癸酉：墨，索书，言其家藏书二十万卷，与谈古籍，皆能识径途。

同治元年（1862）十月二十日己亥：方子听招同芋仙早饭，遂同过谢云卿（希迁）太守，观其所藏书。

同治四年（1865）五月初六日庚子：食后出观醉六堂及墨海堂两家书籍。

喜好藏书是晚清江南士大夫间的一种普遍现象。藏书多了，自

然需要编纂藏书目录,这无疑也推动了晚清目录学之发展。例如:

　　同治元年(1862)七月十七日戊戌:琴西、伯常来谈,拉
同饭于银钱所,见琴西案头昭文张(金吾)《爱日精庐藏书志》
三十六卷,《续志》四卷,凡八册,言其家藏书八万卷,选宋元旧
本及明精本,国朝老辈新著未传之本,合万余卷,而为此目。
　　同治六年(1867)五月廿九日辛巳:常熟今旧藏书家皆散
失尽矣,唯昭文罟里村之瞿敬之(秉渊)家收藏尚富,经乱后所
存宋元旧帙尚多,昨瑛曾携其书目一册谒曾相公,相公留之。当
为问能选传一二否。六月初四日丙戌:谒湘乡公,借观瞿敬之家
《恬裕斋书目》,宋元旧本甚夥,乱后东南文籍散亡,当为藏家甲
乙也。
　　同治八年(1869)二月十四日,谒中丞,缴其属编《书目》。
　　同治八年(1869)三月初八日庚辰,《持静斋藏书记要》二
卷编成。

　　莫友芝交友甚广,见过各家藏书,撰有《郘亭知见传本书目》《宋
元旧本书经眼录》和《持静斋藏书纪要》。前两种是莫友芝所购、所
藏及所见图书的目录,而后一种则是莫友芝应丁日昌之请于同治六
年(1867)对丁日昌所藏图书进行整理所编纂书目。《爱日精庐藏书
志》三十六卷,《续志》四卷,凡八册,这是张金吾所藏图书中最精华
部分的目录。瞿敬之《恬裕斋书目》,是瞿家所藏图书目录,这些都是
私人藏书目录。二者皆为晚清江苏昭文士大夫家藏图书情况,充分
反映出晚清图书收藏与目录编撰的发展繁荣。

二、编书、写书现象普遍

尽管生逢乱世，但晚清的知识分子始终将立言放在生命中的重要位置，他们通过不断地编书、写书，创造了一个个人生价值的不朽。

1. 西方文化的译介

晚清西学东渐，这是中西文化碰撞最激烈的时代。由于之前的闭关锁国，绝大部分国人对西方文化并不了解。社会中对西方文化的无知和妖魔化比较普遍。随着国门被西方船坚炮利所洞开，"师夷长技以制夷""中学为体，西学为用"的呼声逐渐高涨，社会形势发展迫切要求中国人，特别是知识分子必须认识和学习西方文化。因此，一批介绍西方文化的图书应运而生。例如：

> 咸丰十一年（1861）七月廿六日：假得西人《谈天》十八卷，英国侯失勒原本，伟烈亚力口译，海宁李善兰删述。例谓"此书侯失勒约翰所撰，约翰今为英国天文公会之首，其父曰维廉，日耳曼之阿诺威人，迁居英国，专精天文，不假师授，有盛名。维廉有妹曰加罗林，相助测天，侯失勒言天者，凡三人，勿混为一"。
>
> 咸丰十一年（1861）七月廿七日：借观西人《地理全志》十卷，题大英慕维廉撰，云耶稣降世一千八百五十四年甲寅仲秋松江上海墨海书馆藏板，则咸丰四年刊也。

《谈天》和《地理全志》均为英国人原著。而且这是西方人有意识给中国人普及西方科学文化而专门撰写的著作。《谈天》是一本关于天文学的著作，由英国人侯失勒约翰撰写，由其子伟烈亚力和中国人李善兰合译。《地理全志》是由在中国的英国传教士慕维廉撰写的中文版地理学著作，主要介绍亚细亚洲、欧罗巴洲、阿非利加州、亚墨利加州等地理位置、人口、物候等知识。西方天文、地理学比较科学而系统，这是西方文明和先进科技的代表。在光绪壬寅和癸卯学制颁布前，中国的学校教育中是根本没有天文地理的。晚清时期，由于自大、愚昧和无知，中国人一度视西方科技为妖孽和洪水猛兽。正是由于一些传教士和中国开明知识分子不断介绍西方科学文明，近代中国才逐渐认可和接受西方知识文化。其中，李善兰无疑是介绍西方科学文化著述最突出的一位：

> 同治元年（1862）正月十三日丙申：李啸山、王与轩相过，啸山言有售书者言桐城藏家多佳本，可开单为求数种……李尚之知天元而不知四元，罗茗香以后知四元而犹不知代数，近徐君卿（有壬）诸君始讲求得代数之理。徐已殉封疆，唯海宁之李壬叔（善兰）独精之，著有《代微积拾级》十八卷，《代数学》十三卷，《数学启蒙》二卷，《几何原本》七卷至十五卷。壬叔有删英国伟力亚烈《谈天》十八卷，已印行。

> 同治元年（1862）四月十八日庚午：晚看弥之，因识李壬叔（善兰），壬叔精西人算法，海宁人，近刻《谈天》《代微积拾级》诸书，皆其所译也。即以《拾级》三册见赠。新著《火器说》九章，较《则克录》诸法精简十倍，方拟付雕。

李善兰的著作，涉及天文、数学、兵器等诸方面知识。对晚清时期普及科学文化贡献很大。又如：

> 咸丰十一年（1861）十二月初五日戊午：午携绳过雨生饭鱼粥，言曾八航海，历海外数国，颇获其文籍掌故，译而记之，其风俗、物产、兵制皆得大要，如□□国，额兵才数千而饷极厚，法

极严，故能得其死力（其饷每月人可银十两），其书名《海外诸国实记》，在京师时许滇生先生、尹杏农皆亟赏之，促其付刻未果，今年三月吉安失守，毁于贼，较罢官尤为痛惜。

《海外诸国纪实》，这是晚清洋务大臣丁日昌亲历海外诸国所见所闻的实录。其中有很多内容是对外国文籍的译介。该书对外国风俗、物产、兵制、法制等多有载录，目的在于帮助国人认识真实的西方国家。可惜，该著作毁于战火。又如：

同治元年（1862）七月廿日辛丑：朱仲武言县有汪兰士（文台，诸生），学博而极精，不好词章，卒才四十余，所著多未成书，唯《英吉利考略》一种已刻。其同县著《癸巳类稿》之俞（正燮）博与之敌，精不及也。

汪文台为晚清著名学者。鸦片战争后，其有感于世人对西方文化的误传，故收集各种资料撰写《红毛番英吉利考略》，由翰林院编修黄彭年在京师刻印发行。莫友芝很佩服汪文台的学问，认为他比俞正燮学识更精。这是有识之士通过撰写介绍西方文化的图书，使国人认识和了解真实的西方文化。

晚清中西政治、军事与文化激烈碰撞与交锋，使得中西文化更多时候是站在对立的一面而不是采取吸收与融合姿态。例如：

咸丰十一年（1861）十二月初十日癸亥：晚过雨生，论今夏湖南所刻《辟邪宝录》，播鬼子之奸恶，开人心之蒙昧，有补不小。昔杨光先为《不得已》一书，一时从鬼教者多自拔，而书中鬼之忌，鬼即重价购而毁之，此书即附此二文，而引据尤博洽，虽不无一二不当语,而语意危悚,其足以散从鬼教之顽民,而复其气,则可尚也。曾遇苏、常间人,独痛抵此书,以为污蔑洋鬼,必为天地所不容,诚不知其何心也。

《辟邪宝录》是晚清时期湖南流传的一本专门宣扬西方教派如何迷惑中国人的图书。这也反映了晚清时期以传教为重要渗透手段的西方文化与中国文化之冲突。晚清的教案很多,实质还是中西两种文化的冲突。莫友芝对西方教派明显持批判态度,这在其日记中有多处表露。但这种对洋教的抵制,中国人并非完全一致,苏州、常州一带的人就对《辟邪宝录》持反对意见,认为这是对洋人的污蔑。莫友芝对此很是不解。这其中恐怕也有对西方文化特别是教会等了解和熟悉程度的问题。

2. 诗文集的编纂

晚清文人,编纂的诗文集较多。莫友芝自己也很擅长诗文创作,故其十分留意士人间的诗文作品集。也正因为莫友芝善诗文,名气较大,因此,士人常常会携诗文集致莫友芝,或请其品评,或请其斧正,或赠送保存。而莫友芝往往对其所见诗文集也都有精到评述。例如:

> 咸丰十一年(1861)二月初八日丙寅:徐伟,字仲律,孝感布衣,有《鸿乐集》行世。
>
> 咸丰十一年(1861)七月十八日甲辰:涤帅招同芑仙、碧湄、至甫饮,碧湄言徐谦字白舫,广丰人,以庶常老,著《悟雪楼诗》初、二集。
>
> 同治元年(1862)四月廿日壬申:虚谷终芜湖校官,著有集六册,乱后其长子梦龙携至江西,咸丰辛酉冬客死。梦鄂检其箧,

携此稿来乞为作序。

　　同治元年（1862）三月廿一日癸卯：晚薛慰农相过，言其乡吴山尊先生后人不振，书籍捡卖已尽，仅日记诸册为其兄所收。先生诗、古文、骈体诸稿皆在其中。因刻出编成诗十卷，文若干卷，携清本在京师。

　　这是莫友芝记载身边之人诗集编撰与流布情况。这种情况比较普遍。又如：

　　咸丰十一年（1861）五月初五日壬辰：陈杰夫大令来候补（毓坤），持其尊公息凡信，并新刻《依隐斋诗文词》及《岷江纪程》十册至。

　　咸丰十一年（1861）七月初五日辛卯：姚慕庭以曾公命来请业，以《幸余轩诗》二卷为挚，其风格甚好，但境未阔，词未细耳。

　　同治四年（1865）正月廿九日乙丑：征士又寄乃兄一士《秦晋游草》一册，乃一士未带练时属为点定者，后其家文籍亡，一士殉难，此卷以在吾家得存，乃以归之，今已刊成也。

　　《依隐斋诗文词》和《岷江纪程》是贵州人士陈钟祥的诗文集。陈钟祥与莫友芝交情很深，莫友芝咸丰进京赶考落榜后，一路南行，曾到在河北为官的陈钟祥处盘桓多日，二人畅谈国事、家事，情谊甚笃。姚慕庭是曾国藩请莫友芝收的学生，指导其诗歌创作。"风格甚好，但境未阔，词未细耳"等语是作为老师的莫友芝对学生诗集的评语，肯定优点，指出其不足。《秦晋游草》乃蹇谔游历陕西、山西时创作的诗歌作品集。这是一部典型的贵州文献。蹇谔是莫友芝的家乡遵义人,道光举人,与莫友芝关系很好,故蹇谔的弟弟以诗集赠莫友芝。后蹇谔遇难,家中文籍散亡毁灭,幸亏莫友芝处保存此诗集,贵州乡邦文献才得以流传。

再如:

> 同治元年(1862)八月廿八日戊寅:罗伯宜以《游草》见示,甚有才情,且以其尊人(汝怀,字念生)所选《七律诗流别集》叙例目录来校勘,其命意不取于田师愚之漏全元,又不取覃溪之不录明代,持论甚平允,唯宋元所录太不备,为略书所见而归之。李企甫(复)来辞,将归,赠之四经。廿九日己卯,金眉生示近著《淮南善后议》,言今河已北徙,水患可免,宜究心耕垦、商税两大宗,以抒民是要务,殊有见。

朋友相见,往往会出示自己的诗文集请朋友欣赏、品评。"甚有才情"这是对个人诗集的高度赞美。"持论甚平允",这是对诗选编辑标准的完全认同。而"殊有见",这是对政论散文社会价值的充分肯定。

3.学术著作的撰写

江南一带,文化发展水平比较高。晚清时期,更是汇集了大批学者。与西方的冲突、与太平天国的斗争纷纷上演,这个历史舞台,既给了一大批士阶层立德、立功的机会,也促使无数士人通过著书立言使自己的人生不朽。据莫友芝日记可知,咸、同时期学术著作的撰写特别丰硕。例如:

> 同治元年(1862)三月初八日庚寅:阅杨利叔留示《代关相祭胡文忠文(咏老)》,颇健。又读其友陶模寄利叔两书并所为

《陈子松（寿熊）行略》，知为有学有文之士，其书言嘉兴虽陷，虽
为贼所隔，犹必十数日一剃发。子松，吴江人，籍震泽。乃其师，
言学持汉、宋之平，曾师姚春木（椿），著有《周易集义》《易正义
举正》《易本义笺读》《易学启蒙私记》《读易汉学私记》《考工
记说》《诗说》《静远堂诗文词集》《参同契说》，其《集义》因虞
氏卦变之说，反复求之十余年，乃悟。取象，系辞之指为说发明
之，大旨以凡卦皆变，既济为主，句笺字释，悉引前人成说。

陈子松在乱世中安心探究汉、宋之学，且著述颇丰，广泛涉及
《易》《礼》《诗》等儒家典籍，特别是对《易》学研究，反复思索十余
年，撰写了多部有影响的学术著作。又如：

同治元年（1862）六月廿一日壬申：昨日杨见山来访，言
其……五月初出京，至是乃闻其里湖州陷，其家三十口在城中，
未知存几，情甚惋怆，欲搭火轮船至上海一访之。今日食后答拜
之，言其昔著之《公羊、礼、春秋中朔考》《贾服春秋疏》《仓颉
篇孙集本补正》，皆未携出门，尤可惜。过申甫谈，借其《史》本
六册。

咸丰十一年（1861）七月卅十：胡文甫相过，言所著《说文
声辨》十五卷，避乱不及携，其书专析重文而所从得声之字有
异者。

杨见山、胡文甫都是颇有学问的学者。颠沛流离中，这些学者担
忧的不是自己的生命与生存，而是撰写的学术著作。这种人文精神，
或是维系中国传统文化不灭的关键所在。咸、同乱世中的学术研究，
涉及很多方面。例如：

同治三年（1864）十一月三十日丁卯：答看朱佐君（元辅）附贡，佐君，亮甫太守长嗣，携家避乱出，年来客湖南北研食，谓亮翁著作成而未刻者《服氏春秋解诂疏证》及《汉书地理志疏证》，犹稿本未失，可喜也。

同治五年（1866）七月初十日，子勤言其《榖梁说经》三十年已脱稿，尚欲自写删一通。十一日，孝廉见访，问其所著《史志日月考》，云已成，可五十余册，犹有辽金元未编出，然《长历》十二册各用当时历法推验，大纲举矣，宜先以《长历》付刻也。

这里记录的，除了儒家经学著作，还有史学方面的著述。又如：

咸丰十一年（1861）六月初九日丙寅：明末黄州黄氏之瑞有兵家言曰《草庐经略》，尚无刻本。旧藏写本，在行箧，不完。借益阳本抄补成，使绳装之。

这是子学方面的著述。又如：

咸丰十一年（1861）正月廿二日辛亥：包兴言谓常州陆绍文著《金石粹编补》，其子子受（应傅）官辰沅道，当可求。

咸丰十一年（1861）四月初六日甲子：《汉石例》六卷，宝应刘宝楠（字楚桢）所述，灵石杨墨林刻之《连筠簃丛书》中者，较梁曜北《志铭广例》、郭频伽《金石例补》、冯登府《金石综例》尤精善。

这是金石方面的著述。再如：

　　咸丰十一年（1861）正月廿一日庚戌：夜，包兴言示所著《伤寒审证表》一卷、《十剂表》二卷、《中藏经顺逆生死表》一卷，并简明精当，可板行。兴言医学传之张翰风先生，又示翰风删明潜江刘云密太仆《本草述》六卷，去其枝叶，存其奥旨，未刊行。其《素问释义》十卷，用王全本自为发明，理精词雅，则已刊入《宛邻张氏丛书》者也。又示昌邑黄坤载（元御）《素灵微蕴》四卷，凡二十六篇，精当，宜熟诵。坤载，康熙时人，尚有《伤寒悬解》《长沙药解》《四圣心源》，并翰风在山东钞于其家，刻入《宛邻丛书》中。又有《金匮悬解》《伤寒说意》《四圣悬枢》《玉楸子药解》四种，兴言在山东钞出，犹未刻。又谓山东有《要略厘辞》，亦医家善本。

　　这是医学方面的著述。

　　尽管社会动荡，但咸、同时期的学术发展水平却是很高的，看莫友芝当时记载：

　　咸丰十一年（1861）七月初四日庚寅：食后曾公来访，谓此间粗讲汉学者有绩溪胡文甫（绍勋，丁酉拔贡），乃竹村先生弟子，著有《四书拾遗》。讲宋学者有石台陈虎臣（艾），并在忠义局中。又言有姚慕庭县丞（浚昌），桐城石甫先生之子，质美未学，当使就正于君。

　　这里记录的是曾国藩对当时汉学和宋学学者的评述。又如：

　　同治五年（1866）十二月初八日癸巳，戴子高、李壬叔过谈。子高言会稽章实斋先生（学诚）著有《文史通义》《校雠通义》

仅三册,《雕龙》《史通》之后仅见此书,真当世绝作也。杭州诂
经精舍监院谭仲修(献)有其书,如至杭可问之借抄,尚未有刻
本。丹徒柳宾叔(兴宗)专精《穀梁春秋》及《孟氏易》,家扬州,
其《穀梁》学非钟子勤诸君所能望见也。南海桂皓亭孝廉专宗
高邮王氏学,著书数十卷,甲子岁挟以游京师,人无知者。长乐
谢枚如(章铤),乙丑举人。闽中学人第一。江西新城杨卧云(希
闵)小学颇有门径,又好选诗,撰《诗轨》八十卷。绩溪胡荄甫
舍人(澍)以小学治《素问》,甚精于医,竹村先生侄也。又有胡
子廉(锐)治《周礼》,程蒲孙(钊)善骈体文,亦好学,汪梅生皆
习之。同安杨贞甫(元善),广东知县,有文武才,精天象、算法及
太乙壬遁之术,自造三光仪,谓在西人钟表之上。会稽赵㧑叔(之
谦),己未举人,小学、算学皆通,金石篆刻皆善,书字专力六朝碑
版,画尤精,已成家也。黄岩王子庄(棻)、王子裳(咏霓)皆专治
《说文》。德清俞荫甫(樾)著《群经平议》,颇有心得,已刻。又
有《诸子平议》,未刻。长洲管洵美(庆祺)、丁泳之(士涵)、潘彦
侯(锡爵)则皆望寓苏,素友可谈者也。

这是莫友芝对同时期学人及其著述的评议。不难看出,经、史、
子、集、天文历法、金石之学等各方面研究人才济济。且这些人才广
布全国各地。其中章学诚、俞樾、桂文灿等著名学者即活跃其间。虽
然晚清时期国家不幸,但文化发展却达到一个较高水平。

三、公、私刻书活动繁荣

刻书,这是图书流布的关键环节。咸、同时期的刻书,有官办书
局、私人等多种刻书途径。首先看书局刻书。莫友芝曾在江宁书局、
江苏书局和维扬书局担任要职,很多大型图书就是由他主持刊刻。

日记中详细记录了晚清这几家书局发展状况。书局的主要工作包括收集珍贵古籍文献，校勘刻板印刷图书，销售书局刻印图书等。日记中，对收集已有刻板、重新刻板、雇佣刻手等书局刻书情状均有细致记载，再现了当时图书刊刻的真貌。例如：

> 同治四年（1865）七月初一日癸亥：晚过张守恩送行，言其将往清江料理，为入都计，其家有旧刻《周礼》郑注、《尔雅》郭注，板犹存。闻李宫保开局刻五经，欲售以为资斧。

这里讲的是江宁书局刊印《五经》情况。李鸿章当时任两江总督兼江苏巡抚，对书局印书特别支持。据日记可知，江宁书局刻印五经，并没有重新刻板，而是购买旧板来印。这样省时省事，方便快捷。又如：

> 同治六年（1867）正月十九日甲戌，敏斋信至，言毕氏《续通鉴》板已载至沪，问昔初议购价云何，即走笔答之。

毕沅的《续资治通鉴》是莫友芝在江宁书局刊刻的一部大型文献。这是继书局刊印五经后的又一部大型图书。《续资治通鉴》卷帙太大，若重新雕版则费时费力，也未必能保证质量。庆幸的是，历经战乱，《续资治通鉴》原板尚在，书局筹集资金将原刻板购入，补足其中少量损毁书板，很快就将《续资治通鉴》刊印完成。又如：

> 同治七年（1868）九月十九日癸巳，丁中丞昨日至，候之，言《通鉴》胡刻板已买得，有前大半部，局中所刻乃尾之四十余卷，适当其缺，今冬竟可完工，大可喜。

同治七年(1868)，丁日昌开江苏书局，聘请莫友芝为书局总纂。这则日记讲的是莫友芝在书局主持刊印司马光《资治通鉴》的事情。与《续资治通鉴》一样，《资治通鉴》的刊印也是采取购买旧板的办法。书局筹资从江西购买《资治通鉴》旧板前大半部分，然后书局补刻后半四十余卷，同治七年(1868)十二月即完工。

同治八年(1869)十二月，莫友芝致信丁日昌，辞去江苏书局职务。同治九年(1870)就聘维扬书局。在就职维扬书局前，莫友芝刚经历长子莫彝孙去世的悲痛，丧子之痛对莫友芝打击很大。莫友芝及家人均欲借书局事务忘掉悲伤之事。故莫友芝在维扬书局做了很多事情。例如：

> 同治九年(1870)五月初十日，介伯、又苏谐商校《隋书》法，局刻诸史，并依毛本为式，毛本外仅有殿本，南监万历本，适又携北监本来，拟备此四本异同于每卷尾，各附一二纸，其毛误今改者记云依某本改，其两通者但记异同而已。

这是书局刊印史书情况，对图书校勘很精细。又：

> 同治十年(1871)正月初六日，谒督相，言刻经疏当依式重写，乃能方大。友芝则以精印覆刊为善，洪琴西亦主覆刊，督相皆不以为然。乃请先试刊一卷，如不善则通写也。初十日，食后入阙口门，还书局。《隨书》版修整未毕。《全唐文》已得廿许卷，今爵督相欲停《唐文》刻《经疏》，而都转意则两工并兴也。卅日，谒督相，言扬州刻经章程，定用殿本翻雕，惟经文必改写放大，使与注文不混。

这讲的是当时维扬书局刻印《十三经注疏》的情况。曾国藩十分重视《十三经注疏》的刊刻，视为书局当务之急，甚至想停下《全唐文》的刻板工作，一意刊刻《十三经注疏》。另外，在如何刊刻上，显然存在不同意见。曾国藩认为可依照原刊样式重写，但莫友芝等则主张照原刊覆刊精印，书局刻经章程也经过反复讨论和修改。如同治十年（1871）正月廿二日"聚局中诸友，约议校经章程"，八月十七日"与局中约处暑前后当至局，以何子贞议改刻经疏章程"。

莫友芝日记中还记录了很多与书局刻书有关的其他事宜，如"同治九年六月十五日庚戌，局中试刻相台本《孝经》，刻手殊不称意"。这是讲对所聘请的刻手不满意。"同治八年二月十四日，谒中丞，缴其属编《书目》，并议论局中印书购纸诸事宜，则谓当令提调一一具公牍禀请，以便批定"，这是讲书局印书购买纸张事宜。"同治八年六月十八日，维扬亦开书局，属为详两局所刻书，勿致重复。因为言各局所刊五经无古注，凌晓南有相台本可借以覆刊"，这是讲当时书局之间关系，相互协商，不重复刊刻。这些无疑都是当时图书事业发展的重要资料，可以帮助我们了解晚清书局图书刊布的基本内容。

私人刻书，多为个人撰述，其中以诗文集居多，也有学术著述。莫友芝日记记录了多种私人所刻图书文献的版本情况。例如：

咸丰十一年（1861）正月初二日辛卯：魏春农（申先）、朱觐侯（元吉）相过。春农，将侯大令长嗣，方在湖南应拔萃试东来。觐侯，亮父太守第四子，戊午夏别于贵阳，遂奉太守枢还葬嘉定。去夏嘉定不守，家人走避村落间。太守所著，已刻之《周书解诂》，其板尚完。未刻之《春秋左传服氏解谊》及《汉书地理志注》《春晖堂诗文集》，亦未遗落。

咸丰十一年（1861）正月廿四日癸丑：兴言又言有常熟李

□□著《汉书地理志补注》百三卷,潘芸阁所刻,杨汀鹭所校版,在泾县,近不知毁否,止印行三百余部。李氏,亭林同时人。

咸丰十一年(1861)六月十一日戊辰:仲远见访,言昌邑黄坤载(元御)《素灵微蕴》《伤寒悬解》《长沙药解》《四圣心源》宛邻书屋元刻板毁,其本行于湖南甚多,今湖南有重刻本,其太翁《素问释义》欲重刻未果。

咸丰十一年(1861)六月十七日甲戌:梅岑言绩溪胡竹村先生著《仪礼正义》,讲礼经家最善本,又有《研六室杂著》,皆已刻。梅岑自著则《水经注图附汉志质疑》,现胡官保为之附刻。又有《释乐》《后释车》(史志)等十余篇……又言桂未谷《说文》,山东已刻,江宁杨雅轮明经(大堉)著《说文重文考》。

这里记录了几部图书的刻板和印行情况,这是晚清图书流布的重要信息。作为版本目录学家,莫友芝很关注一些图书版本的存佚状况。对图书的版本情况,多作详细记载:

咸丰十一年(1861)三月廿五日癸丑:善征寄《三苏文粹》七十卷,乃嘉靖辛卯陆给事(粲)谪都镇驿丞时寓平越,以此教从游者文法,而土官杨山金鳌重刻于家塾之本,盖即以宋刻本翻雕,每半页十四行,乡里中未见此本,而祁门获之,亦里典足征者。

此考证了《三苏文粹》七十卷的版本情况。对该版本的刻板者、刻板地点、刻板依据和版本页、行情况作了详细说明。类似的:

咸丰十一年(1861)十二月十五日戊辰:有以中统二年段

子成所刻《史记索隐》求售者，每半页十四行，行廿五字，注字双行亦廿五，刻甚工雅，唯注中多脱字挤补，亦有未及补者，差未善，又以粗竹纸印，不惬意耳。要是旧本，《本纪》首篇注中即有一二字胜今本处，慕庭为之议价，不甚昂，当收存一种。

同治元年（1862）正月初五日戊子：绳买李申耆《历代地理志韵编今释》二十卷附《皇朝舆地韵编》二卷，读史最便检之书也。在京师遍搜不得，今乃得之，犹是道光中活字本。此书怀宁邓守之（传密）有翻刻本，其板有损失，属胡宫保资之修补，丁果臣董其事，今亦当印行矣。

同治三年（1864）十一月十五日壬子：访陈虎臣，虎臣言有苏州名士冯敬亭（桂芬）同寓，明算，长小学，留意时务，因便访之。敬亭言有得小徐《说文韵谱》旧本者，都无现行酿入鼎臣新附字，其韵次与《干禄字书》同。马君曾刻之广东，今其板失十余页，徐当整补。必求本相寄。又言常熟徐氏有北宋本《史记》，校明震泽王氏本《正义》多数条，曾为湘乡公言之，请其买致付刻。

同治四年（1865）二月初一日丙申：李勉林书来，且寄《古香斋》《渊鉴函》至，又为高筠圃寄致北宋小字本于欧阳小岑，小岑以湘乡公欲刊此书，走简索之也。其本悉与平津馆刊本同，而有数十页中缝无刻人名，盖板有漫损，抽去刻补者，当是南宋时印，墨色佳，绵纸绝厚而天地长，弄家亦善藏者，标目首页有印曰"吴越王孙"，又二小印曰"毛扆之印"，曰"斧季"，又一印曰"慧海楼藏书印"。与衣谷从奥筱岑乞沅帅资刻之，衣谷谓仿宋影写有元和诸生管洵美（庆祺，一号心梅）最善。属余至苏可问马芝生（铭），当知其踪迹，招致以来。

有时莫友芝也会对一些刻本进行校正,指出其中不足和错漏:

> 同治元年(1862)七月初五日丙戌,取毛氏《史记索隐》单本,以中统本校之,单本为备,而中统本亦多长处。
>
> 初六日丁亥,慕庭来言,其将以三五日出查各厘局,欲携案头《史记》过录震川评点,亦借用功,即不带他书。
>
> 初七日戊子,毕小司马《史记》,粗粗而已,他日当细校过。初十日辛卯,遂过见山,见山言严铁桥先生《四录堂类集》,已刻者《唐石经校文》《孝经郑注》《说文校议》《说文声类》《商子》《抱朴子》《铁桥漫稿》,又校《唐类要》未卒业,仅刻十余叶。此外似皆未刻。其著书目录载《致陈硕士侍郎书》中。其行箧有龚定庵、恽子居两家集,借来观。
>
> 十二日癸巳,闻甘子大收宋本《干禄字》,假观之,盖扬州马氏翻刻本也,讹谬不少,亦可校雠一二。又有延祐本《通鉴纪事本末》,甚佳。又有《曹景完碑》旧拓,皆佳。
>
> 同治四年(1865)四月十一日乙亥:在北门外博古斋,见元兴文馆所刻《通鉴》明印本,曹秋岳、赵味辛经藏过,前有王磐序,卷中皆有评点,惜不工致,又遇冗注抹去,切音亦抹去,殊不可解。
>
> 十四日戊寅,市中有宋本《通鉴》,每页廿二行,每行二十一字,惜亦有批点,不洁净。又有《旧唐书》闻人诠刻本,惜少四分之一。

莫友芝在日记中,对一些图书的刻印始末有详细记载:

> 咸丰十一年(1861)四月二十五日癸未:果臣将行,商以

《兵略》板子携就长沙梓人补误，连两日夜检已校出者，核定，得十二卷，付之。二十七日乙酉：宫保廿日来信，言书板应在鄂更正，乃为合法。果臣以板运长沙，无主人，一切不便……又言林冠山以汪梅生荐，可令入署抄书，付书局管理。五月二十四日辛亥：作字寄果臣，并《兵略》已定者十八册（始十三卷至三十卷止）。五月二十九日丙辰：校《兵略》，并以张习庵（成嵩）、汪梅岑（士铎）两校会核定本，始于三月十六日，至今日通毕，凡七十余日，以余所校稿本付绳，装而存之。六月初四日辛酉：以《兵略》校本呈宫保核，谓一依所勘为定。六月初五日壬戌：作字寄果臣，并封《兵略》三十四卷遣人往。

莫友芝曾校对胡林翼《兵略》，日记详细记载了《兵略》刻板和校订前后经过。据此，不难了解《读史兵略》刻板和印行经过。

　　咸丰十一年（1861）七月初六日壬辰：涤老言仁和陈奂（字硕甫）著有《毛诗义疏》，居于苏州，苏州马钊（字远林）孝廉言硕甫藏有郝兰皋先生《尔雅义疏》稿本，乃兰皋晚年成书时，以此稿付硕甫持入京，就正于王怀祖先生。怀祖已八十余矣，使伯升尚书见硕甫，受其书，约匝一年还之。明年硕甫又入京，往谒怀祖，及自出见之，已将郝书删定一过，删者数万言，点易万余言，立命伯升于点易引书一一检本核对，以付硕甫归兰皋。比硕甫及栖霞，兰皋先下世矣，遂以寄阮文达于广东，文达即命刻入《经解》中。咸丰初，陆栗夫督两江，刻硕甫《诗疏》及胡竹村《仪礼疏》，又再刻兰皋《尔雅》，则以马君言之也。今未见行本，其元稿马君当知其踪迹，今马君尚不知存没也。

此详细介绍了郝懿行《尔雅义疏》刻印经过。此书稿最初由郝懿行交付陈奂带入京师就正于王怀祖处,后寄给阮元,编于《清经解》中。

日记还十分关注贵州地方文献的刻印情况。如:

> 同治五年(1866)一月廿八日戊子:唐鄂生去年九月绥定书来,并寄所刊《梦研斋遗集》及其记平黑窝盗与《杂感诗》……搜子尹著述,仅《仪礼私笺》(丧服、公食、大夫礼、士昏礼数篇)、《郑学录》(康成传注、年谱、弟子目,书目四种未有名,黄子寿论题之),并诗、古文成本而已。记予昔勘过者,尚有《汗简笺》十余万言,乃未数及。岂知同未举以致鄂生? 鄂生欲刊子尹遗著,且言拙编《黔诗纪略》亦当附刊,曾致书庭弟索本未得,复有言本在吾家中者仅少龙友,当遣索取钞副寄来。盖不知庭弟处是后录全本,而在家者乃初稿也。

这里,讲述了贵州遵义人唐树义《梦砚斋遗稿》等著述、郑珍著述以及自己所编《黔诗纪略》的刊刻情况。据此,可以了解晚清时期一些贵州文献的流布情况。

四、运书、焚书损失严重

晚清时期的社会动荡,使得图书事业发展遭受了一场浩劫。特别是清军与太平军在南方战场的鏖战,摧毁了大批珍贵图书。上文中,同治六年(1867)五月廿九日的那则日记,反映出晚清咸、同时期的社会动乱,对士大夫家藏图书的冲击,这种图书之厄在当时较为普遍。例如:

同治元年（1862）七月廿七日戊申：程松云来言，朱丰芑（骏声）昔官其县教谕，故后人遂家夥，惜乱来其藏书多散失。松云家移避数处，幸皆存，其最善者则宋本《太平御览》《册府元龟》也。

同治四年（1865）五月廿二日丙辰：辰访泰峰，观其所藏宋元旧本书，合百数十部。东南文籍燹后，散失殆尽，而郁氏独存，亦不易也。

咸、同乱世中，图书损毁十分严重。但即使家破人亡、生存艰难，似乎也改变不了当时士人收藏和保护图书的念头。正是因为士人喜好读书，故爱书、藏书风气在社会动荡中依然盛行。特别是乱世中士人保护图书的意识很强。例如：

咸丰十一年（1861）七月十六日壬寅：怀宁诸生何昌明（云锦）来，以戴存庄（钧衡）所刻《望溪集》及存庄《书传补商》《蓉洲初集》《味经山馆诗文钞》相赠，言数种板桐城初乱时即移避舒城，今夏贼及舒，及移之怀宁吉营，二日而昔寓舒城之屋毁，亦天幸也。

同治六年（1867）八月二十一日辛丑：过书肆，遂过琴西谈。还，松生相看。松生兄弟当城陷时，收得文澜阁四库书数千册，运避沪上，乱定又于村镇间搜求散落出者，已合万册有奇，于全书几得三之一，其好义见大，可尚也。

这里描写的是官方藏书文澜阁《四库全书》所遭浩劫状况。松生兄弟在战乱中冒死护书，抢救了部分文澜阁《四库全书》，值得高度称颂。正是因为有一大批爱书的知识分子，许多中华文化典籍才没有在近代中国的社会动乱中湮灭。这对于中国文化发展来说无疑居功甚伟。

战乱中图书被焚毁,特别是《四库全书》损毁严重。莫友芝在日记中记载了大量图书被焚毁的情况。例如:

> 同治元年(1862)四月廿六日戊寅:得彝儿二月十六日所寄信,言……去年十月湄潭贼犯安乐里,半成灰烬。金粟、锄经之屋皆无存,至正月十一,慕耕之宅已毁,巢经亦被焚。前寄存慕耕处典籍幸詹琼芸、王怀钰、白瑶圃为借项先移出,经巢所藏犹存三之一,金粟、锄经俱无存,真可惜也!

这里讲的是遵义沙滩郑、黎两家藏书被毁的情况。同治时期,贵州农民起义,遵义成为一个主要战场。这场社会动荡,对图书摧毁十分严重。郑珍有诗记录巢经巢藏书被毁情况。《闻望山堂以十七日为贼毁书示儿》:

> 室场不作子孙图,自挈家行有若无。火尽村居何况此,但求冢木免焦枯。
> 贫家万卷得来难,连屋成灰也可叹。细算十三年七十,纵存能尽一回看?①

此与莫友芝日记可相互印证。郑珍收集四十年的数万卷图书毁于一旦,确实令人心痛。郑、黎两家藏书被毁,而莫友芝在遵义家中的藏书也没有幸免:

①[清]郑珍撰,杨元桢注释:《郑珍巢经巢诗集校注》,贵州人民出版社,1992年,第619页。

　　同治六年（1867）十一月十二日辛酉：得莼斋及两儿信……莼斋信谓故乡满目萧条，邻匪时时骚动，影山文籍大部尽毁，存者十之一二而已。

"影山"乃莫家在遵义的藏书之所，文籍在战乱中毁坏殆尽。

这种图书毁损现象不仅在贵州，在全国各地都是比较普遍的。又如：

　　同治元年（1862）十一月廿九日丁丑：善征遣人自祁门至，言渠十四日已至祁，粮台公私物，贼去未大损坏，唯军械空耳，钱物则老湘官练祛之，唯书十失四五耳，惜存者多污弃不堪。

　　同治四年（1865）一月初五日辛未，李树阶（文森）自安庆来，留之寓斋，偶谈及乡献著作，谓曾购得谢君采先生诗集写本，可百余翻，当问其仲兄，不知爇后存否。

　　十六日壬午，张溥斋（守恩）户部相访……言其旧识有刘殿勋文章学问方日进未已，共惜佳人之不永年也。又言其家乱后藏书散亡，今犹存其先世所刊《周礼郑注》《尔雅郭注附释文》者，二书版在泰州，欲求售。

晚清时期，战乱对安徽、江浙一带影响巨大。战后很多图书文献被毁坏。特别是《四库全书》在战乱中被毁严重：

　　同治四年（1865）正月廿一日丁巳：奉使相札，命往扬州、镇江一带搜求乾隆间颁存文汇、文宗两阁《四库全书》散失零星之本。恭藏以待补缮。闻镇江之阁在金山者悉为灰烬，唯扬州一阁经乱分散于民间市肆，或犹有一二可寻也。

同治四年（1865）二月十八日甲申，还访魏刚纪（耆）及其从弟盘仲（铭），刚纪言金山官书当未火时，寺僧□颇有与藏经同移出避于五峰山之下院者，山在丹徒两县间，扬州大观堂官书昔司之者，吴让之其一也，问之当能知其散落有存否。

同治四年（1865）三月十四日己酉：前代以走马上金山为乱兆，咸丰初三年，果有长毛据金陵之事。此山殿宇、行宫、书阁、经藏被焚一空，先是寺僧□华恐寺不可保，捆载藏经避之五峰山中，而书阁《四库》书旧管于运司，僧不与闻，竟未有谋及移避者，今佛藏存而《四库》尽毁，甚可惜。魏刚纪所谓僧并移《四库》之一二存五峰者，未确也。

十五日庚戌：寺中得智海者，年六十六，焚香默坐，经卷堆案不整，尚可谈。问以阮文达畴昔所置藏书之阁，谓常镇道设关于此，据其屋以居，滨江佛屋悉占于傔从。阁中书大半为鬼子所取，又散落于游人，今存者不及十一矣。

《金山》诗曰："文宗《四库》隔典守，一炬琳宫共灰烬。"

十九日甲寅，又访扬守孙韵恩寿，以芋仙旧好耳。略寻城中书肆，约五六家，竟不见一完善本。

同治四年（1865）四月初九日癸酉：雪舫至，问以文汇阁遗书，谓咸丰三年毛贼陷扬时，贼酋欲睹行宫，索宫中及大观堂弆藏于天宁寺僧□云，僧坚不应，遂火寺，及堂阁，僧亦被火，数日夜不熄，后有检灰烬得担许残纸，皆烂不可理矣。唯闻尔时经管阁书为谢梦渔（增），今用山东简缺道，其家住扬州城康山旁，尚有借钞未还者数种。贼未至时，董事者请运司以二三千金移阁中御赐及《全书》避之他所，坚不肯应，运库寻为贼有，时盐运使刘良驹也。

同治四年（1865）八月十二日甲辰：晤刘伯山，问镇、扬两

《四库》书被燹缘起，谓扬州经管者谢□□，其弟□□方署江宁校官，可问之。镇江经管者乃汪庸甫先生之孙□□，曾为其画策捐费移避，力不能止。谢氏则曾具呈于运司刘良驹筹费移避，以须筹费置不理也。

战乱对《四库全书》的损毁，这无疑是中华文化所遭受到的最严重的一次浩劫。曾国藩、莫友芝等一大批士人努力从战争余烬中收拾《四库全书》残籍，但结果并不理想。

另外，图书运输过程中也时有毁坏现象。莫友芝经常将所购之图书托人寄回遵义家中，有时也会让儿子从家中给他寄图书。由于从贵州到江苏，路途遥远，再加上战乱，故其中寄图书也时有损毁现象。如：

　　咸丰十一年（1861）二月初四日壬戌：绳字来信：箱匣寄周娱阶处者，长字皮箱盛书帖，宜字皮箱盛书及纸扎，子字棕箱盛书籍、团扇，孙字棕箱书及杂物。

　　咸丰十一年（1861）三月廿三日辛亥：食后往柏容寓看念篁，遣人运书五箱于其舟中。寄交念篁带回书籍……

　　同治元年（1862）三月廿七日己酉：念篁所将书已到家，特时有遗落、水湿者耳。

图书损毁，还有清朝统治者主动焚书的。例如：

　　同治七年（1868）四月廿三日辛丑：往火神庙观焚淫词小说，中丞所严禁也，以书局主之。

"淫词小说"属禁毁图书,被晚清统治者焚烧。这种现象在清代并不罕见,在编纂《四库全书》时,清统治者就禁毁了很多图书,当然这种毁与不毁的标准显然是看是否有利于清朝封建统治的。但,这种焚书,实乃中国图书发展的一种损失。

第三节　遵义黎氏家族诗歌创作的儒学内涵

遵义黎氏家族诗歌创作十分繁荣,存世的诗集在近代贵州各家族中是数量最多的。主要有黎恂《蛉石斋诗钞》四卷,黎兆勋《侍雪堂诗钞》八卷、《石镜斋诗略》一卷,黎兆祺《息影山房诗钞》四卷,黎兆铨《衡斋诗钞》一卷,黎汝谦《夷牢溪庐诗钞》七卷,黎恺《石头山人遗稿》一卷,黎庶焘《慕耕草堂诗钞》四卷、《依砚斋诗钞》四卷,黎庶蕃《娱志堂诗钞》四卷、《椒园诗钞》七卷,黎庶昌《拙尊园诗》一卷,等等。绝大多数诗集收录在《黎氏家集》和《黎氏家集续编》中。黎汝谦《夷牢溪庐诗钞》收入《续修四库全书》中。

黎氏家族文学与文化的影响,在晚清时期就已经超越贵州和中国,扩展到海外。黎氏家族文学以诗文见长,散文创作又以黎庶昌、黎汝谦为代表。黎庶昌乃桐城派殿军人物,关于其散文创作的儒学内涵,见拙著《近代贵州的儒学与文化》第三章"近代贵州的儒学与文学"中的第二节"黎庶昌散文中的儒家思想"[1],此不重复论述。黎汝谦散文的儒学内涵见下节论述。我们在这一节,重点探讨黎氏家族一些代表诗歌作品的儒学思想。主要选取遵义黎氏家族第二代黎恂,第三代黎兆勋、黎兆祺、黎庶焘、黎庶蕃,第四代黎汝谦等人的诗歌,探析其中的儒学内涵。

---

[1] 谭德兴:《近代贵州的儒学与文化》,贵州大学出版社,2009年,第60—68页。

一、对儒学的研习与推崇

遵义黎氏家族文化以儒学为内核，对儒家思想的赞美与推崇，在诗歌创作中得到充分体现。显示了遵义黎氏家族文学发展的深厚文化底蕴。例如，黎恂《斋中咏怀》：

> 古人不可作，乃以其书传。文章寿万世，日月悬中天。后儒阐厥蕴，纷纶注与笺。浩如烟海中，猥欲勤钻研。饮河类鼹鼠，虽饱亦涓涓。便腹五经笥，吾惭边孝先。读书固贵多，尤当领其要，精华既采撷，糟粕直须塈。曼衍弥支离，心力枉消耗。摇摇无终薄，翻似风中蘽。穷经实荒经，甘为识者诮。因念百家言，置之可勿道。宣子称好学，茅茨常不完，元亮善属文，箪瓢有余欢。士苟自振励，何妨处饥寒。萧然环堵中，俯仰天地宽。攻苦得至乐，所获良已殚。区区计科名，志乃不足观。①

这是以诗言志，表达了黎恂传承儒学的志向。在黎恂眼里，儒家经学是根本。"因念百家言，置之可勿道"，颇有"罢黜百家，独尊儒术"的味道，显示了黎恂对儒家思想的推崇。"便腹五经笥"，儒家经学是黎恂思想赖以发展的源泉。不过，黎恂可不是迂腐机械地死记硬背儒家典籍，而是取其精华，去其糟粕。且读书不以追求科举功名为目的，而是有更高的境界。故其《述怀》有云：

> 吾生本贫贱，家风惟读书。父师督责严，期许为醇儒。一第徒恩人，清水流浊渠。风尘数十载，竹竿缘鲇鱼。齿发今已颓，

----

① [清] 黎恂：《铃石斋诗钞》，光绪十五年（1889）《黎氏家集》刻本。下引黎恂诗均出自该文献，不再出注。

腰笏胡犹趋。上媿圣贤业，下负耕钓徒。抚衷长已矣，失计为嗟吁。

谓天于我薄，形骸知识全。谓天于我厚，赋秉成其偏。闻道憾不早，力学悔不专。时命复大谬，簿领同缠牵。百年易尽身，竟为俗吏捐。慨然思古人，高节凌云烟。前修杳难即，望远心如煎。

黎恂读书之志本在成为一名醇儒。但生计的驱使，使得其不免坠入官场俗吏数十载。自认为有负圣贤之道，再次表达了追寻高节凌云之古圣贤足迹的急切焦虑心情。于此可见黎恂始终不渝的儒学情结。又《金陵杂咏》之《正学祠》云：

遗像肃清高，先生原不死。取义而成仁，读书真种子。

黎恂游金陵，拜谒正学祠，对正学先生方孝孺的节操高度称赞。黎恂景仰方孝孺的品行，认为其精神不死。而这种精神正是儒家所奉行的忠孝仁义。以读书种子媲美方孝孺，充分肯定正学先生对儒家思想的继承与发扬，这实际上是对弘扬儒家思想之人物的赞美，表达了黎恂追寻儒学古圣贤足迹的情怀。

对儒学之推崇，在黎氏家族成员诗歌创作中是十分普遍的。又如，黎兆勋《偕郑子尹（珍）姊夫夜话二首》：

六经秦火余，诸子言各殊。天人阐圣学，吾崇董江都。当时岂无贤，所见皆方隅。江公虽不呐，亦难与并驱。吾观宋理学，不尽轻汉儒。且于董子言，论道必与俱。古今无二理，岂容私意诬。汉唐宋诸贤，学绝道自符。如何训诂士，喋喋讥程朱。

师儒侈传道，所重能识人。经术苟不慎，徒令累吾身。不见清河传，曲学悲公孙。后来严氏传，贼拜东门云。峩峩两博士，廉直殊超伦。胡为诸弟子，行修不能遵。后儒论秦相，罪斯先罪荀。此意诚谨严，请为贤者陈。①

以上两首诗歌讨论的主题都是儒学的传播问题。黎兆勋充分肯定了秦火后对儒家六经发扬光大的儒学先师。其中，特别肯定了董仲舒的历史作用。而且客观评析了汉、宋诸儒对儒学发展的贡献。认为，宋代理学实际上并非如常人所说的"尽轻汉儒"。黎兆勋的这种认识是比较公允的。宋学实际上对汉学有很大继承，尤其在经学发展中。虽然宋代疑古惑经思潮大兴，强调义理，但对汉代经学，特别是训诂内容有很多借鉴和继承，如宋儒废序言《诗》，但即以朱熹《诗序辨说》而言，其在对《毛诗序》批判的同时，吸收的内容也很多。而《诗集传》尽管强调纲常伦理，建构理学体系，但其中训诂内容实则不少。第二首诗歌讨论的实际上是儒学传播与焚书坑儒问题。从直接原因上看，这场儒学传播所遭受的劫难罪责在于李斯，但若深层追究，则不难发现，李斯实乃儒学先师荀卿弟子，本为儒学传人，最后却成为了儒学之罪人。这正是黎兆勋所感叹的，"师儒侈传道，所重能识人。经术苟不慎，徒令累吾身"，言下之意，儒学传播在门徒的选择上应该慎重。李斯作为儒学大师荀卿弟子，最后将荀子《非十二子》的批判思想用之于对儒学的残酷打击，这实质上是对儒道之背离。"后儒论秦相，罪斯先罪荀"，在后儒看来，儒学在秦火中的劫难，关键因素当在荀卿身上。以诗歌形式研讨儒学问题，足见黎兆勋对儒学之关切与重视。黎兆勋乃黎恂长子，一生耿介务实，平生最大的愿望就是过一种诗书耕读生活。故其《山夜二首》其二云：

---

① ［清］黎兆勋：《侍雪堂诗钞》，《丛书集成三编》第45册，（台北）新文丰出版公司，1996年，第7页。

深夜读书快胸臆，昼思微茫夜忽得。古人通经期三年，
正恐杂记心纷然。近来疑义因思积，俗学丛丛谬谁关。安得
十亩长力耕，饱食夜读听鸡鸣。山中儒生几人在，自悔疏慵忘
世情。①

读书、力耕、通经、思疑，这就是黎兆勋作为西南僻壤山中儒生的
理想生活。沉浸于儒家典籍的夜读中，几乎忘却世间人情俗事。这
实际上是黎兆勋以儒学修身养性的表现。对儒学之研习，已经成为
其每日生活中不可分割的有机组成部分。

又如，黎汝谦《示汝恒弟》云：

祖宗历世教，祭祀必诚敬。非惟祈庆福，亦以约心性。人命
良自天，鬼神亦持柄。善恶降灾祥，自古有明证。人苟无所畏，
何事不可任。设教以神道，刱垂自先圣。非独警顽懦，亦以范民
命。放荡礼法场，百恶将来并。及今欧美人，亦解耶稣敬。神号
虽各殊，要亦有尊信。孔子大圣人，亦称鬼神盛。吾昔少壮时，
心高气豪横，岁时事鬼神，外恭心不信。谓事本人谋，鬼神焉得
间。及今年渐老，气衰心亦静。始知向来过，不可为世训。皆由
怠惰深，故喜发高论，其实古先民，岂必均愚钝。而云严祭祀，立
说理极正。儒者贯幽明，百世不可病。书此持示君，志亦庶可定。②

这是黎汝谦对其弟弟的诫勉。主题为推崇以祭祀为载体的儒家

---

①［清］黎兆勋：《侍雪堂诗钞》，《丛书集成三编》第45册，（台北）新文丰出版
　公司，1996年，第8页。
②［清］黎汝谦：《夷牢溪庐诗钞》，《续修四库全书》第1567册，上海古籍出版社，
　1997年，第690—691页。

礼法。黎汝谦站在过来人的视角，回顾了自己少壮时对礼法认识的粗浅，到老年后对礼法维系社会治理的重要性有深刻体悟。特别是，作为出使日本的领事，黎汝谦对西洋文化有深刻认识，其通过中西文化之比较，以中西方神道设教的相同性，揭示儒家礼法的重要意义。黎汝谦的崇儒已经站在世界文化视野之高度展开论述，也有其广度与深度。同时，其对弟弟的劝勉，也显示了兄弟间的深厚情谊，这本身即具有强烈的伦理色彩。

二、敦叙伦理亲情

儒家十分强调伦理道德的建设。以家庭为核心的伦理道德主要包括朋友、夫妇、兄弟、父子、君臣的五伦关系，充分体现了儒家忠、孝、悌、节、义等道德标准。《孟子·滕文公上》说："契为司徒，教以人伦，父子有亲，君臣有义，夫妇有别，长幼有序，朋友有信。"[①]"亲""义""别""序""信"，这是儒家推崇的伦理道德标准。《礼记·礼运》中对孟子的五伦说做了进一步的阐释，解为"十义"，即"父慈，子孝，兄良，弟弟，夫义，妇听，长惠，幼顺，君仁"[②]。可见儒家"五伦"涉及的内涵十分丰富。

遵义黎氏家族十分注重对家庭伦理道德的宣扬与维护，在家族成员间，与其他家族成员的交往中，均呈现出其乐融融的和谐关系。"血缘关系、血缘心理、血缘精神成为中国社会、中国文化的最重要、最基本的结构要素，它渗透到民族文化、民族心理、民族精神的一切方面，成为中国'人化'的最基本的特征，使中国文化成为一种血缘文化。正是在此血缘亲情影响颇深的国度，亲情诗的创作时而

---

① [清] 阮元校刻：《十三经注疏》，中华书局，1980年，第2705页。
② [清] 阮元校刻：《十三经注疏》，中华书局，1980年，第1422页。

有之"①。而这些伦理亲情在遵义黎氏家族诗歌创作中也得到了广泛张扬。

例如,黎恂《祝圣人寿歌康衢》云:

丁丑中秋,与子元(恺)弟翫月桐乡官舍,时两大人已诹吉还里,令子元侍行。团聚未久,又动离情,对景言怀,感念今昔,成诗一首,送其南行,并志别况。

萍梗忽然聚,官舍仍他乡。今夕果何夕,对此明月光。碧天片云捲,半空风露凉。举杯共吟啸,巡檐步修廊。长歌复忆旧,令我不能忘。往者癸酉秋,逆徒势鸱张。於陵逼孔道,军书络绎忙,旁午剧供亿,峙刍茭糗粮。怀卫曹充间,兵戈纷抢攘。音书断南北,荆棘阻关梁。传闻到故土,风鹤徒惊惶,烽烟靖河朔,消息终茫茫。子乃省亲来,修途走踉跄。远自天万里,趋庭齐鲁邦。暮宿邮店月,晓行沙岸霜。疲驴戴破帽,颜色悲苍黄。见面相慰藉,暂解琴书囊。浃旬话往事,痛饮为感伤。我旋试礼部,恩恩整行装。与子倏分手,公车趋虎坊。南宫忝报捷,帖写泥金香。一麾令出宰,籖掣御儿疆。都门壮行色,省觐还武强。官斋复聚首,风雨眠对床。时方值中秋,戏彩娱高堂。三五皓月盈,联吟飞羽觞。乐哉共晨夕,歌咏铿而锵。秋杪始告别,需次来钱塘。一官便羁绊,涴入名利场。爻山奉檄至,铅刀试新铓。板舆迎老母,尝羹初愿偿。子将母来谂,乘风上吴航。即来旋即去,依依离别肠。今年夏五月,麦熟斯民康。严君亦解组,观政来东方。公余承笑色,循陔乐未央。兄弟予与汝,携手何徜徉。睹綦坐短榻,射髇倚丛篁。听琴辨宫羽,斗茶煮旗枪。宵分犹觅句,

---

① 樊浩:《中国伦理精神的历史建构》,江苏人民出版社,1992年,第8—9页。

好咏词琅琅。乐处三月余，意兴为飞扬。凉秋届清节，木落雁南翔。吾亲拟归去，故园松菊荒。子亦将随侍，检点征衣裳。相聚又云别，我心实傍徨。子今向南去，水远山复长。轻舟上严濑，饱帆度鄱阳。鸣舷过章灨，稳柁凌潇湘。黔云指归路，舣隁千叠冈。长途侍二老，所赖相扶将。归当稍料理，努力事缥缃。读书讨精蕴，用古去粃穅。风云会有时，天衢腾骕骦。慎勿懈厥志，远人深所望。我今滞薄宦，神驰水竹荘。送行在旦夕，念切梓与桑。感此良久立，芳阶零露瀼。河汉西北斜，圆月明粉墙。团圝快今夕，且复斟琼浆。

作诗的动因，黎恂在序言中交代得十分明了。父母与黎恂、黎恺在黎恂浙江桐乡县署官舍团聚，但这种团聚却是十分短暂的。父母已经择日行将回到遵义，此行由黎恺陪侍。在即将与亲人分离的前夕，黎恂倍感离别的忧愁。诗人抚今思昔，浓浓的亲情油然而生。首先叙述了动乱时期与父亲音信阻隔，黎恂不辞辛劳远赴父亲山东任所探望父亲的经历，又叙自己考中进士进入仕途的过程，再叙兄弟间相处的快乐时光。对于父母这次返乡行程，黎恂反复叮嘱同行的弟弟黎恺，如何侍奉好双亲，回乡后在如何尽孝道的同时，多读书，吸取儒学精华，不要气馁，要保持远大志向，只要坚持，长风破浪会有时。虽然远在异乡，但黎恂的心却早已飞回故乡遵义沙滩。作为长兄，黎恂对弟弟黎恺的关爱之情十分深切；作为长子，黎恂对父母的挂牵与担忧相当强烈。诗篇在娓娓道述家常，一幕幕充满浓郁亲情的回忆浮现眼前。全篇字字流淌着浓浓的孝悌之情。

又黎恂《祝三姊寿》云：

今日秋气清，金风吹肃肃。我母设帨辰，初吉旦云穀。我姊

亦瑞生,与母为同物。母既贤且慈,姊复惠而淑。缅怀我初生,
母氏劳鞠育。我姊共提携,乃健如黄犊。倏忽数十年,人事几翻
覆。母化彩云归,终天感风木。姊亦白发垂,大衍数已足。我齿
虽未衰,颓龄渐次逐。同是无母人,思之泪盈掬。今晨我夙兴,
堂前献醽醁。遗像空敬瞻,九顿首而哭。还持一杯春,恭为吾姊
祝。愿姊长寿康,桑榆膺景福。以姊半世勤,天应畀蕃禄。维姊
有佳儿,儁比昆山玉。蔚然王国华,虎头飞食肉。生而苟如此,
亦云遂所欲。作诗以待之,使归同一读。

此诗虽为祝寿,实际上是对家族女性美好品质的讴歌。先叙母
亲的贤良淑德,再叙三姊对自己的提携与帮助,母子情与姐弟情充满
字里行间。特别是期待与三姊的儿子一起共读赞美三姊的诗歌,这
实质上是对伦理亲情的宣扬。

再如,黎兆祺《喜杨子春姊丈(华本)至云南大姚官舍》云:

> 兹游不负当年约,握手相看洱水隈。初熟酒宜留客饮,后开
> 花为待君来。乍闻乡语儿争听,似遇新知仆漫猜。却忆昔时相
> 望处,思兄几度上高台。[1]

他乡遇故知,而且这个故知是至亲之人。诗人的喜悦之情溢于
言表。紧紧握着亲人的手,有道不完的家常,话不尽的往事。一直以
来压抑的相思,在此刻得到尽情释放。尤其是,诗人与姊丈间曾有过
约定,姊丈此番云南之行实乃赴约,足见二人当年情谊之深厚。而"几

---

①[清]黎兆祺:《息影山房诗钞》,同治刻本。下引黎兆祺诗均出自该文献,不
再出注。

度思兄上高台"将诗人对亲人之期盼、独自生处遥远异乡对家乡和亲人那种刻骨铭心的思念刻画得淋漓尽致。

又，黎汝谦《辛巳八月毕节道署寄内》云：

> 得君数行书，令我幽思解。十日乏书来，常倚空斋待。容易又秋风，光阴流水去。人生几华年，忍使别离度。见时觉日短，别时苦日长。望到嘉平月，为君整衣裳。苦嫌白日长，暗惜红颜老。黄金买别离，隐隐伤怀抱。浓艳复芬芳，离离春日长。坐令名花老，空教蜂蝶狂。我本学道人，放眼空万象。惟有惜花心，耿耿不可状。秋雨绵绵下，乡愁黯黯生。思君当此夕，独坐不胜情。误作良家妇，良人怅远行。何如村父子，不识别离情。愿得一心人，白头不相离。班姬此时怨，问君知不知。我有三亩宅，犹能托此身。如何不早计，终岁老风尘。①

这是抒发对妻子的深切思念。黎汝谦在外为生计奔波，最牵挂的是妻子。黎汝谦夫妻伉俪情深。其《感怀寄内》有云：

> 夙慕逍遥游，无物足羁绊。当年万里行，九州迹殆遍。不识别离心，未有羁栖叹。自具英雄姿，不为儿女牵。一自与君偕，壮志消磨半。一日不见君，遂若三秋换。好书不耐观，美食不下咽。一日忧万端，顷刻肠千断。远山想君眉，秋波忆君盼。坐令朱颜凋，孰共齐眉案。凄凄宋玉愁，耿耿长门怨。良夜不成眠，傍徨常达旦。田庐今尚存，何苦蹈忧患。冬尽即来归，何心久

---

① [清] 黎汝谦：《夷牢溪庐诗钞》，《续修四库全书》第1567册，上海古籍出版社，1997年，第648页。

恋栈。①

　　黎汝谦从一个九州逍遥的浪子,突然变成极度恋家的宅男,一切的原因在于其和谐的夫妻关系。黎汝谦的寄内诗,颇有《诗经》思妇诗的味道。凄美艳丽,婉转柔媚,尽情抒发浓郁的思念深情。和美的夫妻关系,恋家的丈夫楷模,无疑可成为夫妻之伦的道德范型。

　　又,黎汝谦《从侄树自黔来粤》云:

　　　　离家我已十三载,看汝身材似旧长。娶妇十年仍乏嗣,远行千里近荒唐。吾兄目瞽将何遣,汝弟身强业岂荒。出外谋生非易事,须持坚忍忌轻狂。②

　　黎汝谦自日本回国后在广东做官,侄儿远行千里,自黔来粤,不外乎是想在叔叔这里谋份差事。对此,黎汝谦心中十分明白。其以"荒唐"评述侄儿此行,原因是侄儿作为长子,竟然在其父亲失明、弟弟正幼时背井离乡至千里之外谋生。于伦理道德而言侄儿此行是有失的,故黎汝谦对此加以诘责。但毕竟是亲侄儿,既然来了,也还得援手帮助。只是不忘告诫侄儿,出外谋生并非想象得那么容易,"坚忍"是正确的工作态度,而"忌轻狂"体现的是讲究谋生的方式与能力。尤其在当时的广州,没有真本事,恐怕难以立足。从侄儿的轻率离家,可看出其年少轻狂。黎汝谦在教育、告诫的同时,也不免隐隐担忧。诗篇刻画了诗人对后辈批评与关爱杂糅的复杂情感心理。

---

①[清]黎汝谦:《夷牢溪庐诗钞》,《续修四库全书》第1567册,上海古籍出版社,1997年,第646页。
②[清]黎汝谦:《夷牢溪庐诗钞》,《续修四库全书》第1567册,上海古籍出版社,1997年,第693页。

　　又如黎庶蕃有诗集《椒园诗钞》，其中亦是充满浓厚的伦理亲情叙说。在《椒园诗钞》里提及最多的是黎兆祺（号介亭）、黎庶昌（字莼斋）、郑知同（字伯更）；其中写介亭的有《为介亭从兄补作六诏趋庭院即系以诗二首》等14首，写莼斋的有《初到淮南寄舍弟莼斋》等9首，写伯更的有《春日出游城北各园遂与伯更为约》等8首，内容多是叙说诗人与他们的亲密关系，或回忆曾经相处的美好时光，或相互诫勉共渡艰难困境，有可庆之事则同喜，有可忧际遇则同悲，充分显示出家族成员间和谐的伦理关系。如《寄介亭从兄滇中》：

> 平生叹我遭人侮，晚岁怜君挟策驱。尝胆光阴踰一纪，对床风雨隔三吴。冥鸿已自归沧海，巢燕何因恋旧雏。闻到南游又栖泊，人生何地不崎岖。①

　　黎兆祺原本与诗人一起在乡办团练（督促乡民修筑禹门寨，稳固防御），后投奔曾国藩，最终到了云南做官。黎兆祺的仕途一波三折，却仍然不适应官场生活。黎庶蕃以诗寄赠从兄，用自己同样曲折的仕途经历来宽慰介亭：不必忧愁，不必太在意曾经的蹇厄，人生又哪有一直都是一帆风顺的呢！谆谆劝勉中，兄弟之情溢于言表。又《喜莼斋弟生子》：

> 白发添孙意可知，发书顿觉喜侵眉。幽兰有梦征先异，嘉谷含胎孕较迟。未暇猪龙分肖种，且将豚犬傲无儿。老夫检点传

────────

① ［清］黎庶蕃：《椒园诗钞》，《丛书集成三编》第45册，（台北）新文丰出版公司，1996年，第543页。

家具,笑把新诗待异时。①

全诗洋溢着喜庆的基调。诗人接到家书,得知四弟莼斋(黎庶昌)生子,喜上眉梢,抑制不住内心的兴奋。再如《再赠伯更》:

> 饥肠甘藜藿,久客念故乡。故乡不可见,得子喜欲狂。百钱市村酒,持与共一觞。欢言既款洽,苦泪翻淋浪。始子自楚来,方春柳初张。便恐异时别,反酸今日肠。今日尚有余,后别已难忘。况当临分日,别绪焉可量。子归信难缓,儿女森成行。将终向平志,已种谷口桑。而我宦未成,阿通又愚盲。分无五亩田,送老栀山阳。人情迫艰虞,晚暮益自伤。余龄那堪玩,祇似征鸟翔。忧来发顿白,仰视天苍茫。②

兄弟姊妹们早已儿女成群,家里桑谷满仓;回看自己,仕途不成、阿通愚盲、分无寸田、人情艰虞、人已半百,细想此境,不禁潸然泪下,仰望苍天顿觉悲从衷来。遵义黎家与郑家是姻亲关系,相互间十分融洽。黎庶蕃与郑知同可谓同病相怜,郑知同人生际遇一直处在困顿中,生活十分拮据,关于郑知同的情况我们在后文中有叙述。相同的处境,使得黎庶蕃每次与郑知同相逢,总有聊不完的话题,道不完的兄弟情谊。

此外,黎庶蕃《椒园诗钞》中还有《怀宁舟中忆英子偲先生》《寄题莫氏青田墓庐二首》《寄怀郑仲泉》等悼亡、怀人之作;《将赴金陵

①[清]黎庶蕃:《椒园诗钞》,《丛书集成三编》第45册,(台北)新文丰出版公司,1996年,第511页。
②[清]黎庶蕃:《椒园诗钞》,《丛书集成三编》第45册,(台北)新文丰出版公司,1996年,第544页。

留别山中诸亲旧》《中秋对月有怀山中诸子侄》《送外兄张半塘赴安顺幕》等思念惜别之作；《东流书寄五弟兼示雨从侄》《遣旧仆旋里因寄夏轩五弟》等告诫叮嘱之作。这些诗作中，无不充满浓郁的伦理亲情。

我们再来看黎兆勋的《侍雪堂诗钞》。黎兆勋所作伦理亲情诗中绝大多数是表达兄弟间的往来赠答。如其诗作中表达与表兄子聘、从弟莼斋、舍弟介亭、少存兆祺感情的《寄怀张子聘朝琮表兄》《喜子聘表兄过我》《东子聘表兄》以及《喜从弟莼斋自都门来武昌》《东子尹望山堂兼示诸弟》《春夜遣怀遥寄舍弟介亭兆祺》《夜梦东溪晓起杂感二首寄舍弟少存》《蒲圻舟中念少存弟》等诗，均是情真意切之作，十分感人。其中《喜从弟莼斋（庶昌）自都门来武昌》一诗更是其中代表之作：

> 吁嗟乎莼斋，尔何为乎！已成刘贲之下第，乃学司马之上书。幸荷圣恩采择而录用，仍流离困滞于京都。此时行无车马衣无袍襦，朔风吹汝寒起粟，西望乡国行踟蹰。我官武昌不得尔消息，日望孤客回征车，朝来耳接驿使报，道尔襆被催长途，继疑此言或绐我，中夜耿耿成长吁。吁嗟乎莼斋，尔何为乎！我今身世悬匏如，又若骙骦行空虚，四方欲骋我安适，十年幻想成虚图，每闻鹊噪望乡信，冈与游子言里闾。昨朝阒然一客至，北装黟面惊奚奴，坐客不识竟觑觑，我心似获浊水牟尼珠。吁嗟乎莼斋，尔何为乎！侯王将相岂易识，杖策得进毋乃愚，且喜灯花夜粲尔朝到，气象居然雄万夫。①

---

①〔清〕黎兆勋：《侍雪堂诗钞》，《丛书集成三编》第45册，（台北）新文丰出版公司，1996年，第65页。

　　诗歌虽题为"喜从弟莼斋自都门来武昌",但诗人是从忧、念、惊、喜等方面将对从弟莼斋的感情一步一步地表现出来,"此时行无车马衣无袍襦,朔风吹汝寒起粟,西望乡国行踌躇",是忧;"中夜耿耿成长吁"时刻惦记,是念;"昨朝闯然一客至,北装羃面惊奚奴,坐客不识竟觇觑,我心似获浊水牟尼珠",惦念的人突然出现在眼前,是惊;"且喜灯花夜粲尔朝到,气象居然雄万夫",惊讶之后便是欢喜。全诗感情逐渐升华,忧念惊喜俱是发自肺腑,可知诗人与其从弟黎庶昌之间的情义是多么的真切感人!同时,诗中"吁嗟乎莼斋,尔何为乎"一句反复出现,不仅加强了诗歌语言的韵律美与音乐性,更是渲染了气氛,加深了诗人"喜"的思想感情,极富韵味。

　　又如《喜子聘表兄过我》:

　　　　冻日冲烟出,重云挟雨奔。绕篱噪怒犬,有客扣柴门。窗霁梅争放,天寒酒可温。高斋今夜月,不是客愁邨。[1]

　　此诗以景起兴,在外面还正下着雨时,突然"绕篱噪怒犬,有客扣柴门",紧接着迎客入户,热情招待,"天寒酒可温"。结尾抒发感慨,因为子聘表兄的到来,让"高斋今夜月,不是客愁邨"。诗人虽题为《喜子聘表兄过我》,但全诗不见任何与"喜"有关的字,语言平淡自然,诗人将所有的惊、喜,都蕴涵在了这简单的几句诗中,不用刻意表现,"喜"自然而出,耐人寻味。

　　黎兆勋非常关心、爱护自己的兄弟,出门在外,总是会惦记思念,这一感情从他所作的诗歌的标题即可窥一二,如《春夜遣怀遥寄舍

───────────

[1]［清］黎兆勋:《侍雪堂诗钞》,《丛书集成三编》第45册,(台北)新文丰出版公司,1996年,第17页。

弟介亭兆祺》《夜梦东溪晓起杂感二首寄舍弟少存》《蒲圻舟中念少
存弟》等。他很在意这种亲情，会因不能相聚而时常感叹："念我诸
弟昆，聚散如风萍。""不才常自愧，有弟总离居。"（《东子尹望山堂
兼示诸弟》）会担忧感情变淡而告诫："君看百足虫，终胜双蜻蜓。蜻
蜓岂无侣，身世徒飘零。诫我二三子，休别渭与泾。"（《东子尹望山
堂兼示诸弟》）会因他们的到来而惊喜万分："客中闻汝到，疑信竟忘
言。黧面惊难识，乡音喜尚存。"（《舍弟介亭自成都来楚适予由武昌
赴新堤相遇于乌陵江上》）

　　黎兆勋所作亲情诗，语言简单平淡，往往只是简单几句，便将自
己的感情表达出来，出自肺腑，真挚动人。

　　我们还可以从黎庶焘《慕耕草堂诗钞》中感受到对伦理亲情的
重视。如：

入都别母

　　亲心冀子成，甚于望己寿。及至长可依，焉能日随后。丈夫
志弧矢，贱里岂足圃。努力策骎骎，四方期在骤。腾踏自今始，
那复恋乌豆。独怜慈母心，百虑到行宿。眼中万里遥，梦里孤儿
瘦。面或强为欢，老怀终鲜宥。一第博亲荣，荣得贻亲疚。[①]

别母

　　我岂非人子，晨昏旷若斯。转因儿貌瘦，剧累母心慈。慰别
夸身健，愁分怨夜迟。青青看寸草，何以报春晖。[②]

[①]［清］黎庶焘：《慕耕草堂诗钞》，《丛书集成三编》第45册，（台北）新文丰出
　　版公司，1996年，第293页。

[②]［清］黎庶焘：《慕耕草堂诗钞》，《丛书集成三编》第45册，（台北）新文丰出
　　版公司，1996年，第316页。

二首"别母"诗,抒发的是黎庶焘的浓烈孝思之情。第一首站在母亲的角度叙写对儿子的期望、担忧,仿佛儿子十分了解母亲心里最牵挂的是什么、心底最期望的是什么。之所以能揣测到母亲的心思,母子间没有任何隔阂,那是因为诗人是一个十分孝顺、高度重视亲情的人。全诗感情真挚,娓娓道来,令人动容。《别母》叙写诗人离别时极力向母亲夸赞自己身体强健,不忍母亲为自己担忧。尾联"青青看寸草,何以报春晖"借鉴了唐孟郊的诗句"谁言寸草心,报得三春晖"①,表达出对母爱的感激之情。又如《游子吟贵阳作》云:

> 我生未远行,此行心苦酸。登堂拜别去,朝朝行路难。忆昔送行日,霜晓临河干。母悲道路远,妻虑衣裳单。昆弟默无语,幼子难为欢。寂寞此行色,能勿伤肺肝。有泪不能洒,有眼不忍看。长途浩无际,愁思添眉端。况闻荆楚间,群盗多伤残。羽书日夜至,平地生波澜。行人无所思,所思祇平安。泛泛武陵舟,驱驱燕市鞍。既惜别离苦,还惊烽火攒。人生匪木石,触绪起长叹。寄言北堂上,珍重勤加餐。②

此诗描写了离别时一家人的伤感表现:"母悲道路远,妻虑衣裳单。昆弟默无语,幼子难为欢。"母亲、妻子、弟弟、幼儿等亲人均因诗人之出行而黯然寡欢。诗人十分重视伦理亲情,"有泪不能洒,有眼不忍看",为了使众亲在自己离开时不要过度忧愁,诗人强压抑着内心的痛苦。"寄言北堂上,珍重勤加餐"语本《诗·卫风·伯兮》"焉

① 华忱之、喻学才校注:《孟郊诗集校注》,人民文学出版社,1995年,第513—514页。
② [清]黎庶焘:《慕耕草堂诗钞》,《丛书集成三编》第45册,(台北)新文丰出版公司,1996年,第294页。

得谖草,言树之背",毛传云："背,北堂也。"① 以儒家经籍中的经典念
人篇章来比拟自己对亲人的愁思。诗人详细记叙临行前母亲的担忧
与反复叮嘱,刻画了母亲对游子的深切关爱。显示出黎庶焘对母爱
的珍视与怀念。

又《哭次愚三首》云②:

自汝坠地来,珍若掌上珠。岁余忽失去,得不伥伥如。明知
数所定,似亦难强图。其如儿女情,心曲时萦纡。决意欲挥去,
转念仍故吾。始知钟情伤,难以作面娱。

忆汝绝命时,怪鸥叫庭木。病眼昏不开,隐据床头哭。是时
闻汝母,呼儿声渐速。千唤儿不回,慈泪遂满目。起看天色青,
星光照林屋。掺觅箧中衣,宛转心头肉。此去如再生,衰门以为
福。嗟我独无聊,悲冀杂心曲。

蠢蠢柏木棺,其成不终日。修短适如骸,盖之此事毕。埋汝
就近邱,但求土壤吉。儿去九原下,可复爱纸笔。吾家一卷书,
三世食其力。徒令望眼穿,枯泪塞胸臆。

此诗以组诗的形式完整地叙写了孩子从出生、生病到"岁余忽
失去"、埋葬的全过程,对次愚的死去感到无比悲痛,所谓"千唤儿不
回,慈泪遂满目""徒令望眼穿,枯泪塞胸臆"。诗人极度重视骨肉亲
情,对子女慈爱,真正做到了"父子有亲"。

又如《北上录别》三首:

---

① [清] 阮元校刻:《十三经注疏》,中华书局,1980 年,第 326 页。
② [清] 黎庶焘:《慕耕草堂诗钞》,《丛书集成三编》第 45 册,(台北)新文丰出
版公司,1996 年,第 304 页。

念尔年俱少,将离虑转深。墓庐三亩地,歌哭百年心。好自娱衰母,还须惜寸阴。片言劳永记,把袂欲沾襟。(两弟)

莫作时人眼,矜腾在一官。齐盐谋不易,井臼得辞难。自此七千里,谁供朝夕餐。赖君能作健,庶使客怀宽。(内子)

灯昏各无睡,举室恋长征。惟汝双雏小,焉知一别情。喃喃空燕语,扰扰到鸡鸣。一第如渠祝,归来绣袽迎。(幼女)①

第一首是诗人离别时写给两个年少弟弟的。"好自娱衰母,还须惜寸阴",诗人谆谆嘱咐两个弟弟要对母亲孝顺、珍惜光阴,体现了黎庶焘对母亲的孝顺和对兄弟的关爱。第二首是诗人离别时写给妻子的。诗人即将辞家而去外为生计奔波,最担忧的还是走后家中的生活。尤其是相濡以沫的妻子,从此没有夫君的朝夕陪伴,只能一个人独自承受家中事务。但诗人充分相信,有贤惠妻子在家中,这才是诗人远在他乡能稍稍心中宽慰的根本原因。此足见夫妻间的相互信赖,也充分显示出黎庶焘与妻子间的深厚感情。第三首,写诗人北上离家前夜,与幼小女儿的依依不舍。父亲的慈爱、幼女的懵懂尽收诗篇中,透露出一股浓浓的温馨亲情。

三、讴歌贞女节妇

婚姻之伦为五伦之首,男女构精,化生万物。有夫妇然后有父子,有父子然后有君臣。儒家十分重视夫妇关系的建设,故孔子编《诗》,以《二南》为首。夫妇关系的建构又主要表现在对妇女的束缚与规范上,这种束缚与规范最强烈的体现在妇女贞节观发展上。晚清时

---

① [清]黎庶焘:《慕耕草堂诗钞》,《丛书集成三编》第45册,(台北)新文丰出版公司,1996年,第293页。

期,为维护封建统治,对妇女贞节观的要求越来越严,在西南僻壤贵州亦不例外。这些在黎氏家族文学中得到充分表现。

例如,黎庶焘《贞母吟》:

> 清夜一援琴,为弹贞母吟。风凄百虫怨,露泣孤桐心。天耳听不得,人间无此音。哀哀靡他意,之死长幽沉。①

在一个清静的夜晚,诗人弹琴讴歌贞母。所谓贞母,旧时用于敬称守节的母亲。黎庶焘十六岁时,"既痛父没",母亲孑然一身,抚养黎庶焘几兄弟长大。这里,诗人高度赞美其母的妇德。但其母守寡,也承受着情感与经济双重压力,身处常人难以想象的困境。这一点,黎庶焘心中显然是甚为清楚明白的。故周遭的风景变成了"风凄白虫怨,露泣孤桐心"。这首《贞母吟》"天耳听不得,人间无此音",一方面理解贞母的苦楚,另一方面又高度赞赏母亲的贞洁。"哀哀靡他意,之死长幽沉"一句化用了《诗·小雅·蓼莪》"哀哀父母,生我劬劳"和《诗·鄘风·柏舟》"之死矢靡它"中的诗句,称赞母亲的贞节、真挚的妇德。这里,黎庶焘虽通过讴歌母亲之贞节维系了儒家的贞节观,但也意识到了其所带来的对妇女的苦难。

又《哭莫子厚(生芝)二首》其一云:

> 阮籍由来礼法疏,经年又作病相如。家无儋石难高枕,腹有牢愁好著书。此去定知归大暮,重来应拟现华胥。独怜闺里陶

---

① [清] 黎庶焘:《慕耕草堂诗钞》,《丛书集成三编》第45册,(台北)新文丰出版公司,1996年,第285页。

婴在,黄鹄歌残泪眼枯。①

"独怜闺里陶婴在,黄鹄歌残泪眼枯"一句化用了刘向《列女传·鲁寡陶婴》中"陶婴"的典故:

> 陶婴者,鲁陶门之女也。少寡,养幼孤,无强昆弟,纺绩为产。鲁人或闻其义,将求焉。婴闻之,恐不得免,作歌明己之不更二也。其歌曰:悲黄鹄之早寡兮,七年不双。宛颈独宿兮,不与众同。夜半悲鸣兮,想其故雄。天命早寡兮,独宿何伤。寡妇念此兮,泣下数行。呜呼悲兮,死者不可忘。飞鸟尚然兮,况于贞良。虽有贤雄兮,终不重行。鲁人闻之,曰斯女不可得已。遂不敢复求。婴寡终身不改。君子谓陶婴贞壹而思。《诗》云:心之忧兮,我歌且谣。此之谓也。②

此诗为莫生芝哭泣,更为莫生芝妻子担忧。黎庶焘深知,失去了丈夫的妇女,其境遇的凄苦。以古节妇陶婴作比喻,是黎庶焘对莫生芝妻之妇德的赞美。但"独怜"二字,表达了黎庶焘的深切忧虑。而"残泪眼枯",则表达了黎庶焘对守寡妇女的孤独、凄凉心情的理解。作为封建文人,黎庶焘一方面推崇妇女的贞节品行,可另一方面,又对守寡妇女的遭遇表示深深同情。

又如黎兆勋《贞女吟(并序)》云:

> 贞女吴氏,石阡人,未笄,字于杨将。于归婿没,女家素丰,

---

① [清] 黎庶焘:《慕耕草堂诗钞》,《丛书集成三编》第45册,(台北)新文丰出版公司,1996年,第290页。
② [汉] 刘向编撰:《古列女传》,中华书局,1985年,第115—116页。

遂矢志守贞。既而，父母兄弟相继下世，有兄子某，贞女抚育成人，为府学庠生，娶妇年余，吴生言行乖谬，视贞女若仇，家亦中落。贞女年五十余，失所依，纺织以自给。道光二十四年（1844），里人请旌，为建贞女坊，二十九年（1849）十月病终，里人集钱买棺，葬于吴氏祖茔。余闻而纪以诗。

　　古雪埋香地，沉沉死不春。百年犹髡彼，一恸且陈人。族大家何在，天寒食自贫。桐棺堪薄葬，闾里共悲辛。①

　　在序中，诗人详细地交代了贞女吴氏的生平事迹，未嫁先寡、矢志守贞、为兄养子、老年失依、纺织自给。诗歌正文则进一步肯定了这一守贞行为，"古雪埋香地，沉沉死不春"，"桐棺堪薄葬，闾里共悲辛"，一字一句中都体现着当时人对守贞这一行为的态度，肯定并且赞扬。同样，黎兆勋《寄题烈妇（并序）》亦云：

　　烈妇姓黄，名寅叔，广东人。父官新平典史，婿赖某由贵阳至新平，婚三日病瘴，亡妇楼居三年。八月十五夜投署井死，与婿合葬于新平城外，张训导（椿）索题赋此篇寄之。
　　西风洒露苔花紫，天半银蟾堕秋水。瑶弦夜裂独茧丝，黯黯孤凤声尽死。海南仙人棲瘴乡，箫声澹远迎萧郎。郎来为妾郎先死，一夜瘴花飞洞房。押不芦花寻不得，重泉有路侬能识。直取寒波作妾心，敢悲魑魅留南国。红土坡低云断痕，騃女屏童声暗吞。天边蜀魄啼山竹，陌上蛮姬拜墓门。东风吹树离鸾语，前有蝮蛇后猛虎。穷荒俸不饱妻孥，问爷何事来兹土。与爷同出

---

①［清］黎兆勋：《侍雪堂诗钞》，《丛书集成三编》第45册，（台北）新文丰出版公司，1996年，第24页。

不同归,井底桃花心事微。莫攀连理坟头树,惊起鸳鸯向北飞。[①]

据上可知,这烈妇黄氏与未嫁先寡的贞女吴氏不同,她是嫁后守寡;相同之处在于她二人都是那个时代人们眼中的贞节之女,是妇德的典范。诗歌结尾处写到:"与爷同出不同归,井底桃花心事微。莫攀连理坟头树,惊起鸳鸯向北飞。"更是将守寡妇人的那种伤心、孤独之情表现得淋漓尽致,特别是"坟头连理树""鸳鸯向北飞"这一典故的运用,借《孔雀东南飞》中焦仲卿与刘兰芝的故事来表现黄氏与其夫婿感天动地的爱情,一种凄凉的悲剧气氛顿时渲染开来。诗篇在讴歌赞美贞女节妇的同时,也表达了一种同情与怜悯心理。

无论是《贞女吟》中的贞女吴氏,还是《寄题烈妇》中的节妇黄氏、《江宁汪氏二女节孝诗》中的节孝之女汪氏,亦或是《断虹引》中的沔阳孝妇,黎兆勋对贞女节妇的记叙与赞美甚多,这些女子都是清朝后期妇德的典范,在当时人看来她们是坚贞、端正的"好女子",且对其守贞守寡行为持一种赞扬、肯定,甚至是鼓励的态度。黎兆勋在一定程度上反映了当时社会的贞节伦理观,对研究晚清妇女的生存状况有着较大的价值。

四、对社会的实录与批判

晚清时期,时局动荡,战争频发,社会凋敝,百姓处在水深火热之中。尤其是咸、同时期的贵州,封建统治残酷剥削下层百姓,苛捐杂税太重,民不聊生,一时农民起义风起云涌,当时的贵州亦成为全国

---

① [清] 黎兆勋:《侍雪堂诗钞》,《丛书集成三编》第45册,(台北)新文丰出版公司,1996年,第12—13页。

动荡中心。有良知的诗人，将这一切看在眼里、记在心里，虽不能亲自扭转动乱社会局面，但他们以文笔、用诗歌如实记录下所见所闻所遇，写下了不少深刻反映现实的力作。在以诗志史的同时，也高张儒家风雅大旗，甚至将批判矛头直指封建统治，显示了诗人们的忧国忧民情怀和强烈的社会历史责任感。

例如，黎恂《卖儿嗁》云：

风萧萧，儿无衣，雨飘飘，儿苦饥。无衣且饥，何以育儿？（一解）

前月儿父死，赊买三寸棺，比邻索棺价，剥啄诟门前。（二解）

卖儿抵棺价，儿往生处乐，厮守娘何为，冀免填沟壑。（三解）

南山有乌，母将其雏，啄粟饮水，俯仰自如。嗟我与儿，曾不若南山乌。（四解）

送儿出门去，青山朝似暮。伫立且须臾，目断山前路。（五解）

儿亦不必嗁，儿亦不必悲，儿如娘已殁，娘如未养儿。（六解）

囊既无钱与米，那不为奴与婢，但愿儿入贵人家，好视小郎与女公子。（七解）

儿去矣，莫号咷，娘入门，暗魂消，仍无衣，风萧萧，仍苦饥，雨飘飘。（八解）

此组诗通俗易懂，揭露了晚清时期下层百姓所遭受的巨大苦难。夫死而无钱安葬，难妇不得不赊账买棺葬夫。可是赊账到期后却无力偿还，只能卖儿抵债。这是以一位母亲的口吻写的，作为亲娘，谁不愿意母子长相厮守？但残酷的现实，使得这种天经地义的母子厮守竟然不得不以死亡为代价。诗篇以风萧萧、雨飘飘渲染一种凄苦基调，刻画了幼小儿子被亲娘买卖时的害怕与惊恐，描写了遭受一次次打击后妇女为生存所作出的痛苦抉择。难妇表面的冷静与麻木，与内心的依恋和不舍形成鲜明对照，深刻揭露了社会动乱对普通百姓所造成的巨大伤害。诗篇具有强烈的政治批判色彩，充分发挥了诗可以怨的讽刺批判功能。

又如，《雪山关》：

> 岧岧雪山关，嶪嶪凌碧空。纡回磴道转，偪侧径路通。关门若城阙，叠石何穹窿。一夫当其隘，万夫莫敢攻。我从判官脑，肩舆上岧岒。雨霁宿雾散，云开秋日红。右顾黔岭皴，千峰盘乌蒙。左睇蜀山尖，万点连蚕丛。乾坤划轩豁，烟霭青濛濛。披襟倚危石，长啸来天风。颇闻路人言，此间值寒冬。积雪厚丈余，坚冰滑玲珑。纷纷负贩至，少壮兼疲癃。冒险履冰雪，驮负登危峰。人僵马蹄蹶，痛哭依枯松。缅惟古盛时，霜降休百工。闭关颁令典，岁晚闲老农。后世异三代，中泽多哀鸿。贫民无恒产，转役为人傭。不惜筋力苦，糊口供朝饔。否将立待毙，饥饿填沟中。即今往来者，形与鸠鹄同。秋晴石路干，浑汗犹霑胸。何况山寒冻，焉不成龙钟。倚关坐叹息，悠悠我心忡。惟富则觺矣，哀此天民穷。

此诗与《卖儿嗁》有异曲同工之妙，揭示了下层贫民在极度寒冷的冰雪天为生计而在雪山关小道上做苦役的情形。谁不想大冬天地待在温暖舒适的家中避寒，可对于贫民那是一种奢侈。因为一旦一天不干苦力，则立马饿死填瘗沟壑之中。诗人对这些下层贫苦之人表达深深同情，发出了"哀此天民穷"的长叹。这实质是一种质问，问天、问地，究竟是谁造成如此凄惨的境况？答案不言而喻。诗篇的批判力度是十分强烈的。

再如，《悯乱》：

> 溯洞兵戈乱，蒙茸妖气缠。丹心悬紫极，白首望苍天。家国
> 艰难日，乾坤战伐年。西南亦王土，无处不烽烟。
> 蠢尔顽苗族，蠢屯蚁聚同。剿除期将勇，征缮惜民穷。野哭
> 连邨落，夷歌满市中。伤心澹园叟，止水效文忠。

晚清咸、同时期，贵州社会剧烈动荡。"西南亦王土，无处不烽
烟""野哭连邨落，夷歌满市中"，这是僻壤贵州当时社会现实的真实
写照，没有任何夸张之辞。虽然诗人站在封建立场，对少数民族起义
持批判态度。但"征缮惜民穷"也揭露了清朝统治以征伐名义盘剥
百姓的事实。

又如，黎兆祺《纪乱》云：

> 飞腾山贼果何来？叹惜思湄蕴祸胎。弭乱已无廉颇将，安
> 边谁是祖生才。坐观成败非长策，目击凋残信可哀。加赋议降
> 徒扰扰，即今城郭半蒿莱。
> 莽莽平原战骨新，眼前何处不荆榛。深愁盗贼宵攻寨，忍见
> 豺狼昼攫人。处处联团屯要隘，朝朝挽粟督穷民。细思十载兴
> 亡事，目断河山独怆神。
> 请兵筹饷计纷纷，谁挽天河洗寇氛。狂贼未除悲浩劫，孤城
> 已破黯愁云。迎降寨寨伸前命，收复年年壅上闻。却笑夜郎空
> 自大，燎原势起盗成群。
> 漠漠秋芜望欲迷，烽烟缭乱阵云低。江湖满地秋笳惨，风雨
> 空山鬼母啼。一自残兵抛甲帐，更无健妇把锄犁。连朝又报孤
> 城失，贼骑纷纷遍水西。

养痈贻患古今同，极目河山感慨中。玩寇只缘姑息政，筹边谁建廓清功。胜衰有数天难挽，成败何论局未终。试上高楼望西北，一条杀气尚缠空。

已无廉吏抚凋残，况复征苗启祸端，苛察渊鱼应见血，搜捕田产尽归官。守箴漫说勤兼慎，执法何曾猛济宽。始信治安非易事，莅民容易治民难。

扰扰乾坤战伐场，艰难历尽鬓成霜。余生自分填沟壑，垂老何堪食秕糠。易水歌残空泻怨，原鸰影散总堪伤。行经旧日闲吟处，花落无声吊夕阳。

书堂旧是倚烟村，芳草萋萋带雨痕。忍见蓬蒿生满径，却教狐兔占荒园。春归庭院花成雪，日落溪山昼掩门。曾是昔时觞咏地，空留孤月照黄昏。①

诗人以八首系列纪乱诗来记录咸、同时期的贵州社会动乱。这场史无前例的浩劫，其破坏力是空前的。曾经的安宁与平静被打破，百姓真正处在水深火热之中。诗人没有去描写具体的杀伐场面，却仔细刻画战争所带来的凄惨、破败与凋敝。虽然作者站在封建立场发声，对农民起义持否定态度，但其对造成社会动乱的原因分析却是客观与深刻的，"已无廉吏抚凋残，况复征苗启祸端，苛察渊鱼应见血，搜捕田产尽归官"，正是官吏的贪腐与赋税的严苛，方才造成民不聊生，这是官逼民反的结果。其批判矛头直指封建统治集团，显示了作为诗人的社会良知和实录精神。

我们再来看黎庶蕃的《椒园诗钞》，其中反映现实与批判现实的力度也是很大的。主要有如下方面：

---

① [清] 黎兆祺：《息影山房诗钞》，同治刻本。

1. 揭露了清朝统治的腐朽与残酷

晚清时期的统治者丝毫不关心是否风调雨顺、百姓有无收成，只知道一味向劳苦大众索取。如《醉中呈李芋仙》所云"铢黍裨几何，却把鞭笞骚万户"，揭露了清朝统治为了满足自己奢欲而残酷剥削下层百姓的事实。

又如《纪游为介亭从兄赋六首》其三：

> 清晨策蹇去，白露零草根。隔堤望烟火，远见牛马群。居人抑何少，种菜不出门。麦苗瘦纤纤，薄雪盖未匀。方春靳雨泽，何以慰忧勤。昨投晏城宿，有女纷如云。红妆半狼藉，问之皆赤贫。此辈亦天民，生理今何存。士苟得行志，大裘奚足云。导以桑与麻，食力咸有身。所要斗水耳，何须千万缗。①

这首诗歌生动描绘了遭遇旱灾后农村的萧条、破败。春雨吝惜、麦苗纤瘦、草根外露、红妆狼藉的赤贫女……诗人义正言辞地指出：他们要的并不多，"所要斗水耳，何须千万缗"，只需清朝统治者"导以桑与麻"便可救人于水火之中，喜获民心。可是，统治者却连这点出路也不给已经赤贫的底层民众。诗人不得不发出"生理今何存"的呼吁。

2. 批评官吏将领的"不作为"

正所谓"上梁不正下梁歪"，统治者只知向穷苦百姓索取，不为百姓造福，基层官吏将领们也只管结党营私、不修武备，晚清的统治集团又有谁会以国家百姓利益为重呢。黎庶蕃对此予以深刻揭露和

---

① [清]黎庶蕃：《椒园诗钞》，《丛书集成三编》第45册，（台北）新文丰出版公司，1996年，第522页。

猛烈批判。如《醉中呈李莘仙》：

> 中兴诸将跻公辅，骑驴半作湖山主。旧时牛李植私人，联翩仗节来开府。吴中财赋夸第一，海上纷华迈前古。摘奸发伏动如梳，漏网稽诛纷似雨。未知铢黍裨几何，却把鞭笞骚万户。圣恩如海本难名，吏治吹毛那堪数。迩来时局又一变，内备未修虞外侮。编篱深讳犬伤人，击强谁猎南山虎。忧国赞皇霜满鬓，已判衣冠挂神武。一生信史属完人，憾不盖棺先入土。西川诗老人中豪，壮气稜稜激眉宇。曾随上相策东征，气节文章难不许。坐观时事吁可慨，恸念吾曹贫且窭。欲将一语吹上天，其奈数奇终莫补。椒园病叟百不能，日对萧斋卧空瓶。忧来宁复知忌讳，欲把狂言径相忤。喙长三尺怕君嗔，结舌归来瘖不吐。①

不论百姓有无收成，统治者只管年复一年地向万千百姓索取，清朝的军队（湘军、淮军）将领们只管结党营私，不顾边防与内部民安，上上下下毫无秩序与戒备。作者不由得感慨：假如时局突变、突遭外敌突袭，则"内备未修"怎能抵御外敌驱赶外侮呢？诗人讽刺批判清朝统治者只顾自身利益，置国家与民族利益而不顾。类似的，《江防》云：

> 白幕休貔虎，红船挟丽娟。太平无战斗，诸将俨登仙。②

---

① ［清］黎庶蕃：《椒园诗钞》，《丛书集成三编》第 45 册，（台北）新文丰出版公司，1996 年，第 548—549 页。

② ［清］黎庶蕃：《椒园诗钞》，《丛书集成三编》第 45 册，（台北）新文丰出版公司，1996 年，第 525 页。

　　诗人揭露海军将领们整日地或疲于操练,或公然嫖妓,俨然一副醉生梦死、飘飘欲仙的丑态。

　　再如《转饷二首》其二云：

　　　　沪上笙歌百态新,斗鸡舞马伎如神。莫言边将方无事,肯把
　　长江竟属人。周室自来凭厚泽,汉家宁敢恃和亲。沧溟西望梯
　　航远,决策应须仗大臣。[①]

　　诗人直接把矛头指向李鸿章,认为正是他放纵将士们在上海夜夜笙歌、斗鸡舞马、寻欢作乐,全然没有了作为将士的威严和责任。

　　3.怜悯受灾受苦的百姓

　　统治者治理无方,将领们疏于约束,受苦的则永远只有普通百姓,他们无地可耕、无活可干,吃不饱穿不暖,甚至早早地命丧黄泉。如《晚凉理圃二首》其一云：

　　　　小摘寒蔬病叶黄,山厨风露有清香。贫家一饱谈何易,莫厌
　　篱根折足铛。[②]

　　虽然"山厨风露有清香",可真正的事实却远非如此,贫家吃的是寒蔬病叶、黄篱草根。饥不果腹,又有谁会去欣赏那风露清香呢。

　　再如《拾穗儿二首》其一：

---

①［清］黎庶蕃：《椒园诗钞》,《丛书集成三编》第 45 册,(台北)新文丰出版公
　司,1996 年,第 533 页。
②［清］黎庶蕃：《椒园诗钞》,《丛书集成三编》第 45 册,(台北)新文丰出版公
　司,1996 年,第 480 页。

拾穗儿,头蓬面垢两足泥,饥肠毂辘作雷吼,饿眼无光不能
走。邻家与儿一盂饭,儿食其半留其半。问儿将遗谁家中,有媍
母怀抱呱呱儿。母食糠覈儿食乳,乳枯儿饿啼声苦。儿苦母心悲,
母瘦儿肥儿不知。①

由于经常性地忍饥挨饿,拾穗儿已经毫无力气,甚至几乎不能正
常站立行走。好不容易得到邻家一钵盂饭,却只能吃一半留一半,因
为家里还有同样忍饥受饿的母亲和弟弟。此诗生动描绘了晚清贵州
社会动乱所带给普通民众的巨大灾难。

又如《天宁门外观竞渡》:

十年战血川原溢,寡妇孤儿夜中泣。西方赤地尚黄尘,满眼
流亡未全恤……②

血流成河、哭声哀嚎、尸横遍野……简直是"悲惨世界"! 当然,
这期间,诗人黎庶蕃的日子同样悲苦。如《夜雪屋漏效欧阳公禁体》:

城隅赁屋邻萧寺,半属山林半朝市。先生偃息不逢人,惟有
小鬟来问宇。东窗虚明仅容膝,相度支床有深意。纸糊泥垩都
不择,春雨秋霖差足蔽。自从入冬天转亢,二麦枯时蚊蚋孳。不
虞久炙露谽谺,坐遣漂流成憾事。昨夜颠风拔山倒,有声怒挟江
潮沸。漫空飞雪搅成团,檐隙瓦沟无不至。量阶已报一尺深,仰

----

① [清]黎庶蕃:《椒园诗钞》,《丛书集成三编》第45册,(台北)新文丰出版公
司,1996年,第482页。
② [清]黎庶蕃:《椒园诗钞》,《丛书集成三编》第45册,(台北)新文丰出版公
司,1996年,第531页。

屋翻愁千点坠。梦中惊起杜陵老,冻涕垂胸鼻先嚏。铜盘瓦缶
作三迁,斗帐寒衾均一渍。五更风势最虓恶,撼户摇窗迭噫气。
我无广厦庇妻孥,宁有大裘遮庶类。拥炉独坐成太息,悔不先时
作早计。天明出户欲何之,泥滑蹇驴谋易地。①

　　住宿条件之艰苦可堪比杜甫,生活条件之艰辛也同样比杜甫有
过之而无不及。又《吴江杂诗三首》其一:

　　　西风吹两鬓,节物岂堪思。海燕朝辞垒,秋虫夜络丝。无衣
怨寒早,多病怯年衰。万念俱摇落,旁人那得知。②

　　无衣只能怨天寒,恨它早早来临打断生活节奏。生病多了久了
不仅会"怯年衰",还会害怕无钱看病吃药、无钱持局养家,因为"十载
长安不易居,可堪梁庑更佣书"(《扬州送周仲曲明府之官滇南》)、"女
病厨增药,妻忧瓮乏斋"(《曲塘秋日杂兴八首》其三)。如此"一生喙
硬苦饥寒,老病空淹百僚底"(《寒夜吟二首》其二)的苦楚,旁人却难
以得知,面对如此境遇,诗人万念俱灰,对生活前途不抱有任何希望。
　　诗人以及乱世中百姓的遭遇颇令人同情,他们无力改变现实和
命运,只好自我安慰,甚至于残酷现实让他们学会了在苦难中作乐。
如"醉梦无时了,劳生一坎轲。穷弥增傲岸,病不废吟哦。老骥长途

①[清]黎庶蕃:《椒园诗钞》,《丛书集成三编》第45册,(台北)新文丰出版公
　司,1996年,第514页。
②[清]黎庶蕃:《椒园诗钞》,《丛书集成三编》第45册,(台北)新文丰出版公
　司,1996年,第503页。

惯,寒雕建翮多。飞腾恐难必,犹足颂时和"(《醉梦》)①。当然,即使社会再乱,自身再苦再穷,下层百姓也没有改变其勤劳善良的高尚品质。如《老婢行》云:

> 吾家有婢常赤足,混沌心肠老无欲。儿时戏用作骅骝,乱世全资当健仆。蓬头垢面初不辞,汲水采薪惟所役。不图积困筋力微,遽遣幽魂登鬼箓。豪家置婢患不娇,千金竞选蛾眉绿。晚垂红袖但吹笙,暮写乌丝难执烛。岂如吾家赤足婢,一事不知能任辱。请看华屋梦酣时,已报山厨饭先熟。②

家中老婢本就不及富家婢女过得舒坦,经常蓬头垢面地劳作,还要遭到孩童的戏弄,苦差事一堆,却仍然任劳任怨、辛勤劳动。这是晚清乱世中普通民众善良品行的写照。

再看黎兆勋的《侍雪堂诗钞》,其中的实录精神也是很强烈的,充分表达了诗人对造成社会动乱的清朝统治之批判。黎兆勋一生仕途坎坷,怀才不遇,满腔才识毫无用武之地,诗歌基调愤懑、哀怨,同时将抨击的矛头直指封建统治者和科举制度,具有鲜明的时代性。如《客从远方来》云:

> 饮酣笑谓我,此客非穷儒。十二学骑马,十三称壮夫,十五学击剑,十六读诗书。又谙兵阵事,十九通孙吴。不侯笑李广,作赋轻相如。遂投班吏笔,竟弃终军缥。是时西羌叛,河朔飞兵

---

① [清] 黎庶蕃:《椒园诗钞》,《丛书集成三编》第45册,(台北)新文丰出版公司,1996年,第561页。

② [清] 黎庶蕃:《椒园诗钞》,《丛书集成三编》第45册,(台北)新文丰出版公司,1996年,第483页。

符。驾我笯云马，弯我青珸弧。投身向玉关，万里无长途。军门见主将，阵阵先锋俱。一战渡河湟，再战掠穹庐，三战擒格尔，铁山先献俘。将军大叹赏，谓我技勇殊。佩我吕虔刀，骑我汗血驹。拔我为材官，出入同驰驱。众中自顾盼，壮此七尺躯。塞上天兵还，随虏入皇都。诸将倏然贵，见之避路隅。姓名久不达，虮虱生袍襦。深夜行太息，顾影惭头颅。去而旧时甲，脱身归里闾。乡人竞觇望，恶少争挪揄……①

　　诗篇叙述了远来客人坎坷的遭遇。客人是一个"不侯笑李广，作赋轻相如"的文武双全似的人物。他弃笔从戎，保家卫国，立下了赫赫战功："一战渡河湟，再战掠穹庐，三战擒格尔，铁山先献俘。"一朝凯旋，荣耀而归："塞上天兵还，随虏入皇都。"本以为能得到重用，却不料"姓名久不达，虮虱生袍襦"，无奈之下，只能卸甲归田，却受市井小人所辱，以致"恶少争挪揄"。观其一生经历，令人唏嘘不已。诗人将客人落魄遭遇安排在"随虏入皇都"之后，有其批判意义，本应受到朝廷重用的大功臣，却只能"去而旧时甲，脱身归里闾"。造成这种不公平境遇的原因，当然是晚清统治的昏暗与腐朽。在一个靠人际关系而非才能晋升的时代，是没有公平与正义可言的。诗人将抨击的矛头隐含地指向了清朝封建统治者，这种批判的勇气在当时具有一定的进步意义。

　　清道光、咸丰年间，科举制度弊端百出，八股文等应试科目更是成为文字游戏，成为朝廷束缚人们思想的工具。黎兆勋对此深恶痛绝，"兄年逾弱冠，犹未令习制举业，二十三出应童子试不售，归乃取

---

①［清］黎兆勋：《侍雪堂诗钞》，《丛书集成三编》第 45 册，（台北）新文丰出版公司，1996 年，第 10 页。

坊塾时艺揣摩之,以为不足学,弃去"①。黎兆勋的这一思想在其诗作中同样有所体现,如《述怀五首寄同学诸子》其二云:

> 西南辞赋祖,扬马千古无。当其献赋时,意气雄万夫。君平隐卜肆,讲易常晏如。澹泊发古怀,垂帘潜著书。著书卧里闾,献赋游帝都。以赋持比书,所乐孰有余?②

诗人用扬雄、司马相如献赋和严遵(字君平)著书这两个典故进行对比,明确地表明了自己对科举制度的态度。扬雄、司马相如献赋帝都,愉悦皇帝,只能得到一时的荣耀富贵,"当其献赋时,意气雄万夫";而君平"垂帘潜著书"却是不朽之功业,获得了千古的美名。"君平隐卜肆,讲易常晏如"的典故更为众多诗人所用,如"升沉应已定,不必问君平"③、"过江悯度饥难救,弃世君平俗更亲"④。诗以"以赋持比书,所乐孰有余?"一个问句结尾,表明了自己对科举不屑一顾的态度,简单直白。

诗人仕途坎坷,迫于无奈,四处奔走求官,对官员不识人才、小人嫉妒贤能的社会现实深有体会。其中《南中杂感》五首诗便反映了这一系列现实:

> 丛山虎豹走班班,石砦柴门昼亦关。旧俗敲残铜铸鼓,南风

---

① [清]黎兆勋:《侍雪堂诗钞》,《丛书集成三编》第45册,(台北)新文丰出版公司,1996年,第3页。
② [清]黎兆勋:《侍雪堂诗钞》,《丛书集成三编》第45册,(台北)新文丰出版公司,1996年,第7页。
③ 彭定求、沈三曾、杨中讷等:《全唐诗》,中华书局,1960年,第1805页。
④ 陈寅恪:《陈寅恪诗集》,清华大学出版社,1993年,第21页。

吹瘦月成环。诗情渐冗能为祟，海色无多莫洗颜。紫蝎金蚕愁蛊毒，故乡惟冀得生还。

南来诗礼岁云徂，子舍依依两月无。不吏不官驰驿去，应牛应马任人呼。持书还谢邴根矩，倚势作威冯子都。长揖权门归路永，不妨著论学潜夫。

幼安初欲老辽东，岂识行藏类转蓬。世事本难防市虎，弋人何必篡飞鸿。避君三舍敢云战，载鬼一车都是空。夜半尊前还独笑，近来深爱蜡灯红。

苏程新喜作比邻，昨日书来独怆神。闻道乌生八九子，更无兄弟两三人。衰年涕泪诸孙夭，冷铗宵饮寡妇贫。检点行装无物寄，不知何以慰吾亲。

还乡有客意难遮，一纸烦君早到家。去日能谈天外事，归装不载日南花。姻隔我或吟蛮府，阿堵钱难付画义。夜半半车呼早发，绝怜心迹异秦嘉。①

有官场的蝇营狗苟、尔虞我诈："丛山虎豹走班班，石砦柴门昼亦关。"有官吏的贪赃枉法、专横跋扈："持书还谢邴根矩，倚势作威冯子都。"有市井小人的嫉贤妒能、招摇中伤："世事本难防市虎，弋人何必篡飞鸿。"有贤者罹难、备受摧残的遭遇："衰年涕泪诸孙夭，冷铗宵饮寡妇贫。"诗人面对这样的现实，无能为力，只能洁身自好，发出了"长揖权门归路永，不妨著论学潜夫"的归隐心声。

黎兆勋，家居农村，属下层封建文人。其一生仕途坎坷，官微言轻。独特的人生经历，使得他在思想、情感上与下层民众有相同之处，

①［清］黎兆勋：《侍雪堂诗钞》，《丛书集成三编》第45册，（台北）新文丰出版公司，1996年，第12页。

使得他能在其诗作中比较客观地对当时与劳动人民相关的社会生活作出反映,刻画出劳动人民内心的痛苦和生活的悲惨遭遇,同时进一步揭露封建统治集团对下层百姓的残酷剥削本质。这类诗作反映社会现实,笔触犀利,感情真挚,极富批判性。如《雪夜书事》:

> 黑夜大风雪,未觉旅舍春。地炉暖无火,灯影寒益亲。飞雪撒沙响,打窗霏玉尘。老仆踞觚语,各诉冷冻身。弱弟影卷曲,朝报纷横陈。夜阑风转剧,倾耳增悲辛。邻家哭声苦,新有冻死人。老病绝汤粥,求活终无因。念之怆我怀,哀此惸独民!①

此诗描写了在风雪交加之夜,贫苦人家因饥寒交迫、受冻受饿而死的悲惨情景。首句"黑夜大风雪,未觉旅舍春",点明此时的天气是风雪交加的夜晚,地点是旅舍,说明此诗是诗人客居他乡时的真实见闻。紧接着诗人描写了旅舍的环境("地炉暖无火,灯影寒益亲")以及风雪天气("飞雪撒沙响,打窗霏玉尘"),通过环境描写,为全诗渲染了寒冷、凄清的氛围。诗人深夜未能安眠,仍在为贫苦百姓会在风雪夜冻死而担忧,突然传来一阵哭声,他的担心成了事实,"邻家哭声苦,新有冻死人。老病绝汤粥,求活终无因"。面对此种情景,诗人无可奈何,只能发出"念之怆我怀,哀此惸独民"的叹息! 此诗生动地向我们展现了两百多年前,在封建统治集团的剥削下,民不聊生、饿莩遍野的社会现实,这与杜甫所写"朱门酒肉臭,路有冻死骨"的场景惊人相似;同时也寄托了诗人对贫苦百姓深深的同情,以及无力改变现状只能哀叹的无可奈何之感。

---

① [清] 黎兆勋:《侍雪堂诗钞》,《丛书集成三编》第45册,(台北)新文丰出版公司,1996年,第42页。

再如，《三月三日偕舍弟游元佑观诸寺感事》云：

> 隄外水成湖，汉江入村坞。麦苗青被波，沙岸望春雨。农夫
> 沿旧俗，鸡酒祠田祖。今年春雪深，或免飞蝗舞。惟忧熟麦天，
> 春征急官府。上忙粮未齐，久旱怨干土。吾观汉水流，悽怆思神
> 禹。风横沙浪骄，隄溃居民苦。洪涛沉平畴，雁户谁能数？愁来
> 观地势，不复论今古。①

　　"咸丰四年，钟祥狮子口决隄，潜江天门大受水灾。九年二月始，
合隄而郭外积水，尚浸淫数十里"②，诗歌描写了贫苦百姓在各种天
灾人祸下水深火热的生活。咸丰四年（1854），汉江决堤，滔滔不绝
的洪水毁村灭寨，"风横沙浪骄，隄溃居民苦"，面对灾难，清廷却毫无
作为，任由百姓在水灾中苦苦挣扎，诗人无力改变现状，只能沉重地
哀叹，发出"洪涛沉平畴，雁户谁能数"的绝望之声。水灾之后，接踵
而来的是残酷的人祸和长久的旱灾，"今年春雪深，或免飞蝗舞。惟
忧熟麦天，春征急官府。上忙粮未齐，久旱怨干土"，对于百姓而言，
沉重的赋税比蝗灾更为可怕，而"县官索赋走原野，关吏括税搜鸡豚"
（《崇果寺七铜佛歌》）更形象地揭露了贪官污吏敲诈勒索农民的丑
恶面目。在各种天灾之下，百姓求救无门，只能怨天怨地。水灾、蝗灾、
旱灾以及统治阶级制造的人祸接踵而来，百姓生活的艰难可想而知，
正如《苦寒行》一诗中所说的："雪能死蝗活江国，正苦今年民乏食。
春夏之民多菜色，不死于蝗死于贼。连朝雪气寒塞天，人说今年甚去

---

① [清]黎兆勋:《侍雪堂诗钞》，《丛书集成三编》第45册，(台北)新文丰出版
　公司，1996年，第42页。
② [清]黎兆勋:《侍雪堂诗钞》，《丛书集成三编》第45册，(台北)新文丰出版
　公司，1996年，第42页。

年。老翁冻死不足惜，可怜万户无炊烟。"诗人饱含激情，用简单的笔触对清朝封建统治作出了血泪的控诉，真实地反映了现实，猛烈地批判封建统治的横赋暴敛、残酷无情的丑态。

农民起义频发，战争接连不断，人们颠沛流离、居无定所，村庄十室九空。如《归兴四首》其一："狐守村虚翻瓦砾，鸟衔人肉集林柯。"其二："山桥野寺无家别，伏雨阑风逐疫符。往日豪华今饿殍，几人到此保妻孥。"以及《登安陆城晚眺》："水积洪流地，田悲饿死农。"这些诗篇描写了晚清社会动乱所造成的一幅幅荒凉景象。

孔子曰："《诗》可以兴，可以观，可以群，可以怨。"观风俗之盛衰与批判讽刺现实，正是儒家诗教理论的重要思想内容。故《诗大序》说："国史明乎得失之迹，伤人伦之废，哀刑政之苛，吟咏情性，以讽其上，达于事变而怀其旧俗者也。"① 关注与批判现实的风雅精神同样在黎庶焘的诗歌作品中得到充分体现。黎庶焘有诗集《慕耕草堂诗钞》，其中的实录与批判色彩十分强烈。

1. 对社会动乱之实录

咸、同时期，贵州农民起义爆发，四处动乱不堪，社会经济凋敝，民不聊生。黎庶焘辗转避乱，颠沛流离，目睹民众在战乱中经历的种种苦难，触境生情，创作出了不少深刻反映现实生活的诗作，呈现出强烈的以诗志史色彩，继承发扬了儒家批判现实的风雅精神。如《新战场行》：

> 有客苍皇经战垒，道逢老妇发垂耳。讯之讶人复讶鬼，卧并触髅一丛里。前途日薄阴风驶，怪鸦诧人啼不止。须臾一火荧荧起，散作千山万山紫。东邻移家西邻死，满目蓬蒿杂荆杞。前

①［清］阮元校刻：《十三经注疏》，中华书局，1980年，第271—272页。

有熊罴后虎兜，马颠欲坠荒沟底。惊魂摇摇碎复救，回头已是十余里。前年此地舆篼过，居人烟火何其多。今来不复一家在，呜呼奈尔兵革何。①

此诗写骑马经过战场时的所见所闻。途中适逢一老妇，她的房屋被破坏，只好"卧并触髅一丛里"，竟然与骸骨睡在一起，怪鹗啼叫不止，荧荧磷火闪烁，场面恐怖阴森，其凄惨的景象令人不忍直视。战争对百姓的伤害及他们生活的破坏甚为巨大："东邻移家西邻死。"又有猛兽横行，使得原先"居人烟火何其多"的村庄，如今却"不复一家在"。但面对此情此景，诗人除了实录，就只剩无可奈何的感叹了。

又如《东归述闻》：

抄秋赋东归，闻见吁可畏。家山环贼巢，日夕警烽燧。老屋遽成灰，村堡聊一寄。偶值支离叟，相看各掩袂。谓余春夏交，糠麰食非易。剔掘到草根，拉杂塞肠胃。况复迫战守，九旬不遑寐。肥男既骨立，瘦男已途毙。昔时八口家，今只存一二。眼穿望有秋，禾熟无人刈。弥野窜豺狼，连村郁冤气。宵寒霜月朗，惨照白骨碎。但有死无生，化机久凝闭。祸乱斯已极，抚循待良吏。如何稼未登，追逋令旋至。悠悠者苍天，梦梦者人事。聆翁疾首言，抚膺惟涕泗。②

此诗写战争过后诗人东归所闻。由于"家山环贼巢"，时刻准备

---

① [清]黎庶焘：《慕耕草堂诗钞》，《丛书集成三编》第45册，（台北）新文丰出版公司，1996年，第317页。
② [清]黎庶焘：《慕耕草堂诗钞》，《丛书集成三编》第45册，（台北）新文丰出版公司，1996年，第320页。

着战争,老屋和村堡都破坏严重。适逢一个老叟,他向诗人讲述了他的遭遇:春夏相交时,人们连粗劣的食粮都很难吃到,只能挖掘草根来吃。由于战争,"肥男既骨立,瘦男已途毙。昔时八口家,今只存一二"。战争对人们带来的伤害是空前的,竟然出现了"禾熟无人刈""惨照白骨碎"的惨烈场面。尤其写到战后庄稼未熟,官吏即来催要拖欠的赋税,更使人触目惊心。

又如《仲夏感事》:

> 自春及夏五,檐溜无停声。积潦断行辙,穷巷鱼鳖生,豆麦悉烂死,蔀屋啼饥婴。剧知大兵后,天灾互流行。昨方捩乌目,蓬莩增光晶。阳刚鼓阴气,谓可消乱萌。胡为迭报警,羽檄驰纵横。祸机酿在昔,匪自今日成。太阿假群盗,宁不恨倒撄。朘膏饵饿虎,岂不成瘵殃。腹心尚遗患,百体何由平。待谁活国手,一试刀圭灵。①

此诗写农民起义和涝灾对人民的伤害。"积潦断行辙,穷巷鱼鳖生,豆麦悉烂死,蔀屋啼饥婴",涝灾对民生的破坏是极为严重的。此外,不光有天灾,还有人祸。"祸机酿在昔,匪自今日成""朘膏饵饿虎,岂不成瘵殃"两联,以残暴的饿虎比拟众官吏,讽刺他们大肆搜刮民脂民膏的行为引起民众的愤慨,结果酿成了农民起义。对封建统治阶层的暴行予以猛烈批判。

又如《战地哀》:

---

① [清] 黎庶焘:《慕耕草堂诗钞》,《丛书集成三编》第45册,(台北)新文丰出版公司,1996年,第317页。

去不问儿与女，归不见家与室。一片青山空哭声，髑髅满地
血花碧。夜深无人白月愁，但闻战鬼鸣啾啾。遥知亲故飘零处，
应是东西南北头。[①]

此诗描写哀鸿一片的战场，"髑髅满地血花碧""夜深无人白月
愁"，由于战乱，遍地充满了髑髅与血花，夜晚竟无人迹，连白月也发
愁，甚至"归不见家与室"，不知亲人漂泊到了何方，只有哭声在青山
里回荡。如此惨烈的场景控诉了战乱带来的灾难与残酷。

2. 抒发忧国忧民之情怀

例如《冯子玉山斧庵夜坐感事有作呈主人》：

夫君宅廛市，而有山泽姿。春风入怀抱，生意纷葳蕤。揭来
漆室中，忧时惊面黧。相携滞穷巷，臭味无差池。每见各太息，
太息时事非。环城莽烽火，匝野鸣鼓鼙。农夫既辍耒，织女还罢
机。偶行阡陌间，蒿莱长于枝。上有战死魂，下有饿殍尸。播州
十万户，蹂躏几无遗。及今拯涂炭，所冀良有司。外扫豺虎迹，
内赈鸿雁饥。溪刻非所尚，妪育真吾师。疮痍得浣起，国赋乃足
资。杞人忧天倾，昧昧陈厥辞。当途岂遽达，达亦徒见嗤。惟君
有同志，或不膺鄙夷。酌酒起相慰，一镫明短帏。[②]

此篇深刻描绘了战乱带来的严重破坏，"农夫既辍耒，织女还罢
机。偶行阡陌间，蒿莱长于枝"，战乱对农夫的打击是致命的，田园变

---

① [清] 黎庶焘：《慕耕草堂诗钞》，《丛书集成三编》第45册，(台北) 新文丰出
版公司，1996年，第314页。

② [清] 黎庶焘：《慕耕草堂诗钞》，《丛书集成三编》第45册，(台北) 新文丰出
版公司，1996年，第319—320页。

成了一片荒芜萧瑟之景象。"上有战死魂,下有饿殍尸。播州十万户,
蹂躏几无遗",战乱如同一部绞肉机,将"十万户"蹂躏得所剩无几。
"疮痍得洊起,国赋乃足资",在战乱的时候,百姓一次又一次遭受苦
难,而统治者赋税却一点没有减少。此篇抒发了诗人对农民及对战
乱中百姓所处水深火热处境的深深担忧与同情,对统治者不顾下层
民众苦难而照旧敛财的卑劣行径予以严厉批判。同样,《苦雨》云:

> 年年怕值黄梅节,多病兼愁白雨连。山近溼云尝入户,隈卑
> 新涨易翻田。鸣鸠乳燕相将失,晚豆迟秧剧可怜。旱固伤农霪
> 亦病,占晴须待火烧天。①

诗人对霪雨伤农表示深深忧虑。
再如,《秋日感事》:

> 又是逢摇落,西风鬓影寒。四郊犹盗剧,百里竟才难。独洒
> 新亭泪,谁登大将坛。愁来空倚剑,拂拭几回看。②

此诗的"新亭泪"语出南朝刘义庆《世说新语·言语》:"过江诸
人,每至美日,辄相邀新亭,藉卉饮宴。周侯中坐而叹曰:'风景不殊,
正自有山河之异!'皆相视流泪。唯王丞相愀然变色曰:'当共勠力
王室,克复神州,何至作楚囚相对!'"③多用"新亭泪"指忧国伤时的

---

① [清] 黎庶焘:《慕耕草堂诗钞》,《丛书集成三编》第45册,(台北)新文丰出
　版公司,1996年,第313页。
② [清] 黎庶焘:《慕耕草堂诗钞》,《丛书集成三编》第45册,(台北)新文丰出
　版公司,1996年,第319页。
③ [南朝宋] 刘义庆:《世说新语》,中华书局,1954年,第22页。

悲愤心情。"独洒新亭泪"，便是忧国伤时的悲愤心情写照。由于"四郊"遭割据，广袤的国土人才竟然难得，甚至"愁来空倚剑，拂拭几回看"。诗人深刻揭露与批判了统治阶层不作为，贤良人才报国无门，晚清政府对外敌侵略一味妥协，诗人忧国忧民，体现了强烈的社会历史责任感。

第四节　黎汝谦《夷牢溪庐文钞》的儒学思想

黎汝谦，字受生，贵州遵义人。光绪元年（1875）举人，后随叔父钦差大臣黎庶昌出使日本，充任中国驻神户领事官，与李鸿章子李经方善，后任横滨领事。归国后保知府，分发广东，郁郁不得志，免官后回黔寓居贵阳，穷困潦倒。晚年酷嗜佛经，自谓颇有心得，常醉卧通衢，最后客死寺中。主要著作有《黔诗纪略后编》（与莫庭芝合撰）、《夷牢溪庐文钞》六卷，《夷牢溪庐诗钞》七卷。《夷牢溪庐文钞》有光绪二十七年（1901）广州刻本（2 册），中国国家图书馆、贵州省图书馆、遵义市图书馆等有藏本。《续修四库全书》第 1567 册收《夷牢溪庐诗文钞》十三卷。

遵义黎氏家族诗书传家，家中建有锄经堂。黎汝谦自幼嗜好读书，刻苦超逾成人。长期在黎氏家族文化的儒学氛围中浸润，黎汝谦的文学创作具有深厚的儒学底蕴，特别是其《夷牢溪庐文钞》六卷，体现了十分浓郁的儒学色彩。

一、人物品评的儒学色彩

《夷牢溪庐文钞》中，涉及人物品评的文章主要包括墓志、寿序、圹铭、家传、祠记以及诔文等。黎汝谦的人物品评有自己的标准，这种标准主要建立在儒家思想基础之上，形成了具有强烈儒学色彩的人物品评范畴与理论。

例如,《文君墓志》,此文表面上是写黎汝谦的姐夫文望溪,但实质是在赞美其姐黎孺人的妇德。其中写到:

> 呜呼! 自古忠臣义士,遭大难、膺大患,极人世惨痛凄怆可谓难矣! 然自达者视之,亦一时劲正慨慷之气所激发鼓荡而成,又本丈夫义所难辞,无所逃于天地,故刚烈之士尚可勉成一世之名。要未若岁月持久,矢志毕身,极人事之落寞艰难,如嫠妇者也。①

在黎汝谦看来,人世间最苦最难的就是“嫠妇”。与遭受大难大患的忠臣义士比,矢志守节之嫠妇其决心与毅力显然更令人敬佩。黎汝谦的这种认识,源自对其姐黎孺人遭遇的切身感受。文望溪入赘黎家,配黎汝谦姊黎孺人,但不到一年即死去。亲眼目睹人间惨剧,故令黎汝谦万分感慨:“从未有如吾姊嫁一年而丧夫,如文君之父母昆弟之俱亡,斩然长逝者,此诚古今所罕闻,而生人之极惨也。”② 文君的家世已经够凄惨的了,而作为新婚不久的妻子,黎孺人面对丈夫的去世,无疑要承受更大的痛苦。晚清时期,对妇女贞节的束缚十分严厉,即使僻壤贵州亦不例外。而守寡的妇女们,其承受的经济与情感压力,无疑是常人所难以想象的。这一点,作为晚清文人,黎汝谦的心中显然是十分清楚的。故《文君墓志》铭曰:

---

① [清] 黎汝谦:《夷牢溪庐文钞》,《续修四库全书》第 1567 册,上海古籍出版社,1997 年,第 554 页。

② [清] 黎汝谦:《夷牢溪庐文钞》,《续修四库全书》第 1567 册,上海古籍出版社,1997 年,第 554 页。

　　福善祸淫，理之常也。父业医术，精而良也。有子髦秀，殀不昌也。春秋霜露，孰烝尝也。有齐淑女，礼自防也。余为铭幽，聊以写吾之衷肠也。①

　　黎汝谦作此铭时，文君已去世三年。三年来，黎孺人承受的苦难肯定极多。黎汝谦虽然没有详细描述其姊在守节日子里具体吃过哪些苦，但"从未有""极惨"等话语已经透露出苦难的程度之深与人世罕见。与当时主流社会价值观一样，对这样的贞女节妇，黎汝谦也是持肯定与褒扬态度的。"有齐淑女，礼自防也"，化用的是《诗经·二南》诗篇的思想内涵。据《毛诗序》，《诗经》之《周南》《召南》讲的皆为妇德，树立的是谨遵礼仪要求的妇女范型。《关雎》篇中的"淑女"是内外均美善之妇女典型。《毛诗序》："《关雎》，后妃之德也。风之始也，所以风天下而正夫妇也，故用之乡人焉，用之邦国焉……先王以是经夫妇，成孝敬，厚人伦，美教化，移风俗。"② 显然，"淑女"所宣扬的妇德范型，是儒家用来强化封建伦理道德建设的重要工具。而这个工具在晚清时期更是成为封建统治者强化伦理道德的亟需。"有齐淑女"句更是直接化自《召南·采蘋》"谁其尸之？有齐季女"。《采蘋》讲的正是妇德范型，故《毛诗序》："大夫妻能循法度也。能循法度，则可以承先祖，共祭祀矣。"孔疏："既言其处，又说所教之事，故言教以妇德、妇言、妇容、妇功。既教之三月，成则设祭，故言教成之祭，牲用鱼，芼之以蘋藻，为此祭所以成妇顺也。"③ 循法度、守礼义无疑是《二南》的核心思想，诸如《汉广》毛序"无思犯礼"，《采蘩》

---

① [清] 黎汝谦：《夷牢溪庐文钞》，《续修四库全书》第 1567 册，上海古籍出版社，1997 年，第 554 页。
② [清] 阮元校刻：《十三经注疏》，中华书局，1980 年，第 269 页。
③ [清] 阮元校刻：《十三经注疏》，中华书局，1980 年，第 286 页。

毛序"夫人不失职",《草虫》毛序"大夫妻能以礼自防"①,《采蘋》毛序"大夫妻能循法度"②等等,显然,黎汝谦的"以礼自防"也是源自儒家思想。

从显性意义上来看,黎汝谦"有齐淑女,礼自防也"褒扬的是其姊黎孺人,但更深层次上,其讴歌赞美的是当时封建统治者极力维护与宣扬的贞节思想。其在《陈贞女圹铭》中更直接明白地表露了这种思想:

> 陈贞女者,浙江会稽人也。父某字瘦仙,云南新兴州知州,母秦氏,生一男三女。贞女其长也,贞女幼字程氏,随父之官,未归而婿某殂,遂茹节自矢誓不再从人,父母亦不之强。平居奉父母笃孝,母尝患剧疾,贞女阴割股和药以进,疾旋愈。两女感其行,争效之,以贞女事母之法事母,母故善病而忘其苦也……呜呼！女子之德,惟节与孝,如贞女者,备两善于一身,亦可为难矣！③

这里,黎汝谦高度称赞陈贞女之妇德。陈贞女之所以为人所称道,主要是因为她具备了两种至高无上的女子之德。其一,贞洁。陈贞女所许嫁的男子未婚而去世,陈贞女矢志守节,这种妇德是封建礼教特别是晚清主流价值观所极力推崇的。其二,孝顺。母患病,陈贞女割股和药给母亲吃,其行为感动其他两姐妹,于是陈氏三姐妹争先恐后为母亲割股治病。这种以割股方式表达孝顺之举,通常为封

---

①[清]阮元校刻:《十三经注疏》,中华书局,1980年,第284页。

②[清]阮元校刻:《十三经注疏》,中华书局,1980年,第286页。

③[清]黎汝谦:《夷牢溪庐文钞》,《续修四库全书》第1567册,上海古籍出版社,1997年,第559页。

建社会妇女之表现。一割再割，一门互割，这种封建社会特有的治病方式是否如黎汝谦所宣称的那种"旋愈"效果已不得而知，但可以肯定，这是封建礼教极度强化之标志。割股之举通常伴随着贞节之行，实质也是贞节观达到极致的表现。

黎汝谦为陈贞女撰写墓志，始终饱含着强烈的赞美与钦佩之情。其铭曰：

> 石之贞，维女之新；玉之洁，维女之节。玉可琢也，石可磨也，贞女之操历终古不可夺也！①

这里，黎汝谦对妇女贞节观的推崇表露无遗。作为晚清统治阶层的一员，黎汝谦不可避免地站在封建主流价值观一边。黎汝谦对妇女贞节观的诠释与理解，完全建立在儒学基础之上。前文已分析过，黎汝谦的一些品评话语、思想与《诗经》学关系十分密切。又如，《诰授资政大夫陈香国封君双寿序》：

> 德业由成，鲜不藉资贤助，《二南》为起化之诗，所言半闺闱琐事，古来循吏名宦，启伟业而播休光者，罕有不由母仪之令昭……又益以知《二南》之诗，房帷起化之为不虚也。②

黎汝谦这种思想，在儒学中是有很深厚的基础的。例如，《毛诗序》："《周南》《召南》，正始之道，王化之基。"《汉书·匡衡传》载匡

---

① ［清］黎汝谦：《夷牢溪庐文钞》，《续修四库全书》第1567册，上海古籍出版社，1997年，第559页。
② ［清］黎汝谦：《夷牢溪庐文钞》，《续修四库全书》第1567册，上海古籍出版社，1997年，第557页。

衡上疏曰：

> 臣闻室家之道修则天下之理得。故《诗》始《国风》，《礼》
> 本冠、婚。始乎《国风》，原性情而明人伦也。本乎冠、婚，正基兆
> 而未然也。福之兴莫不本乎室家之道，衰莫不始乎梱内。故圣
> 人必慎后妃之际……

又曰：

> 臣闻之师曰，匹配之际，生民之始，万福之原（源）。婚姻之
> 礼正，然后品物遂而天命全。孔子论诗以《关雎》为始，言太上
> 者，民之父母，后夫人之德不侔乎天地则无以奉神灵之统而理万
> 物之宜。①

儒家《诗》学主张修身、齐家、治国、平天下，夫妇、父子、君臣是
多位一体密切相关的东西。黎汝谦正是以这种《诗》学思想来品评
贞女节妇。例如，《杨节母家传》：

> 其孝于事亲，严于训子，和于接同侪，雍雍熙熙，乡党第知为
> 杨氏荣，而若忘节母之甘荼若饴也。岁时伏腊，自礼宾、承祭祀，
> 以逮菹酱酒浆，必躬亲诚洁，阅久忘劳。②

这里，黎汝谦评论杨节母主要操行的话语正是化自《诗经》。其

---

① ［汉］班固：《汉书》，中华书局，1962 年，第 3341 页。
② ［清］黎汝谦：《夷牢溪庐文钞》，《续修四库全书》第 1567 册，上海古籍出版
　社，1997 年，第 561 页。

中"甘荼若饴"化自《邶风·谷风》"谁谓荼苦？其甘如荠"，用《谷风》中含辛茹苦操持家业的美好妇德来品评杨节母。"自礼宾、承祭祀，以逮菹酱酒浆，必躬亲诚洁"，化自《二南》。《关雎》郑笺云"后妃供荇菜之菹"，《采蘩》毛序说："夫人不失职也。夫人可以奉祭祀，则不失职矣。"《采蘋》毛序亦云："大夫妻能循法度也。能循法度，则可以承先祖，共祭祀矣。"郑笺云："女子十年不出，姆教婉娩听从，执麻枲，治丝茧，织纴组紃，学女事以共衣服。观于祭祀，纳酒浆笾豆菹醢，礼相助奠。十有五而笄，二十而嫁。此言能循法度者，今既嫁为大夫妻，能循其为女之时所学所观之事以为法度。"①

　　不难发现，黎汝谦的妇女观，特别是贞节观有强烈的儒家经学色彩。当然，形成这种认识，也与黎汝谦所处时代整个大的社会文化环境影响密不可分。《汉书·楚元王传》说："向睹俗弥奢淫，而赵、卫之属起微贱，逾礼制。向以为王教由内及外，自近者始。故采取诗书所载贤妃贞妇，兴国显家可法则，及孽嬖乱亡者，序次为《列女传》，凡八篇，以戒天子。"②晚清时期，清朝王权衰落，社会动乱频仍，在内忧外患、风雨飘摇的社会现实面前，统治者找不到治乱的良方，只有通过一味加强封建伦理道德束缚来维系其统治，于是儒家思想中的忠孝节义、仁义礼智，特别是妇女的贞节观受到空前推崇。这与西汉后期刘向的做法完全一致。这些，在晚清各种官方文献特别是各种地方志的风俗志、列女传中更是得到充分体现。汉代有刘向以传记文学形式来强化伦理，近代则有黎汝谦等以传记文学样式来推崇妇德。虽时空隔阂，但思想相同，均以儒学来维护社会秩序，同时也体现出儒学与文学的密切互动。

----

① [清] 阮元校刻：《十三经注疏》，中华书局，1980年，第286页。
② [汉] 班固：《汉书》，中华书局，1962年，第1957页。

作为晚清文人，黎汝谦的忠孝节义等儒家思想是十分浓郁的，并在其文章中自觉地宣扬这种思想观念。请看下列材料：

《杨恭人墓志铭》：恭人生而淑惠，德艺兼至。其事考妣与建安君以孝敬。闻其教子妇群从则慈严并济，有姪孤幼抚如所出，乡人称之，其操井臼、御宾客、承祭祀必勤必敬，耄老不衰。①

《翰林院待诏衔黎府君墓志铭》：叔父生而笃慎易质，不慕浮华。虽生仕宦之家，而无奢侈之习。事父兄循循谨饬，无稍违忤。②

《诰授资政大夫陈香国封君双寿序》：其事亲愉愉如也，其从兄怡怡如也，其教子若姪循循如也，庭无间言，里无惭德。内外饬修，太和翔洽。③

《杨畅园墓志铭》：君讳春发，字畅园，姓杨氏，婺川县人。豪爽跌宕，喜读书，乐施好义，闻人有善，倾慕如弗及，必接膝于其门，而贤豪亦争与为友，有义举倾赀赞助。④

《母弟幹生哀辞》：嗟嗟予季兮，淑惠恭仁；少逢丧乱兮，长值家贫；专执诗礼兮，无寒与暑；交摩互励兮，惟余与汝。⑤

---

①［清］黎汝谦：《夷牢溪庐文钞》，《续修四库全书》第1567册，上海古籍出版社，1997年，第555页。

②［清］黎汝谦：《夷牢溪庐文钞》，《续修四库全书》第1567册，上海古籍出版社，1997年，第555页。

③［清］黎汝谦：《夷牢溪庐文钞》，《续修四库全书》第1567册，上海古籍出版社，1997年，第557页。

④［清］黎汝谦：《夷牢溪庐文钞》，《续修四库全书》第1567册，上海古籍出版社，1997年，第560页。

⑤［清］黎汝谦：《夷牢溪庐文钞》，《续修四库全书》第1567册，上海古籍出版社，1997年，第597页。

据上可知，无论对男性，还是女性，黎汝谦的品评标准均具有深刻的儒学内涵。仁、义、孝、敬以及乐善好施等道德品行是黎汝谦品评人物的核心。而且，这种标准还被用来品评外国人。在《日本国速水谦益墓志》中，称赞日人速水谦益好儒学，"讲古圣贤之业"。其铭曰：

> 扶桑之东，伊势之国，有士人焉，文武兼职，运逢革变，坑儒焚书，掊击孔孟，瓦砾唐虞，沧海横流，天旋地坼。守璞怀贞，陆沉山泽，独抱遗经，授传先业。百岁之后，雾澈波平，孰否孰臧，自有公论。人谁不死，贤愚攸分，埋骨兹藏，永祚后人。[①]

日本明治维新，对传统文化的冲击很大。黎汝谦以"坑儒焚书，掊击孔孟，瓦砾唐虞，沧海横流，天旋地坼"来形容这场社会巨变对日本传统文化的巨大破坏。由政治变革所导致的文化革新，在中国历史上并不罕见，诸如殷周之际的文化巨变、春秋战国时代的礼崩乐坏、秦朝焚书坑儒以及近现代的新文化运动等。但对儒学破坏力最大的无疑是焚书坑儒了。其实，黎汝谦并不反对政治革新，其本人就是中国近代变法维新运动的倡导者与参与者。但黎汝谦主张政治革新，却反对摒弃儒学。作为饱读儒家经典的儒者，黎汝谦出使日本，见到了当时世界上最先进的科技文明，也见证了日本明治维新中儒学之被冷落。其文化视野已经不再局限于一个中国，而当时的中国也正经历着中西文化的激烈碰撞，中西文化孰体孰用正争论不休，而西方的船坚炮利，一时令不少国人数责儒学，全盘西化的声音一度占据上风。显然，黎汝谦有自己的考量，日本文化变革中儒学衰落与孔

---

① ［清］黎汝谦：《夷牢溪庐文钞》，《续修四库全书》第 1567 册，上海古籍出版社，1997 年，第 563 页。

孟之受冷遇,使其不得不理性观照这一沧海巨变。"百岁之后,雾澈
波平,孰否孰臧,自有公论",事实证明,黎汝谦是一位明智的有远见
的学者。百多年前的担忧,在不到百年的时间中不断得到验证。日
本明治维新确实让日本成为世界列强,但也使得日本走上了军国主
义道路,给世界人民特别是亚洲邻国带来巨大灾难。这种粗暴割断
文化发展传统的做法,也在黎汝谦去世后不久的中国遍地开花,打倒
"孔家店"成为当时文化变革的时髦标志。可事实证明,这种自我毁
灭式的文化革新,只见不断的破,罕见立起什么,对文化发展的创伤
与负面影响恐怕至今难以抚平。

　　站在近代世界儒学发展的生死关头,黎汝谦能有如此深邃的真
知灼见,真可谓睿智的文人,不得不令人钦佩。同时,《夷牢溪庐文钞》
呈现的已经不仅仅局限于近代儒学与文学的互动关系,更折射出一
种对海内外儒学命运的关怀。

　　又《日本断臂生记》:

　　　　嗟乎!民之秉彝,至不齐矣,即圣贤立训亦何尝齐哉!《礼》
　　曰:"身体发肤受之父母,不敢毁伤。"又曰:"有杀生以成仁。"
　　二说也,君子将何以处哉?孟子曰:"生亦我所欲,义亦我所欲,
　　二者不可得兼,舍生而取义者也。"然则君子之处常变也,其惟
　　宰之以义乎!……保郎别字断腕生,尝因友人触怒蕃侯,将有剖
　　腹之罚,保郎断腕函进血淋漓筋肉,宛转侯感悟,友人之难得解。
　　迄今保郎老矣,尚散其资产,创药室以济贫民,谆谆然乐善好施不
　　倦。噫!此与孟子所谓舍生取义之说其有以异乎?无以异也! ①

───────────────

① [清] 黎汝谦:《夷牢溪庐文钞》,《续修四库全书》第 1567 册,上海古籍出版
　社,1997 年,第 583 页。

这其中的儒家思想十分明显，不用多言。值得注意的是，黎汝谦用之衡量一个日本人高松保郎。舍生取义、乐善好施等儒家思想成为人物品评的标准。黎汝谦一方面用之来赞美符合标准的人物，另一方面，用之来批判不符标准的人物。即"今夫人平居闾里之间，投壶六博相戏娱，管弦声色相征逐，剖心矢志，鲜不自许为肺腑金石，同忧患共死生，及一旦拘患罹难，则往往拊手平视，漠然若无与于己，甚者反诟病焉"。这种现象在当今社会中亦不乏有之，袖手旁观、冷眼漠视，在一个个需要伸出援助之手的时候连一根救命的稻草都没有。人们感叹道德沦丧，世风日下。正可见黎汝谦建立儒家思想品评标准的深刻意义。

二、修身、治学、为文的儒学色彩

以儒学修身，是黎汝谦平日的必修功课。这在《夷牢溪庐文钞》开端即已明言，置于卷首的《自箴六首》序曰：

> 余拙质，多所忤触，忽忽已二十有二年，于古圣贤言行性命之学茫无所究。近虽潜心经传，又不通晓其义理，即粗窥梗概，亦未有获也。每平旦审察己过，知其所不合者，切指数事，铭之左右，以息息自省其仍蹈故辙，否则不敢必也。①

这里，黎汝谦说明了自己日常生活行动的指南，即潜心经传，以古圣贤言行为效仿标准。其每日自省的，是审察自己是否"仍蹈故辙"，"故辙"就是儒家经传的思想，就是儒家圣贤的言行。其《自箴

---

① ［清］黎汝谦：《夷牢溪庐文钞》，《续修四库全书》第 1567 册，上海古籍出版社，1997 年，第 553 页。

六首》包括《谨言》《平矜》《释躁》《去胜》《虚己》《警隋》,仅看题目就知道其所表达的修身原则具有浓郁的儒学色彩。例如,《谨言》:

> 尤悔之来,惟口职咎。片语单词,谨严莫骤。慎乃机缄,如箭骏发。一入人耳,九牛难拔。莫说己长,莫道人短。善则称扬,否则覆掩。勿呈聪明,宁甘迟钝。一启齿顷,危若陷阱。恭默终身,戒浮夸慢。谦而好言,白圭恐玷。①

黎汝谦《谨言》的思想完全来自儒家。《论语·先进篇》:"南容三复'白圭',孔子以其兄之子妻之。"朱熹《论语集注》:"一日三复此言,盖深有意于谨言也。范氏曰:'言者行之表,行者言之实,未有易其言而能谨于行者。南容欲谨其言如此,则必能谨其行矣。'"②孔门"谨言"思想,亦成为宋儒修身理论依据。但"谨言"思想其实亦是渊源有自,南容所咏"白圭"语,实际出自儒家经典《诗经》。《诗·大雅·抑》云:"白圭之玷,尚可磨也;斯言之玷,不可为也。"故《孔子家语·弟子行》曰:"独居思仁,公言仁义,其于诗也,则一日三覆白圭之玷,是宫绦之行也。"③此语中的"诗"正是指《大雅·抑》。事实上,黎汝谦《谨言》思想更多源自《大雅·抑》。如《抑》又言:"无易由言,无曰苟矣,莫扪朕舌,言不可逝矣。无言不雠,无德不报。惠于朋友,庶民小子。子孙绳绳,万民靡不承。"意思说,不要轻率地随口乱说,千万不要认为说话可以将就,没有人按住我的舌头不让说话,但一言既出,就不可收回了,没有出言无反应的,所以要多说好话

---

①[清]黎汝谦:《夷牢溪庐文钞》,《续修四库全书》第1567册,上海古籍出版社,1997年,第553页。

②[宋]朱熹:《论语集注》,《四书五经》(下),世界书局,1936年,第44页。

③[清]陈士珂辑:《孔子家语疏证》,上海书店,1987年,第76页。

多做善事，则必然会得到好的报答。而这正是黎汝谦《谨言》所表达的思想认识。谨言与慎行实乃二位一体的，故朱子引范氏语曰"谨其言如此，则必能谨其行"。黎汝谦的《谨言》实际上表达了其谨言慎行的儒家修身原则。

黎汝谦治学以穷经为本，亦具有强烈的儒学内涵。例如，《学楷》曰：

> 学问之道有三，曰义理，曰词章，曰考据而已。义理之学则圣门德行之科也；词章则言语之科也；考据则文学之科也。历千百年来，学人人殊，其纲领要无出此三者，然学有本末，事有精粗，不寻其源，则大本不立，不竟其流，则达道不行。汉承秦弊，诸大儒掇拾遗经，于荒残破碎中葺缺收残，曰从事于声音训诂之学，精研荟萃而后六经之义赖以复明。然"尧典"二字说者至三万余言，章句虽逮精详，而圣人之心法尚晦而不著。至有宋周、程诸大儒出，寻坠绪于遗经，得二千余年绝而不传之学，于是天人性命之旨，始昌明于天下。后之学者各守宗师，往往不相通晓，遂有汉宋之目，末流积弊甚至互相抵牾。言汉学者鄙义理家，曰空疏；言宋学者鄙考据家，曰支离。别户分门，而世遂少通儒之目矣。今夫不穷经则无以明理，不明理则无以致用；无本则不立，无文则不行，三者诚不可偏废。①

这里谈的主要是治学问题。从汉至清，黎汝谦简单地梳理了一下儒学发展历史，针砭其中的偏失，褒扬其中的正途。最后得出结论：

---

① [清] 黎汝谦：《夷牢溪庐文钞》，《续修四库全书》第 1567 册，上海古籍出版社，1997 年，第 574 页。

"不穷经则无以明理,不明理则无以致用。"其在《穷经》中,论述更为详细:

> 前圣百王之道,载在六经。代远年湮,礼乐法度,文为沿革损益,三代异宜。汉去古未远,诸儒讲求于章句训诂之学,有终身仅通一二经者,如匡、刘、孔、贾、服、马,皆汉儒之魁,而许、郑则集其成焉。后之治经者,皆宗祖之,以旁通其说,曲畅其旨,可据而不可背也。国朝尊经大师,尤极考据之盛,顾亭林氏倡其宗,朱氏彝尊、阎氏百诗、戴氏东原、惠氏红豆、方氏苞、江氏慎修、阮氏元皆极其盛,而秦氏蕙田《五礼通考》一书,尤为大备,学者诚能因先王礼乐法度之文,以求天理人情之至。既不病其支离,又不害其空疏,体用兼赅,本末俱备,其庶几儒者之目欤!①

以穷经为本,显然是黎汝谦治学的出发点与归宿。经籍乃儒家思想赖以传承的基本载体,以穷经为本,倡导的无疑是治学的儒学核心观。又如,卷二《励志》曰:

> 孔子曰"吾十有五而志于学",又曰"志于道"。古未有志不立而克裕其学者矣。夫人之有志,犹屋之有根。苟无其基,则屋何以置;苟无其根则树奚以生?虽百工技术,其道犹然,况学问乎!有坚忍不拔之操,然后有特立独行之举,志之所至,气亦至焉。天下事何患不成耶?昔阳明先生门人有叹其学不进质不明

---

① [清] 黎汝谦:《夷牢溪庐文钞》,《续修四库全书》第 1567 册,上海古籍出版社,1997 年,第 575 页。

者，先生辄曰"学不进，质不明，特志不立耳"。然则有心于学者，可不奋励其志欤？①

　　笃学与明志二者是相辅相成的。但在黎汝谦看来，立志是笃学的根基，志不立，则学难进。从孔子到王阳明，黎汝谦总结出了立志与治学之间的密切关系，其中的儒家思想不言而喻。再如，《清心》曰：

　　　　志既立矣，而方寸纷纭，扰于朋从，縠于物感，则诵诗读书，其体悟必不真，志思必不精，用力必不专。其何以穷幽索隐，出显入微，探义理之渊深，窥典籍之奥秘乎！譬人以镜烛物，未有镜之垢尘凝积，而能烛物不遗者。善治心者，澄之使清，定之使凝，虚之使明，湛然莹然，精一不杂，然后神爽焕发，会心不远矣。孟子曰"学问之道无他，求其放心而已矣"，旨哉言乎！②

　　志既立，接下来如何取得治学的最佳成效呢？黎汝谦认为，根本在于治心。立志后，只有善治心者方能探明渊深之义理。而这种治学关键在于治心的思想，正是对孟子"求放心"思想的发挥。黎汝谦受孟子思想影响特别深，又如，《养气》曰：

　　　　心果清矣，而气之不充，或以馁气乘之，则非废于半途，即荒于末路。气昏者愚而不明；气馁者柔而不强。愚不明，柔不强则

---

① ［清］黎汝谦：《夷牢溪庐文钞》，《续修四库全书》第 1567 册，上海古籍出版社，1997 年，第 574 页。
② ［清］黎汝谦：《夷牢溪庐文钞》，《续修四库全书》第 1567 册，上海古籍出版社，1997 年，第 574 页。

志或因之以散。虽曰志足帅气,而气亦足以丧志。孟子生平得
力之学不过曰知言养气而已。然而性本乎天,气因乎人,性无不
同而气则有刚柔清浊之异。善养气者,刚者使不暴,柔者使不怯。
澄滓其昏戾,宣畅其湮郁,调和其翕辟。常使心为气主,而气受
命焉。则操纵在我,不因气为转移矣。夫盈天地之间皆理,即盈
天地之间皆气。理直则气壮,理屈则气穷。自然之势也。养之
既久,浩然沛然充塞天地,由是阐为事业,发为文章,其孰能御
哉! 虽然嗜欲者耗气之端也,学者养气故必先自明理始。①

这是对孟子"知言养气"说的进一步发展。黎汝谦受宋明理学
的影响也较大,例如《主静》曰:

夫清心者,寡欲是也;养气者,明理是也。兼斯二者,非主静
无以为功。昔周濂溪倡宋儒之首,上接孔孟精一之传,下肇程朱
诚敬之学。明道伊川实其亲炙弟子,其揭要以示学则曰主静而
已。虽后来伊川立主敬之旨,要不外乎静为其根。故伊川见人
静坐辄叹其善学,阳明教人为学亦必自静坐始。夫不静则神不
凝,心不清,志不一,气不宁。四者不备,鲜有能学者也。故主静
者存心养性之初基,格物致知之要道,而千圣百王之心法也。学
者欲进于道,可不潜心于此乎! ②

从孔、孟,到周敦颐,到程、朱,再到王阳明,黎汝谦以一个"静"

① [清] 黎汝谦:《夷牢溪庐文钞》,《续修四库全书》第 1567 册,上海古籍出版
　社,1997 年,第 575 页。
② [清] 黎汝谦:《夷牢溪庐文钞》,《续修四库全书》第 1567 册,上海古籍出版
　社,1997 年,第 575 页。

字贯穿儒学核心脉络。其治学之道，深受孔、孟和宋明理学影响。

　　黎汝谦既是一个儒者，同时也是一个创作颇丰的文学家。作为儒者的文学家，其对文学作品的解读，必然带着浓郁的儒学色彩。例如，《读集》曰：

> 汉魏以前，未有以集名书。自晋宋隋唐以来，学士文人始家编为集，人自名家，而集遂未易悉数矣。然如韩柳八家之文，李杜苏黄之诗，则又山之衡岳，川之江河，卓然特出者也。学者精择其相悦者，而宗祖之。自荀、庄以至屈宋，以逮朱、王，咸权度而含咀焉，则立言之道几矣。夫有德者必有言，圣门四科不废言语。言之无文，行之不远，固可忽乎！　①

　　以立言之道审视韩、柳八家之文与李、杜、苏、黄之诗，这是用儒家的标准品评文学创作。《论语·宪问篇》："有德者必有言。"② 这是黎汝谦审视文学创作思想来源之一。实际上强调的是作家修为与创作之间的关系。韩愈《答李翊书》："根之茂者其实遂，膏之沃者其光晔。仁义之人，其言蔼如。"③ 这是对"有德者必有言"的发展，实质解决的是道与文之关系，这是探讨文的发生，即创作的出发点和归宿问题，强调道对文之发生的决定作用。又《左传·襄公二十年》："仲尼曰：'志有之，言以足志，文以足言。不言谁知其志？言而无文，行而

①［清］黎汝谦：《夷牢溪庐文钞》，《续修四库全书》第 1567 册，上海古籍出版社，1997 年，第 576 页。
②［宋］朱熹：《论语集注》，《四书五经》（下），世界书局，1936 年，第 58 页。
③［唐］韩愈著，马其昶校注，马茂元整理：《韩昌黎文集校注》，上海古籍出版社，1987 年，第 169 页。

不远.'"①这是黎汝谦审视文学创作思想的另一个来源。同样是引用孔子的话,黎汝谦这里所强调的无疑是对文学作品必须具备文采的肯定。这实际上是从传播视角对文学创作的解读。用儒家思想来读集部作品,这无疑是儒学与文学互动之充分表现。

三、诗学批评的儒学色彩

《夷牢溪庐文钞》收录了很多关于诗集的序、跋,属于典型的诗学批评内容,其中蕴含强烈的儒学色彩。具体表现在如下方面:

1. 崇尚文辞的自然简洁,强调抒发真实性情

例如,《王个峰诗题语》曰:

> 半皆感旧怀人,触物宣情之作。气清而味永,思深而词腴。不专专以追逐藻绘雕镂巉刻。自缘饰兴会所触,一任怀抱。摅写徜徉纡徐,以进乎自然。《书》曰:"诗言志。"孔子曰:"辞达而已矣。"殆庶几欤!②

这里,充分体现了黎汝谦的创作观,即反对文学创作的刻意雕饰,崇尚文辞自然简洁,强调抒发真实性情与怀抱。这种文学批评思想的来源正在儒家思想中。《尚书》的"诗言志"就是对诗歌抒发内心真实性情的理论概述,而《论语·卫灵公》所载孔子的"辞达而已矣",正是对文辞简洁的要求。显然,黎汝谦的创作观具有深刻的儒学意蕴。

又如,《谭彤士水部诗序》:

---

① [清]阮元校刻:《十三经注疏》,中华书局,1980年,第1985页。
② [清]黎汝谦:《夷牢溪庐文钞》,《续修四库全书》第1567册,上海古籍出版社,1997年,第560页。

性情之言，发乎天性，不事追饰，信口称心，如怨如慕，可泣可歌，大都孽子孤臣劳人思妇，惜别感怀，忧时叹遇之作，如古之《离骚》、乐府、李杜元白歌行之类是也……盖述性情者，必极于真，不真则无以感人之性情，而恒流于率易。①

这些无疑是对反对雕饰、强调真性情的具体阐释。又如，《莫芷升诗序》：

芷升为人笃实朴厚，静默不华。其为学也亦然。材智不过中人而研精殚思，沉默幽邃，工力所至，有材智高明之士所不能跻。其初切劘于形声训诂之学，剔艰索奥，辨析毫芒，先秦两汉百家之言靡不窥究，间涉韵语。伸片纸率就，随后复散去，辄不自顾惜。中年后，人事幻化，离合悲欢之故，有动于中而不能自遏者，乃稍形于诗歌。虽极之忧愉沉郁，人不能堪当，长哦短咏，累千百言而不能竟者，芷升则约之方寸，简淡闲远，期诸法律而后已，大要不离乎子偲家法，一空流俗浮漫夸肆之词近是，故其得诗最少而构思极精。②

"有动于中而不能自遏者，乃稍形于诗歌"，这无疑就是"诗言志"，是为情造文，而非为文造情。"约之方寸，简淡闲远"，这正是"辞达而已"。

又如，《巢经巢诗后集序》说：

---

① [清]黎汝谦：《夷牢溪庐文钞》，《续修四库全书》第1567册，上海古籍出版社，1997年，第584页。
② [清]黎汝谦：《夷牢溪庐文钞》，《续修四库全书》第1567册，上海古籍出版社，1997年，第556页。

或谓先生之诗精光亮彩,俱在盛年。四十以后,精力衰减,似韩、杜晚年之作,枯秃不丰,人生学历与年进退,虽古昔贤哲,所不能逃也。然吾观先生晚岁之诗,质而不俚,淡而弥真,有老杜晚年景界。若听其散失,使后之读先生诗者以不得见全豹为恨,岂不至可惜哉!　①

这里,"质而不俚,淡而弥真",正是简洁自然、真实性情的充分表现。

再如,《汉鳖生诗跋语》:

大稿敬读数过,秀词幽韵得之天成,足下瓣香渔洋,皈心摩诘,不免专尚修词,真意反因而少晦。极其所至,恐有涨墨浮烟,优孟衣冠之诮。若谓一意研心神韵,欲造诗家绝境,不求诸实,而课诸虚,不稽之形而捕之影,则恐蹈明人袭颜遗神、买椟还珠之诮。摩诘、渔洋之境,古称无迹象可求。必先有其吸风饮露之胸襟而后有仙露明珠之吐嘱。差以毫厘,谬之千里。人心不同,各如其面,乌能舍天然体质,效它人颦笑哉!韩子云:"文从字顺,必己出。降而不能乃剽窃。"子尹先生有言:"吾虽不善诗而颇知诗意。言为我之言,字是古人字。"是二说也,盖千古诗人传授心法。若第曰某首似古某人,某句似某人佳句,是犹童子课试艺,教令规橅古人法度之为,若终身由之,勿论貌合神离不能毕肖,即果毫发不爽,亦仅于古人增一传法。沙弥祖师菩萨终难证果,后世亦安能贵尚?舍祖父而法子孙哉?此千古文章所由

_____

①[清]黎汝谦:《夷牢溪庐文钞》,《续修四库全书》第1567册,上海古籍出版社,1997年,第587页。

贵自立也。仆自廿岁后洞见古人名作，皆自抒胸怀，不在区区诗卷之内。遂束百家之集而不观，故于诗致力至浅。然历观古人文字，非真不传。后人性情非真不动。若徒雕饰于词华，恐终不能动后人之心志也。①

这里，反对雕饰、崇尚真实自然。更特别强调诗歌要抒发真性情，绝不能一味模仿古人。否则，只雕饰华辞，是很难打动读者的心志的。

2. 以《诗经》评诗

《诗经》因其诗歌本质特征，不但成为历代文人诗歌创作学习的范型，也成为诗歌批评的标准与源泉。黎汝谦亦不例外。例如，《朝鲜香秋山馆诗稿序》：

孔子曰："不学《诗》，无以言。"又曰："小子何莫学乎《诗》！"诗之为教，由来尚矣。上古曰《白云》《黄竹》，其词不可得而详。自《三百篇》而后，六义始具，汉魏六代，五言大昌，至唐而诗格美备，由宋以迄我朝八九百年间，诗律益变而风气亦益衰，古韵凌迟矣！……诗虽小道，言其大则天地不能尽藏，言其小则候虫鸣鸟亦可自适其适。自《三百篇》以逮《离骚》、《乐府》，大都劳人思妇，孤臣孽子，迫不能已，自鸣其意之词，而势位富厚者无闻焉，何哉？盖所处者顺，其中无所感触而发也。《书》曰"诗言志"，孟子曰"词达而已矣"，有感于中发于声而能达吾意，以比于候虫鸣鸟焉，又何在区区规合声律之末哉！②

①［清］黎汝谦：《夷牢溪庐文钞》，《续修四库全书》第 1567 册，上海古籍出版社，1997 年，第 586 页。

②［清］黎汝谦：《夷牢溪庐文钞》，《续修四库全书》第 1567 册，上海古籍出版社，1997 年，第 563 页。

这段话,有几个核心思想:其一,好的诗歌创作是不平则鸣。"自《三百篇》以逮《离骚》《乐府》,大都劳人思妇,孤臣孽子,迫不能已,自鸣其意之词,而势位富厚者无闻焉",这是对发愤著书、不平则鸣诗学思想的进一步发展。屈原在《惜诵》中说"惜诵以致愍兮,发愤以抒情",这是最早提出诗歌创作必须发愤抒情的。其后,司马迁在《太史公自序》中说"诗三百篇,大抵贤圣发愤之所为作也",进一步拓展发愤著书内涵。而韩愈《送孟东野序》说:"大凡物不得其平则鸣,草木之无声,风挠之鸣;水之无声,风荡之鸣。其跃也,或激之;其趋也,或梗之;其沸也,或炙之。金石之无声,或击之鸣。人之于言也亦然,有不得已者而后言。其歌也有思,其哭也有怀,凡出乎口而为声者,其皆有弗平者乎!"①《荆潭唱和诗序》说:"夫和平之音淡薄,而愁思之声要妙;欢愉之辞难工,而穷苦之言易好也。"② 从发愤著书到不平则鸣,其思想实质强调的,既是对优秀特别是经典诗歌发生过程的理论概述,又是对为什么不平则鸣的诗歌能成为不朽杰作的原因探析,发愤著书也好,不平则鸣亦罢,其关键在于"有感于中"。在黎汝谦看来,这些诗学批评的思想源头就在《诗经》中。"诗之为教,由来尚矣",但上古时期其词不详,故《三百篇》成为名副其实的发愤著书与不平则鸣的诗歌创作范型与诗学批评思想之源头。

其二,古韵凌迟。由于《三百篇》乃不平则鸣的经典范型,是不可逾越的创作高峰,故以《诗经》标准来衡量,则后世诗歌创作真是一代不如一代,特别是"由宋以迄我朝八九百年间,诗律益变

---

① [唐]韩愈著,马其昶校注,马茂元整理:《韩昌黎文集校注》,上海古籍出版社,1987年,第233页。
② [唐]韩愈著,马其昶校注,马茂元整理:《韩昌黎文集校注》,上海古籍出版社,1987年,第262页。

而风气亦益衰"，这种诗歌发展的代降说，实乃是以《诗经》评诗的结果。

其三，诗穷而后工。"自《三百篇》以逮《离骚》《乐府》，大都劳人思妇，孤臣孽子，迫不能已，自鸣其意之词，而势位富厚者无闻焉"，这其中既蕴含发愤抒情、不平则鸣，又饱含诗穷而后工。前者侧重诗歌的发生过程，后者关注诗歌发生前诗人们的境遇。欧阳修《梅圣俞诗集序》：

> 予闻世谓诗人少达而多穷，夫岂然哉？盖世所传诗者，多出于古穷人之辞也。凡士之蕴其所有，而不得施于世者，多喜自放于山巅水涯之外，见虫鱼草木风云鸟兽之状类，往往探其奇怪，内有忧思感愤之郁积，其兴于怨刺，以道羁臣寡妇之所叹，而写人情之难言。盖愈穷则愈工。然则非诗之能穷人，殆穷者而后工也。①

诗人只有处于穷境，方能累积忧思愤懑，才能发愤抒情与不平则鸣。故诗人愈穷，则其诗作愈工。这种思想的源头当然仍在《诗经》中，故司马迁有"诗三百篇，大抵贤圣发愤之所为作也"，既然"发愤"，则《诗经》时代的诗人们所处境遇正如文王、孙膑、吕不韦、韩非子、屈原等身处艰难困境，方才激发不朽创作灵感。《毛诗序》亦云："治世之音，安以乐，其政和。乱世之音，怨以怒，其政乖。亡国之音，哀以思，其民困"，"至于王道衰，礼义废，政教失，国异政，家殊俗，而变风、变雅作矣。国史明乎得失之迹，伤人伦之废，哀刑政之苛，

---

① ［宋］欧阳修：《欧阳修全集》，中国书店，1986 年，第 295 页。

吟咏情性,以风其上"①。则《诗经》时代诗人们所处境遇不可谓不"穷"矣。

黎汝谦在很多地方阐述了这一思想,如《谭彤士水部诗序》:"性情之言,发乎天性,不事追饰,信口称心,如怨如慕,可泣可歌,大都孽子孤臣劳人思妇,惜别感怀,忧时叹遇之作,如古之《离骚》、乐府、李杜元白歌行之类是也。"又如,《邱松乔敬一斋诗钞序》:

> 吾友邱君松乔,少年劬学,生于仕宦之族,习闻《诗》《礼》之风,于四始六义之奥,盖尝究心。中年饱经世乱,流离奔走,备极忧虑。晚岁筮仕粤东,又憔悴凄清,抑塞而不显。凡境之所遇,目之所遭,心之所感,有不能自遏者,一寓于诗,所以志其生平者甚备。去年夏,松乔奉檄署琼山县事,凡知松乔者咸为松乔贺,以谓无平不陂,无往不复者,天道也。松乔直道事人,积久不遇,今虽老矣而卒得以少慰其平生,岂非天道之惨舒有数耶? 乃松乔到官不逾月而病,病不逾月而卒,呜呼! 所谓天道者竟如斯乎! ②

值得注意的是,黎汝谦以儒家思想评论诗歌,不仅仅局限于中国诗人,更是超越国界,涉及日本、朝鲜诗人。如《日本冈鹿门(千仞)藏名山房杂作题语》评日本诗人冈君鹿门的诗歌创作"其所争者固不在一时之荣而在于千秋之业"③,认为冈君鹿门长于史学,其生平

---

① [清] 阮元校刻:《十三经注疏》,中华书局,1980年,第271页。
② [清] 黎汝谦:《夷牢溪庐文钞》,《续修四库全书》第1567册,上海古籍出版社,1997年,第609页。
③ [清] 黎汝谦:《夷牢溪庐文钞》,《续修四库全书》第1567册,上海古籍出版社,1997年,第572页。

著述多关国故，非一般骚人墨客流连景光、渲染烟云、为山川饰色的风花雪月之作品能比拟的。这与白居易《与元九书》中高举"四始六义"，反对徒饰风月之作的思想内涵完全一致。而黎汝谦在《邱松乔敬一斋诗钞序》中正是以"四始六义"审视邱松乔诗歌。又如，《朝鲜香秋山馆诗稿序》是对朝鲜诗人池君公南诗集的品评，其中说到："东方诸国，文字同源，而吾华夏实为文字之祖，朝鲜日本又处东方之东，千余年来声教渐被，文人学士驰驱于翰墨之场，呫哔于声律之囿，争妍驰捷、斗巧夸多，其间不乏魁奇伟岸、出类离群之士。"这是对整个东方诸国汉语诗歌创作的品评。从这个意义上说，黎汝谦《夷牢溪庐文钞》所反映的儒学与文学互动之表现，不仅是近代中国的，也是近代世界的。

黎汝谦《夷牢溪庐文钞》是近代中国社会政治、历史、文化与文学等等的集中反映，从儒学与文学视角看，《夷牢溪庐文钞》体现的不是黎汝谦个人文学创作的儒学化色彩，而是反映了近代中国儒学与文学之间的密切互动关系，更在一定程度上涉及了对近代整个东方诸国儒学的发展以及儒学与文学关系的审视。儒学对文学的影响，只是近代中国儒学发展的一个有机组成部分。《夷牢溪庐文钞》的丰富儒学内涵折射出的不仅是儒学与文学相互影响，更显示了近代中国儒学发展的真实状况及其顽强生命力。

黎汝谦是近代中国比较典型的文人，自幼饱读儒家经典，终身以儒学修身自省。他留过洋，经历过晚清社会激烈变革，又亲眼见证日本政治维新对儒学的摒弃与摧残，但他对儒学的态度始终保持着一种理性，坚持认为儒学有其可取的价值与生存空间，也坚信历史终会有对儒学公正评价的一天。"百岁之后，雾澈波平，孰否孰臧，自有公论"，在当前国力高涨、对弘扬中国传统文化呼声盛高的背景下，探讨黎汝谦《夷牢溪庐文钞》的儒学思想无疑具有特殊意义。

第五节　郑珍散文创作的儒学内涵

关于郑珍文学创作的儒学化问题,本人十余年前即已经开始思考和研究。并于 2006 年发表《论郑珍文学创作的经学化》,主要探讨了"乱世僻壤,诗学蹊径""苦研经学,养气养才""忧国忧民,风雅精神""融经为文,下笔奔川"。其中"融经为文,下笔奔川"对郑珍诗歌化用儒家经典《诗经》《三礼》《左传》《尚书》以及《论语》《孟子》等的情况作了比较详细的梳理。鉴于拙文对郑珍诗歌的儒学内涵探析比较全面,而对散文研究稍弱,为避免重复研究,本书现重点探讨郑珍散文创作的儒学内涵,以期说明郑珍文学创作的丰富儒学内涵。

一、探讨儒学研究中的相关问题

儒学研究,问题诸多。有方法问题,有资料真伪问题,有史实考证问题等。郑珍在一些诗文中表达了对一些儒学研究问题的思考与认识。例如,《汉三贤祠记》记载莫与俦言曰:

> 孔子之道,载在六经。自经秦坑焚,历汉高、惠、文、景,皆武夫功臣用事,徒黄老清净,以与民休息,诗书礼乐之教殆如草昧,二三大师各抱其遗,私教授乡里,久乃稍稍为章句传。故建元之际,弟子著录者渐多,齐鲁秦晋燕赵吴楚梁越之间乃始诸儒云烂霞蔚,六经赖以复传。于时西南远徼,文翁为之倡,相如为之师,经术文章,灿焉与邹鲁同风,而文学公、盛公即以其时起于犍为、牂柯。东汉以后,儒者始不专一家讲说,至许、郑集汉学大成,而尹公乃即起于毋敛。仆尝独居深念,六经堂构于汉儒,守成于宋

程朱诸子，而大败坏于明人。及我太祖、圣祖，崇朴学，教化海内。一时朝野诸老宿，痛惩前代空疏文巧之佛老吾道而力挽回之，事必求是，言必求诚，支离恌悦之习扫弃净尽。于是汉学大明，六经之义，若揭日月。至今二百年来，数天下铿铿说者，一省多且得数十人，独西南士仅仅，意无乃渊源俎豆之不存欤？①

莫与俦乃近代汉学家，其欲在贵州遵义续接和弘扬汉学传统。在莫与俦入遵义府学担任儒学教授前，贵州流行的和在全国产生影响的学术研究走的却是理学心性治学道路。明代的孙应鳌、李渭以理学名世，李渭著述亡佚，孙应鳌《淮海易谈》收入《四库全书存目》，其《四书近语》等影响也不小。但这些都是宋学方法研究的产物。例如，《淮海易谈题辞》：

《易》者何也？以著天地万物之理也。天地万物之理妙于人心，故《易》著天地万物之理以明心也。古之圣人生而明诸心矣，欲人人皆明诸心不可得，于是著《易》之书为经，书不过语，语之所贵者意，意之所贵者不可以无言，晦不可以有言传。故得其所以言则传，不得其所以言则晦。传则得其所以为心，晦则失其所以为心，非得自外，得自我也。自《经》之意晦而无传，于是诸大儒又出疏《易》之《经》曰《传》。愚自学《易》，尝求诸大儒之说，于《传》求诸大圣人之说，于《经》未窥测也。已乃因《传》以求《经》，因《经》以求心……②

———————

①［清］郑珍撰，王锳等点校：《郑珍集·文集》，贵州人民出版社，1994年，第51页。
②［明］孙应鳌：《淮海易谈》，《四库全书存目丛书·经部》第7册，齐鲁书社，1997年，第636页。

孙应鳌研究《易》的方法是：因《经》求心，反之于心，不远于吾心。这是典型的心性之学，属于宋学"以意逆志"的路数。《四书近语》等更是张扬程朱理学，发明圣人之心思。清代前中期，贵州最著名的学者属陈法，其《易笺》被收入《四库全书》，与孙应鳌一样，这是一部以性理解《易》的宋学产物。郑珍受到莫与俦经学"大败坏于明人"思想之影响，没有走心性之学道路，而是最终走的汉学道路。但这种学术研究道路的选择，还受到汉学家程恩泽的深刻影响。程恩泽督学贵州，发现郑珍，二者有师生关系。程恩泽的汉学主张，坚定了郑珍对学术路径的选择。程恩泽坚决主张学术乃文学创作之基础，曾提出"凡欲通义理者，必自训诂始"，并认为诗自性情出，而"性情又自学问中出""学问浅则性情焉得厚"。这与心性末流束书不观、空谈心性截然相反。《上程春海先生书》说：

> 念昔从游于南，以师弟之爱，朝夕之亲，窥先生盘盘郁郁，胸罗众有。其言论类非宋明凭臆拟度者伦，其笔为文章，则如闻先秦两汉人声息，当时虽不识何以至，然心固已知某所为者，特剽窃涉猎焉耳，非古人学也……于是意寻一古人之路。先读《说文》为本，佐以汉魏人小学，及希冯、元朗以下等书，别声音、辨文字，效古之十岁童子所为。乃即以字读经，又即以经读字，觉其路平实直捷，履之甚安，遂斤斤恪守尺寸，不肯以宋后歧出泛滥纷其趋。①

又《留别程春海先生》云：

<hr>

① [清] 郑珍撰，王锳等点校：《郑珍集·文集》，贵州人民出版社，1994年，第35页。

捣烂经子作醯薤，一串贯自轩与羲，下讫宋元靡参差，当
厥兴酣落笔时……锡我美字令我晞，以乡先哲尹公期。无双叔
重公是推，道真北学南变夷。此岂脆质能攀追？敬再拜受请
力之。①

在与程恩泽的诗书交流中，郑珍逐渐坚定了自己学术路径的选
择，从此与汉学，与经学，与训诂，与文字音韵，与考证结下了不解之
缘，最终以经学名家在中国学术史上占有一席之地。

又如，郑珍"驳朱竹垞《孔子门人考》"云：

竹垞朱氏既著《孔子弟子考》，又以七十子之徒、公羊高、穀
梁赤等为门人，著《孔子门人考》。谓欧阳子言受业者为弟子，受
业于弟子者为门人。稽之《论语》，所云门人，皆受业于弟子者。
"颜渊死，门人厚葬之"，此颜子之弟子。"子出，门人问"，此曾子
之弟子。"子疾病，子路使门人为臣"，此子路之弟子。"子夏之
门人问交于子张"，此子夏之弟子。《孟子》云"门人治任将归，
入揖于子贡"，此子贡之弟子。斯言也，害经之至。按《论语》记
孔子言行，其或曰门弟子，或门人，皆孔子之弟子也。所以称门
弟子门人者，古之教者家有塾，塾在门堂之左右，施教受业者居
焉。所谓"皆不及门"、"及此门也"、"奚为于某之门"、"于此门
也"、"滕更之在门"、"在此门也"，故曰"愿留而受业于门"。《礼
记·檀弓》"孔子先反，门人后"，又"孔子与门人立，拱而尚右，
二三子亦皆尚右"，又"孔子之丧，门人疑所服，子贡请丧夫子若

_____

① [清]郑珍撰，杨元桢注释：《郑珍巢经巢诗集校注》，贵州人民出版社，1992
年，第24页。

丧父而无服"。又"子贡曰：'于门人之丧未有所脱骖。'"《史记·仲尼弟子传》："自吾有回，而门人益亲。"诸言门人，即弟子也。何有弟子之弟子乃为门人哉？朱氏所举《论语》，惟"一贯"章疏云："门人，曾子弟子。""厚葬"章疏云："门人，颜渊弟子。"推邢氏之意，盖以文云"子出"，当不在孔子之家，疑者不问孔子而问曾子。厚葬者敢违不可之命而必致其情，是必颜、曾之弟子也。然则孔门诸弟不当互相谘益，亦不当厚葬朋友乎？其说固已难通。至子路预具家臣待疗师丧，何以必须使己弟子？当时病终不间，七十子不将都无一事，止视孔子死于子路弟子之手，而不敢与子路弟子之大葬孔子乎？子路在孔门，自秦、商、颜、路外，其齿为长，其进道最勇，为同门所素敬，至是不敬，其轻慢之必有见于词色者。师非孔子，孰无所短，是岂为之弟子者所敢出乎？若治任将归之门人，三年之外，服师之心丧毕也，入揖子贡，向哭失声，去者留者痛师之不复见也。使为子贡弟子，何以归必于三年之外而入揖者皆痛哭也？《论》《孟》所有门人为朱氏未举者，更有"童子见门人惑"，此谁氏之门人？"盆成适见杀，门人问"，岂适亦宜有弟子乎？若问交子张者，经明云子夏之门人；如朱说，则是子夏弟子之弟子也，而云子夏之弟子，是门人、弟子依然无别，直自相矛盾矣。朱氏他考订多纯确，此乃大谬，诚所不解。详欧阳子《跋孔宙碑阴》，徒见其四十二人称门生，又有十人称弟子，以为必有分别，因云"亲受业者为弟子，转相传授者为门生"，不知门生、弟子，原皆门人之称。宙碑云"故吏门人乃共勒石示后"，而其阴由门生、童而故吏而民止矣。继十弟子在末，则续添出钱之人，故变门生题弟子。亦犹杨著碑阴。前已题"右沛君门生"，末又题"右三人沛君生"，为续添而省"门生"曰"生"耳，岂生与门生又有别哉？洪景伯已觉欧说不安，增一语曰"总而言之亦曰生"，以求通于他碑之止称门生者。不思他碑固可通，在宙碑明是门生、弟子分题，如其说则其称门生者必受业于称弟子者也，题名固可以学子居前先生殿末乎？朱氏又云："《隶释》《隶续》所载诸碑，有弟子复有门生．知门生、弟子固别。"按汉碑有弟子复有门生者，惟一孔宙碑阴。即以宙碑而论，碑云门人，而阴并有门生、弟子，是门生、弟子皆为门人，又安得云门人止是门生也？若他碑，惟谒者景君碑阴皆称弟子，而先题"诸生服义"者，则弟子即是生。杨震碑其孙统之弟子所立，而云"统之门人陈炽等缘在三义，一树元石于坟道"。杨著碑其弟子及季父秉、从兄统之弟子所立。而云"门徒小子，丧兹师范，故树斯石"，其阴则题"后公门生、沛公门生"。逢盛碑其父之弟子所立，云"感傲三成，一列同义"。其阴徐承四人题家门生。鲁峻碑"门生三百二十人，追惟游、夏之义，作谥宣父，谥君曰忠惠父"。夫曰"缘在三"，"丧师范"，"感三成"，"追比游、夏作谥"，非受业弟子而何？则弟子、门人、门生是一无别，证以汉碑，益明白矣。或曰：《后汉书·郑康成传》"门生相与撰诸弟子问五经为《郑志》"，门生与弟子明别，朱氏据欧、洪殆未必非。曰：此修辞之体然尔，若云门生撰、门生弟子撰，弟子且不成文语矣。《郑志》实康成弟子赵商、张逸等撰，故唐刘知几《议》则云："郑君卒后，其弟子追论其师所著述及应答时人，作《郑志》。"是《康成传》正门生即弟子之确证，与《史记·仲尼弟子传》云"仲由门人请为弟子"措词正同。若诚有别，然则子路之及孔门，是由孔子之再传弟子先容欤？或又曰：《后汉·李固传》云"固下狱，门生王调贯械上书证其枉，及固死，弟子郭亮负斧锧乞收固尸"，《贾逵传》云"拜逵所选弟子及门生为千乘王国郎"，此又岂是无别者？曰：此言之门生，不可与门人并论也。汉时弟子称门生,而凡在门下奉教令不必师其学问者亦称门生。《郅寿传》"窦宪常使门生赍书诣寿有所请托",《杨彪传》"黄门令王甫使门生于东兆界辜榷财物",及此两传之门生皆是也.特如今所谓门子、门丁耳。顾亭林云:"汉人以受学者为弟子,其依附名势者为门生。"亦与史传诸碑舛背。迨降至六朝,仕宦者皆名门世族,寒唆无出身之路,相率趋赴世家,列其门籍为门生。如《南史·顾琛传》"琛以宗人顾硕寄尚书张茂度门",名者乃得如亭林所云耳。其时初至者入钱为贽,甚乃重赇赂以求充。梁顾协有门生,始来事,知协廉洁,不敢厚饷,止送钱二千,协怒,杖之二十;陈姚察有门生送南布一端、花练一匹,察厉声驱出;而宋颜竣多假资礼,解为门生,充朝满野,殆将千计;可见也。其人供使令贱役,又似今奴仆之类。晋王微尝将门生两三人入山采药;陶渊明使一门生二儿舁篮舆;周嵩嫁女,门生断道;庾子舆之官巴陵,勒门生不许辄入城市;刘辙游诣故人,惟一门生持胡床随后;徐湛之谋逆,谓范蔚宗已报臧质,悉携门生义故前来应,得健儿数百;皆其证。《顾琛传》称尚书省等门有制:八座以下,门生随入者各有差,不得杂以士。是所谓门生且非士流,更何受业之有?然借其资可以得官。陆慧晓为吏部尚书,王晏典选,内外要职,多用门生义故。王琨为吏部.自公卿下至士大夫,例用两门生。江夏王义恭属用二人,后复有所请,琨不与。则当时门生授官且有额例,故宋孝武责沈勃周旋门生,竟受贿赂,多者至万,少者千金。是其为名利之阶梯,正与今之具贽拜门生希拔擢藉袒蔽者同,不得以与弟子称门生者并言也。[1]

---

[1] [清] 郑珍撰,王锳等点校:《郑珍集·文集》,贵州人民出版社,1994年,第18页。

这里，郑珍所探讨的是孔子研究中的一个重要问题。朱彝尊《孔子门人考》将孔子弟子的弟子也作为门人，这是郑珍批驳的关键。郑珍认为朱彝尊其他考证纯确，独关于门人、弟子的区分大谬，"斯言也，害经之至"，朱彝尊的阐释被郑珍视为对经学研究严重误导。郑珍提出问题，然后通过详实的材料来证明朱说错误，最后给出正确认识。该文逻辑严密，资料详实，论证充分，结论令人信服。这实际上相当于专题学术论文，充分显示了郑珍经学研究的深厚功力。

二、《母教录》的编纂及其儒学色彩

郑珍对母亲有很深的感情，其在母亲去世后，对母亲的言行进行记录，编纂成《母教录》。该著述对近代贵州遵义的家族文化影响至深，且在近代贵州社会中产生了一定反响。关于郑珍母亲的行迹，郑珍所撰《黎太孺人墓志》云：

> 先妣太孺人，以道光廿年庚子（1840）三月八日戊戌卒。明年三月庚子望，葬县东八十里子午山。又明年季冬，其子珍乃手勒斯石，用示后世。太孺人姓黎氏，遵义县人。考，长山令，讳安理，封奉直大夫；妣，杨宜人，乾隆四十一年①（1776）丙申八月壬寅胎，生山南栀冈下。嘉庆庚申，归我府君名文清公。子三：珍、班、珏。女二，适冯、虎，寿六十有五。言行具家录、邦志。呜呼！惟我八世祖益显公捍水、蔺，因家天旺河梁，传三世，忠孝唯谨。越我曾祖得瑄公成进士，亦越我曾祖从昆弟，十犹半焉诸生，嗣饮博弃未砚而族圮矣。太孺人事葬道讫，择仁违难。己卯仲春，

---

① 《贵州省墓志选集》作"廿一年"，《郑珍集·文集》作"四十一年"。乾隆四十一为丙申，今依《郑珍集·文集》而改。

聿来山西南曰垚湾以宇,衣皱食喘,由蕖厥颠,万苦千劳,哀哀终世。居恒教小子珍曰:"诚我子,必勤、必正,苟酗于酒,言博不力本,不孝弟长厚,此非吾养,毋上我坟也!"呜呼!以小子珍之不肖,而犹粗晓人理,为儒流齿叙,不致先德遂坠地者,太孺人再造我郑氏之力也。后之上斯坟者,其敬承仁孝艰瘁之贻,慎无忘所教。太孺人尝曰:"妇人舍言、容、功无寻德处,言止柔敛,容止整洁,功则凡百当为,死而后已耳。"此太孺人自道也,并以语为妇女者。①

这是郑珍为其母亲撰写的墓志铭。郑珍对母亲的感情很深,该墓志没有华丽的辞藻,语言朴实,但饱含深情。通篇除了叙述母亲的德行外,记载最多的就是母亲的言语。其中儒学色彩浓郁,如"勤""正""本""孝悌""长厚"等都是儒家所强调遵守的道德品质。特别还言及对妇女品德的要求,这同时也是黎孺人一生遵循的妇道标准。黎孺人的这些话语,其实在郑珍所编的《母教录》中也有体现。《母教录》是郑珍对母亲言行的记载,这是黎孺人平时对郑珍及其他家族成员的谆谆教诲,其中的儒学内涵丰富。例如:

母曰:"处兄弟妯娌,常想若父母舅姑止我一人,我未必不事事要做,即无不和睦之理,又常想若遇兄弟妯娌或病或瘘废,我未必不饮食之,扶持之,今尚能助我一二,更无不和睦之理。"②

---

① 《贵州省墓志选集》,贵州省博物馆编印,1986年,第93页。
② [清]郑珍撰,王镆等点校:《郑珍集·文集》,贵州人民出版社,1994年,第173页。

这是谈如何处理家庭成员之间关系，和睦最重要。如何实现和睦？黎孺人的经验是：不计较自己做的事多，兄弟妯娌间要相互关爱、相互帮助。

> 母曰："茶饭是妇女第一事。若到人家，灶下清清静静，饮食却具办妥速，虽土登瓦缶，是兴相也。若闹了半日，只是茶不温饭不热，茅茅草草，谨图送客出门，即知内助不得力，虽富贵不足取。"
>
> 母曰："家常布衣布裳，妇女若解得裁缝，便可自作，毋徒以针黹见长。"①

这是对家庭中妇女本职的要求。吃、穿二事是传统妇女必须熟练掌握的技能。男主外，女主内，一个家庭的兴盛，一个得力之贤内助是必不可少的。

> 母曰："妇人在家从父，出嫁从夫，夫死从子，此是不易正理。若遇变，须是自家作主，从便误了一生。妇言妇容妇功，只完全一个妇德。言只要低声下气，即朴钝也不妨；容只要穿裹整洁，即丑陋也不妨；功则自小来针黹、纺织、酒食、菹醢，直是一生做不尽。妇人舍此三者，从何处寻出德来？"②

这是对三从四德的全面论述。一方面，可以看出近代郑氏家族文化的儒学内涵发展的情况。另一方面，也可以看出，近代西南僻壤

---

① [清]郑珍撰，王锳等点校：《郑珍集·文集》，贵州人民出版社，1994年，第174页。
② [清]郑珍撰，王锳等点校：《郑珍集·文集》，贵州人民出版社，1994年，第178页。

贵州遵义妇女观的发展状况。黎孺人认为,妇女应该淡化对穿戴等物质上的要求,须重视妇德,而妇德就体现在平日家庭本职工作中。

> 壬辰春,书贩至,有礼书数种,急欲购读,议价三金矣,计无所措。舍之,以告母。母曰:"彼能欠乎?"对曰:"虽春放夏收,然尔时终无出。"母曰:"但尔时收,我珥金环易一足酬之,其一仍可化双珥也。"珍于是得读数种。后母遍翻聂氏图,笑曰:"我不谓一小环换得若干礼器。"①

这是郑氏诗书耕读家风形成的根本原因。以读书为贵,以培养子弟为要务。宁愿穿戴简陋些,也要满足子女对知识的渴望。看淡物质,重视家族儒学文化内涵建设,这正是郑珍处穷困而不断购书、抄书、藏书,而苦研经学的精神动力来源。

郑珍编纂《母教录》,首先表达的是对母亲的怀念之情,这是儒家孝道之体现。其《自序》说:

> 公父文伯之母曰:"君子能劳,后世有继。"斯言也,天道人事尽之矣。夫惟能劳而后能言劳。历观古贤母如崔元暐家善果诸传所载,世隔千载,声口宛然,心柔菱短,何非此义?固知捧帕而悲,今古同焉矣。珍母黎孺人,实具壹德,自幼至老,艰险备尝,磨淬既深,事理斯洞。珍无我母,将无以至今日,"恩斯勤斯,鬻子之闵斯",惟身受者用心知耳。而今已矣!母子一生,遂此永诀。涕念往训,皆与古贤母同符共揆。在当时听惯视常,漫不警励,致身为孔孟之罪人,母之不肖子。今日欲再闻半言亦邈不可得

①[清]郑珍撰,王锳等点校:《郑珍集·文集》,贵州人民出版社,1994年,第175页。

矣。天乎痛哉！爰就苦次摹吻而书，到今凡得六十八条，仿李昌武、杜师益《谈录》例，录成一卷。匪独备久或遗忘，亦以见珍之为罪人为不肖者，非母之不善教使然也。庚子八月男珍谨序。①

不忘母亲养育之恩，谨记母亲教导训诫，这才是真正的孝。除了表达对母亲的敬孝之情外，《母教录》的教化意味也是十分浓厚的。郑珍外甥赵恺《跋》曰：

《母教录》一书，望山堂原刻，黄白号之乱，板毁于火。世平后，此书之流传者已如麟角凤喙，仅落人间，欲求一识，几不可得矣。昔先叔妣郑宜人遗言："家书《母教录》，语语珠玉，儿女子等不可不读。"而恺尝抱未见之恨，求之旧家书橱中有年，弗克如志。忽于乡中人家获示秘藏，如睹景星庆云之快，乃假钞而归之。因令诸儿女子各写一通，以时检阅。而恺所录本，携之游蜀，辛亥之后，又付飘零，因不禁重有感矣。遂取女侄碧手钞本，复搜录序传，以成全璧。适杨甥元桢自渝索取谋印刷，因书其颠末。审诸贤母名儒口吻心画，洞彻古今时世之言，虽经流离变乱，而间关率获睹于六十年之后，非不幸也。当与读者同为一快。②

这里言及《母教录》对遵义文化家族的影响。郑家、赵家、杨家等均受其深刻影响，推动了遵义家族文化中儒学思想发展。"家书《母教录》，语语珠玉，儿女子等不可不读"，这是郑珍女儿郑淑昭的话语，可见其推崇备至。《母教录》影响了郑珍，又对女儿郑淑昭产生了深

---

①［清］郑珍撰，王锳等点校：《郑珍集·文集》，贵州人民出版社，1994年，第170页。
②［清］郑珍撰，王锳等点校：《郑珍集·文集》，贵州人民出版社，1994年，第184页。

刻影响,因郑淑昭嫁入赵家而又影响到赵氏家族,由赵氏家族又影响
到姻亲杨氏家族。这也看出近代遵义家族文化间的相互影响。

又,郑珍《上贺耦耕先生书》:

> 某自为中路婴儿,痛追慈教,缉成小录,当呈遵府志时,已封
> 册附上。兹还古州,同知杨公示以尊札,始知先生今日始于他处
> 见本,而又不责以浅近,深赞其言行可法,欲为广传,以敦风化,
> 索多寄去者。伏诵之余,叹先母荆布没世,而其庸言庸行,获为
> 名儒钜公所齿录,先母为不朽矣。又叹非先母之德实不可没,则
> 此录必不宛转获致于先生之前,具卒为先生见而深赞之、而思广
> 之,则仍先母仁孝艰瘁之厚蓄所致,而某之为罪人、为不肖自若
> 也。谨尽箧存封上,伏惟不罪。侧闻伤怀玉昆,暂纡台综,瘝寐
> 之私,欲及龙门未远,肆意请质,无令尹需结异时之梦。惟及瓜
> 时日,匪所与闻,遥跂而已。①

这是郑珍给时任贵州巡抚的贺长龄书信。其中谈到了贺长龄对
《母教录》的评价:“深赞其言行可法,欲为广传,以敦风化。”这是贺
长龄对《母教录》教化作用的高度肯定,而且要大力普及推广。此亦
足证《母教录》强烈的儒学色彩,其对维护封建统治、移风易俗有重
要的作用。

三、贞女烈妇传记的儒学色彩

郑珍诗文中有大量人物传记,这涉及人物品评问题。郑珍人物
品评所依据的是儒家标准,注重从忠孝节义等方面去衡量。特别是

---

① [清] 郑珍撰,王锳等点校:《郑珍集·文集》,贵州人民出版社,1994年,第40页。

其中有很多贞女烈妇的记叙，这与近代封建统治对贞节观的强化有密切关系。

例如，《张节妇题词序》：

前三十年，同里张白高茂才持其伯嫂唐节妇殉夫事状，遍乞人题词。继又为请旌于朝，树绰楔，矜式闾里，而以仲兄子其诗为之后。今白高殁已久，其诗始检得稿之未残失者数十家，乞余编次为卷。余嘉白高为叔、其诗为子两能尽爱敬之道，次迄，乃为序之。

昔文王之系卦也，于恒之六五曰："恒其德贞，妇人吉。"孔子释之曰："妇人贞吉，从一而终也。"《礼古昏义》曰："壹与之齐，终身不改，故夫死不嫁。"由此观之，妇人之不再嫁，常也正也，再嫁非圣人之所许也，而世之再嫁者，或逼于父兄，或迫于孤惸，或胁于强暴。三者以《礼》意推之，《丧服经》有从继母嫁之服，又有服继父同居异居者。子夏曰："夫死妻稚子幼，子无期功同财之亲，与之适人。所适者为子筑宗庙使祀焉，故为之服。"若然，则惟孤惸无所依，活为其夫之宗祀，出于万不得已而再嫁，圣人亦闵其意权而通之，然犹没其文于亲母，而寓其微于继母继父，圣人之为妇女全其羞恶之良者至矣。若既无子，或有子而非绝不可存，是犹不得以此借口，张子所谓虽饿死亦不可者也，更何云为父兄所逼、为强暴所胁而再嫁哉？有值此者，婉弱之质自不能拒，即周公、孔子为之计，亦惟曰"无求生以害仁，有杀身以成仁"而已矣，舍此别无自全之道也。今唐节妇婚甫逾岁，遽殒所天，亦既茹泣承颜，期于立后，相安矢靡它矣。乃其祖母问至，而剪发寄之，迨其兄至，遂赴井以死。是时父兄之间，必有处心积虑浸逼而来者，节妇以一死尽其自全之道焉已耳，夫岂计其贞徽芳躅揄播人口哉？乃人人乐长言嗟叹之不置如是，其连章累牍者，亦足见所恶有甚于死，为人心之所同，然而得之妇人女子，尤可慕而可风也。世之夫死而再嫁者，何面目立于天地之间哉？余因思古贤媛如杞梁妻、齐义母、巴郡三贞与夫焦仲卿、阮元瑜、任子咸之妻，诸若人者其志行后世不少相类，而以有刘子骏之颂、左九嫔曹子建之赞，及王仲宣、丁正礼、潘安仁等之赋若诗。其《孔雀东南飞》一篇，更推为五言长作之祖，故千载下流连叹诵，觉其事其人彪炳复出于烈日寒霜之表，有非他人所能及者。文字之耸植彝伦，固如是乎！顾安所尽得曹、刘诸子之作为能历久而弥传也？然余又有感者，自兵兴到今且十年，吾贵州绅吏师武臣死城守战阵者，盖不止百数，卒未闻有一人胪存始末，俾来许有所征。后数十年，将有求其姓名里居且不可得者矣，况歌咏之云乎？则如节妇一女子，视死如归，而犹得此帙传之无穷，不可谓非盛事也已。①

郑珍以唐节妇为夫殉情之事，大肆发挥，从儒家经典《易》《礼》中讨论女子从一而终、夫死不改嫁的合礼与正道。高度称赞唐节妇不畏父兄胁迫，为夫殉情，赴井而死的壮烈之举。并从历代贤女烈妇，甚至《孔雀东南飞》的记载，推崇"耸植彝伦"的重要意义。最后引申至唐节妇的视死如归，可传无穷，可谓盛事。于此可见郑珍浓厚的妇女贞节观念。也可看出近代贵州浓郁的儒学氛围。

又如，《鄢节妇传》：

余识孺人孙元哲时，询上下，知有祖母。问年，曰："九十

①［清］郑珍撰，王锳等点校：《郑珍集·文集》，贵州人民出版社，1994年，第90页。

矣。"曰："寿矣！"然不悉其事。今年秋，元哲服齐以来曰："祖母殁矣！然平生有卓卓者，私意当不与俱殁，子且为我文之。"乃知孺人节孝者，故得扬榷传其事。

孺人氏曾，平越湄潭人，邑诸生名拔先母也。方笄字时，婉婉听父母教，凡绩织组紝、酒浆醯菹诸女事无不良，而性贞静，不苟笑语，有弗善，不顾也。年二十，归于鄢，事夫子两寒暑，遽为嫠妇，又无所有。舅姑谓之曰："为再醮人，孰若为未亡人难？汝能为其难甚善，为易独可念吾子之负汝也。"顾孺人涕而咽。孺人曰："君舅君姑乃不谅未亡人乎？夫子死犹不死也。怀有咳咳者，为男女不可知。女也我嫁之，幸生男，则我任教耳。"居夫丧逾五月而遗腹子生。孺人为夫下抚孤上事舅姑，乃自此始。舅始以儿子夭，得此孙如见子，视他孙百倍其爱，而孺人待其子乃不稍假颜色。就傅后，见偶懈，即折蔓随之曰："既生汝而不成汝，吾何面目见汝父也？"每裹泪而笞，毕笞而泣。年四十七即见子成茂才，而其舅方愈欢然，忘子之早死。盖是时姑殁矣，舅存老且耄，孺人已异兄叔居，而舅喜即中妇养。孺人辄善承老人指，即一饮盥必柔色亲进之，数十年无少衰者，至养其舅寿九十一，无疾而终。呜呼！勤矣！其舅之将殁也，呼孺人前，祝之曰："妇能守志，成我孙，不绝我子后，又善事我。今死矣，无以报汝，天佑善人，使妇如我寿。"道光庚寅七月，孺人卒，计春秋得九十一，如其舅所祝云。呜呼！如孺人者，乃可以为女子矣，其风徽讵有沫哉！元哲亦茂才，朴讷无妄，述祖德多不能出口，仅及此，予故略其细者。

赞曰：古称节妇人者，殆所谓求仁不怨者耶？抑徒知女道如是，虽常变不为易？世之视其夫如传舍者无论已，至遇常变而不能少行妇道，抑又何耶？观孺人其知愧矣。①

这里，详细记叙曾女如何嫁入鄢家，妇德如何完美，如何在丈夫死后坚决守节不改嫁，生下遗腹子后，如何含辛茹苦抚养教导其成才。鄢节妇勤劳善良，孝顺翁姑，守节抚孤，实乃传统妇女之典范。

再如，《刘节妇传》：

道光乙巳（1845），余权古州学官。时刘生炳蔚试补弟子员，年二十八矣，一谒即归远乡，久乃来，奉钱四千文为贽。余赧而受之，而生犹言甚愧、色甚惧。盖州学设未久，训导师所取给，率科试取文武生十四名者，是恃苛下户，贽亦每至一二十金。生之愧也以贫也，其惧也不知余也。自是未几余归，及己酉岁儳终，有担簦钉履冒风雪造余山庐者，问之，则炳蔚弟义式也。问其家，则其母李今年甫五十七，以四月庚戌死。其兄守坟号，日夕不绝声，后二十一日亦死，无育。噫！毁瘠为病，君子弗为，毁而死，君子谓之无子。炳蔚亦不达于礼哉，然其至性可悯也！已又问走千余里来者何？乃解包出一纸，跪而请曰："此炳蔚纪母氏事状也，志不死，须乞先生文，冀终惠以瞑炳蔚之目！"为蹙额酸鼻，竟阅之，乃始知生本姓冯，世籍石阡。自其祖食力于州，贫无何，因以息渊子刘氏，而刘氏亦贫。渊自婚李，产二子，即病废，数年歿。所后父母，李百方鬻其力养埋之。渊之死，李始三十岁，炳蔚略识字矣。不给就塾，令日挟书随挖蕨基采薪种、吉贝，有闲辄令自读，复不给，至为人舂且五年。佣规日三食，晚辄褫其食归哺二子。炳蔚稍长，学益力，寝课村童为生，而李艰苦，岁恒

①［清］郑珍撰，王锳等点校：《郑珍集·文集》，贵州人民出版社，1994年，第143页。

若是以殁。此宜炳蔚痛极不可解于心而至于灭性也。嗟乎！自古为节妇，鲜不艰苦者，若炳蔚之母其极矣乎！而子能列胶庠慰其意，不可谓非天道，然卒母子不月同死，则天道者又安在哉？义式一粗读《论语》朴弱穷子，不惮越万山求彰母行，其志识乃迥出学人上。天之报施，或犹未可定耶？余因恨炳蔚往时不能告余以其母平生，竟使四千钱积自转役雇直而懵懵入余橐也。人之居官，不必尽渔榷其民以肥家饱僮仆，即所谓分取，其从来为甚艰苦难堪者，可胜问耶？书此，遣义式持归，章汝母慰汝兄，亦以余懵懵者谢州人也。①

此文不仅宣扬刘节妇守节之苦，也揭示了近代节妇的生存状况。守节，面临严峻的经济压力。刘节妇独立抚养二个儿子，生活极其拮据，这只是节妇外在的物质困难，而内心的孤寂与无处诉说的愁苦是常人所难以忍受的。该篇同时也赞扬刘炳蔚的纯孝。刘炳蔚在母亲去世后"守坟号，日夕不绝声"，竟然不久也随母而去，这是古孝子的最高境界。作为古州学官，郑珍与刘炳蔚有交集，甚至收了其四千文钱学费，这是郑珍最为自责之处。其为刘节妇撰写传记，亦为宣扬节义与孝道。儒学色彩浓郁。

类似的，《詹节妇传》：

节妇吴氏，绥阳人，平越学训导朝东女。年十八。适遵义东里詹氏，其母若姑皆余从母也。詹从母持门户有法。家道益丰，年四十余，始生子钰，为早娶节妇。越二年，举一男，又越，为道光癸卯，钰死于溺。节妇仰天哭曰："天乎，哀哉！"渔具摒地，泣

---

① [清]郑珍撰，王锳等点校：《郑珍集·文集》，贵州人民出版社，1994年，第147页。

不能出声。旋起慰其姑曰:"死者已矣!妇绝不重伤舅姑心也,
愿两老见孙如见子。"咸曰:"汝诚然,子死命也,吾何怨?"未几
遗腹更举一男。自是节妇见舅姑不敢有戚容,保抱两孤,稍稍露
头角,而节妇能持家又似其姑,佣奴甬婶奉指使肃然。舅姑大
慰。不十年,舅姑相继殁。詹氏于东里为其家,期功强近无几人,
节妇只手拮据两丧如礼,乡人叹异。然环顾门内,白日过庭,明
月临窗,茕茕嫠影,双孩诵侧,斯荼毒之极哀也已。久之,始知舅
在时多所负,乃谋于亲曰:"不卖田,岁仰田偿其息,田犹无也,
而负仍在。吾必割卖尽偿之,家计始可图也。"后数年,家足果
如旧。是后寇盗蜂起,节妇携二子年年避命,艰苦郁忧,遂酿成
骽疾。去年来禹门砦居,今春二月卒,时同治甲子(1864),得年
四十三岁。①

此文之詹节妇与前文之刘节妇十分相似。撰写类似的节妇传记,
可见郑珍对贞女节妇之推崇,这是贞节观对近代贵州的强烈影响。

第六节　郑知同诗文创作的儒学内涵

郑知同乃"西南巨儒"郑珍之子,是近代贵州著名的学者与文学
家。《续遵义府志》卷二十载:

> 知同,字伯更,幼时征君即口授四子书、六经。稍长为讲《说
> 文》形声训诂之学。征君既通儒,而知同亦精敏勤力,趋庭习礼,
> 敦敦自持。年二十以《说文》受知于常熟翁同书,取列庠序。知

---

①[清]郑珍撰,王锳等点校:《郑珍集·文集》,贵州人民出版社,1994年,第149页。

同既沉淫于六经经训，视科举如粪壤，不屑俯首揣习，亦不肯虚
心向人，有作都不中程度，老于制艺者恒非笑之，不顾也。①

郑知同自幼便接受严格的儒学教育，其不屑于科举，却沉迷于六
经经训，尤其擅长于《说文》之学。经学著述有《说文考异》《说文述
许》《说文商义》《说文讹字》《说文本经答问》《经义慎思篇》等，至
今仍有较大影响。除研究儒家经学外，郑知同亦长于文学，文学研究
著作有《楚辞通释解诂》，此为古代黔省唯一《楚辞》研究著述。文学
创作著述有《漱芳斋文稿》和《屈庐诗稿》。郑知同儒学素养极深，这
对其文学创作有很大影响。郑知同的文学创作大量引用儒家思想内
容，文学创作的儒学化特征十分鲜明。探析郑知同诗文作品中的儒
学内涵，有助于认识近代贵州文学的发展特点与动因，从而进一步了
解近代儒学与文学之互动。

一、对儒学的推崇与继承

郑知同一生挚爱儒学，推崇儒学先师及其成就，甚至将儒学看得
比自己的生命还珍贵。这些对儒学的痴迷与热爱，在郑知同的诗文
创作中得到充分体现。郑知同的诗文作品渗透着浓郁的儒学情结。

1. 对郑氏家学的推崇与继承

遵义郑氏家族《诗》《书》传家，家族文化中儒学氛围一直十分
浓郁。遵义郑氏先祖在清代即出过郑之侨、郑珣两位进士，读书明儒
为家族传统家风。郑珍之父郑文清在郑珍年幼时即为其亲授诸经，
即使社会动乱也每日课读不辍。郑珍十岁前就已经打下坚实的儒学

---

① 黄加服、段志洪主编：《中国地方志集成·贵州府县志辑》第 35 册，巴蜀书社，
2006 年，第 59 页。

基础,后从大舅黎恂受儒学经义,又经汉学大师程恩泽指导与提点,再受业遵义府学教授莫与俦,同时与莫友芝、萧光远、唐炯、黄辅辰、黄彭年、贺长龄等贵州名儒切磋交流,最终铸就了郑珍"西南巨儒"地位。郑珍对独子郑知同的儒学教育也很严格,在其三岁时即口授四子六经,稍长又授经义与《说文》之学。自幼饱受儒学浸染熏陶,郑知同淡薄名利仕途,一生苦研儒学,将继承与弘扬家族文化视为毕生追求。家族的儒学教育、父辈的儒学事业与自己的儒学追求和志趣等,均在郑知同的诗文作品中得到充分体现,成为其诗文创作的重要内容。

例如,《闲居杂诗》其四:

> 先人遗籍在,朱墨粲纵横。著述惟三礼,精神聚毕生。趋庭承旨趣,入室想深闳。世业惭兴众,犹思绪论赓。①

这是对郑氏家学成就之概述与进一步发展之思考。"先人遗籍在,朱墨粲纵横。著述惟三礼,精神聚毕生"这几句概述了郑珍对儒学的钟爱与成就。郑珍尽其一生精力从事儒学研究,取得的成绩巨大,产生的影响深远。郑珍在小学、《礼》学、《孝经》等方面研究水平很高,且均有著述。郑知同这里重点指出郑珍的《礼》学研究,这是郑珍儒学研究的一个代表。民国《贵州通志·艺文志》著录的18部《礼》学著作中有17部为清人所作。其中较突出者便是郑珍。其主要有《轮舆私笺》二卷、《附图》一卷;《凫氏为钟图说》一卷;《仪礼私笺》八卷,《深衣考》一卷。其中《轮舆私笺》成为《周礼》研究之

---

① [清]郑知同:《屈庐诗集》,《丛书集成续编》第180册,(台北)新文丰出版公司,1988年,第723页。

杰作，入选王先谦《皇清经解续编》，代表了近代经学研究的最高水平。故郑知同《轮舆图序》说："窃以郑注之精微，自贾疏以来，不得正解，遂如坠云雾，说者日益支蔓，今得此《笺》，而郑义了若指掌，更不患车制不明。"①《礼》学研究大家孙诒让在其《周礼正义》中所取于《轮舆私笺》者甚多。这充分体现了近代遵义郑氏家学在中国文化史上的地位。

"趋庭承旨趣，入室想深闳"两句讲述的是郑知同接受郑珍严格家学教育的情况，从而走上儒学研究道路。"世业惭兴众，犹思绪论赓"两句讲述郑氏家族以儒学研究为祖业，至郑珍辈逐渐辉煌，这使得从小接受儒学熏陶的郑知同感到肩上责任重大，不断思考如何将郑氏家族刚刚兴盛的儒学研究事业继承并发扬光大。该诗所表露的情怀，在《漱芳斋文钞》中也得到体现。《与黎功甫书》云：

> 独国朝二百年，所崇尚汉儒实学，若礼经及小学，二者求之乡先辈，绝无影响，非少其才，由凤会有未开师授，无其人也。故乾隆间虽博闻强识，若陈涵园先生，靡籍不窥，而卒无所就士，生其时欲辞固儦，负淹贯，诚苦无津梁矣。自家大人亲炙程春海侍郎之门归，究心许、郑之学，精粗巨细，得其条理，方倡学南中，已著书数十万言，足以垂世立教。仆自弱冠习领庭训，所好尚者，亦唯经训、篆籀两途，学十数年矣，颇粗识其纲领。窃自忖家学不坠，而环顾同辈中罕见能殚精于此者，期时则不能借口于无渊源，有美材质之子，使徒沉溺时艺，剽袭篇章，而问以古义，瞠目茫如，直卑瘿为怀，果于自陋已耳。昔汉尹道真公北学中国，师

---

① [清] 郑珍：《轮舆私笺》（附图），《续修四库全书》第 85 册，上海古籍出版社，1997 年，第 433 页。

许叔重,受五经大义,归教南中,未闻归教之后有能继道真者,殆非方兴而遂绝乎? 家君之业同有是惧,兹何幸得吾弟踵起任之,宁非斯文道之大行我邦乃如是,绍续得人,故仆切望弟之终有成也。①

此将郑珍直比南土学风的开创者尹珍,认为郑珍"倡学南中","足以垂世立教"。故《续遵义府志》卷二十说:"天下之学在贵州,贵州之学在遵义。"放眼近代中国,此言丝毫不为过。与《闲居杂诗》(其四)一样,郑知同除了高度概述郑珍学术成就外,也讲述了自己自幼所受到的儒学教育,以及对如何继承和发扬郑氏家族文化的深思。郑知同忧虑郑氏家学成为昙花一现,故力邀有志于儒学研究的表弟黎汝弼共担弘扬家族文化的重任。黎汝弼为遵义黎氏家族长孙,天资聪颖,深得祖父黎恂喜爱。黎恂乃近代贵州的大儒,亲自教授黎汝弼儒家经传,对其期望甚高。近代遵义沙滩文化享誉海内外,郑、莫、黎三家,不但血缘关系亲密,而且家族文化也密不可分。黎雪楼是郑珍外公,黎恂不但是郑珍大舅,而且也是郑珍岳父,郑珍的学问很多便源自黎氏家族。而黎汝弼是郑珍外孙,郑知同的表弟,又长期问学于郑珍父子。郑、黎二家文化水乳交融,相辅相成。郑知同对黎汝弼的期望,实际也是对自己的一种勉励。《闲居杂诗》(其四)和《与黎功甫书》,充分表露了郑知同对郑氏家族文化的自豪、担忧和继承弘扬郑氏家学的远大志向。

2. 对传统儒学的敬佩与赞美

对儒学的挚爱,使得郑知同的诗文主题常常不离儒学左右。例如,《谒李同野先生墓》:

_____

① 遵义市地方志编纂委员会办公室编:《郑珍家集》,中国文史出版社,2006年,第147页。

犍山钟毓冠群英，不待文王自挺生。当代齐驱惟孔学，晚年私淑托阳明。千年起儒方无限，北面陈书未足荣。柳下垄全兵燹后，邦人何以重题旌。①

此诗通过凭吊贵州儒学先贤，表达了作者对儒学的无限崇敬之情。郑知同自注云："前明黔中理学诸公，以先生与清平孙文恭公应鳌称最，文恭书室名学孔精舍。""先生官左参政时，与王阳明弟子罗近溪同僚，颇得其力，自以为源出阳明，实则早年已自成学。"② 此诗叙述的是贵州儒学源流，讴歌的是黔省儒学先师，同时表达了对乱世如何继承与弘扬儒学伟业的忧虑。贵州的儒学渊源有自，犍为自古人杰地灵，汉代即诞生过文学舍人这样的经学大师，而有明一代又出现了李渭、孙应鳌等理学大家，贵州儒学有汉学文学舍人的经学内核，又有宋学王阳明的心学精髓，其发展水平一点都不逊于中原。又如，《黎平胡长新，先君子高弟也，官铜仁学博，余来造访，话历年事，以数朝夕，感赋二首》：

痛念先人旧礼堂，仲师承业愿难偿。汝南经术归毋敛，高密碑文属赵商。自足鸿词惊海内，苦搜遗献表桑邦。曲高便恐难为和，清征孤吟只自尝。③

---

① [清] 郑知同：《屈庐诗集》，《丛书集成续编》第180册，(台北)新文丰出版公司，1988年，第729页。

② [清] 郑知同：《屈庐诗集》，《丛书集成续编》第180册，(台北)新文丰出版公司，1988年，第730页。

③ [清] 郑知同：《屈庐诗集》，《丛书集成续编》第180册，(台北)新文丰出版公司，1988年，第731页。

此诗明确表达对汉学的推崇。其一,高度赞扬汉代经学大师郑
玄(礼堂、高密),郑众(仲师)、许慎(汝南)、赵商。其二,高度称颂贵
州儒学之士,尹珍(毋敛)、郑珍(小礼堂)、胡长新。作者将郑珍视为
两汉学统的续接者。同时也表达了自己在儒学追求道路上的孤寂。
类似的:

《次韵答周少房良才》:

先人平生学,巨浸汇百川。南黔辟经术,北海承渊源。篇章
及余事,高摘韩杜传。梦豪见陈良,手障西北天。斯文在人世,
早人心脾镌。侧闻士林谕,几拟独步贤。忝趋诗礼庭,幸廓沧溟
观。螟蛉煦速化,蟾蜍免惭颜。亦匪有异闻,道在腹笥便。莫遽
咤嵇绍,无遇中散缘。汪汪千顷陂,岂酌余波涟。翻惜礼堂业,
时无甄子然。何敢望私淑,把臂相周旋。虽无房子春,那便当
成连。①

《有怀程段二公》:

谁识徽州程侍御,心源一线在经巢。遗编零落知多少,威凤
人间剩一毛。
遥拜金坛段懋堂,汝南绝学独精详。楼空经韵谁传业,应识
西来有瓣香。②

①[清]郑知同:《屈庐诗集》,《丛书集成续编》第180册,(台北)新文丰出版公
司,1988年,第734页。
②[清]郑知同:《屈庐诗集》,《丛书集成续编》第180册,(台北)新文丰出版公
司,1988年,第745页。

这些诗篇均以儒学为主题，一方面表达郑知同对儒学的推崇，另一方面高度赞扬贵州儒学的发展成就，同时表达自己立志从事儒学研究的决心。至郑珍、郑知同所处的晚清时期，贵州儒学发展所取得的成绩斐然，在当时的中国可谓名列前茅。陈夔龙《黔诗纪略后编序》说：

> 黔本梁州徼外地，元明以来，文物始盛。今则东楚西滇，南粤北蜀，实介四省之中而为腹壤，声教涵濡，久成邹鲁。田山姜侍郎论黔中人物，叙其以理学文章气节著，声闻于明代者有数十人，以孙淮海为之最。国朝先达，则周桐野宫詹才名最盛……近世则郑子尹、莫子偲两征君尤为杰出，时称西南二子，是皆大雅扶轮，菁英特达，中原名硕未能或之先也。①

贵州虽建省最晚，但文化发展却不逊中原。特别是近代贵州儒学发展十分繁荣，一跃而居于全国前列。

郑知同对儒学研究颇深，往往对当前儒学发展能提出独特的见解。例如，《孔子庙庭从祀议》云：

> 两庑从祀诸贤，至今日称大备。在汉唐，儒者寥寥可指屈，前则有七十子，后则宋五子以降，绵历数传，数十传，所谓言行赅备，优入圣域之儒，居之令就。二者相较，七十子亲炙孔子者也，一再传而遂罕其人，周、程、张、朱，祖述孔子者也。其后师师相

---

① 徐丽华主编：《中国少数民族古籍集成》（汉文版）第89册，四川民族出版社，2003年，第471页。

授,历宋、元、明而道统不坠,余窃不能无疑焉。①

此讨论的是祭孔典礼仪式。郑知同所处时代,祭孔活动十分热烈。祭孔典礼中,凡儒学先师先贤有贡献者,往往均能在祭孔时,获得从祀的尊崇地位。可以说儒学发展至近代,祭孔时从祀的诸儒学先师先贤排列已经比较完备。孔子的弟子如七十子之徒基本都能获得从祀地位。但郑知同却对如此完备的礼仪表示质疑。郑知同认为,之所以儒学脉络不断,七十子后学的作用十分巨大。因为战国时代文献记载有缺,故孔门一传之后,弟子多半姓名湮灭,但实际上正是这些儒家后学的坚守,才使得儒学香火其后能越来越盛。例如,轩臂、子弓、李克、段干木、田无择、禽滑厘、高行子、曾申、乐正子春公、明仪公明、高公明宣、檀弓单居、离阳肤沈等等之人,往往见称于先秦、唐汉经注疏及诸传记。大都能格致诚正,以修其身为有本之学。故郑知同认为这些儒家后学实际上才应该值得尊祀。此言有理。儒学能在战国后期至汉代得到繁荣,七十子后学功不可没。但据《遵义府志·祀典》,祭孔时,七十子后学中居然没有一人获得从祀,这显然不公允。《孔子庙庭从祀议》郑知同自注云:"作此文后四年癸丑,西庑增公明仪从祀,足见当时学士、大夫即有考论诸贤,有与愚意合者,后当必有议,柑祀如所举允洽,舆论蒙俞允者,则鄙议为不疏矣。"②此说明郑知同的呼吁产生了一定作用。于此,也足见郑知同对儒学的深厚情感。

对儒学的痴情,使得郑知同有时直接将经学作为诗歌描写的

---

① 遵义市地方志编纂委员会办公室编:《郑珍家集》,中国文史出版社,2006年,第139页。

② 遵义市地方志编纂委员会办公室编:《郑珍家集》,中国文史出版社,2006年,第140页。

对象。例如，《再寄蜀中诸友生，属以文字之学，历叙古今原委，得五十四韵》：

　　小学何自昉，先汉肇蜀中。史籀仓颉篇，扬马特博通。顺续勤旁搜，著录承斯翁。凡将与训纂，体概略已充。六文典且要，舍是他末从。汝南重网罗，大成集其终。蓝本十四篇，不能越两公，识字贵析义，破荒仍笮邛。尔雅汇经训，细悉及鸟虫。舍人起犍为，首出殚研穷。推译古名物，抉剔披根踪。孙郭虽擅精，莫掩创造功。不幸早沦佚，无殊残鼎钟。遗说十一存，往往足发蒙。篆籀与诂训，百氏归牢笼。师承溯渊源，乃并基蚕丛。世降渐微昧，缵绪犹偶逢。五季林仲缄，偏旁闶折衷。南宋李肩吾，隶古辨异同。最后迄升菴，缅企奇字风。撰次已肤末，亦见粗磨砻。不谓入国朝，书学方优隆。独迹滥觞地，转蔽如盲聋。岂无高明士，小技蟠其胸。语及本原业，且逊汉学僮。物极讵不返，嗣响谁奋庸。有志笃前修，儒先阴启聪。走于二三子，谊切他山攻。诚能决江河，画导在应龙。侧闻鄙俗论，苦其碍辞锋。雅故求确实，篇章贵清空。欲构藻绮思，大惧骨董壅。岂知轩颉遗，道艺该庞鸿。滋培在根柢，华实畴不丰。染翰直余事，辩彬弥见工。长卿与子云，宁非词赋宗。未闻撰朴学，不利为文雄。食古或不化，因噎寻废饔。艺林日浇浮，正坐谫陋佣。诸君各英挺，力足开天梦。久已遗元珠，要亲探骊宫。其事良琐贽，补衲耐缀缝。众蕊和酿蜜，渐觉滋味浓。百琲得条贯，环照交玲珑。恰符活字版，错施随取供。大用无小就，蕴积须从容。近代蓁昌明，尚易窥藩墉。著述复繁富，又费兼鱼熊。亦有好异徒，新奇出重重。五色防目迷，慎别紫与红。骥足匪一踯，牛背明双瞳。寄声等嘤鸣，聊

效求友忠。何时快促席,捭阖驰横纵。同好谅不违,水乳应
交融。①

郑知同最擅长小学,此诗无异于精简的文字学发展史。郑知同
为友人详细讲述文字之学的古今源流,娓娓道来,学术色彩十分浓
郁。以经学入诗,将经学内容直接作为诗之写作题材,此足可见郑知
同对儒学之钟爱与熟悉。

3. 对乱世儒学的忧悯与坚守

郑知同生逢乱世,在满目苍夷、民不聊生的社会背景下,儒学发
展遭遇巨大困难。尽管自己生活艰难,但郑知同深深忧虑的却是如
何继承和弘扬儒学事业。这些困境中的坚守与忧虑在诗篇中得到充
分表露。例如,《巢经巢遗书咏示儿》:

> 经巢藏书强半毁,烬余千种经十徙。担负随身遍黔蜀,得自
> 艰勤益尊视。先人手迹况未泯,雠校丹铅满经史。挈瓶守器尚
> 不假,敬宝遗编固其理。古来善读不善藏,徒夸插架只曾耻。己
> 虽不敢命鸿博,家学渊源幸堪企。转念初据全盛,历久寻思怅
> 难已。我邦自昔罕聚书,但解买田遗子孙。独有锄经偕影山,参
> 我旧巢同鼎峙。百车汇作三家村,四部醲醹备醇美。壮年容我
> 悉心醉,吮淑英华听驱使。那知造物忌盈满,两家贼剧无片纸。
> 我时力争出陷阱,宁取湘帙弃行李。一任旁观笑痴騃,誓与坟典
> 共生死。仓皇捆载亦何危,烈焰燄燄及闾里。当时倘或稍畏缩,
> 毕生讵复能购此。匪惟古本世稀有,坊间近刻亦难市。茫茫兵

---

①[清]郑知同:《屈庐诗集》,《丛书集成续编》第180册,(台北)新文丰出版公
司,1988年,第746页。

燹周四海，群凶专壹仇文字。传闻汲古与天一，累代丛编且倾毁。魏巍四库列南北，盗窃烧残叹同揆。大江左右号书薮，竭来间可收尺咫。古籍销磨过廿年，讵不沦亡百千氏。存者寥寥向曙星，知待何年更能梓。斯文未丧实巨厄，那易收藏昔年似。后来有志嗟罕觏，如我蓄储已称侈。他时就不复哀多，考据词章聊足恃。政恐儿曹不知惜，感赋长篇究终始。安得尔辈绍箕裘，三复斯言当提耳。①

　　文献是学术研究的基础。近代遵义沙滩文化的繁荣，就是建立在丰富的藏书基础之上的。黎雪楼在浙江桐乡做知县，返乡时运回大量图书文献，藏于黎氏家族的藏书楼锄经堂。同样，莫氏家族建有影山草堂，专门用来藏书，莫友芝晚年在江南一带访书、搜书，向遵义影山堂运回大批图书。而郑珍的巢经巢，也藏有大量文献。"锄经堂""巢经巢"，顾名思义，这些藏书中以儒家典籍为核心。在贵州，藏书并非易事，但由于社会动乱，郑、莫、黎三家藏书遭受浩劫，多半损毁。剩余的文献，幸亏有郑知同这样痴迷儒学者舍命保护才得以残存，贵州儒学发展的脉络也才能够得以延续。咸、同间，天下动荡，图书遭受厄运，著名藏书之处汲古阁、天一阁以及四库全书均受到严重损毁。莫友芝晚年在曾国藩幕府的主要任务就是到江南一带搜寻残损的四库全书。莫友芝日记载：

　　　　同治四年（1865）正月廿一日丁巳：奉使相札，命往扬州、镇江一带搜求乾隆间颁存文汇、文宗两阁《四库全书》散失零星

---

①［清］郑知同：《屈庐诗集》，《丛书集成续编》第180册，（台北）新文丰出版公司，1988年，第721页。

之本。恭藏以待补缮。闻镇江之阁在金山者悉为灰烬,唯扬州一阁经乱分散于民间市肆,或犹有一二可寻也。①

咸、同乱世中,图书损毁十分严重。特别是扬州、镇江所藏文汇、文宗两阁《四库全书》被毁十分令人痛惜。"魏巍四库列南北,盗窃烧残叹同揆"无疑表达了郑知同对天下图书所遭受浩劫的深深悯惜之情。

贵州文献在咸、同间被毁,莫友芝日记有详细记载:

> 同治元年(1862)四月廿六日戊寅:得彝儿二月十六日所寄信,言……去年十月湄潭贼犯乐安里,半成灰烬。金粟、钮经之屋皆无存,至正月十一,慕耕之宅已毁,巢经亦被焚。前寄存慕耕处典籍幸詹琼芸、王怀钰、白瑶圃为借项先移出,经巢所藏犹存三之一,金粟、钮经俱无存,真可惜也!②
>
> 同治六年(1867)十一月十二日辛酉:得莼斋及两儿信……莼斋信谓故乡满目萧条,邻匪时时骚动,影山文籍大部尽毁,存者十之一二而已。③

这里讲的是遵义沙滩郑、黎两家藏书被毁的情况。同治时期,贵州农民起义,遵义成为一个主要战场。这场社会动荡,对图书摧毁十分严重。近代贵州儒学能在如此艰难困境中不断发展实属不易。也正因为有郑知同等人"宁取湘帙弃行李""誓与坟典共生死"的执着

---

① [清]莫友芝撰,张剑整理:《莫友芝日记》,凤凰出版社,2014年,第130页。
② [清]莫友芝撰,张剑整理:《莫友芝日记》,凤凰出版社,2014年,第88页。
③ [清]莫友芝撰,张剑整理:《莫友芝日记》,凤凰出版社,2014年,第229页。

精神,贵州的文化才能在逆境中不断开拓进取。

　　二、对现实的关注与批判

　　孔子说："《诗》可以兴,可以观,可以群,可以怨。"① 观风俗之盛
衰与讽刺批判现实,成为儒家诗教理论的重要思想内容。《毛诗序》
也说:"国史明乎得失之迹,伤人伦之废,哀刑政之苛,吟咏情性,以
讽其上,达于事变而怀其旧俗也。"⑧ 关注现实与批判现实的风雅精
神成为文学创作的重要指南,这在郑知同的诗歌作品中也得到充分
体现。

　　1. 社会动乱之实录

　　咸、同时期,贵州动乱频仍,社会凋敝,民不聊生。郑知同携家带
口,背井离乡。在流亡逃难的艰难历程中,诗人亲眼目睹社会惨状,
用自己的文笔生动记录下了一幕幕痛苦的现实,呈现出强烈的以诗
志史色彩,高张了儒家批判现实的风雅精神。

　　例如,《避乱纪事,赠别二珊姊婿八十韵》:

　　　　甲寅八月朔,群盗据桐仁。娄山失要隘,寇祸延于遵。万夫
　　守雷台,蚕食四境民。行及我里间,大人思走匀。无术保桑梓,
　　先去谁得论。却虑失民望,况乃偪岁寒。道复阻且长,播迁愁苦
　　辛。君忽只身来,为言巨因循:"不幸罹危难,上节重辱身。战
　　守无可恃,团练空云屯。见几不俟日,那容再逡巡。贼来如驱羊,
　　害至徒俱焚。翁今况就禄,正籍逃妖氛。国家久承平,民不知从
　　军。吾力不能出,计惟附族姻。有叔走黄平,将母去乌蛮。妻儿
　　当累翁,相携共风尘。童颠父与伯,不知更何奔? 但获首领全,

――――――――――――――

① 程树德撰,程俊英、蒋见元点校:《论语集释》,中华书局,1990 年,第 1212 页。

那顾骨肉分。翁定走匀路,取直经云门。稍旋自吾里,可辞纤道艰。可奈挟群幼,冒险羊岩津。吁嗟计已熟,迫切来痛陈。"听罢仰天叹,欲语声先吞。拔脱虎豹场,可免崎岖患。嗒然共携手,上堂启尊颜。再拜泪如雨,具述委与原。寒灯定行策,翻身君即还。山堂沸如汤,行李粗缮完。笋篮异二人,妻妹同冲寒。丁弟共我步,行行两河滩。近贼十余里,乡团蜂蚁攒。舟师早停渡,断崖胜盘桓。殷勤告团长,逼仄踰巨川。月黑趋君家,胆缩如临渊。君母去不谐,且将甥姊前。相送君益悲,午饭章王村。更商还奉亲,我待两晓曛。僾来急如飞,忼若重生欢。明旦渡湄水,骇绝非等伦。潭落万丈底,不敢窥缩根。两壁一线径,入地还升天。旌旗晃烟树,城堞盘云关。缘崖列枭首,秽恶逾腥膻。战战出鬼窟,那堪回再观。胆舒即前路,高下投峦烟。北风朝怒号,老幼各冻皴。数里辄小憩,得火环就温。行者借劳暖,渐苦精力屛。陟阪相挽推,并路时凭肩。足力日不支,更瘝生胝瘢。亭午问宿路,往往卅里贤。缩地既无术,安得施羽翰。眼穿忽指至,急如骥奔泉。入户安上下,无暇问盘餐。救渴七碗茶,伸足卧草菅。倦起甫觉饥,送饭如馄饨。终夜那反侧,殭死晓共姗。开门是何处,惟看山复山。抵匀十五日,回首成经年。无钱僦广宅,低首审校官。朽腐更狭陋,廿口居三间。补葺置几榻,撑拄身不旋。草草办食具,釜甑依颓垣。姻家宫囊薄,相贷时觉悭。饔食遂拮据,仰屋时浩叹。有蔬或无米,有水常少薪。食顷一阒聚,匙箸交相翻。转瞥已狼籍,不饱空相看。数促已至此,天祸仍未竣。半月殇两孩,五情皆填塞。乃祖失掌珠,悲怆来无边。子妇诟敌哀,言笑强慰安。所幸两雏甥,怡情犹后先。姊妹亦双双,左右娱晨昏。忽闻扫槜枪,速归丁与君。整驾各挈家,势无容更端。嗟嗟二珊子,别矣听一言:生死自命定,困穷原偶然。从古

有离合,何得不散筵。所悲诸苦并,能无摧肺肝。流离自今始,
艰厄知尚缠。还家速安置,日望回征鞭。挥泪怳如梦,矗言遂
成篇。①

咸丰四年(1854),贵州农民起义如火如荼。遵义成为当时起义
军与清朝统治者斗争的主战场。郑知同亲身经历了这场残酷的社会
动乱,用诗歌详细记录了当时的战乱情状。其中有对战况的描写,更
多的是对乱世中民众流离失所、仓皇逃难社会惨剧的记载。郑知同
与父亲商量,决定逃奔都匀,临行前与留在遵义的亲人忧伤惜别,亲
人依依不舍,相送村口,反复叮嘱,约定乱后的相聚重逢。这种生死
未卜、不知未来的期待,凸显战争对人性的无情摧残。特别是奔波流
离中,郑知同的小女和小儿,因为饥饿与疾病,在短短的半个月中相
继死去,"半月殇两孩,五情皆填塞",至亲的逝去对诗人接连残酷打
击。这种悲痛,诗人有专门诗篇记叙:

《如达女痘殇于除夕前一日,哭之》:襁负连朝犯雪花,艰难
转徙更无加。不缘脱命宁携汝,还望归山竟舍爷。恶疾无端摧
玉骨,残魂莫便逐风沙。早知入劫逃难免,总死何须定去家。②
《阿庞儿又痘殇于上元前一日,哭之》:半载儿生梦幻中,依
然木箧付城东。得无药误将谁怨,终是时乖讶许穷。泉路不孤

①［清］郑知同:《屈庐诗集》,《丛书集成续编》第 180 册,(台北)新文丰出版公
司,1988 年,第 712 页。
②［清］郑知同:《屈庐诗集》,《丛书集成续编》第 180 册,(台北)新文丰出版公
司,1988 年,第 711 页。

应识姊,天涯触望独怜翁。祖茔他日能归骨,搉汝双骸地一弓。①

儿女的逝去,郑知同也只能在诗歌中"哭之"而已。因为尽管"悲怆来无边",但为了更多亲人的逃生与保命,"子妇讵敢哀,言笑强慰安",有悲不敢哀,有痛不能言,这是对惨绝人寰的战争的血泪控诉。郑知同的笔下,虽然更多的是对逃难中民生百态的描写,但也不无对封建统治的批判。"无术保桑梓""战守无可恃,团练空云屯""乡团蜂蚁攒""胆缩如临渊"等诗句,实质揭露批判了清朝封建政权腐朽无能。

又如,《兵火之余,里中屋闾尽毁,惟姻家别墅尚完,偶独来游,地已荒废,聊胜摧残,即景志感》:

> 亭屋无恙惜荒芜,也玩余春到日晡。浅草侵庭生蚱蜢,落花黏网误蜘蛛。游常依岸鱼遗子,飞怕离巢鹊护雏。回忆午山名胜地,那堪楼阁化樵苏。②

诗篇主题在题目中已表露无遗。这是对战争之后乡村凋敝荒凉景象的描写。客观的记录、冷静的描写,实质揭露和批判了兵火对社会的严重损害。

2. 忧国忧民之情怀

例如,《辍耕叹》:

---

① [清]郑知同:《屈庐诗集》,《丛书集成续编》第180册,(台北)新文丰出版公司,1988年,第711页。

② [清]郑知同:《屈庐诗集》,《丛书集成续编》第180册,(台北)新文丰出版公司,1988年,第723页。

斗粟登场三百钱，时经春夏常值千。农贫岁熟辄贱售，明年买贵来耕田。无钱更苦屡称贷，一石偿以数石贤。不尔先时粜新谷，价视秋成还半捐。未耕已食又得少，剜肉补疮医眼前。纵今丰穰不到口，年年负累那堪填。谷贱伤农自古病，今更低昂无一便。富者益富利无算，贫者愈贫情可怜。去冬瘟甚牛遍死，初正买犊须腰缠。困约无资坐束手，春深未耜犹高悬。闾井萧条起愁叹，强半亭午无炊烟。难服先畴去服贾，东走两湖西入川。陇头空自水活活，孰把锄犁来陌阡？稼穑艰难此为极，我能独饱无心煎。谁为农使劝平粜，呜呼不假书生权。①

此篇深刻描绘了在自然灾害严重的情况下，封建统治者对百姓的残酷剥削。天灾人祸双重摧残，使得"富者益富利无算，贫者愈贫情可怜"。抒发了诗人对黑暗社会现实的强烈不满和对封建制度残酷压迫下农民的深深担忧和同情。同样，《悯农篇》：

我行田野间，我心苦农耕。干戈方罢休，饥馑还相撄。冬旱及春仲，土膏不上生。二麦犹寸苗，戎菽无尺茎。所恃入夏粮，望望难收成。里中本瘠土，民食岁屡更。十室有五六，不能长饱秔。薯芋接冬余，菽麦充夏正。可怜插禾时，干麮馅田氓。蚕豆更粗粝，枯肠作雷鸣。就令满囷窖，固已非粢精。此犹不足餔，天公独何情。不见丧乱际，连烧仓庾赪。木皮春作饼，野蔬煮为羹。弱者委沟壑，强者勉支撑。尚不自降北，苦与贼战争。惨苦数已极，忠愤神可旌。遗黎况无几，依然辛苦并。阡陌不辨识，

<hr>

①〔清〕郑知同：《屈庐诗集》，《丛书集成续编》第180册，（台北）新文丰出版公司，1988年，第722页。

蒿莱长纵横。高田任弃置,低亩芰榛荆。生硬艰鉏犁,硗确难滋荣。倍力或半获,那足填贫坑。稍乞免饥馁,已胜厌割烹。仍恐寇祸复,讵敢奢念萌。民力已困竭,民心归朴诚。何悋降丰穰,俾能享坻京。始信老氏言,凶年继大兵。却亿劫夺时,今此犹为赢。闾里善修德,穹苍固持平。勤俭复敦庞,不请当倍庚。我田亦龟坼,共期沟浍盈。①

诗篇题目已经表达了主题,也是对天灾人祸双重打击下农民惨苦生活的深深悯惜。类似的,《秋雨叹》:

久雨不出户,天愁人更愁。肯放十日晴,两愁俱罢休。孤负好溪山,掷向濛濛秋。顾我太闲适,无妨阻游眸。可闵山中农,不能种麦辫。节候过荣菊,及时那可求。频年谷不登,如病耗难瘳。今兹虐旱魃,亦间伤螟蛑。或无御冬蓄,不如禽养羞。蜀地赤千里,饥民竞来投。邑增数万口,歉岁尤难周。其间业农户,给令耕荒畴。纷纷百技辈,素不操锄耰。食粟家过六,安饱何道由。岂值谷昂贵,行见转壑沟。穷饿百巧生,风俗逾奸偷。明年麦失时,土著亦亡流。人无救荒政,天殃连不收。我邦凋敝余,十室一二留。剥极复恬熙,谓可含哺游。彼苍诚难问,补救期人谋。鸿嗸满中泽,谁为杞人忧。幅锦倘容制,试可游刃不?②

诗人对久雨伤农表示深深忧虑。

①[清]郑知同:《屈庐诗集》,《丛书集成续编》第180册,(台北)新文丰出版公司,1988年,第718页。

②[清]郑知同:《屈庐诗集》,《丛书集成续编》第180册,(台北)新文丰出版公司,1988年,第725页。

再如，《东征叹三首》：

> 东征一岁又虚掷，须发徒添数茎白，举世悠悠复何适。服盐亦既遭王良，尚歉驽骀饱氄石。
>
> 东征不缝姑射仙，厌见蛮貊薰腥羶，杞人到此真忧天。夷裔富强我羸瘵，当途犹自高枕眠。
>
> 东征谁谓瞻日近，烂羊续貂到髫龀，贱士摧颓抱孤愤。欲折若木清曦辉，云霓前御赫雷殿。①

此诗的"东征"，指的是光绪时期中国与西方列强在中国东部沿海的战事。郑知同写此诗时，人虽在偏僻的西南一隅，但心系天下，高度关注国家的命运。《东征叹三首》，诗人仰天长叹的是统治阶层任用无能之人，致使贤良被压抑，报国无门，深刻揭露与批判统治集团对外敌侵略的一味妥协。表达了郑知同忧国忧民的强烈社会历史责任感。

3. 社会不公之批判

例如，《汲汲吟》：

> 出门见褴褛，乞钱市糠秕。旁有零丁儿，索食方饥啼。入门见高宴，酒酣罗庶羞。厌饫箸不下，唇吻脂横流。通阓数十里，联袂骄罗绮。炫赫轩冕场，貂狐益鲜美。却顾穷庐间，翁媪衣百结。疲癃更无告，被草骨几折。豪右日淫纵，孤穷滋不聊。擅权称材官，遑问屯其膏。民政信如此，鱼游沸汤里。数罟且四增，

---

①〔清〕郑知同：《屈庐诗集》，《丛书集成续编》第 180 册，（台北）新文丰出版公司，1988 年，第 747 页。

蕴利孽斯起。可尽孱懦辈，坐甘沟壑填。见说今跳梁，昨往皆颠连。莫在作鹯獭，海氛正潜煽。诸君何所恃，百年保安晏。①

"出门见褴褛"，这是普通民众的生活现状；"炫赫轩冕场"，这是达官贵族的生活景象。贫富悬殊，冰火两重天。此诗将下层劳苦大众的困苦生活与统治阶层的腐朽奢靡生活进行对比，表达了作者对社会不公的强烈不满、对下层百姓的深深同情和对统治阶层残酷剥削的深刻批判。

又如，《慎初又次原韵悯时政，伤末俗，依其意三叠韵答之》：

鹜在鱼梁鹤在林，时方颠覆孰能禁。鲸鲵无日忘吞噬，龙虎何年见啸吟。梼昧居然藩屏寄，书生徒仰庙堂深。闲云尚有为霖志，肯便滂沱慰素心。

沪上年来号最睔，夥颐压倒几章华。精英收括三千界，奇丽争雄十万家。谳罢金灯还走马，歌残海日已翻鸦。荒荒不夜倾城乐，那管谯楼晓暮笳。

六合澄清等俟河，不闻激浊只扬波。蛮夷猾夏曾无比，天子当阳待若何。世岂寡能皆录录，才非益办苦多多。彼苍厌乱知何日，壮士徒悲斫地歌。

软语新声度夜阑，红楼十里半钩栏。梦残蝴蝶空阿堵，冤锁姮娥闭广寒。儿女牵肠多少在，英雄回首去留难。豪华最是悲凉地，漫作风流雅乐看。②

---

① [清] 郑知同：《屈庐诗集》，《丛书集成续编》第 180 册，(台北) 新文丰出版公司，1988 年，第 750 页。
② [清] 郑知同：《屈庐诗集》，《丛书集成续编》第 180 册，(台北) 新文丰出版公司，1988 年，第 751 页。

　　此诗揭露和批判统治阶层的荒淫与无能。"蛮夷猾夏曾无比"，指外敌不断侵略，但面对内忧外患的动荡局面，统治阶层却"荒荒不夜倾城乐，那管谯楼晓暮笳"。统治阶层的醉生梦死与奢靡腐朽，使得诗人奋笔疾书对其进行无情鞭挞。

　　近代贵州儒学发展十分繁荣，此得益于贵州众多儒者坚持不懈的努力。即使社会动荡，郑珍等一大批学者仍然坚持儒学研究而不辍。家学以及崇儒社会氛围的深刻影响，使得郑知同具有十分强烈的儒学情结。郑知同用具体的文学创作践行其对儒学的服膺、推崇与赞美，表达出近代贵州文人对儒学的热爱与追求。郑知同诗文创作的儒学化只是近代贵州文学发展中的一个个案，类似现象较为普遍，文学儒学化是近代贵州文学发展的重要特征。近代贵州的文学发展十分繁荣，推动近代贵州文学迅速发展的动因很多，其中儒学对文学的影响巨大而深刻。

第四章　遵义宦氏家族文化与文学

遵义宦氏乃近代贵州的重要文化家族。其家族文化发展十分注重儒学建构,以诗书耕读为传家法则,特别是以宦懋庸、宦应清父子为代表的宦氏家族成员,走出贵州,不断学习,开拓了家族文化发展视野,以儒家经学为本,以文学陶冶性情,形成了颇具个性特色的近代家族文化。

第一节　《屏凤山庄箕裘集》及其儒学内涵

遵义宦氏乃贵州重要的文化家族。宦原本稀姓,人文不振,族姓式微。但自从其中一支自四川江津迁居遵义后,逐渐人文蔚起,人才辈出,成为贵州乃至全国颇有影响的文化家族。

遵义宦氏编有《屏凤山庄箕裘集》,这是其家族文献的汇编,关于遵义宦氏家族的发展演变及其家族文化与文学的内涵与特点,在这部家集中均能得到充分体现。家族文化是贵州文化的重要组成部分。探析遵义宦氏家族文化的内涵、特点及成因,对进一步研究贵州文化的发展有重要意义。遵义宦氏家族的文化内核就是儒家思想,该家族的成长与发展史,实质就是对儒学的接受与传播史。遵义宦氏家族能成为文化家族,这实际上就是该家族成员对儒学学习与运用能力的一个不断提升过程。

从儒学与文学视角看，遵义宧氏的家族文化又体现在两个方面：其一，该家族文化的不断儒学化，直接影响到家族成员的诗文创作，例如，科举对儒学的强化，直接影响到宧氏家族成员的制艺文章与试帖诗歌创作风格与主题的选择。其二，《屏风山庄箕裘集》收录了大量晚清民初的家族成员之诗文作品，而这些诗文蕴含丰富的儒学内容，探析这些诗文的儒学内涵，可以直接认知近代贵州文学儒学化的表现与特点，对揭示近代儒学与文学互动有重要作用。

一、《屏风山庄箕裘集》的编撰及其体例

《屏风山庄箕裘集》是遵义宧氏家族的家集，由遵义宧氏第八世子孙宧应清编辑，于1917年在武汉铅印出版。在宧应清之前，遵义宧氏家族尚没有如此规模宏大的家集。虽然也有一些诗文集编纂，但多为零星刊刻，如宧大猷在其父宧儒章殁后刊刻其遗著《凤屏遗文》，黎庶昌刊刻宧懋庸《辛斋文钞》《辛斋诗钞》等。由于缺乏系统收集整理，遵义宧氏家族成员诗文佚失情况特别严重。鉴于此，宧应清方才立志整理汇编家族文献。江津宧应铨《屏风山庄箕裘集序》①说：

> 顷，诲之书来，谓先代著作久寖毁失，拟刊《屏风山庄箕裘集》，汇六代残篇断简，为十七卷，而附以《家乘》《氏族续考》《吾家童子暂行教育法》暨自述等五卷留示子孙，并以分赠诸族云云。吾窥其大较则自其太高祖桂阳公以下，代有著录，或出遗稿，或出家刻本，或出诸家选本，或录亲旧藏稿，片纸只字，搜辑

①［清］宧应清：《屏风山庄箕裘集》，民国六年（1917）武汉铅印本。下文所引《屏风山庄箕裘集》资料均采自该文献，不再重复出注。

不遗余力，其保存手泽之意深矣。

遵义宦家本由四川江津迁徙而来，迁居遵义后，与四川江津宦家几乎无联系。因宦应清佃户负贩至江津，方才得通书信。据宦应铨序可知，宦应清不但曾给宦应铨写过书信，告知编辑家族文献的目的和内容，而且亦将《屏凤山庄箕裘集》书稿给宦应铨看过，故宦应诠在序中对《屏凤山庄箕裘集》有详细评述。宦应清编辑家族文献的动因就在于"先代著作久寖毁失"。关于这一点，其《屏凤山庄箕裘集叙略》说得更为详细：

> 屏凤山庄者，吾始祖定益公自江津迁遵义所卜居也。再传为二世祖元生公即补博士弟子员，惜手泽已无存者。三传为先太高祖宪菴公，始有《凤屏遗文》一卷，杂作附焉。盖公殁后，先高祖墨泉公作刊也。墨泉公谱叙言屏凤山者，再所刊先太高祖遗文，乃曰凤屏，始取屏凤为屏之义钦。今《凤屏遗文》依旧刻本而此集则名曰《屏凤山庄箕裘集》，盖宪菴公以下，吾高曾祖考以至吾身皆生是庄。今汇六代之残篇断简而合刊之，弓冶箕裘，系是庄矣。先代遗稿既多散失，存者或毁于火，仅此断简残篇，苟不急付手民，岁月改移，人事迁变，恐只字不复存矣，此集之刻讵能已乎！

先代著述散失十分严重，若再不汇集出版，恐怕仅存的断简残篇都会只字不存。宦应清感到一种前所未有的责任与义务，故急切收集整理家族文献，终于印刷出版，了却一桩心事。

《屏凤山庄箕裘集》今存1917年武汉铅印本。该家集采取按世次先后顺序编辑，从宦儒章至宦应清，一共收集了遵义宦氏六代的著

述,时间跨度约 200 年。除宦懋庸和宦应清的著述没有全部收录外,
其余遵义宦氏家族著述为穷尽式收集。关于宦懋庸和宦应清自己的
未收之作,《叙略》中有说明：

　　先子著作十余种,《文钞》《诗钞》《诗余》《播变纪略》四种,
有清光绪甲午（1894）经黎莼斋先生（庶昌）刊于川东道署。《论
语稽》一种,辛亥壬子间吾已刊行,其《六书略平议》《说文疑证
篇》《备忘录》三种,皆卷秩繁重,俟他日另刊。其《读史记稗言》
《读前汉书私记》及制艺百余篇亦在迹儿寓中被毁,故刊入此集
者仅试帖一卷。

　　吾《诗钞》《文钞》《诗余》及《丧明录》《滑稽录》《虞初别
志》等诸种,辛亥年已汇为《汉上消闲社主集》刊附《汉上消闲
集》后,越今六年,只得文数首,又于旧书中检得《甲午纪刘燕飞
事》一首,汇为《文钞续集》一卷,叙第十四。制艺,旧有数百首,
戊申年悉在迹儿寓中被焚。今儿辈于故簏中检得数纸,半多残
缺,仅录完篇二残稿,叙第十五。年来著有《汉上消闲社主诗钞
续集》《湖海度劫草》一卷,《荆楚新岁时草》二卷,《长乐野老吟
草》一卷,《鸡鹜争食草》一卷三集,《汉江革命潮流草》二卷,《两
岸猿声草》一卷,《汉家箫鼓草》二卷四集,《嵩山王气吟草》□
卷（此系补作尚未告成）,《当涂谣》一卷,《河山再造草》一卷,
均卷帙繁重,他日另刊。

　　宦懋庸和宦应清的部分著作未被收录进《屏凤山庄箕裘集》,未
收的原因有二：一是这些著述已经刊刻,且时间未久,流布较广,没必
要重复刊印。二是部分著作体量太大,一时难以完成,只能他日另刊。
今宦懋庸的《辛斋文钞》《辛斋诗钞》《六书略平议》《论语稽》《播

变纪略》以及宦应清《汉上消闲集》几种刊布较广,均易见,亦足见当时未重复刊刻是比较明智的。

《屏凤山庄箕裘集》的总体结构由宦应诠的序、宦应清的叙略、六代诗文、校勘记四部分组成。六代诗文所收的著述分别是:

第一代宦儒章,有《凤屏遗文》和《凤屏遗诗》。《凤屏遗文》是在原刻基础上的重新编辑,原刻先制艺后附杂作,今先杂作后制艺。《凤屏遗文》又分上下编,上编即杂作,共4篇:《清濂溪书院租息志》《移建永州府学宫记》《祭史太封翁文》《祭睢观察文》。下编乃28篇制艺,原家刻本放在第一卷,重新编纂时放在杂作之后,这是因为"今帖括久为世诟病,故取杂作、内志、记、祭文等四篇为一卷,叙第一。而移制艺叙第二。制艺固不可问世,然留祖宗手泽以示子孙,则无不可也"。制艺题目主要取自《大学》《中庸》《论语》《孟子》等,有平时课艺作品22篇,有乡试作品3篇,会试作品3篇。《凤屏遗诗》是从各文献中辑录的宦儒章诗歌。录自《播雅》9首,《黔诗纪略》1首,原家刻本6首,共计16首。

第二代宦大猷,有《墨泉遗文》,今只存《族谱序》1篇。有诗稿《任天吟草》,今只存《对菊》1首。

第三代宦廷铨,著述有《敬思堂文稿》《敬思堂诗稿》《敬思堂试帖》。《敬思堂文稿》分上下编。上编主要是论、记、序等,含几首诗歌。《敬思堂文稿》下篇主要是制艺作品。其中又分上下两部分。第一部分33篇,照遗稿录刊,第二部分实际只存32篇目录,原稿均已佚失。此与《凤屏遗文》下编一样,都是科举考试产物。《敬思堂文稿》从文体看,类型较丰富,有课艺之类的议论文,有史实考证的学术文章,有寿序、诗集序、阁楼序等,也有题画像诗及序、安神主祭文及骈体赠文。《敬思堂诗稿》存诗193首。《敬思堂试帖》为科举考试产物,存诗45首。

第三代宦廷臣，有《简堂遗诗》，存诗 2 首。

第四代宦必济，有《子蕃遗文》，只存 1 篇文章"祭莫犹人先生文"。有《江南游诗钞》存诗 6 首。

第五代宦懋庸，有《宴薮室主人试帖》40 首。亦为科举考试的产物。

第六代宦应清，收录其著述最为丰富，分别是：

（1）《汉上消闲社主文钞续集》上编、下编。上编文章主要包括寿序、诗集序、族谱序、墓志铭和人物传记等。下编主要是制艺作品，宦应清本来有数百篇制艺文章，但光绪戊申放在其儿子寓所遭火灾烧掉，今只辑录得全篇 2，残稿 2。

（2）《汉上消闲社主诗钞别集》。收录有关家乘的诗歌 19 首，甲午旧作 11 首，共 30 首。

（3）《汉上消闲社主试帖》。收试帖诗 43 首。

（4）《家乘》。是对遵义宦氏家族各支发展源流的记叙。

（5）《氏族续考》。分甲乙丙丁戊己庚辛壬癸十编，甲编是对整个宦氏远近诸族有关情况之考述。例如《宦氏文献年表》辑录的是北宋至光绪宦氏家族发展概述，涉及一些关键人物朝代及事迹。乙编是《屏凤山庄本族纪略》，辑录遵义屏凤山庄宦氏家族的源流，其中世系共涉及十二世，内容十分详细。从丙至癸编，分别辑录的是全国宦氏各支的源流情况。

（6）《吾家童子暂行教育法》。这是宦应清撰述的关于本族子弟教育的经验与规定，其中摘录了不少同时代教育资料，涉及中西文化的学习问题。

（7）《屏凤庄旧主自述》上下编。上编是宦应清对自己人生经历和思想的总结性自述，特别是对自己在新旧社会政治与文化转变时期的言行与态度，记叙细致，无异宦应清晚清民初的心灵发展史。下编是宦应清关于医学知识的认识与经验,记录了很多治病方法、案例和药方。

总之,《屏凤山庄箕裘集》在编列每一代著述时,往往是先列人物传记,再列作品,制艺文章往往还会引述其他人的评论。

二、《屏凤山庄箕裘集》的儒学内涵

家族文化必然有自己的文化内核,遵义宦氏家族亦不例外。遵义宦氏家族的文化内核就是儒家思想。其宗祠中厅对联云:"诗礼传家肯读书方称令子,谦和处世不多事便属贤孙。"此不但高度概括了遵义宦氏家族的家风家规,也阐明了该家族文化的儒家思想本质。"诗礼传家",这是尊奉儒家思想的典型文化家族。而作为遵义宦氏家族的家集,《屏凤山庄箕裘集》则集中体现了儒家思想之家族文化内核。这是宦氏几代一脉相承的家族文化特质。

先看第一代宦儒章,"儒章"其名便显示出崇儒的色彩。道光《遵义府志》卷三十四载:

> 宦儒章,字舍光。其先本姓关,元时避兵黄州,更姓夐(音缓)。后由江津籍播。父奇遇,补诸生,学使以姓不典,因更宦。儒章生而俊秀,天性孝友。乾隆壬申(1752)进士。初知广西灌阳县,邑西九龙岩有矿可采,奸民上呈请开,儒章以有名无实,且多损民坟,力持不可而止。调知崇善县,县旧有柴马田,例民应派,不足,杂以妇女轮充,累民甚。至是悉除之。病丽江书院隘,捐俸建崇山书院。俸满,内补太常寺博士,升吏部考功司主事。一年,出知湖南桂阳州,旋署永州府。以学官未协形势,率绅民迁建,群颂德政焉。在桂阳建鹿峰书院,暇为诸生讲授,文教因大兴。儒章练达治体,所至,人称神明。而忠恳廉洁,毫无矫饰。

为文亦根本经术，尝曰："读书务得先哲精意，身体而力行之。"
年六十三卒。①

　　宦儒章为乾隆十七年（1752）进士，是遵义宦氏家族文化发展的
奠基者。其打下的家族文化基础便是儒学。"天性孝友"，与"儒章"
之名十分吻合，似乎注定宦儒章的崇儒与生俱来。其政措注重民生、
创建书院、大兴文教，这些都是儒家政治思想的基本要求。特别是"为
文亦根本经术"，则揭示了宦儒章文学创作的经学化特征。这点，在
《凤屏遗文》中有充分体现。《凤屏遗文》上下编。上编包括《清濂溪
书院租息志》《移建永州府学宫记》《祭史太封翁文》《祭眭观察文》。
这些文章充满浓郁的儒学色彩。如《清濂溪书院租息志》：

　　　　濂溪书院，前太守魏公绍芳所建，崇祀濂溪夫子者也。前
　　有堂后有寝，左右有舍，中有校士之所。其东则设义学，西又建
　　社学，俾合郡士子负笈而来者肄业其间。时时瞻道貌而溯渊源。
　　休哉！斯文在兹，而吾道有传人矣。余于辛卯冬（按辛卯为乾
　　隆三十六年，1771）由吏部出守桂阳，越明年，视篆永郡，下车之
　　初，即访求名山隐迹，博征文献而于镇永楼之麓得书院焉。急修
　　弟子礼，展谒濂溪夫子遗像，第见庭宇积尘，墙垣欲圮，低徊久
　　之，旋循墙而西问，所谓社学者，则已墟矣。复转而东，小屋三层，
　　门壁脱落，询之则为义学。其中肄业之士亦寥寥无几。盖皆由
　　膏火不充，修理无具，以致文章荟萃之区，等而为野寺荒禅之地。
　　嗟乎！此岂前太守魏公之意乎！惜余交替在迩，未克经营而培

────────────────

① 黄加服、段志洪主编：《中国地方志集成·贵州府县志辑》第 33 册，巴蜀书社，
　2006 年，第 143 页。

植之,然听其倾败,不急为清理,恐年日久远,且致湮没。爰呼掌吏,查出司马塘等处租息若干,镂刻于石,以志不朽。又于头门右侧,建屋三间,雇募斋夫,以司启闭。至于增建屋舍,措置膏火,俾来学者,得以安其居,习其业,以昌明我濂溪夫子之学,是有望于后之君子。

永州濂溪书院,乃顺治十三年(1656),永州知府魏绍芳所创建。宦儒章于乾隆三十七年(1772)署永州知府,在上任之初,即“访求名山隐迹”“博征文献”,以弟子礼拜谒理学先师周敦颐,且在离任之际,修缮濂溪书院,“增建屋舍,措置膏火”,为昌明理学思想而思虑奔走。此足见宦儒章对儒学思想之尊崇,且以弘扬儒学为己任。

又如,《移建永州府学宫记》:

古者,辟雍之制,隆于明堂,所以使士子涵育于仁义道德之途,有所向而不至入于邪,有所守而不至趋于伪。凡崇实学、端士品也,岂徒为振刷人文计哉!虽然人文之兴实由教化,而教化之本,端在泽宫。

振兴人文之本在教化,而教化之本又在于学官。永州府学在宦儒章上任之际颇为衰落:

下车之初,肃谒文庙,仰瞻殿宇敧斜,墙垣剥落,询因地址浸湿多蚁之所致。是地灵未协,即圣灵所未安也。急与僚属谋修葺之,且欲访求吉地,以图迁建。旋以受代去弗克举事,余于此踟蹰不安,悯悯若有所失。然而有志竟成,诚无不格,未几复缩永符。不禁瞿然兴曰:嗟乎!此非我夫子在天之灵有以默鉴此微忱乎！而郡人闻余重来，群欣然鼓舞，以迁建请。

于是，延请精通青乌术之士，选址千秋山之阳的吉地"息壤"，宦儒章倡首捐俸，各僚及绅士踊跃捐输，自癸巳（1773）五月初八始，在府学教授、训导、教谕、府经历等星夜督作下建成永州学宫文庙。在永州府学宫初成时，宦儒章告卸永州府，后于乙未（1775）秋因公干再至永州，拜谒圣庙，由衷赞叹学宫之整肃轩昂，发出了"是殆我夫子赫濯之灵，阴使余来快睹其盛也耶"。其对圣人与儒学已经佩服得五体投地。宦儒章兴建学宫，正在于通过儒学教育弘扬儒家思想：

> 惟愿永郡人士争自濯磨，涵育于仁义道德之途，著为文章，发为事业，于以辉映于鸾旂芹藻之间，毋负乎圣天子之所以崇实学而端士品者。

宦儒章推崇儒学，不仅仅停留在口头上和文笔间，而是以实际行动，通过建书院、修葺府学，完善儒学传播的硬件设施与平台，为儒学发展培养人才。宦儒章的崇儒是真正的知行合一。

再如，《祭史太封翁文》：

> 呜呼！封翁其逝也欤哉！然逝也而犹未逝，何也？《洪范》之九，"五福"：曰寿、曰富、曰康宁、曰修好德、曰考终命。封翁其备之矣。夫五福既备，则可以不必逝，而亦何妨于逝。惟天眷德，气数不得而拘之，此可不必逝也。惟德动天而显后世者，自历久而长新，则又何必不逝。所谓是逝也犹之乎未逝者也。

这里，完全以儒家经典《尚书》的标准来品评人物。封翁正是儒

家眼里的标准人物,其儒学色彩主要表现在政德上:

> 迹其经纶在抱,盛德常流,一行作吏,而贤声素著。沐恩膏者,讴吟早遍于冀北;沾惠泽者,颂扬且溢于滇南。乃知肯堂肯构,缙绅有不替之家风,斯为箕为裘,笃生多克绳之步武,所以警跸简命,节钺车寄封疆……其谆谆于民生社稷者,言犹在耳,而其精诚忠孝之流传者,何日忘之。

封翁在政德上的贤声及其精诚忠孝,是儒家思想之范型。

《凤屏遗文》下编乃制艺作品。制艺题目主要采自儒家经典《大学》《中庸》《论语》《孟子》等,故其均为阐释与弘扬儒家思想,其浓郁的儒学色彩毋庸多言。

又如,第二代宦大猷,号允升,字墨泉。廪生,为宦儒章长子。其著有《墨泉遗文》,今只存《族谱序》。诗稿《任天吟草》,今只存《对菊》一首。虽然宦大猷留存诗文极少,但其忠孝思想可从《族谱序》窥其一斑。《族谱序》叙述了宦大猷所做的两件事,一件是修建宦氏宗族祠堂,一为撰修宦氏宗族族谱:

> 先集宗族伯叔昆季,述先君遗意,出赀饬匠,建祠于屏风之西,自己亥讫壬寅,四阅寒暑,乃毕其事,为正室一,为厅堂二,为前后厢四,凡得屋数十椽,且捐田为奉祀之资。宗祠既成,因采各家旧所藏稿,辑为宗谱,釐分昭穆,勒成一书,所不知者则阙,以俟后人。而先君之志粗毕,非猷敢为功也,亦曰告无罪于先君云尔。

宦大猷修祠堂、纂族谱,虽说是完成父亲宦儒章遗志,但也充分体现了宦氏家族的文化特点，即十分注重忠孝与宗族和睦，而这正是儒家思想内核：

> 盖闻礼必返乎其始，孝必追乎其先。沿而溯之，由父而祖而高曾，上及乎始祖所由出，弥远而弥崇焉。如木之有本，水之有源，而后上可承祖德，下可贻孙谋，此族所以不可不有祠，并不可不有谱也。

再如第三代宦廷铨，《遵义府志》卷三十四：

> 宦廷铨，字持平，号衡园，儒章孙。少好学，读书小楼，十年不下。有所思，至忘寝食。嘉庆辛酉（1801）拔贡，戊辰以署广顺州学正，举于乡，授印江县教谕。壬申，县大饥，斗米三千钱，人食树皮草根皆尽。廷铨请令发粟，不听，乃自捐三百金为绅者倡，共得数千金，贵买贱卖，以济穷者，及金尽，新麦以登，民全活甚众。旋大疫，死者相藉，廷铨复倡捐施棺，顾木不继，以草荐，又不继，但掩埋，先后不下数万家。家以此中落。丁丑，大吏以知县荐，因病告归，年五十七卒。廷铨为诗，秀练有法，书画亦善。①

宦廷铨一生官位不高，仅州学政、县教谕，但其能一心为百姓着想，倾家荡产救济穷苦百姓，这正是儒家所倡导的民本思想。其著述有《敬思堂文稿》《敬思堂诗稿》。宦廷铨的各类文章，其儒学思想十

---

① 黄加服、段志洪主编：《中国地方志集成·贵州府县志辑》第 33 册，巴蜀书社，2006 年，第 155 页。

分鲜明。例如，《尧舜不同祖论》：

> 圣人者，人伦之至也，无人伦且不可以为人，而况可以为圣人哉！昔者尧荐舜于天，以二女妻舜，经言也，而史公序《五帝本纪》，谓尧为元嚣曾孙，元嚣与昌意同父黄帝，又谓瞽瞍父曰桥牛，桥牛父曰句望，句望父穷蝉而祖昌意，传七世以至于舜，则是舜以族曾孙，上娶二曾姑也，岂理也哉！孟子曰：舜察于人伦。孔子曰：舜其大孝也。与夫使舜非大圣人非大孝子，吾未敢遽信。舜而大圣人大孝子也，岂有孝子而背伦犯上，圣人而逆理乱常者欤？或曰，尧为天子，舜为匹夫，以天子之主而使匹夫尚之，未有不乐为者，况汭汭之降，尧实主之，非舜意也，势也。吾以为是大不通之论。《书》曰：钦明文思安安，言尧德之圣也，使尧以天子之势临匹夫，则何以为圣？且舜亦非畏势者，有天下而不与，何有于帝之二女？是以小人之心度圣人之腹也。或又曰，上古无世系，或不知而为之者，则又大谬。《书》曰：克明峻德，以亲九族。如史公言，则舜正在尧九族之中，此又何说？况当日慎徽五典者，舜也。使契为司徒，教以人伦者亦舜也，使其事果然，则舜亦何面目徽五典教人伦哉！然则汭汭之事妄乎？曰：非也。孔子删书，存乎尧典之末，孟子曰：舜尚见帝，帝馆甥于二室。学者不从经而从史，不信圣人而信史公，谬矣！夫尧舜者不同祖者也，不同祖有考乎？曰：有之。圣人者，人伦之至也，无人伦且不可以为人，而况可以为大圣人哉？

宦廷铨从伦理道德视角，判断尧舜同祖之荒唐。若按《史记》，则变成舜娶同族之曾姑，与儒家所倡导的伦理道德完全相悖。又据《尚书》及孔、孟之言，证明舜乃大圣人大孝子，既然舜是儒家口中的大圣人大孝子，又岂能干出有悖人伦之事？因此，断定《史记》所言不可信。不过，宦廷铨正面考证尧舜不同祖似乎太简单，仅根据舜乃圣人，为人伦之至，故推断舜不可能与尧同祖。实际上，司马迁的《五帝本纪》是整合众多文献的历史建构，并非历史的客观叙录。这点，司马迁自己有说明。如《三代世表》：

> 太史公曰：五帝、三代之记，尚矣。自殷以前诸侯不可得而谱，周以来乃颇可著。孔子因史文次《春秋》，纪元年，正时日月，盖其详哉。至于序《尚书》则略，无年月；或颇有，然多阙，不可录。故疑则传疑，盖其慎也。
>
> 余读谍记，黄帝以来皆有年数。稽其历谱谍终始五德之传，古文咸不同，乖异。夫子之弗论次其年月，岂虚哉！于是以五帝系谍，《尚书》集世，纪黄帝以来讫共和为世表。①

事实上，周召共和以前的历史，司马迁所见材料亦不尽一致，故司马迁慎重起见，周召之前的纪年几乎不用。同样，《五帝本纪》：

> 太史公曰：学者多称五帝，尚矣。然《尚书》独载尧以来；而百家言黄帝，其文不雅驯，荐绅先生难言之……余并论次，择其言尤雅者，故著为本纪书首。②

司马迁自己明言对所见五帝历史材料有所选择，这是整合的结果。《三代世表》《五帝本纪》整合痕迹明显，结果五帝、三代均为黄

---

① ［汉］司马迁：《史记》，中华书局，1959年，第487—488页。
② ［汉］司马迁：《史记》，中华书局，1959年，第46页。

帝一族,中华文明起源一元论。这显然带有强烈的主观色彩。宦廷铨对《史记》的怀疑无疑有一定道理,其虽然没有从历史学视角探讨,但结论却令人信服,而宦廷铨的理据就是儒家伦理道德。于此亦足见儒学对宦廷铨影响之深刻。

又如,《文昌阁序》:

> 文者,德之见乎外者也。昌者,文之气象光华而四海之外六合之内无不充周洋溢者也。何以称文而不称德?德主内者也。《语》曰:夫子之文章可得而闻也。谓天下不皆上知,言德则德有一毫不能造其极之处,不可以言德,言文则德之造其极与未造其极者,皆可统之文焉。使夫知贤愚不肖,皆可日习于中以企于寡过,此入德之门。且从乎外以溯乎内者也,故曰:文也。由是而浅以入深,迩以至远。卑以登高,无迷乎其途,无绝乎其源,则四海之外六合之内千里一圣,百里一贤,十室之邑必有忠信,人材蔚出,治化休隆,虽耕凿之氓商贾工师之众无不人知有父,人知有兄,人人亲亲,人人长长而天下平矣,以此言昌大哉昌乎!帝君夫子,以孝友开教,所谓中庸之为德,其至已矣。而其临天下则称之以文,夫亦曰惟其德也,必有文也,惟其厚德也。斯有大文也,惟其德之遇乎古轶乎。今于是乎属之以文也,惟其德之继往圣开来学,于是乎属之以文,而充周洋溢,沛沛然德教,溢乎四海也。

宦廷诠的《文昌阁序》不谈祭祀诸神,也不去祈求文运昌盛,而是发挥孔子文德教化之意,大谈文教与德教及其移风易俗的作用。这里的文昌阁,是印江县诸乡绅捐资所建,宦廷铨通过阐释孔门文德教化内涵,其终极目的在于发挥文昌阁于印江一邑的教化作用。故其谈到具体的教化措施：

> 今如尊夫子而为之宫，尤当尊夫子之意而为之勤求讲贯，积力致行，期为不朽之人、不朽之事，则夫子必顾而乐之，即邑之农夫商贾工师，尊夫子之意而毋逆其亲长，毋堕其职业，以自安于分，毋作匪人以上干国家之大法，则夫子必锡之福而庇荫之。夫如是，则士为型仁讲让之士，民为于变时雍之民，而一县之风俗成，人材出矣。《语》曰：君子学道爱人，小人学道易使，余自惭无学且代庖日浅，姑推夫子教化之意而托之空言，诚于邑之士民有厚望焉。

宦廷铨一切立论的出发点与归宿皆在孔子教化之思想上。其希望，文昌阁能发挥孔子思想，教化一方，移风易俗，形成"人知有父，人知有兄，人人亲亲，人人长长而天下平"的盛世气象。这才是宦廷铨对建文昌阁的作用与意义的认识，通篇渗透的是纯粹的儒家思想，其弘扬儒学的志向十分明确。

在宦廷铨看来，不仅建筑，即使任何举动，似乎都与教化息息相关。其《捐傩资序》：

> 今夫一家之中，二三其德者，犹有不齐之论，况举一乡之众，概曰"吾乐之吾乐之"，岂非声相应、气相求而安于和与同也哉！夫傩之事小矣，虽然，由此推之，异日者各亲其亲，各长其长，周旋于冠、婚、丧、祭之中而熟习孝友睦姻任恤之理，将见风俗醇美，讼狱衰息，岂不盛哉！《记》曰：观于乡而知王道之易易。其此之谓乎！

宧廷铨能从一乡民众乐捐傩戏资金这么一件小事,推导出一方教化之成效,进而预言不远将来本邑风俗醇美之盛世图景。并引用《礼记》文句,证明本乡邑已经具备实现王道之基础。宧廷铨一心所系皆为留意教化,以及如何实现国泰民安之美好图景。其审视的依据是儒家教化思想,其推演的理论是儒家经典,其预言的基础是本乡民众的和同。看到如此令人欣慰的现实,宧廷铨于是创作《迎神送神曲》,对美好的乡村风俗大加赞美:

> 惟予乡人,既和且怿,以恬以养,保其家室,匪神之庥,胡宁有此,父老曰都,介受繁祉,我家我室,我羊我牛,我黍我稷,惟神其祐。我饱而嬉,无以祀之,听用我谋,各捐而资,乡之傩矣,莫我贻罹,匪今斯今,振古如斯。侯主侯伯,侯亚侯旅,悉捐悉助,以享以祀,神既格思,来歆来止,福尔乡人,惠于朋友。穆穆和和,惟天其祐,敬之敬之,严于屋漏,无曰不显,莫于云观。

> 惟祭之日,预告尔长而父而兄,奔走偕来,以祀以享,神具醉止,鼓钟送尸,以长以幼,燕毛序齿,饮之食之,教之诲之,人亦有言,维彼昏愚,不能于家人,其在于今,合我异姓,聿求友声,神之听之,终和且平,勿替引之,以保我后生。

傩戏是贵州印江一带最为盛行的民间戏曲,充满浓郁的宗教与祭祀色彩。宧廷铨的《迎神送神曲》,迎送的是傩神,但其重点却在于乡人之和睦,民风之醇厚,伦理之有序。其歌颂的是神人以和之美好画面。这实际上是借傩戏一事,宣扬儒家教化思想。四言句式完全模仿儒家经典《诗经》,其中很多诗句直接化用《诗经》,如"聿求友声,神之听之,终和且平",直接化自《诗·小雅·伐木》:"伐木丁丁,鸟鸣嘤嘤。出自幽谷,迁于乔木。嘤其鸣矣,求其友声。矧伊人矣,不求友生？神之听之，终和且平。"故宦廷铨的《捐傩资序》及《迎神送神曲》充满浓郁的儒学色彩。

再看《寿柳崖常先生叙》：

> 今年已六十有奇矣，尤孳孳好义不倦，语所谓富而好礼非耶，然吾闻既富方谷，又曰衣食足，礼义兴。凡今之知礼而欲长有其家者，莫不循循于礼法中，以日迁于善，此固不足为翁誉。惟一庭之间，诸父昆弟，备言燕私，子子孙孙，恪守祖训。积数世无毫发间然，使入其室者，孝弟之心，不觉油然自生。夫岂一朝一夕之故哉！其父兄之教先，而子弟之率谨，有油然矣。

此虽为寿序，但实质是人物评论。宦廷铨人物品评的标准充满儒学色彩，其高度称赞柳崖常以礼义持家，以孝善训诫子孙，从而家风温厚，数世和睦无间。衡量人物言行皆以儒家思想为准则。并以诗歌形式讴歌柳崖堂醇厚家风：

> 气一志合，匪漆匪胶，上下一德，曰谁之教？惟翁有父，翁入事之；惟翁有兄，翁入敬之。翁之子弟，凤夜怀之，翁之童仆，宽厚驭之。人亦有言，君子有谷，贻厥孙子。谋之其臧，莫远伊迩，谋之不臧，伊于胡底。君子所履，慎厥终始。祖武是绳，以兴后嗣。
>
> 燕燕于飞，集于画梁。展矣君子，其德孔昌。惟鹊有巢，惟蜂有房，聚族而处，何用不臧……稽翁之遇，于斯五世。穆穆棣棣，守训勿替。有基勿坏，去乖远戾。是有天焉，大此门第。皇天无亲，善人善富。世德作俅，俾尔弥尔寿……

该诗字里行间满溢着浓浓的儒学韵味，又仿《诗经》句式，渗透

着强烈的儒家经学色彩。类似的,《集诗寿朱少府炤》:

　　　自古在昔,先民有言。天锡公纯嘏,寿考万年。

　　　聿修厥德,俾尔寿尔富,好是懿德,俾尔昌而大,敬明其德,
眉寿无有害。

　　　人亦有言,君子有谷,贻厥孙子。既多受祉,黄发儿齿。

　　　猗嗟名兮,有觉德行,维民之则,寿考不忘。

　　　自求多福,其谁知之。匪今斯今,振古如兹。

　　　——右五章言得寿之理

　　　维此哲人,无添尔所生。既生既育,秉心无竞。

　　　父母先祖,何用不臧。令德来教,出言有章。以似以续,万
民所望。俾尔家室,长发其祥。

　　　乃如之人兮,其心孔嘉。有孝有德,克定厥家。

　　　惠于朋友,维其有矣。如兄如弟,我孔厚矣。

　　　以孝以享,以绥后禄。降福孔皆,于谁之屋。

　　　——右五章言公之家世以及其德

　　这里主要集《诗经》文句而成,内容和风格与《寿柳崖常先生叙》
完全一样,故不多叙。

　　《敬思堂文稿》下篇主要是制艺作品。与《凤屏遗文》下编一样,
都是科举考试产物。其中的儒学色彩十分浓郁。从《凤屏遗文》下
编的 28 篇,到《敬思堂文稿》的 65 篇,说明宦氏家族对科举考试的
重视程度越来越强,制艺选题均出自《四书》等儒家经典,而这种对
科举的逐渐强化,也是宦氏家族对儒学的接受与运用逐步强化之表
现。这正是宦氏家族文化的重要特点之一。

　　宦廷铨的《敬思堂诗稿》,虽然主要是以写景、记游等为题材,但

其中也有涉及儒家思想之作。如《周孺人节寿行兼志李春坞得官》：

> 死易立孤难，千秋诚定论。巾帼有丈夫，古媛何少逊。挑灯细读春坞诗，七十二韵纪令慈。凤闻寿母著苦节，吾乡三尺童子皆知之。以此奇文叙奇事，但见血泪与墨和淋漓。立孤难，立孤难，履冰霜，摧心肝。坦然由之行所安，造物玉成亦大幻。不惜万变先摧残，一读再读心含酸。此文此事两不刊，使人孝弟之心生油然。寿母今年八十有二岁，天锡眉寿酬孤诣。春坞即今小就广文席，便近承欢诚至计。手携报春诗，过访属我言，我思平生节，子已竟委原。焉用重叠徒频烦，惟持一语笑相赠，官袍早着去迓高堂萱。

诗为贺寿之作，但贺的是八十二岁的节妇。节妇，是深受儒家思想影响所形成的中国历史上的一类极其特殊的群体。宦廷铨高度赞美周孺人苦苦守节之奇志，以及含辛茹苦教导出的儿子孝顺成材。这是对遵守儒家思想与弘扬儒学者的极力称赞。

再看第六代宦应清。这是《屏凤山庄箕裘集》的编撰者，也是其中收录著述最多者。宦应清生逢乱世，处在清末民初的特殊社会历史时期。当时的社会政治处在剧烈变更时代，中西文化碰撞史无前例。如何看待这种新旧政治转变，如何处理新旧文化关系，如何对待中西文化，如何保存宦氏家族文化长盛不衰，等等，一系列问题摆在宦应清面前，作为屏凤山庄主人，宦应清勇敢面对各种错综复杂关系，面对各种难题迎刃而上，不回避，不退让，用自己的行动与智慧，构建起了新的历史发展背景下的宦氏家族文化发展新篇章。在思考和处理国事、家事过程中，宦应清多涉及如何对待传统文化特别是其中的儒家思想，有很多经验和思想，至今值得借鉴。

其一，人物品评的儒学内涵。

例如，《陈母李太夫人六十寿序》：

壬子冬，先君子遗稿《论语稽》刊成，时民国初立，应清惧言君各章阐发圣贤本旨，未适共和之理，拟易以新说。高要陈重远焕章非之，乃刊原本，而以应清之说附焉。应清之得免为孟庄子罪人者重远赐也。今年夏正七月十二日，重远太夫人六旬寿日，先期寓事略征文，应清受而读之，敬谂太夫人事亲以孝，相夫以庄，教子以义，持家以勤以俭，接物御下以和以慈，其荦荦大者，虽古贤妇贤母无以过也。而独于重远数岁时，请祀孔子圣诞，太夫人自是岁以为常一事。应清则悄然而思，肃然而起，曰孔祀之几绝而复续者，殆基于此乎！殆基于此乎！辛壬之际，革命告成，孔祀未举，粤教育司某者，异教徒也，遣其党诣教育部议会，谓孔子尊君，不合国体，请废之。当是时，重远著《孔教论》，以孔子为宗教家，倡孔教会海上，遍上书当道，请定孔教为国教，复于圣诞日诣孔林祭祀，邦人士靡然徙焉。于是国会以孔子之道为修身之本，列入宪法，而孔祀旋亦着为明令。嗟夫，孔子之道，如日月经天，江河行地，历万古而常昭者也，彼妄欲拔赵帜而易之，蚍蜉撼树，恶足置议。唯孔子承尧舜禹汤文武周公之统，以知仁勇为体，以格致诚正修齐治平为用，以君臣父子夫妇兄弟朋友为条目，率性之谓道，修道之谓教，无所谓宗教也。必以宗教囿之，使吾德配天地，道冠古今之至圣，下侪于释道回耶之列，不几失孔子之大哉！虽然以全体言，孔子之大，固不可囿以宗教。第就一端言之，则以孔子为宗教，孔子亦未始非宗教也。兹者春秋上丁，钟鼓羽籥，济济跄跄，祀事孔明，重远之孔教会实与有功焉，而循流溯源，则太夫人数十年前，固已启其端矣。太夫人之关系

孔教如此，应清谨奉觥觫，酌春酒，引领北望而遥上寿言，曰：孔
教一日存，太夫人一日不朽。

宦应清在民国刚成立时刊刻父亲宦懋庸的《论语稽》，面对新的
政权和新的文化，宦应清最担心的是《论语稽》的发挥孔圣人思想与
当今的共和思想不吻合，担心因此受到牵连。甚至欲"拟易以新说"。
可见宦应清身处特殊时期的谨慎与迷茫。幸亏得好友陈焕章劝说，
得以坚持刊刻《论语稽》原本。陈焕章对孔子及儒学的推崇，并没有
因时代政权更替以及西化思想浓厚而减弱，这主要得益于其母亲李
太夫人的教育。在李太夫人六十寿辰之际，宦应清高度赞扬李太夫
人母子对维持孔子思想的精神与作用。并坚定了自己继续尊崇孔子
与儒家思想的信念。其借寿序，进一步肯定孔子与儒家的重要，对同
时期否定孔子与儒家思想的言行进行尖锐批判，称"孔子之道，如日
月经天，江河行地，历万古而常昭者也"，对"彼妄欲拔赵帜而易之"
者，斥其"蚍蜉撼树，恶足置议"。在此文中，宦应清臧否人物，对支持
孔子及儒学者给予极力称赞，对否定孔子及儒学之人进行严厉抨击。
　　其二，家风家规的儒学内涵。
　　例如，《内子李氏六十晋一寿序》：

丙辰九月二十日，为吾妻李氏六十晋一之辰，儿辈以寿请
曰，知母莫若父，乞为文以示子孙。吾无以为之寿也，然吾固不
能无言以诏汝辈也。汝母生平无奇节瑰行足述，惟事汝祖二年，
汝祖无间言。事汝祖母二十有五年，汝祖母无间言。自庚辰来归，
讫于今三十有六年，与吾先后相聚处都十有三年。吾亦无间言。
他若汝叔、汝婶、汝姑母三，皆与处十有余年，皆无间言。推而至
于族戚姻旧乡闾里党，悉无间言。如是而已，吾尝读《列女传》，

古妇人女子,以忠贞贤孝义勇节烈著者多矣,第曰人无间言,何足以诏汝辈? 虽然,此其道亦自有不易易者。昔汝母之入吾门也,吾教之曰,汝处家庭,自事亲以至待人接物,宜一以和气婉容为准,能如是,则必无以横逆加汝者,即偶有之,而汝仍和婉焉,至再至三,而汝仍和婉焉,人未有不涣然怡然者,其屈也一时,其伸也毕生矣。汝母谨志吾言,身体力行,数十年如一日,人人无间言,殆以此也。吾愿汝妇汝妹汝女,下至世世子孙之妇若女,处家庭一如汝母,则所以寿汝母者永矣。

宦应清妻李氏六十一寿辰,儿辈请宦应清为文以示子孙。宦应清叙说了李氏自嫁入宦家以来的行事,李氏自入门起,侍奉宦家几代,均无间言。在宦应清看来,李氏虽然没有什么奇节瑰行,不能与历代著名忠孝节烈者媲美,但其亦有自己值得称赞的,那就是"和婉"。何谓"和婉"? 这其中蕴含深刻的家庭文化和儒家思想。"和"是自先秦以来中国传统文化高度推崇的文化审美范畴,特别是儒家"中和"审美理念对中国文化影响十分巨大。用之于家庭有"家和万事兴",用之于家族有家族和睦则人才辈出,用之于妇人,能待人接物侍奉长辈一以之和,则人人无间言。"婉"实质是传统妇德之充分体现,婉者,婉柔,婉顺,强调的是温柔敦厚。这是中国传统妇女美德的高度浓缩。宦应清通过对李氏言行的总结与评述,同时也说明了这是宦氏家族的家风与家规。一句"吾教之曰",充分揭示了"和婉"实际上是宦氏一门代代相承的家族文化传统。

又如,《氏族续考》"本族妇女之节孝贞烈":

吾族无节孝妇受旌者,吾初疑之,及细阅吾谱,则除失纪者外,吾父老寿高者至八九十,其最不永年者,亦在四十以上,乃恍

然于其故焉。盖旧例未满三十岁夫死者始得旌,逾三十,例不得
旌,今吾庶母沈氏吾次媳杨氏皆得青年守节,然尚未届请旌之年
也。女子以贞烈旌者,惟吾五姑讳采霞一人,同治中御史谭均培
奏旌者也。光绪中,邑人汇全邑妇女节孝贞烈者,于城东狮子桥
建总坊,五姑名列焉。先子所作传,已刊入族谱,郑伯庚姑丈知
同为作墓志。吾尝刊入《消闲录文钞》……其以节孝著者,《府
志列传烈女下》,墙公士淦妻宦氏,吾高祖姑也,又吾八祖姑适莫
公生芝(邑庠生),青年守节,七十余卒。光绪间请旌,继侄为嗣
(名枚,字宋叔。清江苏知府),又吾堂姑母(伯祖必恭公第三
女),适伍□□,青年守节,亦光绪间请旌。有子炳文(字绍桓,岁
贡生)。

在家集中载录宦氏家族妇女之节孝贞烈者,其宣扬的是本家族
家风之闪光点,这与封建时代对妇女节烈的要求是吻合的。理学思
想发展之极至,尤其表现在对妇女束缚严厉,有"饿死事小失节事大"
之行为准则。这种对妇女贞节观的强化,在晚清时期表现得尤为突
出。宦应清对本族妇女的要求不免沾染时代气息。但这也是对儒家
思想极度推崇的一种表现。目的还是欲在整个家族文化中建立一种
价值标准与文化导向。无形中也会成为一种家风与家规。

又如,《家乘》"吾堂姪邦英等失学之殷鉴":

堂伯懋官公,廪生也。堂兄应麟,增生也。懋官公己卯以前,
尝就馆筑垣,庚辰后多家居,应麟兄尤长年家食,无所事事,无
如刘邑之痂,嗜已成癖(懋官公嗜芙蓉膏),嵇康之性,懒不可医
(应麟兄终日闲散,不作一事),子孙读书,一不措意(邦英等弟
兄五人竟皆废学,七叶书香斩为中绝)。殷鉴不远,吾子孙其慎

戒之。

前文云,遵义宦氏家族强调"诗礼传家肯读书方称令子",故宦应清对其堂兄一门子孙失学提出严厉批评,将这种斩绝书香之路的做法视为家族中反面典型,写进家集中以引起子孙后代高度警觉。这是通过反面教材来建立正确的家风与家规,实质也是对不遵守"诗礼传家"者进行严厉批评。

《屏风庄旧主自述》(上)之"吾之家庭观":

> 吾国旧习,男女婚配,不能自主,唯在父母之命,媒妁之言。自欧风东渐,乃有自由结婚之说。二者各有利弊,各有是非,吾以为父母宜体子女之意,子女宜顺父母之命,斯得之矣。娶妇以士人女,而其家稍不如我者为最相宜,若富贵人之女,必多骄慢,小家之女,必不循礼法,不可娶也。择婿以旧家子弟,门户相当,好学而有英发之气者为最相宜,不可舍诗、书门第,而贪富贵阀阅也。

宦应清的婚姻观与宋初三先生之一胡瑗高度相似。胡瑗在《遗训》中训导子孙后代:"嫁女必须胜吾家者,娶妇必须不若吾家者。嫁女胜吾家,则女之事人必钦必戒;娶妇不若吾家,则妇之事舅姑必执妇道。"[1]应该说,宦应清是对理学家胡瑗婚姻观的进一步发挥。处在新旧交替中西文化碰撞时代,传统男女婚配观受到空前冲击。在宦应清看来,父母之命、媒妁之言与自由结婚二者各有利弊。但不论

---

[1][清]黄宗羲原著,全祖望补修,陈金生、梁运华点校:《宋元学案》,中华书局,1986年,第29页。

怎样，娶妇还得娶士人女，因为从家教视角看，士人女必循礼法，而富贵人之女则反之。择婿以"旧家子弟"，而不以新式富贵子弟，还是看中"旧家"之守礼法。无论娶妇还是择婿，宦应清均注重诗书门第，看中的还是其"礼法"内涵。此亦足见在新旧文化交替之际，宦应清并非如某些全盘欧化和一味是西非中者，而是表现出对传统文化中特别是儒家思想的一些精髓之充分肯定、继承与弘扬。这其实也正是我们今天文化发展建设值得借鉴和反思的地方。

再如，《屏风庄旧主自述》（上）之"吾今后之种德不种怨"：

> 吾家自先曾祖印江赈施以来，代有善行，独先曾祖妣刘孺人，与先祖子蕃公，教养李煦斋表伯成立而食其报，然则好行其德者，不必人人报之也。得一人报之而福即无穷矣。吾之与社会交接，结怨者宁止一人，独于何海鸣而为吾害，然则多取仇怨者，不必人人报之也。有一人报之，而祸即无穷矣。吾鉴于怨之不可种也，故乱后不再办报，今后当以种德不种怨自勉矣。

宦应清遵循宦氏家族家风，以诚实待人，故在乱世中很容易得罪人。世道混乱，人心不古，则欲达目的不择手段者多矣。宦应清这里的感想是紧接着"吾辛亥避难之由来"而说的。在叙述自己辛亥避难的始末中，可以清楚知道，宦应清主持的《公论新报》在报道车夫吴一狗死亡事件中说了实话，即该车夫属自己病亡，并非被英租界巡捕打死。但詹大悲、何海鸣主持的《大江报》却想将此作为导火索，乘"清室多事，以取革命机会，因极力鼓动人心，与英人为难"。当时，确实鼓动了无数华人在英租界与英人冲突，结果英国巡捕枪杀了十余名中国人。由于对事件真相报道截然不同，导致了宦应清与何海鸣等人之间的积怨。以致何海鸣在辛亥革命成功后带人抢了宦应清

《公论新报》报馆的机器设备。宦应清并非保守派，也并非不支持革命。作为晚清封建文人，宦应清其实思想很开明，对社会政治发展有积极清醒的认识。其《汉江革命潮流草自叙》言到：

> 有清以女真别部，乘明季流寇之乱，入主中夏，迄今九世十帝。虽无桀纣之君，而政权多在满人，知识愚闇，贿赂公行，内治久瘝，外患日亟，法以变而加厉，政似新而益腐。忧时之士，意气愤激，群以为非重新缔造政府，不能救中国之亡。

对于腐朽的晚清政府，宦应清也是积极主张推翻。其期待孙中山革命能够成功，急切盼望"共和之幸福"。但，在宦应清的做人做事原则中，求真、务实、实事求是正是宦氏家族诚实做人家风之体现。要革命，但不能不择手段。这也是宦应清没有与何海鸣等人妥协的根本原因。

其三，儿童教育的儒学内涵。

人的发展，儿童时期很关键。宦应清十分重视儿童教育。其对儿童教育的内容、方法以及老师的选择和教法等发表了很多独到见解。例如，《吾家童子暂行教育法》：

> 自清季以来，废帖括而试经义策论，复废经义策论而设学校，中学大学，虽不尽善，尚有可观。唯小学往往以一二半通不通之教员，教数十品类不齐之蒙童，糜国家千万之金钱，误民人无数之子弟，有百损而无一益。而新学家乃诩诩然自炫为文明，何其愦也。吾惧吾子弟之误所学也。于是纂为吾家童子暂行教育法一篇，曰吾家不必他人亦用吾法也。曰暂行，尚宜随时改良，且他日小学完善即宜入小学也。曰童子，盖为五六岁至十一二

岁之子弟言之也。十三岁以后，可入中学大学而渐进于专门，可习各国语言文字而深造乎西学，此篇略之矣。

这是谈论编纂《吾家童子暂行教育法》的原因和目的。面对新的社会发展和教育特点，废科举而兴学校。宦应清对中学、大学较为肯定，但对小学的教员、教学内容和教法表示严重质疑。认为这些是浪费国家的钱财而误人子弟，所以其要专门编纂儿童教育资料，在其家族中推广实行。在《吾家童子暂行教育法》中，涉及的教育内容十分丰富，概而言之，有教学内容、教学方法以及教师的问题。其中有关儒学的也不少。例如，"论旧学读书法"：

　　吾人旧学读书法，蒙童入塾，先读三字经、百家姓、千字文，均句短而有韵，取其易于记诵也。稍长，以《大学》《中庸》《论语》《孟子》《孝经》，及《易》《书》《诗》《春秋左氏传》《礼记》为最要。《大学》《中庸》本在《礼记》篇内，故为八经，聪颖者或加读《尔雅》《公羊》《穀梁》《周礼》《仪礼》，是为十三经。

"论近时读书法"：

　　近年醉心欧化，改仿西法，废帖括，设学校，不惟《三字经》《百家姓》《千字文》《幼学》《龙文鞭影》《史鉴》《节要》为所鄙夷，即《四书》《五经》亦束之高阁。蒙童读教科书，由浅入深，因文见义，其字易识，其理易于了解。由小学而中学以至大学。由普通以至专门，其教法非不备也，其程度非不美也，然震于西人之文化，而不深察吾国之内情，亦往往有优等毕业而胸中无一毫书卷气。或并眼前常用之字而不能识者，又矫枉过正之弊也。

宦应清肯定了传统儿童教育内容和程序的合理一面,同时对当前教育一味西化提出批评。旧式教育并非全非,而新式教育也并非全是。新式教育的问题是全盘西化,对旧式教育中的文字教育,特别是儒学教育全部废弃,导致的结果是大学毕业却毫无书卷气,竟然连最常用的汉字都不认识。这种问题,其实不仅宦应清时代存在,我们当前的教育也有类似问题。但宦应清时代一味崇洋媚外,那是因为当时西方船坚炮利震服了国人,于是产生矫枉过正之举动。可如今的中国,不是清末民初了,为什么我们的大学生、研究生、博士生计算机、外语证书一大堆,却连一个请假条都不会写,甚至错别字连篇?宦应清的认识真可为我们当前的文化教育提供借鉴。当一个大学生胸中没有任何文化涵养时,则我们的教育是失败的。这也是当前国家为什么要弘扬优秀传统文化的原因。推行优秀传统文化进校园才刚刚开始,我们的教育任重而道远。

又如"科举与学校之比较":

> 科举之法,一牧牛儿,达可至宰辅,穷可成大儒。譬如一农家子,早晚牧牛,日中赴塾,苟资质颖异,而所从又为明师,则不数年而可补博士弟子员。于是设馆授徒,以谋生计,含今茹古,以求进境。苟连战皆捷,即可致身通显,其或穷而在下,亦可镕经铸史。从事训诂考据词章,自成一家之言,为世推重。至于学校,则有学费,有膳宿费,限以若干年而卒业,断非中人以下之家所能办。而毕业后又难谋生计,从此寒士无出身之路,而读书者愈少,民智愈闭塞矣。然果学校造士,胜于科举,犹可言也。今各省科学毕业之士,不知其几千百矣,其留学东西各国而享大名据高位者,亦车载斗量,不可胜数矣,曾有一人政治经济能愈于八股试帖之徒乎,噫!

宦应清比较了科举与学校的人才选拔方式，科举给了无数贫穷子弟以改变命运的机会，但宦应清当时的学校制度，那不是一般家庭可以享受的。高昂的学费、膳宿费又岂能是寒门子弟所能够承担得起的，结果是"寒士无出身之路，而读书者愈少，民智愈闭塞"。宦应清通过分析当时学校教育的问题，对国家民族前途命运表现出深深忧虑。

如何对儿童进行教育。宦应清提出了很多具体措施。如"吾家童子暂行读书法"：

> 家塾以一师教童子二人为最适宜，至多不得过三人。初发蒙，宜先读教科书，随读随讲，则字易识而易明。二三月后即加修身地理算学格致历史等教科书一二册，且兼读《论语》，而以富顺张佩严《四书今译》为之讲解，必须令其回讲，回讲有误，再为讲解，再令回讲，必至一字不误而后止。虽十数次，毋嫌其烦，久之，则一次即能回讲，再久之，则虽艰深如《史》《汉》之文，亦一次能回讲矣。始《论语》者，所记皆孔子及门弟子言行之事，可以涵养儿童之道德，且章节短，儿童亦易记忆也（教育部初以小学读经悬为厉禁止，旋以国人指乐者众，乃令小学读《孟子》，中学读《论语》，盖以《论语》多性道之言而《孟子》多辩论之文也。不知《论语》章节短，苟讲解单简，儿童即易记忆，《孟子》章节长，往往一章须数日始能讲毕，儿童较觉难记也）。用《四书今译》者，取其简明易了解也。或用《四书白话讲义》亦可。（此二书中华书局均有之）。次读《孟子》，于涵养道德中兼有长篇文法也。次读《春秋左氏传》，于文法中又兼有史事也。西人教科书，尝述其国掌故，吾国《龙文鞭影》，亦掌故之书，短简详明，较胜今人教科书（新学家每诟病此书，盖厌故喜新之偏见耳）。

　　不难看出,宦应清对儿童教育考虑得非常细致。这是在新的教育形势下的新思考。即使家塾,也不能再按原来传统的启蒙教育方式了,必须与新时代教育内容接轨。先读教科书,主要讲读修身、地理、算学、格致、历史等教科书,这些教学内容是传统家塾中所没有的。在接受新兴教育内容的同时,宦应清特别强调儒学的教育,其程序为始读《论语》,次读《孟子》,再次读《春秋左氏传》,每一步都有其深思熟虑。先读《论语》,主要根据是首先用儒家思想涵养儿童之道德,这与传统教育中的修身是相通的。且《论语》章节短,儿童容易记忆,这种教育方法兼顾儿童教育心理学。次读《孟子》,那是因为儿童有了一定儒学基础后,再接受辩论之文,培养行文方法和思辨能力。从教育心理学视角看,随年龄增长,稍长的儿童记忆与理解能力逐渐增强,可以学习如《孟子》这种章节较长的文章。值得注意的是,宦应清主张以今译本来进行《论语》《孟子》学习,这是与时俱进的做法,适应当时文化发展特别是白话文运动特点。废文言,兴白话,这在当时学校教育和整个文化发展中已经成为不可逆转的时代潮流。最后读《春秋左氏传》,这是考虑到儿童教育还得文史兼修,其同时参照了西洋教科书的做法。在中西文化碰撞时代,科学合理吸收西方先进的教学教育内容与理念,同时兼顾中国文化特点,实现真正的中西融合,这点在宦应清的教育思想中无疑得到很好之体现。这也是今天我们教育与文化发展可以借鉴的地方。

　　再如,"论师于童子宜涵育其道德,启发其知识":

　　　　儿童在塾,一举一动,一言一行,师皆宜示以礼法,并将孝弟忠信礼义廉耻为之讲明。辛亥革命,国体变更,君臣一伦,固可废止,然父子兄弟夫妇之伦,则断无随之而废之理。孝亲敬长,夫义妇顺,为师者不可不为童子讲明也。其于忠之一字,尤宜特别注意。夫子一贯之道曰忠曰恕，朱子注"尽己之谓忠，推己之谓恕"，又曰"中心为忠，如心为恕"，又曰"忠者无妄，恕者所以行忠也，尽己之谓忠"，俗所谓实心做事是也。"中心为忠"，《语录》所谓"将心放在腔子里是也"。曾子曰：为人谋而不忠乎？子贡问友，子曰：忠告而善道之。是对于人对于友之忠，不独对于君也。季梁告随侯曰：上思利民，忠也。荀息告晋献公曰：公家之利，知无不为，忠也。是对于公家之忠，对于民之忠，不必对于君之身也。凡古之言忠君者，宜告以今当为忠于国，凡古之言君臣之义者，宜告以今当为一身对于国家之义。如此，则忠之一字，与共和之理无不合矣。其孝弟信礼以廉耻，则照旧说解之，此涵育道德之法也。至于随事随物，罕譬曲喻，使其心中明晰了解，则启发知识之法也。

这是宦应清教育思想的集中体现，涉及儿童教育内容、方法等。宦应清是想通过教育，特别是儿童教育，实现新旧思想之转换。激活传统思想文化中的有生命力的可以为当前文化建设发挥作用的范畴与理论。主要有两个方面：

其一，伦理道德，礼义廉耻，不能随封建统治的消亡而废止。这是传统文化中的优秀文化，废弃的应该是糟粕，而不是精华。即使新兴的共和政权，也不能不讲伦理道德建设。新的时代，君臣之伦确实可以废止，但"父子兄弟夫妇之伦，则断无随之而废之理"，无论哪个时代，父子兄弟夫妇之伦不能乱，否则社会道德会严重滑坡。因此，必须在儿童教育中讲明这些家庭伦理道德。

其二，"忠"这个范畴的现代转换。传统文化中，特别是儒家思想特别注重"忠"，但新旧时代，"忠"的内涵发生了根本变化。古时的"忠"，重在忠君。今日的"忠"，则体现在忠于朋友、忠于公家、忠

于国家、忠于民众,而不必忠于君王了。不能因为反封建,建立了共
和政权,就将传统文化中的一切抛弃。新时代也要讲"忠",只是内涵
发生巨大变化。这是旧范畴在新时代中的激活与转换,也是文化发
展的需要。文化发展不能建立在空中楼阁上,全盘西化不是一条科
学合理之路,因为文化发展必须考虑民族、历史与文化自身规律。中
国文化发展应该是在不断扬弃自身文化的基础上逐渐推进。最合理
的办法是科学实现传统文化之现代转换,兼容西方文化中可为我所
用的积极内容,这才能使得文化的发展充满生命力。宦应清的思想
对我们今天的文化建设有启迪作用。

其四,对中学西学关系的审视。

宦应清所处时代,中西文化交融频繁。如何看待中学与西学之
关系,成为当时社会讨论的重要问题。"中学为体,西学为用",全面
欧化等思想众说纷纭,莫衷一是。宦应清长期生活在中国政治激烈
变革的中心武汉,武汉在当时是中西文化交融的枢纽。每天所接触
的人与事实际上都或多或少与中西文化有关。特别是宦应清办的《公
论新报》就是因为报道英租界车夫之死,与《大江报》诸人发生激烈
冲突。当时中西文化交流的重要方式之一,便是留学。关于这点,宦
应清有自己的看法。"论留学":

> 吾人欲输入东西各国文明,则留学重焉。然必先在吾国大
> 学已经毕业。而后出洋,乃为有益,且欲留学其国,亦须先习其
> 国语言文字五六年,到彼国后入其大学,方能直接听讲,又留学
> 重在吸取他国之文明,以扶救吾国之衰敝,非取一博士学士之学
> 位以为重也。

在宦应清看来,留学是学习各国文明的重要手段。但什么时候

出去留学最恰当呢？宦应清认为应该在国内大学毕业后再出洋最有益。这点，事实上至今没有形成一致认识。宦应清没说原因，但结合其他地方的有关论述，宦应清应该是强调留学前必须有一定知识积累，特别是先打下一定的外语基础。而这点似乎只有通过国内大学学习才能具备条件。宦应清认为留学不能为了留学而留学，不只是为了获取博士、学士学位而留学，应该怀抱较高的救国理想，通过留学吸收各国先进文化以改变我国落后的局面。如何吸收西方文化？《书杏花春雨后记》：

> 泰西言情小说，笔曲而达，意挚而婉，绘声绘影，绝不着一淫亵语。故足以激励人心，改良风俗。林畏庐氏译之夥矣。吾国小说家安事剿袭，谬托译本，往往以吾人理想，写欧美人情状，东剽西窃，北辙南辕，非马非驴，毫厘千里。识者瞷焉。血输喻君，□□，汉上小说界巨子也，著述极富。此记尤其精心结撰之作。盖摹畏庐而得其神似者，乃不以吾国俗写欧美人，独写吾国人之效法欧美俗者，殆为醉心自由结婚女子写照。俾吾二万万女界读之，鉴其情伪，知所劝惩，得以趋于正轨欤。慨自海通以来，男女之防，日渐破坏，荡检踰闲，相率入于禽兽，斯亦人心风俗之忧也。余读此记，哀感顽艳，其行文之妙，视畏庐何如。姑待当世公评之。至其投彼自由结婚诸女子所好，而隐隐为之下一针砭，则固深得畏庐之意也已。血输初题双艳记，余易以杏花春雨四字云。

西方文化的输入，在清末民初盛行，特别是西方文学作品的翻译与引进。如何翻译西方小说？这是一个翻译学的问题。在中西文化频繁交融时代也成为一个学术问题。如严复关于翻译的"信、达、雅"理论等等。当时有一种翻译特别流行,那就是以文言翻译西方小说。林琴南便是这方面的代表。受此影响,以文言翻译西方小说亦成为当时一种时尚。这里所说的《双艳记》便是当时以文言翻译的一本英国小说。宦应清对林琴南的翻译提出批评,认为其"妄事剿袭,谬托译本,往往以吾人理想,写欧美人情状,东飘西窈,北辙南辕,非马非驴,毫厘千里",也就是说,这种翻译实际上与原著几乎没有关系了。但,宦应清对《双艳记》的翻译颇为肯定。原因有二:其一,行文之妙。其二,针砭时弊。在宦应清看来,《双艳记》有强烈的劝惩作用。主要是对于欧化以来男女之防的逾越,简直到了"相率入于禽兽"之地步。这无疑是风俗败坏。传统儒家思想,男女——夫妇——父子——君臣是密切相关的,男女关系不正,则整个社会世风衰败。故孔子编《诗》,要将男女关系之范型《关雎》置于整部《诗经》开端,且《毛诗序》云"《关雎》,后妃之德也,风之始也,所以风天下而正夫妇也"。宦应清深感所处时代受西化影响而男女之防大坏,这实际上是对儒家思想所构建的男女关系的破坏表示深深忧虑。而《双艳记》借西方小说以针砭当时男女关系颓败,这正是宦应清所希望的,故对此大加赞赏。而且,本着儒家"无邪"理论,对"艳情"颇有郑声淫诗之嫌,特将书名改为《杏花春雨》,亦足见宦应清为文深得儒家温柔敦厚之旨。

三、《屏风山庄箕裘集》崇儒的动因

《屏风山庄箕裘集》蕴含丰富的儒学思想,这也成为遵义宦氏家族文化的重要特点。形成这个特点的原因是多方面的。主要有以下几个方面:

第一,教育之影响。遵义宦氏家族的文化兴盛主要在清代,从乾隆时期宦儒章考取进士起,该家族文化逐渐发展繁荣。特别是至近

代宦廷铨、宦懋庸和宦应清,遵义宦氏家族的文化臻至高峰。这些文化发展成就,首先归功于当时的教育。宦氏子弟多为廪生、贡生、举人、进士。这些都是官学教育培养出来的人才。而清代的官学教育,主要的内容就是儒学的学习与传播。

清代教育形式多样,主要有官学、书院、私塾等。我们在《晚清时期贵州的儒学教育及影响》《明清时期贵州书院的儒学教育及其影响》等文章中,对清代贵州官、私学中的儒学教育有比较详细的论述。这里,我们再重点看一下遵义宦氏家族所处遵义府的学校中儒学教育情况。清代遵义府的学校充满浓郁的儒学氛围,除了学宫的建筑蕴涵强烈的儒学色彩,其儒学教育又主要表现在两个方面:

其一,学校教育中的礼仪活动。儒家思想中对礼义十分强调,学校中对礼义思想的接受与学习的重要手段之一就是开展礼仪活动。通过让师生亲身参与和感受礼仪活动,从内在与外在两方面进行儒学熏陶。道光《遵义府志》卷二十二《学校志》:

> 按:《会典》,直省、府、州、县岁以春秋仲月上丁祭先师于泮宫,会城以督抚、学政将事,司道分献。学政巡视属郡及道官之分驻各府者,即于其地将事,以府、州、县分献。余以正官将事,佐贰分献。监礼以师儒,赞、引、执事以生员。中和韶乐,羽籥之舞,及牲、簋、铏、簠、簋、笾、豆、尊、爵数之,将事之仪,均如太学丁祭礼。今所载祭典,乃据学册历来承用者,中惟初献时盥洗及饮福受胙一节《会典》无之,余悉同。存以俟考。①

---

① 黄加服、段志洪主编:《中国地方志集成·贵州府县志辑》第32册,巴蜀书社,2006年,第447-448页。

这是说,官学中定期举行祭祀先师孔圣人的典礼,这种典礼十分隆重,有学政巡视各郡各府,其程序复繁,仪式庄重,内容丰富,祭祀对象,除先圣孔子外,还有四配、十二哲人以及从祀的先儒129位。道光《遵义府志》卷二十二《学校志》载"祀典":

> 凡释奠于先师之礼,府、州、县、卫皆为庙曰文庙,殿曰大成。以四配、十二哲侑飨殿中,以先贤、先儒从祀两庑。至圣先师孔子神位居中,南向。四配:复圣颜子,宗圣曾子,东位,西向;述圣子思子,亚圣孟子,西位,东向。①

这是祭祀典礼中儒学领域分量最重的先师孔子和四配。还有十二哲人:闵子损、冉子雍、端木子赐、仲子由、言子偃、颛孙子师、朱子熹、冉子耕、宰子予、冉子求、卜子商、有子若。以及从祀先贤129人,皆为儒学先师。如周敦颐、二程、邵雍、董仲舒、伏胜、后苍、王通、欧阳修、魏了翁、王柏、王阳明、孔安国、张载、司马光、张轼、陆九渊、真德秀等。

学校礼仪活动除了祭祀孔子外,还有其他礼仪实践。《晚清时期贵州的儒学教育及影响》已论及道光《遵义府志·学校志》所载"宾兴礼"和"送学礼"活动。再看《遵义府志》卷二十二《学校志》所载:

> 乡饮酒礼仪注,京府及直省府、州、县,岁以孟春望日、孟冬朔日举行于儒学。前一日,执事者于儒学之讲堂依图陈设坐次,司正率执事诸生习仪。至日,黎明,执事者宰牲具馔。主人及僚属、司正先诣学,遣人速宾馔以下。宾至,主人率僚属出迎于庠

---

① 黄加服、段志洪主编:《中国地方志集成·贵州府县志辑》第32册,巴蜀书社,2006年,第441页。

门之外，揖入。主居东，宾居西，三揖三让，而后升堂，东西相向立。赞："两拜"；"宾坐"。馔至，主人又率僚属出迎，揖让升堂，拜坐，如前仪。宾、傧、介至，既就位，执事者赞："司正扬觯。"引司正由西阶升，诣堂中，北向立。执事者赞："宾馔以下皆立。"赞："揖。"司正揖，宾馔以下皆揖。执事者以酒授司正，司正举酒，曰："恭惟朝廷，率由旧章，敦崇礼教。举行乡饮，非为饮食。凡我长幼，各相劝勉：为臣尽忠，为子尽孝，长幼有序，兄友弟恭。内睦宗族，外和乡里。无或废坠，以忝所生。"读毕，执事者赞："司正饮酒。"饮毕，以觯授执事。执事者赞："揖。"司正揖，宾馔以下皆揖。司正复位，宾馔以下皆坐。赞："读律令。"执事者举律令案于堂之中，引读律令者诣案前北面立。赞："宾馔以下皆立。"行揖礼如前。读毕，复位。执事者赞："供馔案。"执事者举馔案至宾前，次馔，次介，次主，三宾以下，各以次举讫，执事者赞："献宾。"主起席，北面立，执事者酌酒以授主，主受爵，诣宾前，至于席，稍退。赞："两拜"；"宾答拜"。讫，执事者又酌酒以授主，主受爵，诣馔前，置于席，交拜如前仪。毕，主退，复位。执事者赞："宾酬酒。"宾起，馔从。执事者酌酒授宾，宾受爵，诣主前，置于席，稍退。赞："两拜。"宾、馔、主交拜，讫，各就位坐。执爵者分左右立，以次酌酒，献三宾、众宾遍。宾主以下，酒三行。供羹，执事者以次酌酒，饮酒，供馔三品。毕，执事者赞："撤馔。"候撤馔案讫，赞："宾，巽以下皆行礼。"馔、主、僚属居东，宾、介、三宾、众宾居西。赞："两拜。"讫。赞："送宾。"以次下堂，分东西行，仍三揖，出庠门而退。①

----

① 黄加服、段志洪主编：《中国地方志集成·贵州府县志辑》第 32 册，巴蜀书社，2006 年，第 489—490 页。

这是在官学儒学中所开展的乡饮酒礼仪活动。活动程序、内容井然有序,对每一流程有详细的规定。目的就在于敦崇礼教。可以想象,在当时学校中开展这种活动时气氛之热烈。儒学之尊崇,对接受教育的士子产生了巨大影响。

其二,学校教育内容的儒学化。道光《遵义府志·学校志》所载遵义府学书目:

> 钦定《书》、《诗》、《春秋》三经传说汇纂各一部、钦定《周易折中》一部、十三经注疏各一部、相台五经各一部、《周易观象通论大旨》合刻一部、《四书正蒙》一部、钦定《乐谱笙诗》一部、十七史各一部、《宏简录》一部、《元史类编》一部、钦定《通鉴纲目三编》一部、《世宗宪皇帝上谕》二部、《初本学政全书》一部、钦定《朱子全书》一部、钦定《性理精义》一部、《近思录》一部、《大学两衍义辑要》一部、钦定《四书文》一部、钦定《剌钱诗》一部、《古文雅正》一部。①

这实际上是近代贵州官学中通行的教学内容。不难看出,这是以儒家思想为核心的教学体系,在这样的教学活动中,培养出的无疑是儒学人才。

第二,科举之影响。封建时代,学而优则仕。科举是文人的毕生追求。科举考试的内容主要是儒学。前文已述,《屏风山庄箕裘集》中所载科举文章与诗歌篇幅不小,这是遵义宧氏家族文化的重要特征。遵义宧氏一门,出了两个进士宧儒章和宧懋和,这是该家族所摘

---

① 黄加服、段志洪主编:《中国地方志集成·贵州府县志辑》第 32 册,巴蜀书社,2006 年,第 468 页。

取的科举中的较高荣誉。遵义宦氏家族对科举的追求十分执着。以宦应清为例，据《屏凤庄旧主自述》"吾生五十七年之概略"，宦应清光绪五年（1879）援例为国学生，与父亲宦懋庸同年参加乡试，二人均未中。此时宦懋庸已经37岁。光绪六年（1880）宦应清弃国学生，参加童子试，府县皆不得前列。宦应清自己所说，其参加科举考试之所以未能获得好名次，主要是字写得太差，影响了成绩评判。当其让他人誊录其试卷，再送评时，则获经古第一，正场第二，以府学第一补博士弟子员。但从光绪八年（1882）至十五年（1889），宦应清连续参加乡试四次，均未中，最后一次参加乡试已经30岁了。宦应清曾入上海制造局广方言馆学习英文，接受过西化教育，对新式教育内容并不陌生，也并不排斥，其完全可以走新式教育的道路。可一旦有机会，他还是执意参加数年科举考试，且与父亲一起参加过乡试。前文有云，在比较科举考试与现代教育优劣时，竟然得出了"曾有一人政治经济能愈于八股试帖之徒乎"的结论，可见宦应清对科举考试的留恋与情结。屡试屡败，屡败屡试，一次次科举考试的准备与温习，无疑都是一次次对儒学的反复学习、理解与运用。在科举考试的指挥棒下，遵义宦氏家族文化与儒学发生深刻交融与互动。

第三，家庭之熏陶。

前文有云，遵义宦氏家族强调"诗书传家"，十分重视读书，而且读的是圣贤书。官学中的教育内容已经极度儒学化。而宦氏家族私塾中的教育内容，其儒学化色彩一点儿不亚于官学。即使到了清末民初，新式教育十分盛行的时代，《屏凤山庄箕裘集》中"吾家童子暂行读书法"仍然十分重视读《论语》《孟子》《春秋左氏传》等儒学文献。这充分体现了宦氏家族家塾教育中对儒学之推崇。在这样的家风家规熏陶下，遵义宦氏家族文化自然充满浓厚的儒学色彩。

第二节　宦懋庸诗文创作的儒学内涵

宦懋庸,字莘斋,别号碧山野史,贵州遵义人。幼年即十分好学,长大力学不辍。咸、同时期贵州社会动乱,宦懋庸幕游江浙,依李春和、莫祥芝,先后三十年。其间师从孙依言、吴敦、李振南等,学问及诗文创作愈加精进。所著有《六书略平议》八卷、《说文疑证编》二卷、《莘斋文集》四卷、《诗集》七卷、《诗余》一卷、《播变纪略》一卷、《论语稽》二十卷、《两论蠡测》二卷、《史记稗言》四卷、《读汉书私记》四卷、《备忘录》八卷①。

民国《续遵义府志》卷二十二说:"遵义自巢经(郑珍)、邵亭(莫友芝)、侍雪(黎兆勋)、鹿山(萧光远)以后代有闻人,而后进者著述之多以懋庸为最,亦可谓博雅君子也已。"② 宦懋庸为晚清时期贵州一代名儒,是继郑珍、莫友芝、萧光远等之后贵州文化的重要代表人物。其主要经学著作《论语稽》二十卷,被收录于《续修四库全书》。宦应清《先子行状》说:"著《论语稽》二十卷,并冠以《孔子世家稽》一卷,盖取汉宋以来暨国朝诸家笺注说,集其善理,采其长,如言学则诗、书及毕生切身之用皆是;言道则从辵从首乃人生当行之路;言孝则义在以子承老非称美之名;言仁则仁者人也,人傍着二谓之仁,如果之有仁其萌芽二辨,乃生生不息之理。"③ 此充分揭示了宦懋庸尊孔崇儒的思想。宦懋庸不但是著名的儒学家,还是一位擅长诗歌、散

---

① 黄加服、段志洪主编:《中国地方志集成·贵州府县志辑》第35册,巴蜀书社,2006年,第156页。

② 黄加服、段志洪主编:《中国地方志集成·贵州府县志辑》第35册,巴蜀书社,2006年,第156页。

③ 《清代诗文集汇编》编纂委员会:《清代诗文集汇编》第749册,上海古籍出版社,2010年,第3页。

文、词赋创作的文学大家。这种集儒学家与文学家于一身的特殊性，使其文学创作呈现出十分浓郁的儒学色彩。

一、对相关儒学内容的直接论述

宦懋庸的诗文作品，有大量篇幅直接论及儒学内容。这主要表现在如下几个方面：

1. 传承儒学的坚定志向

如《与缪稚谷书》：

> 下走幼遭丧乱，长不知学，弱冠后独喜为诗歌，未能入门，旋复弃去。后见时贤之为制艺者，以谓持此可弋科名，荣门第，辄迁所业以就之，又不自奋勉，终无所得。间读八家之文而喜之，将因是上窥汉魏，以希一获。然侧闻古之文人未有不治经者，不治经之文譬犹瞽之无相，立见其蹶。①

宦懋庸在经历过长时间摸索之后，发现自己原来的治学门径有问题。以前游艺于诗歌、制艺间，结果一事无成。后来认识到，治经才是诗文创作之根本。于是，撰述了《论语稽》《六书略平议》等分量厚重的经学著述，其诗文作品也形成了以儒学为内核的风格特征。

又如，《以诗赟见孙先生琴西衣言》其四：

> 青青百尺松，其下多茯苓。分彼千岁脂，孕此一点灵。甚知有中行，狂狷亦所型。但使归有裁，愿得执一经。不见吾道南，

_____

① 《清代诗文集汇编》编纂委员会：《清代诗文集汇编》第 749 册，上海古籍出版社，2010 年，第 56 页。

传《诗》分鲤庭。塞茅未可知，敏求愿持盟。①

这是以诗言志，表达宦懋庸承继儒家思想的愿望。其中多用儒学典故。"狂狷"用的是楚狂接舆的故事。《论语·微子》载：

> 楚狂接舆歌而过孔子，曰："凤兮凤兮，何德之衰？往者不可谏，来者犹可追。已而，已而，今之从政者殆而！"孔子下，欲与之言。趋而辟之，不得与之言。②

楚狂接舆正逢乱世，故劝孔子避世隐居。宦懋庸所处时代社会动荡，故有效法"狂狷"之意。"传《诗》分鲤庭"用的《论语·季氏》典故：

> 陈亢问于伯鱼曰："子亦有异闻乎？"对曰："未也。尝独立，鲤趋而过庭。曰：'学诗乎？'对曰：'未也。''不学诗，无以言。'鲤退而学诗。他日，又独立，鲤趋而过庭。曰：'学礼乎？'对曰：'未也。''不学礼，无以立。'鲤退而学礼。闻斯二者。"陈亢退而喜曰："问一得三，闻诗，闻礼，又闻君子之远其子也。"③

此言孔子对《诗》《礼》的高度重视。"愿得执一经""不见吾道南"，明确表达了宦懋庸欲承接儒学文脉，将儒家经学传道于南方的志向。事实上，宦懋庸除了对《论语》深入研究之外，对《诗》《礼》

① 《清代诗文集汇编》编纂委员会：《清代诗文集汇编》第749册，上海古籍出版社，2010年，第101页。
② ［清］阮元校刻：《十三经注疏》，中华书局，1980年，第2528页。
③ ［清］阮元校刻：《十三经注疏》，中华书局，1980年，第2520页。

二经都有自己的心得。《辛斋文钞》中就有很多篇章是探讨《诗》《礼》二经的。

宦懋庸不但自己以治经为本，而且亦将其视为传家之宝。如《渔六学斋记》：

> 夫古之圣者，以畋以渔。渔之时义大矣哉。上古无佃，佃者，陆居则渔鸟兽；水居则渔鱼鼈，以陆兼海，无物不备，故曰：山人足鱼，余山人也，以田为业，所不足者鱼尔。然临渊羡之，不如退而结网。《诗》《书》六艺，非由天授，无以渔之，斯无所获耳，由斯以观，渔于渊又不如渔于学，吾为斯斋，夫岂聊以自渔也乎，亦欲为子孙辟力学之区，使平日有所渔云。①

"渔于渊不如渔于学"，这是宦懋庸建渔六学斋的根本目的。宦懋庸以儒家《诗》《书》六艺为渊池，一方面给自"渔"提供场所，另一方面为子孙后代平日能有所"渔"建构一个领域。很明显，这是以《诗》《书》六艺传家，强调儒学修身养性，以儒学为子子孙孙安身立命之本。

2. 对儒学大家的高度赞美

例如，《孙文恭公遗书序》：

> 黔中乡贤，始后汉尹道真，哀然为儒者冠。惜范《史》不立传，亦无传书。自后寂寂，鲜知名士，山川之气非有靳于是，殆僻远而老牖下每裹足不识荆，故埋郁以没世而阙然于通材之口耳

---

① 《清代诗文集汇编》编纂委员会：《清代诗文集汇编》第 749 册，上海古籍出版社，2010 年，第 82 页。

也。家兄郘亭深曒焉,辑《黔诗纪略》以存之,昉自前明人为之传,所以表章其人与书者至矣。尝读其书而为孙文恭公惜焉,公以词臣洊践卿贰,外历参政、巡抚,镌巨珰、论革除、清国学,政事赫一时,而《明史》无传,此可为公惜者一也。公受阳明心斋之学,于徐樾与罗洪先汝芳、蒋信、胡直、赵贞吉、耿定、白定理相切磋,发挥良知,张皇眇悟,而《学案》不载其姓字,此可为公惜者又一也。①

这实际上是对贵州儒学发展史的简要梳理。涉及贵州儒学发展的两个关键节点,其一是尹珍游学中原,师从经学大师应奉、许慎,学成归黔对黔地儒学发展开创作用。其二为王阳明入黔,在贵州培养了一大批心学之士,而孙应鳌就属于其中一员。宧懋庸为孙应鳌抱不平,如此一位儒学重臣,《明史》竟然不载,且《明儒学案》也不载,而事实上,孙应鳌在发挥阳明心学方面贡献巨大。孙应鳌《淮海易谈》入《四库全书》,这是以阳明心性之理论来解构《易》学的重要著作,成绩斐然。孙应鳌为有明一代大儒,但却不被一些史料载录。宧懋庸对此表示不平,同时分析了产生这种现象的原因,那就是贵州地处僻远,故一些重要儒者往往随历史发展逐渐湮没,从而不被后世通都之士所认识。宧懋庸充分肯定了莫友芝编辑《黔诗纪略》的做法,对彰显黔省学者与文献起到了重要作用。这种对乡贤儒者的推举情怀,在《杨子英先生墓表》中也得到充分表达:"西南故多畸零朴学之士,以余所见藉经术文章见者,曰莫、郑。莫、郑之外足入独行传者,鲁新黎先生、鹿山萧先生亦其人也。而子英先生之殉母,假处通都大邑,

---

① 《清代诗文集汇编》编纂委员会:《清代诗文集汇编》第749册,上海古籍出版社,2010年,第40页。

声称何遽閟然哉！"① 这里高度称赞黔省莫友芝、郑珍、黎庶涛、萧光远的学术文章，为其所处偏远地域导致声名不显于时而深深抱不平。

又如，《重修桐乡县张杨园先生祠堂记并诗》。同治辛未（1871），宦懋庸的表兄李春和署桐乡，"以私钱千贯更新祠宇，赎质田返祠"，重修了桐乡先贤张履祥的祠堂。宦懋庸时寄寓李春和处，对李此举大加称赞，并写了该《祠记》并诗，其诗曰：

> 桑麻芃芃，桐乡在中。厥有张公，理学其宗。远走会稽，受业于镏。学成返教，爰咨爰诹。穷约是守，笃信著书。殁祀瞽宗，为时楷模。李君来止，既越十世，赎田返祠。为国矜式，大雅扶轮。贤轨是遵，女良女循。于铄令君，禾黍油油。俎豆莘莘，是用作歌，诏于后人。②

张履祥，清初儒学大家，晚清配祀孔庙，在儒学史上地位极高。李春和主政桐乡时，个人掏钱对张履祥祠堂进行修缮，宦懋庸撰祠记对张履祥祠堂重修过程进行详细记载，并配诗，高度赞美张履祥的儒学成就，同时也赞扬李春和重修张履祥祠堂的功劳及其对儒学与文化发展的重要意义。

再如，《国朝古文正的跋》：

> 武陵杨先生性农，平日为文，一宗韩、柳、欧阳，而于皇甫湜、孙樵、李翱、刘蜕诸家皆并包。其指趣以上规荀、扬、匡、刘，絜而

① 《清代诗文集汇编》编纂委员会：《清代诗文集汇编》第749册，上海古籍出版社，2010年，第65页。
② 《清代诗文集汇编》编纂委员会：《清代诗文集汇编》第749册，上海古籍出版社，2010年，第70页。

返诸六经,盖咸同间能于湖湘以古文树一帜者,自曾文正而外,鲜可与先生相颉颃。一时从游士,咸执贽立门墙,受义法。所造就多成材者。①

杨性农为晚清湖湘文化重要代表。道光十年(1830)与左宗棠、吴敏树同时中举,道光三十年(1850)中进士,选翰林院庶吉士,任兵部主事。光绪十七年(1891)获重宴鹿鸣殊荣,被曾国藩推举为湖南文士之首。杨性农一生酷爱古文,深受宦懋庸景仰。《辛斋文钞》卷三还收录有宦懋庸《致杨性农先生书》《上性农先生第二书》,均对杨性农表达无限仰慕之意。这里,宦懋庸将杨性农与荀子、扬雄、匡衡、刘向等先秦两汉儒学大家相媲美,足见其敬佩之情。

3. 对相关儒学问题的深入探讨

这点在《莘斋文钞》中表现比较明显。《莘斋文钞》一共四卷,其中卷一、卷二中有很多篇章是对儒家经学文献的论说。主要涉及《诗》学、《礼》学义献和小学文献等,如《"象箾""南籥"说》《狸首说》《鲁之郊禘说》《昏义六礼说》《释"黼黻"》《说"关"》《释"鸡"》《答赵谷生问羔羊素丝义》等。以《"象箾""南籥"说》为例:

> 《内则》:十三舞《勺》,成童舞《象》。郑氏据《左传》,见舞《象箾》《南籥》者,以为《南籥》即《勺》。"勺""籥"字通,是文王之文舞。《象箾》者,文王之武舞。此据《诗·简兮》章"西方美人"之指文王,以为即文王所制耳。愚窃疑,非天子不制礼作乐。文王虽圣,然西方诸侯耳,而毅然作文武职舞,以象功德,毋

①《清代诗文集汇编》编纂委员会:《清代诗文集汇编》第749册,上海古籍出版社,2010年,第45页。

乃僭乎！既作乐舞而文武备矣。武王有天下乃不修而用之，而别作《大武》以象功，修《九夏》以象德，舍祖述而或近取诸身，或远求诸古，而所谓《象箾》《南籥》者，仅令童子为之，母乃蔑其祖而童蒙之乎！

　　然而无征不信，则亦未敢遽置议也。今读《大戴记·五帝德篇》"伯夷主礼"下有曰：夔作乐以歌籥舞，以利钟鼓。注曰：籥舞，羽舞也。又《夏小正》曰：入学用《万》，《诗》所谓"万舞洋洋"者。笺曰：《万舞》，籥舞也。左氏曰"《万》入去《籥》"，注以为《万》是干舞，先吹籥，及万入而籥去不用，则《万》之于舞为文为武虽不定，而籥之不始于文王亦明矣。则夔之作籥有征矣。又《明堂位》曰：下管象。舞象则下管以合之，笙管皆在堂下，有声而无词。《吕览》曰：《象》盖周公乐也。武王克商既作《大武》修《九夏》，而《古乐篇》曰：成王立，殷民反，王命周公伐之。商人服象为虐于东夷（服，如服牛乘马之服。《诗》"不以服箱"，谓施衔与象而乘之以战斗也），周公以师逐之，至于江南，乃为《三象》，以嘉其德（高诱注：《三象》，周公作乐名）。此正与孟子言"周公驱猛兽而百姓宁"相合。而当日南夷之用象战者不得呈其志，而越裳之闻风献雉，亦以兵威之震慑也（汲郡《纪年》：成王八年亲政，周公乃作《象舞》。九年春有事于太庙，初用《勺》。是时去武王之作《大武》在十二年者，前后共十四年，是《大武》先成而《勺》《象》之成皆其后也）。《明堂位》又曰："昧，东夷乐；任，南蛮乐。纳蛮夷乐于太庙，言广鲁德于天下也。"夫不取西戎北狄，而独取东南以为下管之节，正见鲁祭之当用《象》也。舞《象》以成童，杀于《大武》之皮弁素积，总干山立也。舞《籥》又总焦之童，则《勺》为夔作以教胄子者，可想而知古今世不相及,然苟由其意而通之,皆有迹可寻也。①

　　这类文章可以称得上是宦懋庸儒学研究的学术论文。其论文撰写的基本模式是:发现并提出问题——寻找证据仔细求证——得出可靠结论。在这篇文章中,宦懋庸的问题是,汉儒郑玄等以为《礼记·内则》中的《勺》《象》即《籥》《象箾》,乃文王时期的文舞和武舞。但文王终其世也只是殷商一诸侯,不是天子又怎能功成而制礼作乐? 如果这是事实,那么,从礼制上来说文王就是僭越! 而且武王推翻殷商拥有天下后放着文王的舞乐不用,而自己又重新制礼作乐,这与情理不合,且有蔑祖之嫌。宦懋庸发现的这个问题,可以说是汉代儒学中存在的一个普遍问题,不仅在《礼》学中,在《诗》学中亦是如此。如汉儒将《二南》解读为文王之正风。而正风的概念实质是新的王朝兴立,由乱转治时发生的篇章。但《毛诗序》又说文王"三分天下有其二而服侍殷",事实承认文王并没有建立新的王朝。这其中明显自相矛盾。故欧阳修《毛诗本义》也对此提出疑问。宦懋庸的问题,是其疑古惑经思想的表现。解决问题自然需要证据,宦懋庸接着从《大戴礼记》《左传》材料入手,论证《籥》舞在文王之前已经产生,而且是由夔所作。又进一步从《礼记》《吕氏春秋》证明,《象》舞乃周公所作,比武王的《大武》之乐所作时间还要晚。最后得出结论,《象》舞乃周公东征功成所作,《籥》舞乃夔所作以教胄子,二者皆与文王无关。可以看出,宦懋庸的文章以问题为导向,以事实为论据,思路清晰,层次分明,逻辑合理,结论令人信服。遗憾的是,宦懋庸没有进一步探析,汉儒强加于文王身上的不符历史的事实,实际上是一

---

①《清代诗文集汇编》编纂委员会:《清代诗文集汇编》第749册,上海古籍出版社,2010年,第15页。

种人为的建构，这是为大一统中央集权政治塑造的人君范型，与两汉时期孔子的异化以及宋儒对五经的新解构目的完全一致，都是想通过对经典重新阐释，为当时的政治文化发展服务。

又如，《狸首说》：

世之说《狸首》者，胥据《射义》，以"曾孙"八句当之，而不知《狸首》之诗已如《九夏》之可奏而不可歌，必求其诗以歌之，则《檀弓》篇原壤之所引者，庶几近之矣。于何征之？一征于《酌》《桓》《赉》《般》，再征于《驺虞》《采蘋》《采蘩》，三征于后世之长短调可入乐者，四征于周秦诸子之所引《诗》而非《诗》者，以例求例而无征者乃可征矣。《酌》《桓》《赉》《般》存于《周颂》，其词若有韵若无韵，此《颂》体也。"颂"之谓"容"，所以形容先王之盛德，用之享祀先王，有庄论而无媚词，有揄扬而无托兴，故匪特《风》《雅》不足以干之。即《驺虞》《采蘋》《采蘩》之托物明志者，犹未足以企之。《颂》体严而庄也，若是，夫若《驺虞》《狸首》《采蘋》《采蘩》，皆南音也。南音始于涂山女之候禹，其诗曰"彼候人兮"，是思妇之词，发乎情而止乎礼义者也。其音节必促，其容体必舒，其寄兴必深微而澹远，其托词必往复而郑重，一倡而三叹，有遗音矣。上不与于《颂》，而下不比于《雅》，盖《二南》诸篇，皆一例也。窃疑此"斑然卷然"者于南体实同，而特《狸首》之一章，变斑卷而叶其音，所佚者当更有一二章而意乃尽，彼"曾孙"八句，则雅体也，《大明》《文王》之类也，置诸《驺虞》《采蘋》《采蘩》间，固弗类，已弗类而强求其类，正如"齐天乐"之为调长而"南乡子"之为调短，固有判然不相合者矣。然曾孙之作胡为而入于《射义》？则当以周秦诸子引《诗》之例推之，"曾孙"八句也者，《狸首》之传词而非本经。非本经而疑于经……若"曾孙"八句乃咏射事之诗,仍不止八句,今见《大戴礼·投壶篇》,此岂可为射节?且篇名《狸首》又何取义乎?郑注《狸首》"曾孙"失之矣。[①]

这里,宦懋庸对郑玄《狸首》解释产生疑问。郑玄将《礼记·射义》的"曾孙八句",即《诗》曰:"曾孙侯氏,四正具举。大夫君子,凡以庶士,小大莫处,御于君所。以燕以射,则燕则誉。"作为《狸首》诗文。孔颖达《疏》认同郑玄说。但宦懋庸认为《狸首》诗文本身就已经亡佚,顶多"可奏不可歌",即有曲无辞。宦懋庸从《诗经》内证、先秦引《诗》情况以及后世长短调等多方面论证《狸首》真貌。其中,从风、雅、颂的文体特征入手分析《狸首》实乃"南音"而非雅诗。再结合后世长短调文体创作实际,判断《狸首》不应该以"曾孙八句"当之。"曾孙八句"实乃雅诗之体,与《狸首》无关。认为最有可能的是《檀弓》篇原壤所唱的"狸首之班然,执女手之卷然",判断这可能是《狸首》之一章,其他更多章节亡佚。

应该说,宦懋庸对《礼》学及相关文献烂熟于心,能发现问题的关键点所在,也能旁征博引进行论证,能言之有据,自成一家之言。宦懋庸有些认识很具启发性,如认为"曾孙八句"是传词而非本经,这种现象传世文献中不少。另,从"狸首"含义入手,认为原壤所歌乃《狸首》之一章,并从文辞特点判断为"南音"。这些对进一步研究《礼》学文献有积极作用。宦懋庸自己擅长诗文创作,能从文学色彩浓郁的文体视角去审视《狸首》的性质,这些都显示出文学家在解构经学文献时的文学化特点。但宦懋庸认为《狸首》与《驺虞》《采蘋》

---

① 《清代诗文集汇编》编纂委员会:《清代诗文集汇编》第749册,上海古籍出版社,2010年,第16页。

《采蘩》等不类，更与雅诗不同，这点放在《大戴礼》中考察可能值得商榷。《大戴礼·投壶篇》："凡雅二十六篇：其八篇可歌——歌鹿鸣、貍首、鹊巢、采蘩、采蘋、伐檀、白驹、驺虞，八篇废不可歌；七篇商齐，可歌也；三篇閒歌。史辟、史义、史见、史童、史谤、史宾、拾声、叡挟。"不难发现，《大戴礼·投壶篇》所谓的"雅"是包括雅诗与风诗的，且风诗也不局限在《二南》中，这涉及"雅"的含义。"雅"在这里应该不是文体概念，如风、雅、颂三体之雅，应该是"正"的意思，"凡雅二十六篇"即"正歌"二十六篇。如此，就与风、雅之体裁无关了。

宦懋庸对《礼》学问题撰文探讨得比较多，其余《鲁之郊禘说》《昏义六礼说》《妇不至解》等，其论述模式与上文所引基本相同，显示出宦懋庸扎实的儒学功底。关于其他经典及语言文字的文章，其论述模式也基本上与《礼》类研究文章一致。限于篇幅，此不再述。

二、各类人物品评中的儒学内涵

宦懋庸的诗文作品中，有大量的篇幅是以人物为论述中心的，主要体现在人物传记和对贞女节妇的讴歌。人物传记必然涉及品评的标准，宦懋庸无论是评论历史人物还是当前身边的人士，衡量的标准充满儒学色彩，多以孔门仁、孝、节、义等标准衡量人物，而对节妇烈女的讴歌，主要以贞节观为准则，又充满强烈的理学色彩。

1. 对历史人物的品评

宦懋庸论述的历史人物，大都是其言行符合儒家思想要求，在某些方面能成为儒学价值观的代表，例如，《窦建德论》《于谦论》《张江陵论》等。请看《窦建德论》：

三代而上，以仁义失国者，惟徐偃王。三代而下，以仁义失国者，惟窦建德。建德亦磊落奇男子哉！其征化及而得传国之玺也,较唐以留守而窃晋阳者为正。其奉萧后而入突厥也,较唐私淫宫人而逃死起兵者为优。其任宋正本、孔德绍也,较唐结纳刘文静、裴寂倾谄辈者为不侔。至于不杀王琮以旌谊士,而隋臣降者有愿往东都、关中悉听之。尤所谓推赤心置人腹,中释李世勋、李神通、同安公主归唐,又廓达大度之为,而纳凌敬谏免张志昂、陈君宝、张道源于死,更为人情所难能。即以用兵论之,北拓冀方,南扼荥阳,救郑之谋初未为失,其所失在不纳凌敬避坚击瑕一计耳……君子观于"豆入牛口"之谣而知唐有天幸也。然唐不杀世充而杀窦建德,则亦畏其声威足以鼓舞人心而奔走豪杰。故禽之惟恐不速,而杀之即惟恐不先。然英雄功业不就,鼎俎终之,亦固其所。岂暧暧姝姝效儿女子乞怜于须臾毋死,以自失生平哉! 以当日降人论之,则佼佼铮铮之间,其亦足以自豪也钦。①

这里对窦建德评价甚高。其依据的主要标准就是"仁义"。窦建德从起兵反隋,到最后被李世民所杀,其对待朋友、敌人、俘虏无不心胸阔达、光明磊落。特别是去救王世充,部下多反对,但窦建德之所以坚持,就是因为其答应了王世充请求,必须信守承诺。窦建德的一生言行皆不出"仁义"二字,这是其受到宦懋庸称赞的根本原因。但为什么如此仁义之人,其最终会失国呢? 宦懋庸虽然也认识到窦建德不采纳凌敬、曹夫人之计的失误,但却将根本原因归结于"唐有天幸",即唐不仁义却最终拥有天下,一切皆是天意。宦懋庸因为"仁义"而为窦建德辩护,这实际上是对儒家思想的偏爱与袒护。胜败乃兵

---

① 《清代诗文集汇编》编纂委员会:《清代诗文集汇编》第749册,上海古籍出版社,2010年,第33页。

家常事，事实上军事斗争中，计谋与策略很关键，胜负往往在一念之差。与个人品性是否仁义实际上是没有多大关系的。

2.对当前人物的品评

宦懋庸为同时期的很多人作传、撰写墓碑等。其描写的对象是有选择的，即主要是在道德、政事和节操等方面完全符合儒家思想要求的人物。如《诰授奉直大夫拣发浙江委用知州李君墓碣》：

> 君学宗余姚，不欲以词章名，而独深于《易》，生平历困苦四十年，筮仕十一年，五绾邑符，四入谳局，言行政事卓然有儒者风……铭曰：
>
> 惟君硕德，幼履艰屯，壮学强仕，徂义蹈仁，举高廉孝，解妙羲文，分郡折狱，勉良励循……甘棠勿翦，载诏后人。①

宦懋庸所撰该篇墓碑的墓主为其表兄李春和，字耐斋（一字煦斋），乃贵州贵筑县人，"生而敦厚诚敏"，家贫力学，由附监生中咸丰己未恩科顺天府乡试举人，援例候选知州，拣发浙江委用，初权温州瑞安县。李春和的相关资料仅见宦懋庸所撰墓志，贵州史料如民国《贵州通志》等均失载。宦懋庸以"卓然有儒者风"评论李春和的"言行政事"。那么，李春和言行政事的"儒者之风"都表现在哪些方面呢？据宦懋庸所撰墓碣可知，政事方面，有平息盗贼、重修驿站道梁、平反冤狱等，这些无疑都是与民生密切相关的，体现了李春和的民本思想。言行方面，一是推崇《易》学，二是谨遵阳明心学，三是晚年重视小学。《诰授奉直大夫拣发浙江委用知州李君墓碣》有云：

---

① 《清代诗文集汇编》编纂委员会：《清代诗文集汇编》第749册，上海古籍出版社，2010年，第62页。

生平食不重味,衣不锦绣。与人言恒守良知之说,而归宿必
在穷经……《诗》《易》皆经手抄并厘正音注。晚年尤津津于许
氏之学,谓少时误溺词章,于根砥之学初未涉猎,仅乃知读经先
求识字耳。①

李春和恒守良知之说,以穷经为归宿,对儒家经典和学说深入研
究,其所体现的儒学风尚十分浓郁。这也正是宦懋庸所推崇的,同时
也充分体现了宦懋庸人物品评的儒学标准。

又《杨子英先生墓表》曰:

> 杨先生,讳登杰,字子英,遵义东乡野葱坝人,少禀至性……
> 同治某年,郡久经黄白号之乱,乡甿保聚山砦,先生亦奉母依险
> 自固。某月日绥阳贼来乘,险砦遂破,民坠坑谷死无算。先生躬
> 负母以奔,贼蹑于途,母子俱死,明日诸弟得遗骸,两尸相枕籍,
> 犹有捍母状……

> 论曰:西南故多畸零朴学之士,以余所见藉经术文章见者,
> 曰莫、郑。莫、郑之外足入独行传者,鲁新黎先生、鹿山萧先生亦
> 其人也。而子英先生之殉母,假处通都大邑,声称何遽闇然哉!
> 迹其母子并命尸犹相抱负,以视介推绵上之事亦奚恧乎! 亦奚
> 恧乎! ②

在宦懋庸看来,杨子英最值得称赞的是其危难时刻以身护母的

---

① 《清代诗文集汇编》编纂委员会:《清代诗文集汇编》第749册,上海古籍出版
社,2010年,第62页。
② 《清代诗文集汇编》编纂委员会:《清代诗文集汇编》第749册,上海古籍出版
社,2010年,第64—65页。

壮举，这无疑正是儒家高度推崇的孝道。宦懋庸不是停留在杨子英个案评述上，而是将其上升到全国层面考察，充分肯定西南僻壤贵州的儒学成就，以杨子英事迹与介子推相比，认为杨子英捍母之举远远高出介子推母子，言下之意，莫友芝、郑珍、黎庶涛、萧光远等西南僻壤的儒学名家一点不逊色于中土，假如这些贵州儒学之士处在通都大邑，其名声远非当前之閴然。宦懋庸从杨子英个人行为进而升华至对西南贵州儒者群体的评述，在对贵州儒学发展充分肯定的同时，也对其所处的地理劣势深表惋惜。

3. 对节妇烈女的品评

节妇烈女属一类特殊人物群体，这类群体在晚清时期呈现出独特的文化景象。以贞节观为行动指南的封建妇女行为规范对女性群体的束缚空前严厉。一时贞女、节妇、烈女、烈妇涌现，受到当时社会主流文化的高度推崇。而以节妇烈女为歌颂主体的诗文等女性文学作品也纷纷产生，成为晚清文学发展的重要现象。宦懋庸的诗文中，对节妇烈女的描写自然也是不少的。如《五妹采霞传》：

> 癸亥十一月初九日，白号贼突犯四面山，距吾家四十里，乡人御之。时军兴久，乡左右皆砦，事急可避。是晨谍者误贼左至，家人右奔，然贼实阴躡其右，未数里围合。采霞顾右有河可溺，则趋而右，家人呼不应，乃悉弃衣饰左奔，左反无贼，得免。而右者悉入围，贼至群号，哭震林木，委衣物、子女盈道，贼刃铿铿，然声摩击，乃跃入水田，以泥污面。乡人妇数十率罄所有献贼，贼怒采霞入泥，以长戈刺之，洞左胁，血溢襟袖间，已将去之。一贼指采霞语其党，嘤嘤不可辨。党赤足入水，曳采霞登埂，采霞知不免，伏埂间大骂，贼怒拔短刃刺其喉，立殒，恐不死，又刺胸胁间，前后凡受刃七。家人左奔者及砦，砦高可视，下尘滚滚，满村

落比屋火发,后至者无不被刃,缺趾、断臂踵相接。①

这是咸、同时期贵州社会动乱的一个缩影。社会动荡,最苦的是下层百姓,在刀光剑影中奔命,可怜无奈无助,尤其是手无寸铁的妇女,面对强人,只有任人宰割。在宦懋庸看来,五妹采霞之死,既不是死于疾病,也不是死于命,而是死于"义"。其按理学标准来说,采霞是贞烈女子,不惧淫威而壮烈赴死,这是值得旌表的行为,故采霞被采录入本籍军兴以来贞烈妇女名录中。

又如,《双烈歌》:

双烈者,一遂安诸生姜照藜妹,名荷华,一毛氏照藜聘妻也。辛酉十月,遂城失守,荷华随母兄匿山中,贼掳去,乘隙坠崖死。同日,毛氏亦于母家遇害。邑人士作《双烈诗》,余亦和焉。

悬崖血染胭脂紫,白虹如练冲天起。玉化肌肤铁化心,却把春风让桃李。荷华颜色艳于花,十七盈盈未有家。平地黑风卷尘土,甘将玉貌埋星沙。空山鬼哭魖魖号,貔貅百万鸣弓刀。侬死贞完松柏操,侬生贞毁轻蓬蒿。石壁万仞身一叶,甘心毕命如秋毫。毛苌诗说《柏舟》操,未嫁成贞况可逃。敢撄贼刃小姑后,烈魂长伴狮峰高。呜呼!烈魂长伴狮峰高,同室成仁足二豪。崖石不毁名不改,愁云冉冉来旌旄。②

乱世中,遂安姜氏嫂姑同日赴死,一门出现双烈。一时邑人争相

---

① 《清代诗文集汇编》编纂委员会:《清代诗文集汇编》第749册,上海古籍出版社,2010年,第59—60页。

② 《清代诗文集汇编》编纂委员会:《清代诗文集汇编》第749册,上海古籍出版社,2010年,第105—106页。

作诗讴歌。宦懋庸亦唱和吟咏双烈事迹。不难看出，宦懋庸在讴歌姜氏双烈的壮烈之举时，引述了《毛诗》之《鄘风·柏舟》以媲美其操守。《鄘风·柏舟》云：

> 泛彼柏舟，在彼中河。髧彼两髦，实维我仪。之死矢靡它。
> 母也天只！不谅人只！
> 泛彼柏舟，在彼河侧。髧彼两髦，实维我特。之死矢靡慝。
> 母也天只！不谅人只！

《鄘风·柏舟》毛序曰："《柏舟》，共姜自誓也。卫世子共伯蚤死，其妻守义，父母欲夺而嫁之，誓而弗许，故作是诗以绝之。"孔颖达《正义》曰："作《柏舟》诗者，言其共姜自誓也。所以自誓者，卫世子共伯蚤死，其妻共姜守义不嫁，其父母欲夺其意而嫁之，故与父母誓而不许更嫁，故作是《柏舟》之诗，以绝止父母夺己之意。"[1]《鄘风·柏舟》的女子实乃上古时期女性誓死守贞之典型代表。其以死明志的气概可吞山河。这也正是晚清遂安姜氏双烈的写照。

又，《寡鹄吟为贞女杨桂姑作》：

> 青青女贞木，上有寡鹄鸣正悲。悲鸣中夜不肯息，行人听之双泪垂。尔何不为梁间之燕燕，又何不为水上之鸳鸯。鸳鸯燕燕各求偶，尔独抱此百折不转之柔肠。柔肠断还续，失偶难为匹。贞雏啼向天，泪渍湘江血。和以无弦琴，配之冰蚕丝。冰丝绝断琴欲裂，一曲弹成长别离。长别离，四座惊，古有孀娥之泣潇湘之声，生不惜死死犹生，黄泉下饮甘苦辛。昔时桃李花，今存松

---

① [清]阮元校刻：《十三经注疏》，中华书局，1980年，第312页。

柏节。为君试作寡鹄吟,耿耿丹心托明月。①

这里,宦懋庸深刻剖析贞女的心理愁苦,高度赞美贞女的节操,并以古今节烈故事砥砺女性,进一步强化封建礼教之贞节观。

又,《徐节母五十寿》:

> 奇男不享庸庸福,要使精诚照人目。贤女不甘碌碌老,好获贞姿事幽讨。岂知中有岁寒心,古井无波暗中抱。夫死有衰姑,妾心化女为丈夫。夫死无嗣子,嗣侄为儿与夫似。以妇代子五十年,搔首问天天亦怜。辛酸槐火煎清泉,年年药盏奉姑前。姑在床,妾在地,姑对妾有怜意,姑应怜妾妾怜姑,悲夫泪续思儿泪,回顾幼儿窗下读,慰姑惟向孙枝祝,果然芝陛贲丝纶,始信《柏舟》慰贤淑。年来犹幸精神健,瓜瓞绵延看引蔓。上慰高堂痛子心,下酬泉下承祧愿。谁泣贞姬木,莫悲寡女丝。君不见东瓯徐节母,代夫能赋《蓼莪》诗。②

徐节母在丈夫死后,以妇代子,孝敬公婆,守节几十年,实属不易。宦懋庸详细描写徐节母守节期间的凄苦与愁情,高度称赞徐节母守贞敬孝之美好妇德,讴歌了节妇操行之伟大。其中,"瓜瓞绵延"等语化用《诗经·绵》,而《柏舟》《蓼莪》等《诗经》篇名和主题被直接引用到诗句中,这些充分说明宦懋庸女性文学创作中强烈的儒学色彩。

---

① 《清代诗文集汇编》编纂委员会:《清代诗文集汇编》第749册,上海古籍出版社,2010年,第107页。
② 《清代诗文集汇编》编纂委员会:《清代诗文集汇编》第749册,上海古籍出版社,2010年,第111—112页。

又,《生母潘太孺人述略》:

　　大抵皆习劳苦、勤操作,及先皇考妣卒,内抚懋庸,外任家事,债务蝟集,朝夕措画。不读书而处事辄能援大义,曰:吾闻诸汝父也,甲寅乱始平,族有以扶乩贾祸者,官将捕,群族惧不敢纳。孺人独曰:亲无失,亲曷于我乎是依! 会戚有幕于当事者,为解之,遂得免。是年,宗祠毁于兵,孺人痛苦曰:吾悲历代神主之烬也。又数年,居宅亦为贼毁,孺人反不哭,曰:劫运何所不至,吾有子,何忧宅之不建。其所见类如此。[1]

　　潘孺人是典型的贤妻良母,一切按传统儒学行事,援大义而不计小利,讲究家庭伦理道德融合,注重宗族关系和谐,勤劳善良,深明大义,宽于待人,可谓妇德之典范。特别是对宗族的仁义,使得宗族和谐团结,这对宦懋庸影响很大,如《重修宦氏宗祠碑记》等文章继承和发扬了潘孺人的宗族观。

　　又《赵烈妇传》:

　　癸亥岁,馆邑之蔡氏。蔡氏先故播学官,殁而家于播。夏日曝书广廷,破纸中得数页,曰《赵烈妇传》,事甚详而阙其年,语亦不文。予悲夫贞烈之失传也,置箧中。丙寅来浙,又六年壬申,晴窗检箧,纸故在也。为节而传之曰:

　　赵氏,遵义县之高坪人,年十六,善女红织纴,为同里国学生余希古侧室,与嫡无间。二年,嫡诞一子,而希古死,遗孤数月,嫡

---

①《清代诗文集汇编》编纂委员会:《清代诗文集汇编》第 749 册,上海古籍出版社,2010 年,第 59 页。

曰：“我有育子责，且妻也。子无名分，曷行乎！”烈妇曰：“吾闻
之鼓词矣，马双鞍不可乘，女二夫落骂名。若独为人而畜视我，我
必有以信若矣。”嫡改容谢。明年，嫡与子皆死，里人曰：“乃不嫁
以抚孤也，孤今安在？”烈妇指天曰：“无孤则养翁，吾犹未穷，曩
既与嫡矢之矣。”后五年，翁又死。赵族曰：“三谓氏之不可言动
也。”指余族名六者谋婚商而利所聘，且微氏之行，无以入其室而
撄其资也。氏仓卒投毒入口，六惧，舁氏于赵而卒，年二十八。①

宦懋庸在蔡氏家坐馆时于蔡氏家破纸中发现了《赵烈妇传》，竟
藏于箧中随身携带至浙江。可见宦懋庸对贞女烈妇资料之珍视。且
在浙江重新为之作传。据《赵烈妇传》可知，赵氏虽识字不多，但能
据民间鼓词坚定自己的贞节操守。尽管不断遭受夫死、孤亡、翁殁的
打击，一而再再而三地失去亲人，却没有改变其守节心志。最终害死
赵氏的是家族的贪婪与利欲熏心。赵氏服毒殉节，颇受宦懋庸称赞。
尤其肯定赵氏守信。“嗟乎，愚妇人之信也，犹若是也。夫信也者，人
所恃以立也”，认为赵氏行为“斯即所以立奇行正纲常者”。宦懋庸看
中赵氏的是其对维护纲常礼教的重要意义。于此可见宦懋庸女性传
记文学的深厚儒学意蕴。

三、晚清社会动乱的实录与批判

宦懋庸所处时代正是中国历史上社会最为动荡的时期。作为有
强烈社会历史责任感的文人，宦懋庸对当时的社会现状表示深深忧
虑，并且用诗文记录下当时的一些社会状况，藉此表达自己对一些社

---

① 《清代诗文集汇编》编纂委员会：《清代诗文集汇编》第749册，上海古籍出版
社，2010年，第60页。

会问题的思考与认识。宦懋庸以诗文志史，反映社会现实与民生疾苦，在一定程度上，对封建统治集团的腐朽与无能进行深刻揭露与批判，继承和发扬了儒家思想的风雅精神。

1. 对忧国忧民情怀之抒发

例如，《杂兴》其一：

> 南风一鼓荡，燕麦何青青。人世值乱离，容华毕凋零。入砦亦苦愁，出砦亦苦愁。四野回悲飔，劳人怯白头。浩浩湖海心，黯黯君子忧。①

这是诗人忧国忧民情怀之写照，颇有《王风·黍离》之韵味。其中，"入砦"是个人家庭情况的写照。家庭是社会细胞，家庭的际遇正是社会所造成，是时世乱离的缩影。"出砦"乃诗人进入到江浙以及上海等东南地域所见所感。宦懋庸亲眼目睹天下的苦难，忧国忧民之情油然而生。又《杂兴》其四：

> 拔剑出东门，剑冷霜作花。但期持逐胡，未期持还家。壮士心自贞，途远隔京华。闲居非素怀，报国念未差。把剑还入囊，剑泣终无瑕。②

这是宦懋庸在上海见闻。诗人在上海目睹中国与法国交战，顿升拔剑逐胡之志。但自己身卑言微，报国无门，故只有徒自伤悲。这

---

① 《清代诗文集汇编》编纂委员会：《清代诗文集汇编》第 749 册，上海古籍出版社，2010 年，第 100 页。
② 《清代诗文集汇编》编纂委员会：《清代诗文集汇编》第 749 册，上海古籍出版社，2010 年，第 100 页。

充分体现了宦懋庸强烈的爱国情怀。

2.对下层社会动乱之实录

如,《前溃堤歌》:

> 丙寅六月初八日,洪湖决口,下至新堤,凡沔阳属地数百里居室皆为泽国。
>
> 白波涌起三万顷,倒浴赤日日无影。长风助恶一震荡,直决大堤压乡井。鸡泛烟波犬走隈,洪濛千里无城邑。冯夷作威老蛟泣,砖厦茅檐同壁立。高柳有颠岸无狄,小舟翁媪穷一笠。

《后溃堤歌》:

> 湖口决后,居民失业,其男子捕鱼摸蚌,妇人采菱雪藕,以船为家。无复上河丰豫景象矣。
>
> 平原浩浩成沧海,千里腴田一朝改。鸡鸣犬吠杳不知,蛟室龙宫宛然在。居民无家只有船,托钵乞米囊乞钱。男子叉鱼女网鲜,天明下湖夜不眠。大姑采菱菱刺手,小姑打柴觅莲藕。一夜秋风冷短篷,雾笠烟蓑冻白叟。①

这明显是以诗志史。用诗歌形式,记录洪湖决堤后的社会现实。诗歌描写了决堤前后的巨大差异,一夜之间从富庶变成一无所有,瞬间从丰衣足食变成乞丐。高度赞扬下层百姓决堤后的自我救赎。面对决堤后的惨景,百姓不怨天尤人,而是通过辛勤劳作,风餐露宿而

---

① 《清代诗文集汇编》编纂委员会:《清代诗文集汇编》第749册,上海古籍出版社,2010年,第105页。

存活。诗人也揭示出一个严峻的社会问题，即百姓无房无衣，忍饿挨冻，却不见有官府的丝毫救助。又如《杂诗十首》：

其一

闻道绥阳戍，于今未解严。连营常苦痢，将士半成疮。有饮皆参桂，无人计米盐。何当降卢扁，重与下针砭。

其二

号匪宵来急，连村遽合围。小人方有母，比舍赋无衣。楚炬宁胜此，穷檐并失归。况逢别离苦，白首泣朝晖。

其五

乱世愁无日，谋生苦未能。逃人真似鼠，养病竟如僧。雨壁蜗行藓，风窗纸动灯，半椽聊托足，杂气忍相凌。

其六

忽忽三秋过，犹难赋荡平。夜长兵恋甲，霜重月窥营。蚁溃愁虚垤，鸿哀送远声。谁同泗上长，掇洗揖郦生。①

这里，作者以杂诗形式，详细记录了动乱时期亲身经历的事情。满目所见，都是如老鼠逃窜似的奔命的难民。民不聊生，却无人救助这些苦难中的人们。遍野哀鸿，无处谋生，难以想象手无缚鸡之力的宦懋庸是如何活下来的。

又，《贼来》：

朝探石子铺，暮报贼骑发。火气薄红云，风声堕白月。岂无

---

① 《清代诗文集汇编》编纂委员会：《清代诗文集汇编》第749册，上海古籍出版社，2010年，第114页。

壮夫胆,惨见英雄骨。哀彼从军人,荷戈何时歇。

少妻前马骑,假子后马走。馆定各供役,椎羊洒白酒。军令连幕来,朝战点好手。我命轻于毛,我胆大如斗。

贼来走仓皇,贼去问存殁。砦守鹊一巢,穴居兔三窟。夜半鬼燐生,冥漠逐野月。知是含冤魂,欲哭不敢发。①

这是贵州社会动乱之实录。诗篇详细描写"贼"来时各种人物的反映。士兵紧张备战,百姓匆忙逃命。诗人不仅仅停留在现实描写,而是通过"贼"之来去所产生的后果引发深切感叹。为从军者的无休止征战悲哀,为乱世中人命轻于鸿毛怜惜,为无数冤死的鬼魂而内心哭泣。社会动荡,人心惶惶,疲于奔命,哀鸿遍野。诗篇深刻揭露社会动乱对人性之摧残。

咸、同时期,贵州社会最为动荡。宦懋庸用笔记录下了这段不平凡的岁月。其以遵义一隅动乱为关注对象,撰写了《播变纪略》一卷,记载了自咸丰元年(1851)至同治五年(1866)的社会发展。其撰写目的十分明确,在保存史料、以资后鉴的同时,对这场史无前例的社会激变进行剖析,分析发生原因,对清朝统治集团进行尖锐抨击。例如,《播变纪略前序》曰:

运际下元,遂极今变。不有人橐笔于红燐白骨间,后之史官何所资为掌故哉?爰取所耳闻目睹者笔于篇,阙所不知,以待乡人士同心者参补焉。或亦异日采访者之一助欤。②

---

① 《清代诗文集汇编》编纂委员会:《清代诗文集汇编》第 749 册,上海古籍出版社,2010 年,第 100 页。

② 《清代诗文集汇编》编纂委员会:《清代诗文集汇编》第 749 册,上海古籍出版社,2010 年,第 140 页。

面对特殊的历史现象，宦懋庸自觉拿起笔，主动承担史官的义务。其撰写《播变纪略》目的在于为后世保存珍贵史料。这些历史事件都是宦懋庸亲身经历的，对认识晚清中国社会发展真貌，特别是贵州咸、同时期的社会状况有极其重要的价值。没有经历过那段水深火热残酷社会现实的人可能难以理解宦懋庸内心的痛苦，促使宦懋庸奋笔疾书的还是触动了宦懋庸灵魂深处的极其惨痛的社会现状。《播变纪略后序》曰：

> 盖此十二年中，与吾祖父居者，今其室什无一焉；与吾居者，今其室什无二焉。死于贼、死于兵、死于力役、敲扑、疾疫、饿殍者，盖纪之不胜纪也。吾所纪仅事，又仅得事之什一耳。①

其室"什无一""什无二"，真可谓民无孑遗。因各种原因而死的人不可胜纪。如此惨绝人寰的社会现实又怎能让宦懋庸无动于衷呢。《毛诗序》曰："国史明乎得失之迹，伤人伦之废，哀刑政之苛，吟咏情性，以风其上。"宦懋庸站在历史高度，在记录这些惨痛社会状况的同时，也对造成如此动乱的深层次原因进行思考。《播变纪略后序》曰：

> 溯甲寅，余年始十二，避贼于乡，乡虽远，时有贼往来，习见之，不杀不掠，强取人一钱辄斩以徇。而官至，则随在搔扰，故民狎贼而畏官。事平后数年，称太平，而旁县贼起，人困征徭，兵食皆取于民，民又畏官而兼畏贼。迨强围不固，东南先糜，西北继

---

① 《清代诗文集汇编》编纂委员会：《清代诗文集汇编》第749册，上海古籍出版社，2010年，第154页。

尽,孤城独守,民三年中,昼则入市谋食,夕则授兵登陴,习为固
然,遂不复更畏贼。而官出一令,守之无敢违,生杀自任,终不出
一声,则始终所畏惟官。噫,民畏官,则民诚驯矣。而牧此驯者
死之而不惜,天耶? 人耶? 谓天死民而天不受也,谓民自死而民
不受也。噫,劫而已矣! 劫之所在,仁失其仁,爱失其爱,谓仁爱
在天,则杀戮偏降于人,谓仁爱在人而诛夷莫挽乎天。其始也,
孰酿之;其既也,孰成之。吾不知其所以酿所以成,第即其酿其
成之显然者,质诸公论,考诸舆情而志之已。有昭昭不可掩者如
此,知我罪我亦视后人耳。①

咸、同贵州社会动乱,其直接原因当然是农民起义。在封建统治
者看来,这些起义的农民是"贼"是"匪"。但据宦懋庸自己亲身经历,
这些"贼"却不杀不掠,不强取人一钱。反而是官兵扰民。当地的百
姓不怕"贼"而怕官。不畏"贼"而畏官,其根本原因在于官与"贼"
行为形成强烈反差,"贼"不扰民不取百姓一钱,而官却征徭、兵食皆
取之于民,百姓不堪如此沉重剥削,故有事平后又"旁县贼起"不断
的农民起义,这些显然都是官逼民反的结果。作为封建文人,宦懋庸
站在公正立场叙述事实,剖析动乱发生原因。对社会问题的认识是
十分清醒与正确的。

3. 对封建统治集团之批判

宦懋庸记录历史的同时,其批判力度也是比较大的。如《播变纪
略后序》曰:

---

① 《清代诗文集汇编》编纂委员会:《清代诗文集汇编》第749册,上海古籍出版
社,2010年,第154页。

> 嗟乎,士君子观时之变,大则天下国家,小则一州一邑,积州
> 邑而为天下,天下非大,州邑非下也。州邑之地,天下一隅也,州
> 邑之政,天下一端也。愚者败于前,则知者不能挽于后,况不以
> 知继愚,而以愚继愚,相推相激而使赤子涂炭其间,是岂天下之
> 咎也哉? 是岂民之咎也哉?①

　　宦懋庸虽然记录的是贵州一个区域十余年的社会历史,但从播州一隅,可窥天下之变。将批判矛头直指为政者,在宦懋庸看来,就没见一个善于为政者,所见都是"以愚继愚"。这里的"愚"不仅指为政者的愚昧,更是指为政者不以民为本,从不考虑百姓感受与利益。"相推相激",成为晚清为政者的常态,相互推诿责任,一味压榨百姓,从而激起民愤,最终演变成社会动乱。宦懋庸虽然为封建文人,但其对社会动乱产生的根源分析透彻,把握准确,找到问题的实质。社会动荡,百姓生活于水深火热之中,一切问题的根源在于为政者的"以愚继愚,相推相激"。其政治批判色彩十分强烈。

　　又如,《太平洲书院碑记》曰:

> 设官所以治民而适扰民何也? 有官则有丁役,其徒皆市井
> 小人,挟技售一时。所事之官贤什一,不贤什九。民斗争狱讼,
> 从而把持鱼肉之,及达诸官,而民之家既糜矣,身亦瘅矣。至是,
> 乃思昔求官来而不得者,今则欲求官去而不能,当哑然于初计之
> 非,而叹有官不如无官之愈也。然民有聚则有争,去官,而争于
> 何平? 曰:非谓官可遽去也,谓官不宜轻设,而能仿设官之意,以

---

① 《清代诗文集汇编》编纂委员会:《清代诗文集汇编》第749册,上海古籍出版社,2010年,第154页。

顺民情而纳于轨物,所谓听讼不如无讼。事有不相蒙而适相成者,此类是也。①

这里,揭示了晚清官场的黑暗现状。为官的"贤什一,不贤什九",绝大部分靠鱼肉百姓谋生。这正是社会动乱的祸根。宧懋庸进而对设官的意义进行思考,主张官不可去,但也不宜轻设。真正的设官应该是以民为本。官府应该做什么?《重修遂安县署碑记》给出答案:

> 古者兴大兵,动大役,咸谓劳民。今公用之而民安事集,何哉? 导以义而运以智,慑以勇而抚以仁,具是四德,宜其改过迁善而不知矣。微四德,又三善焉,复中正之制一,惩谀佛之风二,安反侧、肃观听、省帑藏三。公曰:四德,吾岂敢,三善犹将勉焉,试书畀民,俾贞诸石,以谂来者。②

李春和署浙江遂安,因县署毁于战乱,故重修之。宧懋庸撰《重修遂安县署碑记》,对县署的被毁与重修进行详细记载。同时,其对李春和重修县署的政治与文化内涵进行阐释,即李春和通过县署重修,进而移风易俗,对民众进行教化。不但不劳民,反而民安事集。其举措具备义、智、勇、仁四德,同时具有正制度、惩谀佛等三善。其政教的儒学色彩浓郁,通过勒石立碑,起到教化民众作用。

又,《哭采霞妹五十韵》:

① 《清代诗文集汇编》编纂委员会:《清代诗文集汇编》第749册,上海古籍出版社,2010年,第68页。
② 《清代诗文集汇编》编纂委员会:《清代诗文集汇编》第749册,上海古籍出版社,2010年,第73页。

　　金张门冷落，王谢族陵夷。避债台高筑，送穷文屡为。催租来暮夜，乞米辨朝曦。两母愁无日，诸姑嫁有期。奴穷皆鸟散，婢蠢亦星移。梁冷巢空燕，墙虚穴走狸。十年成坏局，八口少余资。但见厌金线，何尝买口脂。典衣塞翠袖，对雪栗香肌。蜀国生烽火，黔山动鼓鼙。阵云生剑戟，毒雾走旌旗。万户悲鸿雁，千军峙豹螭。茫茫归浩劫，莽莽更何之。乱国逢哮虎，擒人等饿鸱。①

　　此诗表面是哭采霞妹，似乎叙述的是伦理亲情，但实际上是对社会的控诉。社会动荡，宦家迅速衰落。债台高筑、暮夜催租，这是常人所无法承受的残酷现状。整个社会，百姓处于水深火热之中。战乱使得民不聊生。最终也导致其采霞妹亦于乱世中丢命。战乱使得社会凋敝，但更深层次的原因还在于封建统治者的腐朽无能。

　　又，《次杨文山先生七十感事韵》：

　　雍熙平盛已全非，百感茫茫今昔违。富贵骄人腰脚健，文章老我鬓毛稀。行歌不耻朱翁子，华表来归丁令威。生值乱离人事剧，模糊墨泪一齐挥。

　　年年蹂躏竟何堪，肉食宁无衾影惭。天向极边流浩劫，人谁立世作奇男。谋生既乏三年蓄，使酒何妨一石贪。镇日愁城坐相守，红燐白骨付醺醺。②

　　这是典型的感事而发。白居易说："文章合为时而著，歌诗合为

---

① 《清代诗文集汇编》编纂委员会：《清代诗文集汇编》第749册，上海古籍出版社，2010年，第116页。

② 《清代诗文集汇编》编纂委员会：《清代诗文集汇编》第749册，上海古籍出版社，2010年，第117页。

事而作。"感事的同时,也具有强烈的讽喻色彩。面对动乱不休的社会,诗人谋生极其艰难。"模糊墨泪一齐挥",这是乱世中文人的凄凉与悲哀。诗歌批判矛头指向封建统治者。"肉食宁无衾影惭",对于肉食者们来说,是体会不到下层百姓的离乱之苦的。"年年蹂躏竟何堪",年复一年的蹂躏,让下层百姓该怎样活啊？这是对封建统治的直接声讨。

四、诗文批评中的儒学色彩

宦懋庸给很多友人的诗文集写序,其中涉及诗文批评内容。诗文品评自然有一定的标准,而宦懋庸的诗文批评标准带有强烈的儒学色彩。

1. 温柔敦厚之《诗》教

《礼记·经解篇》曰:"温柔敦厚,《诗》教也。"《毛诗序》亦云:"主文而谲谏。"温柔敦厚,是儒家思想中诗学批评的核心理论。作为服膺儒学的宦懋庸,在进行诗文品评活动时,谨遵这一诗学批评理论。例如,《马禅樨饫罗乙稿序》曰:

> 禅樨,籍海昌而相与橐笔游沪渎。其人天怀乐易,恒粥粥若无能,所践境尤穷不自得。在人所喑呜叱咤不堪朝暮者,乃窃旁视禅樨,方伸纸和墨剪烛拈韵,若充然有愉色意。其人殆达于温柔敦厚之旨。居久益狎,辄慨然出其《饫罗乙稿》视我,仅有诗数十首。然读焉而色与舌为之骇然挢然,盖其锤炼之至,造诣之深,实于初白有嗣音焉。[1]

---

[1]《清代诗文集汇编》编纂委员会:《清代诗文集汇编》第749册,上海古籍出版社,2010年,第41页。

马禅榍,海昌(今海宁)人,与宦懋庸从陌生到熟悉。宦懋庸为其诗集作序,称赞其"达于温柔敦厚之旨",这是对马禅榍诗歌创作较高的评价。而且,宦懋庸将同是海昌的马禅榍与查慎行相比较,认为马禅榍继承了查慎行的诗歌创作传统。查慎行,清初著名诗人,其曾经在贵州铜仁等地为官,有很多诗篇反映贵州社会现实。郑梁《敬业堂诗集序》曰:"盖自三百篇而降,屈大夫、陶彭泽、杜工部,千古俱有同旨,宁谓风雅一道,不可自此而复续乎!"[1]此高度评价查慎行诗歌得《诗经》风雅之旨。而宦懋庸又认为马禅榍承继查慎行诗歌创作传统,实质肯定的是马禅榍诗歌对《诗经》风雅精神的传承。

2. 道器论

《周易·系辞上》曰:"形而上者谓之道,形而下者谓之器。"道器论不仅限于《易》学领域,也被广泛运用于文学批评领域。如刘勰《文心雕龙·夸饰篇》曰:"夫形而上者谓之道,形而下者谓之器。神道难摹,精言不能追其极;形器易写,壮辞可得喻其真。才非短长,理自难易耳。"[2]唐宋时期讲求"文以载道""文以明道",很多文章大谈道器关系。如《苏门六君子文粹》卷三十四《淮海文粹》二"变化论"曰:"《易》曰:'形而上者谓之道,形而下者谓之器。化而裁之谓之变。'夫道者,变之统也;器者,化之宇也。有形者不能相有,是以虽器也而制之者亦存乎道;虽化也而裁之者亦存乎变。"道器用于文章,涉及有形与无形、变与化等多种矛盾关系。宦懋庸也用道器关系来审视时文。如,《嗽芳集时文序》:

> 形而上者谓之道,形而下者谓之器。凡物皆然,时文何独不

---

[1] 《清代诗文集汇编》编纂委员会:《清代诗文集汇编》第178册,上海古籍出版社,2010年,第94页。

[2] 周振甫:《文心雕龙译注》,中华书局,1986年,第328页。

然？时文者,所以明道者也,读时文者又以明时文之道者也。明时文之道因以进乎时文所明之道,于是乎得其道则有以略其器,苟并器遗之,则道奚以存？夫神理,道也;声调格律,器也。由声调格律而返诸神理,器而进于道也。略神理而讲声调格律,道反限于器也。至于节其前后,割裂股段,以求推宕开合转折衬跌之道,又器之器者也。[1]

此以道器评论时文,道者乃精神层面的神理,而器者乃物质层面的声调格律。道无形,而器有形。道建立在器的基础之上,没有器则没有道。器是进乎道的必然途径和工具,只有通过器才能进乎道。文章的最终目的在于明道,因此,必须要由器返诸道。文章不能只停留在器的层面,不能只为了追求声调格律,若只讲求开合转折、割裂股段等惟器层次,那是"器之器者"。这实际上涉及了作文的目的、方法以及思想与表现形式之间的关系。宦懋庸有理论也有丰富的创作实践。《辛斋文钞》的篇幅远远大于《辛斋诗钞》,说明宦懋庸擅于文,自己的散文正是遵循道器关系,故《辛斋文钞》没有华丽的辞藻,没有为情造文的矫揉之句,有的是笃实、醇厚的文风与明道之旨归。

3. 诗以道性情

以性情论诗,乃儒家文艺思想的核心内容。先秦时期,如《孔子诗论》即主要从性与情的视角对诗篇进行阐释[2]。汉儒更是进一步发展,将诗歌与情性密切联系在一起。如《毛诗序》:"国史明乎得失之迹,伤人伦之废,哀刑政之苛,吟咏情性,以风其上,达于事变而怀其旧俗者也。故变风发乎情,止乎礼义。发乎情,民之性也;止乎礼义,

---

[1]《清代诗文集汇编》编纂委员会:《清代诗文集汇编》第749册,上海古籍出版社,2010年,第42页。

[2] 谭德兴:《论〈孔子诗论〉的情性观》,《武陵学刊》2011年第1期。

先王之泽也。"①《汉书·翼奉传》载翼奉上封事曰："故《诗》之为学，情性而已。"②《汉书·匡衡传》载匡衡上疏曰："故《诗》始《国风》，《礼》本《冠》《婚》，始乎《国风》，原情性而明人伦也。"③通过原情性而明人伦，将此视为《诗经》研究的入门要则。汉以降，性情成为中国诗学理论的核心范畴。宦懋庸论诗，也十分注重性情。如《刘邱臣诗序》：

> 诗以道性情，《三百篇》不著撰人，而以四始为纲，汉魏六朝备于选体而颜、谢、庾、鲍，如江河湖海之各成蹊径，有唐兴体乃大备，然以青莲之跌宕，杜陵之阔大，香山之乐易，征之沉着，右丞之缜密，东野之逋峭，昌黎之崛奇，义山之繁缛，读其诗，皆如见其人焉……邱臣之诗，其忠厚至性，流溢纸素间，想见其为人，盖诚笃有为君子也，足以不朽邱臣矣。④

这里，梳理了自《诗经》以来中国历代诗歌创作的性情之表现。虽然历代诗人风格各异，但其中最本质的性情是一致的。这种性情，在宦懋庸看来，实际与诗人的为人密切相关。读其诗，则想见其为人。人品与诗品合一。如《以诗贽见孙先生琴西衣言》其三：

> 昔师慕耕老，诗法陈后山。今见逊学集，乃在苏黄间。风骨自高翔，刚健无阿颜。晴云丽白日，结響正雅娴。文苑不足羁，

---

① [清] 阮元校刻：《十三经注疏》，中华书局，1980 年，第 269 页。
② [汉] 班固：《汉书》，中华书局，1964 年，第 3170 页。
③ [汉] 班固：《汉书》，中华书局，1964 年，第 3340 页。
④《清代诗文集汇编》编纂委员会：《清代诗文集汇编》第 749 册，上海古籍出版社，2010 年，第 43 页。

良臣苦忧患。乃知性情贵,雕镂皆所删。[①]

良臣忠贞,内心笃实,则体现在诗文中亦真情流露,故只知道性情,则风花雪月、雕镂刻画等皆非抒发性情所必需。前文有云,宦懋庸多以"仁义"品评人物,"仁"乃典型的儒学范畴。与礼、智、信等构成了儒家思想范畴体系。布封说"风格即人",尤其适合中国古代的文品与人品之关系。宦懋庸即以人物品评的儒学内涵来审视诗文作品。如《郑荔生非心集序》曰:

> 郑君少负异秉,思以长剑大戟猎功名。值东南不靖,左文襄督师驻徽衢,君磨盾草檄,同辈负羽者半捷足登仕版。君负奇不欲阿当事,积功甚伟乃仅以盐官酬庸。既而闽浙销兵,君丁家难奔黔,庐墓既终,文襄已移节出关,遂不果西。听鼓十年,卒得绍兴之东乡蹉使。以去抑郁无聊,托文酒自晦。余初识君,虎林豪迈,不可一世,继以饥驱授书申浦,君因事入都,差竣南返,执手慰问,已意气销磨大半。又十年,余谋食芜城,因事来杭,又一见君,则鬓有二毛,彼此相看,而老将至矣。黯然神伤者久之,既手一编,曰:"此十年瓜迹也,为我绳之可乎?"自杭返邗,舟行多暇,乃得读君之文,如匡庐武夷,潆回缭曲,而山空玲珑也,如哀猿孤鹤,长夜唬唅,而餐霜咽露也。于是掩卷太息曰:"有是哉!性情之发而不以掩其真者,固如此哉!"……君文虽一邱一壑,然得其真,非求其似,殆久客会稽,而又少长黔中,习见夫坡陀登降,萦拂脉络,皆山水真面目,而深有会心者欤。抑闻之智者乐

---

①《清代诗文集汇编》编纂委员会:《清代诗文集汇编》第749册,上海古籍出版社,2010年,第101页。

水，仁者乐山，山水之乐非仁智无能肖焉者。读君之文，知君为仁人，为智士，而立言特其迹耳。[①]

　　此处强调为文须言真性情。即使诗文中的一丘一壑，也须求其真而不求其似。由其文之真，进而知为文者之仁与智，这就是真性情与诗文之根本关系。

　　宦懋庸诗文创作的儒学意蕴丰富。这种诗文创作的儒学化倾向体现的是晚清儒学与文学之间的密切互动关系。文学儒学化既是晚清贵州文学发展的特点，也是晚清时期整个中国文学发展的基本特征。

---

① 《清代诗文集汇编》编纂委员会：《清代诗文集汇编》第 749 册，上海古籍出版社，2010 年，第 41 页。

第五章　萧光远的《诗经》研究与诗歌创作

萧光远的生平资料,主要见载于黎庶昌《拙尊园丛稿》和民国《续遵义府志》。《拙尊园丛稿》卷二《萧吉堂先生墓志铭》云:

> 先生讳光远,字吉堂,遵义人。道光十七年(1837)丁酉举人,选青溪县教谕未赴。虚憺寡欲,不骛仕进。迭主湘川、培英、育才书院讲席数十年,弟子去来数百人,无有能传其业者。以先生之学,皆由神悟,不可得于语言文字间也。光绪乙酉年(1885)某月某甲子卒,春秋八十有几。曾祖某、祖某、父某,娶某孺人。子二,某,县学生员,次某。孙几人。葬某所某山。先生之书,别有《易字便蒙均语》《毛诗异同》《汉书汇钞》、诗文集若干卷,皆非其至。至者《易图》,要之,先生以《易》名也。①

民国《续遵义府志》卷二十二云:

> 萧光远,字吉堂,遵义北乡人,性沈笃寡欲,自幼以学自奋,尝闭户不出,潜心耽究,不骛世故。一日亭午,家人以饵糍另盏

①[清]黎庶昌:《拙尊园丛稿》,(台北)文海出版社,1967年,第128-129页。

食糖饷之，光远且读且啗，食已尽，及取盏者至，叱曰糖完好而墨汁尽矣，手口皆汙矣。始惊，释卷起醵，而勤读如故。中道光乙酉（1825）举人，选青溪县教谕，不赴。勤于著书，足不涉城市，亦不屑仕禄也。迨甲寅，杨逆作乱，始移来城居。初，郑、莫两征君撰修府志，设局广延邑之贤士，而光远寂，不闻声息。及来城居，皆不相识也。一日游白田，归已迟，城门为闭，乃坐待之，忽莫征君亦至，同候门外，因纵言及汉宋两家之学极欢，征君笑曰："自有此门，曾有人深夜讲学否？"因劝之著书，谓吾辈不偶于时，著述立言，天之不我禁者。既而出所著《易》，已成书。尝相与结交至密，乃出，主讲湘川、育才、培英书院，弟子尝从讲学者甚众。光远之于《易》，独得其秘，积之十六年，凡十易稿，乃成《周易属辞》十二卷，《通例》五卷，《通说》八卷，最数十万言。其为说不求诸传注，而求诸本经；不求诸本经之象数，而求诸其字、其辞，取本经经传之辞，除其重复，得一千三百三十六字，以卦、象字为母，爻、翼字为子，依许氏《说文》求其故训，离其偏旁，谐其声纽，得直卦例若干事，于是取《系传》、《中孚》七爻为一六居下，《履》九卦二七居上；《咸》十一爻为三八居右，《离》十三卦为四九居左；《大有》一爻兼《乾》、《坤》五十居中，为《大有图》，即孔子之言，具《河》、《洛》之数为纲领，又于二十二卦中三陈之。《履》九卦，取《履》至《明夷》至《履》四九，为《履九卦图》以应《序卦》、《杂卦》之次第。又于十九爻中以《中孚》七爻七乘之以应大衍用数，证"大衍章"古本所以直接七爻之义，以谓"乾元亨利贞"五字、爻辞五十字、卦名四大一有《大有》象、象爻五十字为五十有五，准天地之数，而爻辞、十翼不同字各五百五十，由天地之数推广而出。其全书大旨若此。始极若穿凿可笑，然穷探力索，谋鬼谲发，自古诸儒治《易》者所未发，亦可谓好学深思,不愧一家言矣。卒时年八十有几,别有《易字便蒙均语》《毛诗异同》《汉书汇钞》《鹿山杂著》若干卷。①

　　据上可知,萧光远,字吉堂,遵义北乡(今遵义县毛石镇台上村)人,为近代贵州著名的学者与教育家。作为学者,萧光远研究领域主要涉及经学、史学。萧光远的学术成就主要体现在经学上。其经学著作有《周易属辞》十二卷,《周易属辞通例》五卷,《周易属辞通说》二卷,《易字便蒙》一卷,《禹贡拣注》上下卷和《毛诗异同》四卷(附《郑氏改字》《集传改字》《春秋传赋诗汇钞》《诗杂说》)。作为教育家,萧光远长期主讲湘川、育才、培英书院,甚至远赴成都教授,为遵义乃至西南地区培养了众多人才。同时,萧光远的文学创作亦颇有影响,《鹿山诗钞》四卷为其诗歌作品集,描写了近代贵州特别是遵义地区广阔的社会生活,尤其是其中的九首《纪乱》诗,极具诗史色彩,体现了诗人忧国忧民的强烈社会历史责任感。《鹿山杂著》二卷、《鹿山杂著续编》一卷为其文集,其中有对历史文化之考论,有家谱序、诗集序,有游记、祠记,有诔辞和墓志,有人物传记等,虽然篇幅不大,但亦能够反映近代贵州的学术发展水平和社会历史文化状况等内容。特别是《鹿山杂著续编》中的《攻海龙屯议》《或问语》《招安语》等,又充分显示出萧光远对社会动乱和民生疾苦的高度关注和积极救助之心。

第一节　《毛诗异同》的文学内涵

　　正如黎庶昌《萧吉堂先生墓志铭》所说“先生以《易》名也”,萧

---

① 黄加服、段志洪主编:《中国地方志集成·贵州府县志辑》第35册,巴蜀书社,2006年,第154页。

光远学术成就以经学最高,经学研究中又以《周易》研究最为出名,影响最大。《毛诗异同》虽然相对萧光远的《易》学而言影响要小些,但作为《诗经》学研究著述,特别是近代贵州《诗经》研究著述中现存唯一完整的著作,其价值亦是不容小觑的。

现存《毛诗异同》四卷,为清同治六年(1867)成都刻本(1册),藏遵义市图书馆。四卷内容包括《国风周召邶鄘卫王第一》《国风郑齐魏唐秦陈桧曹豳第二》《小雅大雅第三》《三颂第四》。书后附录《郑氏改字》《春秋传赋诗汇钞》和《杂说上下》篇。全书约三万余字,对比研究《诗序》《毛传》《郑笺》和朱熹《诗集传》异同。萧光远主张"汉儒训诂,宋儒义理,不可偏废"①,其通过整合汉宋《诗》学,得出合理可信的《诗》说。

《毛诗异同》不仅对研究近代贵州的学术发展意义重大,而且对于研究整个近代中国《诗经》学发展亦具有十分重要的意义。

一、《毛诗异同》的诗学思想

《诗序毛郑集传异同说自识》云:

> 光远课徒暇取《小序》、毛、郑、《集传》异同,会其大意,择可从而从之,不知阙如,案而不断,非作汉宋调人,自便于省览而已。

《毛诗异同》乃萧光远授徒时的讲义,是其多年涵咏《诗经》的心得。该著述主要是对《诗序》《毛传》《郑笺》和朱熹《诗集传》之间

---

①[清]萧光远:《毛诗异同》,同治六年(1867)丁卯成都桂王桥刻本。凡本文所引萧光远《毛诗异同》资料均采自该文献,下文不再重复出注。

异同的比较。既云"择可从而从之",则萧光远对前代汉宋主要代表《诗》说是经过了一番深入分析、整合与取舍的,其中不乏一些新的认识,一定程度上代表了近代贵州《诗经》学研究水平,并呈现出强烈的文学批评色彩。《毛诗异同》在诗学思想方面的创新之处主要表现在如下方面:

1. 对正变观的新认识

例如,《毛诗异同》卷三云:

> 旧说《二南》为正《风》,十三国为变《风》。《小雅》至《菁菁》,《大雅》至《卷阿》为正《小雅》、正《大雅》,余皆为变《雅》。窃谓十三国中,魏、唐、秦、桧、曹无淫诗,变之正也。《豳风·七月》与《大雅·公刘》相表里,纯乎正风,不得例为变也。《小雅·六月》至《无羊》十四篇,虽不纯美,皆宣王中兴诗,《大雅·云汉》至《常武》,此六篇亦宣王中兴诗,变之正也。《小雅·楚茨》至《大田》四篇,《瞻洛》《裳华》《桑扈》《鸳鸯》《鱼藻》《采菽》六篇,皆纯乎正《雅》而概刺幽王,《序》说未足据也。不问其诗之美恶,以《菁菁》《卷阿》截断正变,倘《湛露》《彤弓》不幸而列于后,则亦变《雅》也。《鱼藻》《采菽》幸而列于前,则亦正《雅》也。大概世有治乱犹天地有阴阳,阳极阴生,阴极阳生,治久必乱,乱极复治,或错简,或编《诗》者有意为之。正变,不尽如旧说也。

这段材料是对传统《诗》学正变观的批判。传统《诗》学正变观的核心之处在于按历史分期来划分诗篇正变。这种正变观往往依据某一个历史时间点将一个朝代的历史截然分为盛衰两段,繁盛时期创作的诗篇为正诗,衰弱时期发生的诗篇一律为变诗。这种划分显然受到了乱世、衰世、亡国之音理论的影响 ①，其特点在于将诗篇视为政治和历史发展的等同物，缺点在于忽略了诗篇的文艺特质，划分过于片面和绝对化。文王时期的诗篇，按毛郑诗说为纯正的正诗 ②，但按汉儒自己正变理论，文王时期的诗篇实质发生在殷商衰落时期，那时文王只是一个诸侯，周朝尚未建立，当时真正的天子是商纣王 ③，那这些诗篇应该是商代衰落时期的产物，属于乱世之音，应该为变诗，而非正诗。这说明汉儒的《诗》学正变观是存在问题的。

萧光远清楚地意识到了传统《诗》学正变观所存在的问题。首先对变风划分提出异议。认为魏、唐、秦、桧、曹风中没有所谓"淫诗"，应该属于变风中的正诗。而《豳风·七月》，诗歌风格十分纯正，根本就不应该列入变风。其次，认为"《小雅·六月》至《无羊》十四篇，虽不纯美，皆宣王中兴诗，《大雅·云汉》至《常武》，此六篇亦宣王中兴诗，变之正也"。认为描写周宣王中兴之诗篇，应该属于变风中的正诗。再次，认为"《小雅·楚茨》至《大田》四篇，《瞻洛》《裳华》《桑扈》《鸳鸯》《鱼藻》《采菽》六篇，皆纯乎正《雅》而概刺幽王，《序》说未足据也"。认为此六篇《小雅》风格纯正，应该为正《雅》而非如

---

① 《毛诗序》："治世之音，安以乐，其政和。乱世之音，怨以怒，其政乖。亡国之音，哀以思，其民困。"见阮元校刻《十三经注疏》，中华书局，1980 年，第 270 页。

② 郑玄《诗谱序》："文、武之德，光熙前绪，以集大命于厥身，遂为天下父母，使民有政有居。其时《诗》，风有《周南》《召南》，雅有《鹿鸣》《文王》之属。及成王，周公致大平，制礼作乐，而有颂声兴焉，盛之至也。本之由此风、雅而来，故皆录之，谓之《诗》之正经。"见阮元校刻《十三经注疏》，中华书局，1980 年，第 262—263 页。

③ 《周南召南谱》："至纣，又命文王典治南国江、汉、汝旁之诸侯。"孔颖达《正义》："以《汉广序》云'美化行乎江、汉之域'，《汝坟序》云'汝坟之国，妇人能闵其君子'。文王三分天下而有其二，此诗犹美江、汉、汝坟，明是江、汉之滨先被文王之教。若非受纣之命，其化无由及之，明纣命之矣。"见阮元校刻《十三经注疏》，中华书局，1980 年，第 264 页。

《毛诗序》所谓的讽刺周幽王的变《雅》。

从以上论述可以发现,萧光远《诗》学正变理论的创新之处在于:第一,提出"变之正"的概念。认为正、变是相对的,不应该片面静止划分诗歌正、变。传统《诗》学所谓的"变诗"中也存在正诗。一个朝代的历史,总是治乱相间,则其各历史阶段的诗歌也应该正、变相间。盛世也应该存在讽刺批判之篇,衰世也应该存在歌颂赞美之篇。这也比较符合社会发展与文学创作实际。第二,认为应该按诗歌美恶与风格的纯正与否来划分正、变。这种美恶观既带有诗歌文学风格审美色彩,也蕴含诗篇发生的历史文化背景与思想内容。是形式与内容相结合的综合判断。第三,对传统《诗》学正变观成因进行探析。认为现今的诗篇编排秩序中正诗与变诗错乱,可能是因为错简,即《诗经》原貌应该是正、变泾渭分明有序,因不可控原因造成原简错乱。这是客观因素造成的。另一种原因可能是编《诗》者有意为之,即《诗经》原本正、变诗应该井然有序,在汉儒重新编《诗》时,按自己的判断编排秩序,打乱了原来的正、变秩序。这实质是对现存《诗经》文本的一种辨正,具有明显的疑古惑经色彩。事实上,汉儒正变观的出发点与归宿均在于政治,从政治出发,则朝代转衰,只可能有讽刺批判之篇,不可能有赞美篇章,这是用个人意志强加于衰世的文学创作,具有强烈的主观色彩。萧光远的正变观打破了衰世只可能有变诗的固有观念,认为传统变诗中也存在正诗。另,从文学审美视角重新审视《诗》之正变,认为凡风格纯正、内容美善之篇均应该为正诗。这又对正、变诗歌的划分与品评标准提出了新论。显然,萧光远的正变观少了些政治色彩,多了些文学意味,也更符合文学发生的本质与实际。这种观点的形成,可能也与萧光远自己的创作实践有关。萧光远一生处在晚清咸、同、光时期,特别是咸、同时期贵州社会十分动荡,整体上看,萧光远的诗文创作批判现实色彩强烈,但其中也有对忠孝节义事件和人物的赞美之作。正是这样的创作体验,才使得萧光远对《诗经》的阐释多了一些文学色彩,也正是这种经学研究与文学创作的交融,才使得《诗经》研究具有创新性。

2. "淫诗"新论

萧光远在《诗经》研究中对某些诗篇主旨提出的新看法,特别是对"淫诗说"的传统诗旨观进行辨正。例如:

> 文王后妃,德修于身,公子比麟趾,而二叔流言;夫人美鹊巢,而大姬好歌舞,犹有憾焉。唐尧勤俭之俗至晋犹存,大姬歌舞之风至陈未息,此又风化之所及,美恶俱远也。孔子谓郑声淫,不专在诗。窃谓淫诗莫甚于卫、齐、陈三国。齐《南山》,卫《新台》,陈《株林》诸篇,君臣父子兄弟夫妇之伦泯焉渐灭。古称姬姜,周自姜嫄,发祥邑姜,备乱臣之选,大姜共胥宇之勤;姜后脱簪待罪,佐宣王中兴;姜氏戒公子怀安,晋文以霸;共姜矢死靡他,庄姜思古无尤,姜氏亦多贤女。乃夷姜、宣姜乱卫,文姜、哀姜乱鲁。闵僖年间,哀姜孙邾,齐人取而杀之,君子谓其已甚,不知齐桓恶姜氏之淫乱,杀以谢鲁,正霸之近乎主也?夏姬夭子蛮,杀御叔,弑灵侯,戮夏南,黜孔、仪,丧陈国,后又尸襄老,麀黑要,族巫臣,引出勾吴争霸,中原春秋之局,亦一妇人变之,女戎之为祸烈矣。《卫风》《方中》次《鹑奔》,所以著狄灭之由,示淫乱之戒也;终《木瓜》则亦狄灭卫时诗也。《齐风》终《猗嗟》,则自杀诸儿以后无诗也。《陈风》终《株林》《泽陂》,则自楚入陈以后无诗也。风俗败坏之极,虽有诗不足采录矣。

此段材料紧紧围绕"淫诗"说而展开论述。主要表达了如下几种认识:其一,美恶风俗非一日之功,均渊源有自,形成于漫长历史积

淀中,淫乱之俗尤其如此,《陈风》就是最好例证。《陈风》十首诗歌,
几乎篇篇是荒淫之风的体现。请看《毛诗序》:

> 《宛丘》,刺幽公也。淫荒昏乱,游荡无度焉。[1]
>
> 《东门之枌》,疾乱也。幽公淫荒,风化之所行,男女弃其旧业,亟会于道路,歌舞于市井尔。[2]
>
> 《东门之池》,刺时也。疾其君之淫昏,而思贤女以配君子也。[3]
>
> 《东门之杨》,刺时也。昏姻失时,男女多违。亲迎,女犹有不至者也。(正义曰:毛以昏姻失时者,失秋冬之时。郑以为失仲春之时。言"亲迎,女犹不至",明不亲迎者相违众矣,故举不至者,以刺当时之淫乱也。)[4]
>
> 《月出》,刺好色也。在位不好德,而说美色焉。[5]
>
> 《株林》,刺灵公也。淫乎夏姬,驱驰而往,朝夕不休息焉。[6]
>
> 《泽陂》,刺时也。言灵公君臣淫于其国,男女相说,忧思感伤焉。[7]

以上七篇诗歌,《毛诗序》明确指出反映陈国淫乱之风气。"淫"字在《陈风诗序》中出现的频率很高,充分说明陈国"淫"风成灾。

---

[1] [清] 阮元校刻:《十三经注疏》,中华书局,1980 年,第 376 页。
[2] [清] 阮元校刻:《十三经注疏》,中华书局,1980 年,第 376 页。
[3] [清] 阮元校刻:《十三经注疏》,中华书局,1980 年,第 377 页。
[4] [清] 阮元校刻:《十三经注疏》,中华书局,1980 年,第 377 页。
[5] [清] 阮元校刻:《十三经注疏》,中华书局,1980 年,第 378 页。
[6] [清] 阮元校刻:《十三经注疏》,中华书局,1980 年,第 378 页。
[7] [清] 阮元校刻:《十三经注疏》,中华书局,1980 年,第 379 页。

造成这种局面是有很深的历史渊源的。《陈谱》："大姬无子,好巫觋祷祈鬼神歌舞之乐,民俗化而为之。"①《正义》曰：

> 《地理志》云："周武王封妫满于陈,是为胡公,妻以元女大姬。妇人尊贵,好祭祀,用巫,故其俗好巫鬼者也。"诗称击鼓于宛丘之上,婆娑于枌栩之下,是有大姬歌舞之遗风也。②

上有所好,下有所趋。《陈风》这些"淫诗"反映了深刻的社会历史文化内容。故萧光远说："大姬歌舞之风至陈未息,此又风化之所及,美恶俱远也。"

其二,对孔子"郑声淫"思想的新发展。萧光远认为孔子的"郑声淫"内涵丰富,不仅仅在诗歌本身。萧光远虽然没有直接阐释"郑声淫"及其"不专在诗"的具体所指,但从前后文论述来看,萧光远思想中的"郑声淫"应该是指风俗败坏。这种风俗败坏后果十分严重,对社会政治发展的产生巨大负作用,故"郑声淫"不仅是诗歌本身内容"淫"的问题,还深刻反映一个国家或地区地域文化发展的深刻影响。

其三,重新确认《诗经》中"淫诗"的重灾区,那就是《卫》《齐》《陈》三风。萧光远说"窃谓淫诗莫甚于卫、齐、陈三国。齐《南山》,卫《新台》,陈《株林》诸篇,君臣父子兄弟夫妇之伦泯焉渐灭",这种认识与朱熹《诗集传》有所不同。首先,朱熹《诗集传》的"淫诗说"注重的是男女之情。以《郑风》为例：

---

① [清] 阮元校刻：《十三经注疏》,中华书局,1980 年,第 375 页。
② [清] 阮元校刻：《十三经注疏》,中华书局,1980 年,第 375 页。

《将仲子》：“淫奔者之辞。”①

《遵大路》：“淫妇为人所弃。”②

《有女同车》：“淫奔之诗。”③

《山有扶苏》：“淫女戏其所私。”④

《萚兮》：“淫女之辞。”⑤

《狡童》：“淫女见绝而戏其人之词。”⑥

《褰裳》：“淫女语其所私。”⑦

《东门之墠》：“识其所与淫者之居也。”⑧

《风雨》：“淫奔之女……见其所期之人而心悦也。”⑨

《子衿》：“此亦淫奔之诗。”⑩

---

①［宋］朱熹:《诗集传》,影印文渊阁《四库全书》第72册,台湾商务印书馆,1986年,第780页。

②［宋］朱熹:《诗集传》,影印文渊阁《四库全书》第72册,台湾商务印书馆,1986年,第781页。

③［宋］朱熹:《诗集传》,影印文渊阁《四库全书》第72册,台湾商务印书馆,1986年,第782页。

④［宋］朱熹:《诗集传》,影印文渊阁《四库全书》第72册,台湾商务印书馆,1986年,第782页。

⑤［宋］朱熹:《诗集传》,影印文渊阁《四库全书》第72册,台湾商务印书馆,1986年,第782页。

⑥［宋］朱熹:《诗集传》,影印文渊阁《四库全书》第72册,台湾商务印书馆,1986年,第782页。

⑦［宋］朱熹:《诗集传》,影印文渊阁《四库全书》第72册,台湾商务印书馆,1986年,第783页。

⑧［宋］朱熹:《诗集传》,影印文渊阁《四库全书》第72册,台湾商务印书馆,1986年,第783页。

⑨［宋］朱熹:《诗集传》,影印文渊阁《四库全书》第72册,台湾商务印书馆,1986年,第783页。

⑩［宋］朱熹:《诗集传》,影印文渊阁《四库全书》第72册,台湾商务印书馆,1986年,第783页。

《扬之水》："淫者相谓。"①

《出其东门》："人见淫奔之女而作此诗。"②

《溱洧》："此诗淫奔者自叙之辞。"③

朱熹所谓的"淫奔"实际上是上古时期男女私会，"淫女"皆为热恋中的普通女性而已。但萧光远的"淫诗说"主要是指君臣父子兄弟夫妇之伦泯灭。更多关注的是风俗之盛衰，强调的是伦理道德的沦丧。其次，二者关注的重点不同。朱熹"淫诗说"关注的是男女"淫奔"，虽然强调的是满足一己的情欲，但似乎仍然是合礼的。《周礼·地官司徒·媒氏》所言："中春之月，令会男女。于是时也，奔者不禁。若无故而不用令者，罚之。司男女之无夫家者而会之。"④这种"淫奔"不属于淫乱，没有违背道德伦理。萧光远"淫诗说"更多关注男女"淫乱"，强调的是伦理道德秩序的错乱，特别是乱伦之丑行。再次，虽然朱熹和萧光远的"淫诗说"均关注女性的举动。但二者同中有异。朱熹更多关注普通女性的一举一动，不满与批判的是"女惑男"，对"男悦女"似乎持宽容态度。例如：

> 郑卫之乐，皆为淫声。然以诗考之，卫诗三十有九，而淫奔之诗才四之一；郑诗二十有一，而淫奔之诗已不翅七之五。卫犹

① [宋] 朱熹：《诗集传》，影印文渊阁《四库全书》第 72 册，台湾商务印书馆，1986 年，第 784 页。
② [宋] 朱熹：《诗集传》，影印文渊阁《四库全书》第 72 册，台湾商务印书馆，1986 年，第 784 页。
③ [宋] 朱熹：《诗集传》，影印文渊阁《四库全书》第 72 册，台湾商务印书馆，1986 年，第 784 页。
④ [清] 阮元校刻：《十三经注疏》，中华书局，1980 年，第 734 页。

为男悦女之词,而郑皆为女惑男之语。卫人犹多刺讥惩创之意,而郑人几于荡然无复羞愧悔悟之萌。是则郑声之淫,有甚于卫矣。故夫子论为邦,独以郑声为戒而不及卫,盖举重而言,固自有次第也。诗可以观,岂不信哉！①

朱熹所理解的孔子"郑声淫"是指"女惑男",羞耻与悔悟荡然无存。但萧光远关注的女性却是上层贵族统治阶层中的一员,多高居王后夫人之位。夷姜、宣姜乱卫,文姜、哀姜乱鲁,夏姬乱陈,强调的是贵族妇女淫乱,导致伦常泯灭,风俗败坏,社会动荡,最终亡国亡家,故曰"女戎之为祸烈矣"。

其四,"《诗》亡"说新论。为什么《诗经》收录诗歌时间下限只截止到春秋中叶呢？萧光远认为这是风俗败坏到极点的原因。并非春秋中叶以后社会中没有诗歌发生,而是"虽有诗不足采录"。《诗经》作品来源的重要途径是采诗,采诗的目的是监督政治,希望通过诗歌反馈政措得失的信息,给统治者执政以借鉴。当社会风俗已经败坏到极点了,则再多诗歌也发挥不了监督政治作用。故"《诗》亡"不是没有诗歌,而是不值得采录而已。这是对《毛诗序》思想的新发展。《毛诗序》说:"至于王道衰,礼义废,政教失,国异政,家殊俗,而变风、变雅作矣。"②孔颖达《正义》曰:

变风、变雅,必王道衰乃作者,夫天下有道,则庶人不议;治平累世,则美刺不兴。何则？未识不善则不知善为善,未见不恶则不知恶为恶。太平则无所更美,道绝则无所复讥,人情之常理

---

①［宋］朱熹:《诗集传》,影印文渊阁《四库全书》第72册,台湾商务印书馆,1986年,第785页。

②［清］阮元校刻:《十三经注疏》,中华书局,1980年,第271页。

也，故初变恶俗则民歌之，风、雅正经是也；始得太平则民颂之，《周颂》诸篇是也。若其王纲绝纽，礼义消亡，民皆逃死，政尽纷乱。《易》称天地闭，贤人隐。于此时也，虽有智者，无复讥刺。成王太平之后，其美不异于前，故颂声止也。陈灵公淫乱之后，其恶不复可言，故变风息也。班固云："成、康没而颂声寝，王泽竭而《诗》不作。"此之谓也。①

据《毛诗序》，变风、变雅是王道衰落时诗人匡扶正道的产物。如果王道彻底绝竭，礼义消亡，则讥刺之作不再发生。故曰"王泽竭而《诗》不作"。此处的"作"即新的诗歌产生。孔颖达的解释未必合乎《毛诗序》之意。《毛诗序》说："治世之音，安以乐，其政和。乱世之音，怨以怒，其政乖。亡国之音，哀以思，其民困。"即从诗歌发生视角看，无论治世、乱世，还是亡国的社会背景，均有与其时代风格特征相吻合的诗歌发生，也就是说无论王道是否衰竭，均有其相应的诗歌创作。因此，变风、变雅之后为什么没有再收录春秋中叶以后的诗篇，其根本原因当在于这些诗篇已经不值得采录，因为其对于匡扶王道已经没有任何作用与意义，此时（春秋中叶）的王道根本就是彻底没有希望匡扶的了。显然，萧光远对《毛诗序》做了进一步发挥，比孔颖达要准确些，更符合《毛诗序》思想。

3. 赋诗新探

《毛诗异同》附录部分有《春秋传赋诗汇钞》，摘抄《左传》赋诗内容，并作出评述。萧光远对春秋时期赋诗活动的评述，其中新意不少。具体表现如下：

（1）诗与乐通

---

① ［清］阮元校刻：《十三经注疏》，中华书局，1980 年，第 271 页。

《毛诗异同》曰：

> 按：《春秋传》赋诗有与诗义印证者数端。〇一，诗与乐通。《舜典》"诗言志，歌永言"，继以"声依永，律和声，八音克谐"。故吴公子请观周乐，使工为之歌《风》《雅》《颂》，皆能依声以参时政知其兴衰。而鲁为宁武子赋《湛露》《彤弓》。晋为叔孙豹金奏《肆夏》，工歌《文王》。盖孔子未正乐之先，《雅》《颂》失所，非但一国也。

这里，萧光远概括的"诗与乐通"，揭示了春秋时期诗乐合一的本质特征。从春秋赋诗活动看，诗乐合一表现在三个方面：其一，观乐与歌诗合一。据襄公二十九年（前544）吴公子季札观乐即歌诗可知，《舜典》所言的诗、歌、声、律实乃诗歌发生过程中多位一体的密不可分的东西。其二，声音之道与政通。吴公子季札并非据诗歌文辞，而是据乐来评论与诗歌相关国家的政治兴衰。《左传》襄公二十九年（前544）载：

> 吴公子札来聘……请观于周乐。使工为之歌《周南》《召南》，曰："美哉！始基之矣，犹未也，然勤而不怨矣。"为之歌《邶》《鄘》《卫》，曰："美哉，渊乎！忧而不困者也。吾闻卫康叔、武公之德如是，是其《卫风》乎！"为之歌《王》，曰："美哉！思而不惧，其周之东乎！"为之歌《郑》，曰"美哉！其细已甚，民弗堪也。是其先亡乎！"为之歌《齐》，曰，"美哉，泱泱乎！大风也哉！表东海者，其大公乎！国未可量也。"为之歌《豳》，曰："美哉，荡乎！乐而不淫，其周公之东乎！"为之歌《秦》，曰："此之谓夏声。夫能夏则大，大之至也，其周之旧乎！"为之歌《魏》，曰：

"美哉，沨沨乎！大而婉，险而易行，以德辅此，则明主也。"为之歌《唐》，曰："思深哉！其有陶唐氏之遗民乎！不然，何忧之远也？非令德之后，谁能若是？"为之歌《陈》，曰："国无主，其能久乎？"自《郐》以下无讥焉。为之歌《小雅》，曰："美哉！思而不贰，怨而不言，其周德之衰乎！犹有先王之遗民焉。"为之歌《大雅》，曰："广哉，熙熙乎！曲而有直体，其文王之德乎！"为之歌《颂》，曰："至矣哉！直而不倨，曲而不屈，迩而不逼，远而不携，迁而不淫，复而不厌，哀而不愁，乐而不荒，用而不匮，广而不宣，施而不费，取而不贪，处而不底，行而不流。五声和，八风平，节有度，守有序，盛德之所同也。"见舞《象箾》《南籥》者，曰："美哉！犹有憾。"见舞《大武》者，曰："美哉！周之盛也，其若此乎！"见舞《韶濩》者，曰："圣人之弘也，而犹有惭德，圣人之难也。见舞《大夏》者，曰："美哉！勤而不德，非禹，其谁能修之？"见舞《韶箾》者，曰："德至矣哉，大矣！如天之无不帱也，如地之无不载也。虽甚盛德，其蔑以加于此矣。观止矣！若有他乐，吾不敢请已。"①

季札观乐，据乐而观各国政治兴衰。这种评论形式，直接影响到孔子。孔子"乐而不淫，哀而不伤"是对《关雎》之乐的评述，话语形式与审美思想无疑直接来自季札观乐。诗、乐是礼制的载体，通过诗乐，实质要传达的是礼义，而礼义是维护统治与政治稳定及不断发展的根本保障。在这点上，最终，诗乐与政治相通。《礼记·孔子闲居》："子夏曰：'民之父母既得而闻之矣。敢问何谓五至？'孔子曰：'志之所至，诗亦至焉；诗之所至，礼亦至焉；礼之所至，乐亦至焉；乐之

---

① [清]阮元校刻：《十三经注疏》，中华书局，1980年，第 2006—2008 页。

所至,哀亦至焉。哀乐相生,是故正明目而视之,不可得而见也,倾耳
而听之,不可得而闻也,志气塞乎天地,此之谓五至。'"①郑樵也说:

> 自后夔以来,乐以诗为本,诗以声为用,八音六律为之羽翼
> 耳。仲尼编诗为燕享祀之时,用以歌而非用以说义也。古之诗,
> 今之辞曲也。若不能歌之,但能诵其文而说其义,可乎?②
>
> 诗在于声,不在于义,犹今都邑有新声,巷陌竞歌之,岂为其
> 辞义之美哉?直为其声新耳!礼失则求诸野,正为此也。孔子
> 曰:"吾自卫反鲁,然后乐正雅颂,各得其所。"亦谓雅颂之声有
> 别,然后可以正乐。又曰:"《关雎》乐而不淫,哀而不伤。"亦谓
> 关雎之声和平,闻之者能令人感发,而不失其度。若诵其文,习
> 其理,能有哀乐之事乎?③

　　其三,诗乐秩序错乱,雅颂失所。孔子说"吾自卫反鲁,然后乐
正,雅颂各得其所"④。对于孔子之前的雅颂失所的表现,一直以来没
有找到充分证据。萧光远从春秋赋诗活动中雅颂存在的问题,发现
了雅颂失所的证据。主要表现在两次赋诗活动中。其一,《左传》文
四年(前623):

> 卫宁武子来聘,公与之宴,为赋《湛露》及《彤弓》,不辞,又
> 不答赋。使行人私焉。对曰:"臣以为肆业及之也。昔诸侯朝
> 正于王,王宴乐之,于是乎赋《湛露》,则天子当阳,诸侯用命也。

---

①[清]阮元校刻:《十三经注疏》,中华书局,1980年,第1616页。
②[宋]郑樵:《通志》,中华书局,1987年,第625页。
③[宋]郑樵:《通志》,中华书局,1987年,第626页。
④[清]阮元校刻:《十三经注疏》,中华书局,1980年,第2491页。

诸侯敌王所忾，而献其功，王于是乎赐之彤弓一，彤矢百，玈弓矢千，以觉报宴。今陪臣来继旧好，君辱贶之，其敢干大礼以自取戾？"①

其二，《左传》襄四年（前 569）：

穆叔如晋，报知武子之聘也。晋侯享之，金奏《肆夏》之三，不拜；工歌《文王》之三，又不拜；歌《鹿鸣》之三，三拜。韩献子使行人子员问之，曰："子以君命辱于敝邑，先君之礼，藉之以乐，以辱吾子？吾子舍其大，而重拜其细，敢问何礼也？"对曰："三《夏》，天子所以享元侯也。使臣弗敢与闻。《文王》，两君相见之乐也，臣不敢及。《鹿鸣》，君所以嘉寡君也，敢不拜嘉？《四牡》，君所以劳使臣也，敢不重拜？《皇皇者华》，君教使臣曰'必谘于周'。臣闻之，访问于善为咨，咨亲为询，咨礼为度，咨事为诹，咨难为谋。臣获五善，敢不重拜？"②

以上两列，均为歌诗失所。第一例，以天子命诸侯之乐接待一个臣子，这是严重失礼。孔颖达《正义》曰：

诸自赋诗，以表己志者，断章以取义，意不限诗之尊卑。若使工人作乐，则有常礼。穆叔所云《肆夏》、《樊》、《遏》、《渠》，天子所以享元侯也。《文王》、《大明》、《绵》，则两君相见之乐也。燕礼者，诸侯燕其群臣及燕聘问之宾礼也。歌《鹿鸣》、《四牡》、

---

① [清] 阮元校刻：《十三经注疏》，中华书局，1980 年，第 1840—1841 页。
② [清] 阮元校刻：《十三经注疏》，中华书局，1980 年，第 1931—1932 页。

《皇皇者华》,如彼所云,盖尊卑之常礼也。自赋者,或全取一篇,或止歌一章,未有顿赋两篇者也。其使工人歌乐,各以二篇为断,此其所以异也。此时武子来聘,鲁公燕之,于法当赋《鹿鸣》之三,今赋《湛露》《彤弓》,非是礼之常法。传特云"为赋",知公特命乐人歌此二篇以示意也。此二篇,天子燕诸侯之诗。公非天子,宾非诸侯,不知歌此欲示何意?盖以武子有令名,歌此疑是试之耳。①

值得注意的是,春秋赋诗言志和作乐接待宾客是有区别的。赋诗言志乃断章取义,不受诗歌礼乐等级制度的束缚。但作乐接待宾客就不同了,这是有严格的礼仪要求的。《湛露》和《彤弓》,从礼乐制度上看,这是天子接待诸侯的诗乐。如今被用来接待一个臣子,这是明显的诗乐失所。孔颖达不明白鲁文公为什么要这样做,到底表达什么意思,以为是试一试宁武子,看如此有名的人能否发现问题。我们从鲁文公派人私下询问可知,这绝对不是一场刻意的试探,而是诗乐失所的表现,也是礼崩乐坏的征兆。从宁武子的回答可知,他深知主人作乐失所,只是碍于情面,不愿意指出对方失误。也不愿意顺从对方安排,僭越礼制以诸侯自居。所以,装糊涂是最好的处理方式了。

同样,第二例也是如此。也是接受者正确,而作乐方明显失礼。主人几乎采取逐一演奏的方式来确定到底什么诗乐适合今天的场合。三次不同演奏,恰恰说明主人对诗乐含义的模糊不清。将君王相见的诗乐用于君臣见面,接受者的现场点评以及赋诗方的更正,充分说明了雅诗严重失所。乐工以及贵族阶层,已经搞不清楚某些诗

---

① [清] 阮元校刻:《十三经注疏》,中华书局,1980 年,第 1840—1841 页。

篇的真正乐章义，该用不用，所用非当。这实际上就是礼崩乐坏的具体演变过程。再经过战国诗乐彻底分离，到汉朝兴立，诗乐世家的制氏也只能依稀记得铿锵节奏，对乐章之含义已经完全不知晓了[①]。这是雅颂失所的最后结果。雅颂失所的具体演变、诗乐分离的详细过程，材料很难足证。但春秋赋诗已经透露出一些端倪。

若按萧光远的思路，实际上春秋赋诗所显现的礼崩乐坏材料还不止上述两例。又如：

> 襄二十八年，庆封来奔，叔孙穆子食之，庆封氾祭，使工为之歌《茅鸱》逸诗，刺不知敬。[②]

> 昭十二年，宋华定来聘，享之，为赋《蓼萧》，弗知，又不答赋。左史倚相，不知《祈招》。[③]

> 襄公十六年，晋侯与诸侯宴于温，使诸大夫舞，曰："歌诗必类！"齐高厚之诗不类。荀偃怒，且曰："诸侯有异志矣！"使诸大夫盟高厚，高厚逃归。于是，叔孙豹、晋荀偃、宋向戌、卫宁殖、郑公孙虿、小邾之大夫盟曰："同讨不庭。"[④]

《毛诗异同》曰：

> 穆姜之赋《绿衣》也，小邾穆公之赋《菁莪》也，楚蘧罢之赋《既醉》也，戎子驹支之赋《青蝇》也。春秋时人盖鲜不知诗者，

---

① 《汉书·礼乐志》："汉兴，乐家有制氏，以雅乐声律世世在大乐官，但能纪其铿锵鼓舞，而不能言其义。"见班固：《汉书》，中华书局，1962 年，第 1043 页。
② ［清］阮元校刻：《十三经注疏》，中华书局，1980 年，第 2000 页。
③ ［清］阮元校刻：《十三经注疏》，中华书局，1980 年，第 2061 页。
④ ［清］阮元校刻：《十三经注疏》，中华书局，1980 年，第 1963 页。

若庆封之不知《相鼠》、《茅鸱》,华定之不知《蓼萧》,高厚之歌诗
不类,真鄙俚也。

这三例,萧光远均认为是鄙俚,即粗俗浅陋之表现。恐怕并非如
此。前两例都是接受者存在问题。主人赋诗,客人不知也不答,从赋
诗礼仪来说已经严重违礼了。庆封是齐人,华定是宋人,属于《卫风》
文化圈。齐、卫均是诗乐文化十分发达的地区,作为出使一方的使者,
不可能不懂赋诗礼仪。不可能派出一些粗俗浅陋之人竟然连《诗》
都听不懂。这种主客间赋诗时的不对路,很可能是双方诗乐秩序与
乐章义的不一致所导致。同样,作为齐国使节,高厚参与诸侯结盟,
赋诗言志时,竟然无法辨识当时结盟场合各家赋诗所表达的志意,赋
出了与各国迥异的诗歌,引起各国猜忌与怀疑,最后不得不连夜逃回
齐国,还引起诸侯与齐国间战事。从使节使命看,高厚本代表齐国参
与结盟,其有必要与各国结怨吗？如果主观故意与各国异心,则齐国
完全没有必要参加这场结盟。显然,高厚在赋诗言志环节,赋出了与
结盟主题和氛围格格不入的诗篇,这可能是一场偶然事故,正因为是
一次失误,高厚发现事态严重后才会连夜逃跑。说明高厚根本不熟
悉《诗》的真正乐章意义,作为使节,高厚不可能没有接触赋《诗》训
练,只能说明高厚接受的《诗》在秩序上已经错乱,故与当时其他诸
侯国的《诗》义难以接轨,导致事与愿违的事故。《论语·子路》:"诵
诗三百,使于四方,不能专对,虽多亦奚以为？"①说的正是高厚之流,
客观说明当时某些国家的《诗》乐严重失序,难以与其他国家接轨。
当然,还有一种情况是重耳赴秦穆公宴会,欲使子犯陪从,而子犯说:

---

①［清］阮元校刻:《十三经注疏》,中华书局,1980 年,第 2507 页。

"吾不如赵衰之文也。"① 说明春秋时期大家都知道宴会场合必然赋诗，但这种赋诗没有预先安排的程序，需要现场即兴发挥。能听懂对方赋诗，并且迅速准确答赋，这也是一种文才。但既然齐国、宋国派出的都是使节，说其没有赋诗的文才，恐怕难以置信，而且非止一例。这只能说明春秋后期，一些国家和地区对《诗》重视程度不够，甚至诗乐秩序混乱，导致各国间赋诗难以顺利进行。这也是礼崩乐坏不断发展的必然结果。而这些事情均发生在春秋后期，春秋中前期的赋诗均没有出现双方偏差，恰恰印证了孔子所说"吾自卫返鲁，然后乐正，雅颂各得其所"。说明当时的卫文化圈、齐鲁文化圈的诗乐秩序均发生严重失所，乐章错乱现象十分普遍，才需要孔子来修正并特别加以说明。

赋诗活动中"淫诗"有别"淫诗"是一个历史范畴。汉、宋诸儒所谓的"淫诗"可能有先秦的诗说传承，但更多的应该是《诗经》与说诗之人所处时代的社会文化发生碰撞的产物。因此，春秋赋诗，后世所谓的"淫诗"很多也能荣登大雅之堂，在宴享场合被频繁引用。《毛诗异同》曰：

> 子展赋《将仲子》，又六卿饯韩宣，赋《蔓草》《萚兮》诸篇，使其皆淫诗例之，伯有赋《鹑奔》见斥于赵孟，此数诗何以韩子乐闻也？

这里，萧光远感到困惑，同为"淫诗"，何以在春秋宴享赋诗活动中，引用《鹑奔》被严厉批判，而引用《蔓草》《萚兮》诸篇，则听者高兴呢？萧光远之问，实质触及了先秦与后世古今《诗》义的关系问

---

① [清] 阮元校刻：《十三经注疏》，中华书局，1980 年，第 1816 页。

题。涉及《诗经》的解读、应用等方面的嬗变。春秋赋诗,属于断章取义,相当于在特殊的语境中对《诗》篇进行了重新组合,其中《诗》义既包含原有诗篇的某些能指意义,也被赋予了当前语境下的特殊所指义。是一个诗篇重新解码与编码的过程。既然皆属于"淫诗",则各篇所呈现的男女之情是十分明确的,但这些男女之情只是诗篇文辞或乐章所提供的显性表层意义。根据中国传统文化思想观念以及古代诗歌表现惯例,男女关系与朋友、君臣关系是相通的。若没有特殊语境,则这些"淫诗"的男女关系只停留在文辞或乐章表面意义上,而一旦与具体语境发生结合,则其可指朋友君子相见,如赋《蔓草》《箨兮》诸篇,以男女约会之喜悦表达君子相见的快乐,故赋、听双方其乐融融。伯有赋《鹑奔》受到赵孟严厉斥责,根本原因不在于是否赋"淫诗"的问题,而在于其赋诗所指。宴享场合,主客酬酢,本是件高兴的事,前几人赋诗,已经将愉悦气氛营造得极佳。但伯有赋《鹑奔》,突然将矛头直刺本国君王,破坏宴会气氛,令人扫兴。《鹑奔》本为刺君王昏淫,其中有"人之无良,我以为兄,我以为君",但放在当前特殊语境中(而且伯有与郑国国君存在矛盾),十分突兀。特别从礼仪上来看,在大庭广众场合,尤其当着大国客人面,讽刺自己君王,不但违背了家丑不可外扬的传统思维,而且也严重打破了君臣之间的等级制度。赵孟对这种赋诗行为进行严厉批判,实际上是在维护以君臣等级为代表的周礼制度。伯有本以为可以借助大国使节来主持本国公平正义,但郑国统治集团内部矛盾只是权力与利益的分配之争,与君臣等级制度等周礼比起来,根本算不了什么。孰轻孰重,作为封建统治一员的赵孟是能掂量清楚的,维护封建礼制,既是赵孟的底线,也是春秋赋诗应遵循的基本要求。后世,诗乐分离,诗歌的传播、接受与阐释仅停留在文本上,这是一种相对静态的《诗》学,虽然也有与时代政治紧密结合,如汉代《诗》学《毛诗序》等对上层统治阶层的批判,朱熹等宋儒从《诗经》中发掘三纲五常等理学内涵,并不断发展"淫诗"说,但只是就文本反复涵咏而已,没有春秋赋诗的动态《诗》学活动,故二者所谓的"淫诗",不但是诗歌观念本身的变化,也是古今《诗》学活动的根本差异。萧光远敏锐发现古今《诗》学差异现象,但可惜没有进一步分析解决此问题。

(3)从春秋赋诗纠正朱熹错误

《毛诗异同》说:

郑《羔裘》序言:"古之君子,以讽其朝焉。"朱子《辩说》:"谓当时郑大夫如子产、子皮之徒,岂无可以当此诗者。"据《传》,子产赋郑之《羔裘》,则此诗作在子产前也。

朱熹《诗序辨说》认为《毛诗序》所言不对,此诗不应该是变风之讽刺诗,而应是赞美之歌。而且说,此诗赞美的可能是当时郑国大夫如子产、子皮之徒。但朱熹没有注意到,在《左传》中,记载有子产赋《羔裘》,这充分说明,该诗一定发生在子产之前,不可能子产赋诗赞美自己。萧光远据《传》发现朱熹说《诗》的错误,言之凿凿,令人信服。

(4)逸诗很少,孔子删诗说不成立

《毛诗异同》曰:

《传》注:"逸诗,《河水》也,《茅鸱》也,《新宫》也,《祈招》也,《辔之柔矣》。"又襄五年引诗曰:"周道挺挺,我心扃扃,讲事不令,集人来定。"注:"逸诗也。"八年引周诗曰:"俟河之清,人寿几何?"注:"逸诗也。"三十年引诗曰:"淑慎尔止,无载尔伪。"注:"逸诗也。"逸诗止此数篇,他书亦不多见。谓古诗三千,孔子删之为三百,恐未必然。

这种认识,在萧光远之前,孔颖达已经有类似表述。其在《诗谱序疏》云:"书传所引之诗,见在者多,亡逸者少,则孔子所录,不容十分去九。马迁言古诗三千余篇,未可信也。"[①]萧光远用具体逸诗数量来说明孔子删诗说不成立。这是在孔颖达基础上的进一步发展。

（5）诗序由来久矣

《毛诗异同》曰:

> 杜注用《序》、《笺》。国景子赋《蓼萧》,注"太平泽及远",即《序》"泽及四海",《笺》"喻王者恩泽,不为远国则不及之也"。薳罢赋《既醉》,注"以美晋侯,比之太平君子",即《序》"《既醉》,太平也"。赵孟赋《瓠叶》,注"取古人不以微薄废礼",即《序》"思古之人不以微薄废礼也"。公孙段赋《桑扈》,注"取君子有礼文",即《序》刺"动无礼文"也。宣子赋《摽梅》,"欲鲁及时共讨郑",即《序》"男女及时也"。乐王鲋从《小旻》之卒章,注"非惟暴虎冯河之可畏也,不敬小人亦危殆。王鲋从斯义,故不敢讥议公子围",即《笺》云"人知暴虎冯河立至之害,而无知不畏慎小人能危亡也"。昭子赋《车辖》,注"思得贤女以配君子",用《序》文也。子皮赋《野麕》之卒章,注"喻无以非礼相加陵",即《序》"恶无礼",《笺》"非礼相陵则狗吠也"。此以见《序》之由来久矣。

这则材料涉及几个问题:其一,《诗序》采自《左传》,故与《左

---

①[清]阮元校刻:《十三经注疏》,中华书局,1980 年,第 263 页。

传》中记载相同。其二，《诗序》采《春秋》时，对《左传》中的用《诗》义进行归纳总结，故二者一致。其三，《诗序》确实传自子夏，而子夏有传《左传》，故二者在《诗》义上同源。萧光远的这些认识颇有见地，为我们探究《毛诗序》的形成以及先秦《诗》学与两汉《诗》学关系提供重要帮助。但可惜，限于体例原因，萧光远没有进一步展开论证，只是触及一些《诗》学现象，没有就产生这些现象的原因和这些诗说内涵进行深入探讨。

（5）赋诗观志

《毛诗异同》曰：

> 赋《大明》而知其不终；赋《鹑奔》而知其为戮；赋《既醉》而知有其后；赋《蟋蟀》而知其保家。赋《诗》可以观祸福也。闻《吉日》而具田备；闻《瓠叶》而具舟；闻《瓠叶》而用一献；托志于诗意深远也。《韩诗外传》"孔子遭齐程木子于郯，倾盖而语，顾子路束帛以赠。子路曰：'士不中道相见，孔子乃咏《蔓草》以晓之。'"与子太叔、子蘁同调，故曰《蔓草》思遇贤也。

这里，萧光远对《左传》中赋诗言志资料进行梳理。这些资料充分说明，春秋时期，确实通过对方赋诗，可以知道对方所要表达的志意。说明，这是当时人们日常生活中重要的思想交流手段。诗成为当时表情达意的重要符号。当然，这些赋诗言志、观志能毫无阻碍地进行，证明春秋诸侯间有共同的《诗经》文本，而且对诗篇主旨，包括各章节的释义应该是一致的，否则赋、听双方无法沟通。

4. 对诗人自言诗旨的认识

> 诗人往往自明其作意。《卷阿》卒章曰："矢诗不多，维以遂

歌",其辞婉。《桑柔》卒章曰"虽曰匪予,既作尔歌",《何人斯》曰"作此好歌,以极反侧",其义严。《四牡》卒章曰"是用作歌,将母来谂",人君代言其情也。《四月》卒章曰"君子作歌,维以告哀",行役自愬其劳也,往往明指其人。《击鼓》曰"从孙子仲",怨之也。《出车》曰"赫赫南仲",《采芑》曰"显允方叔",《江汉》曰"王命召虎",《常武》"王谓尹氏,命程伯休父",皆美之也。《黄鸟》曰"子车奄息""子车仲行""子车针虎",哀歼良也。用先人之乱命,康公不得辞其咎。故下篇《晨风》刺康公忘穆公之业,始弃贤臣也。《邱中》曰"彼留子嗟""彼留子国""彼留之子",美世贤也。故继《郑风·缁衣》,美桓武父子司徒,善于其职也。往往连类而及,颂玄王而追有娀,尊后稷而溯姜嫄,发祥之始也。《思齐》曰"太任",曰"周姜",曰"太姒",见太王、王季、文王,世有淑配,周所以兴也。《彼秾》曰"平王之孙,齐侯之子",《韩奕》曰"汾王之孙,蹶父之子",《硕人》曰"齐侯之子,卫侯之妻,东宫之妹,邢侯之姨,谭公维私",皆言贵而贤,可知犹乎"彼君子女,谓之尹姞"也。若"孟姜""孟弋""孟庸"族,虽贵而其行甚贱也。牧野维尚父,纪元勋也。作邦自太伯,旌让德也。《长发》大禘称佐商之阿衡,功臣配享也。《泮水》献囚引"淑问之皋陶",狱吏称职也。"韩侯出祖",记伐行之显父;吉甫来归,表与燕之张仲贤,与贤亲也。至《十月之交》第四章曰"皇甫卿士,番维司徒,家伯冢宰,仲允膳夫。聚子内史,蹶维趣马,楀维师氏,艳妻煽方处",恶与恶党也。皇父为罪魁,艳妻为奥主。中六人者,权宠相连,故一一数之也。往往自署其名。《闷宫》曰"奚斯所作",当依毛郑,作庙非作颂也。《駉》序"史克作颂",班固《两都赋》序"皋陶歌虞,奚斯颂鲁",杨子《法言》"正考甫常睎尹吉甫矣,公子奚斯常睎正考甫矣",注云:"吉甫作《周颂》,正考甫慕之而作《商颂》……奚斯慕正考甫而作《鲁颂》。"此说与《小序》、毛、郑异。《崧高》曰"吉甫作诵，其诗孔硕"，《烝民》曰"吉甫作诵，穆如清风"。《民劳》《板》同列相戒。《何人斯》公卿绝交。此二篇吉甫侈陈申伯、仲山甫之功德，不嫌阿比，亦中兴美谈也。《节南山》三呼"师尹"，卒章"家父作诵，以究王讻"。《巷伯》卒章"寺人孟子，作为此诗。凡百君子，敬而听之"，明目张胆，大声疾呼，词意与《雨无正》"曾我暬御，憯憯日瘁。凡百君子，莫肯用讯"相似。朱子曰："此诗实正大夫离居之后，暬御之臣所作。"夫暬御、寺人诗登于《雅》，所谓大臣不忧而小臣忧之也。至若经无明文而《序》相传，如《公刘》《泂酌》《卷阿》之召康公，《民劳》《荡》《常武》之召穆公，《板》《瞻卬》《召旻》之凡百，《云汉》之礽叔，《桑柔》之芮伯，《韩奕》《江汉》之尹吉甫，《抑》《宾筵》之卫武公，《何人斯》之苏公，《大东》之谭大夫，《小弁》之太子。《传》、朱子多从之，其不从者，亦不斥其非，旧说相仍或有所受也。

《诗经》中诗人自言诗旨，是对诗歌创作目的的阐释。诗人能自觉认识到诗歌的功能，说明《诗经》时代诗学思想获得高度发展。这是文学批评意识的自觉。对中国文学批评思想的发展产生深远的影响。萧光远能认识到《诗经》中有大量诗人对创作意图的自我说明，则又表明萧光远诗学思想已达较高水平。

二、《毛诗异同》的诗学方法

如何阐释《诗经》？对此历代有不同的认识。萧光远的《毛诗异同》形成了自己一套成熟的解诗方法，其探讨文辞背后所蕴含的情感内涵，对诗篇人物情感心理进行剖析，注重从诗篇发生的历史文化背景探讨诗篇主题，强调涵咏文本，注重从诗篇前后文文意中把握诗篇真正含义。这些诗学方法具有强烈的文学色彩。这是萧光远以诗解《诗》的产物，与萧光远自己的创作体验有密切关系。

1. 从文辞训诂入手探讨诗篇含义

诗乐分离后，《诗经》的传播与阐释主要集中在诗篇的文辞方面。孟子说："故说《诗》者，不以文害辞，不以辞害志，以意逆志，是为得之。"① 如何解读诗篇文辞是认识诗篇主旨的关键。《毛诗异同》虽然是萧光远授徒的讲义，但其立论的基础仍然在于文字训诂上。例如：

> 《皇矣》"维彼二国，维此四国"，《毛传》："二国，殷、夏也，四国，四方也。"《笺》云："二国谓今殷纣及崇侯也，四国谓密也，阮也，徂也，共也。"《集传》与《毛传》同。按：《周书·召诰》篇先言监夏监殷，有夏受天命，有殷受天命，继曰我亦维兹二国命，则此诗"二国"指夏、殷之证也。《破斧》"四国是皇"，《毛传》因《序》"周大夫以恶四国"，遂云"四国，管蔡商奄也。"此《笺》亦以密阮徂共为四国。然《鸤鸠》"正是四国"，《下泉》"四国有王"，则泛言四方之国，故此诗"四国"从《集传》为是。

这里，萧光远通过《诗经》各诗篇间的内证，紧扣"四国"一词，阐释其内涵，认为"四国"即四方之国，亦即天下之意。从而证明毛传、朱熹解释正确，而郑笺有误。这是从文辞训诂切入解决诗义。另外，《毛诗异同》的《郑氏改字》《集传改字》等，都是从诗篇文字上着手进行分析。其注重文字训诂特色十分鲜明。萧光远与郑珍一样，十分重视汉学研究的方式方法。其对诗篇的阐释，一切建立在对字词解释的基础之上。

---

① ［清］阮元校刻：《十三经注疏》，中华书局，1980 年，第 2735 页。

2. 诗史互证，注重诗篇发生的历史文化背景

诗史互证，一直就是传统《诗经》学最基本的研究方法之一。《毛诗序》实际上是建立在史学研究基础之上。例如：

> 至于王道衰，礼义废，政教失，国异政，家殊俗，而变风、变雅作矣。国史明乎得失之迹，伤人伦之废，哀刑政之苛，吟咏情性，以风其上，达于事变而怀其旧俗者也。故变风发乎情，止乎礼义。①

"国史"不但是诗篇的创作者，也是风雅精神的发扬者。《毛诗序》解说诗篇的基本方式就是回归诗篇发生的历史文化背景，探讨具体历史语境下诗篇的作者、诗歌创作动因与目的等。因此《毛诗序》与《左传》《国语》和《史记》等历史文献紧密相连，可以相互发明。这些传统《诗经》学的研究方法，也在萧光远《毛诗异同》中得到充分体现，史诗互证也成为萧光远的主要《诗》学方法之一。例如：

> 《序》："《卷耳》，后妃之志也。辅佐君子求贤审官，知臣下之勤劳，朝夕思念至于忧勤也。"《集传》："后妃以君子不在而作。"《春秋襄公十五年传》："君子谓楚能官人"，"诗云：'嗟我怀人，寘彼周行。'能官人也。"杜注："诗人嗟叹，我思贤人，置之遍于列位。"是后妃之志，以官人为急。

关于《卷耳》主题，历代争议较多。萧光远依据《左传》襄公十五年传所引《卷耳》诗义，认为此诗乃"后妃之志，以官人为急"。基本上同意《毛诗序》的说法。萧光远的认识有其合理性。后人多

---

① [清]阮元校刻：《十三经注疏》，中华书局，1980年，第271页。

据后妃不能干政、女人祸水论等大一统封建专制统治下的礼制和妇女观去审视殷末周初时期的社会,这实际上是以今律古。据殷商甲骨卜辞可知,殷商时期,妇女在社会政治中的地位是很高的,积极参政的资料不少。以妇好为代表,其不但参与国家政治事务,而且带兵打仗,这与后世理学束缚加强后所谓女子无才便是德等完全不一样。解《诗》必须回归诗篇发生的历史时代,考虑当时的文化特点。故《毛诗序》说:"《卷耳》,后妃之志也,又当辅佐君子,求贤审官,知臣下之勤劳。内有进贤之志,而无险诐私谒之心,朝夕思念,至于忧勤也。"孔颖达《正义》也说:"作《卷耳》诗者,言后妃之志也。后妃非直忧在进贤,躬率妇道,又当辅佐君子,其志欲令君子求贤德之人,审置于官位,复知臣下出使之勤劳,欲令君子赏劳之。内有进贤人之志,唯有德是用,而无险诐不正,私请用其亲戚之心,又朝夕思此,欲此君子官贤人,乃至于忧思而成勤。此是后妃之志也。"[1] 这些表现,放在文王后妃太姒身上一点也不为过,故先秦时期,从《左传》到《荀子》再到西汉初年,在解说《卷耳》时都是用后妃辅佐君子求贤审官之说[2]。因此,注重诗篇发生的历史文化环境,对正确认识《诗经》各

---

① [清] 阮元校刻:《十三经注疏》,中华书局,1980年,第277页。
② 《左传》襄公十五年:"君子谓楚于是能官人。官人,故国之急也,能官人,则民无觊心。《诗》云:'嗟我怀人,寘彼周行。'能官人也。王及公、侯、伯、子、男、甸、采、卫大夫,各居其列,所谓周行也。"杜注:"周,遍也。诗人嗟叹,言我思得贤人,置之遍于列位。"《荀子·解蔽篇》:"《诗》云:'采采卷耳,不盈顷筐,嗟我怀人,寘彼周行。'顷筐易满也,卷耳易得也,然而不可以贰周行。故曰:'心枝则无知,倾则不精,贰则疑惑。'"《淮南子·俶真训》"故《诗》云:'采采卷耳,不盈倾筐,嗟我怀人,寘彼周行。'以言慕远世也。"高诱注云:"《诗·周南·卷耳》篇也。言采易得之菜,不满易盈之器,以言君子为国执心不精,不能以成其道,犹采易得之菜,不能满易盈之器也。'嗟我怀人,寘彼周行',言我思古君子官贤人,置之列位也。诚古之贤人各得其行列,故曰慕远世也。"以上资料可参见王先谦:《诗三家义集疏》,中华书局,1987年,第23、25页。

篇主旨是十分重要的。由于汉代《诗》学,特别是《毛诗序》与《左传》以及《史记》等关系密切,在史诗互证方面,萧光远采用《毛诗序》说是比较多的。请看如下材料:

据定九年《春秋传》"《静女》之三章,取彤管焉",杜注:"虽说美女,意在彤管。彤管,女史记事,规诲之所执。"然则依旧说,陈《静女》之美德,以示法戒可也。据闵二年《传》"惠公之即位也少",杜注:"盖年十五六。"则"《芄兰》刺惠公",《序》说非无因也。

《序》:"《黍离》,闵宗周也,周大夫行役至于宗周,过故宗庙宗室,尽为禾黍,闵周室之颠覆,彷徨不忍去而作是诗也。"按:周家建都镐京,居上游以控六合,定鼎洛邑,宅土中以朝诸侯。邠、歧旧本戎壤,先公先王次第攘剔,文武成康之盛,守在四夷。至幽王时,王室将卑,戎翟必昌,史伯知之矣,郑桓问史伯,何所可以逃死? 史伯示以济洛河颍之间,桓公遂寄帑与贿于虢、桧,是东迁之举,史伯发其端,郑桓公导其先路也。幽王遭犬戎之难,内而公卿外而侯伯,皆无固志。不图永据丰镐之胜,且近袭《车攻》《吉日》之声灵,偷安东都,咎不专在平王,但平王忘君父之仇,弃祖宗之地,固不得辞其罪也。《书》终《文侯之命》,吕氏祖谦曰:"此篇作于东迁之初,由此而上为成康,为文武,由此而下为战国,乃世运消长升降之交会也。"窃谓《黍离》亦然,诗三呼"悠悠苍天,彼何人哉",寄慨深矣。

西周文、武、成、康、昭、穆、共、懿、孝、夷、厉、宣、幽,凡十三王。平王东迁四十九年入春秋,鲁隐公元年也。东周平、桓、庄、厘、惠、襄、顷、匡、定,凡九王。变风终于陈灵。《春秋》书楚子入陈,在定王九年,是《雅》忘(亡)于平,《风》终于定也。定王之后,简、灵、景、悼、敬,敬王之三十九年,鲁哀公十四年也。西狩获麟,《春秋》绝笔,是百余年间有史无诗也。郑康成《诗谱》自文武而成,不及康、昭,泥《颂》作于成王时也。由是懿、夷、厉、共和、宣、幽、平、桓、庄、厉、惠、襄终于定,各以诗系其下。朱子《集传》间从郑《谱》而多未详其世故,《王风·兔爰》《邱中》皆不从《序》称桓、庄。

《出其东门》序:"公子五争,兵革不息。"《笺》:"公子五争者,谓突再也,忽、子亹、子仪各一也。"考《春秋传》,桓公十一年郑伯寤生,卒,突归于郑,郑忽出奔卫。突,厉公也;忽,昭公也。十有五年,郑伯突出奔蔡,郑世子忽复归于郑,秋,郑伯突入于栎。十七年《传》,高渠弥弑昭公而立公子亹,亹者,昭公弟也。十八年,齐人杀子亹,祭仲逆郑子于陈而立之,郑子者,昭公弟子仪也。庄十四年《传》,瑕杀郑子纳厉公,此所谓五争。郑庄誓母克弟,不孝不友,致诸子争国,骨肉为仇,俱毙而后已,可为后世炯鉴矣。

《鸨羽》序:"昭公之后大乱五世。"按:《春秋传》惠之二十四年,晋昭侯封桓叔于曲沃,三十年,晋潘父杀昭侯。自是而孝侯、鄂侯、哀侯、小子侯皆为曲沃所害,遂灭。翼庄十六年,王使虢公命曲沃伯,以一军为晋侯,晋献公患桓庄之族,逼与士蒍谋去富子,士蒍又与群公子谋,尽杀游氏之族,又围聚尽杀群公子,桓庄之后殆尽焉。

《车邻》始备车马,《驷驖》始事于田狩,《终南》始受显服,皆创见夸美之辞。《小戎》先公愤而后私情,妇人知大义也。《无衣》志切同仇,亦《小戎》气概也。《渭阳》送舅康公之孝也。《黄鸟》歼良,康公之罪也。《蒹葭》,秋水之中有伊人焉,秦图富强,一改西京之政,斯人固抱道不出也。《晨风》弃贤;《权舆》待臣不终，此秦之所以骤盛而骤衰欤。

《序》称幽公、僖公、陈佗、宣公、灵公，今考之《史记·陈世家》，幽公在厉王与共和之世，僖公当宣王之世，春秋蔡人杀陈佗在桓公六年，时为宣王十四年。《史记》宣公有嬖姬生子款，乃杀太子御寇，春秋陈人杀御寇在庄公二十二年，时为周僖王十年，陈杀泄治在宣公九年，夏征舒弑君在宣十年，楚入陈在宣十一年，时为周定王九年。《序》之时世先后与《春秋传》《史记》皆合。

《序》："家父刺幽王也。"《集传》："师尹，大师尹氏也。盖吉甫之后，《春秋》书尹氏卒，公羊子以为讥世卿者，即此也。"按：尹氏卒在隐公三年，韦昭谓平王时作，其信。

《駉》序："僖公能遵伯禽之法，鲁人尊之，于是季孙行父请命于周，而史克作是颂。"按：僖公在位三十三年，当齐桓、晋文时，霸业方隆，鲁为望国，无会不与，无役不从，十三年会于咸，淮夷病杞故也。十六年会于淮，淮夷病鄫故也。《泮水》曰"淮夷攸服"，"淮夷卒获"，"憬彼淮夷"；《閟宫》曰"淮夷来同"，淮夷自昔为鲁患。《费誓》"徂兹淮夷，徐戎并兴"，《閟宫》"遂荒徐宅，至于海邦，淮夷蛮貊，及彼南夷，莫不率从"，盖淮夷服而徐戎俱定也。"戎狄是膺，荆舒是惩"，《笺》云："僖公与齐桓举义兵，北当戎与狄，南艾荆及群舒。"则《颂》藉此以张国威也。僖公与卫文公同时，文公敬教劝学，僖《泮水》育才，《方中》美骒牝三千，坰野称驈牡十六种，鲁卫之政于兹可观。《閟宫》首篇姜嫄后稷，仿《生民》作也。二章岐阳牧野，仿《绵》《大明》诸《雅》作也。以后分封，祭祀受福，开疆复宇，极其颂祷。末章徂来之松，新甫之柏，则全摹《商颂·殷武》末章作也。宣公初年，季文子使大史克对逐莒仆，称周公制《周礼》，作《誓命》，又引舜举十六

族,去四凶,文辞宏博。兹颂铺扬溢美,洵是史克手笔。《序》称
行父请命,史克作颂,信然。

以上所引《毛诗异同》资料均是以史说诗,且基本上都采用《毛
诗序》说法。萧光远对《毛诗序》涉及的诗篇历史文化背景做了详细
的补充和说明。引述资料十分详实,对进一步探析各诗篇发生的动
因和表现的主题有重要的参考价值。
又如:

　　《柏舟》,"共姜自誓也,卫世子共伯蚤死,其妻守义,父母欲
夺而嫁之,故作是诗。"按:共伯者,武公之兄也。《史记》"厘侯
卒,太子共伯余立为君,共伯弟和有宠于厘侯"云云。此《序》明
言共伯蚤死,则未立为君,可以证《史记》之谬。

这是用《毛诗序》说来证明《史记》的错误。说明萧光远对《毛
诗序》的史学内涵是十分赞同的。
再如:

　　《后汉书》:周盘"居贫养母,俭薄不充,尝诵《汝坟》之卒
章,慨然而叹,乃解韦带就孝廉之举"。注:"韩诗曰:《汝坟》辞
家也,《薛君章(句)》言鲂鱼劳则尾赤,君子劳苦则颜色变,以王
室政教如烈火矣,犹触冒而往者,以父母甚迫近饥寒之忧,为此
禄仕。"
　　汉姜肱性笃孝,事继母恪勤,母既年少,又严厉,肱感《凯
风》之孝,弟兄同被而寝,不入房室,以慰母心。

　　这里，萧光远以《后汉书》关于周盘读《汝坟》的记载以及李贤注为佐证，认为《汝坟》的主题说的是乱世中君子辞家就仕。以史书所载《诗》学资料来说明诗篇的主旨，证据较充分且令人信服。

　　3. 据文求义

　　诗乐分离后，文本是《诗经》传播和阐释的重要依据。孟子的"以意逆志"已经对据文本解诗提出规范。但这种规范很模糊，且主观色彩浓郁，难以形成明确标准。宋代各家就是充分利用"以意逆志"的诗学方法，废《序》言诗，摆落汉唐的。但宋学《诗经》学在明后期，特别是清代受到严厉批判。如何解析文本？萧光远通过自己的《诗》学实践，摸索出一套办法，提出了自己的独特见解。例如：

　　《楚茨》《信南山》《甫田》《大田》

　　此四篇，《序》皆刺幽王。《集传》：《楚茨》，公卿有田禄者，力于农事以奉其宗庙之祭；《信南山》大旨与《楚茨》略同；《甫田》公卿奉方社田祖之祭；《大田》为农夫之词，颂美其上，若以答前篇之意也。按：此四诗有美无刺，《序》刺幽王非也。《甫田》《大田》上曰"食我农人"，下曰"雨我公田"，君民相亲，齰之遗俗也。《信南山》，《序》刺幽王不能修成王之业，疆理天下以奉禹功，君子思古焉。《毛传》因以曾孙指成王。详玩四诗，盖成王时作也。观《周颂》《臣工》《噫嘻》《丰年》《载芟》《良耜》诸篇，则成王之重农事可知。《楚茨》"君妇莫莫"，《笺》云："君妇，谓后也。""鼓钟送尸"，《笺》云："尸出入奏《肆夏》。"《信南山》"是剥是菹"，《笺》云："天子剥削以为菹，贵四时之异物。"《甫田》"琴瑟击鼓，以御田祖"，《笺》云："周礼凡国祈年于田祖，吹齰雅、击土鼓以乐田畯。""以其妇子"，《笺》云；"成王出观农事，亲与后、世子行，使知稼穑之艰难也。"据《笺》则皆天子礼成王

时诗。又《楚茨》颂祷之词甚多，与《既醉》《凫鹥》相似，益可
证为成王时作也。惟《笺》以妇子指后、世子，不若《集传》指农
夫之妇子为合。

这里，"详玩"实际上就是涵咏文本，特别是各诗篇用词用语的
特点。故又据"《楚茨》颂祷之词甚多，与《既醉》《凫鹥》相似"，判
断其时代为周成王。这是比照各诗篇间的用词用语规律，采取内证
的办法解决问题。这种办法，也正是萧光远《周易属辞》的做法。《周
易属辞·自序》：

> 私怪象、爻、翼，何以一语而再见、数见、十数见？此中必有
> 义例。乃悉屏旧说，专取经文观玩，初如面墙，积久似得端绪。
> 因将同句、同字、同旁、同音及不同字，分汇钞集；又以全《易》
> 一千三百余字，据许叔重《说文》，逐一比勘，渐次推出义例十
> 数条。

这种归纳同部文献中同字、同辞、同句、同音的做法，是建立在对
文本反复比照涵咏的基础之上。在《毛诗异同》中，这种方法被萧光
远普遍使用。又如：

> 《瞻洛》《裳华》《桑扈》《鸳鸯》《鱼藻》《采菽》《序》皆刺
> 幽王。详玩六篇，洛，东都也；镐，西都也。皆两京盛时之作。《笺》
> 因《裳华》序有绝功臣之世语，遂于卒章"是以似之"云"先王使
> 之世禄子孙嗣之，今遇谗谄并进而见弃"。因《桑扈》序有君臣
> 上下动无礼文语，遂于三章"不戢不难，受福不那"云"不自敛，
> 以先王之法不自难，以亡国之戒则其受福禄亦不多也"。因《鱼

藻》序有王居镐京,将不能以自乐,君子思古之武王语。遂于章首"王在在镐,岂乐饮酒"云"今幽王惑于褒姒,方有危亡之祸,而亦岂乐饮酒于镐京而无悛心,故以此刺焉"。因《采菽》序侮慢诸侯,不能锡命以礼数,征会而无信义,君子见微而思古焉。遂云:"幽王征会诸侯,为合义兵征诛有罪,既往而无之,君子知其后必见攻伐,将无救也。"一切遵《序》太过。《集传》:《瞻洛》,诸侯美天子;《裳华》,天子美诸侯;《桑扈》,天子燕诸侯;《鸳鸯》,诸侯答;《桑扈》《鱼藻》,诸侯美天子;《采菽》,天子答诸侯。较旧说为合。《頍弁》称兄弟甥舅;《伐木》《常棣》之流也。其云死丧无日,无几相见,犹《车邻》"今者不乐,逝者其亡"耳。《序》:"诸公刺幽王暴戾无亲,不能燕乐同姓,孤危将亡。"非诗旨也。《车舝》"饥渴德音",好德之诚宛有《关雎》之遗意,故《集传》泛言燕乐新婚,不敢必为刺幽王。《青蝇》泛刺听谗。《宾筵》卫武公悔过,皆不以为刺幽王也。

《假乐》媚于天子,《卷阿》同民之攸墍,《泂酌》同"率由旧章"、"率由群匹,不解于位",玩其语意,盖当时大臣因王之受厘而为训迪之词,非徒祝祷也。《既醉》"摄以威仪,威仪孔时"。《嘉乐》"威仪抑抑",《书·顾命》"思夫人自乱于威仪",盖成王威仪是力,制外以养中。《卷阿》曰:"颙颙卬卬,如圭如璋",其威仪可仰,其令德可知也。

《序》"《葛覃》,后妃之本也。后妃在父母家,则志在于女工之事云云"。《集传》:"后妃既成缔绤而赋其事。"○"言告言归"句,《毛传》:"妇人谓'嫁'曰'归'。""归宁父母"句,《毛传》:"父母在,则有时而归宁。"《集传》不指在父母家,于前后文义为合。

"贻我彤管",《毛传》:"古者后夫人必有女史彤管之法,后妃群妾以礼御于君所。女史书其日月,授之以环,以进退之,事无大小,记以成法。""说怿女美",《笺》云:"当作说释,赤管炜炜然,女史以说释妃妾之德,美之。""自牧归荑,洵美且异",《毛传》:"牧,田官也,荑,茅之始生也。"《笺》云:"茅,洁白之物也。自牧田归荑,其信美而异者,可以供祭祀,犹贞女在窈窕之处,媒氏达之,可以配人君。""匪女之为美,美人之贻",《毛传》:"非为其徒说美色而已,美其人能贻我法则。"按:毛、郑末章"美人之贻",承上"贻我彤管"说,其义自通。

《序》多伤今思古之说,惟《都人士》三称"我不见兮",卒语云"何盱矣",于思古义为合。

按:此四诗指成王为是。以后篇《公刘》《泂酌》《卷阿》皆成王之诗也。《假乐》媚于天子,《卷阿》同民之攸墍,《泂酌》同"率由旧章"、"率由群匹,不解于位",玩其语意,盖当时大臣因王之受厘而为训迪之词,非徒祝祷也。

以上,"详玩""玩其语意""前后文义"等,充分表明了萧光远解诗时对文本用词、用语和前后篇章结构之间的深刻认识,这种理解显然与萧光远自己的诗歌创作体验有关。诗歌创作就是要考虑如何用词用语,如何安排前后文结构,才能准确表达诗人的思想情感。萧光远判断诗篇主旨、时代等,多居文本探求含义。或根据语意,或根据前后文意,通过涵咏文本"详玩",同一诗篇前后文义互证、不同诗篇文辞互证等方法,来阐释诗篇。毫无疑问,这种方法文学意味浓郁。

4. 以情论诗

作为文学样式,诗歌的本质特征就是言情。分析诗篇的情感内涵,以情论诗,这是真正将《诗经》当作文学作品看待,是典型的以诗论《诗》。在《毛诗异同》中,萧光远十分注重剖析诗篇人物情感心理;探析诗篇发生时的创作心理;深入解析诗篇文辞背后的深层情感内涵。这些诗学方法，是《诗》学文学化的充分表现。例如：

> 光远按：《集传》与《毛诗》略同，其与《郑笺》异者，郑以为后妃自作，朱以为宫人作也。后妃自作，则"淑女"、"好逑"指嫔御；宫人作则即指后妃也。周家世有贤后，宫人习姜太任之教，唯恐圣人不得圣配，即作诗。性情之正，而文王后妃之德盛化神，亦因可见，故依《集传》"宫人作"其义为优。

《关雎》作者是谁？历代众说纷纭。萧光远赞同朱熹"宫人作"之说。依据就是诗人创作心理。"宫人习姜太任之教，唯恐圣人不得圣配，即作诗"，一个"唯恐"，阐释的是诗人创作时的文艺心理，从而判断属于"宫人"的著作权。又如：

> 《凯风》序："卫之淫乱流行，虽有七子之母，犹不能安其室，故美七子能尽其孝道以慰母心，而成其志者。"《笺》："不安其室，欲去嫁也，成其志者，成其孝子自责之意。"按：母不安室，七子自责，母遂不嫁以成孝子之志，此母亦发乎情，能止乎礼义者。故孟子云《凯风》亲之过小者也"。

这里，萧光远从诗篇人物情感心理分析诗篇发生动因。首先是"母不安室"，母亲心里情感发生波动，接着"七子自责"，儿子们心理情感发生巨大变化。由母亲的不安，引发儿子的自责，这些分析均着眼于人物情感心理。这就是"发乎情"，也是《毛诗序》所说"情动于中"。而"母遂不嫁以成孝子之志"，这也是情感互动的结果，属于"止乎礼义"。萧光远完全是从人物情感心理互动视角分析诗篇发生动因，十分注重诗歌的文艺心理发生过程，也充分证明《毛诗序》的诗学观之合理性。萧光远自己有丰富的创作体验,这些解释无不有其创作体验的影子。实际上是创作经验在起作用。这样的阐释,无疑文学色彩强烈。又如:

> 《硕人》极形庄姜之美,惜之也;《偕老》极称宣姜之饰,讽之也。
>
> 《泉水》《竹竿》《载驰》《河广》,皆卫女之善怀也。
>
> 《谷风》《氓》皆妇怨其夫,《谷风》怨而责之,其辞直,初以正也;《氓》怨而悔之,其辞隐,初不正也。

在这几则材料中,"惜""怀""怨""责""悔"等,都是对诗篇文辞背后情感内涵的发掘。这充分显示出萧光远解《诗》的文学色彩。再如:

> 《扬水》终鲜兄弟,与《王风·葛藟》篇同,盖自伤寡弱,亲爱兄弟之词。
>
> 《序》云:"此晋也。而谓之唐,本其风俗,忧深思远,俭而用礼,乃有唐尧之遗风焉。"郑氏曰:"忧深思远,谓'宛其死矣,百岁之后'之类。"按:《蟋蟀》《山枢》克勤尚俭;《绸缪》喜昏姻;《葛生》笃夫妇;《杕杜》怀兄弟;《鸨羽》思父母;《羔裘》不忘故好;《杕杜》好贤,皆俗之厚也;《采苓》终篇,败于谗也。

《毛诗序》也是以情解诗,一句"忧深思远",对诗篇情感内涵高度概括。而萧光远则对《唐风》各篇章的情感内涵逐一分析。"伤""喜""笃""怀""思""忘""好"是各诗篇情感特征的表现。萧光远通过《唐风》各篇章具体情感分析,来说明"忧思深远"的具体表现。再看：

> 《序》："《小弁》，刺幽王也，大子之傅作焉。"按：此诗哀痛迫切，似非他人可代，然梁王坠焉，贾谊伤悲。《序》谓大子傅作，相传必有据。汉王式为昌邑王师，王废，治事者问师："何以亡谏书？"对曰："臣以《诗》朝夕授王，至于忠臣孝子之篇，未尝不为王反复诵之也，至于危亡失道之君，未尝不流涕为王深陈之也，臣以三百五篇谏，是以亡谏书。"式泛以《诗》谏，何若《小弁》之亲切，而平王萎靡不振，虽贤师良傅将如之何哉！

"哀痛迫切"，这是对《小弁》情感内涵之分析。这里，萧光远正是通过解析《小弁》的情感特征，从而判断作者为太子之傅。再以历史上太子之傅贾谊、王式等痛哭流涕劝谏君王的旁证，也是通过情感色彩，解决诗篇的作者问题。这种分析方法，无疑都有萧光远自己的创作体验蕴含其中。

第二节　《鹿山诗钞》的儒学内涵

萧光远有诗集《鹿山诗钞》四卷，收诗六十四首。这些诗篇主要是咸、同贵州社会动乱时期所作，故其主题多与社会政治、民生疾苦相关。萧光远集经学家与文学家于一身，在经学阐释中融入创作体验，以诗解《诗》，体现了《诗》学的文学化特征。同时，在文学创作中，一方面发扬儒家经学风雅正变理论，怨刺上政，批判现实。另一方面在具体文辞中化用儒家经典题材、文辞和结构形式，体现了文学经学化倾向。萧光远的经学阐释和文学创作，体现了近代经学与文学的深刻互动。因萧光远的诗歌数量较多，经学化表现突出，故我们重点考察《鹿山诗钞》的儒学内涵。具体表现如下：

1. 表达对儒学的研习与追求

例如，《醉经山房中秋述怀并示诸友》：

> 南城有高岗，东向直奎阁。良霄月皎皎，四顾天宇廓。生徒
> 环侍坐，同结读书乐。对月忽有怀，仰愧而俯怍。弹指卅五年，
> 廿岁已落魄。丈夫不雄飞，甘等藩篱雀。居无室环堵，食无田负
> 郭。著书仰屋梁，不值一杯杓。瓶粟时时空，饥驱防失脚。朝夕
> 把笔耒，勉效农耕作。铿铿汉大师，谈经绍文学。汲汲宋诸子，
> 研理周脉络。六籍有精华，下士拾糟粕。彼焉哉乎也，曾何与博
> 约。惭负及门人，问义远踱屩。中身急向逍，已诮檀维荐。况如
> 此碌碌，转瞬头将鹤。悠悠我心忧，岂为贫陬获。诸生为君子，
> 凡事争先着。九德归疆毅，六极终于弱。及尔进修时，乾乾夕惕
> 若。惩忿如摧山，窒欲如填壑。沉潜与高明，各因病而药。清话
> 夜欲阑，斜月透帘幙。①

这是萧光远在书斋中的述怀之作，描写了自己安于田园的耕读
生活，表达了对儒学的崇敬与努力追求。这是萧光远平生心志之写
照，不求富贵，无意为官，只愿留心与沉浸于儒家经籍海洋之中。萧
光远将其书斋命名为"醉经山房"，其以儒家经学为毕生研习和追寻
的目标明确，也只有在经学中遨游，方才沉醉和快乐。"朝夕把笔耒，
勉效农耕作"，以仿耕田方式，在儒家经籍中耕耘，探求六经中的精
华。即使"居无室""食无田""瓶粟时时空"，也甘心"著书仰屋梁"。

---

① ［清］萧光远:《鹿山诗钞》，同治三年（1864）刻本。本文所引萧光远诗歌皆
出自该文献，下文不再重复出注。

谈及汉代经学大师，萧光远以"铿铿"称之，仰慕之情溢于言表。论及宋代理学家，萧光远以"汲汲"称述理学脉络之渊源，追寻之志跃然纸上。在近代中国，在西南僻壤，在一个恬静的山村，在一个月光皎洁的夜晚，一个默默无闻的贵州文人，以诗歌抒发了其承汉继宋之弘扬儒学的远大志向。

又如，《朱子生日率诸生释菜》：

> 五星聚奎宿，祥开宋命新。尤溪郑氏馆，应运生哲人。时当去圣远，孔道几沉湮。伊洛寻渊源，乃叩洙泗津。数传至夫子，任道弥苦辛。著述一何密，践履一何纯。统观汉宋儒，前后都绝伦。直继鲁邹叟，弥缝使再淳。南宋作东周，素王有荩臣。筮仕历九考，立朝惟四旬。道学禁一时，千载乃常伸。熙朝次四配，俎豆长莘莘。我读夫子书，传注朝夕亲。良辰恭释菜，大小荷陶甄。

这是萧光远主讲遵义书院时所作。从道光至光绪间，萧光远曾在遵义育才、湘川、郡城等书院任山长，与莫友芝、李薲臣、郑珍、黎庶焘等名家共事过。在书院讲学，其中有一项重要内容，那就是祭祀儒学先师。道光《遵义府志》卷二十二"学校志"所载"祀典"中就有"释奠于先师之礼"。"释菜礼"是渊源有自的学校礼仪活动，《周礼·春官·乐师》"入学者，舍菜"。《礼记·月令》"（仲春之月）上丁，命乐正习舞，释菜"。学校中的"释菜礼"往往在生童入学时举行，以明儒学渊源与传统。这是一种礼仪实践活动，属于书院的正常儒学教育活动，我们在第二章中已有所论述。萧光远作为书院山长，率诸生在朱熹生日那天举行释菜礼，并以诗歌述怀。该诗高度颂扬朱熹弘扬孔子学说，开启宋学，起孔道于沉湮。并历数儒学文脉自孔子至二程再至朱熹的"任道弥辛苦",赞美汉宋诸儒之绝伦敦纯,讴歌儒学千载不朽。朱熹在有清康熙朝被作为"四配",在释奠先师礼时配祀孔子,具有很高的儒学地位。"我读夫子书,传注朝夕亲",这是萧光远的日常生活,也是其作为儒学忠实信徒的精神情感之归宿。

又,《郑子尹主讲湘川,借育才书院居,释菜日,次少陵〈题衡山新学堂韵〉依韵和之》:

> 在昔杜陵老,浩歌感时事。时与郑广文,痛饮忘荣悴。何知今人身,俨处古人地。我乏济世才,又摧学道志。四郊多战垒,三院空讲肄。学士辍旧业,奔波靡不至。兵流橄羽飞,儒术弁髦弃。军旅胜豆笾,殊乖立教意。数载忝皋比,孤陋惭疑义。我友通德后,怀奇久自网。学舍小如舟,挽君适来墅。三礼祖康成,辨说极深遂。手挥篆隶文,面晬诗书气。闻在子午山,歌声绕苍翠。相去未百里,常拟陟阶屺。我昔鹿山居,幽境或仿佛。郡斋欣聚首,晨夕展情思。论文数举杯,乱世少此味。哦诗发遐慨,谁念孙公记。五城有大师,斯文卜不坠。

萧光远身处乱世,周遭战事不断。时儒学因社会动乱遭受重创,书院凋敝,学士辍业,而萧光远与莫友芝、李蹇臣三人坚持在育才书院教授,维系儒学脉络不绝。后郑珍亦入书院,一起讲学。这是萧光远最感到欣慰之事,遵义有莫友芝、郑珍等儒学名师之坚守,儒学脉络于贵州于西南而有望。"五城有大师,斯文卜不坠",这表面是对郑珍弘扬儒学之称许,实际上也是萧光远自身之写照。"斯文"于西南僻壤不坠,且于近代崛起于西南一隅,这无疑与萧光远等人在危难局势和困境中坚守有直接关系。贵州文化能于近代跃居中国前列,实乃一批不计功名利禄的僻壤文人执着追求之功绩。

再如,《六十遣怀》:

岁在甲子,行年六十,不敢言寿,不足言诗,感述生平,自遣怀耳。

不知大挠作甲子,何以仅齐六十止。天干地支相配合,满一轮又从头起。孔子删书断唐虞,以前荒渺不足纪。三皇寿皆一万八千岁,谁从太古录年齿。不过推子丑寅三正,以为天开地辟人生始。唐尧至今四千二百有余年,其中圣贤、豪杰、王侯、将相代迁徙。佛说轮回既不经,仙求长生亦吊诡。五官百骸非金石,数不可必者理。流水不腐枢不蠹,无逸寿考真妙旨。我生遽周六甲轮,回头少壮一瞬耳。少年意气重高科,策马金台先郭隗。却解名缰如脱屣,造化关键谁测此。不羞囊无钱,不怕釜无米。不愁庇无厦,秋风破屋倚。男儿生世间,穷饿原小事。哀哀《蓼莪》篇,茕弱失怙恃。郑均养寡嫂,杜林载亡弟。潘岳悼妻时,次男方乳妳。昨秋竟不幸,孤孙小同比。降余偏在六极中,初度何堪称览揆。蹉跎下寿几十年,墨为稼穑笔为耒。铁砚消磨藜床穿,赚得虚名门成市。岁科两试春秋闱,题榜颇多门下士。吁嗟乎! 人生有盛则有衰,世运一泰而一否。先甲蛊坏自桐蠹,十载烽烟迷井里。昔日朋徒多散亡,旧游华屋生荆杞。辛酉之冬文酒会,大醉狂歌怀郑李。即今二老亦暌违,空赋停云溯秋水。静思同甲英,所识半皆鬼。独有冯行巳,常常过杖履。(冯子玉方正长予数月)老夫自述亦自怜,过隙驹光复能几。六十遂足多,老聃尚在母腹裹;六十犹嫌短,终军未得半而死;六十以后当益壮,四十五十何委靡。六十以往竟无为,卫武耄年歌有斐。天地之帅吾其性,天地之塞吾其体。藐焉中处为三才,草木同腐真足耻。孔孟虽亡其书存,读到白头空追悔。太息语儿孙,今年六十矣。虽未合传家,亦日耆指使。绕膝承翁欢,和顺斯为美。不能一日不读书,不堪一日不饮醴;一日不读便流俗,一日不饮生魂礧。往岁刻羲经,今年镌汉史。剩余杂著及小诗,乘间钞取付良梓。老夫敢望著作名,敝帚自珍聊复尔。懒同绛人算甲子,感念平生书一纸。

这是萧光远六十岁寿辰时,自我的生平回顾。纵观萧光远六十年人生轨迹,所做的事情主要有两项,其一,读书著述。读的是儒家典籍,撰著的是研究儒家经典的心得。其《钞〈汉书〉,有感故友罗东村兆仑明经,聚南应奎太学》也描述了萧光远日常生活:

平生不善读,见书心便憨。一经方释手,一史又沉酣。龙门作《史记》,千古恣穷探。班范踵其后,三长亦各谙。吾友罗太学,百家遗力担。阿兄老明经,蒄学方念菴。相邀入芝室,古香何馣馣。为借两汉书,下帷恣旁参。窃自汉以下,群书未足贪。此物犹太羹,下酒味醰醰。手抄数寒暑,如恐亡箧三。分门百取一,拟梓对罗含。

萧光远日常生活就是读书、抄书、著书。"见书心便憨",实乃书痴形象。"手抄数寒暑",乃经济拮据,靠借书辛勤抄写来弥补文献收藏不足。"一经方释手,一史又沉酣",这是萧光远读书著书,笔耕不辍之概述。《六十遣怀》之"蹉跎下寿几十年,墨为稼穑笔为耒",更是形象总结了自己几十年读书著书的生活。这与《醉经山房中秋述怀并示诸友》"朝夕把笔耒,勉效农耕作"所表达的情怀完全一致。

其二,教学授徒,传播儒学。萧光远中举人后,在当地有一定名声。特别是与莫友芝、郑珍等名士交往,受到莫友芝、郑珍等极力推举,名气大增。很多富家争相延师。萧光远自25岁开始授徒,至82岁止,教学57年。萧光远在遵义唐家私塾开馆授徒,也曾远赴成都教授,其《毛诗异同》就是刻于成都的当时授徒的教材。而自道光至光绪间,萧光远长时间在遵义各书院任山长,与莫友芝、郑珍、黎庶焘等人一起,培养了大量儒学人才,为贵州儒学发展做出了重大贡献。其《易字便蒙》便是经学入门之课本,而《周易属辞》等著述,更是经过门人多次修改,花费十六年的经学巨著,在弘扬儒学、培养儒学后学方面效果明显。如《勖门人陈廷焄》:

> 酉阳称博物,济美得髯翁。作字师明道,居乡效仲弓。日行归检记,郡志藉旁通。焄也承家学,常怀两鉅公。

这是对门人的勉励,希望其以孔门弟子为榜样,弘扬儒学。该诗萧光远自注云:"焄之从祖,心斋、讳怀仁。仕四川酉阳州,于郡前辈中最博览。卓堂,讳守仁,平生不作草字,自行高尺许,遵郡修志任采访,美须髯,人谓之陈胡公,与予忘年交。"萧光远与门人陈廷焄家交往颇深,深知其家学深厚,期望门人能更进一步弘扬儒道。萧光远自己说"铁砚消磨藜床穿,赚得虚名门成市。岁科两试春秋闱,题榜颇多门下士",门庭若市、门徒多题榜,这是一点不夸张的。可考的萧光远门人,中进士者:黄灿章、赵怡。举人有:马宗周、周之桢、犹灿章、赵懿。中秀才者:袁心斋、尹思斋、冯谦、萧永京。获拔贡者:王文钧、刘兆彭。未中科举,但有一定名声者:陈廷焄、李金鉴、杨遇恩、宋瑸、钏鸣岐、钏鸣丰、马宗益、马宗扶、王灿奎、鄢正达、沈晋光、何文熙、高培蕃、杨作霖、唐我埔、胡寿昌、周廷翰、蒋鸿宾、彭仿辰、张作宾、秦士青、周锡晋、杜钟秀、李郁堂、王金镛、唐起尉、萧斯绳、陈晞九等。

2. 以诗志史,高张风雅精神

萧光远主要生活于贵州社会最为动乱的咸、同时期,经历过激烈的社会动荡,自己避过乱,也接纳过逃难的亲朋,目睹了当时社会凋敝、民不聊生的惨状。作为文人,萧光远有强烈的忧国忧民情怀,作为文学家,其以文笔实录当时社会现实,以表达对国家百姓的离乱之忧患,并发扬史官精神,高举风雅大旗,对当时封建统治腐败与无能进行无情鞭笞。

（1）关注民生疾苦。

例如,《丙辰八月中观南城获和陶丙辰八月中于下潠田舍获韵》:

> 见说刈新稻,散步南城隈。闲观问稼事,农语动我怀。大兵谷反贱,更值旸雨谐。害稼无蟊贼,余粮饱鹜鸡。岁功既如此,天心当已回。但闻下游地,饥雁鸣声哀。惫甚至相食,遑论百室开。邻封乱靡定,我廪高且颀。不辞力耕苦,祗忧时事乖。老农语未毕,林树已乌栖。

此诗体现出萧光远的忧国忧民思想。其一,遵义今年稻谷丰收,这使得萧光远内心欣喜。从年成之好,判断乱世将变太平。"闲观问稼事",看似平淡,实则是萧光远内心情怀之外露,当听到老农回答,今岁收成较好时,萧光远对社会和平的期盼之情油然而生。但这似乎只是萧光远的自我希冀。其二,对正在遭受兵燹的地域和百姓表示深深的忧虑。"大兵"表明动乱极盛。当听到农语说下游邻邑"饥雁鸣声哀""惫甚至相食",萧光远的忧虑可想而知。老农不怕耕作辛苦,只是忧虑时事动荡。这番话语实际上正是萧光远内心忧患意识之写照。

又如,《招降篇》:

贼岂真豺虎，其初实良民。贼亦非胡越，都是黔中人。何况湄与瓮，封守固我邻。昔在太平时，相依如齿唇。大难起狼洞，我师曾往援。如何数岁来，同仇反相吞。世乱蔑官箴，惜死又爱钱。操切营所私，粮饷不胜烦。民力日益竭，民财日益贫。饥寒已切肤，刑戮更加身。变计甘为贼，邪正遂无分。雄黠称大王，其次为将军。壮大亦嫉时，奋笔作主文。黄白各树帜，（瓮安黄号、湄潭白号）并起如蜂屯。击之去复来，介胄虮虱繁。兵疲贼亦疲，告诉苦无门。我愿当事者，破格施至仁。投诚广给牌，告谕先谆谆。杀降天所祸，再生官之恩。此曹无远志，不过图饱温。尔田可归种，何事久游魂。尔去剪蓬蒿，我来给租银。计丁授尔地，苦乐期平均。朝跖而夕舜，舍旧以图新。消除尔万恶，招集尔六亲。顿使妖氛靖，重见风俗敦。兹事谈何易，至诚能感神。令公入回纥，单骑诸酋欣。渤海安龚遂，蛮溪附宋均。直道今犹古，只判杂与纯。呜呼当事者，弭能安我遵。倘为湄瓮续，黔事更难伦。

从诗篇题目看，这是萧光远对解决时局问题所提的对策。提对策，必须首先找到问题即贵州社会动乱产生的根源。所谓的"贼"，原本都是良民。所谓的黄号、白号，原本与遵义是唇齿相依的友好近邻。是什么原因使得良民变为"贼"、友邻成为仇人呢？祸根就在当地官府。"操切营所私，粮饷不胜烦。民力日益竭，民财日益贫。饥寒已切肤，刑戮更加身。变计甘为贼，邪正遂无分"，这些诗句高度概括了封建官吏中饱私囊、残酷剥削老百姓的丑态。官逼民反，官吏草菅人命，百姓无法生存，结果只能铤而走险。萧光远对贵州人之间的相互杀戮表示深切担忧。正因为无论官兵与"贼匪"，无论正与邪，其实原本都是良民，故萧光远才提出招降之策。这其实是萧光远人道主义思想之表现。以民为本，以人为贵，以杀戮为次，以德服人。这也实际上是对封建统治的隐含批判。政德有失，必须自我反省，只有政和，才能人通。百姓要求并不高，只求温饱而已。若果按人口分给田地，让百姓人人都有田可种，再减轻赋税，则淳朴敦厚风俗定会重现。不患寡而患不均，只要苦乐均等，则盗跖可变虞舜，乱世可变太平。但萧光远也深知，此事绝非易事。因为"招降"的前提是必须有美政，而好的政措必须有明哲执政者。故最后，萧光远只能发出呼吁，希望能有安定遵义的执事者出现，否则让遵义之动乱继续下去，则黔省之事更难处理了。最后遭殃的还是百姓。但会有这样的当事者出现吗？似乎萧光远自己都觉得是一种奢望。

（2）实录社会动乱

例如，《宿天坐山》（时因督团攻海龙屯住此）：

> 冒雨登高阜，禅堂已二更。破残古庙貌，零落旧书生（戊子、己丑、庚寅授徒于此）。佛力难逃劫，僧徒颇习兵（新招徒，湄潭人，旧充蒋军门和尚队）。乱中眠睡少，欹枕已天明。

这是战乱时期诗人自身的一次避难经历。为了躲避战争，萧光远不得已寄身寺庙。残破古庙，零落书生，竟然授徒于此，这是何等凄凉。当寺庙都难逃劫数，僧徒成为士兵时，又是多么的悲哀。此景此情，有强烈忧患意识的诗人又怎能安然入睡。诗篇如实记录了乱世中萧光远所遭遇的身心苦难。

萧光远以诗志史，自觉地拿起笔记录社会动乱。《鹿山诗钞》有《纪乱》系列诗，共9首。这些诗篇均可与民国《续遵义府志》卷二十七之《纪年》相对应，在记录历史事件的时间、起因、过程等方面完全一致。例如：

纪乱五　壬戌

　　闰八月之初，警报自桐梓。长毛伏九坝，势如蜂拥起。娄关险不防，丑徒意外喜。直入无人境，一夜驰百里。驱马逾万匹，浑莫辨首尾。铺山作长团，如猎捕鹿豕。或夫丧其妻，或母失其子。鸡鹜尚靡遗，牛羊焉逃死。有谷不及收，横斜在陇坻。扶老携幼来，两城附如蚁。何物称翼亡，后劲逼城址。守令逸击劳，相机与敌抵。炮声震犍山，战血滴湘水。负郭挺戈矛，冒围交石矢。我日登高望，壮哉有三士。更羡东异英，排队济军米。蹂躏四旬久，环攻三日止。群丑整军去，尾追亦徒尔。毛贼未出境，号徒早纷起。

　　此诗记录的是同治元年（1862）闰八月战事。与史志所载完全一样。民国《续遵义府志》卷二十七《年纪二》也记载了这次战事：

　　　　闰八月，粤伪翼王石达开攻府城，不克，趋黔西去。杨凤余党黄天然伏诛。

　　　　粤贼至四川，败綦江，复窜入桐梓县，击溃九坝团练，逼县城，旋走娄山关，至板桥，将窥府城。于钟岳调张师敬、邹开贵据大龙山、红花冈，管带熊品南据枪旗坡，黎品南、刘名贵守拱安关，而以邹德全屯城北董公寺当贼冲。钟岳自率练御于毛石坎，以众寡不敌，与德全同溃回。贼抵新城，德全等同御于东塘坳，战败，而开贵援至，德全师归。十四日，贼攻城西南隅朝天街，巡义团团苦邹洪率子清武及团下接仗，身被创，犹力战，得团丁黄石宝、彭来发等跃城助之，红花冈鸣炮下击，贼始退。攻红花冈，开贵约不动，及抵垒，开队迎战，阵亡练目萧伯好。各练奋激杀贼多名，城上复以大炮击毁石达开黄盖，达开知城坚难下，收队，分股折回板桥，走逼绥阳。绥阳知县李愈南檄廖熙麟以五百人御于猫猫垭，被贼所围，至府告急，钟岳遣军援之，围解。走五里坎、绥胜寨，寨首李清连截击，败回，贼追及，逾墙坠死。贼由遵义东北绕出马坎，至鸭溪，泮水，径赴黔西。

两相比照，可以发现，该《纪乱诗》与《续遵义府志》之《纪年》的历史事件完全一样，战事过程也基本一致。这充分显示出萧光远《纪乱诗》的实录特点。但诗歌与史志并非完全相同，萧光远诗歌充满强烈的情感色彩。一是对乱世中民生之哀怜。"或夫丧其妻，或母失其子。鸡鹜尚靡遗，牛羊焉逃死。有谷不及收，横斜在陇坻。扶老携幼来，两城附如蚁"，这些诗句生动描写了逃难中之众生惨状。背井离乡，妻离子散，死伤无数，乱世中的人如同蝼蚁般弱小无助。二是表达诗人对"长毛"之憎恶和对击败太平军的官兵之赞美。诗人站在封建统治立场，表达了其爱憎色彩。三是隐含批评官方失策与对动乱不断之忧虑。"娄关险不防，丑徒意外喜。直入无人境，一夜驰百里"，这是诗人的惊讶，居然险关不防，致使"长毛"长驱直入，令百姓仓促逃奔。"毛贼未出境，号徒早纷起"，表达了诗人对接连不断的动乱深深忧虑。又如：

纪乱六　有序

王公讳国珍，字春波，初，铜仁协占兵也。自道光末历咸丰间，屡计最，保花翎副将。同治元年到遵义，时为沈镇营务处。五月南征，旋东剿，十月复南防，谓贼出入无常，当为一劳永逸之计，驻营两路口，周咨士民，洞悉地利，与本县于公书，称团溪沃壤数十里，急当修大砦城，用资战守。公意联络南团，就中挑丁，由九黄渡开辟进剿，因粮于贼，志未遂。癸亥正月十四日，驰救上溪卢江水被围，适报某援至，遥见旗号，公恐援不能入，急发队杀出迎之，而援惮贼多，遽退，公练本少，又分为二，被贼截断，方向前督战，贼已攻后营门入，公率死士杀至田坝，受数创阵亡。时二月二十七日也。

　　玉华失虎威，羊关道已断。挽粟纡且长，日撄豺狼患。帅府移驻遵，就粮示懦愞。彼匪乘其后，西南用大乱。副将王春波，将才真足羡。上溪盗如毛，焚杀逞凶悍。连营十余所，仗公操胜算。一呼斩先锋，群丑为胆颤。再踏杉苞寺，氛祲全锁散。秋粮不赍寇，公力居过半。当事撤南营，东方资卫扜。十月贼又南，秦亡卒多叛。（前湄潭县秦于元带练南乡，突遇贼阵亡）楚军亦已归，非公谁剿办。桓桓武略昭，习习仁风扇。地图燎指掌，民俗播谣谚。（公循行各里，煦煦开导，民间只鸡絮酒，率与为欢，时有"王大人，齐干团"之谣）及驰救卢江，惟三营颇缮。（猫山、锦屏、安溪三砦）结垒报国寺，挥戈日酣战。猫山偶失机，鼠辈得乘闲。犄角奔三砦，豺牙磨四面。坚壁竟难窥，邻为援兵眩。矢穷砖石继，冲围出殉难。如公雄杰姿，横行可十万。剧怜强仕年，未遂封侯愿。呕吐血满腔，零落枪半段。武官不惜死，我于公幸见。闲询报国寺，早自前明建。公来矢精忠，是即几先见。闻之吾友张，更访都司伹。（南乡张生珣为予道公事颇详，访公弟与伹都司，乃悉公履历。）纪事哦小诗，当作公别传。

　　关于该诗背景，萧光远已经在序言中说得十分清楚。其以诗志史的创作意图自觉而明确。对花翎副将王国珍同治元年（1862）正月至二月间的战争经历进行详细记录。王国珍最后战死沙场，萧光远对其以身殉国极力称赞。自称以小诗纪事，以诗歌为王国珍作别传，叙事清晰，抒情浓郁。再如：

纪乱七

辛壬迄癸甲,乱辙不胜数。黄白既殊号,每号分数股。就中杂逆苗,绝技善枪弩。审乱两游间,出没无定所。先入我东南,民气尚足鼓。武弁张微胜,争功欲击柱。水晶耀街衢,白石如粪土。名器先尔滥,余勇更谁贾。散军或逃蜀,主将递反楚。余殃入号匪,相倚作心膂。心练而用团,团疲难御侮。约团以归砦,砦丁力则努。舛井无耿恭,增灶失虞诩。(天台寺,天井台皆以缺水被困)羽书血淋漓,告哀莫我顾。常为渊敺鱼,现然押出虎。虎性谁能驯,白号增一牿。距城未三里,军事日旁午。西北筹合剿,无识又力阻。往岁鼎山贼,遵桐孰能御。左雄入大溪,吾里始安堵。(众推左天芳为统带,刻期奏功)何知鹿山砦,运厄今重五。(甲子五月五)旋踞海龙屯,欲寻杨氏谱。(海龙屯系前明杨氏巢穴,土匪杨四自称元帅,六月初十破砦入据之)和气联旧团,同仇齐奋武。昼攻而夜袭,粮断贼气沮。来援势莫及,群丑一朝去。(七月十三夜贼溃,十四晨贼援二千由红牙、芝麻坪始至,知屯已失,即夜亦遁去)桐失幸已收,(桐梓城二月二十二夜失后,金团、王团收复)仁陷尚未举。(仁怀城五月初八夜失)民食耗于军,更为贼所掳。那有米足炊,并无菜堪煮。食残梧桐皮,剥尽枇杷树。糠粑及粉泥,随取塞饿肚。饥已□牂羊,残更遭硕鼠。招安实渔利,良民入罪罟。先降而后叛,已叛更难抚。不效鹰鹯逐,翻同燕雀处。哀哉此猷为,何以胜艰巨。初莫供军储,犹怪守钱虏。计日廿余石,半年竟何补。卮漏何难实,家毁难莫纾。我遵礼义邦,文教匹邹鲁。欲以乱平乱,两城纷旗鼓。牛马祀桃源,操心一何苦。(刑白马乌牛,放会打贼,每会百千不等)设营而建军,聊以固吾围。今年好岁功,百谷承膏雨。早秋稼如云,准拟盈仓庾。何知疫大作,寨团多绝户。比屋尚呻吟,孰与收禾黍。吁嗟此浩劫，板板帝无语。却闻赵总兵，(二赵公名德昌、德光)将略追往古。修开遍投诚，遮道奉筐筥。更闻李协戎，威望若神父。宝剑发龙泉，七星屡罢舞。(李公名臣，龙泉人，七星坡贼营为所牵制)绥桐得材官，足资严队伍。(闻绥邑邹君，桐邑刘君皆好官)乱极治将生，王事歌靡盬。经年省会隔，天日不得□。自非元道州，亦非杜工部。发愤作此篇，吾气聊一吐。

这是对咸丰时期遵义桐梓杨凤起义事件的概述，与其他《纪乱诗》一样，在叙述历史事件的同时，萧光远对造成动乱的原因进行分析，揭示了官吏鱼肉百姓、乱罚无罪，致使祸乱并起。萧光远虽然也有对官兵英勇奋战、以身报国忠烈精神之称颂，但其为封建文人，能始终对社会动乱产生的根源有理性的正确的判断，这是十分难能可贵的，这正是其所秉承儒家风雅精神的结果。孔子云"诗可以怨"，《毛诗序》云"国史明乎得失之迹，伤人伦之废，哀刑政之苛，吟咏情性，以风其上"。萧光远的《纪乱》诗系列深得儒家诗学精髓，弘扬儒家风雅精神，将政治批判矛头直刺封建统治者。诗篇对百姓流离之苦有生动刻画，这又显示出其"穷年忧黎元"的忧国忧民思想。

（3）批判封建统治

例如，《练妇叹》：

不知谁氏女，不知何人妇。意多出良家，离乱丧其偶。垂泪去六亲，甘心从小丑。时或聚店嬉，时或沿街走。亦或拥肩舆，更或乘肥牡。何处鞭打来，金银常着手。岂无井可投，岂无绳可纠。世衰泯廉耻，人道同鼍狗。小民供军储，艰难计升斗。粒粒皆脂膏，此辈坐消受。公侯有干城，武夫何赳赳。洋烟焦其喉，女戎制其肘。未鼓气先衰，不战骨如朽。是以见贼奔，鹬蚌持徒久。军中有女子,按剑齐斩首。呜呼名将风,此事今安有。

此诗描写的是走街串巷耍宝卖艺的妇女,此类艺人类似小丑。站在封建文化立场,萧光远对此种现象持否定态度。封建时代,不要说街头艺人,即使正规舞台上的演员都被很多人瞧不起,而称之为"戏子"。萧光远的开明之处在于,不是仅仅批判这些女子行为,而是揭示造成这种现象的社会原因。"世衰"而导致礼义廉耻沦落;社会动荡,而使得人同猪狗般为了生存没有尊严。萧光远其实很同情这些女子。按常理推断,这些女子原本也是良家女子,但是因为遭受离乱,经历生离死别,为了活着而不得不从事这等被人瞧不起的事情。难道这些妇女竟然没有丝毫名节意识么?难道没有可投之井?没有可自缢之绳?都不是,一切的一切皆在于世道混乱导致人没有了尊严与价值。俗话说,宁做太平犬,不为乱世人,就是这个道理。萧光远知道,这些妇女嬉笑的背后,都有深沉的痛苦。萧光远接着笔锋一转,激烈抨击官吏、将士不去维护国家社会稳定,而是沉溺在鸦片、女色之中,这样的官军未战之前即已经衰腐,怪不得只见"贼"如入无人之境。萧光远对目前的官府根本不寄希望,只是期盼有如古代敢于担当之名将出现,挽救危难局面,可问题是如今这种人又哪里会有呢?

又如,《自强篇》:

立己不自强,百邪攻其身。为国不自强,千里常畏人。周官司马法,兵即存乎民。有事从征战,无事乐耕耘。调发不嫌简,训练不厌繁。是时盗贼少,守望随更番。自井田法坏,兵与农始分。兵制后又隳,召募乃纷纷。吾邑招外练,受祸惨难言。贼练皆恶少,貌疏情实亲。贼计窜某乡,练先烧是村。小民望风逃,十室九不存。贼乃乘其后，荼毒靡不臻。贼未火其庐，练悉封其困。诡言此军储，立解大府辕。排队甫逾境，转贩成市门。当其应募时，不过谋饕殢。饷亏即鼓噪，陵侮及官绅。十减其二三，扬扬如市恩。原来虚冒数，悉恣练目吞。练目如贼酋，所志在金银。贼退练更扰，贼来练先奔。招练贼已至，下练贼愈狝。起发为生计，全家待饱温。（练下乡抢掠，名打起发）一朝失所利，千百呼成群。腰仍系练牌，头还裹练巾。城守不能御，团防不及甄。乘机破砦营，比贼尤甚焉。况一夫荷戈，十辈相依因。戎行各有耦，事尤古希闻。聚食民脂膏，狼贪而虎蹲。民以米易糠，负归饱腹扪。（民运米至营，练嫌糙，另舂，刷民以数十钱市斗糠归，中多碎米，即糠煮草菜木叶食）买米复买米，遍身刀棒痕。（练贱卖米，民买得也，练夺之。再与买时，或纷争，刀棒横下）将弱练斯横，将骄民愈冤。官司徒切齿，谕格杀勿论。饥民日流亡，谁与竞戈铤。吁嗟练皆贼，何从叩九阍。外练各有家，斥归保榆枌。土著自同仇，庶几除乱根。我遵一县地，数倍公侯班。东北凭山险，西南阻水滨。户口二十万，食毛知报君。甘受贼练侮，志气何不振。亟谋挑丁壮，孝弟与重巾。制挺挞坚利，小丑何足云。与以贼御贼，何如遵保遵。遵完黔亦固，岂但张吾军。训越凭勾践，教吴由巫臣。管子连乡法，富强甲周秦。杂霸尚自雄，况乃王道纯。兵即寓于农，三代法可循。我欲诉之官，军需方算缗。

这里，萧光远对官兵进行强烈抨击，特别是团练。这些所谓的官府团练，其实比"贼"好不到哪去。"贼练皆恶少，貌疏情实亲"，揭穿了团练官兵的恶劣本职。这些打着正义旗号的队伍，甚至比"贼"更可恶。"贼计窜某乡，练先烧是村。小民望风逃，十室九不存。贼乃乘其后，荼毒靡不臻。贼未火其庐，练悉封其困"，这说的是"练"比

"贼"祸害更烈。萧光远揭露了团练官兵"聚食民脂膏"的残酷剥削和压迫百姓的真相。将这些官兵比作"狼贪而虎蹲"。受到"练""贼"的双重祸害,还希望靠"练"抵御"贼",这无异于是以贼御"贼"。前文已云,所谓的"贼"其实还未必是贼,而这些"练",却毫无疑问比真贼还贼。前文已述,在宦懋庸的《播变纪略》中也有过类似记载,宦懋庸以其亲身经历,说明了当时遵义社会动乱的一个事实,即百姓不怕"贼"而最怕官兵。相互印证,说明了当时的历史真相。宦懋庸、萧光远虽然都是封建文人,但亲眼所见的残酷现实、强烈的社会责任感和儒家的风雅精神,特别是作为诗人的良知,让他们敢于说真话。以诗志史,这是真正的实录精神。

3. 人物品评的儒学内涵

虽然萧光远在诗歌中有对封建官吏和军队的强烈批判,但毕竟萧光远是受过儒家思想教育和熏陶的封建文人。因此,忠、孝、节、义思想仍然是其行动指南。维护封建统治的利益,平定农民起义,也仍然是萧光远的最大愿望与现实理想。这些思想,在其诗篇中也得到充分体现,特别是在人物品评方面。例如:

《挽唐子英敏大令》(子英乙未大挑签分蜀省历任太平、新宁,旋奉讳归里服阕,以宁远地震抚灾劳绩,加直隶州,御调犍为,数月卒于官):

　　飒爽西风起,灵輀自蜀回。衣冠倏惨淡,珠玉竟尘埃。衮衮乡贤裔,煌煌治谱开。有声称百里,无命列三台。凤驾兰州返,(游其兄子方兰州任)鸣驺棘道摧。翻怜奉檄义,徒羡戏衣莱。甫罢皋鱼泣,旋闻鸿雁哀。漏天常苦雨,震地忽轰雷。平陆浑成海,贤劳亟抚灾。险如平坎窞,利比凿离堆。犀郡功逾懋,雄飞志肯灰。操心清且直,遇事化而裁。黄绶初加秩,苍天不爱才。唐蒙疲蒟酱，声伯梦琼瑰。血共苌宏化，魄随杜宇摧。凄凉何处笛，冷落故园梅。死未桐乡葬，魂应梓里来。令公香宛在，挥泪献新醅。

这是萧光远写的一首挽诗。诗篇高度评价遵义桐梓人唐子英的政绩，尤其是在震区辛勤操劳的事迹，极力赞美其清廉正直的美德。唐子英在任上而卒，鞠躬尽瘁死而后已，这是封建官吏正面典型，萧光远身逢乱世，见太多的欺压剥削百姓之贪官污吏，很难遇到一位清廉的官员，故大加称赞。萧光远对唐子英的品评标准，依据的实际就是儒家忠、节与以民为本等思想。

又如，《哀门人袁心斋先之尹思斋三春两茂才》：

坚壁清野法，古人有实用。若但循其名，聚歼良可恫。吾里两茂才，忠厚相伯仲。里人高其品，大厦推作栋。（为忠义团首结砦平山）予私虑二生，力小难任重。且幸距贼遥，亦当北隅空。旧结毛石援，新联陆坳众。乐城与金山，尤力抗寨宋。（西南贼目寨元元、宋玉山）但得唇无亡，庶几齿不冻。何知寇西来，要害为所中。（十月二十二乐民灾，砦为贼破，冬月初三金山砦破）堂堂副将张，来驻恃无恐。（协我名万书，字宝堂，驻砦十余日）留弁镇砦营，生杀惟操纵。本图去内奸，反为奸所弄。开门揖盗入，杀声终夜閧。（腊月十九夜）可怜数百家，浮生真若梦。一宵登鬼录，流血成泽洞。阴曹果设狱，曷胜冤鬼讼。嗟哉此浩劫，两生岂能控。青矜奋忠义，足持名教统。为两作哀诗，泉下挥泪诵。

面对社会动乱，要么逃避，要么迎上去勇敢面对。萧光远的两个学生直接选择与"贼"抗争,结果在战争中惨遭杀戮。萧光远为失去两个优秀的门生而痛哭。"奸良可恸"是以《秦风·黄鸟》之秦残害子车三良比喻二门人被害。极具讽刺意味的是,吃皇粮拿俸禄的封建官员和军队无力平息社会动乱,让一介书生去冲锋陷阵,这是多么的悲哀。杀身成仁,为国尽忠,这是儒家思想的行动指南。故萧光远称其"青衿奋忠义,足持名教统"。

名节是儒家思想所高度强调的道德品质。这点,不仅用在尽忠尽义为国捐躯的男子身上,在妇女身上也得到充分反映。如《书张节妇传》:

> 昔闻荀爽女,聘作阴瑜妻。年少陨所天,父母怜芳时。以病绐归宁,夺刃逼嫁之。身缢尸还阴,芳名汉史垂。奈何常人情,多为儿女痴。吾邑张公子,佳偶曰唐姬。耳熟班姑诫,心识曹娥碑。芬芳天所植,贞洁古为师。雌忽丧其雄,呼抢惨不支。若翁谕之言,勿重二人悲。养亲妇代子,嗣夫侄是儿。黾勉三年丧,席苦簟以著。空帏景暧暧,长夜风凄凄。剪发遗母家,两髦实我仪。兢兢矢此心,惟虞昭质亏。端操世所重,爱极反生訾。天只犹不谅,苦心当诉谁。戚媪语渐逼,忍尤伴欢嬉。岂独不爱生,恐贻后世嗤。跳身古井水,长与爷娘辞。烈哉女丈夫,可以励霜姿。矢死亦非难,从容得义宜。诸舅为作传,小郎与征诗。应补列女篇,永扬彤管辉。

这是一个烈女的故事。唐姬许嫁张公子,没有成婚而夫死。唐姬悲痛欲绝,本欲随夫而去,无奈亲人反复规劝。勉强守了三年丧,不料父母逼嫁,为保名节,投井殉情。萧光远高度赞美唐姬舍生取义之壮举,称之为女丈夫。并以古贤烈女作比,认为唐姬可与儒家经典

《鄘风·柏舟》之贞烈齐肩。

5. 亦从学养化，江河自输泻

萧光远以经学研究著名，兼具经学家与文学家双重身份。因此，在进行文学创作时，融经为文的现象比较突出。好友郑珍对此有过评述。《吉堂老兄示所作〈鹿山诗草〉奉题道意》：

> 晨起读君诗，一二已心讶。再进眼忽开，益读益予吓。世久少此声，今乃遇之乍。不能尽阳元，信有如此射。君本学道人，苦志求羲画。思极神鬼通，孔子告深夜。我观《大有图》，不在九师亚。半世寒饿中，失小得者大。六经何铿铿，德容又酝籍。规行而矩步，使我爱而怕。每言及六诗，辄以不敏谢。由来挛经徒，吟咏非所暇。我因信其然，岂谓特自下。此气韩之气，此话杜之话。君胡不早出？令我得避舍。交米三十年，始知真可诧。兹事诚小技，亦从学养化。世有昆岷源，江河自轮泻。俗论故不尔，只解摘嫣姹。我生诚足笑，漫诩窥腷膊。桓死文未兴，宋襄亦聊霸。老矣悔少作，既出随人骂。然诗之佳恶，意殊不争价。百年有恒产，未死任犁耙。如君诚余事，顾且甘出胯。大道夜行烛，还求肯余借。

这是郑珍对萧光远《鹿山诗草》所作的评价。有几层意思：其一，表示吃惊。"一二已心讶""益读益予吓"，描写了郑珍首次读到萧光远诗歌的惊讶状态。其二，认为这是很久以来没有读到的好诗。"世久少此声，今乃遇之乍"，是郑珍对萧光远诗歌之充分肯定。其三，郑珍没有想到萧光远这个经学研究者，诗歌创作本非其精力所在，作品却令其诧异。其四，指出了萧光远的诗歌特征，以学养为基础，融经为文，下笔奔川。"亦从学养化""江河自轮泻"说的就是这个意思。

其实,这也是郑珍的诗歌创作特点。故读到萧光远的《鹿山诗草》,引起了郑珍这个挈经之徒的内心共鸣。郑珍诗歌化用经典的情况,我们已经在《论郑珍文学创作的经学化》一文中有详细论述。萧光远诗歌融汇儒家经典,与郑珍类似。但因为萧光远主要研究《易》和《诗》,故其诗歌中化用此二经的现象比较多。我们具体来看一下萧光远《鹿山诗钞》化用经典的情况。

(1)《醉经山房中秋述怀并示诸友》

"生徒环侍坐"化用《论语·子路曾皙冉有公西华侍坐章》。"丈夫不雄飞"的"雄飞"化用《邶风·雄雉》"雄雉于飞"。"已消檀维择"化用《诗经·小雅·鹤鸣》"爰有树檀,其下维择"。"悠悠我心忧"化用《王风·黍离》"知我者,谓我心忧;不知我者,谓我何求。悠悠苍天,此何人哉?""乾乾夕惕若"化用《易经》乾卦九三爻辞:"君子终日乾乾,夕惕若,厉无咎。"

(2)《挽唐子英敏大令》

"旋闻鸿雁哀"化用《小雅·鸿雁》"鸿雁于飞,哀鸣嗷嗷"。《毛诗序》:"《鸿雁》,美宣王也。万民离散,不安其居,而能劳来还定安集之,至于矜寡,无不得其所焉。"萧光远以指当时的社会动乱,百姓离散,无所安居,如鸿雁般哀鸣。"险如平坎窨,利比凿离堆",化用《易经》坎卦、离卦意。"雄飞志肯灰"化用《邶风·雄雉》"雄雉于飞"。

(3)《书张节妇传》

"以病给归宁"化用《周南·葛覃》"归宁父母"。"黾勉三年丧"之"黾勉"化用《邶风·谷风》"黾勉同心,不宜有怒"。"两髦实我仪""天只犹不谅"化用《鄘风·柏舟》"髧彼两髦,实维我仪。之死矢靡它。母也天只!不谅人只!""永扬彤管辉"化用《邶风·静女》"静女其娈,贻我彤管。彤管有炜,说怿女美"。

(4)《郑子尹主讲湘川,借育才书院居,释菜日,次少陵〈题衡山

新学堂韵〉依韵和之》

"斯文卜不坠"化用《论语·子罕》"子畏于匡，曰：'文王既没，文不在兹乎？天之将丧斯文也，后死者不得与于斯文也；天之未丧斯文也，匡人其如予何？'"

（5）《李仪轩遗郑子尹九子包，子尹作〈九子木禾歌〉，次其韵》

"卦画以八畴列九，中宫至无合至有"化用《易经》。"职方递辨九土宜"化用《周礼·职方》"职方氏掌天下之图，辩其邦国、都鄙、四夷、八蛮、七闽、九貉、五戎、六狄之人民，与其财用九谷六畜之数，周知其利害，乃辩九州之国，使同贯利"。

（6）《甘薯》

"如取三百廛"化用《魏风·伐檀》"不稼不穑，胡取禾三百廛兮？"

（7）《刺梨》

"愿君频采摘，葑菲期无遗"化用《邶风·谷风》"采葑采菲，无以下体"。

（8）《九日，同友人王子觐槐琛登双剑山，眺郡城，纪游三十韵》

"王宏忽载酒，相约陟崔嵬"化用《周南·卷耳》"陟彼崔嵬，我马虺隤。我姑酌彼金罍，维以不永怀"。"携手出东门，纷纷见往回"化用《郑风·出其东门》"出其东门，有女如云"。"流民入我境，千百鸿哀鸣"化用《小雅·鸿雁》。

（9）《饮陈雨亭作霖学博寓斋，是日，权令顾司马送诸生上馆，约三山长饮县署，皆以雨亭有前期辞，司马复遣酒肴来就，醉歌》

"鲁侯饮泮水"化用《鲁颂·泮水》"鲁侯戾止，在泮饮酒。既饮旨酒，永锡难老"。

（10）《陈雨亭病店用昌黎遣疟鬼韵》

"昔闻高阳氏，才子华鄂辉。如何八恺外，有尔张鬼威"化用《左传·文公十八年》"昔高阳氏有才子八人,苍舒、隤敱、梼戭、大临、尨降、庭坚、仲容、叔达,齐圣广渊,明允笃诚,天下之民谓之八恺"。"将兴洋水旅"化用《鲁颂·泮水》。"芟薙如葑菲"化用《邶风·谷风》"采葑采菲"。

(11)《丙辰八月中观南城获和陶丙辰八月中于下潠田舍获韵》

"但闻下游地,饥雁鸣声哀"化用《小雅·鸿雁》。"邻封乱靡定"化用《小雅·节南山》"不吊昊天,乱靡有定。式月斯生,俾民不宁"。

(12)《哀门人袁心斋先之尹思斋三春两茂才》

"青矜奋忠义,足持名教统"之"青矜"化用《诗经·郑风·子衿》"青青子衿,悠悠我心"。《毛诗序》:"《子衿》,刺学校废也。乱世则学校不修焉。"

(13)《孟冬廿六,李仪轩兄招饮,逾日挈眷北行,暂驻乡,将入蜀赴其仲子芷禾彭山任,怆然感别,赋诗当柬》

"萧萧北风凉"化用《邶风·北风》"北风其凉,雨雪其雱"。"悔吝生乎动"化用《易经》。《易》中关于悔、吝卦爻辞很多,如《易·乾》:"上九,亢龙有悔。"《易·系辞上》:"悔吝者,忧虞之象也。""悔吝者,言乎其小疵也"。"矧今求乐土,四顾都茫茫"化用《魏风·硕鼠》"硕鼠硕鼠,无食我黍! 三岁贯女,莫我肯顾。逝将去女,适彼乐土。乐土乐土,爰得我所"。《毛诗序》说:"硕鼠,刺重敛也。国人刺其君重敛,蚕食于民。不修其政,贪而畏人,若大鼠也。"萧光远以此指身处乱世,想去往安静和平的乐土,但放眼四顾,天下又哪里有可以寄身的乐土呢?

(14)《壬戌元旦》

"况追开国初,同是幼主元。龙飞六爻应,凤律八风宣"化用《易经》乾卦爻辞:"初九:潜龙,勿用。九二:见龙在田,利见大人。九三:君子终日乾乾,夕惕若厉,无咎。九四:或跃在渊,无咎。九五:

飞龙在天,利见大人。上九:亢龙,有悔。用九:见群龙无首,吉。"《象》曰:"大哉乾元,万物资始,乃统天。云行雨施,品物流形。大明终始,六位时成。时乘六龙以御天。乾道变化,各正性命。保合大和,乃利贞。首出庶物,万国咸宁。""光华旦复旦"化用《尚书大传》之《卿云歌》"卿云烂兮,纠缦缦兮。日月光华,旦复旦兮"。

（15）《六十遣怀》

"哀哀《蓼莪》篇,鬓弱失怙恃"化用《小雅·蓼莪》篇名及诗旨。"卫武耄年歌有斐"化用《卫风·淇奥》"瞻彼淇奥,绿竹猗猗。有匪君子,如切如磋,如琢如磨,瑟兮僩兮,赫兮咺兮。有匪君子,终不可谖兮"。《毛诗序》说:"《淇奥》,美武公之德也。有文章,又能听其规谏,以礼自防,故能入相于周。美而作是诗也。"

（16）《纪乱九》

"副将迫上檄,慷慨赋《无衣》"化用《秦风·无衣》篇名和诗旨。

《鹿山诗钞》化用经典统计表

诗篇名	诗句	化用经典
醉经山房中秋述怀并示诸友	生徒环侍坐	《论语·子路曾皙冉有公西华侍坐章》
	丈夫不雄飞	《邶风·雄雉》"雄雉于飞"
	已消檀维萚	《诗经·小雅·鹤鸣》"爰有树檀,其下维萚"
	悠悠我心忧	《王风·黍离》"知我者,谓我心忧;不知我者,谓我何求。悠悠苍天,此何人哉?"
	乾乾夕惕若	《易经》乾卦九三爻辞:"君子终日乾乾,夕惕若,厉无咎。"
挽唐子英敏大令	旋闻鸿雁哀	《小雅·鸿雁》"鸿雁于飞,哀鸣嗷嗷"
	险如平坎窞	《易经》坎卦
	利比凿离堆	《易经》离卦
	雄飞志肯灰	《邶风·雄雉》"雄雉于飞"

续表

诗篇名	诗句	化用经典
书张节妇传	以病给归宁	《周南·葛覃》"归宁父母"
	黾勉三年丧	《邶风·谷风》"黾勉同心,不宜有怒"
	两髦实我仪	《鄘风·柏舟》"髧彼两髦,实维我仪"
	天只犹不谅	《鄘风·柏舟》"母也天只,不谅人只!"
	永扬彤管辉	《邶风·静女》"静女其娈,贻我彤管。彤管有炜,说怿女美"
郑子尹主讲湘川,借育才书院居,释菜日,次少陵《题衡山新学堂韵》依韵和之	斯文卜不坠	《论语·子罕》:子畏于匡,曰:"文王既没,文不在兹乎?天之将丧斯文也,后死者不得与于斯文也;天之未丧斯文也,匡人其如予何?"
李仪轩遗郑子尹九子包,子尹作《九子木禾歌》,次其韵	卦画以八畴列九,中宫至无合至有	《易经》
	职方递辨九土宜	《周礼·职方》"职方氏掌天下之图,辩其邦国、都鄙、四夷、八蛮、七闽、九貉、五戎、六狄之人民,与其财用九谷六畜之数,周知其利害,乃辩九州之国,使同贯利"
甘薯	如取三百廛	《魏风·伐檀》"不稼不穑,胡取禾三百廛兮?"
刺梨	愿君频采摘,葑菲期无遗	《邶风·谷风》"采葑采菲,无以下体"
九日,同友人王子觐槐琛登双剑山,眺郡城,纪游三十韵	王宏忽载酒,相约陟崔嵬	《周南·卷耳》"陟彼崔嵬,我马虺隤。我姑酌彼金罍,维以不永怀"
	携手出东门,纷纷见往回	《郑风·出其东门》"出其东门,有女如云"
	流民入我境,千百鸿哀鸣	《小雅·鸿雁》"鸿雁于飞,哀鸣嗷嗷"。《毛诗序》:"《鸿雁》,美宣王也。万民离散,不安其居,而能劳来还定安集之,至于矜寡,无不得其所焉。"

诗篇名	诗句	化用经典
饮陈雨亭作霖学博寓斋,是日,权令顾司马送诸生上馆,约三山长饮县署,皆以雨亭有前期辞,司马复遣酒肴来就,醉歌	鲁侯饮泮水	《鲁颂·泮水》"鲁侯戾止,在泮饮酒。既饮旨酒,永锡难老"
陈雨亭病疟用昌黎谴疟鬼韵	昔闻高阳氏,才子华鄂辉。如何八恺外,有尔张鬼威	《左传·文公十八年》"昔高阳氏有才子八人,苍舒、隤敳、梼戭、大临、龙降、庭坚、仲容、叔达,齐圣广渊,明允笃诚,天下之民谓之八恺"
	将兴泮水旐	《鲁颂·泮水》
	芟薙如葑菲	《邶风·谷风》"采葑采菲"
丙辰八月中观南城获和陶丙辰八月中于下潠田舍获韵	但闻下游地,饥雁鸣声哀	《小雅·鸿雁》
	邻封乱靡定	《小雅·节南山》"不吊昊天,乱靡有定。式月斯生,俾民不宁"
哀门人袁心斋先之尹思斋三春两茂才	青矜奋忠义,足持名教统	《诗经·郑风·子衿》"青青子衿,悠悠我心"
孟冬廿六,李仪轩兄招饮,逾日挈眷北行,暂驻乡,将入蜀赴其仲子芷禾彭山任,怆然感别,赋诗当柬	萧萧北风凉	《邶风·北风》"北风其凉,雨雪其雱"
	悔吝生乎动	《易经》
	矧今求乐土,四顾都茫茫	《魏风·硕鼠》"硕鼠硕鼠,无食我黍!三岁贯女,莫我肯顾。逝将去女,适彼乐土。乐土乐土,爰得我所"
壬戌元旦	况追开国初,同是幼主元。龙飞六爻应,凤律八风宣	《易经》乾卦爻辞
	光华旦复旦	《尚书大传》之《卿云歌》"卿云烂兮,纠缦缦兮。日月光华,旦复旦兮"
六十遣怀	哀哀《蓼莪》篇	《小雅·蓼莪》篇名及诗旨

诗篇名	诗句	化用经典
	卫武耄年歌有斐	《卫风·淇奥》"瞻彼淇奥,绿竹猗猗。有匪君子,如切如磋,如琢如磨,瑟兮僴兮,赫兮咺兮。有匪君子,终不可谖兮"。《毛诗序》说:"《淇奥》,美武公之德也。有文章,又能听其规谏,以礼自防,故能入相于周。美而作是诗也。"
纪乱九	副将迫上檄,慷慨赋《无衣》	《秦风·无衣》篇名和诗旨

《鹿山诗钞》化用经典的诗共计 16 首,占《鹿山诗钞》25%,占四分之一。有 37 句化用,化用《诗》的有 26 句,占 70%。化用《易》经 6 句,占 16%。《论语》2 次,《左传》1 次,《周礼》1 次,《尚书》1 次。化用《诗经》明显占据绝大多数。

萧光远的诗歌创作中化用经典较多,其中又以化用《诗经》最多。其次是《易经》。其中原因一方面在于萧光远对这两部经典研究最透彻,材料最熟悉。另一方面,因为《诗经》的诗歌文体文学本质属性,这使得其与诗歌创作有天然亲切性。特别是《诗经》的风雅精神,这也成为萧光远在诗歌创作取法和模仿的范型。

第六章　近代贵州方志艺文编纂的儒学内涵

贵州方志编撰十分繁荣。在方志编撰中,艺文志往往涉及大量文学作品。各方志对于文学作品的编选,体现了史志编纂者的文学观。而近代贵州方志艺文志所体现的文学观中,带有强烈的儒学色彩。

第一节　道光《平远州志·艺文志》编纂的儒学色彩

道光《平远州志》采录的诗文篇篇关涉风化政教,其中的儒家思想十分浓郁。其中的儒学内涵主要包括要求遵守祖宗制度与天子礼法、发挥臣子守土之责、阳明心学良知、风雅批判精神、儒家风教思想与礼教以及对孔子的尊崇等。道光《平远州志》是在乾隆《平远州志》基础上增删而成,通过对比二者《艺文志》,可以发现道光《平远州志》采录诗文标准的儒学化倾向是十分自觉而强烈的,充分体现了儒学发展对方志编纂之影响。其成因,当在于近代动乱频仍、国力衰微,清朝试图通过加强儒学束缚以维系其统治,风潮所至波及西南贵州史学领域。

一、道光《平远州志·艺文志》所录诗文的儒学内涵

道光《平远州志·艺文志》收录诗文的情况为：书类2，论类2，说类2，教类1，记类8，纪略类1，纪事类1，诗类12。这些诗文，篇篇关涉风化政教，其中的儒家思想是十分强烈的。具体情况如下：

1. 治边书、论中的儒家思想

道光《平远州志·艺文志》首列的书、论类4篇文章皆与贵州水西土司有关。贵州水西地区，属滇、黔、川的交界地带，对控制西南边陲有十分重要的政治与军事意义。自明太祖朱元璋设贵州宣慰司，贵州水西地区开始真正意义上归顺大明。但，贵州宣慰司拥有自己的政治、军事、经济与文化机构，与明王朝的关系始终处在一种若即若离的半独立状态。因此，如何加强对西南边陲，特别是水西地区的管理与控制，一直是明清时期统治者思考的治边重点。在清道光以前，贵州水西土司已经与明清政治力量发生过多次大规模的冲突。最著名的就是贵州都督马晔与贵州宣慰使奢香之间的冲突。马晔乃马皇后侄子，其治理贵州时，主要政治任务就是消灭贵州土司势力，特别对于实力强大的水西土司。《明史》卷三百十六曰："时霭翠亦死，妻奢香代袭。都督马晔欲尽灭诸罗，代以流官，故以事挞香，激为兵端。诸罗果怒，欲反。刘淑贞闻止之，为走愬京师。"[①] 马晔抓捕奢香，并施以刑侮。其目的在于激怒水西土司，好乘机剿灭之。但奢香没有中计，特别是贵州宣慰同知刘淑贞，积极安抚各土司头目，并亲往京师鸣冤。最后，朱元璋"命淑贞归，招香，赐以绮钞""召晔还，罪之"，奢香也"效力开西鄙，世世保境"，"遂开偏桥、水东，以达乌蒙、乌撒及容山、草塘诸境，立龙场九驿"[②]。

---

① [清] 张廷玉等：《明史》，中华书局，1974年，第8169页。
② [清] 张廷玉等：《明史》，中华书局，1974年，第8169页。

王阳明的《贻安贵荣书》讲的正是关于"龙场九驿"的事情。康熙《贵州通志》卷二十二：

> 王守仁,字伯安,余姚人,进士,武选主事,正德元年(1506)戴铣等因劾刘瑾被逮,守仁上疏争之,瑾大怒,杖阙下,谪贵州龙场驿丞。至龙场,学益进,葺何陋轩、君子亭,自为记。诸生从之游,始知性命之学。宣慰安贵荣馈以金帛鞍马粟肉,守仁辞金帛而与之书。后贵荣以征香炉山功,加贵州布政司参政,犹怏怏,自具奏乞减龙场诸驿,下督抚勘议。守仁乃贻书晓之,事遂寝,终贵荣之世不敢跋扈。①

当时的贵州宣慰使叫安贵荣,乃奢香后裔,其自然不无拥兵自立的野心。要想独立,首先必须绝断联系明王朝与水西地区的交通道路,而减少驿站正是安贵荣斩断明王朝控制手段的步骤之一。王阳明当时正被谪守龙场驿,与安贵荣私交不错。听闻安贵荣举动,于是以书信对其加以劝阻。王阳明的劝说,所依据的正是儒家思想。

首先,强调必须谨遵祖宗制度与天子礼法。《贻安贵荣书》：

> 凡朝廷制度,定自祖宗,后世守之,不敢擅改。改在朝廷,且谓之变乱,况诸侯乎！纵朝廷不见罪,有司者将执法绳之,使君必且无益,纵遂幸免于一时,或五六年,或八九年,虽远至二三十年,当事者犹得持典章而议其后,若是,则使君何利焉？使君之先,自汉唐以来,几千百年,土地人民,未之或改,所以长久若此

---

① [清] 卫既齐等:《贵州通志》,清康熙三十六年(1697)刻本。

者,以能世守天子礼法,竭忠尽力,不敢分寸有所逾越。①

这里,王阳明所反复强调的就是朝廷制度与天子礼法。效仿先王礼法,谨遵祖宗制度,这是儒家所高度强调的为政理念。《孟子·离娄上》:

> 离娄之明,公输子之巧,不以规矩,不能成方圆。师旷之聪,不以六律,不能正五音。尧舜之道,不以仁政,不能平治天下。今有仁心仁闻,而民不被其泽,不可法于后世者,不行先王之道也。故曰:徒善不足以为政,徒法不足以自行。诗云:"不愆不忘,率由旧章。"遵先王之法而过者,未之有也。②

孟子强调,行先王之道,遵先王之法,就不会有过错,而反之则会出问题。这正是王阳明《贻安贵荣书》的核心思想。王阳明告诫安贵荣,若不遵守定自祖宗的朝廷制度,则迟早要被治罪;而水西土司之所以能土地人民千百年长久未改,正因为"能世守天子礼法,竭忠尽力,不敢分寸有所逾越"。王阳明从正反两方面以儒家思想对安贵荣晓以利害。

其次,责以臣子守土之职。

王阳明《又与贵荣书》:

> 阿贾、阿札等叛宋氏,为地方患,传者谓使君使之,虽或出妒妇之口,然阿札等言:使君尝赐之以毡,遗之以弓弩。虽无其心,

①黄加服、段志洪主编:《中国地方志集成·贵州府县志辑》第50册,巴蜀书社,2006年,第462页。
②[清]阮元校刻:《十三经注疏》,中华书局,1980年,第2717页。

不幸乃有其迹矣，始三堂两司得是说，即欲闻之于朝。既而谓使君平日忠实之故，未必有是，且信且疑……斯言也，稍稍传播，不知三堂两司已尝闻之否？使君诚久卧不出，安氏之祸必自斯言始矣。使君与宋氏同守土，而使君为之长，地方变乱，皆守土者之罪，使君能独委之宋氏乎？①

安贵荣负责管理水西地区，宋然负责管理水东地区。水东的苗族土司阿贾、阿札等反叛宋然，而兵力雄厚的安贵荣却不出兵加以制止。据王阳明书信，这场叛乱很有可能就是安贵荣一手策划的，其目的就是要挑起其他地方土司内斗，消耗其他土司以及地方政府实力，坐收渔翁之利。王阳明以书信责备安贵荣，最重要的理由就是说安贵荣作为贵州宣慰使没有尽到臣子守土之责任。《孟子·离娄上》也说：

> 欲为君尽君道，欲为臣尽臣道，二者皆法尧舜而已矣。不以舜之所以事尧事君，不敬其君者也；不以尧之所以治民治民，贼其民者也。孔子曰：道二，仁与不仁而已矣。暴其民甚，则身弑国亡；不甚，则身危国削。名之曰幽厉，虽孝子慈孙，百世不能改也。诗云：殷鉴不远，在夏后之世。此之谓也。②

在王阳明看来，作为贵州宣慰使的安贵荣没有尽到为臣之道，这是不忠不仁之举，也是残贼水西百姓的做法，如果不"补既往之愆"，则无异是"以速安氏之祸者"。王阳明还以《论语》的"萧墙之忧"劝

---

① 黄加服、段志洪主编：《中国地方志集成·贵州府县志辑》第50册，巴蜀书社，2006年，第463页。
②［清］阮元校刻：《十三经注疏》，中华书局，1980年，第2718页。

诚安贵荣,最终说动安贵荣出兵平息了叛乱。

再次,劝以阳明理学心性思想。

王阳明谪居龙场,正是其理学心性思想形成的关键时期。而王阳明在书信中也不忘对安贵荣教导其理学心性思想。《贻安贵荣书》:"凡此以利害言,揆之于义,反之于心,使君必自有不安者。夫拂心违义而行,众所不与,鬼神所不嘉也。"① 《又与贵荣书》:"使君速出军平定反侧,破众谗之口,息多端之议,弥方兴之变,绝难测之祸,补既往之愆,邀将来之福。"② 王阳明"心学"的核心在于"致良知",《贻安贵荣书》要其"揆之于义,反之于心",正是引导安贵荣"致吾心之良知","吾心之良知,即所谓天理"③。安贵荣的某些举动"拂心违义",即违背"良知","众所不与,鬼神不嘉",即天理难容。"致良知"更是要求存善去恶。"知善知恶是良知,为善去恶是格物"④。"致良知"强调为善去恶。王阳明要求安贵荣"补既往之愆,邀将来之福"正是其为善去恶思想之体现。

田雯的《济火论》和《奢香论》实际上是在王阳明《贻安贵荣书》基础上之衍伸与发挥。济火是水西安氏的远祖,奢香是明朝初期水西安氏的首领,二人的共同点那就是皆归顺王朝,谨遵臣子礼仪,不逾越雷池一步。济火效忠的是蜀汉,奢香臣属的是大明。其所作所为,田雯《济火论》做了很好的总结:"要皆以识机达变,宣力效忠,始终

① 黄加服、段志洪主编:《中国地方志集成·贵州府县志辑》第50册,巴蜀书社,2006年,第463页。
② 黄加服、段志洪主编:《中国地方志集成·贵州府县志辑》第50册,巴蜀书社,2006年,第464页。
③ [明] 王守仁撰,吴光等编校:《王阳明全集》,上海古籍出版社,1992年,第45页。
④ [明] 王守仁撰,吴光等编校:《王阳明全集》,上海古籍出版社,1992年,第117页。

不失人臣礼，故得以长奉西蕃，受恩罔替。"① 遵人臣礼，则长治久安；违人臣礼，则地失民散，身败名裂。田雯在《奢香论》中说的"奢蔺之蘖，连霭、乌之党"，就是指明崇祯时期，奢香后人奢崇明、安邦彦等反叛之事。田雯的这两篇文章实际上是治边策论，除了强调人臣礼法外，给统治者提供的无疑是治边谋略。《奢香论》中说要"恩威并用"，这实际上是给清朝统治者的治边建议。同时，在《济火论》中说："语云'顺则昌，逆则亡'。水西之子若孙，其当之所鉴戒矣乎！"② 这无疑是对水西土司后裔的警告。但无论是当朝执政者，还是身处边陲贵州的土司后裔，总有人不把这些训诰当回事。道光《平远州志·艺文志》编纂者们之所以把这些书、论放在首位，其目的正是以史为鉴，给统治者与被统治者都提供一种前车之鉴。因为，道光之前的雍正、乾隆、嘉庆朝，贵州"苗乱"一直就没有停止过，特别是嘉庆苗乱，直接波及平远等黔西地区，社会凋敝，百姓遭殃，现状惨不忍睹。道光《平远州志·艺文志》最后收录的正是谌厚光《嘉庆二年平苗纪事》和周景益《苗平十二律》，这显然是编纂者的有意而为之，目的是前后呼应，前面的书、论从理论高度探讨治边的方略，后面的纪事与诗歌用生动事例说明治边的重要意义。

2. 弘扬国史采诗、观风的风雅精神

例如，《苗平十二律》其二：

　　百年安枕好山溪，烽火惊传过水西。万瓦鱼鳞飞燄入，三更鹃血带烟啼。已闻新鬼号风露，是处空山动鼓声。此事量来关

---

① 黄加服、段志洪主编：《中国地方志集成·贵州府县志辑》第50册，巴蜀书社，2006年，第464页。
② 黄加服、段志洪主编：《中国地方志集成·贵州府县志辑》第50册，巴蜀书社，2006年，第465页。

浩劫,微材何以拯群黎。

其九:

　　儒服谈兵众所呵,青山不改旧关河。事平以后忧方大,战胜而还痛转多。原野鸿嗷殊未息,门庭虎踞待如何。履霜应识坚冰渐,刍牧谁司两鬓斑。①

　　诗歌作者只是一个儒生,但始终充满强烈的忧国忧民之情。诗篇对嘉庆苗乱带给整个社会的惨象作了生动细致的描写。本来安静的秀美山水,却被残暴的血腥所笼罩,风露中新鬼哭号,原野里哀鸿遍地。诗人没有战争平息后的喜悦,只有对满目苍夷家园的忧愁、对流离失所黎民百姓的哀痛。"履霜应识坚冰渐,刍牧谁司两鬓斑"更是委婉地批评执政者,特别是地方官吏(司牧),演变成今天这种局面,其实有一个漫长的积累过程,为什么不早发现早防范呢? 这又与前面采录的书、论相互发明与呼应。该诗作的批判现实色彩是十分浓郁的,而采录该诗作的方志编纂者,其目的更是要高张风雅批判精神。批判现实的风雅精神本来就一直与史官有密不可分的关系。《毛诗序》:"国史明乎得失之迹,伤人伦之废,哀刑政之苛,吟咏情性,以讽其上,达于事变而怀其旧俗也。"孔颖达《正义》曰:"言国之史官,皆博闻强识之士,明晓于人君得失善恶之迹,礼义废则人伦乱,政教失则法令酷,国史伤此人伦之废弃,哀此刑政之苛虐,哀伤之志郁积于内,乃吟咏己之情性,以风刺其上,冀其改恶为善,所以作变诗也。

———————————

① 黄加服、段志洪主编:《中国地方志集成·贵州府县志辑》第 50 册,巴蜀书社,2006 年,第 485、486 页。

国史者,周官大史、小史、外史、御史之等皆是也。"① 这是从创作层面上揭示史官的批判现实精神。道光《平远州志·艺文志》说"匪特作者宜以为程,即采录者亦当准以为式",则充分揭示了方志编纂者弘扬史官采诗观风之批判现实精神的自觉追求。

3. 推崇孔子与儒家礼教

鄂尔泰的《先农说》和《籍田说》就是讲这方面内容的,如《籍田说》:

> 礼之有籍田也,明仁也,教孝也。以天子之尊而必亲耕,则天下之为农者,孰不勤于耕,此天子之仁爱天下,而使之务本也。所以明仁也。以天子之尊而必亲耕以供粢盛,则天下之为养亲也,所以教孝也。②

"籍田"是古代吉礼之一。《诗经·周颂·载芟》:"载芟,春籍田而祈社稷也。"毛传:"籍田,甸师氏所掌,王载耒耜所耕之田,天子千亩,诸侯百亩。籍之言借也,借民力治之,故谓之籍田,朕亲率耕,以给宗庙粢盛。"③ 籍田礼成为儒家推崇的礼仪之一,被历代封建王朝遵奉。道光志编纂者引鄂尔泰的《先农说》和《籍田说》,其目的当然在于宣扬封建礼仪,儒学内涵不言而喻。

又如鄂尔泰《丁祭教》,其中写到:"至圣先师,万世之表也。冠带集园桥,天子有临雍之典,春秋届仲月上丁,修释菜之仪。"④ 这讲

---

① [清]阮元校刻:《十三经注疏》,中华书局,1980年,第271—272页。
② 黄加服、段志洪主编:《中国地方志集成·贵州府县志辑》第50册,巴蜀书社,2006年,第468页。
③ [清]阮元校刻:《十三经注疏》,中华书局,1980年,第601页。
④ 黄加服、段志洪主编:《中国地方志集成·贵州府县志辑》第50册,巴蜀书社,2006年,第469页。

的是祭祀孔子的仪式。丁祭,是在学宫里举行的一种祭孔仪式。《丁
祭教》详细记载了贵州学宫祭祀孔子的过程,对祭祀参与人员、牺牲
供品、庭燎烛务等事无巨细一一列出。此文推崇孔子与儒学、维护儒
家礼仪的思想是很明朗的。

4. 宣扬儒家风化政教观

《毛诗序》:"风,风也,教也。风以动之,教以化之。""经夫妇,
成孝敬,厚人伦,美教化,移风俗。"①"教化"二字成为历代封建王
朝衡量治边成就的重要标准。贵州历代方志都把"教化"内容作为
重点篇幅加以编纂,特别是在《风俗志》中。道光《平远州志·风
俗志》:

> 古者,陈诗以观民风。十五国之讴吟,《二南》《七月》其最
> 盛者也。夫习尚之敦厐,每恃涵濡之深厚。平远地处暇陬,卉服
> 鸟言久焉,为辂轩所不采。自隶版图以来,虽夷汉杂居而饮和食
> 德,莫不雍雍而丕变,盖沐圣朝之雅化已二百年于兹矣。昔为僻
> 陋之乡,今属可封之户,然则移风易俗,夫非在上者之则耶。②

在道光志编纂者看来,平远这个昔日的僻陋之乡,如今已经被雅
化为可封之户。这是平远归属大清版图二百年教化之成就。编纂者
以《诗经》中《二南》《七月》的风俗为教化追求的最高境,将平远
移风易俗的任务责无旁贷地归之于封建统治者。道光《平远州志·艺
文志》中采录的教化篇章较多,正是对《风俗志》教化成果的呼应与

---

①［清］阮元校刻:《十三经注疏》,中华书局,1980年,第269、270页。
② 黄加服、段志洪主编:《中国地方志集成·贵州府县志辑》第50册,巴蜀书社,
　　2006年,第447页。

印证。例如，黄元治《平远风土记》写到：

> 康熙二十有二年（1683）癸亥，余奉除书判平远。冬十月抵任。越明年，甲子春正月，府改为州，余与太守孙兹庵先生遂皆以二月去。计余受事仅百日于兹土，无毫发补益，而诸苗父老反以余二人速去相叹惜。于此见荒徼人心犹足与为善。余冀官斯土者，仁渐义摩，导苗民于为善之路。爰取风土略记之，以告后之君子。①

这里，作者说明了创作《平远风土记》的原因，那就是荒蛮之地的苗民尚有向善之心，可以教化，故详细记叙平远历代风土人情之变化，为接任的平远地方长官实施教化时提供参考借鉴。执政者那种居高临下的教化心态于此一览无余。类似的，谢瑃《新辟水西纪略》讲的是水西的历史与风土人情，其中详细记录了苗猓杂处之风俗，其写到：

> 纪其地则崇山深箐，田多石，土多瘠；纪其人则椎髻环，眼病不药治，惟宰杀牛马豕羊禳之；纪其种，则九种之各分区类，以别习尚各殊，非若附郭汉民多流寓，耕读纺织，尚从淳庬之治也。②

如此仔细记录当地苗彝等风俗习惯，其最终目的还在于一个"治"字上。

---

① 黄加服、段志洪主编：《中国地方志集成·贵州府县志辑》第 50 册，巴蜀书社，2006 年，第 471—472 页。
② 黄加服、段志洪主编：《中国地方志集成·贵州府县志辑》第 50 册，巴蜀书社，2006 年，第 483—484 页。

实施教化的重要手段,那就是学校教育。所以,道光《平远州志》采录了《重修平远学宫碑记》《重修平远州学宫记》《新修平远州学宫碑记》《新建平阳书院碑记》等记类文章,来说明平远实施教化的具体措施。州学与书院无疑是当地两种最重要的教育平台,州学与书院中供奉历代儒学先师,经常研习各种儒家礼仪。而从其使用的教材,则可更直观看出当时学校教育的儒学色彩。道光《平远州志》卷九《学校志》记载了道光时期平远州学中的教材:《钦定学政全书》《钦定朱子全书》《钦定汇纂诗经》《钦定书经》《钦定易经》《钦定春秋》《钦定性理》《钦定四书文》《举报孝义节烈册式》《先贤先儒位次》《相台五经》等①,几乎全部为儒学性质。道光《平远州志》采录记叙各时期平远学校发展的文章,其推崇儒学、重视教化的目的十分明确。

记类文体中,谢涛的《重修牛场河万缘桥碑记》和谢赐錩《报功祠记》实质上是歌功颂德的功德簿。其宣扬为善行德的目的很明确,移风易俗的教化意义十分浓郁。周景益《重修城隍庙记》也是一篇宣扬教化的文章。其曰:"古者为民立社而已,后世郡县天下,筑城濬隍保卫居民,设神以尸之而建之庙,载在祀典。"②城隍庙实乃保民的重要措施,其同样具有移风易俗的功能。又云:"皇帝亲政之初,布告天下,凡坛场祠庙之在祀典者许有司请帑修葺,以为民祈福。"③平远州城隍庙就是在这种背景下重修的。城隍庙的设立,虽然是以神道

---

① 黄加服、段志洪主编:《中国地方志集成·贵州府县志辑》第50册,巴蜀书社,2006年,第413—414页。

② 黄加服、段志洪主编:《中国地方志集成·贵州府县志辑》第50册,巴蜀书社,2006年,第480页。

③ 黄加服、段志洪主编:《中国地方志集成·贵州府县志辑》第50册,巴蜀书社,2006年,第481页。

设教,但本质作用还在于引导民众为善去恶,因此,其教化意识也是很强烈的。

二、道光《平远州志》采录诗文标准的儒学化及其成因

道光《平远州志》采录的诗文篇篇关涉风化政教,则编纂者的采录标准无疑具有明显的儒学化倾向。道光《平远州志》卷二十《艺文志》说:

> 文章所以阐明道德,敷陈经济,即至一歌一咏,要必有所劝诫而后为言之有物。《书》曰:"辞尚体要。"夫"体要"之义,匪特作者宜以为程,即采录者亦当准以为式也。自班固《汉书》收辑艺文,后遂沿以为例。平邑开拓以来,涵濡圣泽,风会日新。时贤佳制,谅必不乏,第修志所登,例有断制。兹特搜讨而次录之,以备参稽云尔。①

这里,道光《平远州志》编纂者明确表述了其采录诗文的标准,即"阐明道德,敷陈经济",换句话说,就是要求采录的每一首诗、每一篇文章都必须具有风化政教作用。而且,编纂者强调,这不但是诗文创作的基本要求,也是方志编纂的基本准则。其中的儒学化倾向无疑是十分强烈的。

道光《平远州志》"凡例"亦说:

> 原志所载,艺文多系寻常题咏,兹概从节删,其有关系典要

---

① 黄加服、段志洪主编:《中国地方志集成·贵州府县志辑》第 50 册,巴蜀书社,2006 年,第 462 页。

而原志未及采入者,均为补刊,以备稽览。①

　　方志修纂,后志往往在前志基础上增删。道光《平远州志》亦不例外,就艺文志而言,道光《平远州志》删除的是前志中采录的那些"寻常题咏",增补的是有关"典要"的诗文。所谓"寻常题咏",即"徒侈风云月露之什"(乾隆《黔西州志》卷八"艺文志")②、"嘲风弄月之篇"(光绪《普安直隶厅志》"凡例")③。而增补的"典要"诗文,即"恒取其有关风化政教者"(光绪《普安直隶厅志》"凡例")。道光《平远州志》所说的"原志",即乾隆《平远州志》。在道光《平远州志》修纂之前,平远州先后有康熙时期的《平原府志》《平远州志》《平远州后志》以及乾隆《平远州志》16 卷。但康熙时期的平远方志,在乾隆《平远州志》修纂时即已佚。故道光《平远州志》修纂时,原志只存乾隆《平远州志》了。我们可将乾隆《平远州志》与道光《平远州志》两者采录的诗文对照,就能清晰发现其中采录标准的儒学化发展倾向。

乾隆《平远州志》与道光《平远州志》采录诗文对照表
（表中凡未注明朝代的作者皆为清人）

乾隆《平远州志·艺文志》		道光《平远州志·艺文志》	
论	田雯《济火论》 田雯《奢香论》	书	〔明〕王守仁《贻安贵荣书》 〔明〕王守仁《又与贵荣书》
纪略	谢琯《新辟水西纪略》	论	田雯《济火论》《奢香论》

① 黄加服、段志洪主编:《中国地方志集成·贵州府县志辑》第50 册,巴蜀书社,2006 年,第362 页。
② 黄加服、段志洪主编:《中国地方志集成·贵州府县志辑》第50 册,巴蜀书社,2006 年,第200 页。
③ 〔清〕王粤麟修,曹维祺纂:《普安直隶厅志》,成文出版社,1974 年,第28 页。

续表

乾隆《平远州志·艺文志》		道光《平远州志·艺文志》	
记	黄元治《平远风土记》 黄元治《游城南龙潭记》 黄元治《游城东龙潭记》 莫之翰《重修平远学宫碑记》 张大受《重修平远州学宫记》 郭庚武《新修平远州学宫碑记》 谢泽《新建平阳书院碑记》 谢涛《重建牛场河万缘桥碑记》 谢赐鋗《报功祠记》	说	鄂尔泰《先农说》《籍田说》
		教	鄂尔泰《丁祭教》
		记	黄元治《平远风土记》 莫之翰《重修平远学宫碑记》 张大受《重修平远州学宫记》 郭庚武《新修平远州学宫碑记》 谢泽《新建平阳书院碑记》 谢涛《重建牛场河万缘桥碑记》 谢赐鋗《报功祠记》 周景益《重修城隍庙记》
文	邱园卜《逐虎文》		
教	鄂尔泰《丁祭教》	纪略	谢瑁《新辟水西纪略》
赋	李玉嵋《竹鸡赋》	纪事	谌厚光《嘉庆二年平苗纪事》
诗	孙奏《平远田家》；黄元治《抵平远有感》《由凤凰山至熊家场》《下象鼻岭渡簸朵河西上雷打坡有感》；何绪《双洞清流》；李树渭《西岭早雪》；詹彬《游东山作》……	诗	周景益《苗平十二律》

上表中，凡乾隆《平远州志》中被删的诗文、道光《平远州志》中增补的诗文，我们均以黑色字体标明。两相对照，可以发现，二者采录诗文存在很大差异。

首先，文体样式方面的差异。乾隆志中的"文"与"赋"二体裁被全部删除。《逐虎文》实乃平远知州邱园卜于城隍庙前的一篇祷文，因当地老虎为患，祈求城隍驱虎保民。《逐虎文》后小传说："公莅任之初，群虎出没不常，乃牒祷城隍，虎即潜遁，地方安堵。"[①] 此文颇有

---

① 黄加服、段志洪主编：《中国地方志集成·贵州府县志辑》第49册，巴蜀书社，2006年，第716页。

怪、力、乱、神之意味。孔子不语怪力乱神,道光《平远州志》强化儒学思想,故不会继续保留该文。且文中有语:"曷不怜我居民,率彼旷野,而任其食彼牲畜?岂官吏多愁欤?抑州牧不德欤?官吏多愁则应咎官吏,州牧不德则应咎州牧,于百姓乎何尤!"①此语批判现实似乎超过了某种度了,若放在太平盛世的乾隆时期,似乎尚可接纳,但若放在国力颓微的道光时期,则显然是为政者所不能容下的。李玉嵋《竹鸡赋》实际上是一篇隐者失志而自我砥砺高节之作,其中写到:"渺兹微躯,敢为欹歜。叹柳莺之难再,伤化蝶之易孤。惟彼七贤人庶几同符,若此六逸士或者不殊。弄月影,摇金锁,碎迎风声;戛玉箫,疏君子,仪之养贞。"②此颇有一番玄道韵味,又怎能不被儒学化的道光《平远州志》所删!

　　文体上,道光《平远州志》增补了"书""说"和"纪事"三类。"书"类采录王阳明的《贻安贵荣书》和《又与贵荣书》,两篇书信皆为王阳明在贵州龙场驿所作。王阳明贻书安贵荣,主要是针对其删减龙场诸驿等事件而发,晓以礼法,责以守土之职。其中宣扬的是竭忠守土的臣子之礼,强调的是忠君之心。道光《平远州志》将此二书放置首位,其目的正在于欲以理学思想来维系一方安定。"说"类选用云贵总督鄂尔泰的《先农说》和《籍田说》,目的正在于宣扬仁义忠孝。"纪事"类采录谌厚光《嘉庆二年平苗纪事》,目的当在于以史为鉴,为统治者提供治边的斗争经验。政教意义不言而喻。

　　其次,同类文体中采录内容的差异。如"记"类文体,道光志删除了乾隆志中黄元治《游城南龙潭记》和《游城东龙潭记》,这是两篇

———————————

① 黄加服、段志洪主编:《中国地方志集成·贵州府县志辑》第49册,巴蜀书社,2006年,第716页。

② 黄加服、段志洪主编:《中国地方志集成·贵州府县志辑》第49册,巴蜀书社,2006年,第719页。

纯粹的游记,属于典型的"徒侈风云月露之什",故被删。而道光志中增加周景益《重修城隍庙记》,其儒学色彩,前文已云。又如,"诗"类文体,二志均有采录。但道光志却将乾隆志中的近100首诗歌作品全部删除,一首不留。从所录诗歌题目不难发现,乾隆志所采录诗歌皆属于"嘲风弄月之篇",不关风化政教,故被删。而道光志增补的《苗平十二律》,与"纪事"类采录《嘉庆二年平苗纪事》一样,都是以文学作品记录历史,以诗志史,其目的当在于给执政者提供政治借鉴。

其实,乾隆志并非不强调风化政教。其"凡例"说:

> 文艺书篇,不能遍加采择,惟关政务、切景物者,援例附入。然其间有因人而存诗者,亦有因诗而存人者,未可概论,识者辨之。①

显然,乾隆志也强调采录诗文"惟关政务",但却不是非政务不录。其中对于描写景物,甚至因人存诗、因诗存人等保存历史资料的诗文也多有采录。这实际上是康乾盛世社会心态的反映。太平盛世,文学创作方面的束缚显然没有清初汉满政治文化对立时期那么严了,尽管没有彻底放开对文人创作的控制,但盛世帝国的大胸怀,无形中促使文艺政策方面的稍稍宽松。故乾隆《平远州志·艺文志》说:

> 文章,经国之大业,不朽之盛事。士之琳琳琅琅。著作满家

---

① 黄加服、段志洪主编:《中国地方志集成·贵州府县志辑》第49册,巴蜀书社,2006年,第645页。

者,以阐道,以明学,以考政治,以纪山川名物,彬彬乎质文并茂,为大雅扶轮,今录其有关于平远者,分汇铅黄,以资考订。

旧小传:文章之盛,征气运之隆。今圣天子有文重道,非独金马玉堂之客含豪执简,恭睿藻奉和天章,即下而至于韦布山林之士,莫不登歌作颂,润色太平,猗欤何其盛也！　①

其采录,只要与平远有关,不局限于阐道、明学、考政治,凡描绘山川名物,也广为采录。其中的小传更是充分说明了这种采录标准的根本原因,那就是"文章之盛,征气运之隆",广为采录上至庙堂下至江湖的诗文作品,象征着的是国运之隆盛。

而道光时期,大清国力衰微,内忧外患,动乱频仍,呈飘摇欲坠之势。封建统治者找不到衰乱之根源,只能靠一味加强封建伦理道德来维系其统治,使得以儒家思想为核心的忠孝仁义等礼制空前高涨,这不但在近代贵州方志《人物志》(尤其是《列女传》)等编纂上得到反映②,也在贵州方志《艺文志》编纂时得到充分体现。

第二节　光绪《黔西州续志》采录诗文的儒学色彩

光绪《黔西州续志》主要记录咸、同时期黔西州历史,其中所采录的诗文主要关涉忠、孝、节、义,教化倾向明显,儒学色彩十分浓郁。

---

① 黄加服、段志洪主编:《中国地方志集成·贵州府县志辑》第49册,巴蜀书社,2006年,第702页。
② 参阅谭德兴《近代贵州的儒学与文化》第二章"近代贵州的儒学与史学"中"近代贵州地方志编纂体例的儒学内涵"等,贵州大学出版社,2009年,第24—50页。

被采录的诗文，其作者以诗志史的创作追求自觉而明确，而编纂者们采诗观风的意图也十分明朗。这种方志编纂，不但反映了晚清时期贵州诗文创作与儒学的密切关系，也体现了史学与儒学之互动。史学家用儒学的标准对诗文进行剪裁，这既是文学儒学化，也是史学儒学化之表现，彰显了晚清时期儒学对文化发展的强烈束缚与深刻影响。

光绪《黔西州续志》在贵州方志中较为特殊。其一，该志主要记录咸、同时期黔西州的历史，属于区域性质的断代史，不像其他贵州方志那样往往大量通录历代史料。其二，该志有一个叙录中心，即围绕咸、同时期贵州的社会动乱编纂材料，故其编纂体例与其他贵州方志迥异。正因为光绪《黔西州续志》的特殊性，使得该志在考察近代贵州儒学与文学互动关系时变得极其有价值。《黔西州续志》没有像一般方志那样编列《艺文志》，该志收录的诗文主要分散在卷三《列传》、卷四《杂记》和卷六《诗余》中。光绪《黔西州续志》是特殊时代背景下的产物，其中收录的诗文具有强烈的儒学色彩。

一、光绪《黔西州续志》采录诗文的儒学内涵

光绪《黔西州续志》收录的诗文主要分布在卷三《列传》、卷四《杂记》和卷六《诗余》中。卷三、卷四以文为主，卷六《诗余》收录诗歌共60首。这些诗文篇篇关涉风化政教，既反映了咸、同时期贵州诗文创作的儒学内涵，也体现了近代贵州方志编纂的儒学化倾向。具体情况如下：

1. 社会动乱之实录

咸、同时期，贵州少数民族地区社会动乱频仍，而黔西州尤甚。屡经战乱，山河破碎、田园荒芜，促使热爱家园的文人志士纷纷拿起笔墨记录下那发生在身边的一幕幕社会惨剧，这也催生了大量优秀

的诗文篇章。例如,卷四《杂记》载毛登峰《下四里历年乱记》便详细记录了咸丰时期黔西社会动乱之始末。这场动乱显然是长期酝酿、精心策划之结果:"当乱之未作也,先有黄道人潜游乡市,传教为名煽惑乡愚,男女皆喫斋唸佛,一倡群和,谓大劫将临,非此莫逭。清油教在缘,祸机遂始于此。"①此描写的是1851至1854年间,贵州社会动乱之起因。这是受太平天国影响发生在贵州的一场农民运动。对黔西造成直接影响的是遵义桐梓杨龙喜等掀起的一场农民斗争风暴。1854年,杨龙喜、舒裁缝等率农民军攻陷仁怀后,兵分三路,其中一路进攻黔西,这就是毛登峰《下四里历年乱记》中所叙录的。据毛登峰文,黔西的这场浩劫惨绝人寰,如鲁木寨骆敦书家被杀数十人,"水井湾王京至家杀男妇五百余口","于斯时也,里中男妇投岩坠河、悬梁服毒者纷纷难数,尸横满地,目不忍睹矣!"②作者此文,具有强烈的实录精神。其开端便云:

> 十年离乱酿成凋敝之区,一线滋生纂作兴亡之鉴。目睹者有明征,耳闻者非附会,濡墨血泪,请陈其略。③

作者饱含强烈的社会历史责任感和浓郁的故园之情,以史家自比,用笔墨编纂耳闻目睹的史实,最终的目的,还在于作"兴亡之鉴"。以史为鉴,显然不是对普通百姓而言,而是对高高在上的统治者说

---

① 黄加服、段志洪主编:《中国地方志集成·贵州府县志辑》第50册,巴蜀书社,2006年,第318页。
② 黄加服、段志洪主编:《中国地方志集成·贵州府县志辑》第50册,巴蜀书社,2006年,第318页。
③ 黄加服、段志洪主编:《中国地方志集成·贵州府县志辑》第50册,巴蜀书社,2006年,第317页。

的。斯文的政教意义是十分强烈的。故作者在文末说：

> 谁谓天道无凭哉！惟是万井成墟，户口十不存一，则悲又不胜悲者矣！谨据见闻所及，纪其颠末，后之有心人或于治乱之机，民气盛衰之道亦未尝无小补云。①

可以看出，作者撰写此文饱含强烈忧国忧民之情。而其所谓的"治乱之机""盛衰之道"显然都是对当时的在上者说的。其中隐隐透露出一丝批判现实精神。

又如，卷六《诗余》载周体元《吊王狩东》，叙录的是黔西动乱中一普通知识分子的事迹。其中写到：

> 呜呼！血性男儿不易见，王君真乃邦之彦。生如此人死不传，英雄千古留遗憾。当日贼匪困黔西，斗大孤城危如线。虽然坐镇有福公，兵不盈千贼累万。外援不至路难通，内患如生城必陷。满城多少富豪家，惟君倡义先招练。四门有警便传君，日见福公十余面。勉君尽心而竭力，谨防外贼与内患。君也奉命曷敢违，昼夜登陴巡查遍。二百余人支口粮，数月之间费无算。家仅中资可奈何，典尽衣裳与钗钏。贼势猖狂渐不支，老母情急遭惨变。忠孝怒激发冲冠，带练从军与贼战。奋勇争先烧贼营，文弱书生颇强悍。不久援兵自外来，背城一战贼奔散。若论带练保城功，理合从君先举荐。何人保举奏朝廷，议叙军功归部选。百七十人同受恩，于中未必无冒滥。君倡义举不咨题，谁念毁家摅国难。心力既

---

① 黄加服、段志洪主编：《中国地方志集成·贵州府县志辑》第 50 册，巴蜀书社，2006 年，第 320 页。

尽才亦竭,忍气吞声日吐血。可惜忠孝名未彰,屈死英雄归巢穴,年仅三十后嗣无。感此令人肠断绝,恨不当日死长沙,犹得声名光日月。披翎换顶各夸功,未免对君有惭色。若非士论秉公心,谁为先生表大节。我今代作不平鸣,高歌夜半声激烈。①

诗歌描写的是黔西之乱中,一个叫王狩东的文弱书生倡义招练、竭力守城之事。作者为什么对一个动乱中的普通民众赞美讴歌? 只因为统治阶层太不公平。《吊王狩东序》云:

> 狩东名巡春,州庠生。甲寅杨逆入寇围黔西,君倡义招练,城赖以全。事平议叙不及,抑郁而终。周生感焉,乃约同侪赋诗,聊以慰英魂云尔。②

这里,作者已经将作诗之旨阐述得十分明白。事后论功,真正出力者却得不到公正待遇,功劳全归有权有势的不劳而获者。作者发愤作诗,高举不平则鸣大旗,将批判的矛头直刺统治阶层。

再如,赵德昌《乙丑五月十三日克复水西城有感》:

> 坚城虽拔心犹酸,时势还愁善后难。但愿宰官勤抚字,如斯方使我民安。③

---

① 黄加服、段志洪主编:《中国地方志集成·贵州府县志辑》第50册,巴蜀书社,2006年,第342—343页。

② 黄加服、段志洪主编:《中国地方志集成·贵州府县志辑》第50册,巴蜀书社,2006年,第342页。

③ 黄加服、段志洪主编:《中国地方志集成·贵州府县志辑》第50册,巴蜀书社,2006年,第341页。

字里行间渗透出的是浓浓的忧国忧民情怀。一句"但愿宰官勤抚字，如斯方使我民安"，道出的不仅是对大难善后的希冀，更在一定程度上揭示了之所以发生社会动乱的根本原因。如果宰官们一直能殷勤安抚百姓，又怎会有如此浩劫！难道一定要等动乱发生后才知道以民为本的重要么？诗中同样蕴含丝丝批判色彩。

又潘润民《围城诀命》：

> 婴城苦守岁云徂，望断援师泪眼枯。风火连天云暗惨，僵尸满地血模糊。为怜豢养乖三世，遑恤伶仃有二孤。力尽自甘抛一死，昂藏宁肯负吾躯。①

围城将破，城外无援军，城内遍地血肉。诗人充分做好了赴死的心理准备。尽管心中充满对亲人的牵挂，但文人气节促使其能临危不乱，冷静写下绝命之笔。这是从另一个视角对黔西社会动乱的叙录。同样，潘元勋《甲子因乱去乡诗以纪之》：

> 乡关蹂躏累经年，处乱无才且听天。箧带诗书谋启后，囊携著述计承先。痴心难了千秋债，破浪频撑万里船。顾我生涯嗟拙计，且将遗砚当良田。②

乱世中的诗人实在太苦，生计之苦那还是其次，最主要的是心灵之苦。令诗人倍受煎熬的是空有一颗忧国忧民之心，却根本没有能

---

① 黄加服、段志洪主编：《中国地方志集成·贵州府县志辑》第 50 册，巴蜀书社，2006 年，第 343 页。
② 黄加服、段志洪主编：《中国地方志集成·贵州府县志辑》第 50 册，巴蜀书社，2006 年，第 343 页。

力拯救百姓于水深火热之中,唯一能做的只有用那熟悉的笔砚记录下乱世中的点滴世情。

特别难能可贵的是一些女诗人对贵州社会动荡之描写。如明巧鍼《难后书怀》:

> 孤身无奈出施城,琐尾裙钗泪自倾。万户悲声天地惨,一场鏖战鬼神惊。难从烽堠藏人面,姑托湘阳寄此身。弱女羞看今古史,低头愧见木兰英。他乡惨动罹妖氛,良玉苦同并石焚。满眼户骸宁忍见,回头手足渺无闻。五旬白发伤遭害,十七红颜惨破分。弱女孤儿无限恨,嗷嗷声带雁离群。①

此篇描写的是清代贵州施秉苗乱之情景。"万户悲声天地惨""满眼户骸宁忍见",遭此劫难,作为弱女子的明巧鍼尽管亦孤独无助、眼泪自倾,但却仍能以诗人之道义,用手中的笔抒发对遭受苦难民众的同情与悲悯。

作为史志编纂者,及时采录这些记录社会动乱的诗文,其实质高张的正是采诗、观风的风雅大旗,弘扬的是以诗志史的批判精神。而以诗志史本来就与史官有着密不可分的关系。《毛诗序》说:"国史明乎得失之迹,伤人伦之废,哀刑政之苛,吟咏情性,以讽其上,达于事变而怀其旧俗也。"孔颖达《正义》曰:"言国之史官,皆博闻强识之士,明晓于人君得失善恶之迹,礼义废则人伦乱,政教失则法令酷,国史伤此人伦之废弃,哀此刑政之苛虐,哀伤之志郁积于内,乃吟咏己之情性,以风刺其上,觊其改恶为善,所以作变诗也。国史者,周官

---

① 黄加服、段志洪主编:《中国地方志集成·贵州府县志辑》第50册,巴蜀书社,2006年,第349页。

大史、小史、外史、御史之等皆是也。"①此从史官文化与诗学发展的源头上揭示了史官与诗歌创作之间的密切关系。光绪《黔西州续志》收录描写贵州社会动乱的诗文，充分揭示了方志编纂者们自觉遵守与弘扬以诗志史的批判精神。

2. 伦理亲情之叙说

儒家思想的核心内容之一便是伦理体系的建构。家庭伦理亲情亦成为光绪《黔西州续志》编纂的重要内容，这是贵州方志编纂儒学化的重要标志。例如，史胜书《史杨氏事略》②，这是史胜书敬述其母亲杨氏事迹。杨氏一嫁入史家，即灌园种蔬、勤操井臼，上事祖父母，下事夫君。夫君遽卒，代夫事亲抚孤，辛勤哀毁，教子读书，实乃中国劳动妇女贤德淑能之楷模。《史杨氏事略》一文中字字句句渗透出一个儿子对母亲辛勤抚育的感激之情。而其中母亲对善病幼儿的细心哺育，对就外傅读书儿子的督责等细节描写，娓娓叙述中更体现出母子情深。而《自题秋灯画荻图》更是细腻刻画了史胜书母子情感心理：

> 孤儿灯下书，慈母手中线。母线绩过百尺长，儿书诵过一百遍。慈母眼中泪，孤儿灯下书。儿书百遍诵已熟，母泪乱落潜欲枯。儿幼不识此心苦，问母为何泪如雨。母言儿父名未成，瘞恨泉下目不瞑。遗书千卷皆手泽，继志望儿成微名。儿闻母言谓容易，儿到他年能及第。儿能养母身，当破今宵涕。母闻儿言久，拭泪重酸辛。儿读父书倘有就，忍饥饲儿当甘心。灯烬书完索

①［清］阮元校刻：《十三经注疏》，中华书局，1980 年，第 271—272 页。
② 黄加服、段志洪主编：《中国地方志集成·贵州府县志辑》第 50 册，巴蜀书社，2006 年，第 304 页。

所哺,藜粥无余只野芋。月上夜深傍母眠,天明抱书学堂去①。

此诗与《史杨氏事略》可以相互发明。诗歌不但刻画出一位辛勤操劳、寄予儿子殷切希望的慈母形象,同时也抒发了儿子对母亲的依恋、爱戴与感激之情。尽管没有殷厚之家实,但粗茶淡饭与深夜的纺绩及郎朗诵书声中却蕴含着浓郁的伦理亲情。

又如张子钰《张徐氏行述》②,此文与《史杨氏事略》相类,作为妇女传记文学,这是张子钰对其祖母事迹之记叙。与史杨氏一样,张徐氏也是妇德之表率。传记传达出的,不仅是对孝顺贤能之妇女在持家上的独特作用的高度肯定,更体现了一种深深的祖孙情义。

再如,杨璐枝《游子吟》:

> 久客望儿归,儿归仍遣客。岂不惨别离,不别饥来迫。行行重行行,骨肉经岁隔。寸草报何期,儿亲头共白。③

此诗刻画出游子与亲人间深切思念之情。悲莫悲兮伤别离,但恐怕没有人愿意主动选择这种与亲人的凄惨离别,一切都是生计所迫。诗歌化用《古诗十九首》中《行行重行行》之主题与文句,用"行行重行行,与君生别离"主题来演绎游子与父母间的骨肉离别之情。

又,明巧鍼《哭伯母熊氏孺人殉难》:

---

① 黄加服、段志洪主编:《中国地方志集成·贵州府县志辑》第 50 册,巴蜀书社,2006 年,第 342 页。
② 黄加服、段志洪主编:《中国地方志集成·贵州府县志辑》第 50 册,巴蜀书社,2006 年,第 305 页。
③ 黄加服、段志洪主编:《中国地方志集成·贵州府县志辑》第 50 册,巴蜀书社,2006 年,第 342 页。

哭子才伤老泪枯,又将多难累慈乌。丹心苦望丹宵鉴,白发惨同白草铺。纸剪寸肠儿已断,刀惊落魄嫂应扶。生前慈爱无由答,梦里亦然膝下趋。①

社会动乱,亲人惨遭不幸。女诗人明巧鍼的伯母刚刚哭别遇害的儿子,紧接着自己又遭遇不幸。阴阳两隔,诗人再也无法感受到亲人的慈爱,更无法回报亲人的爱,那份恋恋不舍的亲情令人魂牵梦萦。

3. 贞女节妇之讴歌

对封建伦理道德的维护与巩固,是方志编纂的重要目的之一。其中,对贞女节妇的推崇与赞美是方志编纂加强封建伦理道德建设的主要表现。伦理道德乃儒家思想的核心内容,对妇女道德的约束,诸如三从四德、贞女节妇之旌表等亦随着儒家思想发展不断得到强化。光绪《黔西州续志》亦不例外,卷二专门列"节妇"一目,其中包括节烈、节孝、烈女、女寿等细目。卷三"列传"中又专门收"烈女传"。从文学视角看,光绪《黔西州续志》收录关于贞女节妇的作品主要体现在"烈女传"中的妇女传记作品和"诗余"中的描写贞女节妇的诗歌。

例如,卷三《节烈刘王氏传》,该传记高度赞美妇女刘王氏的妇德,主要体现在两个方面:其一,孝顺之典范。刘王氏"性和顺,知大义",特别是在孝道方面堪称典范。《节烈刘王氏传》云:

氏事祖姑、翁姑孝善,睦娣姒妇。以食指繁多,庭帷甘旨或

---

① 黄加服、段志洪主编:《中国地方志集成·贵州府县志辑》第50册,巴蜀书社,2006年,第349页。

不继,辙佐以针黹不使缺。外家稍裕。每有馈送,必敬进祖姑与
翁姑,无一私蓄,娣姒皆则效之,尤得堂上欢。偶有所怒,氏近前
怒即息。侍立其侧必求解颜始敢退,其孝顺诚挚如此,里党戚族
咸称之,常引以为中馈法。①

　　刘王氏孝顺长辈,和睦妯娌,一时成为众相效仿之典范。其二,
节烈之楷模。刘王氏不但是和平环境中的孝顺典范,更是乱世中妇
女节烈之表率。《节烈刘王氏传》又云:

　　　　城遂陷。氏闻警,急命次子扶翁姑逃出……翁姑既出,氏乃
　　闭门入室,以毯濡油裹其身,复泼油于卧帐篷壁,纵火自焚。姒
　　妇邹氏、卢氏,子妇赵氏、王氏同时皆赴殉于火。事平,州牧上闻
　　其烈,巡抚张奏请奖恤焉。②

　　刘王氏一门众妇大难临头,从容自焚。其视死如归之气概颇令
人感动。乱世中妇女对节操看得比自己的生命更重要,刘王氏一门
众妇之贞烈举措充分体现了"饿死事小,失节事大"等贞节观对西
南僻壤影响之深。而方志编纂者收录这篇节妇传记,看重的正是其
贞烈之榜样作用,其实质是用另外一种方式进一步宣扬、强化贞节
思想。
　　类似的,《节烈邹女传》中的女子邹润英:"贼至,尚距七八里,遂
投水两次,皆被兄救出。至九月,闻章氏子被贼杀,贼且将至,女反谈

____
① 黄加服、段志洪主编:《中国地方志集成·贵州府县志辑》第50册,巴蜀书社,
　2006年,第292页。
② 黄加服、段志洪主编:《中国地方志集成·贵州府县志辑》第50册,巴蜀书社,
　2006年,第292页。

笑自若，家人不之防。少顷，叔母呼之，已缢于屋侧，气绝，面色若生，舌亦不出，见者无不称奇云。"①相同的是贞女烈妇大义赴死的气节，不同的只是各自赴死的方式。传记特别描写烈女邹润英死状之奇，如此的细节描写，不外乎想表达，烈女之死能动天地，泣鬼神。

又《贞烈杨桂姑传》中载，女子杨桂枝，许字胡祖奎，明年胡祖奎病亡。杨桂枝矢志靡他，饮鸩而死。杨烈女贞烈之举感动胡杨二家，最后杨女与胡祖奎同穴，香埋并蒂。特别有意思的是该传记末尾有一段关于此事的评论：

> 事既传，徐介亭司马为杨姻亲，宦于浙，为征诗以吊女。杨君出其册示余，展而读之，无不慷慨激昂，可歌可泣。惟有一二什中，旁引《礼》经"未嫁殉节于义无取"之说者，强为解脱，惜持论未得其平，不知《礼》经之意，犹父母之心也，教孝教忠，讵忍教此？故以义论之，亦只虑伤阴阳之和，杜畸行之弊，而维以中庸之道耳，岂过为节烈者屈哉！窃谓忠孝节义一本于心，古人当万难求全之际，不求谅于当时，不欲白于后世，惟行其心之所安而已。不然，泰伯采药而逃，其谓之何如烈女者偷生，恐负及黄泉饮恨，亦牵怀白发涕洟，全归诚有出于不得已者，非所谓行其心之所安哉！第不识青闺幼女，何以能见及此。可知天地正气，不外乎心，要在具此心者之能不自昧耳。②

此段论述实际上是在批驳某些人对杨烈女的非议。有人引《礼》

---

① 黄加服、段志洪主编：《中国地方志集成·贵州府县志辑》第50册，巴蜀书社，2006年，第292页。
② 黄加服、段志洪主编：《中国地方志集成·贵州府县志辑》第50册，巴蜀书社，2006年，第293页。

经"未嫁殉节,于义无取"之说非议杨烈女行为,传记作者对此坚决反对。作者据中庸之道,阐释忠孝节义应本于心。一切行为只求其心之所安,若一味苟且偷生,显然与《礼》经之义背道而驰。论说的出发点与归宿皆在儒家思想上,根本目的乃为烈女节妇张目。

此外,徐皋《征诗启》(有引)[①],以著引征题的方式,来旌表烈女,纪传方式独特新颖,故事内容与杨烈女如出一辙。

诗歌作品中,对贞女烈妇亦多有溢美之辞。例如,潘驲《读高氏二母双节传敬赋》:

> 苍梧志烈柏舟寒,凛凛双贞一肺肝。肯为伶仃留半息,忍非毛裹即殊看。事分难易心俱尽,迹异存亡节并完。千古纲常重如许,独怜巾帼砥颓澜。[②]

高氏一门双贞,为里党之典范。诗人以上古虞舜之双妃、《诗经·柏舟》之贞烈来赞誉高氏二节母。更将之上升到维系千古纲常之高度,将其比喻为抵制末世衰退世风浪潮的中流砥柱。同样,阳光大《毛节母胡孺人寿诗》则刻画了一位"上养翁姑,下抚姊妹,丧葬嫁娶,悉克如礼"[③]的标准节妇形象。

毛济美《吊孙氏弟媳赴长唐河殉难》、毛淬锋《吊堂嫂孙孺人》、毛荣宗《哭堂叔祖母》、仇铭恩《挽毛节母》和明斯沦《挽毛节母》等

---

① 黄加服、段志洪主编:《中国地方志集成·贵州府县志辑》第50册,巴蜀书社,2006年,第293—294页。

② 黄加服、段志洪主编:《中国地方志集成·贵州府县志辑》第50册,巴蜀书社,2006年,第343页。

③ 黄加服、段志洪主编:《中国地方志集成·贵州府县志辑》第50册,巴蜀书社,2006年,第344页。

描写的是同一个人物同一个主题。我们选取其中两首来具体看看。

毛济美《吊孙氏弟媳赴长唐河殉难》:

　　虚名蜗角耳,阅世少全求。铁马金戈下,成仁取义秋。长唐明月夜,正气大江流。河水清如许,贞操好共留。①

毛淬锋《吊堂嫂孙孺人》:

　　虎口求生事觉难,如归视死敢偷安。节全乱世人争羡,泪洒长塘水不干。一片贞心坚似石,千秋闺范挽狂澜。从容就义谈何易,愿与投江一例看。②

这两首诗是对乱世中殉节烈妇的高度赞誉。前诗在《叙》中交待了诗歌创作的背景与动因:

　　辛酉五月,粤西发匪窜踞新场四乡掳掠,妇女多被围胁。氏闻贼至,举家惊往蓁竹坪避贼,搜山得之,强拘之行,路过长塘河,投水立死。事平,因约同族与同志者咏其事迹,以垂诸后。③

显然,此诗创作具有浓郁的宣教色彩。作者咏叹殉节之烈妇,其

① 黄加服、段志洪主编:《中国地方志集成・贵州府县志辑》第50册,巴蜀书社,2006年,第344页。
② 黄加服、段志洪主编:《中国地方志集成・贵州府县志辑》第50册,巴蜀书社,2006年,第344页。
③ 黄加服、段志洪主编:《中国地方志集成・贵州府县志辑》第50册,巴蜀书社,2006年,第344页。

目的正是为后世垂法。同时，将这种"闺范"视为挽救衰世的良方，无论是诗歌作者，还是方志编纂者，似乎都将强化封建伦理道德建设作为晚清维系统治的救命稻草。

毛登魁《吊侄孙女秀春殉梅郎》、潘如铸《奉题梅烈妇毛氏殉节》、胡祖坊《烈妇词》等描写的是烈妇毛秀春的事迹。《烈妇词》序云：

> 梅生，名宗仁，邑之清水塘人，妻毛氏，娶甫数月，伉俪甚笃。壬午夏，生赴郡应童子试，染疾而归，旋殁。时氏方归宁，闻疾奔来，已入殓矣。一恸几绝。其夜遂饮鸩而卒。余嘉其志，为作烈妇词以诔之。[1]

毛登魁《吊侄孙女秀春殉梅郎》云"女子从一大义昭，烈烈风规快颊齿。我聊书此阐幽光，留待观风问俗史"[2]。潘如铸《奉题梅烈妇毛氏殉节》云"纲常万古赖维持"，"窃心许牺轩他日下采风，千万莫遗此烈女"[3]。据此可知，诗人们的以诗志史与教化意识非常之强烈。

毛济美《江贞女诗》、张琚《杨贞女行》对黔西贞女作诗赞誉。贞女者，未嫁守贞。其中又分两类，一类过门去夫家守贞，一类不过门在女家守贞。二诗叙述的都是过门守贞者。如江贞女，"幼许

① 黄加服、段志洪主编：《中国地方志集成·贵州府县志辑》第50册，巴蜀书社，2006年，第346页。
② 黄加服、段志洪主编：《中国地方志集成·贵州府县志辑》第50册，巴蜀书社，2006年，第345页。
③ 黄加服、段志洪主编：《中国地方志集成·贵州府县志辑》第50册，巴蜀书社，2006年，第346页。

字同里刘氏子，未归而刘子殇，女誓志过门守节，奉事翁姑"①。杨贞女，"幼许字同邑史氏子，未请期而史子殇，女誓志请于父母，至史氏守节"②。

其宣扬的正如张琚《杨贞女行》中所说"女子从一而终"③。诗人希望这种宣教能载入史册，即毛济美《江贞女诗》所云"信史从知抱残缺，挥毫感为一字褒，愿言不朽播芳烈"④。而方志编纂者大量收录此类作品，岂不正是自比信史，以强烈的历史使命感来弘扬史官采诗观风的风雅精神。

二、光绪《黔西州续志》采录诗文儒学化的动因

在上文中，我们不难发现，晚清时期黔西诗文作者们，似乎都将强化忠孝节义的封建伦理道德建设作为挽救颓世的良方。而这不但是诗文创作者们的认识，也成为史志编纂者们的一种基本观念。特别是晚清方志编纂者，面对社会动乱，找不到最根本原因，只是一味强调对纲常礼教的维系与强化。光绪《黔西州续志》编纂者们，在开篇的序言和凡例中，就十分明确表达了这种观念。余撰《黔西州续志序》：

　　余受其书览之，军兴以来，绅民奋勇出力，或御贼阵亡，或

---

① 黄加服、段志洪主编：《中国地方志集成·贵州府县志辑》第50册，巴蜀书社，2006年，第346页。
② 黄加服、段志洪主编：《中国地方志集成·贵州府县志辑》第50册，巴蜀书社，2006年，第348页。
③ 黄加服、段志洪主编：《中国地方志集成·贵州府县志辑》第50册，巴蜀书社，2006年，第348页。
④ 黄加服、段志洪主编：《中国地方志集成·贵州府县志辑》第50册，巴蜀书社，2006年，第346页。

临敌赴难,以及州牧之不屈,妇女之殉节,实多可矜可悯,汇而志之,章忠义也,孝首百行,节冠四维,有《柏舟》矢志以妇道而尽子职者,有白璧完贞以室女而殉夫者,有身已字而婿亡,奔丧临吊终事翁姑以白首者。凡此皆坤维正气,郁积而成其行,卓著其事,可风表而出之,昭节烈也。①

此序概述了光绪《黔西州续志》的核心内容,即忠、孝、节、义。光绪《黔西州续志》"凡例"明确阐释了其编纂准则:

（1）志为兵灾时事,而《续》与诸志体例有别。其时敌忾之忠,取义之正,视常时孝义尤足重,故首《忠义》。

（2）离乱时,节不可夺,莫难于妇女。非处常节孝所并论,故次节烈。女子未嫁守义,虽《礼》经曾驳,正气究不可磨灭,故附录。

（3）殉城守土之正也,特冠列传首,宿儒品学、义士一节,皆足以为后世法。节烈亦系纲常,故并入列传。②

与以上三则"凡例"对应的便是卷一的"忠义"（阵亡、殉难、孝义）、卷二"节妇"（节烈、节孝、烈女、附女寿）、卷三"列传"（殉城州牧传、耆德传、义士传、墓志、行述、列女传）。这种编纂体例安排,显然是刻意而为之。光绪《黔西州续志》的体例有别于其他方志,该《续志》集中突显儒家忠孝节义观,极力强化封建道德伦理建设。不难发现,《续志》中关于女性传记与诗歌作品所占篇幅较大。正如余撰

① 黄加服、段志洪主编:《中国地方志集成·贵州府县志辑》第50册,巴蜀书社,2006年,第261页。
② 黄加服、段志洪主编:《中国地方志集成·贵州府县志辑》第50册,巴蜀书社,2006年,第266页。

《序》所言,这是"坤维正气",其中充满着浓郁儒学色彩。这是对传统儒学中相关思想的进一步发展。例如,《韩诗外传》卷五:

> 子夏问曰:"《关雎》何以为《国风》始也?"孔子曰:"《关雎》至矣乎!夫《关雎》之人,仰则天,俯则地,幽幽冥冥,德之所藏,纷纷沸沸,道之所行,虽神龙化,斐斐文章。大哉《关雎》之道也,万物之所系,群生之所悬命也,河洛出《书》《图》,麟凤翔乎郊。不由《关雎》之道,则《关雎》之事将奚由至矣哉?夫六经之策,皆归论汲汲,盖取之《关雎》,《关雎》之事大矣哉!冯冯翊翊,自东自西,自南自北,无思不服,子其勉强之,思服之。天地之间,生民之属,王道之原,不外此矣。"子夏喟然叹曰:"大哉《关雎》,乃天地之基也。"①

又《汉书·匡衡传》载匡衡上疏曰:

> 臣又闻之师曰:"妃匹之际,生民之始,万福之原。"婚姻之礼正,然后品物遂而天命全。孔子论《诗》以《关雎》为始,言太上者民之父母,后夫人之行不侔乎天地,则无以奉神灵之统而理万物之宜。故《诗》曰:"窈窕淑女,君子好仇。"言能致其贞淑,不贰其操,情欲之感无介乎容仪,宴私之意不形乎动静,夫然后可以配至尊而为宗庙主。此纲纪之首,王教之端也。②

再如,《史记·外戚世家》:

---

① 许维遹:《韩诗外传集释》,中华书局,1980年,第164—165页。
② [汉]班固:《汉书》,中华书局,1962年,第3342页。

故《易》基《乾》《坤》,《诗》始《关雎》,《书》美釐降,《春秋》讥不亲迎。夫妇之际,人道之大伦也。礼之用,唯婚姻为兢兢。夫乐调而四时和,阴阳之变,万物之统也,可不慎与?人能弘道,无如命何。甚哉,妃匹之爱! ①

《毛诗序》:"《关雎》,后妃之德也,风之始也,所以风天下而正夫妇也,故用之乡人焉,用之邦国焉。" ②汉儒皆认为,作为《国风》之始的《关雎》有极深刻的含义,对于王道政治意义至关重大。《关雎》是夫妇婚姻之伦的范型。"夫妇有义,而后父子有亲,父子有亲,而后君臣有正" ③。因此,夫妇之伦实为王道之本。一旦夫妇之伦被打破,则会出现"君不得于臣,父不得于子" ④,直接危及统治秩序。故《关雎》之"妇德"典范实为"纲纪之首,王教之端",对维系封建统治极其关键。

光绪《黔西州续志》编纂者进一步拓展了传统儒学中妇德与政治之间的联系。正如刘向试图通过编纂《列女传》挽救西汉末期颓败的汉家王朝一样,晚清贵州方志编纂者们所作所为也是希望为衰败的清朝寻找救命良方。故余撰《序》说《黔西州续志》编纂"其有功于世,岂独黔西一州之幸哉" ⑤,其济世情怀溢于言表。因为一切的出发点与归宿皆在于以强化封建伦理道德来挽救衰落的王朝,故即使其收录诗歌也自然充斥着强烈的儒学色彩。

事实上,像这种方志编纂的思想与做法,绝对不是光绪《黔西州

---

① [汉] 司马迁:《史记》,中华书局,1959 年,第 1967 页。
② [清] 阮元校刻:《十三经注疏》,中华书局,1980 年,第 269 页。
③ [清] 阮元校刻:《十三经注疏》,中华书局,1980 年,第 1681 页。
④ [汉] 司马迁:《史记》,中华书局,1959 年,第 1967 页。
⑤ 黄加服、段志洪主编:《中国地方志集成·贵州府县志辑》第 50 册,巴蜀书社,2006 年,第 261 页。

续志》编纂者们所独有。晚清贵州方志编纂普遍受此观念影响。例如，道光《平远州志》卷二十《艺文志》说：

> 文章所以阐明道德，敷陈经济，即至一歌一咏，要必有所劝诫而后为言之有物。《书》曰："辞尚体要。"夫"体要"之义，匪特作者宜以为程，即采录者亦当准以为式也。①

"要必有所劝诫"，此即《诗》《书》等倡导的讽喻之义。"匪特作者宜以为程，即采录者亦当准以为式"，此充分揭示了晚清贵州方志编纂采录诗文的根本准则。这种准则贯穿的不仅是《艺文志》。再看同为光绪时期的贵州方志编纂的《人物志》条目：

> 光绪《平远州续志》卷七《人物志》：乡贤、节孝、忠烈、烈妇、贞女（附孝女）、孝义、隐逸、耆民。
> 光绪《铜仁府志》卷十《人物志》：乡贤、恩荫、忠义；卷十二列传：忠烈、孝友、义行；卷十三列女：节孝；卷十四列女：贞烈、贤明。
> 光绪《普安直隶厅志》卷十五：乡贤；卷十六：忠烈；卷十七：孝义；卷十八：列女。
> 光绪《续修正安州志》"人物志上"卷七：封典、乡贤、孝烈士、烈士、烈妇、孝烈妇、烈女、昭忠、友义；"人物志下"卷八：孝子、孝妇、节孝、贤明、笃行、义仆。

---

① 黄加服、段志洪主编：《中国地方志集成·贵州府县志辑》第50册，巴蜀书社，2006年，第462页。

这些光绪时期的贵州方志,特别突出忠、孝、节、义,其编纂重心与光绪《黔西州续志》无异。光绪《续修正安州志人物志序》说:

> 圣天子声教覃敷,无远弗届。正安虽地瘠民贫,沐我朝二百余年教育德礼之涵濡既久,编氓之耻格自生。士砺廉隅,女争节烈,故城虽陷,无降贼之民,寇纵凶,无失身之妇。民德新皆由上德明也。但小邑无大才,幸有乡贤树进修之表;隐逸挽奔竞之风;殉难英才,香风生于忠骨;全贞烈妇则正气贯乎太虚;孝友有全、人笃行,有硕士封典为山川壮色。忠祠与日月争光,仙释本地灵,耆寿原国瑞,缅芳踪于流寓,仰望流风,溯世系于土司,低徊土著,今日之异能足数,故明之义仆堪传,孝妇不遗,贤妇备书,阐幽光所以维世俗。①

此《序》所言,不外强调道德与教化,推崇忠、孝、节、义,主张以封建伦理体系来维系世俗,巩固封建统治,其中的儒学色彩十分浓郁,这与光绪《黔西州续志》所载余撰《序》如出一辙。足见,光绪《黔西州续志》实质上体现了一个时代史志编纂的基本思想。

第三节　道光《仁怀直隶厅志》所录
陈熙晋诗文的儒学色彩

近代贵州方志艺文编纂中,有时会集中收录某些个人诗文作品。道光《仁怀直隶厅志》就是这方面的代表。道光《仁怀直隶厅志》的

---

① 黄加服、段志洪主编:《中国地方志集成·贵州府县志辑》第40册,巴蜀书社,2006年,第355页。

编纂者为陈熙晋,其在该方志的艺文部分大量收录自己的诗文作品,使得道光《仁怀直隶厅志》成为了除陈熙晋《征帆集》之外收录其诗文作品最多的文献。道光《仁怀直隶厅志》中收录的陈熙晋诗文作品呈现出浓郁的儒学色彩,体现了近代贵州方志艺文编纂中的儒学与文学互动。

一、陈熙晋的生平及道光《仁怀直隶厅志》所收其作品概况

《清史稿》卷四百八十一载：

　　陈熙晋,原名津,字析木,义乌人。优贡生。以教习官贵州开泰、龙里、普定知县,仁怀同知,擢湖北宜昌府知府……熙晋邃于学,积书数万卷,订疑纠谬,务穷竟原委,取裁精审。尝谓杜预解《左氏》有三蔽,刘光伯规之,而书久佚。惟《正义》引一百七十三事,孔颖达皆以为非,乃刺取经史百家及近儒著述,以明刘义。其杜非而刘是者申之,杜是而刘非者释之,杜、刘两说义俱未安,则证诸群言,断以己意,成《春秋规过考信》九卷。又谓《隋经籍志》载光伯《左氏述义》四十卷,不及《规过》,据孔颖达序称习杜义而攻杜氏,疑《规过》即在《述义》中。《旧唐书经籍志》载《述义》三十七卷,较《隋志》少三卷,而多《规过》三卷,此其证也。《正义》于规杜一百七十三事外,又得一百四十三事,盖皆《述义》之文。其异杜者三十事,驳正甚少。殆唐初奉敕删定,著为令典,党同伐异,势会使然。乃参稽得失,援据群言,成《春秋述义拾遗》八卷。他著有《古文孝经述义疏证》五卷,《帝王世纪》二卷,《贵州风土记》三十二卷,《黔中水道记》四卷,《宋大夫集笺注》三卷,《骆临海集笺注》十卷,《日损斋笔记考

证》一卷,《文集》八卷,《征帆集》四卷。①

　　道光二十年(1840),迁任仁怀直隶厅同知,两年后奉调离贵州,授湖北宜昌知府②。陈熙晋在任仁怀同知期间,勤于政务,体恤民众,深入访察民情,并用诗文记录了其在仁怀的经历。道光二十一年(1841),陈熙晋纂辑《仁怀直隶厅志》,共二十卷,其中疆域志二卷,营建志一卷,会计志一卷,学校志一卷,祠祀志一卷,兵制志一卷,职官志一卷,选举制一卷,政绩志一卷,人物志三卷,风俗志一卷,物产志一卷,祥异志一卷,边防志一卷,艺文志三卷。陈熙晋的诗文作品也被载录于《仁怀直隶厅志·艺文志》中,具有很高的历史、文学与文化价值。陈熙晋的《征帆集》也是于仁怀同知任上所做③。

　　尽管陈熙晋的许多著作已经亡佚,但是在道光《仁怀直隶厅志》中,陈熙晋的作品数量亦为可观。这应该是贵州方志中编纂者收录自己作品最多的。

《仁怀直隶厅志》所录陈熙晋作品统计表

记	《先农坛记》《奎光阁记》《仁怀直隶军民府宾兴田记》《仁怀直隶厅社稷坛记》《厉坛记》《茫照义渡记》《土城义渡记》《祠记》
赋	《荔枝赋》《之溪官舫赋》
诗	五言古诗:《怀阳官舍述怀》《度十三弯》《下丙滩》《东皇场》《唐朝坝》《咏杉》 七言古诗:《黄葛树歌》《崖铲口》《怀阳洞》《赤虺河水涨作》《食荔枝作》《牦牛船谣》《秋船曲》《采蕨行》《南将军神祠曲》 五言律诗:《泛舟至仁怀作》《丙滩雨泊》《过孔滩桥至回龙场》《宿荣华寺》《茅台村》《长夏》《以公事至劳溪上口占》《怀阳杂诗》《三台山晴眺》

①[清]赵尔巽等:《清史稿》,中华书局,1977年,第13221页。
②莫予勋:《陈熙晋和他的〈之溪棹歌〉》,《贵州文史丛刊》2003年第2期。
③《征帆集》现藏于国家图书馆。

	七言律诗：《怀阳郡斋》《仁怀县》《城上望赤水河》《旧仁怀即事》《猿猴镇》《土城关》《最念》《官舍书怀》 五言排律：《宿芷照渡》 五言绝句：《宿风溪口》 七言绝句：《之溪棹歌》①《官斋即事》《宿丙滩上》
考	《夜郎考》《竹王考》
辩	《符关辩》《唐朝坝辩》《辩仁怀为汉符县地》
序	《罗翁八十二寿序》
说	《百谷说》《荔枝说》《乌柏说》《水骡说》
杂著	《原教》《包贞女传》《释鮪》《释鰻》
铭	《太极泉铭》

二、道光《仁怀直隶厅志》所收陈熙晋诗文的儒学内涵

除《征帆集》外，道光《仁怀直隶厅志》是收录陈熙晋诗文等作品最多的文献。陈熙晋的这些作品，从题目到内容，无不具有强烈的儒学色彩。从中可以看出近代贵州诗文创作的儒学化倾向，以及史志编纂的儒学内涵。

1. 陈熙晋的"记"体散文与儒家礼制的建设

道光《仁怀直隶厅志》共收录陈熙晋八篇"记"体散文。主要是记事，内容多为关于建筑的修筑、捐俸的多少、乡绅的仁举，以及祭祀等。例如，《先农坛记》：

> 周以孟春元辰耕帝籍，汉东耕于耤田，祠先农。宋元嘉中立先农坛，齐永平中耕耤田用丁亥，梁天监中以启蛰而耕改用二月，我朝重农劝稼轶于前古，世宗宪皇帝躬耕耤田，四推四返，嗣

---

① 《之溪棹歌》共 60 首，而非如莫予勋《陈熙晋和他的〈之溪棹歌〉》所说的 52 首。

是行三推礼。奉旨加一推一返,诏直省祭先农坛如社稷。自督抚迄府州县,耕耤悉行诸侯礼,煌煌乎盛典也。《郊特牲》曰:"主先啬而祭司啬,祭百种以报啬也。"后世之祭先农昉于此。然大蜡祭自十二月耕耤之祀,顾未之及焉。岂其时祀典尚缺欤?非然也,《周官·礼篇》章:"凡国祈年于田祖,龡《豳》雅,击土鼓,以乐田畯;祭蜡则龡《豳》颂,击土鼓,以息老物。"郑康成注:"田祖,先啬也。"谨按,《小雅·甫田》所谓《豳》雅也。其诗曰:"琴瑟击鼓,以御田祖,以祈甘雨,以介我稷黍。"郑康成笺云:"设乐以迎祭先啬。谓郊后始耕也。""我田既臧,农夫之庆",笺:"谓大蜡之时,劳农以休息之也。"……《诗》曰:"攸介攸止,烝我髦士",言治田得谷俊士以进也,然则曾孙之介福,其即寿考之作人乎。书以为记,俾厅人知殖财用而育人才者,必自农始。①

这里详细梳理了籍田礼仪的发展演变,以及在先农坛举行的相关祭祀活动。儒家十分强调以农为本。《孟子·齐桓晋文之事章》说:"此惟救死而恐不赡,奚暇治礼义哉!王欲行之,则盍反其本矣!五亩之宅,树之以桑,五十者可以衣帛矣;鸡豚狗彘之畜,无失其时,七十者可以食肉矣;百亩之田,勿夺其时,八口之家,可以无饥矣;谨庠序之教,申之以孝悌之义,颁白者不负戴于道路矣。老者衣帛食肉,黎民不饥不寒,然而不王者,未之有也。"② 孟子批评齐宣王欲兴征伐、拓疆土的治国理念,强调农才是一切之本。陈熙晋撰写《先农坛记》的目的很明确,阐释了稼穑和农业生产的重要性。"殖财用而育人才者必自农始",这正是儒家以农为本思想的充分体现。又如,《奎

① 黄加服、段志洪主编:《中国地方志集成·贵州府县志辑》第 39 册,巴蜀书社,2006 年,第 319 页。
② [清]阮元校刻:《十三经注疏》,中华书局,1980 年,第 2671 页。

光阁记》：

> 天台山自云表蜿蜒逦迤，趋仁怀城东而特起，赤水西南来，绕城西北，折而东，演漾停蓄，岿然临之，势如高屋建瓴。当事者用形家言，立奎光阁于城东，以据一方之形胜，而为人文之兆。岁庚子，余登是阁，睹橧橹上下，浦云崖树，变迁阴晴中，雉堞回环，如贴水际，而岷峨诸山，隐见于百里之外，西南奇景尽于此矣。其取象于星者，所以进学者于高明，而发其光华也。说者谓奎者鲁之分野，是为圣人之邦。宋初五星聚奎，故道学盛于宋，以明圣人之道。夫奎本武库，而操觚染翰之士奔走恐后者，以其为圣贤之符验也。今夫学者，学为圣贤而已，学为圣贤必讲其德行习其文艺，始称圣贤之徒。其在阁耶，其在人耶，吾知奋然而兴，杰然而出，非稽古之力不至此。异时人才蔚起，黼黻丹青，我国家昭回云汉寿考，作人之意，于是乎在阁。兴工于道光五年（1825），阅十余年工竣，厅之大夫士暨耆老咸率钱为助。阁后以祠先农，亦于其时建造，兴学必先重农之意也。司其事者，知厅事汉军普君恩，单县刘君嗣矩。勷事者，训导张君观国。董其役者，绅士段星灿、张大昭、王繁昌、黄绍贤、谢一樑、罗友松、熊书麟、余文显、范怀瑜、许廷杰、罗崇枝、郑奇珍、颜孔铸、张荣椿、袁光裕、蒋嘉猷、马拔群、傅代嵩、王绍会、聂朝魁、段星焕、傅予福、董仕元、萧高泌，而予为之记。[1]

陈熙晋于此记言之甚明，建奎光阁，不是为了观光看风景，而是

通过在所谓的风水宝地上建阁，而兴起一方人文之胜。最终目的在于弘扬儒家之学。其希望通过天人感应，来继承和发扬圣人之道。于此可以看出，近代西南僻壤贵州的一些文人推崇儒学的良苦用心。这也是近代贵州文化发展繁荣的重要原因。

再如，《仁怀直隶军民府宾兴田记》：

> 古者士皆授田，匪特资其身也，盖将充观国宾，以为进身之助焉。后世士之有田者少，欲使学者皆有所赖，藉以自奋，岂非长吏之责欤。仁怀于贵州最远，其山岌而高，其水湍而急，一线羊肠，袤空切汉。三年大比，士之赴行省者，常兼旬始达。其或六七月之间，赤虺河暴涨，往往水步道绝，行者尤有稽时之惧，以是应试者常少。於虖！儒生读书著文，愁心疲志，至捐衣食，走千里，以求一遇，何其难也！甚或因赴试之难，每见有一衿甫青，遂怠于从事者矣。其所系于文教者，岂浅鲜哉！先是道光八年（1828）前政徐公玉章拨云顶寺租，以为宾兴之需。九年刘公嗣矩复益以书院生息银两，于是乡试之士始有道里之费，然为数无多，且未能遍给。二十年岁庚子春，余承乏怀阳，下车首以兴贤能为急务，役役不遑。明年冬乃集绅士袁钱一千余缗置枇杷，树田业，每岁共市斗谷五十石。拨书院生息银二百两。岁得银二十四两。三年，凡得市斗谷一百五十石。合官斗三百七十五石，银七十二两，乡试之士咸取给，会试亦如之。条其规程，以庶几久而不废。吾知自兹以后，多士争自濯磨，歌《鹿鸣》者于于焉而来矣，荟萃勃发，骈驰翼驱，所以答圣天子作人之雅化，方未有艾。是举也，绅士段君星灿、谢君一樑首事，萧生高泌、傅生予福、段生星焕、董生仕元之力为多。爰叙颠末，俾异时登科第者知

所自。①

此记叙说仁怀厅执政者如何资助学子学习和参加乡试和会试。从中可以看出，在离贵阳如此遥远的仁怀兴学，实属不易。学子出仁怀去省城、京城参加科举考试，道路之艰险、费用之昂贵，使得很多有潜力的学子望洋兴叹。陈熙晋的前后几任仁怀执政者，大力发展生产，通过田租、种植经济作物等自给自足，为书院和去仁怀之外参加科举考试的学子提供费用。此文不但详细叙说了近代在僻壤贵州之最偏远地区发展儒学的艰辛，也表达了近代贵州地方官吏立志兴学的气概。正是这种坚持，才换来近代贵州文化之繁荣。

又，《仁怀直隶厅社稷坛记》：

> 人非土不立，非谷不食。自三代以来，社稷之祀遍天下，其制坛而不屋，其配勾龙、后稷，其日上戊，其牲羊豕，其物铏二、簠二、簋二、边四、豆四，其礼三献。郡县奉朝廷令式惟谨。熙晋以道光二十年（1840）岁庚子来领仁怀厅事，至期，为位于东郊以祭问。所谓坛壝未设也。喟然曰："人民社稷，事之大者，忝为政于此，其曷敢不备聿。"明年相地于城西，商之署都司彭君长春，以为然。乃筑坛如式。仁怀于汉为犍为符县，唐蒙从巴符关通夜郎之涂，开关西南莫之或先焉。宋大观三年始置仁怀县，然治所不可考。明万历二十九年（1601）平播州设县，建城即今治也。我朝雍正七年（1729），自蜀隶黔，乾隆三年（1738）移治于新县，以旧城为通判治。四十一年（1776）改为直隶同知治地。材

① 黄加服、段志洪主编：《中国地方志集成·贵州府县志辑》第39册，巴蜀书社，2006年，第321页。

仁怀县十之三,棱峰蔓壑,可田者甚少,每年租赋不及大省一郡聚。幸荷国家深仁厚泽,中外壹体,举民力,其力以业其业,雨旸时若,载屡告丰……行见富庶矣。传曰:"先正先成民而后致力于神,夫神非力之所能致也,惟是修土谷以为正德利,用厚生之本,致力于民,即谓之致力于神可也,岂特祈福报功云尔哉。"坛建于岁辛丑之十二月,距有明平播之岁凡四阅。辛丑仁之父老子弟乐成,以为二百年来未之有也,自今以始岁其有昭答响应,于是乎在。至社稷同坛合祭之义,前史详之矣,兹不具论。①

这是对仁怀建社稷坛、实行祭祀礼仪的详细记载。陈熙晋至仁怀上任,发现当地居然没有祭祀社稷的相关礼仪。于是建社稷坛,每岁举行祭祀仪式。该文记载的是贵州最偏远地区的儒家礼仪建设。在儒家看来,礼仪制度对于一方的政治十分重要。这是儒家思想与文化在近代贵州传播的一个具体案例。

此外,《芘照义渡记》记载胡公翘椿始设义渡始末,《土城义渡记》记载陈熙晋和当地商人一起捐款修建义渡的情况。这些都具有歌功颂德的性质。目的在于宣扬个人美德、为百姓做善事的范型,最终还在于移风易俗,起到教化作用。

2.《包贞女传》与儒家伦理纲常的维护

与很多史志编纂者一样,道光《仁怀直隶厅志》也收录描写贞女烈妇的诗文。其中就有陈熙晋自己的一篇,名曰《包贞女传》,全文如下:

贞女包氏者,四川合江人包大玉女也。女性朴谨,不苟言笑。

---

① 黄加服、段志洪主编:《中国地方志集成·贵州府县志辑》第39册,巴蜀书社,2006年,第322页。

生数岁而大玉殁，育于其母夏氏，字同邑杨春英。未几，春英随其父迁贵州之仁怀厅。女年及笄，而春英凶问至。仁怀故与合江接壤，女闻哀痛不已，欲奔春英丧，其母与兄难之，数谕以道远难赴而止。女誓不他字。母兄不能强及。母殁，女哀毁踰礼，矢志益坚。依兄嫂纺绩度日，年七十一卒。

论曰：曾子问曰：取女有吉日而女死，如之何？孔子曰：婿齐衰而吊，既葬而除之。夫死以如之。夫未婚而夫死，在女子不可谓未成，夫吊服则斩衰也。既葬而除者，圣人酌求其天理人情之不得已而言。论其至则妇人不贰斩也，今贞女于杨氏子之死，未尝奔丧，且终其身未尝至夫家。疑《礼》经所未有。呜呼！泰伯、伯夷、叔齐，何尝一日立于商之廷，而孔子亟称述之者，何哉？亦论其志而已矣。仁怀至合江城百里而近，余至仁怀访贞女之夫家，无能道其姓氏者。幸《合江志》载其事，遂为之传。夫贞女一孱弱女子耳，不以生死易其志，殆将与采药之逋臣，采薇之大老同不朽，岂不难哉！岂不伟哉！①

这里，陈熙晋对包贞女的传记文字不多，反而论赞的文字较多。足见陈熙晋对此事颇有感触。而且，陈熙晋还亲自到仁怀杨春英家去走访调查，足见对此故事的高度重视。为什么陈熙晋如此重视包贞女之事？从其论述可知，不外乎此事极力有助于儒家纲常伦理建设。在陈熙晋看来，包贞女事情是对儒家贞节观的进一步发展。陈熙晋将包贞女与泰伯、伯夷、叔齐比肩，认为这是不朽之事。称之为伟大壮举，则其教化一方、移风易俗的目的昭然。

---

① 黄加服、段志洪主编：《中国地方志集成·贵州府县志辑》第39册，巴蜀书社，2006年，第353页。

3.陈熙晋的诗歌与儒家风雅精神的弘扬

《仁怀直隶厅志》所录陈熙晋诗歌有一百零二首,所选用的题材内容较多,这些诗歌具有强烈的儒学色彩。

(1)叙说伦理亲情

陈熙晋从道光五年(1825)至道光二十二年(1842),十七年的时间,一直在贵州任职。乡土自然是牵绕在陈熙晋的心头,而十七年的光阴,远离乡土、亲人和朋友,自然会感到孤独和寂寞,自然会想念乡土亲人。故在《仁怀直隶厅志·艺文志》中收录有陈熙晋不少的思念故乡和亲人之作。如,《怀阳官舍述怀》:

> 频年困奔走,今始停疲骖。故乡七千里,簿领匪所耽。返哺
> 媿双亲,绕膝愁多男。遂令梦寐间,俯仰俱怀惭。茹姜或遇苦,
> 在蓼翻求甘。飞鸟日绕树,使我叹息三。①

陈熙晋因为在贵州为官多年,离家千里,又因为政事繁多难以归家。对于未能亲自侍奉父母、报答父母养育之恩,陈熙晋表示深深愧疚。这种对故乡和父母双亲的深切思念,令陈熙晋魂牵梦绕。

类似的,《宿丙滩上》云:"树杪炊烟夕照收,无端风雨落床头。客心摇曳青灯里,一夜滩声槭小楼。"②陈熙晋以一个客人的身份自居,在斜阳西下后夜宿丙滩,奈何风雨入怀,难以入睡,伴着丙滩的滩声过了一夜。这里,陈熙晋抒发的是一个他乡过客在远离家乡和亲人时的那种寂寞凄凉、无奈孤独的心情。《泛舟至仁怀作》云:"春色

---

① 黄加服、段志洪主编:《中国地方志集成·贵州府县志辑》第39册,巴蜀书社,2006年,第363页。

② 黄加服、段志洪主编:《中国地方志集成·贵州府县志辑》第39册,巴蜀书社,2006年,第395页。

到花朝,春心上柳条。孤城千户少,十口一身遥。蜀水通盐井,蛮云拥画桡。乡愁渺何处,都向酒杯消。"① 乡愁是陈熙晋诗歌中的重要主题。在该诗中,我们看到,仁怀没有大都市的繁华,即使到了春天也是人烟清冷。可陈熙晋却是在这样的环境中渡过了十几个年头。对家乡的想念不时涌上心头,却无处诉说,只能将满腹的乡愁付与一杯浊酒了。

（2）关注民生疾苦

陈熙晋诗歌反映民生疾苦的篇章数量较多,真实地记录了当时人们的劳动与生产状况,生动地再现了近代贵州最偏远山区的社会生活和经济状况。

例如《东皇场》云:"雨泽稍愆期,往往愁粒食。是以少种稻,大半种蜀秫。"② 风雨不调,最令陈熙晋忧愁的是百姓粮食难以接济。水稻要靠老天降雨,但对于一个气候异常的山区,这显然不是优先选择。故当地选择农作物时常常会少种水稻,而多种植蜀秫。《旧仁怀即事》:"岩壑楼迟随野兴,风尘刺促傀劳生。花香满店春如海,知有村农叱犊耕。"③ 春天来临,诗人看到农家忙碌耕作的图景,内心充满欢欣。一年之计在于春,农家的所有希望都寄托在田地里。一心想着老百姓的民生问题,可见陈熙晋作为当地父母官的强烈责任感。《采蕨行》:"春日采蕨芽,秋日采蕨根。蕨根出土如拳小,洗濯清泉向风捣。办与山家作糇粮,滤粉瞥见冰雪皎。边疆田土太偪仄,丰年救

① 黄加服、段志洪主编:《中国地方志集成·贵州府县志辑》第39册,巴蜀书社,2006年,第375页。
② 黄加服、段志洪主编:《中国地方志集成·贵州府县志辑》第39册,巴蜀书社,2006年,第364页。
③ 黄加服、段志洪主编:《中国地方志集成·贵州府县志辑》第39册,巴蜀书社,2006年,第382页。

饥奈无术。一锺粟能几钱直，粜尽不毂债家息。此物无多度朝夕，搜索空山泪沾臆。"① 此诗对下层百姓苦难的生活状况作了细致描写。因为饥饿，当地百姓不得不去山野采摘蕨菜。人们采蕨作为家中的食物，在春天的时候采摘蕨芽，在秋天采摘蕨根。将拳头大小的蕨根洗涤捣烂，然后过滤后食用。但即便如此，"此物无多度朝夕，搜索空山泪沾臆"，蕨菜无多，采的人太多，采不到的只能面对荒野哭泣。可见当时下层百姓生活之艰难。那么，到底是什么原因造成这样的现象呢？陈熙晋将笔触深入到地理与社会上。从地理上看，仁怀处在极度边疆之地，可耕之地不多，土地贫瘠狭小，即使丰收了也根本解决不了饥饿。从社会原因看，粮食贬值，一年收成最后连所欠债的利息都不够还。这实际是晚清社会腐败、民不聊生的写照。于此可见，作为诗人，陈熙晋弘扬儒家风雅精神，充分发挥诗可以怨的文艺批判功能，将批判矛头指向了社会制度。《怀阳杂诗》云："辛苦田家最，何曾粒米尝。种荍冲暮雨，采蕨下斜阳。蛟蜃从今恶，蟊螣自昔襄。谋生悭一饱，消食却槟榔。"② 此篇与《采蕨行》主题一致，表达了陈熙晋对百姓生活惨状的忧虑，体现了强烈的忧国忧民之情。

　　再如，《之溪棹歌》组诗："粒米年年入口无，苦荍毛稗不嫌粗。山田岁歉无人买，却听敲门索稳租（其三十八）。""播州自昔罢茶仓，县帖频催惹断肠。税籍未销牛已卖，落花风里訴斜阳（其五十七）。"③ 农家一年辛苦耕耘，却从未有粒米入口，只能以苦荞麦、

---

① 黄加服、段志洪主编：《中国地方志集成·贵州府县志辑》第 39 册，巴蜀书社，
　 2006 年，第 370 页。
② 黄加服、段志洪主编：《中国地方志集成·贵州府县志辑》第 39 册，巴蜀书社，
　 2006 年，第 375 页。
③ 黄加服、段志洪主编：《中国地方志集成·贵州府县志辑》第 39 册，巴蜀书社，
　 2006 年，第 394 页。

毛稗为食。尽管田地歉收，但是索租之声却未断绝。官府频频催租，农家税籍未消，连耕作的牛都不得不卖掉，以上缴苛捐杂税。这里，作为官吏中的一员，陈熙晋用诗歌表达的已经不仅仅是对百姓生活惨状之忧虑和同情了，将百姓之苦与官府催租之急作对比，揭露了官府草菅人命、不顾百姓死活的残酷社会现实。作为封建统治一员，陈熙晋的批判力度是很大的，这是他作为诗人的良知和社会历史责任感在起作用。于此，我们可以清晰看到晚清西南僻壤贵州最偏远山区百姓的深切苦难，也同时明白，晚清社会为什么最终在贵州演变成巨大的社会动乱。不顾百姓死活，一味搜刮民脂民膏，只可能有一种局面，那就是官逼民反。这是造成晚清贵州农民起义风起云涌的根本原因。

陈熙晋的诗选用的题材多来自现实生活，他深入接触了下层社会，他将对生活的所观所感写入自己的诗中，形象真实地反映了当时的社会现实状况，可谓是时代的一面镜子。在陈熙晋诗中，我们了解到当时仁怀的社会现实境况。陈熙晋并没有粉饰太平，无病呻吟，而是真实地描写了当时人们艰苦的农作生活，揭示了当时社会的不公平和底层人民生活的悲惨艰辛，而作为基层官吏的陈熙晋，在描写与反映社会的现实过程中，尽管发现了不少社会问题，但作为封建统治一份子，其无力改变现状，只能以诗歌形式来记录、揭示，以诗志史，怨而不怒，这正是陈熙晋文学创作中弘扬儒家风雅精神之体现。

第七章 近代贵州的女性文学
及其儒学内涵

近代贵州女性文学发展十分繁荣。女性文学主要涉及两方面内容：其一，以贵州女性为主题的文学作品。这类作品的作者主要是男性，体现了男性强权话语下对女性的文学表述。体裁主要有妇女传记、女性墓志、描写贞女节妇的诗歌等。少数作者为女性，如贵阳许秀贞等女性作家对贞女节妇的讴歌，又如日本藤野真子撰写的黎庶昌夫人墓志。撰写以女性为主题之文学作品的作者群体，主要是封建官吏与文人，体现了封建统治集团审视女性的视角。尽管有极少数女性作者，体现了封建时代女性视野下的女性价值标准。以女性描写女性，在封建时代，其品评标准其实依然是男性色彩浓郁，往往多评述妇女之三从四德与贞节观。

其二，贵州女性创作的文学作品。贵州历代女性著述丰富，特别是晚清时期，贵州女性作者泉涌，远超之前任何时期，且创作的作品数量之多也是空前的。近代贵州女性创作群体又可分为两类：第一类是贵州本土女性，生于斯，长于斯，以女性特有的笔触书写所见所闻所感，如毕节周婉如、陈枕云，贵阳许秀贞等。这类女性作者体现了贵州本土文化与文学对女性文学发展之影响。第二类是嫁入贵州为人妻者，或随亲人入黔而定居者。这类女性往往在省外出生、长大，接受的文化教育和文学创作技能也是在省外完成，但其入黔后，以女性特有视角感受贵州社会与文化，创作了大量文学作品。这类女性创作群体体现了省际间文化交融对文学发展之影响。是女性视野下贵州文学形象的建构。这类女性作者的代表如贵阳陈夔龙之妻许禧身，铜仁徐棨之妻许韵兰，二者皆钱塘（今杭州）人氏。

近代贵州女性文学作品数量多，体裁丰富。其中受儒学的影响十分明显。就男性创作群体而言，其女性文学作品的儒学内涵主要表现在赞美妇女美好品德，讴歌贞女节妇之操行，为维护封建礼教，移风易俗而作。而女性创作群体，其文学作品的儒学内涵主要表现在敦述伦理亲情、以诗志史、关注与批判社会现实等。这类作品温柔敦厚，怨而不怒，含蓄隽永。

第一节　近代贵州闺秀集考述

《听春楼遗稿》：

［清］许韵兰撰。光绪《铜仁府志》、《黔诗纪略后编》、民国《贵州通志》著录，佚。

光绪《铜仁府志》卷十四："国学生徐棨妻许氏。氏名韵兰，字香卿，钱塘人，明经许其卓女。许为浙中大族，科名鼎盛，甲于其乡。氏幼在闺中，即熟典籍，工吟咏。二十岁适棨为室。棨为徐雨苁通政家子，少以才名自负。及氏来归，棨掩帷相对。衾侧置笔砚花笺，得句索和，争捷斗敏，恒不相下，时艳称之。生三子，长甫数龄，氏以病卒。棨抱安仁之痛，居常戚戚，感氏伉俪，哀集所作，为刻其《听春楼遗稿》，以慰哀思。"

《黔诗纪略后编》卷二十九："国子生徐棨妻许氏。氏名韵兰，字香卿，海宁人，适同仁徐棨，棨博雅好事，夫妇唱和，香卿有句云：'幼惭书未读,近喜婿为师.'又云:'试笔朝临帖,挑灯夜课诗.'黔人传为佳话。有《听春楼诗》六卷。"

　　按:光绪《铜仁府志》收其诗九首,分别是《访梅》《扬州晚泊》《寄闺中旧侣》《赠外》《舟过苏州》《晚眺》《过岳忠武庙》《呈表伯施惺渠太史》和《外游尽云崖诗后》。《黔诗纪略后编》收其诗十二首,分别是《冬夜同外间话》《舟至辰溪入铜仁河赠外》《双江晚渡》《秋蝶》《春晓闻笛》《西湖春晓图》《西畴山庄》《京口舟中》《次句容骆佩香女史(绮兰)西湖原韵》《樱桃》《春分忆海昌燕来笋正出》和《题莲塘诗趣图》。

《吟香阁诗》四卷:

　　[清]舒芳芷撰。《黔诗纪略后编》、民国《贵州通志》著录,佚。

　　《黔诗纪略后编》卷二十九:"国子生徐桼妻舒氏。氏名芳芷,字芝仙,铜仁人。同邑徐桼继室,桼辑《黔诗萃》,芝仙与有校勘之劳。有诗纪事云:'红袖题签灯影畔,绿窗校字酒樽前.'亦韵事也。有《吟香阁诗》四卷。"

　　按:《黔诗纪略后编》收其诗二首,即《深山》和《秋夜枕上口占》。

《滴碎愁心集》:

　　[清]陈枕云撰。民国《大定县志》、民国《贵州通志》著录,佚。

　　光绪《平远州续志》卷七:"谌皆模聘妻陈氏。皆模,邑廪生,未婚而殁。闻讣之日,即往奔丧,年甫十七,矢志守节,奉养孀姑二十余年,言动不苟。"

　　民国《贵州通志·列女志》:"陈枕云,大定人。知府陈世彬女弟。幼读书,工诗,字州廪生谌皆模,未嫁而谌卒,闻讣往奔丧,遂矢志守贞。会世乱，夫家式微，其兄方官四川，往依之。世彬卒于蜀，而黔中贼氛恶，大定尤甚，因殡之永宁，携兄眷属归里，孝事继母，扶遗孤淞成诸生，已而谋族为立后，请旌迎归就养，年八十余以疾卒。著有《滴碎愁心集》，盖取集中'那堪一夜芭蕉雨，滴碎愁心泪未收'之句也。"

民国《大定县志》卷二十："《滴碎愁心集》一卷。陈女士枕云撰。枕云，陈处士善道女，陈太守世彬妹，幼字织金谌皆模秀才，未嫁而谌氏卒，遂守贞以终。"

陈婧德《序》："呜呼！孰谓山川灵淑之气，惟萃于中州而独钟于男子乎？舍人产自犍为，尹珍生于母敛；大姑曾为女师，若昭实尚宫，则才固未尝择地择人也。即吾定处万山之冲，夙称僻陋。而如刘大令之恬逸，章侍读之锦丽，视通都俊彦，何多让焉。至吾曾祖姑枕云则才节并峙，尤为难也。姑，吾叔高祖性禾公女，吾叔曾祖藻洲公妹。幼即聪慧，能读善解，长工诗善画，精女红。字织金谌氏，未嫁而婿卒，遂以女守贞，乡党咸钦崇焉。时清咸同之交，兵戈四起，战事不息，姑乃随兄入蜀，内悲身家，外感世路，既深历穷愁，以苦其思，复广览山川，以作其气。于是悲感百出，忧怨横生，皆一一以诗发之。故其诗凄凉婉转，哀痛泣人，有不忍卒读者。兰成身世，少陵君国，有激斯兴，固无以异。夫滇之山蕴玉，蜀之水含金，是皆山川灵淑之所凝孕。吾定龙山东峙，渌水西流，苍苍泱泱，其有所钟宜也，而谓独于男子可乎？姑诗曾手录为一卷，仲兄求得其稿，稍加删削，编次为集，名曰《滴碎愁心》，盖取诗中"滴碎愁心泪未收"句为志哀耳。既成，以序为命。婧德虽甫学为文，然不敢辞，亦不获辞，乃推阐山川灵淑之不异，男女钟赋之原同，以为序焉。并昭吾女界之作者。"

按：民国《大定县志》收其诗四首，分别是《甲子仲冬随兄避兵入蜀途遇苗氛阻十余日感赋》《秋兴》二首和《夏日偶拈》，同时收录民国六年（1917）其侄曾孙女陈婧德为诗集所作《序》。今人于大方县收集后人传抄的陈枕云作品,重编《滴碎愁心集》,收诗九十九首,非原稿。

《澹静楼诗钞》:

[清]涂元仪撰。道光《大定府志》、光绪《黔西州续志》、民国《贵州通志》著录。佚。

道光《大定府志》卷三十八:"州民李再瀚妻涂氏,成都知府上元涂长发之女,年十七适再瀚,翁没媚姑存,涂氏鬻奁具偿翁时债,得姑欢心。再瀚没,涂氏年二十九,欲以身殉而自服毒药,同室见而夺之,谓以捐躯事小,承家事大,乃止。从此孝敬弥纯。又知诗书,井臼之暇,或为吟咏,著有《澹静楼集》,前布政林公母征本朝闺秀诗,采其诗。"

光绪《黔西州续志》卷二:"李涂氏,江南上元人,布政司里问厅再瀚元配,太古楼居数十年,著有《澹静楼诗集》。同治三年(1864)城陷,氏年八十二岁,偕七十六岁之妾何自焚于火。"

民国《贵州通志·列女传》:"涂氏,江南上元人,布政司理问厅李再瀚妻,成都府知府长发女,年十七归再瀚,舅性倜傥,不屑封殖,负债以殁。氏鬻奁偿之,得姑欢心。夫殁,氏仰药殉,同室见而夺之,得不死。同治甲子(1864),城陷,自焚,年八十二。氏读书,工诗,好楼居,所著有《澹静楼诗集》。清布政使麟书母征本朝闺秀诗,采其诗多首。"

《绿香阁遗草》:

[清]何履洁撰。民国《贵州通志》著录。佚。

民国《贵州通志·列女传》:"何氏,名履洁,贵筑人。针黹有暇,即事吟咏,年十八适同邑贡生邹璠,著有《六桥烟雨楼诗稿》,陈文政作序(详见《艺文志》)。六桥云者,盖其家在六硐桥也。其《六桥晚眺》

云：'河干风景如图画，时见卖花人过桥。一馨声随流水去，双栏影倩夕阳描。清将夏气惟兰佩，缩得秋光是柳条。最苦捣衣砧杵急，不曾寄远亦魂销。'《秋海棠用王渔洋秋柳韵》云：'天练秋容月练魂，翻将罗绮识蓬门。草根苔缝虫相语，陲绿泣红花有痕。阶下素馨初结伴，江南黄叶已成村。好将悱恻芬芳意，来对萧条景物论。一枝红怯雁来霜，冷逼风荷十里塘。玉种晚香堪合璧，罗经秋剪不归箱。瘦寒花外吟郊岛，荣悴堂前向谢王。西府漫嫌客寂寞，还呈碎锦比春芳。花如人面月如衣，睡态娇春笑昨非。鹦鹉馋前寒碧瘦，蛸蟏底纹小红希。午晴养艳云心护，秋晓凝妆露脚飞，多少繁华金粉地，为求平淡却相远。托根拳石得天怜，花气氤氲玉润烟。名士文章同冷俊，美人情致共缠绵。岁寒草木存真性，日永藩篱即小年。红到夜深浑不睡，几回烧烛照墙边。'录之以见一斑。二十五而寡，有子三曰元芳、元富、元发，履洁躬自教之。"

陈文锦《序》："余尝谓淑女而有才者多不祥，才女而俪于有才者尤不祥，后世自管道此多幸外，非贫即病，非夭即寡，可以一一数也！岂绿黛工颦，果为定例耶？抑红颜薄命，果属成言耶？贵筑旌表节孝邹何氏，孝廉国柱之高祖母也。生平工诗，饶有风格。甲午秋，孝廉持其《绿香阁遗草》属题，余受而读之。《集》中多咏物之作，孝廉代述其意，谓是时高祖讳璠者犹存一楼濒河，六桥听雨（寓六洞桥畔），流连光景，半是小题，扬厉阂庥，惭非大笔，似以此为未足者。余窃谓汉才女无若蔡文姬，然其前不忍言也；宋才女无如李清照，然其后不足齿也。盖笔床砚匣，事止闺中；秋月春花，境同尘外。诗教不过如此，即妇言亦正宜如此。至其《归汉诗》之悲惨，《打马赋》之豪雄，此岂为婉婉者法哉！是编独标林下之风，别具香中之韵。明月东上，转光风于蕙丛；远山西横，挹明翠于烟杪。绣余有暇，绮思以纾。极悱恻之思，多雅炼之句；虽然，此皆不祥之一具耳！所天为邑中名士，沈约郊居,高柔爱玩。倡随未久,瞑眩弗瘳。王仲宣以体弱陨年,卫洗马以神清早逝。是则共姜之志,惟励节于秋霜;令娴之文,空断肠于夏绿;不能翻此不祥之局也。又况群儿嬉戏,破瓮无人;爱子溺亡,坠渊有自。鱼腹虽葬,雀讼无声(爱子元发与群儿戏,被人挤溺窄口滩,死之。人有劝之兴讼者,惟引咎自责而已)。是又杨彪舐犊之思,不胜沈痛;枯鱼过河之泣,写以哀歌:此亦不祥之甚者也。独是款冬之华,凌霜愈耀;正始之集,与古为新。后之人揽秀撷华,怀清履洁。虽淑媛去同蝉蜕,而是《集》留等豹皮矣!岂止乌衣巷口,述德赓灵运之诗;定知青藜阁中,垂光照列女之传。"

《枣香山房诗集》一卷(附《诸女士诗》一卷):

〔清〕许秀贞撰,《黔诗纪略后编》、道光《贵阳府志》、民国《贵州通志》著录,存。

《黔诗纪略后编》卷二十九:"胡秀才凤翔妻许氏。氏名秀贞,字芝仙,贵筑人,适武秀才胡凤翔,兼长诗书,有《枣香山房诗集》。"

道光《贵阳府志》卷八十六:"许秀贞,字芝仙,税课大使廷瑶女,外委胡凤翔妻,工诗书。《春阴》云:'忍寒人半着春绵,茶灶犹温柿叶烟。最爱花朝三月半,欲晴欲雨杏花天。'《黔灵山》云:'树黑凝藏虎,潭腥欲起龙。'《秋登南岳山》云:'云迷山色千重翠,树绕人家一带黄。'《暮春》云:'游丝也解留春住,故向风前绊落花。'《寿夋》云:'棋酒一生惟好客,诗书万卷不知贫。'《水仙》云:'只缘素质能医俗,自有冰心可遇寒。'其妹遇贞,字瑞仙,县学生李景煊妻《竹露》云:'修竹绿成荫,叶叶重清露。凉月到前轩,珠光寒薄暮。'《黔灵山》云:'碑同没字摹难识,山纵能灵语讵通。'《盆内假山》云:'峭石势嵯峨,宛然林壑景,洞穴透玲珑,中有仙人境,水木湛清华,烟云锁幽静,何用十洲游,蓬莱等清冷。'淑贞,字兰仙,贡生陶允升妻,著有

《茗香楼集》，早卒。《怀姊云》：'踏月满阶花影瘦，壁云千里雁书迟。'
《山霁》云：'雨余药院苔痕滑，路转茅亭花影深。'梦贞，字蝶仙，县学
生张烷室。《水口寺》云：'寺门烟树清于洗，水阁风花晚更凉。'《武
侯祠》云：'三分魏武偏遗恨，终古高文想出师。'芳欣，字红榭，秀贞
之侄，周士景妻，士景早卒，矢志守贞。《即景》云：'高楼人去茶烟细，
小径风来麦饵香。'其《吊李烈女诗》尤哀怆，所谓因人作哭也。芳晓，
字碧榭，乃秀贞侄也。诗集尤多。《大雪》云：'冷人风声忙玉蝶，寒
邀月影到梅花。'《扶风山》云：'花雨沾衣红欲滴，松风掠鬓翠生寒。'
《黔灵古碑》云：'山深自老一卷石，字古全封五朵云。'《甲秀楼铁柱》
云：'漫比六州空铸错，尽教一柱永铭功。'《吊李烈女琼芝》云：'从
此永诀，以礼为归，女亦不计礼，但随雄以飞。'持论最正。芳盈，字莺
榭，芳晓之妹。《初夏》云：'一院竹烟凉枕簟，半帘蕉雨润琴书。'芳
素，字竹榭，芳晓之妹。《春阁》云：'好鸟似怜春欣半，催人妆罢看花
开。'《水月寺》：云'古殿窜苍鼠，深林啼午鸡。'同时并以诗著。里
人周际华与廷瑶善赏，为汇叙其诗为一集，以兰闺竞秀题之。"

　　民国《贵州通志·列女传》："许秀贞，字芝仙，西池女。西池嗜
诗，并诸女而课之，秀贞有《枣香山房集》一卷。适武生胡凤翔，事翁
姑极孝，姑老且病，不离床褥。秀贞亲侍汤药，无间晨昏。生一子，不
育。恒以诗画自娱。诗多秋气，画学沈石田、倪云林，自成丘壑。妹
遇贞、淑贞，并能诗。遇贞字瑞仙，适都匀诸生李景煊。淑贞字兰仙，
适都匀贡生陶允升，有《茗香楼诗集》。西池孙女芳晓，字碧榭，亦有
《莳茶集》。"

　　周际华《序》："黔地僻处荒檄，从未闻以才女传者。士大夫家，
以女子读书为嫌，即偶有学为讴吟者，辄防物议，不肯轻以示人。此
谫陋之所以成风，而留心风雅者无从采掇也。夫天地清淑之气，岂独
钟于男子？倘使女子从师，其聪明洞达，必较胜于男子，盖其心静、其

气恬,故其记诵为较易。惜乎以其非所尚务而舍之者众耳！然而史有班姬,诗传道蕴,嗣是而女博士、女学士、女相如指不胜屈。类皆能拾名山之典故,发大块之文章。自古及今,代传佳话,又何尝以女子为必不可学,学之必不可以成名,而乃斤斤焉为闺阁禁哉！予游历大半天下,闺秀贤声,不一而足。或以诗名者,或以书名者,或以诗兼画名者,窃以为山泽钟英,男女同畀,胡为乎吴、越、齐、楚、燕、赵诸邦率多不栉进士,而独于吾黔未之闻耶？道光癸卯,予解组归田,年逾七十,得与故交许西池先生往还。先生八十有八,相见如隔世。绿牙签满架,半属诗歌,先生自嗜吟哦,并其诸女而课之。花晨月夕,互相酬唱。尝谓女子患不明理耳！德、言、功、容之不讲,《诗》《书》《礼》、《乐》之未闻,而徒以不凿不雕为足恃,吾乌知不凿不雕者昏愚自用,果可恃以无恐耶？惟使之读书,先明其理必能闲其心,闲其心必能顺其则。一嚬一笑,一动一言,皆有所顾忌而不敢肆彼昏愚者,又焉知此义也？每与予倾谈竟夕。久之,出其长女秀贞所著《枣香山房诗集》属订。并诸女郎各有存稿,皆寓目焉。因题其册曰：一门竞秀,就中秀贞为白眉。先生使以弟子礼来见,端庄静一,觉清华朗秀中饶有冷冷然丰骨,故其为诗,颇多秋气,其所性然欤？抑其所遇迫之耳！厥号芝仙,兼工山水,时取沈石田、倪云林诸名手所制心摹力追,自成丘壑,虽曰无师之学,然亦足征其会心矣！问其年,四十有四。独忆垂髫时曾经一见,忽忽三十余年,婉娈娇娃,顿生自发,能不慨然？适胡君凤翔为室。胡职武弁,为次子顼之妻弟,芝仙事之惟谨,且事翁姑极孝。翁殁,姑依之,既老且病,不离床褥。予亲见其侍奉汤药,无间晨昏,殁后尽哀,每一言及,必泫泫泪下。可不谓贤欤？惜平生一子不育,恒郁郁不快意,遂藉诗画以自娱。予为之陈说古人旷达语,反复言之,彼亦欣然觉悟,顿觉胸次开朗,无所介介。是其聪明本出人先,而又益以诗书之气,理澈则性定,心平则气和,读书亦何尝误人哉！适郡伯小湖先生肇修郡志，予采其《枣香山房诗集》与其诸妹、诸女侄存稿录存志局，而不能备载其详，因欲付诸剞劂，以彰其梗概。而重冀当代大贤题词下锡，俾知且兰小国，亦有才人，且以见圣朝雅化，而濡及于边方女子，不可谓非风教所关也。"

按：道光《贵阳府志》卷五十三："《枣香山房诗》一卷附《诸女士诗》一卷。贵筑女士许秀贞撰。前有周际华、花咏春序，后有秀贞父廷瑶及兄子榆跋。《诸女士诗》则许遇贞、淑贞、梦贞、芳欣、芳晓、芳盈、芳素、陈德庄、刘起凤之作也。际华亦为之序。"《黔诗纪略后编》收许秀贞诗六首，分别是《立秋前一日作》《霁虹桥晚步》《春日游张氏别墅》《暮春》《山行》和《白海棠》。国家图书馆藏有清道光二十六年（1846）刻本，1 册，二卷。

《静宜室剩草》：

［清］孙诵昭撰。《播雅》《黔诗纪略后编》、民国《续遵义府志》、民国《贵州通志》著录，佚。

《播雅》卷二十三："王举人妻青藜妻孙氏。孙氏，名诵昭，字班卿，金陵人，为遵义道光乙酉举人王青藜继配。班卿淑婉而文，夫卒，尽焚其平生诗稿，不复从事吟咏，其妹左卿诵芬即得自邮寄旧钞者，萃为《静宜室剩草》，序而刊之。静宜，盖班卿所居室云。"

民国《贵州通志·列女传》："孙诵昭，字班卿，金陵人，举人王青藜继室，淑婉而文，夫卒尽焚生平诗稿，不复吟咏。其妹左卿检自邮寄旧作，萃为《静宜室剩草》一卷。静宜者，班卿所居室也。其《供菊》云：'采得东篱菊，萧疏插案头。影描半窗月，根老一瓶秋。径僻难成赏，香寒为久留。多君矜晚节，人意淡相俦。'《残照》云：'不道黄昏近，难留是夕晖。曲穿芳径去，平护晚鸦归。色艳争红叶，光低隔翠微。天然图画好，欲倩彩毫挥。'其《望月怀两姑》《弹琴》诸作俱佳。"

按:《播雅》收其诗二十三首,分别是《偕表姊王淑英游虎丘》《残照》《供菊》《晓起》《芦花》《落叶东外》《望月怀两妹》《戊寅季春送左卿妹归粤西》《左卿妹以诗见寄次韵答之》《伤离怆然有作》《得外疾耗》《弹琴》《姑苏台》《舟次怀两妹》《思乡口占》《秋夜怀两妹二首》《哭吉人夫子五首》。民国《续遵义府志》收诗九首,分别是《供菊》《残照》《得外疾耗》《弹琴》《哭吉人夫子五首》。

《茗香楼诗集》:

［清］许淑贞撰。《黔诗纪略后编》、民国《贵州通志》著录,佚。

《黔诗纪略后编》卷二十三:"陶贡生允升妻许氏。氏名淑贞,字兰仙,遇贞妹也,适都匀贡生陶允升,有《茗香楼诗集》。"

按:淑贞,秀贞妹。见民国《贵州通志·列女传》。《黔诗纪略后编》收其诗一首,即《山斋学画偶成》。

《莳茶集》:

［清］许芳晓撰。《黔诗纪略后编》、民国《贵州通志》著录,佚。

按:芳晓,淑贞女侄。见民国《贵州通志·列女传》。《黔诗纪略后编》收其诗一首,即《芳杜州》。

《嘉荫堂吟稿》一卷:

［清］李坤耀撰。道光《贵阳府志》、民国《贵州通志》著录,佚。

道光《贵阳府志》卷八十六:"李有光,字坤耀,孝廉若兰女,吴章奎妻,著有《绣余闲吟》。读《宋史岳武穆传》云:'十载立功兵气壮,一朝卷甲阵云愁。若非冤狱成三字,未必忠名震九州。'《除夕》云:'夜永已倾新岁酒,宵分犹作旧年诗。连番爆竹催春曙,几度吟梅得句迟。'《黔灵山》云:'深松覆屋排虬干,飞阁笼云现蜃楼。'《慈雪》

云：'风姨一夜筛轻粉，散与山城十万家。'其姻添将刘志嵩之子妇陈氏，能骑射，善画，坤耀赠以诗云：'木兰试马剑初鸣，管氏摹□画更精。两代闺贤君擅美，愧侬无技可成名。'"

按：道光《贵阳府志》卷五十三："《嘉荫堂吟稿》一卷。贵筑女士李坤耀撰。前有石襄臣《序》。凡诗六十余首。"《嘉荫堂吟稿》当即道光《贵阳府志》卷八十六所云《绣余闲吟》。

《集圣教序述祖德诗百首》：

〔清〕杨莲之撰。民国《贵州通志》《贵州省古籍联合目录》著录，存。

民国《贵州通志·列女志》："杨莲之，鄂县令鲁川季女，果勇侯芳侄孙女，喜谈书，终日手不释卷，著作盈箧，更长骈体，书法遒媚，德性温雅。其父严于择婿，有龙堃甫者，以名家子从果勇侯西征，襄理奏牍，荐升花翎守备，侯为作伐，未婚而莲之遽卒，年才十六。先是，鲁川引疾他出，其妻携莲之寓芳邸，尝遗书西域军中，述署中两家琐事，老手笔千言不能尽者，以百数十字该之，军中传观，咸为叹绝。道光庚寅，芳赐寿六十一，鲁川方赴成都，莲之代成五七律各五十首为之寿，共四千五百言，悉取材《圣教序》。现五律久佚，仅七律五十首犹存安章宅，句无钉饾痕，使天假之年，造诣正未可量。"

杨芳《跋》："女孙莲之，族侄甲戌进士鄂县令鲁川季女也。庚寅春，余蒙赐寿六十有一之年，时乃父赴都，代成五、七律各五十首为寿。以十六龄弱息，叙余生平事，难矣！而四千八百言，取材于《圣教序》二千二百余言中，诗多佳句，兼多英气，尤非易才也。前乃父引疾他出，乃母携寓余宅，曾于两域军中得彼寸简，述署中两家琐事，老手笔千言不能尽者，以百数十言该之，军中传观，咸为叹绝。终日手不释卷，著作盈箧，更长骈体书法。龙堃甫以名家子从事军中，襄理奏牍,荐升花翎守备,翩翩俊杰,弱冠未婚,作合之,称嘉偶焉。昔唐集右军书成《序》,今女集《圣教序》成诗,余复以右军书泐诸石,传其一斑,想右军家咏雪才媛亦当敛袵耳!"

　　按:贵州省图书馆藏有《松桃杨莲之女士集圣教序诗》的两种版本,一为民国贵阳文通书局铅印本一册,封面题十六龄女士杨莲之集圣教序诗;一为民国油印本一册,附宋播州杨氏女昆仑策马图题词。

《稚香楼小草》:

　　[清]喻桂云撰。光绪《铜仁府志》、民国《贵州通志》著录,佚。

　　光绪《铜仁府志》卷十四:"庠生陈旭妻喻氏。氏名桂云,字月芬,为喻燕姊,生而颖异,幼敏于言。母氏沈知书。氏甫学语,即教以古诗。源八九岁时,善属对,随口可得偶。其父以烟具牙嘴令对,氏指母着皮背心应之。父母皆为莞尔。稍长,博通经史,十三岁,父出幕游。有弟三,皆幼,方授句读。母以家事繁劳,不暇督课,氏尝佐之。及诸弟次第就外傅,每自塾归,必详询课程。二十岁适旭为室,翁姑尤钟爱,恒交口赞妇贤。寻以病卒,时年二十四岁,遗一子。著有《雅香楼小草》,未梓。"

　　按:光绪《铜仁府志》录其诗六首,分别是《初晴》《春望寄外》《晚霁》《秋夜》《纳凉》和《对月》。

《吟香阁诗稿》:

　　[清]申辑英撰。光绪《铜仁府志》、民国《贵州通志》著录,佚。

　　光绪《铜仁府志》卷十四:"教授徐元熊妻申氏。氏故巨族女,幼识字读书。始,其父富于赀,相攸甚苛。元熊十龄入泮,有神童名,乃以氏字之,及适元熊,氏父家落。元熊年少恃才,目空一切。氏承以柔顺,未尝稍忤。无何,元熊出游,氏翁植素以廉隅者箸家贫如洗,厨灶萧然。氏尝忍饿以供堂上饔飧。植严于礼法,媳行恒疏。氏病经年,垂危而植始觉。氏殁,植窥其室,衹敝席一片,冷菜粥一盂,他无所有。植大恸曰：'媳苦死矣,吾何梦梦若此！'及元熊归,检药簏,得诗一册,皆忆远感遇之作,阅之酸楚,凄人心脾,不忍卒读,绎其字迹,知为氏手泽。元熊叹曰：'同室二十年不知其工吟咏,在德不在才之言,抑何过拘？岂吾昔年盛气凌人,虽伉俪不能不韬晦以求免耶？'后元熊历任儒学有年,屡经迁徙,诗册不知存于何处,仅传其《忆外》一绝云：'天涯一去便长违,望断鳞鸿泪暗挥。春到他乡啼杜宇,可曾听得不如归。'子敬增癸西举乡试第八,人谓氏贤孝暨其翁清操之报云。"

按：光绪《铜仁府志》卷十四："氏名辑英,字玉卿,著有《吟香阁诗稿》。前只采得一首,兹嗣君厚光以全集至,阅之美不胜收,落笔能以意胜言外,颇有寄托,深得风人之旨。《听春楼集》韵致虽佳,不过修饰字句,以此相较,犹当驾而上之,识者不能辨焉。"录其诗十八首,分别是《论诗二绝》《闻鹃有感》《秋夜独坐》《喜外由归化还里》《秋夕》《伴增儿夜读》《遣婢》《闻外秋闱报罢》《白燕》《墨画牡丹》《咏萤》《秋风》《喜外归里》《望远有感》《对菊》《秋虫》《秋夜偶成》和《知病不起》。

《树萱背遗诗》：

　　［清］郑淑昭撰。《黔诗纪略后编》《黎氏家集》《黔南丛书》《续遵义府志》、民国《贵州通志》、《贵州省古籍联合目录》著录,存。

　　《黔诗纪略后编》卷二十九："赵知县廷璜妻郑氏。氏名淑昭,字班班,遵义人,郑先生珍女也。适知县赵廷璜。先生为经学大师,淑昭濡染家学,妇德母仪,一世楷模,诗词亦绰有大家风范,有《树藼背遗诗》。"

按：黎庶昌《赵宜人墓表》："晚颇为诗，然不存。没后，怡辑录余篇为《树萱背遗诗》一卷。树萱背者，宜人自署室也。"《黔诗纪略后编》收郑淑昭诗七首，分别是《春暖曲》《秋夜曲》《两儿乡试归怡儿下第忻儿获隽且怅且喜得二诗》《春日种菜作歌以示女蕙妇婉嬺》《梦》和《晚上池亭》。《树萱背遗诗》有黔南丛书本，共收诗五十六首。贵州省图书馆藏有清光绪二十年（1894）京师刻本。

《云英吟卷》：

〔清〕唐贞撰。《续遵义府志》、民国《贵州通志》、《四川省图书馆馆藏古籍目录》著录，存。

《续遵义府志》卷二十四："知县赵廷璜之妻唐氏。氏名贞，字云英，年十九归遵义赵廷璜为侍妾，性明锐，言辞侃侃，不讳不私，家人皆许以明礼。其家多习诗文，贞尝请从学，朝夕吟咏，不以为劳，渐渐且为诗，恒不至压倒他人。不止，久之成帙，自书为《云英吟卷》，光绪二十有六年（1900），廷璜以疾终綦江盐岸分局，贞遂仰药殉焉。又盐务总局呈督部奏请题旌。"

胡薇元《序》："《韩诗外传》曰：'君子洁其身而同者合焉；善其音而类者应焉。'古之人教其家，必于其身先之，故不求其同而无不合。正其声，将于其音观之，故不期其类而无不应，则所以结之善之者，要于此观君子矣。异哉！唐孺人于年丈退叟先生之敬事无违，濡染其家法，遂博及史传，达其义理，而一发于诗。且于先生之终而毅然竟以身殉，夫岂不坚贞特立，凛然足以日月争光哉！曩余尝交渊叔同年，及其兄幼渔，得闻先生盛德高行。盖先生为郑子尹征君甥，治新宁有善教善德。幼渔兄弟皆从母授诸经，得征君为学端绪，咸刻苦励学，以见于政治。一门群从姑妇姒娣，莫不敦诗说礼，宜孺人乐为名贤妾侍耳，习于道义之言，见于诗者皆和平温厚。其死也能从容就义,获旌于朝,称奇烈女子,然出于赵氏礼让之门,则又习与性成,若不足异矣。"

陈矩《题辞》:"才女鲜奇节,烈媛几识字。雏诵云英诗,一身才节备。生小本农家,清才天所畀。宅近桂湖滨,天香沁心胃。摇笔与俗殊,芬芳胜百卉。及笄归赵公,经传时心醉。幸坐古香中,又复依循史。千里获从游,山川助诗思。有才不自矜,妙解尊卑意。追随十六载,殉身明大义。知义不知身,疆臣上其事。皇皇天语褒,生贱死乃贵。世无褚登善,谁补清娱志。遗集以人传,芬留黔国志。"

赵恒《跋》:"右录唐孺人遗诗一卷。孺人才性明达,善辩说,有高致,见人所为,辄橅效之,为即胜人。初亦识字,及归我先大夫,入门,见吾家多藏书,又门内皆喜吟讽,曰:'吾何修得此者,不今之学,孤负此生矣。'遂奋然读书,每至夜分灯炧,犹咿唔伏案不辍,若恐人先我知。见古今名媛诗辞书画,虽片纸靡不欣赏咨嗟,自恨弗及。十余年来,积诗数百首盈妆箧,手录成卷,置枕上,背人辄吟哦涂窜,期当意乃已。其与家人居,尊卑分谊,罔或踰节,又善以语趣解人纡郁,故家人每聚谈戏,无孺人不欢。而于我夫妇特厚,居必与近室,内子雪芬体素弱,多产,每分娩,孺人辄取孩长者与共寝处,饮食哺养之。断乳夜啼不睡,孺人起抱持,手拊口弄膝行,辗转床褥间,彻宵忘倦。其他肫挚类如此。呜呼!孺人之贞烈美行,自足千古,固不藉诗以传,然以生年酷嗜,矻矻孜孜,历十余年。使孺人不死,其造诣所至,当不仅是。然亦何幸今而有是也。今录其诗风格完美者百余篇,亦以见孺人之卓其行而蔚其文,以视世之第以才秀夸靡闺阁者,或不啻千百倍蓰也欤。"

按:《续遵义府志》收录唐贞诗八首,分别是《立秋夜怀长公子鳖生吴中》《秋夜即事》《春初忆鹤严》《家主赐字云英》《鹪鹩巢》《池桥晚坐》《读蔡女胡笳十八拍》和《清溪闲步》。民国《贵州通志·列女传》："感时抚事，兴到古人，长言咏叹，自悼亦自慰也。"《四川省图书馆馆藏古籍目录》："《云英吟卷》一册，清唐贞撰，清光绪成都排印本。"

《五凤楼诗稿》：

［清］谭兰英撰。《黔诗纪略后编》、光绪《黔西州续志》、《续遵义府志》、民国《贵州通志》著录，佚。

《黔诗纪略后编》卷二十九："张秀才宝琛妻谭氏。氏名兰英，字畹滋，贵阳人，遵义诸生张宝琛室，有《五凤楼诗稿》。"

光绪《黔西州续志》卷六："谭兰英女史，为金筑甲午经魁印江县训导谭紫垣名元奎先生之女。性情淑贤，工韩、杜，善书楷，年二十于归张小云。小云固州属新民里人，随父世鳌官贵阳广文，伉俪甚谐，时以吟咏相酬对。其诗名《畹滋诗草》，均有佳句，惜多散失，姑就存者录之。"

按：《黔诗纪略后编》收其诗三首，分别是《即事》《渔翁》和《刺绣》。光绪《黔西州续志》卷六云诗集名曰《畹滋诗草》，并收诗三首，分别是《春日即事》和《赠外七律》二首。

《绣余小草》：

［清］关月仙撰。《黔诗纪略后编》、民国《贵州通志》著录，佚。

《黔诗纪略》卷二十九："桂举人銮妻关氏。氏名月仙，字素梅，贵筑人，适贵阳举人桂銮。月仙有《无题诗》：'白月一窗才子梦，青山四面美人魂。'为人传诵。有《绣余小草》。"

按：《黔诗纪略后编》收诗四首，分别是《白菊》《暮春》《春夜用月樵二妹原韵》和《步月》。

《纫秋小草》一卷：

〔清〕陈兰修撰。民国《贵州通志》著录，佚。

按：陈兰修，安顺人，同邑举人任同熙妻。

《圆灵阁遗稿》一卷：

〔清〕安履贞撰。民国《贵州通志》《贵州省古籍联合目录》《赫章县志》著录，存。

按：安履贞，毕节人，彝族，其先世为乌撒盐仓土府后裔，属乌撒八大首目总几家支的奢渣、阿克土目，其辖地在今赫章、毕节两县交界境内。其父安中立早逝，由母抚养成人，履贞死后，其子余一仪将母《圆灵阁遗草》遗稿与其舅安履泰十首遗诗一并于光绪辛巳（1881）刊印。贵州省图书馆、贵州省博物馆藏有清光绪七年（1881）刻本。

《妃蘅楼诗》一卷：

〔清〕蹇仙桃撰。《黎氏家集》、民国《贵州通志》著录，未见。

《黎氏家集续编》："黎尹融，字祝衡，庶焘子。生于咸丰九年（1859）十一月三十日，光绪己卯（1879）科单人，庚辰（1880）科进士。癸未(1883)殿试即用知县，分发吉林。十一年乙酉(1885)丁忧回籍。再任吉林，署彬州，补农安县实缺，升直隶州知州补缺，后以知府用。丙申(1896)丁母忧回籍，光绪二十四年(1898)十二月十七日卒于遵义杨家巷住宅，享年三十九岁。妻蹇仙桃(1859—1884)，四川候补道台蹇予和之女，有文才，善作诗，著有《妃蘅楼诗》一卷。即《景梅亭悼亡诗》中所悼之仿昭者，年仅二十六岁，客死吉林，所生二子即黎渊、黎迈。"

按：蹇仙桃，字仿昭，遵义人，同邑知县黎尹融妻。仿昭去世对尹融打击很大,尹融日夜思念,作《景梅亭悼亡诗》以慰痛苦。其中有《录〈妃蘅楼诗〉竟书后》:"愁魔快剑斩还深,十丈情丝两鬓侵。越鸟未闻辞比翼,崇兰犹自付同心。痴来妄冀重圆镜,响遏翻如失御琴。他日九原魂梦洽,离骚小雅寄哀音。"

《吟秋山馆诗》一卷:

［清］周婉如撰。民国《大定县志》、民国《贵州通志》著录,存。

民国《大定县志》卷二十:"《吟秋山馆诗钞》二卷,《词钞》二卷。黄育德妻周婉如撰。婉如,毕节周凤冈刺史女,适育德后,闺房唱和,称佳偶焉。诗亦清丽可喜。既卒,子锡彤为校刊行世。"

按:民国《贵州通志艺文志》:"婉如,毕节人,绵州知州奕采女,适同邑广东县丞黄梅溪。"民国《大定县志》卷十五:"育德,国子生,纳资补广东藩库厅丞。"卷二十二:"周婉如,字纫细,广东藩库厅丞黄育德之配,四川绵州知州周凤冈之女。"收录诗七首,分别是《夫子以游斗姥阁诗见示依韵和之》《登文龙浮图绝顶》《永清阁观荷遇雨》、《秋日感兴(时沈秋帆都转往西路剿贼)》二首、《章子和太史以癸亥九日沈秋帆都转招饮斗姥阁诸名士诗见寄索和即用分得东坡〈九日舟中望有美堂原韵〉》二首。

贵州省图书馆和贵州省博物馆藏有《吟秋山馆诗钞》一卷(附词钞一卷),清光绪二十二年(1896)黄锡彤刻本。1995年,毕节地区文化局和乌蒙诗社采集民间传抄的周婉如作品编辑《吟秋山馆诗词钞》(贵州人民出版社出版),非黄锡彤刻本。

《问字楼诗稿》:

［清］华璇撰。《续遵义府志》、民国《贵州通志》著录,佚。

《续遵义府志》卷二十四:"知县赵懿妻华氏。氏名璇,字玉芙,遵义华正伦之女，华联辉之侄，适赵懿，性沉静笃厚，自幼喜读书史。懿豪于诗，璇常吟咏，每深夜不息烛，所作诗颇有温柔敦厚之意，著有《问字楼诗稿》，年三十九，懿卒。督两姬亦能诗，教子宗畴成庠生。光绪丁未（1907）卒，年五十有一（据《赵氏闺秀诗存》）。"

　　按：民国《续遵义府志》卷二十四："诗凡一百五十余首，皆沉郁苍老可观。"收诗六首，分别是《咏春风》《野外》《亡夫生日设祭》《送夫弟恒还里营葬先夫》《登云安沧浪亭观先夫遗画》《秋怀》。

《香草楼诗》：

　　〔清〕罗绵纤撰。《贵州古旧文献提要目录》著录，存。

　　胡薇元《罗烈妇墓志铭》："烈妇姓罗氏，新津令予同年友赵幼渔先生姬也，什邡罗村人，十七归赵氏。幼渔故清贫，而一门风雅，姒娣子女皆能诗，遂顾而乐之，时时就幼渔学书，为之讲解古今大义，取古贤女事为譬喻析说，姬端立静听，有所领悟，不数年，竟能诗，与家人唱和，孜孜不倦，诗字颇近幼渔。时以礼自闲，事幼渔惟谨，幼渔以其温婉，名之曰绵纤，字以初月，盖以厉樊榭姬人月上比之也，生子一，宗祜；女二，珩、琚。宗祜年十七读书明节义，遭辛亥国变卒，明年女琚又亡。以幼渔忧危伤悼，忍痛抑哀，委屈劝慰。幼渔太夫人为郑子尹征君女，夫人为征君孙女，幼渔合经生、才子、循吏为一人，顾颇内敛，有至性，运值阳九，悒悒寡欢，卒以甲寅七月二十五日，卧疾不起。姬悲恸绝复生，已亲视含殓，慰子女，入室仰药死，年三十有九。呜呼！烈矣！夫天地定位而纲常著，奇喆倡蹈而模范立，是故《板》、《荡》之交，平昔号名流，谈忠孝，一旦新旧易、冰暑更，称兵执斾，指为丑虏，形诸歌咏，举世不以为羞。以视姬之赴义从容，岂不大相悬绝也哉！烈妇诗颇多，经幼渔为之审定百余首，幼渔弟次咸，属予再加删节，俾成定本。昔年伯退叟先生姬唐氏，以贞烈殉于先，予曾序其诗卷,今次咸裒集赵氏闺嫒诗,合此共存四卷,何赵氏之多贤嫒而悉善诗耶? 则闺门穆雍,诗礼之有以陶淑其性情也。将随夫枢归葬于黔,而薇之为之铭曰:于嗟烈妇正气留,生傍名贤死千秋。歌薇嫠纬志同俦,为世坊表人称讴。序哀以铭款诸幽。"

按:《香草楼诗》收罗绵纤古今体诗一百一十六首。有民国四年(1915)成都铅印本1册,藏贵州省博物馆、遵义市图书馆。

《冰梅诗草》:

[清]骆冰梅撰。光绪《铜仁府志》、民国《贵州通志》著录。未见。

光绪《铜仁府志》卷十四:"骆可仪女冰梅。可仪,山阴人,游幕来铜,遂家于是。冰梅幼即聪慧,可仪甚钟爱之,教以识字读书,八岁能属对。一日,可仪举'武松'人名令对,冰梅应声曰:'文杏,可乎?'其敏捷类如此。年十六,可仪卒于贵筑,冰梅闻讣,痛不欲生,以母在,强活。未几,长兄殁,冰梅见诸弟皆幼,母复多病,门户支撑乏人,爰矢志不字,绣佛长斋。摒挡家事之暇,辄与古人相对,久遂淹贯群籍。工吟咏,巡道陈枚知其文而贤,聘为女公子傅,次年母殁,枚赠金治丧,典礼无缺,一时称之,有'生男何如生女'之言。著有《冰梅诗草》,按察使李元度序之,待梓。"

按:光绪《铜仁府志》收录诗词六首,分别是《十五岁避难柳溪题壁》《病起》《答刘慧贞女史示意》《哭其兄瑞卿》《怀白玉娟女史·念奴娇》《道中口占》。

《松竹轩诗草》一卷:

[清]赵锦英撰。民国《贵州通志》著录。未见。

民国《贵州通志》卷十八:"锦英,字花如,贵阳人,顺昌知县赵国霖长女。幼习经史,娴吟咏,适同里候选知县朱振沅,振沅卒,氏以节旄。是书为其子树勋以优贡为湖南知县，萃其遗诗为一卷、词数阕附之。"

《小窗吟稿》：

　　［清］刘起凤撰。道光《贵阳府志》著录。佚。

　　道光《贵阳府志》卷八十六："刘起凤，贵阳人，幼读书，工吟咏，著有《小窗吟稿》。随父游宦，舟过武昌，《咏黄鹤楼》云：'鄂清夸名胜，仙人此旧游。三城烟火簇，千载汉水流。云影白疑鹤，山光青入楼。我来思借笛，吹散古今愁。'《游某夫人花园》云：'不期城市得山林，位置亭台见匠心。曲径折花宜泛酒，太湖移石可眠琴。座间风月长为主，江上烟波总入吟。更有假山高旷极，未妨扶婢一登临。'《署内红梅》句云：'点额巧妆疑醉酒，巡檐索笑欲餐霞。'《绛梅》句云：'疏影漫疑红粉退，暗香浮动素心知。'年二十三卒。"

　　按：据道光《贵阳府志》卷五十三，《小窗吟稿》附于许秀贞《枣香山房诗集》后。今《枣香山房诗集》共收刘起凤诗八首，分别是《鸿渐于逵》《松凉夏健人》《好与莲花作近邻》《霜叶红于二月花》《寒夜闻霜钟》《秋虫》《黄鹤楼》、《月涌大江流》（残）。

《亭秋馆诗钞》十卷、《词钞》四卷、《外集》一卷

　　［清］许禧身撰。民国《贵州通志》、《贵州古旧文献提要目录》著录。存。

　　陈夔龙《亭秋馆诗钞序》："仲萱主人，天资开敏，髫龄未尝学问，而识解异于常人。年三十来归余，适官兵部，家政无大小，恒相赞助。庚子之变，同居京师，枪弹林中，不失常度。余奉旨留守，每有商榷，无不动中机宜，亦天资使然也。偶有暇，辄挑灯煮茗，赓和为乐，然亦不多作。迨余抚大梁，乙巳六月，吾女之丧，无可挑遣，余有《哭女诗》

五十首,仲萱亦成《哀诗》三十六首,不忍卒读。嗣后西冷感逝,横桥望远,情所难遣,一托诸诗。今夏随任武昌,偶检行箧,已得存诗四百余首,是皆芳情之酝酿,血泪之讴吟也。爰谋授之梓人,仲萱以素昧诗律,深以贻笑方家为惧。余谓诗无工拙,惟其真耳! '明月在天','春花弄影',此岂有雕琢于其间哉! 描写性灵,发摅悲愤,则是编也,谓之诗也可,谓之言志也亦可。"

徐琪《序》:"钱塘许缘仲方伯之夫人顾氏,先母郑太夫人之中表姊妹也。方伯之从弟子原观察与余同游邑庠,又与先叔同登癸酉乡荐,故许氏之家世惟余最悉。及余通籍,而观察方官比部,旋入谏垣,文字过从,殆无虚日。尝闻其两女弟之才,其长归嘉定廖仲山宗伯,早卒,会遭兵燹,诗句多不传;次即今贵阳陈尚书筱石同年之淑配,世所称亭秋夫人者是也。观察居吾师俞曲园先生甥馆,先生女公子彩裳女史,为夫人嫂氏,工词翰,夫人幼从之学,故才思隽上,尚书又与余同领乡荐,登第后并在京师。每于两家获诵夫人得意诸作,然珠玉亦不轻出,且不甚存稿。自尚书由京兆尹开藩汴中,督漕袁浦,以至抚吴、抚汴,移蜀督鄂,南辕北辙,绣𫐉随之。江山湖海之胜,尽归眼底;神仙花草之瑞,时集庭中。尚书既有一官一集之编,夫人亦随地吟哦,积如千卷。会尚书保厘畿辅,余抽簪后仍居宣南,飚车迅速,邮筒一日可达,于是彼此迭有赠答,兼以拙句求夫人题咏。及上年避地津门,尚书正引退侨居,望衡往还愈密,因得拜观夫人《全集》。盥读既竟,不禁起而叹曰:夫人之诗词,岂寻常巾帼俪红妃白、嘲风咏露之句哉! 使以须眉论,固忠孝兼全之纯儒,义愤勃发之豪杰,体恤民艰之廉吏,慈惠及物之仁人,洞悉世变之智者,悟彻上下之仙佛也! 闻庚子联军入城,尚书与夫人皆欲捐躯报国。吾师李文忠公与尚书筹定款局,中外获安,其间夫人赞助之策实多。观《集》中《闻两宫蒙尘慨然有作》《闻二圣升遐有作》,忠肝义胆,露于字里行间。其《初度日答尚书》韵曰'红闱忠烈惭无补'与'鲠直忠怀谁识我'诸句，可以知其志矣！平时孝事其亲固无待言，及归尚书，深以不逮事姑慈为憾，祭先之日，必有诗志感，于生母李太夫人忌日亦然，知夫人孺慕之忱固数十年如一日也。若夫时局日非，当世营营利禄者方乐之不疲以争趋快捷方式，夫人见而慨焉，则有'朝事无凭不忍闻'；'列强汹汹窥中国'；'但知鼓腹胸中烈，只恐燃眉目下烧'；'新旧异宜诸政改，古制飘零事事新'；'脂膏零落财愁尽，贵贱无分苦共尝'：盖当时在朝诸公所不敢言者，而夫人独言之。至襜帷所到之地，屏却供亿，铺陈均用其自携者，其曲体民情可谓周洽旁皇矣！若汴中、鄂中，祷雨辄应，并祝以分润京师甘凉，见仆人折巨枝梅花，怒焉伤之，仁心仁术，随在流露。诵'焚香清夜祝年丰'之诗与慨'苍生冻馁营谋利'之词，可知夫人胸襟固有民胞物与之量也。非直此也，周、丁两夫人之后，每有祀事，必寄之于诗，至再至三，且为卜地西湖右台山，奉两夫人灵輀自黔安窆，躬为科量窀穸，其风义之高于此见，亦仁厚之德于此昭也。迨沧桑世变之乘，夫人又若前知，观诗中云'最惜江汉城，财窘民时阕'，又云'人情反复船遭浪，国帑渐倾民意乱'，'国事摧残惭莫补，强气凋残生意歹'，皆洞若观火，料事几先。若夫去来悟彻，盖有夙根。当尚书在官时，处极盛之境，屡属引退，观诗云'勿恋权枢贵，宦途须撒手。岂若却朝簪，烟水清波共'；'重担一肩何日歇，清波烟水作闲人'，'买山未允愁生黛，眼前富贵等浮云'；'茫茫宦海回头岸，整备归装早着篙'与'老境浑如出世人'诸句，其见道之深，直合儒宗、仙、佛为一贯。是以尚书竟能激流勇退，逍遥于画锦绿野之间，皆夫人力也。夫尚书荣戴式临，与夫人联吟迭和，时而仙蝶下翔，花瑞踵见，似与政治无涉，而休养元气，要寓其中。试观尚书在鄂，而洞庭不波，笛声月色，皆助吟料，是何等清旷之境！去未逾时，而烟尘四起，即在北门管钥之际，国势已日岌岌，虽苫筹擘画，心力交瘁，而卒获乂安。解组不一月，丁沽之炬，光焰烛天，然后知尚书与夫人之福泽皆寄意于文字之中，其为诗也，正其造福有余而始能为之也。世有胸无一字，竭蹶不遑，谬与人云'吾将实事求是，不屑舞弄文墨'，卒至丛脞颠越，并以辱国丧身，其亦知尚书与夫人诗词之功用为何如哉！夫人以掌珠之失，《集》中哀女诗较多，或有议其用情之太过者。余则谓，不然，《经》不云乎，'喜怒哀乐之未发，谓之"中"；发而皆中节，谓之"和"'。夫人之哀女，发而中节之哀，正所谓'和'也。倘于爱女之陨而强作达观，不形于色，不见乎词，此矫揉造作、不近人情者，是伪为也，其中节者安在哉？况《三百篇》之风咏，劳人思妇之词居多；先圣删诗，不废闺阁幽怨之什；固甚重乎才媛矣！夫人诸巨制，犹是《三百篇》之旨而进合乎中和之道者也！惟其中，故立言不卑不亢、不激不随而悉叶乎正；惟其和，故虽嗟悼之咏，而吐属华贵，风姿掩映，令人诵之，无衰飒之气。然则其和也，皆其福绪之所融会者也！昔人以'温和'二字铭郭汾阳之琴，谓'温'字足以状其大富贵，'和'字足以形其亦寿考，今夫人得其和，故与尚书鸿案相庄，筓珈偕老，亲见尚书之贵显，功成身退，得啸歌于偕园花卉之间，而有《酬唱集》之刻，则不言温，而和之中已兼富贵寿考之福矣！况温柔敦厚、温厚和平，皆诗教也！吾以和论，而夫人诗中固隐寓温之德矣！至于琢句之妙，美不胜收，大半寝馈于三唐而兼有苏、陆之蕴，倚声则瓣香《漱玉》而合屯田、白石、碧山、梦窗诸家为一手。诗中佳句，如'数点青山半夕阳'；'日落寒砧起暮凉'；'梧桐叶落秋声老，金粟香添凉意生'；'万山乱迭云如絮，染霜红叶已深秋'；'风凝凉地催征马，春暖烟波转锦帆'；满江渔火客愁中'；'风吹细雨满江城，催转江头迁客情'；'沿江山色卷帘看，山色斜阳一片红'；'雪满窗前独倚楼，满山红叶正深秋'；'携得山中佳色来，青山红树满江村'；'不对花豪对酒豪'：皆深得唐贤三昧。至题拙集，云'山缺似闻云里笛，巷深静对佛前灯'；

'西楼日隐霞生赤，南浦江流浪卷青'；'病起看花还策杖，睡来枕絮欲眠云'：写闲居风景，尤为惟妙惟肖。若'最好沿堤官柳外，欹斜两树紫藤花'；'踏遍湿云双屐滑，拾来红叶一肩忙'；'折得名花随意戴'；'临窗独坐写丹青'：皆诗中有画，不食人间烟火。至于词句轻倩，由于慧业过人，雕琢刻画之迹均洗而空之，如'薄薄纱橱，衣静凉时候。咫尺天涯，凄凉两地皆秋'，此与清照何异？若'凭遍篷窗，愁生山色溟蒙'与'窗竹晚萧萧，柳外月初生'诸句，则逼真淮海矣；若'奈安边少计，鬓角愁生'，则真接白石矣；'红烛光分，绿窗梦醒，银河宛转微明'，则俨然草窗矣；'青灯一缕残烟尽，乍朦胧，睡也无多。百结柔情，咏来万绪千头'，置之《碧山集》中，几欲夺帜矣！若与尚书联句，金和玉节，更不胜枚举。如'江静轻云淡，天高落照迟'；'绿垂春渐老，红湿雨初晴'；'面面青山环郭外，村村黄叶是江南'；'苍茫暮色风初定，自在行云水欲流'：藻采工丽，声情俱悦，几于无可伯仲。余姑举一二，以告世之读斯集者。庶知以诗句论夫人，则夫人之诗固骚坛之巨擘；以诗境验夫人，则夫人又忠臣义士、纯儒廉吏、仙佛之现身也。昨者恭刻先母郑太夫人《都梁香阁遗集》，曾荷尚书与夫人赐题。今夫人大集告成，虽先母未及见，琪何可已于言哉！尚书之诗集，余已为文弁其简端，今更为此篇，质之尚书，当以余为知言也！"

陈夔龙《亭秋馆词钞序》："仲萱主人《亭秋馆诗钞》六卷，余既序而刊之矣！主人吟诗之暇，尤好填词。每当花朝月夕，酒阑茶罢，兴之所至，一寄于倚声，积久，得《偕园词钞》若干首。偕园者，客岁卜宅杭州横河里桥，小有园林，名之曰'偕'，为他日乞身偕隐地也。余素不喜词，又赋性直率，吟亦不工，旋作亦旋置。主人则以莲藕玲珑之质，运芭蕉辗转之心，于其乡先辈厉太鸿、赵秋舲诸君子得其近似。犹忆庚子、辛丑间，京畿烽火，逼处危城，偶值事变之棘，余急切穷于因应。主人神闲气静，临乱不惊，时出一阕索余唱和，余颇讶主人别调独弹,而又未尝不佩其心怀之浩落也。兹编辑成,附以长女昌纹幼时联语并遗诗数首,以志不忘。适同年友冯梦华中丞访余武昌,承代为审订,幕中诸宾从亦有诗文张之,爰付手民,如绘心曲。后日西湖归隐,渔歌樵答,不知人间有苍狗浮云事,则以此编为偕归之券可也。

叶庆增《序》:"在昔《玉台新咏》,标体格于徐陵;《金缕》研词,播讴吟于唐代。厥后清照之工托兴,淑贞之善言情,靡不艺苑蜚声,文人却步。然而乖中和之乐职,何与正宗?留绮语为《香奁》,终惭大雅。求其发乎性情之正,止乎礼义之闲,戛乎难矣!可多得哉!尚书筱石陈公德配亭秋夫人,以浙水之名媛,嫔颍川之华胄。昌征凤卜,曲谱双声;宠贲鸾纶,封崇一品。人咸谓居富贵之地,必工为欢愉之言矣!顾取《偕园词钞》读之,乃竟怅触多端郁伊善感者何哉?盖夫人礼宗淑范,女士清才。祥虽钟于阀阅之门,遇备历乎辙轲之境。病风椿树,稚岁早凋;向日萱花,中途遽陨。就诸父诸兄之鞠养,问尔顾尔复以何堪?加以劫历红羊,危城几遭身殉(夫人从尚书公官京兆尹时与于庚子拳匪之难);使来青鸟,弱息竟赋仙游(《集》中多悼女公子之作)。玦在身而腰佩不离,珠如意而掌珠倏碎。扫愁无帚,记曲有箱。宜夫人之触绪兴怀,回肠荡气。假锦机以织出,丝纬红蟫;烧银烛以填成,泪凝蜂蜡也已。虽然,阎浮世界,幻等空花;积累根因,获同种树。夫人三车烂熟,一鉴渊漱。何妨付诸达观,藉自修其正觉。而况持躬省约,供顿胥捐;济物恢台,亲疏阃间。将动施于人者既厚,即获报于天者必优。仙衔闶极之恩,或竟尔重翔采燕;神感至诚之德,安知不再降绂麟?是缚板焉用其敲残,唾壶奚须乎击缺耶?所愿叩宫弹徵,谐韶頀之音;刻羽引商,成清平之调。丝竹黝其哀澜,笙管流其铿锵。以雅以南,可歌可颂。此日取七条弦以静奏,群钦佩合朱丝;他年偕一品《集》以俱传,定卜芬扬彤史。是为序。"

徐琪《亭秋馆外集序》："贵阳陈尚书筱石同年之淑配仲萱夫人，既刻《亭秋馆诗词集》，而尚有仿莲池大师七笔钩及笔记数则与楹联之属，因编为《外集》一卷。夫云栖文字，以净业之贯通，作才人之旷达，其语固宜夫人以福慧双修之身，独能悟彻尘缘，超出物外，非生有夙根、曾住龙华者安能道此？且已处贵显之地，犹不忘寒素之风，缕述儿时家庭景况，至再至三，尤见盛德光辉非寻常所可比拟。常见士大夫既涉青云，遇有人道其微时踪迹辄拂然不乐，其胸次之褊浅往往为识者所讥。夫人贵而不骄，念不忘旧，与尚书衣丁文诚所赠裘至三十年之久，同一风谊之高。此卷文虽不多，实足见英雄真色，不仅露儿女心肠也。顽廉懦立，其在斯乎？至记女公子生平德、言、容之备，与不起之由，则情之所固结而不能自已者，不能已于言而言之，其情之正，可以感格仙灵。散蘧蘧之踪，翩然而屡集。既感于仙，即通于佛，吾更愿夫人将已往之事而一笔钩之，勿再涉悲慨。仙迹既示，含真佛地无非极乐，莲池之大，觉乎亭秋馆之金刚不坏身也！窃欲举一佛二佛皆成无量寿佛，以为尚书与夫人颂也，则此篇也乃过眼之云烟。此后六时吉祥之文字，当有灿然改观者，吾固得请而编之矣！"

民国《贵州通志》卷十八："禧身，字仲萱，本钱塘人，适陈夔龙为继室。夔龙，字筱石，号庸庵，贵阳人，官直隶总督。"

按：是书，有民国元年（1912）京师铅印本 8 册，藏贵州省图书馆。

《玉卿吟草》一卷：

〔清〕黄玉卿撰。民国《贵州通志》著录。佚。

民国《贵州通志》卷十八："玉卿，本广西人，适陈福庭。福庭，贵阳人，官云南知县。"

《怀翠楼诗稿》：

[清]明巧针撰。见光绪《黔西州续志》，佚。

光绪《黔西州续志》卷六："氏姓明，辛酉孝廉明修围孙女，因乃祖教授施秉、山西宦回，遂留寓城中，苗逝入寇，复转家围，毛君仙樵聘之为室，雅好吟咏。其胞兄心斋自京宦回，为辑其诗，乱后诗多散失，欲代付梓，未行，心斋遽殁。兹姑就心斋所钞存者录之。"

按：光绪《黔西州续志》卷六录明巧针诗四首，分别是《春日即景》《官署偶吟》《难后书怀》和《哭伯母熊氏孺人殉难》。

《木樨香室诗集》：

民国成桂珍著。《贵州古旧文献提要目录》著录，存。

按：成桂珍，江苏江宁人，贵州铜仁县罗雨春之妻，善画工诗。是书，有民国元年（1912）石印本1册，藏贵州省图书馆。

《吟荭馆遗诗》：

[清]路秀珍著。《晚晴簃诗汇》《咏喜轩丛书》《丛书集成续编》著录，存。

徐世昌《吟荭馆遗诗》序云："余既选《黔灵》《红鹅》两家诗入《晚晴簃诗汇》，复为编刊遗稿。袁君静闇又以其母夫人《吟荭馆遗诗》属为之序。静闇之言曰：'吾母生前所作诗多不存稿，存者曾经水厄，散佚过半。就箧衍所藏，益以先君所记录，得诗百二十有二首。《端阳游陶然亭》一诗乃绝笔也。'"

按：路秀珍，毕节人。为毕节路氏家族中唯一有诗集存世的女性诗人。《吟荭馆遗诗》收录122首作品，民国戊辰（1928）武进涉园石印本，收在《咏喜轩丛书》中，后又被收入上海书店《丛书集成续编》第142册。

《紫荆花馆诗》一卷：

　　［清］傅梦琼著。《紫江朱氏家乘》《贵州古旧文献提要目录》著录，存。

　　按：傅梦琼，字清猗，贵州贵阳人，河南按察使傅寿彤之女，北洋政府内阁总务长代理国务总理朱启钤之母。《紫荆花馆诗》收诗29首，编入《紫江朱氏家乘》，民国二十四年（1935）存素堂铅印本6册，藏贵州省图书馆。

《抗争》《哭父》《飘零集》《飘零人自传》《相思词》《血泪》：

　　民国卢葆华著。《贵州古旧文献提要目录》著录，存。

　　按：卢葆华，贵州遵义人。学名夔凤，号葆华，字韵秋，笔号乐江女士、笑生、茜华、绯娜、湘江菊子。其父为前清秀才，母亲贤淑知书。卢葆华受家庭氛围影响，旧学功底较深，长于旧体诗词创作。《飘零集》《相思词》为其旧体诗词作品集。又受新式教育影响较大，擅长小说、散文和新诗创作。《抗争》为自传色彩浓郁的反封建小说。《血泪》为其新诗作品集。《哭父》为其纪念父亲而创作的散文集。《飘零人自传》为其自传。除《飘零人自传》1945年作于昆明外。其余作品皆为1932—1933年于杭州铅印出版。

第二节　近代贵州妇女的诗歌创作及其儒学内涵

　　清代贵州妇女的诗歌创作十分繁荣。据民国《贵州通志》卷十八《艺文志·闺秀集》所录，清代闺秀诗歌作品集共32部，作者30人。可实际上民国《贵州通志》对清代贵州妇女诗歌作品集的收录还遗漏甚多。据第一节可知,近代贵州妇女诗集已达42部,涉及作者34人,且存世的诗集有20部之多。这涉及的还仅仅只是有诗集传世者,而据贵州方志等文献所载,喜好吟咏,且有作品传世,但无诗集的女性就更多了。周际华《枣香山房诗集序》说:"黔地僻处荒檄,从未闻以才女传者。士大夫家,以女子读书为嫌,即偶有学为讴吟者,辄防物议,不肯轻以示人。此谫陋之所以成风,而留心风雅者无从采掇也。"[1] 但即便在"以女子读书为嫌"的僻壤,贵州的女子们却仍然对诗歌吟咏情有独钟。据统计,近代贵州妇女有诗歌作品传世的60余人[2],这是一个庞大的创作队伍,也是近代贵州文学发展的重要特征。前文有云,贵州的女性文学具有强烈的儒学色彩,这也充分体现在近代贵州妇女的诗歌创作中。

一、近代贵州妇女诗歌创作的思想内容

近代贵州妇女的诗歌创作题材多样,思想内容丰富,涵盖近代贵州社会生活的方方面面。从这些女性诗人笔下,我们可以进一步认识晚清时期西南僻壤贵州的历史文化发展状况。

1. 描写自然与人文风光

清代的贵州,属于典型的农耕社会,有些地方的生产力甚至还很原始落后。即使晚清时期全国其他地方轰轰烈烈的工业化发展,也没有对交通闭塞的贵州产生多大影响。而自给自足的小农生活,则形成了贵州恬淡、静谧的田园风光,再加上秀丽的山川自然景色,虽然经济相对贫乏,但却成为诗人笔下最摇荡性灵的素材。不同的地区,有不同的民风民俗。近代贵州不同地区的妇女诗歌作品共同绘

---

① [清]许秀贞:《枣香山房诗集》,宝翰楼版,道光二十六年(1846)刻本。
② 武晓娟:《明清时期贵州女性著述研究》,贵州大学硕士论文,2017年。

成了一幅生动的历史画卷。

道光《贵阳府志》卷八十六载：

> 许秀贞，字芝仙，税课大使廷瑶女，外委胡凤翔妻，工诗书。
> 《春阴》云："忍寒人半着春绵，茶灶犹温柿叶烟。最爱花朝三
> 月半，欲晴欲雨杏花天。"《黔灵山》云："树黑凝藏虎，潭腥欲起
> 龙。"《秋登南岳山》云："云迷山色千重翠，树绕人家一带黄。"
> 《暮春》云："游丝也解留春住，故向风前绊落花。"《寿叟》云：
> "棋酒一生惟好客，诗书万卷不知贫。"《水仙》云："只缘素质能
> 医俗，自有冰心可遇寒。"其妹遇贞，字瑞仙，县学生李景暄妻。
> 《竹露》云："修竹绿成荫，叶叶重清露。凉月到前轩，珠光寒薄
> 暮。"《黔灵山》云："碑同没字摹难识，山纵能灵语讵通。"《盆
> 内假山》云："峭石势嵯峨，宛然林壑景，洞穴透玲珑，中有仙人
> 境，水木湛清华，烟云锁幽静，何用十洲游，蓬莱等清冷。"淑贞，
> 字兰仙，贡生陶允升妻，著有《茗香楼集》，早卒。《怀姊云》："踏
> 月满阶花影瘦，壁云千里雁书迟。"《山斋》云："雨余药院苔痕
> 滑，路转茅亭花影深。"梦贞，字蝶仙，县学生张烺室。《水口寺》
> 云："寺门烟树清于洗，水阁风花晚更凉。"《武侯祠》云："三分
> 魏武偏遗恨，终古高文想出师。"芳欣，字红榭，秀贞之姪，周士
> 景妻，士景早卒，矢志守贞。《即景》云："高楼人去茶烟细，小径
> 风来麦饵香。"其《吊李烈女诗》尤哀怆，所谓因人作哭也。芳
> 晓，字碧榭，乃秀贞姪也。诗集尤夥。《大雪》云："冷人风声忙
> 玉蝶，寒邀月影到梅花。"《扶风山》云："花雨沾衣红欲滴，松风
> 掠鬓翠生寒。"《黔灵古碑》云："山深自老一卷石，字古全封五
> 朵云。"《甲秀楼铁柱》云："漫比六州空铸错，尽教一柱永铭功。"
> 《吊李烈女琼芝》云："从此永诀，以礼为归，女亦不计礼，但随雄

以飞。"持论最正。芳盈,字莺榭,芳晓之妹。《初夏》云:"一院
竹烟凉枕簟,半帘蕉雨润琴书。"芳素,字竹榭,芳晓之妹。《春
阁》云:"好鸟似怜春欣半,催人妆罢看花开。"《水月寺》云:"古
殿窜苍鼠,深林啼午鸡。"同时并以诗著。里人周际华与廷瑶善
赏,为汇叙其诗为一集,以兰闺竞秀题之。①

　　这是晚清贵阳许氏家族女性诗人群芳谱。许秀贞、遇贞、淑贞、
梦贞姐妹与侄女芳欣、晓芳、芳盈、芳素等,形成了晚清时期贵州贵阳
地区较大的一个女性家族创作群体。在这个群体的诗歌作品中,贵
阳地区的风光尽收笔下,如描写贵阳春景的《春阴》《暮春》《春阁》
等,将贵阳春天那种欲晴欲雨、乍暖又寒的气候刻画得淋漓尽致。又
如描写黔灵山的《黔灵山》《黔灵古碑》,将贵州名山黔灵山茂密的森
林和山脚的深潭所构成的特殊意境以及黔灵山众多古碑所形成的独
特人文风景生动呈现在眼前。《扶风山》描绘了扶风山春日花雨与松
风。而《水仙》《竹露》《山雾》《大雪》《即景》《初夏》等作品,则
从各种视角将贵阳最具特色的自然风光生动描摹。《水口寺》《水月
寺》刻画了寺庙的清幽。《甲秀楼铁柱》叙说的是贵阳著名的人文风
光。甲秀楼本身就是贵阳著名人文景点,属历代文人题咏最多的地
方。其中的双铁柱,那是康熙、嘉庆时期清廷平定贵州少数民族起义
的物证。"铭功"二字揭示了鄂尔泰等铸造甲秀楼铁柱的主要目的。
《盆内假山》《寿叟》《吊李烈女琼芝》等叙说的是晚清时期贵阳人的
日常生活景象。阅读这些诗歌,就宛如在欣赏一幅幅近代贵阳的历
史画卷。

① 黄加服、段志洪主编:《中国地方志集成.贵州府县志辑》第13册,巴蜀书社,
2006年,第598—599页。

贵州其他地区的女性诗人，也是各尽其能，用诗歌讴歌各自家乡秀美的风光。如，铜仁地区女诗人许韵兰、喻桂云等，不但均有诗集传世，而且各自在诗集中都有大量篇幅描绘家乡美丽风光。请看许韵兰《晚眺》：

> 极浦层楼俯，秋光入画中。烟波双鸟白，夕照片云红。岩阔天低树，潮平水接空。不须愁暮色，月上海门东。①

诗人描绘了秋日傍晚时分登楼远眺时所目见铜仁锦江的美丽景色。又如，喻桂云《晚霁》：

> 一雨树如沐，凉阴小院低。余花香跃跃，细草色萋萋。壁润留蜗篆，栏歌上蚓泥。绣成无个事，坐听子规啼。②

雨后晚霁，一切的景物都像刚刚沐浴过，到处充满生机。诗人笔触刻画十分细腻，有嗅觉层面的"余花香跃跃"；有视角层面的"细草色萋萋"；有听觉层面的"坐听子规啼"。有静态的如"凉阴小院低"，有动态的如"壁润留蜗篆，栏歌上蚓泥"。这些闲致、恬淡的景物，与诗人绣余无聊心情有机融合。一句"坐听子规啼"，点出了诗人内心思念远方夫君的愁绪，含蓄隽永，回味无穷。

又如，毕节女诗人陈枕云的《滴碎愁心集》，其中最善于写秋天景色。如：

①［清］喻勋纂辑：（光绪）《铜仁府志》，贵州民族出版社，1992年，第292页。
②［清］喻勋纂辑：（光绪）《铜仁府志》，贵州民族出版社，1992年，第293页。

秋晴

阴阴连日喜初晴，放眼山川望更明。黄叶渐凋秋欲老，郊原时有杵催声。

秋月

水晶帘动月生波，粒粒明珠荡翠荷。宿鸟无声栖玉露，静移书幌客愁多。

秋露

珠玑万颗缀秋花，冷透帘栊晕碧纱。绣罢深闺无个事，吟成白露感蒹葭。

秋风

飕飕四面小庭空，斗转星移舞夜风。寒气渐侵秋色淡，萧疏细雨湿孤蓬。

秋雨

沉阴黯黯雨绵绵，荡漾长江水接天。几点昏鸦寻晚哺，一声孤雁报秋先。

秋树

落木空阶意渺茫，残红收拾入纱囊。金风欲试天工巧，染到霞枫几点霜。

秋阴

寒烟点淡暮山空，乍怯衣单一瞬风。芦岸隐浮花绽白，枫林深处叶堆红。蝶因久倦浑难舞，雁带秋音响远通。遥望云笼连寨黑，故乡应在万山中。

秋宵

西风冉冉月团圞，客舍凄清玉漏残。云映星辉光愈淡，凉生藓润露初传。魂销旅况一灯寂，梦惊秋声连夜寒。画角无闻蛩自语，又牵离恨到眉端。

秋山

登楼遥望晚山晴，四面新风进画庭。缭绕云烟分殿阁，参差竹树隐帏屏。苍藤古道埋幽径，红叶遥林映远汀。愁锁群峰添旧恨，浓阴细雨满疏棂。

秋菊

暮苍秋色晓风凉，老圃花残蝶梦忙。晚节耐寒甘向冷，佳名寄傲早流芳。斜横瘦影篱边没，绰约丰姿曲径黄。无奈愁心凄婉转，年年深负一枝香。

秋虫

西风暗没晚烟霞，虫语凄凄恨转加。暮岁不堪栖旅邸，多情伴我共天涯。篱边幽咽声将断，客舍乡心望已赊。几许愁思劳梦寝，黄昏窗外夕阳斜。

秋夜吟

风弄檐铃月影斜，清光渐透碧窗纱。闲吟永夜诗魂悄，几度挑灯自品茶。①

诗人从各个视角描写秋天景色。这是一幅秋天的立体图景，有山有水，有雨有露，有风有树，有花有虫，有风有夜，有晴有阴，秋意越浓，则越能呈现诗人的内心愁绪。

此外，安履贞的《圆灵阁遗草》、周婉如的《吟秋山馆诗钞》、明巧针的《怀翠楼诗稿》等，对黔西大定、毕节等地的自然与人文风景均有大量描写。如周婉如《登文龙浮图绝顶》：

---

① [清] 陈枕云：《滴碎愁心集》，毕节地委宣传部、毕节报社、毕节乌蒙诗社编，黔新出（96）内图资准字第7-062，第32—39页。

磴道梯天阙,苍茫一望中。乱峰横夕照,绝顶抚清穹。槛落松潭影,窗开竹径风。俯虚心自远,回首万缘空。①

再如,《黔诗纪略后编》卷二十九载镇远女诗人杨林贞的《六盘山》:

铎声响郎当,无语车中坐。听说六盘山,险峻真无那。试从帘隙窥,俨然在目左。万仞势嶙峋,层层白云锁。驱车登山岭,不见云一朵。想彼山下人,见云不见我。②

欣赏这些诗篇,仿佛在听一个温柔贤淑的女子娓娓述说贵州的那山那水与那人。

2. 叙说家庭与伦理亲情

男主外,女主内。中国古代,妇女的主要职责就是操持家务,侍奉公婆,相夫教子,家庭在近代贵州妇女心中的位置无疑是摆在第一的。每天与家人相处,为人妻,为人母,为人媳,身份的多样性无疑也增添了妇女们处理人际关系的难度。尽管如此,这些多愁善感的贵州妇女,往往却能以诗人般的细腻情怀,感动着每一个亲人,将家的温馨与凝聚力发挥至极致,在伦理道德建设和贵州文化发展方面做出了较大贡献。例如,光绪《铜仁府志》卷十四载:

周绍轩妻梅氏:梅翘楚女弟也,以行字四姑,号澹云,赋性沈静,幼读书。稍长,昼习女红,夜则涉猎经史,至宵分不倦。母

---

① 李芳:《大定县志》,贵州省大方县志编纂委员会办公室重印,1985年,第604页。
② [清]莫庭芝、黎汝谦、陈田编纂:《黔诗纪略后编》,清宣统三年(1911)刻本。

氏郑常诫之曰："女子不必以才见也，奚俟此为？"十五岁遭父丧，母以忧伤致疾，甚殆，医药罔效。氏于夜半焚香祷神明，刲左股一片，羹肉羹进母食之，寻愈。初家人不知，及见袖有血痕，诘之始得其故。于归后，绍轩获列胶庠，然癖好叶子戏，怠于家政。氏奉翁姑木主正言责之，继以泣。绍轩感悟改行，可谓能相长夫者矣。自经离乱，十余载归宁不得。有寄家诗五首，为时传诵。①

在此则材料中，梅澹云割股救母、规劝夫君，可谓妇德之楷模。在一个"女子无才便是德"的时代，梅氏还"昼习女红，夜则涉猎经史，至宵分不倦"，颇有些巾帼不让须眉。特别是在十余载的社会动乱中，梅氏对亲人魂牵梦绕地思念，并把所有的情感寄托于诗歌作品中：

《忆母》：世乱离家倍感伤，久违定省意凄惶。苍天不假归宁日，空堕思亲泪几行。干戈未定痛儿肠，想象慈闱发须苍。惟有思亲无远近，梦魂夜夜到家乡。

《忆兄》：鹡鸰音断自悲嗟，西望家园夕照斜，记得推敲忘夜永，一钩新月堕窗纱。

《忆二姊三姊》：曾记春回大有情，妆楼同看柳条新。关山间阻今相忆，对此亭亭更惨神。

《忆五妹六妹》：静坐庭前日坠西，花朝佳节燕空啼。倚不怅望关山月，何日同飞返故栖。②

---

① [清] 喻勋纂辑：(光绪)《铜仁府志》，贵州民族出版社，1992年，第294页。
② [清] 喻勋纂辑：(光绪)《铜仁府志》，贵州民族出版社，1992年，第294—295页。

不难看出,梅氏诗中充满浓郁的伦理亲情,这就是一个在辛勤操持家务之余的近代贵州普通家庭妇女内心丰富情感的真实写照。而且,这种对伦理亲情的叙说有浓厚的家族文学氛围,如梅澹云的二姊:

> 二姊青年守节,家贫抚孤。遭乱后,与二子迁之丹江,亦十载不得归。因寄诗怀其兄翘楚云:只为干戈阻异乡,几回追忆裂肝肠。鹡鸰音断人千里,鸿雁书来春数行。羌笛春风吹不度,胡笳月夜听偏长。天缘有分能归省,笑语全家聚一堂。①

梅澹云的二姊亦善吟咏,其怀兄之作,与梅澹云《怀兄》,无论主题和语言风格完全一致。"鹡鸰音断"用词一模一样。诗篇对社会动乱造成背井离乡、亲人天各一方的现象有一定的批判色彩。"笑语全家聚一堂",表达了梅氏姊妹渴望亲人团聚的强烈愿望,这也是乱世中每一个普通民众的心声。

又如,骆冰梅,"年十六时,可仪卒于贵筑。冰梅闻讣,痛不欲生,以母在,强活。未几,长兄殁。冰梅见诸弟皆幼,母复多病,门户支撑乏人,矢志不字,绣佛长斋。摒挡家事之暇,辄与古人相对,久逐淹贯群籍,工吟咏。巡道陈枚知其文而贤,聘为女公子傅,次年母殁,枚赠金治丧,典礼无缺,一时称之。有'生男何如生女'之言。著有《冰梅诗草》"②。骆冰梅的诗歌多有叙说亲情和友情的内容。如:

> 怀白玉娟女史,念奴娇
> 晚妆慵整,柔肠无限,萦似丁香结。鬓湿杏烟愁不语,独倚

---

① [清]喻勋纂辑:(光绪)《铜仁府志》,贵州民族出版社,1992年,第295页。
② [清]喻勋纂辑:(光绪)《铜仁府志》,贵州民族出版社,1992年,第293页。

庭柯寒怯。袖拂红连，裙拖翠接，此地曾经别。天涯人远，云山望断千叠。况我憔悴年来。几多情绪，都付眉间月。流水落花春已去，杜宇那堪低说。往事伤心，浮生若梦，旧梦空悲切。嫦娥何处，也休问圆缺。①

送陈观察女公子韵香北归

相逢萍水话三生，生怕匆匆唱渭城。明日那堪南浦去，轻烟细雨送君行。问字传经暮复朝，无端言别黯魂销。叮咛须慰高堂意，莫为离愁便瘦腰。见时容易别时难，离绪纷纷泪暗弹。裙布钗荆无所赠，风霜客路嘱加餐。青眼曾经慰坎坷，义心慷慨重山河，花前重会知何日，独向东风洒泪多。凤泊鸾飘又几春，浮云身世祇伤神。阳关唱后谁知己，明月梅花忆远人。万山杂遝野烟稀，送别归来自掩扉。怕见呢喃飞紫燕，画梁依旧主人非。②

以上二首皆为送别之作。抒发了作者与朋友离别时的强烈愁绪，喃喃叙说相互间的深切情谊，对来日的相逢充满期待。又如：

哭其兄瑞卿

客星忽报陨他方，病里惊闻痛断肠，才听捷音来贼境，何堪凶耗到家乡。风云顿变人难测，棠棣连摧意倍伤。屈指别离今十载，无归追忆泪淋浪。英姿潇洒本天生，十万言书动上卿。才拟班超廊庙重，智如诸葛鬼神惊。每怀王佐思匡辅，誓扫蛮烽靖

---

①［清］喻勋纂辑：（光绪）《铜仁府志》，贵州民族出版社，1992年，第293页。
②［清］喻勋纂辑：（光绪）《铜仁府志》，贵州民族出版社，1992年，第296页。

战争。一夜秋风悲五丈,招魂何日返江城。诗酒风流久擅名,赞
襄帷幄喜谈兵。一身去国因家累,半世飘蓬误此生。空有文章
惊海内,殊惭霖雨负时名。伤心望断黔山路,风景依然人事更。
临歧分别意依依,犹记当年送母归。千里关怀怜小妹,万言推爱
托慈闱。雁鸿影断心增痛,风雨声凄泪暗挥。早识收场今草草,
泉台应悔利名非。①

兄长殁,冰梅惊闻噩耗,悲痛欲绝。自己身处病中,且世道正逢
乱世,天灾人祸悲催交加,使得冰梅几乎难以承受如此严重打击。想
起兄长一直以来的关心和爱护,如今阴阳两隔,只有独自伤悲。类似
的,《道中口占》:

从前事都休说,玉蕊琼花,早移银仙阙,无端风雨加摧折,零
落香魂成怨魄,翠减红销,对镜添悲切,万种忧愁消不得,强携瑶
琴,弹诉天边月。骨肉流离天涯隔,望断关山音信绝,野草萋萋,
杜鹃啼血,愧蛾眉空抱文章,难补金瓯缺。②

诗篇自我刻画,一个乱世飘零、满腹忧愁的孤独女诗人形象跃
然纸上。面对骨肉分离,亲人音信绝无,冰梅只能勉强以琴解忧,而
能听她诉说的只有那天边孤冷明月。有心救乱,却无力报国。空
怀文才,却无用武之所。杜鹃啼血实乃贵州女性诗人的普遍文化
特征。

又,喻桂云:

---

① [清]喻勋纂辑:(光绪)《铜仁府志》,贵州民族出版社,1992年,第293页。
② [清]喻勋纂辑:(光绪)《铜仁府志》,贵州民族出版社,1992年,第293页。

春望寄外

望远上高楼，渺渺天涯树。郎从何处归，目断夕阳路。疏柳满长堤，长堤暮烟翠，望郎郎未归，夕阳落鸦背。路绕小红桥，昏鸦啼树梢，望郎不曾归，渡口行人少。苍茫暮烟迷，灯火江村晚。望郎还不归，芳草落霞远。别浦客帆收，平沙断雁落，望郎偏不归，细数郎情薄。窗前黄叶飞，明月穿台榭。望郎竟不归，暗倩鹦哥骂。①

封建时代，丈夫在外为名利和生计奔波，妻子独守空房，一个人承担侍奉公婆、抚养小孩之重任。劳作之余，妻子不免对丈夫充满思念。喻桂云博通经史，著有诗集《稚香楼小草》，能吟咏，故常常以诗歌抒发这种对夫君的思念深情，语言通俗，情真意切。同样，申辑瑛也有不少思念夫君之作：

《忆外》：天涯一去便长违，望断鳞鸿泪暗挥。春到他乡啼杜宇，可曾听得不如归。②

《闻鹃有感》：万水千山道阻长，望云心思几能忘。枝头杜宇声声唤，恰似催归说贵阳。

《喜外由归化还里》：一别两经年，黔云黯远天，行装今日解，灯蕊昨宵妍。幼子惊相避，全家喜欲颠。洗尘何所有，尊酒小窗前。

《喜外归里》：菊花天气菊花开，盼到秋回客未回。正切怀

---

①［清］喻勋纂辑：（光绪）《铜仁府志》，贵州民族出版社，1992年，第293页。
②［清］喻勋纂辑：（光绪）《铜仁府志》，贵州民族出版社，1992年，第294页。

人心一片,半肩行李恰归来。①

申辑瑛在丈夫外出游历时,独自承担整个家庭重担,孝敬公婆,而自己可谓艰苦之极,充分体现了中国妇女的传统美德:

> 教授徐元熊妻申氏,氏故巨族女,幼识字读书。始,其父富于赀,相攸甚苛。元熊十龄入泮,有神童名,乃以氏字之。及适元熊,氏父家中落。元熊年少恃才,目空一切。氏承以柔顺,未尝稍忤。无何,元熊出游。氏翁植素以廉隅者著家贫如洗,厨灶萧然。氏尝忍饿以供堂上饔飱。植严于礼法,媳行恒疏。氏病经年,垂危而植始觉。氏殁,植窥其室,祗敝席一片,冷菜粥一盂,他无所有。植大恸曰:"媳苦死矣,吾何梦梦若此!"及元熊归,检药箧,得诗一册,皆忆远感遇之作,阅之酸楚,凄人心脾,不忍卒读。绎其字迹,知为氏手泽。元熊叹曰:"同室二十年,不知其工吟咏,在德不在才之言,抑何过拘?岂吾昔年盛气凌人,虽伉俪不能不韬晦以求免耶?"②

申辑瑛可谓传统妇德之楷模。可贵的是,其在贫病交加、心力交瘁、沉重的家庭负担之余,还悄悄地进行诗歌创作。可叹的是,申辑瑛有如此多的诗作,包括思夫之篇,而其夫君竟然毫不知情。同室二十年,竟然不知其工吟咏。可见申辑瑛谨遵传统妇女"在德不在才"之训,也充分证明前文所引周际华《枣香山房诗集序》之言。除了思夫之作,申辑瑛对伦理亲情也多通过诗歌来表达:

---

① [清] 喻勋纂辑:(光绪)《铜仁府志》,贵州民族出版社,1992 年,第 295 页。
② [清] 喻勋纂辑:(光绪)《铜仁府志》,贵州民族出版社,1992 年,第 294 页。

《遣婢》：几回欲别两依依，从此天涯音信稀，愿尔有情思旧主，年年好学燕归来。

这是送别婢女之作，表达诗人与婢女间的深厚情谊。

《知病不起》：卧病经年祇自悲，迁延忽到暮春时。痴心欲觅还魂药，国手谁添几命丝，揽镜怕看容瘦损，倚床但觉骨支离。由来修短皆天数，死死生生一听之。　鸾飘凤泊已酸辛，况复奄奄久病身。泪眼枯时惟有血，愁心极处祇伤神。讵无今世重逢日，愿结来生未了因。小别竟成长别恨，可怜魂断入三秦。　敢拟瑶台谪降仙，三旬有九断鸿缘。椿萱垂老欲堪痛，儿女无依最可怜。一去好归大自在，廿年直是小团圆。妆台检点无他物，剩有微吟诗百篇。①

这是申辑瑛的绝笔之作。长期操劳，诗人一病不起。早已看淡生死，不怨天尤人，只是担心自己走后，儿女的孤苦无依。母爱，在面对死亡时显得如此伟大。诗人一生凄苦，死前几乎没有多余之物，唯一剩下的只有记载自己愁苦心灵历程的诗篇。在如此窘迫的困境中，居然能坚持创作，恐怕诗歌是申辑瑛生活中的重要精神支柱。于此可见，近代贵州妇女创作实属不易。

又，喻惠若，为喻宗长女。宗长少力学，出应郡县试，屡抑于有司，遂绝意进取，日督课其子女。子二，女四，惠若其长女也。宗长爱女过于其子，四女各授一经，惠若及次女冰若尤慧。姊妹皆工吟咏，闺阁唱酬，辄多好句，亦佳话也。时女士骆冰梅有才名，惠若过之，面投

---

① [清] 喻勋纂辑：(光绪)《铜仁府志》，贵州民族出版社，1992年，第295页。

一绝云："冰雪心肝差可拟,梅花骨格略相同。今朝得入班昭座,如醉春风化雨中。"冰梅深服其敏,不敢以凤望傲之。氏有稿不自爱惜,多散失无存者 ①。喻惠若《代人悼亡》云:

> 残灯如豆影荧荧,况味孤眠那惯经。梦醒深宵忘永诀,依稀犹记是归宁。香衾拥处夜偏长,不复窗前看晓妆。怕见朝来新燕子,双双依旧上雕梁。②

这是以女性口吻而写的悼亡诗。残灯、孤眠,这是未亡人的生活写照。《唐风·葛生》说"冬之夜"是思念的最切之时。深宵梦醒,竟然忘记已经阴阳永诀,还以为是初次归宁之良辰。最怕来朝看见双飞梁燕,睹物思人,物能尽性而人却独守虚室。一颗寡居妇女的凄苦之心跃然纸上。

又如,遵义学正王德洵妻刘氏《悼亡》二首之一:

> 泉壤茫茫黯不明,痛苦撒手似长征。凄凉夜雨蛩声苦,淅飒秋风蝶梦惊。蕙帐空悬神渐杳,书囊欲启泪先盈。幸饶室内天伦乐,绕膝儿孙慰我情。③

悼亡诗在中国诗歌史上源远流长,但近代贵州女诗人的悼亡诗却颇具地域特色。刘氏《悼亡》诗中,除了叙说阴阳两隔的痛苦,更多的是叙说女诗人茕独孤身的凄苦。凄凉、夜雨与寂寥的蟋蟀声

---

①[清]喻勋纂辑:(光绪)《铜仁府志》,贵州民族出版社,1992年,第294页。
②[清]喻勋纂辑:(光绪)《铜仁府志》,贵州民族出版社,1992年,第294页。
③[清]郑珍编辑,唐树义校订:《播雅》,《巢经巢全集》本,贵州印刷所承印,民国二十九年(1940)。

映衬出守寡女人的内心痛苦，抒发对亡夫的深切思念之情，也充分体现了近代贵州妇女的忠贞与诚挚。诗篇末尾，诗人跳出悲伤的阴影，用一份天伦之乐，告慰在另一个世界的丈夫。全篇情真意切，朴素自然，爱情与亲情交织，凸显近代贵州妇女诗歌中浓厚的伦理内涵。

3. 关注社会与民生疾苦

虽然，近代贵州的妇女们常常足不出户，但这并不等于她们两耳不闻窗外事。尤其在晚清时期，贵州社会动荡不安，国难当头，这些女性诗人们最难能可贵的是，心志所忧虑的不是局限于自己的小家和一己得失，而是将人文关怀洒向整个社会的民生疾苦，体现出一种"先天下之忧而忧"的大我精神。例如，遵义教谕陈吁妻高氏，其《咏雪》云："昨日枯木尽粉妆，梅花犹自拗春芳。堆银积玉知多少，不济贫夫一颗粮。"天寒地冻，大雪纷飞，女诗人似乎并没有喜悦的心情来欣赏雪景，而是对正在挨饿受冻的下层百姓充满担忧。又如，骆冰梅《十五岁避难柳溪题壁》：

> 鼙鼓声声动地来，降旗飘飐禁城开，黄堂战死军民散，总为笔刀起祸胎。生长深闺十几年，那曾经过此山川，知心惟有邮原草，月夜临风泣杜鹃。盈盈弱质困风沙，脉脉柔情怨暮笳。莫唱江南肠断句，天涯零落一枝花。角声吹动聚黄巾，历尽风波受苦辛。白刃林中心似铁，红裙着地下沾尘。流贼猖狂众口喧，王师何日降戎轩。驿亭空有思乡泪，惊破啼声是夜猿。绿杨堤下水宗宗，孤月怜人影堕窗，归梦不知乡国远，夜深犹自渡寒江。云鬓乱挽下高楼，送别江头动远愁，万里关河频怅望，计程应已到杭州。细雨如烟自掩门，杏花深处立黄昏，旁人莫问春何似，憔

悴东风杜宇魂。①

此篇描写的是同治年间贵州铜仁地区社会动乱之现实。诗人年纪尚幼,即逢此劫难。在逃难的惊魂中,用笔记录下了那一幕幕深刻的社会惨痛现状,具有强烈的批判现实色彩。又如,《道中口占》:

> 从前事都休说,玉蕊琼花,早移银仙阙。无端风雨加摧折,零落香魂成怨魄,翠减红销,对镜添悲切。万种忧愁消不得,强携瑶琴,弹诉天边月。骨肉流离天涯隔,望断关山音信绝。野草萋萋,杜鹃啼血。愧蛾眉空抱文章,难补金瓯缺。

遭逢乱世,诗人感受最深的是骨肉分离,天各一方,音信全无,生死未卜。正如子规啼血一样,声声呼唤亲人的归来。诗人很惭愧,自己身为女子,空有一身文采,却不能像男子一样去收拾残缺的山河。诗篇呈现出强烈的忧国忧民色彩。

类似的诗篇很多,如后文所引明巧针《难后抒怀》以及陈枕云《甲子仲冬随兄避兵入蜀途遇苗氛阻十余日感赋》等皆属社会动乱之实录。这些女性诗人,虽然没有能力平息动荡的社会,但却可以用自己的文笔,以诗志史,弘扬儒家风雅精神。这充分体现出近代贵州女性诗人们深深的忧患意识,也张显了清代贵州女诗人强烈的社会历史责任感。

二、近代贵州妇女诗歌创作的艺术特征

1.铺陈直叙,以诗志史

家庭是社会的构成细胞。社会、政治、经济以及文化等方面的

---

① [清] 喻勋纂辑:(光绪)《铜仁府志》,贵州民族出版社,1992年,第292页。

发展变化无不浓缩在一个个以家庭单元为出发点和归宿的人际关系中。因此，从近代贵州妇女的文学创作中，我们不难感知近代西南僻壤贵州社会历史的演变。这些贵州的女性诗人们，以自己独特的视角，用典型的文学样式——诗歌，为后人描绘记录下一幕幕近代贵州社会历史的发展场景。在这些女性诗歌作品中，没有太多的华丽辞藻，也没有太多的渲染与煽情，有的只是娓娓叙说，一首诗就是一个历史镜头。如上引骆冰梅《十五岁避难柳溪题壁》，乃典型的以诗志史。又如明巧针《难后抒怀》：

> 孤身无奈出施城，琐尾裙钗泪自倾。万户悲声天地惨，一场鏖战鬼神惊。难从烽堠藏人面，姑托湘阳寄此身。弱女羞看今古史，低头愧见木兰英。他乡惨动罹妖氛，良玉苦同并石焚。满眼户骸宁忍见，回头手足渺无闻。五旬白发伤遭害，十七红颜惨破分。弱女孤儿无限恨，嗷嗷声带雁离群。①

此篇描写的是晚清贵州社会动乱之情景。"万户悲声天地惨""满眼户骸宁忍见"，遭此劫难，作为弱女子的明巧针尽管亦孤独无助、眼泪自倾，但却仍能以诗人之道义，用手中的笔抒发对遭受苦难民众的同情与悲悯。又如陈枕云《甲子仲冬随兄避兵入蜀途遇苗氛阻十余日感赋》：

> 兵灾频惊感乢离，中途忽又阻行期。荒山路险何由达，故国巢空不忍思。暮雪飞花敲战鼓，寒鸦如墨乱征旗。高堂回首遥

---

① 黄加服、段志洪主编：《中国地方志集成·贵州府县志辑》第 50 册，巴蜀书社，2006 年，第 349 页。

挥泪，梦绕牵衣告别时。①

　　动乱频仍，骨肉分离，一幕幕惨痛的社会现状呈现在诗人面前，令人不得不思，令人不得不叹。这充分体现出诗人对处在灾难中的国家与百姓的深深忧虑。

　　近代贵州妇女的以诗志史，还更多体现在对女性群体生存状况之记录中。例如，道光《思南府续志》卷六载：

　　　　彭冉氏，郡暮溪人，继勋妻，举人思孝孙媳。幼通小学，诵唐诗，解执笔，年二十适继勋，继勋殁于水，时氏年三十岁，哭之有诗云："夫婿逢场入市来，暮溪渡口一船开。只言暂别寻常事，谁想沦亡永不回。终日思君痛妾心，百年长恨泪沾襟。人人尽说湘妃怨，妾比湘妃怨更深。年荒独力实难支，痛断肝肠枉费思。愁似陌头杨柳絮，微风吹动乱如丝。遥瞻渡口水漫漫，惆怅夫君欲见难。自是残魂无术返，痴心犹想梦中看。"中秋悲夫诗云："独坐空房思悄然，推窗对月涕涟涟。当年共赏人何在？度夜依稀似度年。"重九悲夫诗云："凉风萧瑟动高秋，篱菊飘零分外愁。负债及期人共索，几回谋典嫁时裯。家贫冻饿百忧煎，只影茕茕若个怜。窃幸未亡人尚在，教儿犹剩有书田。"初，彭本巨族，至是家中落，饔飧不继，氏矢志守节，女有习女诫者，师事之，时资赘礼以自给。②

　　此例中的节妇彭冉氏，除了要面对一般节妇所难以消解的孤独、

────────────

① 李芳：《大定县志》，贵州省大方县志编纂委员会办公室重印，1985 年，第 603 页。
② ［清］萧琯等：《思南府续志》，思南县志编纂委员会办公室，1991 年，第 335 页。

寂寞、残梦等心理愁绪外，她还要面对一系列的家庭经济与社会问题，如偿还到期的债务、独力支撑荒年的家庭困难等。她不得不通过典当嫁妆等来维系生活。封建时代本该由男子来承担的家庭社会责任全部落在了节妇肩上。而这些晚清贵州妇女的生存状况，被诗人自己用诗歌作了生动详实的纪录。面对沉重的生活压力，节妇无处诉说内心的愁苦，只有借诗歌与九泉之下的亡夫诉说际遇与痛苦。夫死哭之，那是因为节妇深知，从此只能一个人面对所有的家庭困难，"年荒独力实难支，痛断肝肠枉费思"，直抒胸臆，叙说了一个弱女子在严重的灾荒之年生存的艰辛。中秋悲夫，那是因为团圆时节，节妇只能一个人独守空房，度过清冷的秋夜。重九悲夫，那是因为负债累累，索债人一波波登门要债，家里能典当的东西没有几件，忍贫挨冻，百忧煎熬，只影茕独，连诗人自己都对自己的遭遇表示可怜。尽管如此艰难，但可贵之处就是节妇面对困难毫不退缩，除了以诗向亡夫诉说内心衷肠，同时还表达了一种不屈的心志，那就是再苦再累，只要有节妇在，就会挑起家庭重担，侍奉公婆，定会将儿子抚养成才。于此可见中国传统妇女之顽强毅力与尽心呵护家庭的美好品德。这些女性诗人，既是贤妻良母，同时也是优秀文化与文学的创造者，对传播与弘扬中华优秀传统道德文化发挥了积极作用。

2. 融经为文，书卷味浓

近代的贵州，以经学为核心的儒学传播达到高潮。虽然贵州的女性没有机会像男性一样到官学和书院读书，但在儒学极盛的氛围中，耳濡目染，使得不少女性对读书充满向往。不少人在家中完成了男性们的功课，一些佼佼者甚至超过男性，在社会中产生很大反响。自幼读书、嗜好读书的女性诗人不少。例如：

光绪《铜仁府志》卷十四："国学生徐橥妻许氏。氏名韵兰，字香卿,钱塘人,明经许其卓女。许为浙中大族,科名鼎盛,甲于其乡。氏幼在闺中,即熟典籍,工吟咏。二十岁适棨为室。棨为徐雨苊通政家子,少以才名自负。及氏来归,棨掩帷相对。衾侧置笔砚花笺,得句索和,争捷斗敏,恒不相下,时艳称之。生三子,长甫数龄,氏以病卒。棨抱安仁之痛,居常戚戚,感氏伉俪,衰集所作,为刻其《听春楼遗稿》,以慰哀思。"①

《黔诗纪略后编》卷二十九:"国子生徐棨妻舒氏。氏名芳芷,字芝仙,铜仁人。同邑徐棨继室,棨辑《黔诗萃》,芝仙与有校勘之劳。有诗纪事云:'红袖题签灯影畔,绿窗校字酒樽前。'亦韵事也。有《吟香阁诗》四卷。"②

《续遵义府志》卷二十四:"冯烈妇曾氏,氏名巽,字兰秋,曾祖翁受,《前志》有传。父建衡庠生,氏早失怙,父远游十年不返。并弟妹三人依叔教养,草草适一农家子为继室,且患痨疾而叔父不知也。三年夫没,氏服毒死。性警敏,能诗。《读列女传》云:'四德妇所守,三从女所循。以致古今论,牝鸡不司辰。岂知女偕男,非仅织组驯。歌《螽》大姒圣,断鳌女娲神。成物本于地,载物赖于坤。成周虽至德,有妇作乱臣……'"③

《续遵义府志》卷二十四:"姚人准之妻刘氏,遵义贡生刘光奎姪女,年十七归姚人准。性极和顺,能读书,工吟咏,人准负笈从师,函柬往复皆劝勉无私亵语,《寄夫》有云:'别后光阴已及秋,金风萧飒动人愁。劝君午夜勤批阅,早上青云慰白头。'虽

① [清]喻勋纂辑:(光绪)《铜仁府志》,贵州民族出版社,1992年,第292页。
② 徐丽华主编:《中国少数民族古籍集成》(汉文版)第90册,四川民族出版社,2002年,第85页。
③ 黄加服、段志洪主编:《中国地方志集成.贵州府县志辑》第35册,巴蜀书社,2006年,第266页。

随笔附翰札后,亦属风咏。人准出浴,死于溪,氏闻之,痛不欲生。家人时为防护。未久亦没,时年二十岁。"①

《续遵义府志》卷二十四："知县赵懿妻华氏。氏名璇,字玉芙,遵义华正伦之女,华联辉之侄,适赵懿,性沉静笃厚,自幼喜读书史。懿豪于诗,璇常吟咏,每深夜不息烛,所作诗颇有温柔敦厚之意,著有《问字楼诗稿》。年三十九,懿卒。督两姬亦能诗,教子宗畤成庠生。光绪丁未卒(1907),年五十有一。"②

民国《贵州通志》卷十八："锦英,字花如,贵阳人,顺昌知县赵国霖长女。幼习经史,娴吟咏,适同里候选知县朱振沅,振沅卒,氏以节旌。是书为其子树勋以优贡为湖南知县,萃其遗诗为一卷、词数阕附之。"③

以上这些妇女,在家务及女工之余,最大的爱好就是读书与吟咏。读的是儒家典籍,陶冶情性,规范妇德,如曾兰秋之《读列女传》,在表达对三从四德妇女规范的遵循外,还透露出一股巾帼不让须眉之气概。

走出家门,传道授业的女性也有之。例如,光绪《铜仁府志》卷十四说骆冰梅：

> 捭挡家事之暇,辄与古人相对,久遂淹贯群籍。工吟咏,巡

---

① 黄加服、段志洪主编:《中国地方志集成·贵州府县志辑》第35册,巴蜀书社,2006年,第266页。
② 黄加服、段志洪主编:《中国地方志集成·贵州府县志辑》第35册,巴蜀书社,2006年,第266页。
③ 黄加服、段志洪主编:《中国地方志集成·贵州府县志辑》第11册,巴蜀书社,2006年,第52页。

道陈枚知其文而贤,聘为女公子傅,次年母殁,枚赠金治丧,典礼无缺,一时称之,有"生男何如生女"之言。著有《冰梅诗草》。①

这里,说骆冰梅"淹贯群籍",显然,"力学"已经成为近代贵州妇女的一种生活追求,正如周婉如《自箴》所云:

> 萧萧白日驰,华驹逝不歇。目穷古人书,勿负古人说。身虽束闺阁,志岂逊前哲。心如履薄冰,宁为守其拙。力学如积丝,积丝当成匹。富贵夫何益,人生重行节。惟以崇令名,万岁终难灭。②

其《秋闺杂咏》亦云:

> 浣花笺冷写闲情,风物凄凉境亦清。最是夜来萧瑟甚,寒蛩声和读书声。③

近代贵州妇女忙完家务,闲暇之余,就只有"寒蛩声和读书声"。饱读诗书,这无疑为近代贵州女性的文学创作奠定了重要基础。经学与文学之间,本就没有绝对的界限。特别是《诗经》等经典,对这些女性的文学创作无疑产生了直接的影响。其他经典的文化以及文体内涵,也对贵州女性的创作产生了深刻影响。因此,在题材以及

---

①［清］喻勋纂辑:(光绪)《铜仁府志》,贵州民族出版社,1992年,第292页。
②［清］周婉如著,盛郁文注评:《吟秋山馆诗词钞》,贵州人民出版社,1995年,第12页。
③［清］周婉如著,盛郁文注评:《吟秋山馆诗词钞》,贵州人民出版社,1995年,第13页。

思想内容等方面,可以明显感觉到近代贵州妇女诗歌创作的经学基础。例如,上文所引曾兰秋《读列女传》"歌《螽》大姒圣",是化用《周南·螽斯》篇主旨。《毛诗序》云:"《螽斯》,后妃子孙众多也。言若螽斯不妒忌,则子孙众多也。"孔颖达《正义》曰:

> 此不妒忌,得子孙众多者,以其不妒忌,则嫔妾俱进,所生亦后妃之子孙,故得众多也。《思齐》云:"大姒嗣徽音,则百斯男。"传云"大姒十子,众妾则宜百子"是也。三章皆言后妃不妒忌,子孙众多。既言其多,因说其美,言仁厚、戒慎、和集耳。[①]

曾兰秋以《螽斯》太姒妇德为楷模,这是儒家思想影响之结果。又如《播雅》卷二十三载张睿妻王氏《绝命词》:"自尤妾命薄如笺,暂赋《桃夭》失所天。未老姑嫜还有托,纲常岂独让人先。"王氏,乃绥阳张睿妻,幼聪颖,通《诗》《书》,年二十而嫁,未期,睿死,题《绝命词》自缢以殉。王氏《绝命词》中用到了《周南·桃夭》。《毛诗序》云:"《桃夭》,男女以正,婚姻以时,国无鳏民。"[②]诗篇以桃花之茂盛,描写正当青春年少的女子获得了美满幸福的婚姻。但,这只能成为王氏心中永远无法实现的一个美梦,因为未婚夫张睿在婚期即将来临之际死去,这给憧憬幸福婚姻的王氏以沉重打击。最后,在近代浓郁的贞节思想氛围中,王氏选择以身殉节。显然,《诗经》对于王氏,不仅仅表现在诗歌创作的引经据典,而且还体现在儒家思想观念的深刻影响。

无独有偶,对《诗经》中美好夫妇生活的憧憬,也成为周婉如的

---

① [清]阮元校刻:《十三经注疏》,中华书局,1980年,第279页。
② [清]阮元校刻:《十三经注疏》,中华书局,1980年,第279页。

美梦,请看其《夫子省试别后作》三首之一:

> 潇潇瘦骨病难支,别绪无端绕乱丝。犹记篝灯分影处,焚香共读《二南》诗。①

夫妻分别后,婉如愁病无绪,整日沉浸在对远行丈夫的思念中,而最慰藉其心灵的还是在淡淡的檀香中夫妻共读《二南》的情景。读《诗》的回忆,以及《二南》中那美好的夫妇关系,成为婉如的情感支柱,也成为其思夫诗篇的主要素材。

3. 善用比兴,意境清幽

比兴所构成的基本审美特征就是温柔敦厚、含蓄隽永。这既是中国诗歌的艺术传统,也是儒家文艺审美思想的基本内核。而这一点,在近代贵州女性的文学作品中又得到了不断发展。在近代贵州妇女的诗歌创作中,温柔贤淑的人品与含蓄隽永的诗品,往往通过比兴艺术恰如其分地有机结合。例如,周婉如《秋夜》:

> 夜静篱蛩吟,轻寒逼袂襟。潇潇窗外雨,滴不尽愁心。②

诗篇虽然简短,但其中兴象丰富——静夜、虫鸣、轻寒、秋雨、愁心,一连串的意象流过,构成一幅生动的《秋夜》画卷。清幽意境,映衬出诗人高洁的志趣与淡泊名利的节操。

正是由于这种人品与诗品的有机结合,形成了近代贵州妇女文

---

① [清]周婉如著,盛郁文注评:《吟秋山馆诗词钞》,贵州人民出版社,1995年,第7页。

② [清]周婉如著,盛郁文注评:《吟秋山馆诗词钞》,贵州人民出版社,1995年,第1页。

学作品中的特殊意境。这些意境，往往带有一些十分明显和突出的审美倾向，那就是缠绵、凄苦、清冷。例如，民国《贵州通志·列女志》：

> 陈枕云，大定人。知府陈世彬女弟。幼读书，工诗，字州廪生谌皆模，未嫁而谌卒，闻讣往奔丧，遂矢志守贞。会世乱，夫家式微，其兄方官四川，往依之。世彬卒于蜀，而黔中贼氛恶，大定尤甚，因殡之永宁，携兄眷属归里，孝事继母，扶遗孤淞成诸生，已而谌族为立后，请旌迎归就养，年八十余以疾卒。著有《滴碎愁心集》，盖取集中"那堪一夜芭蕉雨，滴碎愁心泪未收"之句也。①

陈枕云的诗集命名为《滴碎愁心集》，取象于芭蕉夜雨、滴碎愁心。秋夜、凄寒、只影、垂泪，这些意境的形成，实际上与女诗人的社会生活境遇是密切相关的。陈枕云生逢咸、同贵州乱世，生活中打击接连而至，先是未嫁而夫卒，接着相依为命的兄长殁于任上，亲人不断逝去的重创，使得曾经欢乐幸福的诗人瞬间掉入谷底，从此一生与孤独和愁绪为伴，而诗歌也成为诗人泄导哀愁的唯一方式。诗人之所以要在诗歌中不断营造这种审美意境，那是因为自己的心路历程本就如此。例如，道光《思南府续志·列女传》载：

> 郭刘氏，郡阜民场人，拱璇妻，幼读书，解吟咏，年十八归璇，织纴之余，翻阅经史，尝有归宁诗云："天将阴雨复晴朗，曲径凉风扑面生。行到玉屏知屋近，遥闻人语杂鸡声。"思亲诗云："忆昔萱闱永别离，此生愁绪有谁知，哀猿午夜惊残梦，风雨寒窗泪

---

① 李芳：《大定县志》，贵州省大方县志编纂委员会办公室重印，1985 年，第 471 页。

欲垂。寂寞空庭映夕阳,慈颜久别往何乡。几回梦里从相见,便
洒离愁泪两行。"后璇卒,无子,继侄为嗣,晚年犹喜元理,手书
《道德经》若干卷。①

郭刘氏熟读经史,尤能写诗,字里行间宣泄着一个节妇的内心情
怀。诗篇的意象营构十分独特:午夜哀猿、风雨寒窗、夕阳空庭,衬
托出一个愁苦、残梦、垂泪、寂寞之凄美妇女形象。愁苦、残梦、垂
泪与寂寞一直陪伴节妇几十年,这就是近代贵州妇女们的心路历
程。其中的痛苦也只有节妇自己心里最清楚。与其说这是一种刻
意文学营造,倒不如说这是内心情愫的自然流露。这些诗歌就是近
代贵州妇女生活的真实写照。又如,光绪《铜仁府志》载喻惠若《夜
雨不寐》:

> 湘帘不倦晚春天,宝鸭香消夜未眠。听得潇潇风共雨,无端
> 惆怅落花前。一灯相对黯魂销,自把新诗慰寂寥。夜雨惊残香
> 梦醒,关心明日是花朝。②

夜雨潇潇,花落凋零,这是诗人日复一日光阴逝去的写照。雨夜
残梦,诗人唯有以诗歌来消解内心的极度苦闷与惆怅。生活中缠绵、
凄苦、清冷,这是作为女人的社会情状,而诗歌中缠绵、凄苦、清冷,这
是作为女性诗人的诗性情感抒发,也只有借助诗歌,这些缠绵、凄苦、
清冷的女人们才能得以找到心灵的一丝慰藉。

---

① [清]萧琯等:《思南府续志》,思南县志编纂委员会办公室,1991年,第335页。
② [清]喻勋纂辑:(光绪)《铜仁府志》,贵州民族出版社,1992年,第294页。

三、近代贵州妇女诗歌创作繁荣的原因

1. 社会氛围之影响

贵州一直就有诗歌创作的传统。在明代，贵州的诗歌创作就十分繁荣，诞生了一批在全国有重要影响的诗人。据《黔诗纪略》，共收录 241 人的 2406 首作品，其中如孙应鳌、谢三秀、杨文骢、吴中蕃等，更是在明代诗坛占有十分重要的地位。清代贵州的诗人与诗集就更多了，诸如郑珍、莫友芝等更是成为近代中国诗坛的领军人物。而明代，便已经有不少贵州女性从事诗歌创作。《黔诗纪略》收林指挥晟母蔡氏一首、周参将镇妻汪氏《雉经歌》八章、刘山松妻吴氏一首。正是基于自明代以来这种创作传统的影响，清代贵州的妇女创作不断继续发展，而至近代，这种创作达到高峰。例如，《播雅》卷二十三载刘之征妻李氏的《绝命词》八首，并云："李氏，遵义刘之征妻。之征康熙十一年拔贡，官部主事。李自家往京师，值吴逆贼叛沉湘间，贼军猖獗。行至澧州，不能进退，将幼子避古寺中，度势终不免，赋《绝命词》，遂自尽。"[1] 绝命词者，乃作者临死前的绝笔。李氏为保名节，不受强人侮辱，毅然选择死亡，且临终以诗明志。这种视死如归的凛然大气，真可谓惊天地、泣鬼神。而这种类似的故事，却在李氏之前的明代就已经发生过了。《黔诗纪略》卷三十一载有《烈愍周参将镇妻汪氏》八首，与李氏《绝命词》八首的创作背景相似。《黔诗纪略》云："（汪）氏与夫镇俱遵义县人，氏幼通经史，能诗。镇历功任北直遵化参将，汪偕之任。大清兵入大安口，力战死。汪闻变，洒血作《雉

---

① [清] 郑珍编辑，唐树义校订：《播雅》，《巢经巢全集》本，贵州印刷所承印，民国二十九年（1940）。

经歌》,偕其姑及夫妹若嫂投缳自尽,阖室俱焚。"① 汪氏的《雉经歌》
八章,内容风格与李氏《绝命词》八首基本一致,皆为叙说生离死别
之情,表明以死殉节之心。同为遵义人,很难说汪氏的《雉经歌》不
会对李氏的《绝命词》产生影响。也许,正是因为有前人的故事,才
促使后人效仿。

　　近代贵州妇女创作,同时期女性作者相互间的影响也很大。光
绪《铜仁府志》卷十四载,喻蕙若,为喻宗长女。时女士骆冰梅有才
名,蕙若过之,面投一绝云:"冰雪心肝差可拟,梅花骨格略相同。今
朝得入班昭座,如醉春风化雨中。"冰梅深服其敏,不敢以凤望傲
之②。像这样的,俱有诗名的女性之间相互切磋与唱和,在近代的贵
州并非个案,如遵义学正王德洵女的《次雷表妹看花韵》、孙诵昭《左
卿妹以诗见寄次韵答之》、许韵兰《次句容骆佩香女史(绮兰)西湖
原韵》等。同时,如骆冰梅因为学识渊博,工于吟咏,"巡道陈枚知其
文而贤,聘为女公子傅,次年母殁,枚赠金治丧,典礼无缺,一时称之。
有'生男何如生女'之言",这种女子因文才而获得社会认可,并能以
此谋生,无形中推动了近代贵州女性读书创作的浪潮。这充分说明,
社会氛围对近代贵州女性诗人的创作有十分重要的影响。

　　2. 家庭氛围之影响

　　贵州妇女的诗歌创作,有一个明显的特征,那就是成家族式发
展。有一门众多姐妹热爱作诗者。如前文所引道光《贵阳府志》卷
八十六所载贵筑女士许秀贞、遇贞、淑贞、梦贞姐妹等。又如,许秀贞
《重阳后两日与诸妹侍家大人联句》:

———————————

① [清]唐树义审例,黎兆勋采诗,莫友芝传证,关贤柱点校:《黔诗纪略》,贵州
　　人民出版社,1993年,第1260页。
② [清]喻勋纂辑:(光绪)《铜仁府志》,贵州民族出版社,1992年,第294页。

菊有黄华桂有香（家严句），清樽新酿寿高堂。良辰喜共团

圞乐（芝仙句），晚节并联棣萼行。

露湿秋花三径菊（瑞仙句），月临河畔一篱霜。高吟诚问谁

先报（兰仙句），笑引群雏起凤闳（家严句）。

插鬓茱萸满市香（兰仙句），登高何必问重阳。壶中日月神

仙传（家严句），眼底山河学士囊。

倾酒相将元亮峰（瑞仙句），题诗孰效杜陵狂。红窗此日亲

庭训（芝仙句），庚和飞花逸兴长（兰仙句）。①

这种热烈的家族创作氛围，对女性诗歌发展无疑有直接影响。
许氏家族的女性创作群体，相互间赠答切磋活动频繁，形成了一种良
好的家族文学创作氛围。

又有父（母）女皆喜作诗者：

《播雅》卷二十三：王氏德洵女，适绥阳诸生陈焕农，生子良
璋、良均，并诸生。氏幼慧，母刘教以诗，颇具风格，年七十终，著
有《绣余集》。②

《国朝闺秀正始集》卷七：陈氏，贵州安平人，巡道法女，诸
生周承元室。按：法，字定斋，康熙癸巳（1713）进士。氏承庭训，
雅擅诗名，实为黔阳翘楚，惜年远稿佚，仅传《思乡》一绝。辛卯
秋，氏侄孙石藩大令，出家藏小册相质，因并录此存之。③

光绪《铜仁府志》卷十四：庠生陈旭妻喻氏。氏名桂云，字

① ［清］许秀贞：《枣香山房诗集》，宝翰楼版，道光二十六年（1846）刻本。
② ［清］郑珍编辑，唐树义校订：《播雅》，《巢经巢全集》本，贵州印刷所承印，
民国二十九年（1940）。
③ ［清］完颜恽珠：《国朝闺秀正始集》，道光辛卯（1831）红香馆刻本。

月芬,为喻焘姊,生而颖异,幼敏于言。母氏沈知书。氏甫学语,即教以古诗。著有《雅香楼小草》。①

以上,女子擅诗、工诗,或从父训,或以母教,父母的言传身教,是其创作的巨大推动力。

有兄妹均擅长作诗者。如大定陈枕云与陈世彬不但兄妹情深,且二人均擅诗。陈枕云著有《滴碎愁心集》②,陈世彬亦著有《诗集》一卷③。后文有云路秀贞的父亲、兄长均擅诗,路秀贞从小接受父亲读书、创作培养,与兄长、姐妹间也经常切磋诗艺,这些良好的家庭诗学氛围无疑对路秀贞诗歌创作能取得较高成就有深刻影响。

有夫妇皆嗜好作诗者:

> 《黔诗纪略后编》卷二十九:"国子生徐棨妻许氏。氏名韵兰,字香卿,海宁人,适同仁徐棨,棨博雅好事,夫妇唱和,香卿有句云:'幼惭书未读,近喜婿为师。'又云:'试笔朝临帖,挑灯夜课诗。'黔人传为佳话。有《听春楼诗》六卷。"④

> 民国《大定县志》卷二十:"《吟秋山馆诗钞》二卷,《词钞》二卷。黄育德妻周婉如撰。婉如,毕节周凤冈刺史女,适育德后,闺房唱和,称佳偶焉。诗亦清丽可喜。既卒,子锡燧为校刊行世。"⑤

又毕节彝族诗人余昭有《大山诗草》,其妻安履贞有《圆灵阁

---

① [清]喻勋纂辑:(光绪)《铜仁府志》,贵州民族出版社,1992年,第293页。
② 李芳:《大定县志》,贵州省大方县志编纂委员会办公室重印,1985年,第509页。
③ 李芳:《大定县志》,贵州省大方县志编纂委员会办公室重印,1985年,第505页。
④ [清]莫庭芝、黎汝谦、陈田编纂:《黔诗纪略后编》,清宣统三年(1911)刻本。
⑤ 李芳:《大定县志》,贵州省大方县志编纂委员会办公室重印,1985年,第509页。

集》，夫妻间相互勖勉相互赠答唱和的诗作不少。如，余昭《寄内》：

> 对镜怆然暗自惊，功名文字两无成。始知自负英雄气，误却
> 多年儿女情。
> 万种相思又值秋，黄昏风雨独登楼。蕉声虫语灯明灭，共助
> 离人一夜愁。①

安履贞有《秋九月和子懋寄诗原韵》：

> 西风一夜梦魂惊，坐看君诗寝未成。帘内虫声帘外雨，此时
> 此际有同情。

又：

> 春来夏去转惊秋，鸿雁频飞独倚楼。愿借羽翰传远信，关山
> 为寄一缄愁。②

夫妻间相互以诗唱和，除了表达深深的思念之情外，也推动了文
学创作之发展。夫妇唱和，亦成为近代贵州妇女创作的一大特点。

家族文学创作氛围的影响是巨大的，如赵恒《云英吟卷跋》：

> 右录唐孺人遗诗一卷。孺人才性明达，善辩说，有高致，见
> 人所为，辄橅效之，为即胜人。初亦识字，及归我先大夫，入门，

---

① ［清］余昭、安履贞：《大山诗草》，四川民族出版社，1994年，第57页。
② ［清］余昭、安履贞：《大山诗草》，四川民族出版社，1994年，第337页。

见吾家多藏书,又门内皆喜吟讽,曰:"吾何修得此者,不今之学,孤负此生矣。"遂奋然读书,每至夜分灯炧,犹咿唔伏案不辍,若恐人先我知。见古今名媛诗辞书画,虽片纸靡不欣赏咨嗟,自很弗及。十余年来,积诗数百首盈妆箧,手录成卷,置枕上,背人辄吟哦涂窜,期当意乃已。①

唐贞为四川新都县人,在嫁入遵义赵氏家族前,也只是初识文字,但嫁入遵义赵氏家族后,被赵氏家族文学创作之风熏陶感染,奋然读书,勤于创作,竟然十余年来吟咏不辍,积诗达数百首,有《云英吟卷》诗集传世。将一个初识文字的女子培养成笔辍不止的诗人,足见近代贵州家族文学氛围之深刻影响。这种家族式的诗歌创作,既是贵州文学发展的重要特征,也是近代贵州妇女文学创作的基本特点。

3.外来文化之影响

近代贵州的女性诗人里,有不少属外来文化者。这些女性的文化素养和诗歌创作在她们来贵州之前就已经有一定的基础。在贵州的居住,让这些女性的原有文化和文学基础与贵州地域文化发生碰撞,不断催化诗歌创作的火花与激情。

例如,赵怡《事略》:

孺人姓唐氏,先府君侧室,四川新都县人,年十六来归。当是时先府君方宰新宁,既而解组,乞归修墓。孺人侍至綦江者五年,从就养仲弟懿名山官所者又三年。复随居嘉定重庆叙州,以至万县云安之间,又七八年。孺人为人,明达敏断,口辩流捷,手

————————
① [清] 唐贞:《云英吟卷》,光绪成都排印本。

指妙巧,精艺能。然事先府君则卑柔恐失,承意唯谨……又孺人幼,虽识字未博,然尝诵《诗》《四书》,及先府君授以刘向氏《列女传》,及班大家《女诫》诸篇,益达妇女大义……怡家多藏书,女子皆喜谈文史,孺人泛观古今传记,以及稗官野乘,莫不窥览,又不足,则时取求坊肆所传杂剧,里巷不典之书,而至其忠贞义烈,名节独行故事,辄好寻人与共谈说,娓娓不能自休,已乃叹息自语曰:"人生而为女子名妇,至不易为。"①

前文有云,唐贞乃四川新都县人,嫁入遵义赵家方才十六岁。其原来有一定文化基础,但通过在遵义赵家的文化熏陶,逐渐成为文化修养和文学功底深厚的女才子。这显示出近代省际间不同文化交融互动对文学发展的重要推动作用。

又如,胡薇元《罗烈妇墓志铭》:

烈妇姓罗氏,新津令予同年友赵幼渔先生妾也,什邡罗村人。十七归赵氏。幼渔故清贫,而一门风雅,姒娣子女皆能诗,遂顾而乐之,时时就幼渔学书,为之讲解古今大义,取古贤女事为譬喻析说,姬端立静听,有所领悟,不数年,竟能诗,与家人唱和,孜孜不倦,诗字颇近幼渔。时以礼自闲,事幼渔惟谨,幼渔以其温婉,名之曰绵纤,字以初月,盖以厉樊榭姬人月上比之也。②

与唐贞一样,罗绵纤也是遵义赵氏家族妇女,其为四川什邡人,十七岁嫁入遵义赵家,在赵家浓郁的文化与文学氛围中,逐渐文才流

---

① [清] 唐贞:《云英吟卷》,光绪成都排印本。
② [清] 唐贞:《云英吟卷》,光绪成都排印本。

溢,成为一个有名的女诗人。有诗集《香草楼诗》传世。这同样是近代省际间文化交融的成功案例。

又,光绪《铜仁府志》载,许韵兰,字香卿,钱塘人。氏幼在闺中,即熟典籍,工吟咏。嫁入贵州铜仁后,有诗集《听春楼遗稿》。请看其中几首:

《访梅》:"冲寒未见绮窗梅,报到溪头已早开。我为寻花忘路远,一肩春雪过桥来。"

《扬州晚泊》:"烟光绝好画中诗,水调家家唱柳枝。二十四桥新月上,绿杨城郭晚晴时。"

《外游尽云崖诗后》:"读君飞云诗,如览飞云胜,云根泻瀑泉,云际盘幽径。日暮山僧归,月潭开钟磬。游子鞍马劳,于兹一解镫。松涛万壑喧,清啸千山应。仙境藉标题,登临动诗兴。"

《赠外》:"幼惭书未读,近喜婿为师。试笔朝临帖,挑灯夜课诗。推敲生敏悟,启发助清思。最乐应惟此,含毫得意时。"

《舟过苏州》:"吴江流雨过,向晚试推篷。新涨平田绿,斜阳小舫红。牛城杨柳外,一棹藕花中。欲去迟迟去,扬帆任好风。"

《过岳忠武庙》:"父老扶笻话北征,黄沙白日孤黯城。入祠拜倒苍松下,风过如闻战鼓声。伏腊鸡豚赛鄂王,江山城关叹沧桑。一抔递与西湖上,香火他乡胜故乡。"

《寄闺中旧侣》:"离情别绪不禁秋,为忆深园祇自愁。那得此身如旅雁,一年一度向南游。燕云越树碧迢迢,乡思逢秋未易消。欹枕萧萧风雨夜,梦中同看浙江潮。"①

《舟至辰溪入铜仁河赠外》:"扁舟过辰溪,溪澄秋见底。一

---

① [清] 喻勋纂辑:(光绪)《铜仁府志》,贵州民族出版社,1992年,第292页。

棹沂溪源,都是婿乡水。"①

　　许韵兰的诗歌创作,明显带有浓烈的文化交融色彩。有黔山贵水之作,也有苏杭风光之篇。《赠外》体现了贵州文化对诗人的深刻影响,而《舟至辰溪入铜仁河赠外》则充分显示出贵州铜仁的风光与亲情,激发了初到黔地的女诗人的创作灵感。而且,许韵兰在嫁入铜仁后,还常与钱塘旧时闺中姐妹诗文往来,这对促进贵州文学发展无疑有积极作用。

　　又,民国《贵州通志·列女传》:

　　　　孙诵昭,字班卿,金陵人,举人王青藜继室,淑婉而文,夫卒尽焚生平诗稿,不复吟咏。其妹左卿检自邮寄旧作,萃为《静宜室剩草》一卷。静宜者,班卿所居室也。其《供菊》云:"采得东篱菊,萧疏插案头。影描半窗月,根老一瓶秋。径僻难成赏,香寒为久留。多君矜晚节,人意淡相侔。"《残照》云:"不道黄昏近,难留是夕晖。曲穿芳径去,平护晚鸦归。色艳争红叶,光低隔翠微。天然图画好,欲倩彩豪挥。"其《望月怀两姑》《弹琴》诸作俱佳。②

　　孙诵昭从金陵千里迢迢嫁入遵义。其对贵州生活多有描绘,而且还以诗歌抒发对远在金陵的亲人的思念之情。再如,民国《贵州通志·列女传》:

① [清] 莫庭芝、黎汝谦、陈田编纂:《黔诗纪略后编》,清宣统三年(1911)刻本。
② 黄加服、段志洪主编:《中国地方志集成·贵州府县志辑》第 10 册,巴蜀书社,
　　2006 年,第 508 页。

涂氏,江南上元人,布政司理问厅李再漖妻,成都府知府长发女,年十七归再漖,舅性偏侻,不屑封殖,负债以殁。氏鬻奁偿之,得姑欢心。夫殁,氏仰药殉,同室见而夺之,得不死。同治甲子,城陷,自焚,年八十二。氏读书,工诗,好楼居,所著有《澹静楼诗集》。清布政使麟书母征本朝闺秀诗,采其诗多首。①

基本上可以肯定,这类女性诗人在入黔前已经具有一定的文化素养和创作经历。而入黔后的生活使得这些外来女性的诗才迸发,留下宝贵的文学遗产。推动了近代贵州文学与文化发展。

第三节　路秀贞的诗歌创作及其儒学内涵

路秀贞是晚清时期贵州毕节路氏家族中有名的女性诗人。她生于贵州,长于河南,卒于北京。一生虽然短暂,但创作颇丰。其诗歌散佚过半,存稿被其子编纂成《吟荭馆遗诗》。路秀贞的诗歌内容丰富,主要涉及四季物候、乡村田园、闺阁庭院和羁旅游历等。其艺术特征鲜明,主要表现在善于用典,融经为文;风格恬淡,意境清幽;情感真挚,意趣高远;诗中有画,含蓄隽永。路秀贞的诗歌以身边常见事物为描写对象,虽然没有大悲大欢,没有宏大主题,但往往能于平淡中见深刻意蕴。其身在庭院,但情志却超越闺襜。淡薄名利,心系天下,于清幽中透露出一股豪越气概。这是晚清女性文学中富有个性特征的代表。

---

① 黄加服、段志洪主编:《中国地方志集成·贵州府县志辑》第10册,巴蜀书社,2006年,第509页。

一、路秀贞的生平与《吟荭馆遗诗》的编纂

清代贵州毕节路氏家族文化繁荣，自乾隆年间路元升高中进士，路家先后有路孟逵、路璋、路璜、路朝霖荣登科甲。除了进士，路氏家族中的举人也不少。路氏家族文化发展在晚清时期达到高峰。路朝霖曾为光绪皇帝的老师，本人及家族屡次受到皇帝褒奖。路氏家族一时享誉海内。

路秀贞是晚清贵州毕节路氏家族中的一员，也是该家族中唯一一位有诗集传世的女性诗人。路秀贞为路璜之女，路璜历任河南卫辉、商邑、洛阳县令，去官后主讲开封游梁书院，乃当时著名诗人。路朝霖是路秀贞的亲哥哥，光绪进士，翰林院庶吉士，官河南候补道。兄妹间常常切磋诗歌创作。生长在学术文化氛围和文学创作风气浓郁的家庭，从小耳濡目染，使得路秀贞不但热爱诗歌创作而且达到很高水准。民国大总统徐世昌编纂《晚晴簃诗汇》，收录毕节路氏家族诗作不少，其中路璜7题9首①，路朝霖5题7首②，而收录路秀贞作品亦高达7首，分别是：《白莲》《自汴入都缃侄送至道口》《运河道中》《喜雨》《古剑》《听琴》《扫花》③。路朝霖是徐世昌的姑丈，徐世昌从小便得到路璜、路朝霖在诗文创作方面的指点，与路家关系十分亲密。徐世昌《晚晴簃诗汇》"路璜"条云：

> 余少时从游洛阳，官署谈艺，亹亹不倦。每有诗，必令门弟子属和。赴乡勘事，肩舆中诗稿积寸，多倩余录之。丁丑春，遗其一侄、两孙，同余游龙门、香山，曾刊《嵩洛纪游草》。后余为编

---

① 徐世昌编，闻石点校：《晚晴簃诗汇》，中华书局，1990年，第6387页。
② 徐世昌编，闻石点校：《晚晴簃诗汇》，中华书局，1990年，第7456页。
③ 徐世昌编，闻石点校：《晚晴簃诗汇》，中华书局，1990年，第8761—8763页。

订诗集,多和平安雅之音。观察,余姑夫也。诗承家学,博雅好古,
多华赡之作。①

　　这里,徐世昌详细叙述了自己年少时在洛阳与路璜、路朝霖等路
氏家人的频繁交往。这种特殊关系使得徐世昌十分熟悉和了解路氏
家族的诗歌创作。其编纂《晚晴簃诗汇》,选录路秀贞的作品与其父
兄差不多,亦足见徐世昌对路秀贞诗歌创作的高度推崇。

　　路秀贞大约生于道光末期,清廷平息太平天国起义时(1864),
路秀贞大约 15 岁左右。因此,路秀贞大约度过了二十余年的社会
相对平稳发展期。路秀贞嫁给贵州开阳袁照藜。袁照藜乃同治癸
酉(1873)拔贡,廷试以教职用,不久考取内阁中书。路秀贞婚后并
没有随丈夫赴任,而是长期待在父亲为官的河南寓所,夫妻两地分居
约 6 年时光。光绪己卯(1879),路秀贞携带年幼的儿子从洛阳父亲
寓所出发,进京与丈夫团聚,在京城待了约 3 年时光。卒于光绪壬午
(1882)八月,年仅三十余岁。袁照藜光绪戊子(1888)考取举人,此
时距路秀贞去世已 6 年。

　　汾阳王式通撰《袁照藜墓志》称路秀贞:"渊源家学,德言兼
称。"② 这是对路秀贞极其精准的评价。其侄路承熙《吟荭馆遗诗》
跋云:

　　　　忆熙方五龄,即依恋姑母,时维同治戊辰(1868),在先祖中
　　议公洛阳官舍,芸编插架,姑母终日卷不释手。中议公于典实有
　　遗忘,询之,姑母即详举以对,尝名之曰"小书橱"。迨熙九龄,随

————————

① 徐世昌编,闻石点校:《晚晴簃诗汇》,中华书局,1990 年,第 6387 页。
② 北京图书馆金石组编:《北京图书馆藏中国历代石刻拓本汇编》第 95 册,中州
　 古籍出版社,1989 年,第 153 页。

姑母诵诗,暇时授以音韵之学。尤记联四言韵语,摹摩诘辋川风景,出于天籁,少壮而后不可复得。则是诗教传于姑母,其启发苦心有不得忘者。①

路秀贞少女时代便在父亲河南的官舍生活,遍读群书,淹贯经史,有"小书橱"之称,知识十分渊博。又熟悉音韵之学,长于诗教。具有坚实的学术与创作基础。其子袁祚廙《吟苤馆遗诗》跋云：

先妣路太夫人秉承家学,博通载籍,经史之外兼习咏事。先外祖父渔宾公躬自教授于唐宋以来诗学源流,均能抉择精微,得其神髓。手订窗课,哀然盈箧,及来归先君子,家政操劳,频年多在病中,而药炉经卷仍复不废吟咏。盖处境愈涩而诗境益工。②

路秀贞成家后,仍不废读书,不辍吟咏。家政操劳之余,尽管长期身处病中,仍坚持创作不懈。路秀贞以诗书修身,执着追求诗歌创作,堪为闺秀中之楷模。

徐世昌《吟苤馆遗诗》序云：

余既选《黔灵》《红鹅》两家诗入《晚晴簃诗汇》,复为编刊遗稿。袁君静闇又以其母夫人《吟苤馆遗诗》属为之序。静闇之言曰："吾母生前所作诗多不存稿,存者曾经水厄,散佚过半。就箧衍所藏,益以先君所记录,得诗百二十有二首。《端阳游陶

---

① [清]路秀贞：《吟苤馆遗诗》,《丛书集成续编》第142册,上海书店,1994年,第349页。

② [清]路秀贞：《吟苤馆遗诗》,《丛书集成续编》第142册,上海书店,1994年,第350页。

然亭》一诗乃绝笔也。"①

　　路秀贞的诗作散佚较多,而且家中曾遭受过水患,诗作大半损失。其子有感于先妣诗作残损严重,故将剩余存稿,再加上从其父亲袁照藜记录所得122首诗歌,编纂成《吟荭馆遗诗》。

　　《吟荭馆遗诗》编纂于民国丁卯年(1927)。袁照藜晚年客居于天津,卒于民国十五年(1926),故路秀贞的《吟荭馆遗诗》成书时,袁照藜已亡故,这也是《吟荭馆遗诗》中未见袁照藜序跋的原因。路秀贞子袁祚廙在跋中称此诗集编纂时距其母辞世已45年。从1882至1927,正好45年时间。《吟荭馆遗诗》有民国戊辰年(1928)武进涉园石印本,收在《咏喜轩丛书》中,后又被收入上海书店《丛书集成续编》第142册。

　　贵州女性诗人作品被省外作品集收录的不少,如《国朝闺秀正始集》等就收录不少贵州闺秀诗作。但路秀贞无疑是被省外收录作品最多的贵州女诗人,《吟荭馆遗诗》被《咏喜轩丛书》收录,后又收入《丛书集成续编》。这也是省外收录贵州唯一的闺秀集。应该说,路秀贞是贵州女性诗人在省外影响最大者。原因在于:其一,路秀贞长期在父亲做官的河南寓所生活,处在交通发达的中原地区,作品容易传播。其二,家族文化巨大影响,使得路秀贞作品受到关注与重视。其三,得到徐世昌推崇,并入选《晚晴簃诗汇》,无疑扩大了其影响。其四,在京城生活三年,视野与学术交往,远远超过同期的贵州毕节其他女性诗人如周婉如、陈枕云等。

　　虽然路秀贞诗歌创作影响较大,但目前却没有任何探讨路秀贞

①[清]路秀贞:《吟荭馆遗诗》,《丛书集成续编》第142册,上海书店,1994年,第341页。

诗歌的文章，这与其诗歌的影响无疑形成较大反差。探讨路秀贞的诗歌，有助于了解晚清中国社会文化发展真貌，认识当时女性的社会生活与内部世界，把握中国女性文学的书写特点。

二、《吟荭馆遗诗》的主要内容

《吟荭馆遗诗》收录122首作品，这只是路秀贞诗歌作品中很小一部分。虽然现存作品非路秀贞诗歌创作的全部，但其内容却十分丰富。

（一）对四季物候变化之描写

路秀贞对景物的观察与描写十分细腻。《吟荭馆遗诗》有很多诗篇是对四季物候变化之描写，对春、夏、秋、冬景色均有涉及，与春天物候相关的作品共计22题26首。夏景8首；秋景33题，37首；冬景3首。其中，最多的是春景和秋景。陆机《文赋》云："遵四时以叹逝，瞻万物而思纷。悲落叶于劲秋，喜柔条于芳春。"[1] 钟嵘《诗品》云："气之动物，物之感人，故摇荡性情，行诸舞咏。"[2] 大自然阴阳之气的消长，直接带来物候的深刻变化。诗人对物候的变化有特殊的敏感性，尤其是女性诗人，对自然界景物的细微变化往往都有超常的感觉。如，《春阴》：

> 柳外莺啼懒，云阴酿药阑。兰闺人绣倦，倚槛觉春寒。[3]

春天天气逐渐变暖，白昼渐长。在这种舒缓的环境中，诗人感受到了春天的节奏，这种节奏体现在远处黄莺懒长的鸣啼声中，表现在

---

① [晋] 陆机：《陆士衡集》，中华书局，1985年，第1页。
② [南朝梁] 钟嵘：《诗品》，中华书局，1991年，第7页。
③ [清] 路秀贞：《吟荭馆遗诗》，《丛书集成续编》第142册，上海书店，1994年，第342页。下文引路秀贞诗歌皆出自该文献，不再重复出注。

眼前香闺中绣人慵倦的举止间。而突然来袭的阴云,似乎让鸟、树、人与建筑全部笼罩在一种乍暖还寒的瞬息变化中。路秀贞以一个女性特有的细腻与敏感,把握住了春天人与物变化的共同节奏——懒、倦。《豳风·七月》云"春日迟迟",毛传:"迟迟,舒缓也。"[1] 懒、倦即舒缓,这就是春天万物的共同节奏与基调。每个季节有各自的物候特点。这是阴阳之气变化的结果。路秀贞用诗歌意象,捕捉春天内在的细微脉搏。黄莺的懒啼与绣人的慵倦构成了一副动静相宜的春天图画。而云阴的出现,又动态地改变了暄暖的氛围,突然注入一股微微的春寒,直击诗人身心。物我交融,一动皆动。这是诗人用心体悟春天之结果。又如,《春雨》:

入夜萧萧雨,当春白卉生。纸窗眠未稳,风送卖花声。

雨是春天的灵魂。春天正是有了雨才变得如此柔美。历来诗人对春雨情有独钟,路秀贞也不例外。同题的《春雨》诗前后有两首,足见其对春雨之喜爱。该篇明显受到杜甫《春夜喜雨》[2] 的影响。杜诗的基本意象为:春雨、夜、人、晓花,而路诗完全一样,甚至直接袭用了杜诗"当春""入夜"等用语。不同的是,作者性别、时代及所处环境有异,故对同样物象感觉完全不一样。杜诗中的春雨是一场蒙蒙细雨,故一夜"润物细无声"。但路诗的春雨似乎规模不小,"萧萧"足见阵仗之大,故纸窗难隔雨声,诗人一夜"眠未稳"。路秀贞生活在河南洛阳,与杜甫《春夜喜雨》的成都地理环境完全不同。故清晨二人所感受到的春夜雨后的景象迥然有别。杜甫极目所见是山坡上一

---

① [清] 阮元校刻:《十三经注疏》,中华书局,1980 年,第 389 页。
② [唐] 杜甫著,[清] 仇兆鳌注:《杜诗详注》,中华书局,1979 年,第 799 页。

片"湿红"，春雨浸润后的红花晶莹剔透。这是直接观感的印象。路诗不写观，只写听。清晨在徐徐春风中传来阵阵卖花声，这是间接听感的印象。路诗比杜诗更含蓄，不直接写春雨对春花的滋润效果，通过卖花声含蓄透露一夜春雨带来"百花怒放"。春花之繁荣，正是春雨润物之成效。二诗都抒发诗人对春雨发生之"喜"，杜诗是诗人在观听基础上获得直接喜悦之感，路秀贞则主要通过卖花人欢快的叫卖声含蓄表达"喜雨"之情怀。

再如，《白莲》：

> 雨过暗闻香，凌波试淡妆。珊珊仙袂冷，鸥梦伴银塘。

此为夏景。阵雨过后，莲花经过雨露滋润，显得更加清纯与秀丽。如一个个婀娜多姿的水上仙子在碧波间轻盈漫步。微风吹拂，荷花之暗香沁人心脾。舒缓的步伐，飘逸的衣裙，给人一高艳冷峻、可望而不可及之感。鸥鹭安稳地睡在晶莹清澈的荷塘里，一幅澄静、安宁、圣洁与清雅的夏日白莲图。其中，凌波、淡妆、珊珊、仙袂、鸥梦、银塘等均化自前人诗词作品①。有借鉴，但不留痕迹，这些前代诗词中的意象在路秀贞短短的四言中高度凝练，有机融合成浑然一气的整体。此篇充分显示出路秀贞诗歌创作深厚的文化底蕴，也体现了其诗歌创作的基本特征。故徐世昌评该篇："幽秀独绝。"清幽秀丽是路秀

---

① 如庄忌《哀时命》："势不能凌波以径度兮，又无羽翼而高翔。"曹植的《洛神赋》："陵波微步，罗袜生尘。"苏轼的《饮湖上初晴后雨二首》："欲把西湖比西子，淡妆浓抹总相宜。"杜甫《郑驸马宅宴洞中》："时闻杂佩声珊珊。"白居易《长恨歌》："风吹仙袂飘飘举，犹似霓裳羽衣舞。"史达祖《隔浦莲·荷花》词："万绿森相卫，西风静、不放冷。侵晓鸥梦稳。"苏舜钦《和解生中秋月》："银塘通夜白，金饼隔林明。"

贞诗歌作品的主要审美风格。

（二）对乡村田园风光之描写

乡村田园是无数厌倦尘俗、淡泊名利者的终极归宿，它也是路秀贞的理想乐土。路秀贞用诗歌讴歌田园，描绘了一幅美好的乡村生活图景。有对农事活动之描写。如《分秧》二首：

> 刺水秧都活，分栽趁夏初。行歌听缓缓，驱马去徐徐。
> 匝地青如此，秧针簇簇新。分将春水活，栽向碧畦匀。

这是诗人在郊外所见所闻。只见一片片青新的秧苗，农夫忙碌地分秧、栽秧，在充满活力的春水中，秧苗生机盎然。同时，劳动者的歌声在田野里飘荡，袅袅萦绕，悦耳动听，使得诗人久久不忍离去。充满生机的青翠秧苗与悦耳动听的欢快歌声，交织成了一曲和美的春天分秧进行曲。又如《打麦声》：

> 万顷黄云割，时闻打麦声。隔邻夹板响，辛苦忆躬耕。

有播种，则有收获。收获季节，成熟的麦穗恰似满地黄云，麦田传来阵阵欢快的打麦声。看到丰收情景，诗人却联想到耕耘的辛苦。一份耕耘，一份收获。正是因为经历过耕耘之苦，方能体味和享受收获之乐。诗篇整个的基调欢快、喜悦。

有对民风民俗之描写。如《春社》：

> 春郊逢社日，桑柘望中迷。野老豚方祝，游人马乱嘶，斜阳飞絮路，细雨落花泥。扶醉归家后，前村笑语低。

社节是乡村十分隆重的节日。春郊、桑柘、飞絮、落花、细雨，构成了典型的春天嬉戏图。游人、马鸣显示出节日的热闹与喧哗。扶醉而归，笑语欢声则显示出乡村民风的和谐、安宁与淳朴。诗人笔下的乡村生活是如此的恬淡、醇厚，十分令人神往。

也有对一年四季田园生活之叙说，如《田家四时词》四首：

> 红杏芳菲绕户幽，东郊雨过一犁柔。老农荷筱归来晚，草径花蹊独饭牛。
>
> 绿树葱茏矮屋遮，熏风吹到野人家。闭门尽向西畴去，开遍墙边枳壳花。
>
> 霜粉十里漾云黄，老圃秋菘野味香。何事前村喧社鼓，邻翁扶醉下斜阳。
>
> 柴门断续起炊烟，稗稆全收百亩田。共喜岁阑春酒熟，公堂介寿说丰年。

诗篇描写一年四季乡村农夫们的生活。按春、夏、秋、冬叙说，宛如村野老叟给你娓娓絮叨自己一年的生活历程。诗篇抓住每个时节的突出物候特征与农事特点，如春天百花争艳与细雨芳菲，配上荷锄的老农与暮归的老牛，一副春雨晚归水墨图。夏天青翠掩映的矮屋、墙边怒放的枳壳花，显示出夏日乡村田园之繁盛与茂密。秋天黄云般的金色麦浪，野味飘香，到处张扬着丰收的喜悦。而斜阳柴扉与扶醉而归的老翁，则显示出乡村田园生活的安宁与自足。冬天粮食全部入仓，人们酿酒庆祝，共聚祝福，祈祷来年获得更大丰收。这种铺叙的手法，明显受到《豳风·七月》的影响。尤其是最后一首，与《七月》最后一章的内容无异。不过，该诗篇没有《七月》陈王业之艰难的宏大政教主题，只有歌咏乡村田园自足、恬淡、和乐、安详与美好的情感抒发。

（三）对闺阁庭院生活之描写

作为家庭主妇，路秀贞活动的主要区域是闺阁庭院。这也是路秀贞最主要的创作场所。路秀贞长期病魔缠身，特别是婚后，拖着虚弱的身躯操持务。尽管如此，路秀贞的家庭生活却并不单调乏味。

1. 读书。如，《春日即事》：

> 寂寂春闺里，湘帘昼卷迟。焚香无个事，静读《二南》诗。

描写春天慵懒起床后，在闺阁中的路秀贞静心地阅读《二南》篇的情形。《二南》实乃房中之诗乐，是妇德教育之范型。作为少女时代的路秀贞，自觉以《二南》修身养性，故有"德言兼称"之誉。又如，《秋日读书》：

> 萧萧幽绝似仙居，满院浓阴映绿裾。最是宜人诗思处，一窗秋色半床书。

路秀贞每日过着仙居般的生活，读书、吟诗，整个庭院充满书香之气。"一窗秋色半床书"十分形象地说明了路秀贞读书痴迷的状态。再如，《雪夜》：

> 倚窗兀坐画帘垂，闭户闲吟雪映帷。为惜三余勤讽咏，夜灯重展少陵诗。

除了读经史之作，路秀贞还特别喜爱杜甫诗作。一个"重展"，充分表达了路秀贞对杜甫诗歌之反复涵咏，喜爱程度不言而喻。这恐怕也是路秀贞在诗歌创作中化用杜甫诗歌的原因。

2. 谈艺。如《题虞美人花图》：

> 一丛浅碧间深红，怨态低徊忆故宫。回首霸图成往迹，惟留艳影舞春风。楚帐歌残已断魂，重生弱质恋君恩。谁笼金粉六朝笔，画出当年碧黛痕。

此二首吟咏的是虞姬，属品画之作。其中咏史成份较浓，情感也比较复杂，有对虞姬倾城倾国美貌之称赞，也有对其楚帐断魂之惋惜，更有对霸业虚空之感叹。往事已成云烟，什么霸业，什么貌美，什么君恩宠幸实质都成为虚无缥缈之往事。令人赞叹的是画家画功如此之超然出众，竟能描绘出一位胜似当年的栩栩艳影。

又如，《题画四首》其一：

> 不将颜色媚时人，青冢年年为汉春。谁识娥眉能报国，琵琶一曲靖边尘。

路秀贞身虽为闺阁中人，志却不止于闺阁中。这篇是她病中所作，但丝毫看不出一丁点病态。诗篇吟咏的是王昭君，一股傲然之气充满诗篇。谁说女儿不如男，王昭君当年就是牺牲自己，换来边塞安宁，减少了多少流血与杀戮。昭君出塞，不逊于征战沙场。路秀贞表面吟咏的是王昭君，实质表露的是自己的心志。如果没有封建礼制的限制，路秀贞定能决胜于科场，亦能像父兄一样扬名于天下。可惜，没有这样的历史舞台供其发挥才华。

又如《古琴》：

一阕松风起,冷然太古琴。材传雷氏制,曲写楚妃心。雁柱
珠全失,螺徽土暗侵。鞠通犹谱操,静夜发清吟。

此篇中的琴确实古老,雁柱珠子皆失,螺徽侵满灰土,但这些都
只是琴的装饰而已,缺了并不影响古琴本身的弹奏效果。一曲《风入
松》[①],冷然发出的是太古清音。此古琴为雷氏所制唐琴,颇具年份,
用古琴弹奏古曲,则更加高雅脱俗,洗涤的是人的心灵。"楚妃"亦是
古琴曲故事中的人物形象[②]。路秀贞所谓的楚妃,实则有强烈自喻色
彩。一颗淡泊名利、超越世俗的闺阁女子的心,在古琴古曲的清吟中
被激荡。人、琴、音实现完美合一。这里的"清"不仅是古琴演奏的
格调,而且也是路秀贞诗歌创作的基本审美追求。

3. 玩月。如,《秋夜玩月呈伯兄覃叔》:

空庭散步涤烦情,照彻红阑月正明。竹柏影斜如藻荇,朦胧
一树桂烟轻。

皎洁月光照彻红阑,竹柏的倒影宛如水中荇菜,参差不齐,远处
树林好像笼罩了一层轻烟。环境如此的安静,而空庭中却只有诗人
独自徘徊。"涤烦情"含蓄地点明了作者此时此刻空庭散步之目的。
"烦情"也正是秋夜诗人欲借明月抒发的主要情怀——思亲。而清幽
的夜色,无疑是抚慰思亲愁绪的最佳方式。又如,《书斋坐月》:

---

① 《乐府诗集》的《琴曲歌辞四》收有《风入松歌》。宋郭茂倩题解:"《琴集》曰:
　《风入松》,晋嵇康所作也。"
② 沈炯《为我弹鸣琴诗》:"为我弹鸣琴,鸣琴伤我衿。半死无人觉,入灶始知音。
　空为贞女引,谁达楚妃心。"江总:"楚妃幸勿叹,此异丘中音。"

今夜清辉月,高斋独倚阑。风轻双袖薄,露重袷衣单。灭烛琼楼回,停琴玉宇宽。熏笼闲立久,莲漏听将残。

寂静的庭院,微寒的风露,正是抒发内心愁思的最佳场境。人浸景中,景慰人心。一个"久"字,一个"残"字,精准刻画了一位夜深未眠的思妇形象。若不是极其强烈的愁绪,又怎会使得诗人内心情怀难以消解呢。

4. 赏花。如《持螯赏菊》:

老圃黄花发,江螯正可持。快将凝雪质,静对傲霜枝。佳味宜秋色,清香浸酒卮。醉乡闲咏赏,怅触故园思。

黄花正当时,江螯正可持。佳味与秀色令人大饱口福与眼福。不经意间,诗人已进入醉乡,但清香的美酒带入的不是美梦,而是对故园的无限思恋。路秀贞的故乡也有菊花,其《忆故园菊》云:"忆昔家园九月天,金英璀璨倚风前。何时载酒东篱下,人静花香澹欲仙。"故园对远在异乡的游子是一首永远的恋歌。诗人魂牵梦绕的故乡是如此的美丽,尤其是秋天盛开的菊花,让人充满留恋。诗人期盼,有朝一日,能再回故园,效仿陶渊明东篱饮酒采菊,过着神仙般安静无欲的生活。路秀贞的赏菊勾起的是浓浓的思乡情结。这是无数游子内心愁绪的共鸣。

5. 怀人。

因为有分离,所以才会有思念。路秀贞长期与丈夫分离,与故乡的亲人天各一方,入京后又与河南众亲友分别,这些都是触发路秀贞诗情的主要因素。如,《新柳》:

鹅黄新绽已依依,灞岸柔黄着雨微。寄语行人休乱折,浓青待染侍臣衣。

诗篇描绘的是初春的景色。鹅黄色的嫩柳在蒙蒙春雨中依依伫立,这正是诗人自我的写照。诗篇写于路秀贞婚后与丈夫天各一方的时期。丈夫在京城皇帝身边谋差,杨柳岸也曾是路秀贞送别丈夫的地点,物是人非,睹物思人,激起了诗人无限的愁绪。河岸春雨中依依期盼的新柳,正是诗人化身。故诗人寄语路人切勿乱折柳枝,那是他们夫妻分别与再次相聚的见证,期待鹅黄变浓青的时刻,那就是丈夫回家聚首的信息。字句间饱含的是浓烈的思念之情。

又,《夏夜怀安陵寓中诸姊妹》:

今夜纤纤月,如眉上画屏。遥知深院里,一样扑流萤。

夏夜纤纤弯月,勾起诗人浓烈的思亲情怀。思绪飞到千里之外的姊妹身旁,仿佛看见她们也正如诗人一样,在月光下的庭院里,寂寞无聊而捕捉流萤。深夜难眠,那是因为彼此在思念对方。月夜正是思亲愁绪最浓的时刻,无奈空间阻隔,诗人亦只能望月遥寄了。

又如,《忆婢词》有序:

余有一婢,名芳兰,工诗善绣,明慧可喜。八年当期满,其父赎去。书窗寂寞,殊有白少傅《杨枝》①之感漫。成三绝,以志无聊之意云尔。

① 白居易《不能忘情吟》序:"妓有樊素者,年二十余,绰绰有歌舞态,善唱《杨枝》。人多以曲名名之,由是名闻洛下。"

药炉茗碗味偏饶，鹦鹉书窗伴寂寥。记得双成无一事，小桃花底坐吹箫。

水晶帘箔静生凉，宝鸭闲翻百合香。记得倚栏常侍立，楝花风冷劝添裳。

书阁朱楼静掩菲，落花庭院思依依。凭谁寄语飞琼晓，病怯春寒减带围。

古有白居易与家妓樊素的黯然辞别，今有路秀贞与婢女芳兰的伤心分离。婢女芳兰，明慧可喜，工诗善绣，深得主人欢心。八年，可不是一段很短的时光。路秀贞与婢女一起生活了八年，已经结下深厚情谊。随着婢女赎去，颇觉心中空落。只有通过回忆二人曾经共同经历过的每一个细节，才能抒发心中难以忘怀的情愫。名为主仆，实质二人间已经不是亲人胜似亲人了。

6. 思乡。前文已有所论述。又如，《夏日偶成》：

昨宵雨过驱残暑，已觉窗前报早凉。半亩新篁初解箨，一庭茉莉暗浮香。归心每逐南天雁，往事空寻歧路羊。无那闲愁消不得，药炉经卷礼医王。

"南天归燕"是路秀贞诗歌中经常出现的一个意象。路秀贞出生在西南僻壤，少女时代在父亲河南官舍生活，因此，南方的故乡时常成为路秀贞的思念对象。又如，《秋日奉怀叔父幼清师》：

安舆迎养去匆匆，蜀水黔山梦少通。怅望南天云欲断，数行征雁度西风。

这是路秀贞入京后的作品。叔父路障为户部主事,致仕回贵州毕节家乡颐养天年,路秀贞此诗表达对叔父的思念。由叔父回黔,进而引发诗人对西南风物的回忆与梦想。"怅望"一语准确刻画出诗人思念家乡的内心惆怅。而南归征雁或许是带去诗人对故乡的那份深切思念的唯一寄托。

(四)对羁旅游历行程之描写

作为一名家庭主妇,路秀贞平时并没有太多的羁旅行役经历。其中,感受最深的无疑是其从洛阳北行,入京与夫团聚的征程。如,《辞亲北上》:

> 生小相依惯,牵裾未忍行。熏风京国路,夜月大梁城。济困还资友,承欢赖有兄。板舆应早发,直道付公评。

路秀贞辞亲北上与夫团聚。离开长期生活的洛阳,离开一直相互依靠的父亲,心中实在不忍。依依不舍之际,还不忘叮嘱自己走后的事情。最放心不下的当然是其父亲。叮嘱父亲,自己不在身边侍奉,如果有困难,只能多依靠朋友帮助。此番离开,自己再也不能当面孝顺父亲,只能辛苦兄长了。本应早发,却迟迟未行,留恋与不舍之情十分强烈。这实际上也成为路秀贞与洛阳亲友的诀别。此去,就再也没有回来了。

又,《自汴入都缃侄送至道口》:

> 欲别难言别,登舟意黯然。多情惟骨肉,往事等云烟。岂有花常好,重逢月几圆。归家慰尔祖,或恐废餐眠。

诗人自洛阳入京与丈夫团聚。侄儿送至道口。姑侄间实质形同母子。据前文所引路承熙《跋》可知，路承熙自幼便随姑母一起生活，其所受到的教育以及诗歌创作技法等都是由其姑母亲自教导。如今分别，特别难舍。骨肉之情，天各一方，难免情绪黯然。但是，路秀贞深知，天下没有不散的筵席，今日的分别，只为期待来日的重逢。仍不忘反复叮嘱，自己此去，最放心不下的就是父亲，即路承熙的爷爷，希望侄儿回去后好好安慰爷爷，真担心他或因牵挂女儿而"废餐废眠"。诗篇语句平淡，没有华丽辞藻，但句句都是真情流露，发自肺腑。

又，《运河道中》：

> 有子方三岁，相从便北征。如何成远客，强半为浮名。岸曲帆随转，波澄水渐平。邻舟闻笑语，都是异乡声。

母弱子幼，强行北征，一切只为一家团聚。妻子需要有丈夫的肩膀依靠，幼儿需要得到父爱的关怀。故入京是路秀贞的不二选择。北征途中，遇见一个个陌生的人，听到一种种陌生的声音，从而引发诗人对此行的深深思考。究竟是什么造成自己与亲人的分别？从贵州到河南，本就已经背井离乡，但因为与父兄在一起，有儿子、侄儿众亲人在身边，尚可冲淡思念故乡的情怀。可如今再次颠簸，从熟悉的第二故乡，又进入一个陌生环境，这实际上并非诗人所情愿。但丈夫在京为官，路秀贞不得不入京再一次成为远客。一句"强半为浮名"深刻揭示了自己以及一路所见其他异乡远客颠沛流离的根本原因。不是因为追求"浮名"，丈夫又怎会抛妻别子只身在京城打拼？不是因为"浮名"，又怎会遇见一路的异乡远客？路秀贞自身淡薄名利，没有一丝追逐与炫耀繁华之心。也很满足平淡的生活，这恐怕也是路秀贞诗歌中反复讴歌乡村田园生活的原因。只有平淡、宁静、与世无争的田园，才是诗人的心灵归宿。

路秀贞也有一些记游作品、如《春郊》《春日泛城北柳湖》《忆龙门旧游和家大人韵》《秋渡》等。其中,最典型的无疑是《壬午端阳游陶然亭》:

> 家家酒泛菖蒲绿,惟有客怀多怅触。病起支离强主持,驱车且去穿林麓。城南古亭名陶然,十亩菰芦翠接天。试倚石阑舒望眼,西山爽气扑当筵。虚庭小憩消烦暑,寺僧殷勤留客语。泼乳新茶活火煎,碧粳角黍松枝煮。忆昔承欢暇日间,龙门山水屡跻攀。祇仅对此清幽境,暝色催人未忍还。

这是诗人心灵自叙。异乡远客,陌生的环境,即使面对再秀丽的景色,诗人感受到的亦只是"清幽"。诗人并未被眼前的美好风光所打动,此景此人,勾起的却是往日的印记。思绪仍然回到了从前,在洛阳,与众亲友一起游玩龙门的和谐场景。路朝霖有《清和初旬侍家大人游龙门》一首[1],详细叙说当时游乐的美好景色。路秀贞亦有《忆龙门旧游和家大人韵》:

> 十寺销沈万佛留,客来访胜景偏幽。残碑剔藓寻陈迹,曲径扪萝忆旧游。岚气蒸成朝暮雨,泉声咽尽古今秋。夕阳影里催归去,爱听松风独倚楼。

诗篇仔细回忆了当年与众亲友一起游龙门时访胜探幽寻碑的欢快情景。基调与《壬午端阳游陶然亭》无异,都是思亲的产物,充满淡淡的忧伤。该篇"夕阳影里催归去,爱听松风独倚楼"表达的心情

---

[1]〔清〕路朝霖:《红鹅馆诗钞》,民国十四年(1925)徐氏退耕堂铅印本。

与《壬午端阳游陶然亭》"祇仅对此清幽境，暝色催人未忍还"完全一样，而且诗篇结尾夜色催人、不忍归去的逻辑结构也完全一致。一个孤独思亲的思妇形象跃然纸上。一清幽，一热闹，今昔对比，凸显现实中诗人的孤寂。端阳本为思亲时，也是与亲人团聚之时节，每逢佳节倍思亲。本应为其乐融融的团聚之节日，而成如今的孤独冷清。但与夫君团聚，也是作为人妇的必然选择。二者不可兼得，当前的选择虽然合理，但未必合符人之生存规律。满腹的惆怅无处诉说，只有面对清幽之境，尚能暂且慰藉一下孤寂之心。这也是天色已晚、诗人不忍归去的真正原因。在如此的愁绪中生活，无疑加剧了病中诗人的病情。故该篇亦成为路秀贞的绝笔。

三、从《吟荭馆遗诗》看路秀贞诗歌创作的艺术特色

路秀贞的诗歌创作具有鲜明的个性特征。具体表现如下：

1. 善于用典，融经为文

路秀贞出身于书香门第，从小受到家学熏陶，十分喜爱读书。前文有叙，路秀贞对路璜洛阳官舍的芸编插架"终日卷不释手"。甚至父亲路璜有典实遗忘，还常常咨询于她。路秀贞拥有"小书橱"的美称。到北京与丈夫团聚后，夫君幕僚同事往往有忘记典实出处者，也常常求助于她。路秀贞家学深厚，知识渊博，故用典成为路秀贞诗歌创作的重要特征。前文相关论述中有所分析，我们再看些例证。如《烧笋》：

> 微火煨新箨，加餐不厌贪。味宜参玉版，香欲并金柑。紫蕨难同调，青蒬好共谈。湖州千亩饱，坡老最先谙。

此篇描写的烧制春笋，属家庭采摘及餐饮活动。一个普通的

餐饮活动,却使得诗人联想到了苏东坡及其《文与可画筼筜谷偃竹记》①。苏东坡睹物思人,通过《筼筜谷偃竹图》,回忆同文与可因竹子所产生的系列故事,其中有画竹、咏竹、烧笋等场景。路秀贞此处用典,非常隐含,表达的情感与苏东坡一样,实质也是睹物而思人,因烧笋,联想到文与可"与其妻游谷中,烧笋晚食",进而发出"紫蕨难同调,青莼好共谈"的感叹。含蓄表达了对夫君袁照藜的思念。"共谈"既是文与可夫唱妇随的故事,也是路秀贞魂牵梦绕的念想。该篇基调温柔敦厚,哀而不伤,含蓄隽永。其中,"新箨""湖州千亩"等化用宋东坡"汉川修竹贱如蓬,斤斧何曾赦箨龙。料得清贫馋太守,渭滨千亩在胸中"诗句。

路秀贞常读《诗经》,其作品中化用《诗经》也较多。如,《听莺》:

> 早起乘清兴,听莺上画楼。花间音百啭,睨盼趁风柔。洗尽筝琶耳,新莺啭更幽。绵蛮听不倦,携酒独登楼。

诗人晨起,于微风中听到阵阵黄莺叫声。鸟声百啭,清幽动听,颇与平常的筝琶声不同。表面看起来,这只是春天鸟儿鸣叫的一个极其自然的现象。但仔细涵咏,却能感受到诗篇文辞背后的深层次意蕴。一阵普通的鸟叫声,勾起的却是诗人携酒登楼的雅兴,特别用了一个"独"字,这显然是化用了《诗经·卷耳》"我姑酌彼金罍,维以不永怀""我姑酌彼兕觥,维以不永伤"②的诗意。《卷耳》中妇人携酒独自登高的形象正与此篇诗人携酒独自登楼同。这都是思妇形象的写照。怀人则登高,解忧则酌酒,这都是思妇极度思念为王事而

---

① [宋] 苏轼:《苏轼文集》第 2 册,中华书局,1986 年,第 365 页。
② [清] 阮元校刻:《十三经注疏》,中华书局,1980 年,第 277 页。

在外奔波的丈夫之表现。另，"绵蛮"化用《小雅·绵蛮》意象。《绵蛮》以"绵蛮黄鸟，止于丘阿"①，反衬在外奔波征人之劳苦，表达思妇对其关切与思念之情。路秀贞此篇《听莺》通过化用《诗经》意象，含蓄表达了对为王事奔波丈夫的深切思念之情。诗篇谨遵温柔敦厚诗教，将满腔的思念隐藏在平淡的文辞间，哀而不伤，愁而不苦，字里行间渗透出一种雅洁、淡然之气。

2. 风格恬淡，意境清幽

路秀贞的诗歌，无论是描写四季物候、乡村田园，还是闺阁庭院，其风格都呈现出恬淡、自然、祥和与安宁的色彩。这与路秀贞的审美观与价值观关系密切。路秀贞不追求荣华与名利，只求平平安安地生活。能与亲人相互依靠、一起生活就是最大满足。乡村田园的安宁与祥和、醇厚的民风，正是路秀贞的理想乐土。闺阁庭院生活，更多书写的是"独倚""夜坐"，所呈现的是寂静、淡然，这也构成了其诗歌清幽之意境。前文引诗已多有分析，再看几首：

《高柳鸣蝉》：

柳荫遮不断，嘒嘒一蝉鸣。抱叶身偏稳，居高韵自清。

《即事偶成》：

小院静无哗，闲吟倚石磴。隔溪松风来，冷然满清听。

《夜坐》：

①[清]阮元校刻：《十三经注疏》，中华书局，1980年，第498页。

　　琐窗人静漏沉沉,碧篆香消听远砧。霜重栖鸦移老树,夜深寒犬吠疏林。竹横虚影频乔画,松戛清音欲和琴。独倚朱阑闲眺望,好风吹月到天心。

《忆故园菊》:

　　忆昔家园九月天,金英璀璨倚风前。何时载酒东篱下,人静花香澹欲仙。

《书斋坐月》:

　　今夜清辉月,高斋独倚阑。风轻双袖薄,露重袷衣单。灭烛琼楼迥,停琴玉宇宽。熏笼闲立久,莲漏听将残。

　　路诗中使用频率最高的词语是"静"与"清"。"静"不但是环境的安宁,更是诗人内心的宁静,这是诗人淡薄名利、看透尘俗的思想浓缩。"清"是路秀贞诗歌的核心范畴,在诸多诗篇中又演化成:清音、清听、清韵、清香、清兴、清霜、清辉。"清"是诗篇的风格特征,既是诗人诗歌创作的审美追求,也是诗人内部心绪的外化。路秀贞的诗作中,凡入诗的场境无不恬淡、清静,构筑的画面淡雅,呈现的意境清幽隽永。

　　3. 情感真挚,意趣高远

　　抒情是诗歌的本质特征。路秀贞的诗歌抒发的是诗人的真性情,因事因景而触发诗人诗情,融情于景,情景交融,皆发自诗人肺腑。路诗以"即事""即景"为题的篇章不在少数。诗人不作无病空乏呻吟,皆为主体与客体碰撞,情动于中而形于言的结果。前文有述,如诗人怀人与思亲之作,特别是诗人北行入京,对侄儿的反复叮咛,对父兄的牵挂,溢于言表。故徐世昌评路秀贞北行的作品："情真语挚,纯出性灵。"又如,《乳燕》：

> 软语依芳垒,低飞近玉堂。乳成双紫燕,款款共归来。海燕新成乳,呢喃语亦工。学飞花外去,弱羽不禁风。

这是路秀贞入京与丈夫团聚后所作。春燕的款款双飞是诗人与丈夫相濡以沫之写照。乳燕比喻其幼子。路秀贞北上与丈夫团聚时,其子才三岁,正是"弱羽不禁风"的乳燕,终于有了双亲的庇护,呢喃声声中透露出一派温馨祥和的欢乐气氛。此篇情真意切,可充分感受到诗人一家团聚时刻的满足与幸福。

除了抒发伦理亲情的小家之情怀外,路秀贞的诗歌还能超越闺阁,表露出一种关注社会、心怀天下的大家之情。如,《春雨》：

> 卷尽遥天雾,花梢送晚晴。应知秧陇外,已有踏歌声。

这是路秀贞的第二首《春雨》,写的是雨后的景象。连日的春雨,终于雾开云散,诗人在闺阁中欣喜看到花梢雨露已干,于是想象到,经过春雨浸润,田间正是插秧的好时节。诗人思绪飞出庭院,恍惚听到秧陇外,人们插秧时欢快的劳动歌声。全篇不直接写"喜雨",但通过"卷雾""送晴"显示出诗人对春雨及时发生之欣慰。正如《春晴》所写"枝上露痕干""一唱春光好"。通过"秧陇踏歌声",表达出诗人对雨后农事活动及时开展之欣喜。诗人虽为闺阁女子,但却心系民生。诗篇在描写景物的同时,也表达了诗人胸怀天下之美善心志。

又如,《喜雨》:

　　漠漠云阴合,长空送雨声。为霖三日愿,望泽万家情。红润花光活,青浮麦浪平。丰年真可卜,大野庆秋成。

　　久旱逢甘霖,路秀贞发自内心欣喜。一场及时雨,滋润了夏季田野中的麦秀,这不是诗人的个人心愿,而是千千万万庄稼人的期盼。似乎人们真诚的祈祷感动了上天,丰年秋成指日可待。此篇抒发的喜雨之情,超越了闺阁,显示了诗人强烈的社会责任感。

　　诗人虽为闺阁中女子,但情志却不止于庭院。再请看如下篇章:

《古剑》:

　　沉郁丰城久,霜锋半薜侵。凌空腾虎气,挂壁作龙吟。玉匣封何古,银花蚀已深。一朝逢薛烛,拂拭惬雄心。

《听琴》:

　　众籁尽岑寂,凉宵露气清。松风听一阕,万物化和平。

　　"一朝逢薛烛,拂拭惬雄心",明为咏物,实质抒发的是怀才不遇。一旦遇见如薛烛这般的相剑伯乐,则定可大显身手。"松风听一阕,万物化和平",此颇有舜之弹奏《南风》之歌的韵味①,一曲《风入松》,则可解众生之烦恼与苦难,化天下于和平。此等情志心系天下,

———————

① 《孔子家语·辩乐》曰:"南风之熏兮,可以解吾民之愠兮;南风之时兮,可以阜吾民之财兮。"

具有豪越之气概。故徐世昌说:"此等怀抱,度越闺襜。"

4.诗中有画,含蓄隽永

徐世昌评路秀贞:"《田家、渔家四时诗》,俱诗中有画。"这与路秀贞家庭氛围不无关系。路家男女多善书画,路璜、路朝霖等均有不少题画诗。路朝霖是书画大家。品画、作画也成为路秀贞的一种生活常态。诗画艺术相通,路秀贞往往运用绘画的审美与构成要素来进行诗歌创作。故其诗歌的画面感极强,视觉效果强烈。如,《暮秋即景》:

> 纷纷落叶点苍苔,吹上瑶阶扫不开。夕照入门栖乌静,一行征雁破空来。

暮秋时节,西风萧瑟,黄叶衰落,残阳夕照,昏鸦寂静。眼前的一切是如此的落寞与清静。黄昏时分所呈现的那种淡淡的凄凉,最易勾起诗人沉潜于心底的那抹愁思。突然,一行南归的征雁打破了眼前的宁静。一个"破",突刺于一片沉寂,动静间形成强烈反差,瞬间将人的思绪与目光集中在那行征雁上。对于远客而言,暮秋景色无疑是最易唤起思乡情结的,而南归的征雁恰似懂得诗人心思,在诗人愁绪最浓正无处诉说时突入场境。归燕之心与诗人之情在这一刻重合融结。心有所思,目送远鸿,诗情与画意融合得天衣无缝。

又,《夜坐》:

> 琐窗人静漏沉沉,碧篆香消听远砧。霜重栖鸦移老树,夜深寒犬吠疏林。竹横虚影频添画,松戛清音欲和琴。独倚朱阑闲眺望,好风吹月到天心。

　　这是一幅冬夜静坐图。诗人硬是用文字描摹出一幅浓墨淡彩画面。每字每句每个意象都具有强烈的视觉冲击感。有观有听,有动有静,这不是一首静止的诗,而是一幅流动的画。整个画面的基调十分清幽,渗透出一股淡淡的愁思。诗人独坐倚阑,心有所盼,无奈与心爱之人天各一方,只好将思念随风寄与那轮明月了。

　　路秀贞生于贵州,长于河南,卒于北京。其一生虽然短暂,但阅历却颇丰。个人的勤奋修为、家族的文化氛围,使得其诗歌创作有明确的价值导向与审美追求。在诗歌内容上,路秀贞描写的都是身边常见物象,但却能于平淡中见深邃,建构起了具有鲜明特色的田园诗学王国。在诗歌风格上,确立了以淡雅、清幽为主体的个性审美特征,同时兼具多样化的创作追求。路秀贞的诗歌创作无疑代表了晚清时期中国女性文学书写的较高水平。

第四节　近代贵州女性主题文学作品及其儒学内涵

　　近代贵州,以女性为记叙和描写对象的作品较多。这类作品的作者主要是男性群体,少数作者是女性。在男性话语下,男性群体关注的女性内容主要在于妇德、家庭伦理和贞节观等方面。写作目的在于维护封建道德,起到移风易俗之教化作用。而少数女性作者对女性的记叙和描写,所呈现的依然是男性话语下的标准和价值观。女性主题文学作品的文体样式主要有墓志、寿序、传记和诗歌等。前文章节的相关内容,其实已经不同程度涉及男性的女性文学书写,如郑珍对妇女贤德的推崇、黎汝谦对妇女美德的赞颂、宦懋庸对贞妇烈女的讴歌,以及方志中收录的大量记叙、歌颂妇女德行的作品。为了更加深刻地探讨这一问题，我们这里再分析一些作品，以便集中、透彻地揭示近代贵州男性视野下女性文学书写的主要体裁、内容、特点和动因。

一、女性墓志的儒学内涵

近代贵州女性墓志数量不少，其中涉及对女性墓主行事的述评，而剪裁与品评的标准充满儒学色彩。

例如，段文明《土守备龙天麟母墓志》：

> 余于庚申春，奉命来宰斯邑。下车伊始，有土守备龙天麟携有前县令刘墓志并族谱，邀序于余。适暇，阅刘序志与谱，始知孺人乃国学营守龙景川之妻，守备龙天麟之母也。乃祖乃翁世袭阿计营，奉谕屡靖边寇，忠贞世笃，迭蒙国恩奖赏，载在国史。十余世，至孺人夫景川，有志科第，意在丕振先绪，大启后人。无如志尚未逮，中年捐世，仅遗二子，长天麟，甫四岁；次天申，方二岁。孺人矢志，冰雪立心，善育两男，不减和丸之范，画荻之贞。念余载，两嗣君雁行齐排，孺人顾而心怡。嘉庆丁巳春，北乡苗变，孺人率子天麟，带领土勇，禀奉大帅，剿捕苗匪。数月间，洗荡已尽，蒙制宪题详，赐以土守备之职。此虽国朝之殊恩，实孺人之斡济。史曰"巾帼先生""城坚夫人"，诚可为孺人颂也。至若孺人生平素履，前县刘志，悉数始终，余何庸赘叙？特节取所长，咏成数语，援笔而志之曰：
>
> 景彼孺人，秉姿淑慎。孝事翁姑，不愧芦女。敬事夫子，堪比齐姜。画荻清操，节同欧母。和丸雅训，德配孟光。宝婺虽埋，懿范如昨。淑人纵往，女型犹彰。余宰斯土，吏治方扬。闻兹节

烈,难没所长。因额其墓,复志其旁。嗟嗟孺人,后裔弥昌。①

　　段文明乃道光时期普安知县,此墓志虽然描写的对象是嘉庆时期的女性,但撰写时间为道光时期,代表的是晚清时期的妇女观。此文高度称赞嘉庆普安"苗变"时,龙天麟的母亲率领队伍"剿捕苗匪"、因功受封的事迹。通篇讴歌龙天麟之母秉姿淑慎、孝事翁姑、敬事夫子、节同欧母、德配孟光。墓志甚至完全淡化了孺人之籍贯、姓名,一味宣扬其妇德范型以及维护封建统治的功绩,儒家教化色彩十分浓郁。前文已云,晚清统治者找不到政权衰落之根本原因,总是寄希望于教化、风化,甚至通过宣扬妇女节烈来维系封建统治。

　　又如,章梫《朱母傅太夫人墓碑》:

　　太夫人吾友朱君启钤之母,而梓皋先生讳庆墉之配也。贵州有县曰紫江,元以来为乖西宣慰司地,崇祯中,始置州曰开州。朱氏自江西来,辟荆棘土田而定居焉。越三世,至道光中,梓皋先生之祖,讳世熙,始举于乡,仕湖南桑植知县。擢乾州同知,未赴任而卒,子孙奉丧还黔。值咸丰初元,黔苗、会党,相继为乱。间里驿骚,不得安居。先生之考讳昕,以诸生官毕节教谕,未几亦卒。先生则偕昆季,奉母出游河南。方是时,河南军事粗定,傅公寿彤,持节巡汝南,傅公与教谕为僚壻,且互为婚姻,既聘教谕,公两女为子妇,复以长女字先生,及是遂结褵焉。太夫人讳梦琼,字清漪,幼侍父习文史,从女刘太夫人治女红。笄年复从父执杨先生文照学诗,性明敏,艺事无不精能。梓皋先生,早

---

① 黄加服、段志洪主编:《中国地方志集成·贵州府县志辑》第31册,巴蜀书社,2006年,第273页。

承家学,枕藉经史。随傅公治军书,睹世变之日亟,慨然深研当世之务,以远大自期。汝南道署有葵园之胜,宾从文酒,盛于一时。亦以其间剔苔藓,治金石,寄兴词翰,闺房之中,选韵聊吟,有静好之乐。顾连不得志于有司,意稍郁抑。光绪元年乙亥,归应乡举,返棹次清溪,舟破。救获不及,遂卒。然是科阄卷,与贵筑陈公夔同出某房,同经堂荐,陈公中式,往谒房师,方以先生卷荐而未为憾。陈公告以有风济之厄,同伤叹久之。时傅公擢按察使,太夫人从居大梁,闻耗痛绝,孤子启钤始三岁,女征莲方免乳。父母勉强以抚孤之义,乃收涕以奉亲心。自是以来,凡二十年,随傅公自豫解官,归寓于湘。茹辛厉志,以佑启孤子,复振衰宗为己任。所以督护训迪之者,恩勤鬻闵罔弗至。太夫人夙以"天性开隽,有丈夫慨"称于族党。忧患之余,弥达世故。依傅公及太母膝下,为主家计,料量纤悉,必得欢心。二子前殇,因刻意研医理,于古人针灸遗法,默会而习之,出其余技,救人多应手活,其他艺术,家居所恒者,亦靡不深求而贯通之。有疑,辄倚一言为决,用是侍傅公于林下者十年。丁亥,傅公骤遘危疾,太夫人仓皇屏人登佛阁,焚香刲臂肉,和药以进,卒不效,遭丧悲苦,殊忘创痛,缘此体益不支。癸巳母刘太夫人继逝,遣启钤出游于蜀,蜀学使瞿文慎公,梓皋先生之僚壻也。启钤既筮仕得禄,复娶妇有子,太夫人稍顾而乐之。女征莲,幼字副将吴县钱永林之子济勋,至是遣嫁于武昌。因便道入蜀,就启钤养。终以蜀地险远,不适起居,东归于涪陵舟中,遘风痹之疾,获良医救治,得达武昌,兄妹侍养,调理渐复。启钤遂改省江苏,以候补知县办上海出口捐局,太夫人就养甫三年,而有拳匪之祸,惊心时事,触发旧疾,卒以不起,时庚子闰八月二十四日也,其生于道光癸卯(1843)十二月初五日,春秋五十有七。其年九月,启钤奉丧溯江西上。先是,太夫人手卜葬地,迁梓皋先生窀穸于长沙,因遵遗志,得近地南门外西塘冲之原,而治封域焉。启钤元配茶陵陈氏,婉顺得太夫人慈爱,先五载卒,爰祔于姑。又十年,启钤官贵,太夫人膺诰命赠夫人。壬子以后,启钤入阁预机务,声施烂然,至是而梓皋先生生平志事所不获宣究者,得有所纾。而太夫人守节抚孤,以勉以望,数十年如一日者,虽得偿而不及待矣。又越二十余年,启钤追思先世艰难,及太夫人孝行节义,终以未尽阐扬之典为痛。爰具状上之黔中贤士大夫,载诸乡志。且将于湘山伐石表墓,而属椊为之辞。伏念光绪壬辰癸巳间,与君同居文慎幕府,始得订交,以实学相砥厉,见其神识超迈,知为开济之才。及校通籍,又同官京朝,有嘉姻之附,荏苒三十年,今皆六十七岁。追话家事,不甚感咽,椊虽未及登堂肃拜,而见君之起自艰贞,卓然有立,知其非渐渍母训,无由及此,太夫人之苦行,及是可以无憾矣。太夫人少工诗,自遭丧后,不复事吟咏,今搜遗稿得《紫荆花馆诗》一卷,刊入《紫江朱氏家乘》,所生子三,启镗、启鼢幼殇,启钤历官京师外城巡警厅厅丞,署吉林民政司使,交通、内务总长,兼代国务总理。女一,征莲。孙二人,沛、渤;女孙九人,曾孙四人,文极、文楷、文模、文榘。其第二孙女,即椊之妇也。缀述风征,谨为铭曰:

黔山兮嵚岑,欲往从兮路阻深。湘竹兮秋烟,母之泪兮班班。霜雪尽兮春回,精诚至兮天为开。后有来者,式此双阙之崔巍。[1]

此墓志撰写于光绪时期,墓主是清末民初政府高官朱启钤之母

① 黄加服、段志洪主编:《中国地方志集成·贵州府县志辑》第38册,巴蜀书社,2006年,第526—527页。

傅梦琼。墓志详细记载了傅梦琼在丈夫死后，如何抚养教育三岁的朱启钤和尚在襁褓中的女儿朱征莲。傅梦琼"茹辛厉志，以佑启孤子，复振衰宗为己任"，特别难能可贵的是，其有感于前二子早殇，"因刻意研医理"，用医术救人颇多。傅寿彤生病，傅梦琼"焚香刲臂肉，和药以进"，与史志所高度称赞的贤妇孝女无异。这是儒家礼义视野中的标准妇德范型。

以传统妇女观审视女性，这种思想一直持续至民国初期。例如，刘其贤《萧母郭太孺人墓表》：

> 其贤不肖，生当国事杌陧，盗贼纵横之世，又寄身军旅，抢攘于金戈铁马间，历险阻艰难者几三十年。以故不特于家庭骨肉，深自负疚。即戚族里鄙岁时问遗亦阙然，久无以为礼。辛未冬，屏去俗冗，只身还乡，访耆宿长老，已历历松楸之在望，其他兴废存亡，犹有出人意计之外者，乃慨然念人事。迁流三十年间，一至于此差。幸吾刘氏与外家萧氏子孙蕃衍，尚能保其门楣。然探本溯源，胥由吾外祖母郭太孺人四十余年励节抚孤，故两家子孙席此余庆，蓊郁葱茏而未有艾。呜呼！现行法令不矜节烈，谓其为旧礼教之贼。夫人道有害法益也，庸讵知维护人道，保障法益，惟旧礼教乃能极其致而竟其量。向使太孺人不肯自捐一生幸福，以适合于现今之所谓法益，所谓不贼人道，则吾两家五十余丁口，已先戕贼于无形。贼一人之道，与贼多数人之人道，孰轻孰重？牺牲少数人之法益，以博得多数人之法益，孰得孰失？此戋戋之愚，所以于太孺人之行谊，认为际兹时会，犹有急待表彰之必要，以证明新旧法律之得失，亦以使士大夫有风化之责者，于此旧礼教绝续之间，闻吾说而益作其气也。太孺人姓郭氏，考讳彩章，先世自四川移居沿河，遂为沿河人。世业医，故在闺

中即娴方剂药性,笄而归我外王父萧公,受田事舅姑,奉甘旨未
尝不洁,议饮食未尝不豫。相夫敬克,厥爱怡色,柔声无片言稍
忤。同治己巳外王父以舟覆逝世。太孺人年甫二十有四,顾念
白发高堂,家无担石,一子一女茕茕在抱,而萧氏三世单传,今只
一线之延一。若为此身所不容诿卸之责者,遂毅然举仰事俯畜
之重,而一身肩之,凭十指之勤动以供合家之衣食。太孺人固知
医,亲族邻里有求者无不应,应辄有效,于是求者益众,而太孺人
奔走益劬,风雨寒暑无间也。久之,无遐迩亲疏,罔不知谐,翕服
于太孺人。事争为服役以为报答,而事无不举,而家亦因以日裕。
太孺人乃益勤苦,益仗义。自其族从昆弟子姪与外家郭氏缓急
庆吊之需,而一任其责,至葬其族弟永怀夫妇,及其子女辈之教
养婚嫁,犹喷喷乡里,谓女子而有士行者。光绪乙巳年(1905)
太孺人六秩大庆,沿河涪岸盐务委员会君眉仙录其行,详请大宪
题奏,奉旨旌表。于是久闷孤芳,始获显于世,闻于朝。太孺人
以道光乙巳年(1845)十月十六日生,以民国五年(1916)三月
廿二日殁,享寿七十有一,葬邑西岸之大坪上。子一畅言,女一
即吾母,均后太孺人二十余年卒。孙毓崧,历任县长、局长。毓
华,业商。毓峨,陆军步兵上校。毓仑,殇。毓嶷,沿河财政局长。
孙女一。曾孙厚沛、厚淳、厚源、厚渊、厚澍、厚滨。曾孙女九。
呜呼! 明德达人,可谓盛矣! 回忆其贤髫龀,极蒙爱怜,噢咻保
抱以至成立,用是孺慕之心数十年如一日。当定黔军起,遵义密
谋暗杀其贤夫妇,同时梦见太孺人容色严峻,不类平昔,因而戒
备,得以脱险,而张隽之团长竟及于难。此虽事涉渺茫,而精神
之感召固有不可思议者,亦以见太孺人之慈,诲予其贤以深刻之
印象者,更永无即极。上年,旋里,见墓道之文尚付阙如,益追念
太孺人数十年含辛茹苦,其潜德幽光非仅一家一族之所关,其系

于社会国家者尤重且巨。又念今世之所谓人道，所谓法益，更有难以任其久网者，爰就夙昔所知，述其梗概如此。①

此墓志撰写于民国二十一年（1932）八月，作者乃陆军中将国民政府军事参议院参议刘其贤。墓主为其外祖母郭太孺人。墓志叙写郭太孺人四十余年励节抚孤之事迹。作者有感于郭太孺人四十年守节维护萧、刘两家利益，正是因为孺人守节，才使得两家子孙繁衍，门庭兴旺。郭孺人持家有方，待邻里关系融洽，成为妇德之楷模。甚至正是因为梦见郭太孺人"容色严峻，不类平昔，因而戒备，得以脱险"，托孺人妇德而躲过暗杀。这使得刘其贤将郭孺人品行上升到国家层面高度，称"其潜德幽光非仅一家一族之所关，其系于社会国家者尤重且巨"。以至于，刘其贤批评现行妇女观之不合理。"现行法令不矜节烈，谓其为旧礼教之贼"，这是刘其贤所极度不满的。认为旧礼教并不能一概否定，如果郭孺人遵行现代新式妇女行事，不守节不抚孤，而随意改嫁，又何来刘、萧两家的繁荣？新旧社会之交，如何实现新旧礼义之转换，这无疑是一个值得深思的问题。旧礼教中的内容未必都是糟粕。"向使太孺人不肯自捐一生幸福，以适合于现今之所谓法益，所谓不贼人道，则吾两家五十余丁口，已先戕贼于无形。贼一人之道，与贼多数人之人道，孰轻孰重？牺牲少数人之法益，以博得多数人之法益，孰得孰失？"这个问题，实际上也值得今天的人们认真思考。

　　女性墓志还有一种特例，那就是作者是女性。如藤野真子所撰《清国钦差大臣黎公夫人赵氏墓志铭》：

---

① 黄加服、段志洪主编：《中国地方志集成·贵州府县志辑》第45册，巴蜀书社，2006年，第683—684页。

　　夫人姓赵氏,字曼娟,苏州人。黎公为钦差大臣来驻本邦,夫人从而在使馆焉。先考伯迪,尝辱知于公,其殁也,公为树碑刻铭,又深怜真之孤,抚真如子;夫人亦视真不异所生,时招慰谕,训诲无不至。每窃思真家与公家,万里隔海,东西异邦,而亲爱一至于此,虽本邦不易得也。今兹公任满,夫人先公而发,其抵上海,寄言劳问如平时。讵意行至湖北嘉鱼县排洲司,染病数日,遂不起,实光绪十六年(1890)十月廿六日,夫人年三十有六也。讣至,真惊叹若狂,后数日公枉驾来告以由,且曰:"余归朝后,当返葬之遵义先人茔次,今以墓志相属。"真悲恸不能言,唯公而止矣。已而自谓,先考交友不乏人,而公海外远客,信独及死后,义高于季扎,是果何因也? 今夫人不幸即世,公命真以志,是又何缘也? 况公之教真,夫人之爱真,有深于家人骨肉者,然则因缘殆有天命存焉,不关国之东西,海之内外也。真岂得以不文辞? 夫人为人温厚贞淑,涉猎书史,治家有法。其从公在本邦,外赞公当慈善之业,内抚从人,阁馆无间言,使公所以无内顾忧,处国事绰绰有余裕,声名赫灼于本邦者,未尝不由于夫人赞助之力也。夫人在本邦日尚浅,而德之所及已如此,其在国在家必有大且深焉者,惜真不能发扬之也。生子一,尹聪。铭曰:

　　其声是凤,犹耳底存。其容是玉,犹眼里痕。讣音忽至,几许悲吞。恨海万里,波涛掀奔。不能墓下,焚香谢恩。①

　　此文撰写于日本明治二十四年(时光绪十七年,1891)一月,作者为日本人藤野真子。墓志出土于遵义沙滩黎氏故里,现藏于遵义(播州区)文化馆。黎庶昌出使日本,与藤野真子父亲交情颇深,在真

①《贵州省墓志选集》,贵州省博物馆编印,1986年,第159—160页。

子父亲去世后，黎庶昌夫妇对真子关爱有加，亲如子女，这使得真子深受感动。听闻黎庶昌夫人赵氏去世噩耗，真子悲痛欲绝，应黎庶昌之请，写下了这篇深情的墓志。这篇墓志不仅是中日文化交流与友谊之见证，也是近代女性文学的杰作。文中对赵氏的妇德极力称颂，是女性批评的范例，近代中国妇女的美德已经走出国门，影响世界。

二、妇女传记的儒学内涵

近代妇女传记，其实与女性墓志区别不大，主要是文体上的差异。墓志由志和铭两部分组成，而志的部分实际上就是人物传记。铭部分多模仿《诗经》和铜器铭文，以简洁语句概述墓主言行品德，属于歌颂性质，儒学意味浓郁。从记叙内容上看，妇女传记与女性墓志是基本一致的。例如，黎庶昌《赵宜人墓表》：

> 四川新宁知县赵君二珊廷璜之妻，赠宜人郑氏，以光绪三年（1877）六月十二日，终于官所，年五十有二，归葬遵义留青阡先冢侧。二珊既自为铭矣。而其子怡懿恒思母教不忘。复以墓道之文请。于是黎庶昌表于其墓曰：宜人为大儒郑征君珍女，生而渊静慧敏，喜读书，数从问古先列女事，又慕班大家之为人也，故征君名之曰淑昭，而字以班班，爱悦逾于他女。重相攸，乡人诵言赵氏子二珊贤，可婿，征君曰然，遂适赵。方是时，吾乡士大夫家风气淳古，二珊尊人芷庭君与兄芝园同居，芝园性刚耿，举家严惮，独宜人能推二珊之志，以事舅者事伯舅，大得欢心。及事舅姑，凡舅姑所爱，无弗爱竭其爱，而宗族三党之和可知也。舅姑所敬，无不敬致其敬。而婚丧宾祭之肃可知也。相夫子以正顺，率群从以礼，内外俱无间言。咸丰四年，杨龙喜乱作，地方多故，二珊率尝去家谋食，宜人处艰窘中，缩米节薪，以育诸子。姑

病喘尤甚,调护万方,承唾仰搔,终宵倚侍,无一息苟宁,见者以
为绝妇道之难能矣。芝园君遗一孙,归自贼掠,宜人抚如己子,
已而病没,哭之恸,率诸子告于祐,命异时生子者后之。子三,怡
光绪己丑(1889)举人;懿丙子举人,名山县知县;恒癸巳举人。
女一,蕙。宜人之教诸子也,经多口授。或据灶觚,或携之菜畛,
或置纺车春臼之旁,必使随音缓读,背诵如流,乃止,课严而有
恩,诸子学问之基,皆由此起。晚颇为诗,然不存,没后怡辑录余
篇,为《树萱背遗诗》一卷,树萱背者,宜人自署室也。余与宜人
同里闬,其母又庶昌从姊也,故得闻其内行。余之所叙于阡者如
此。自余所未言,诸子能文,不能遗也。①

这篇墓志的墓主是郑淑昭,为晚清"西南巨儒"、经学大师郑珍
的女儿,适遵义人四川新宁知县赵廷璜为妻。郑淑昭是近代贵州妇
德之典范,其在家侍姑,尽心尽力,"终宵倚侍,无一息苟宁,见者以
为绝妇道之难能",特别是在丈夫外出谋生时,家道困窘,其"缩米节
薪,以育诸子",抚他人子如己出。对待宗族邻里,匍匐相助,"内外
俱无间言"。郑淑昭还是近代贵州著名的诗人,其《树萱背遗诗》至
今很有影响。黎家与郑家属于姻亲,故黎庶昌对郑淑昭行事十分熟
悉,记叙颇为详细,也十分可信,故在史志的人物传记中这些材料几
乎全被采用。《续遵义府志》卷二十三列传五"四川新宁县赵廷璜妻
郑氏":

征君珍女,适廷璜,伯舅性刚耿,举家严惮,氏能推廷璜之
志。以事舅者。事伯舅及事舅姑,凡舅姑所爱无弗爱,舅姑所敬

①[清]黎庶昌:《拙尊园丛稿》,(台湾)文海出版社,1967年,第156—158页。

无不敬。相夫子以正，率群从以礼，内外俱无闲言。咸丰甲寅（1854），杨凤乱作，廷璜率尝去家谋食，氏处艰窘中，缩米节薪以育诸子。姑病喘甚，调护万方，承唾抑搔，终宵倚侍，无一息苟宁，见者以为绝妇道所难能也。伯舅遗一孙，归自贼掠，氏抚如己子，已而病殁。哭之恸，率诸子告于祐，命异时生子者后之。宜人之教诸子也，率多口授，或据灶觚，或携之菜畦，或置纺车舂臼之旁，必使随音缓读，背诵如流，乃止。课严而有恩，诸子学问之基皆由此起。晚颇为诗。然不存，后怡辑录余篇为《树萱背遗诗》一卷。树萱背者，宜人自署室也。子三，怡，进士，官四川新津县；懿，官四川名山县；恒，官四川盐大使，均举人。氏名淑昭，字班班，郑先生女，先生为经学大师，淑昭濡染家学，妇德母仪一世楷模。诗词亦绰有大家风范。宜人既殁，子怡为手录平时诲训之语，为《慈教晬语》一卷。已刊行。①

不难发现，《续遵义府志》关于郑淑昭的传记资料全采纳黎庶昌所撰《赵宜人墓表》。在叙述方式与人物品评标准等方面，女性墓志与传记是完全一致的。

又如，李荣蕙《任贞女传》：

归太仆有言，女未嫁人而为其夫死，又有终身不改适者，非礼也。女子未有以身许人之道也，未嫁而为其夫死，且不改适者，是以身许人也。阴阳配偶，天地之大义，天下未有生而无偶者。终身不适，是乖阴阳之气，而伤天地之和也。呜呼，太仆之言，礼

① 黄加服、段志洪主编：《中国地方志集成·贵州府县志辑》第35册，巴蜀书社，2006年，第167页。

之正也。若女未嫁而为其夫死,且不改适者,义之变也。义在而为其夫死,谓之烈。义在终身不改适,谓之贞。烈近乎忠,贞近乎孝,从一而终已。近乎孝者,虽志在从夫,而内不伤父母之心,外不违姑舅之意,质直而行婉,殆变而不失其正者,亡乎礼者之礼也。普安县士人任绍康,积学有年,屡试不售,家无恒产,课子女以自娱。女名清贞,性慧,能读书,明大义,许字普安厅民彭辉宗之子永茂为室,年甫十八,彭氏诹吉于咸丰三年(1853)十一月迎娶。七月初七日,永茂不禄。讣至,女一恸几绝,誓不独生,欲以身殉。父母晓之以大义,并论以在家从父之语,曰非我志也,日夜悲泣。惧父母翁姑夺其志,越三日,沐浴更衣,闭户自缢。

呜呼,以穷乡僻壤一弱女子,能慷慨就义,从容殉身如此,是盖得气之正。而秉性协刚柔之中者也,刚者,夫死同归于一而已,柔者,志在从夫,而不忍远其父母,婉娩膝下,终于致命以报所天。故贞与烈两全焉,殆变而不失其正者,亦归洁其身而已之义也。荣蕙为邑训导,职司风化,重以绅士请,核其事实,悲且敬之,不能以不文辞。谨为传,以愧后世妇女之见金夫不有躬者。[1]

此篇传记撰于清咸丰间。作者李荣蕙,贵筑人,乃普安县训导。该传记所云任贞女,据咸丰《兴义府志·贞女传》载:"任清贞,普安县人,任绍康之女。性慧,读书明大义,事父孝。许字普安厅民彭永茂为室。年十八,未嫁,夫亡,讣至,一恸几绝。越三日,自缢以殉。时咸丰三年七月初七日,训导李荣蕙为之传。"[2]该传记大肆宣扬任

---

① 黄加服、段志洪主编:《中国地方志集成·贵州府县志辑》第29册,巴蜀书社,2006年,第271—272页。

② 黄加服、段志洪主编:《中国地方志集成·贵州府县志辑》第29册,巴蜀书社,2006年,第271页。

贞女慷慨就义之举。未嫁而夫亡，从夫而殉身，这是封建礼教所高度推举的贞烈范型。该传记撰写的目的自然还在于风化。

三、描写女性诗歌的儒学内涵

以女性为歌咏对象的诗歌，多为赞颂贞女烈妇、贤母孝媳。儒家十分强调家庭伦理道德建设，夫妇之伦为五伦之首。修身、齐家、治国、平天下，迩之事父，远之事君，家庭伦理道德美恶，直接关系到社会稳定。自《诗经》时代始，对夫妇关系和家庭伦理道德的建设首先表现在对妇女的各种行为规范。三从四德是儒家对妇女的基本要求，而随着理学的发展，对妇女节操的束缚越来越严，饿死事小，失节事大。而至晚清，贞节观念更加强化，风潮所致，影响到僻壤贵州。讴歌节妇烈女的诗歌，前文已经多有论述。这里，我们可以再看些作品，以更加深刻认识近代贵州女性文学的书写内容与特点。

例如，道光兴义府贡生张万春《吊姜贞女》：

> 千古纲常资砥柱，完贞奇女今欣遇。姜家有女十五龄，许字汪生犹未娶。汪生六月始订婚，谁知一病沉秋暮。秋风萧萧秋雨凄，苍凉弱质惊闻讣。寒灯惨淡泪涔涔，人似黄花瘁冷露。父母宽慰益增悲，含酸不语身如塑。矢死靡他不独生，鸩饮缳投三尺素。可怜曾未睹夫容，甘心共赴黄泉路。两家曲谅儿女情，縠虽异室死同墓。会看墓上草都香，墓木结成连理树。他年华表鹤双来，问寿应符天地数。[1]

---

① 黄加服、段志洪主编：《中国地方志集成·贵州府县志辑》第 29 册，巴蜀书社，2006 年，第 271 页。

姜贞女未睹夫容,而甘愿随夫共赴黄泉,可谓烈女。诗人高度称赞姜贞女为夫殉情的壮举。以儒家经典《诗经·鄘风·柏舟》之贞烈女子来比美姜贞女。特别是最后诗文描写男女同墓合穴,木结连理,双鹤比翼,这种贞烈行为可感天动地,死后成为男女夫妇的典范。此与《孔雀东南飞》惊人一致:"两家求合葬,合葬华山傍。东西植松柏,左右种梧桐。枝枝相覆盖,叶叶相交通。中有双飞鸟,自名为鸳鸯。仰头相向鸣,夜夜达五更。行人驻足听,寡妇起彷徨。多谢后世人,戒之慎勿忘。"[1] 都是以诗歌来经夫妇,易风俗,以期构建千古纲常。

又如,章永康《奉题六龙谭武氏节孝》:

> 肃肃松上霜,兔丝不言萎。湛湛草间露,蓼虫不言饥。岂惟不言饥,茹苦甘如饴。吾郡谭节母,幼秉贞筠姿。来宾君子室,食贫炊爨庬。奉匜鉴止水,揽镜停清辉。镜圆亦易蚀,水流石不移。严飙撼庭树,黄鹄当窗啼。临穴恸欲绝,呼天高城隤。死易生为难,钜任千钧危。耄耄头白姑,侬侬垂髫儿。一死鸿羽轻,门楣谁所支。鬻我嫁时裳,为姑谋旨酏。脱我嫁时衣,为姑供粥糜。沤我池中菅,刈我园中葵,偪仄复偪仄,零露凄空闺。百用出十指,皲瘃未言疲。沈冥五十年,穷谷临春曦。苦尽甘乃回,祀世型芳仪。诒谷逮孙子,义行陈丹墀。巍巍绰楔崇,云虬双蹻跜。征词表圣善,志操章赫蹄。幽光无终郁,重泉色当怡。我读《蓼莪》篇,气结中肠摧。毁齘遘孤露,有母实若师。儿诵一卷书,母泪千行滋。凄凄寒庐灯,风来刮作丝。惨月森寒芒,中夜机声迟。当时城上乌,顾我鸣何悲。反哺恩未酬,雏长乌亦飞。幽恨弥两际,从母嗟后时。雪涕作哀吟,敢谓箴簪笄。天上大星辰,

---

①[南朝梁] 徐陵编,吴兆宜注:《玉台新咏》,上海书店,1988年,第31页。

奇光耿离离。愿言照幽室,千年留容徽。①

　　此诗歌咏的是谭武氏守节敬孝之行,诗篇具有强烈的叙事色彩。与前文所引的女性墓志、女性传记实质内容无异。说的是节妇如何孝敬翁姑,如何艰辛抚孤,如何培养儿子成才。其称颂的是节妇美德,其宣扬的是儒家教化。同样的节妇,往往被前后文人反复推崇。例如,张翰《题六龙谭武氏节孝》：

　　　　我闻黔山高矗九千仞,奇峰怪石突兀撑青空;又闻黔水潺湲深百丈,黄沙赤水上与银河通。天地精灵毓山水,不钟奇男即奇女。谭母武氏老孺人,节烈孝思心独苦。亿昔十八龄,于归相夫君。母年二十四,所天忽然逝。上有白发之孀姑,下有黄口之稚子。白发茕茕,黄口呱呱,赖母一身,七事无差。茹茶饮蘖心如石,五十年中若一日。孙枝兰桂飚绵绵,潜德幽光难阐述。圣朝褒美焕龙章,紫诰纶音满画堂。至今廿载仰遗范,犹令史册生辉光。母之裔孙我好友,怀抱卷册世相守。聊题末幅一阐扬,欲借遗徽传不朽。②

　　此诗所歌咏妇女与前文章永康所咏为同一人。像这种前后不同时期文人歌咏同一女性的诗篇很多,这种连续的推崇,对于贞节观的广泛传播和地域风俗之美化无疑具有强烈作用。

　　又如,朱绶彩《范母胡孺人节孝诗并引》：

---

① 李芳:《大定县志》,贵州省大方县志编纂委员会办公室重印,1985年,第583页。
② 李芳:《大定县志》,贵州省大方县志编纂委员会办公室重印,1985年,第589页。

节母吾定范宗绍先生德配也。先生卒时,节母年二十有六,
茹苦含辛,孝养翁姑,抚育两子皆成名,同治十年(1871),题旌
节母,已七十矣。

范氏节母胡氏女,系出名门娴诗礼。闺中能读内则篇,二十
于归相夫子。唱随静好两无猜,婉顺博得翁姑喜。鸿案相庄翼
齐眉,鸳鸯半道忽分飞。上有白发之父母,下遗黄口之孤儿。此
时欲死死不得,亲老孤弱心恻恻。亲老无媳老更衰,孤弱无母弱
谁惜。含悲饮泪奉翁姑,忍死吞声抚双孤。抚孤孤儿幸有抚,守
节节母悲谁语。笑颜强博堂上欢,茹蘗那识心中苦。皎皎月明
捣衣砧,耿耿星河杼机声。年年寒食挥清泪,夜夜残机伴短檠。
天若存心坚母节,夫服未阕姑旋接。阿翁痛姑复继之,悠悠者天
何其极。世态炎凉贫无亲,鬻钗货奁营葬频。训儿娶媳更苦辛,
苍翠不凋如松筠。幽光潜德终难秘,辒轩采得陈丹陛。凤诏锡
褒荷君恩,表以坤维之正气。正气浩然苍冥塞,所钟往往生奇特。
钟之于男为忠贞,钟之于女为节烈。余维范母实钟之,故尔持身
能卓越。君不见举世纷纷夸勇武,青史几人名堪数。庸庸者流
何足称,惟有节烈炳千古! ①

诗篇创作背景,在引中已说得十分清楚。所歌咏的胡孺人,与上
篇谭武氏一样,都是守节敬孝之贤母孝媳,品评的标准一致,宣扬的
风化目的一样。

再如,宋蛟《谢烈妇杨三娘殉节词》:

三娘,大定小北乡井镇杨勋臣之姑母,年十八,适谢姓为妇,

① 李芳:《大定县志》,贵州省大方县志编纂委员会办公室重印,1985年,第587页。

夫死,三娘殉焉。

　　男儿重气节,千秋光史册。女儿重义烈,千秋多泯灭。岂知粉黛温柔姿,能表刚肠真奇绝。几许红楼如杨花,几许岩阿励冰雪。无人阐发幽闺情,芳魂埋没谁与说。我今闻说杨家娘,家住郡城乡之北。年届碧玉破瓜期,嫁得夫婿青春热。佳妇佳儿两相欢,共挽双双双凤结。不料鸳鸯似昙花,谢家宝树先倾折。女知破镜不重圆,不重生离重死别。从容就义无人知,忍泪含酸誓永诀。化鸟愿作比翼飞,化物愿成双合璧。轻抛旧日凝花妆,溘然一逝冰如铁。吁嗟乎,许多男儿愧弗如,甘留浊世身污蔑。我无江郎毫,我无苏张舌,偶拈俚语歌当哭,深服此女闺中杰。①

　　此诗作于宣统时期,内容实际上序言中已说明。杨三娘为夫殉情,属于典型的烈妇。于此可见,贞节观在清末依然影响巨大。这些妇女的所作所为,恐怕与这些女性诗歌的宣扬与推波助澜不无关系。

　　又,谭开来《弟妇张氏,割臂救夫,因忆内人刘氏割臂救母,作七言长句纪之》:

　　姊也刲臂救其母,姒也刲臂救其夫。救母救夫事虽异,孝敬肫诚总无殊。可怜割尽臂间肉,毕竟未能保其姑。可恨疗得儿夫病,怆然抱痛赴冥途。此虽大数皆前定,其于妇道庶几乎。我为前后一搔首,思今望古两踟蹰。②

　　类似的,吴承芳《韪张孺人割臂图》:

① 李芳:《大定县志》,贵州省大方县志编纂委员会办公室重印,1985年,第600页。
② 李芳:《大定县志》,贵州省大方县志编纂委员会办公室重印,1985年,第581页。

毁身成仁仁乃烈,炼石补天天不缺。妇人事夫如事天,身死
夫存名不灭。孺人乌蒙张氏女,伉俪谭君矢同穴。夫病如膏肓,
寸心如百结。求医和缓假,祷佛师巫劣。中夜沐素手,回天恃寸
铁。刲此一块肉,杂以参苓屑。血花喷溅艳于火,匕首晶莹白于雪。
燀汤竟作返魂丹,夫命长延妾命绝。殓衣初换淡黄衫,不见刀痕
只见血。痛煞夫君悔独生,肠断敲碎珊瑚玦。哭不成声绘作图。
深闺大节逢人说。呜呼,愿教臣子事君亲,图报捐躯同一辙。①

以上二诗歌咏的皆为贤妇孝女割股救亲事迹。这种事情,在前
文女性墓志中有类似记载,而在史志《列女传》中不乏其人,或割股
救父救母,或割臂救夫救兄,或相互割股,或一门几女割股。这些行
事无不受到封建统治高度称赞。而通过诗歌的生动描写与煽情叙说,
无疑将割股救亲推向豪气盖天的至高社会地位。将一种愚昧的愚孝
之举美化成无尚荣耀的德行,这是贞节观极度强化之表现。

张孺人割臂救夫,其结果夫生妇亡。以己命换夫命,对于如张孺
人之类的封建妇女是义无反顾的,此感天动地的行为自然受到封建
文人的极力称扬。歌咏女性题材,还有一类较为独特,即歌颂为贵州
社会发展做出巨大贡献的女性。这点,在黔西地区表现突出。例如,
吴嵩梁三首:

明顺德夫人奢香墓诗

顺德夫人宦慰使,大节千秋功万里。华年十四嫁通侯,二十
孀闺守孤子。四十八部九部兵,一日不戢边患生。丹阙恭承天
子诏,银甸坐镇夫人城。马煜何物称都督,抚驭乖方恣贪酷。阴

_____

① 李芳:《大定县志》,贵州省大方县志编纂委员会办公室重印,1985年,第581页。

谋激反奸诸罗，命妇公然受廷辱。熊羆十万气可吞，誓死不负中朝恩。椟珠同心出奇计，奢助偕行叩九阍。沉冤上诉高皇帝，哀感六宫亦流涕。愿诛一将定蛮天，愿铲千峰作平地。雪栈云林路险艰，碧鸡金马阻层峦。一自龙场开九驿，顿忘鸟道极千盘。旌旆如云送归国，珠冠霞帔邀天泽。世世分茅赐姓安，吉语分明喻磐石。谯国前有冯夫人，石柱后有秦将军。生平巾帼筹边壮，身殁恩荣谕祭文。五百年来陵谷改，一抔荒土嗟犹在。不念三珠旧虎符，谁勒丰碑禁樵采。马鬣崇封表废阡，护持终赖裔孙贤。新祠筑近埋香地，合种梅花作墓田。

奢刘两宣慰谋开龙场九驿歌

牂牁江水流千里，水西水东割疆纪。羊肠险恶无人通，校尉不还节度死。安氏宋氏世居之，世官袭职宣慰司。不谓两家有节母，奇功乃在未亡人。当日起衅马都督。明室椒房之亲臣。欲使西南尽州邑，贪功激变生烽尘。奢香告刘刘智捷，相与走报高皇阙。请除此贼安远人，龙场九驿开神力。金马金鸡平如坻，乌撒乌蒙都坦夷。君不见，石柱女官秦良玉，请缨曾建元戎纛。捍卫疆场大敌功，何如奢刘安边幅。及今皇华歌载路。伊谁不诵礴宣慰。此邦名宦永千秋。春秋俎豆报奢刘。

拜顺德夫人墓

锦伞朝天剑倚霜，殿前雪涕见高皇。能销边患收都督。为戢军心服夜郎。九驿路开山失险，一抔人拜土留香。崇祠未建吾滋愧，衰草寒烟泪两行。[1]

---

[1] 李芳：《大定县志》，贵州省大方县志编纂委员会办公室重印，1985年，第559—560页。

　　以上三首诗歌为吴嵩梁赞颂贵州宣慰司奢香夫人、贵州宣慰同知刘淑贞开龙场九驿，主动将贵州纳入明朝统治，以民族团结为重，对维护中国统一，特别是西南边疆的安全稳定做出重大贡献。如奢、刘两节母，称得上贵州乃至中国的奇女子，其和平统一之功绩，真可谓巾帼不让须眉。吴嵩梁于道光时期为黔西知州，其以诗称颂奢、刘两夫人，除了抒发咏史怀古之幽情外，宣示教化韵味也是十分浓郁的。

　　吴嵩梁是江西人，属于省外入黔流官，其于边疆宣示教化是其职责所在。但事实上黔西本土诗人，也对奢香夫人行事十分佩服。例如，余家驹《顺德夫人墓》：

　　　　汉将开边衅，孤孀叩九阍。君王宁望报，臣子但酬恩。鬼国山河改，皇华驿路存。荒凉抔土剩，谁与赋招魂。①

　　余家驹是黔西彝族诗人，属于典型的本土少数民族文人。其拜谒奢香夫人墓，表明了汉、彝一家的思想。类似的：

　　安家元《奢香夫人献龙场九驿》：

　　　　开辟功何伟，奢香驿路平。朝天曾奏对，贡道遂由庚。柔远无烦力，绥戎不用兵。世官宣慰袭，顺德诰封荣。②

　　张琚《奢香驿》：

---

① 李芳：《大定县志》，贵州省大方县志编纂委员会办公室重印，1985年，第562页。
② 李芳：《大定县志》，贵州省大方县志编纂委员会办公室重印，1985年，第562页。

谁激诸罗变，贪边讵有功。君王自长策，女子亦英雄。九驿
邮初置，三巴路已通。夜郎今自小，不待问唐蒙。①

安家元和张琚皆为本土诗人，且安家元还是奢香夫人后裔，称
奢香夫人为"英雄"，高度颂扬其通九驿之开辟奇功。这些诗歌表
达的不仅是晚清时期的妇女观，也显示了大一统思想在近代贵州少
数民族地区得到一致认可。这实际上是儒学特别是教化思想长期
在少数民族地区传播的结果。以贞节观为例。彝族诗人余昭《节
女吟有序》：

婧姑乌撒裔，贡生安公正乾掌爱，州庠中豫公之女弟、中咸
公之姊也。少失恃，许字水西其舅氏子名凤鸣者，五岁于归。凤
鸣十二捷童军，十三食饩，遂卒，犹未婚也。姑归守于家。父殁，
事继母而居。时有媒来，诸兄未有拒。姑闻之，遂自经。二公
救醒为解曰："姑能如此，此家门之幸也，何自戕为！"因筑精舍
养焉。姑解音律，嗜棋画，为教数婢，娴诸艺已进，无事与棋婢奕
数枰，曲婢弹数阙，或以指墨画残菊一二幅。好啖冰雪，曰："类
我心肠。"病不用医，曰："死生有命，清白体何用医。"常对伴
曰："今世闺阁有同我志者，愿为伏拜。"嘉庆乙丑七月，偶出游，
至德墨沟，甚悦之，坐卧其间。适有山花一丛，曰："此我归骨处
也。"嘱婢采归，置枕边。踰月，卒，即葬其处。道光己酉，余送
安会亭葬，其家人犹能道，并得黄松墅先生鹤所作志稿及题墨菊
诗云："诗肠搜苦怯吟讴，浴手清香出指头。籍得端溪墨一泃，疏
枝瘦影写凉秋。"婧姑即会亭从姑也。余以潜德幽光无人表扬，

为题七言长律一章。

　　髫龄出嫁未成婚，嫠也还当女也论。倩影身难跨彩凤，浮生梦不羡红鸳。残棋一局收无着，苦调独弹恨已吞。少寡莫谙夫妇味，大归惟收弟兄恩。情深每望人心契，病笃休教国手援。冰雪飨来投素志，罗巾解下返清魂。山花点就埋香地，墨菊纤传瘦指痕。愧我疏才难作传，裁诗为纪待轺轩。①

又《烈妇行》：

　　杨家有女子，许字陇家郎。同枝鲜种地，孤花一朵芳。承欢作孝子，女子而男妆。亭亭立冠玉，膝前当弄璋。自视真男子，父母亦相忘。一朝于归赋，衣到嫁时忙。失却本来面，对镜笑花黄。雌雄难分辨，一对好鸳鸯。同牢总不牢，半途作孤凰。丈夫知我志，何为儿女伤。天不谅人只，骨肉生异常。不忍播其恶，一死为之藏。身又无遗累，空自称未亡。舅姑别有子，另娶窈窕娘。女子不能嗣，已嫁如夭殇。父母莫相念，长此割痛肠。百折不能屈，妾心百炼钢。刀与性相近，自刎非凶亡。死为陇氏鬼，其先有贞良。相逢应一笑，重修济美坊。②

　　"婧姑乌撒裔"，说明了婧姑的彝族身份。一个彝族女子，以自经来维系其守贞决心。殉情未死，但生活中处处以贞节自防。成为彝族地区的楷模。余昭之所以写诗称赞，就是为了表扬其高洁贞烈之品质。余昭不止一次写诗歌咏贞女烈妇，充分说明近代以来儒家思

———————————

①［清］余昭、安履贞：《大山诗草》，四川民族出版社，1994年，第94—95页。
②［清］余昭、安履贞：《大山诗草》，四川民族出版社，1994年，第97—98页。

想在贵州少数民族地区的广泛接受与传播。余昭参加科举,历官县令、知府,平生最喜好读儒家典籍与史志,其《大山诗草》化用汉籍甚多,很多诗篇诸如《观书偶作》《读史》《汉高帝》《淮阴侯》《西楚霸王》《读左马庄骚题后》等记载了余昭阅读汉文典籍的情况。汉文化与儒家思想在贵州少数民族地区的深入传播,使得大一统和教化思想深入人心。

对贞女节妇之歌咏,除了男性作者外,近代贵州很多女性诗人也对此多有讴歌。以贵阳许氏家族女性诗人为例：

许秀贞《李琼芝节烈纪后》：

> 垂髫遵女训,拜倒《柏舟》篇。长读汉唐书,名姝历代传。割鼻断指不足惜,千秋大义何凛然。琼芝尚未为字女,甘守冰操不问年。痛不作周妇,岂能为陈偶,此中心迹盟苍天,胡弗见谅于吾母。截发未截老婢来,老婢来兮心肝催,心肝催兮命已残。月光黑兮天色寒。

许芳欣《李琼芝节烈纪后》：

> 黄鹄歌声起,不敢复吟诗。一纸忽飞来,何以写哀词。披读摧心肝,血泪并将随。捉笔复吞声,辗转抚衷私。忆我于归日,我父远游时。大父殁儿归,冀我以齐眉。倏倏四载余,忽分连理枝。今读烈女传,愧我难如斯。我亦有媤伯,不得共栖迟。两事相髣髴,两心无暌离。哀哉不能言,反为君歌之。

许芳盈《李琼芝节烈纪后》：

我读烈女传,殊为烈女哀。琴瑟终未调,霜雪剧相催。礼重情能夺,生轻死不回。冰清还玉洁,奇节远尘埃。

许芳素《李琼芝节烈纪后》:

空山日冷烟苍苍,青松泼墨生寒芒,不甘风月甘冰霜,烈女守志何其强。流黄换却旧衣裳,织素终朝吟七襄。机杼百年愿母旁,无端消息起仓皇。烈女闻之心感伤,剪起乌云黯佛堂。小婢来觑走且僵,慰藉空飞泪两行。掩耳凭谁细语商,割鼻难成新样粧。日惨惨兮天无光,花身吹化夜台长。得死而安姓字香,以变济礼变亦常。琼姑琼姑等琳琅。①

这是许氏家族众多女性诗人的同题之作,均为歌咏李琼芝贞烈事迹。多用儒家标准如《鄘风·柏舟》中女子之贞专、刘向《列女传》之古贞女节妇等来衡量妇女行事。虽然作者都是女性,但却是男性视域下的话语体系。

又如,温同瑛《悼兰秋姨姊并序》:

姨姊氏曾,名巽,字兰秋,吾姨母之长女也。生而端厚,长益聪明,目下数行,胸罗千卷,挥毫则诗多俊逸,揽镜而影复娉婷。自谓:宋女传经,班姬续史,不得专美于前也。乃笄年待字,不就道平,数载倭迟,竟同父喻。春花旖旎,心伤堕涧之风;秋月凄凉,目断横天之汉。深宵长和汤药,安问枕衾;尽日惟储酒浆,何分早晚。劳形惫体,且同侍婢之劬;闭口吞声,犹致威姑之恼。是

———————————

① [清] 许秀贞:《枣香山房诗集》,宝翰楼版,道光二十六年(1846)刻本。

诚加人一等,处世多难者也。无何王郎不禄,赵婶磨笄。置鸩于
觞,何惜一生薄命;题诗在纸,特留万古孤吟。无所怨尤,卿真有
德;抚其境遇,天实无情。耳闻者,莫不悲伤;身受者,独传节烈。
予也爱而不见,倏有三年;知也无涯,还期再世。偶翻旧札,如对
平昔音容;乍睹新诗,难遣此时哀感。同心人去,觉行坐无不茫
茫;绝命词来,虽咏叹何能已已。

　　连日传凶耗,狐疑独自惊。斯人真枉死,大化实虚生。才岂
干天忌,心殊费力争。萧条三尺土,谁此泣孤贞。①

　　这是歌咏烈妇曾兰秋之作。前文已引《续遵义府志》卷二十四
所载冯烈妇曾巽(字兰秋)的贞烈事迹。曾兰秋本为才女,《桐梓耆
旧诗》载其作品十首,分别是《读列女传》(2首)、《五杂组》(4首)、
《立秋日大雨》《月夜怀宾秋姨妹》《娄山关》《芦花》。曾兰秋草草
嫁给一农家子为妇,三年后夫死,曾兰秋服毒殉情。其贞烈故事被广
泛传唱。温同瑛乃赵彝凭妻子,字宾秋,好读书,擅吟咏,《桐梓耆旧
诗》载其作品十二首。温同瑛与曾兰秋是表姐妹,二人情谊很深。温
同瑛对曾兰秋事迹十分了解,除了有《秋夜怀兰秋姨姊》思念表姐的
诗作之外,还有这首《悼兰秋姨姊》的悼亡诗。诗前序文中,对曾兰
秋事迹有详细交待,且叙说姐妹情深,并高度称赞曾兰秋的才华与行
事。虽然二人是亲戚关系,但温同瑛所讴歌的是曾兰秋的贞烈节操,
这与当时对妇女贞节观的极力推崇是十分吻合的。这仍然是儒学深
刻影响下文学创作之表现。其主题和人物品评标准依然是男性视域
下的话语呈现。

---

① [清]赵彝凭:《桐梓耆旧诗》,民国丁巳(1917)刻本。

结　语

　　近代的中国,社会动荡,民不聊生,而中华民族能于此时屹立不倒,五千年文明能延续而不绝,这实在是一种奇迹。但奇迹的发生其实并不偶然,这是因为中国传统文化中有一股威武不屈、贫贱不移的高洁品质与巍然气概。这种优秀品质的形成绝非一朝一夕之功,这是主流文化价值观长期熏陶的结果。以儒家思想为代表的封建主流文化体系,尽管在长期的封建社会发展中存在很多糟粕,但不可否认其中很多优秀的民族文化品质对中华文明发展发挥过重要作用。忠、孝、节、义等儒家理论规范,在封建时代催生过很多荒唐、偏激的人与事,但其在伦理道德建设和维护社会稳定方面也曾产生过积极作用。那么,近代儒学在社会生活中具体是如何表现的呢? 究竟对当时的社会文化产生怎样的作用? 无疑,可考察的内容很多。本课题就是在这个思路下所做的一种尝试与努力。我们以西南边陲贵州为考察中心,主要目的在于探究近代儒学在西南边省的传播状况与影响。我们从儒学与文学互动关系为切入点,立足于文化内部发展领域的探析,揭示近代儒学南传的表现与特点。通过深入研究,我们得到以下认识:

　　1.近代贵州儒学发展十分繁荣。近代贵州文化发展臻至高峰,尤其表现在儒学方面:其一,儒学著述数量众多。近代贵州十二府、一直隶州、三直隶厅，几乎每一个地区都有儒学著述，充分显示了近代贵州儒学发展的广度与深度。其二，儒学发展水平较高。以经学研究为例，近代贵州经学发展在国内居于前列，清代39部《易》学著作，绝大部分为近代学者所作。而萧光远《周易属辞》十二卷《通例》五卷、《通说》二卷被收入《续修四库全书》，丁泽安《易学节解》五卷被收入《续修四库全书》，这些充分显示了近代贵州《易》学发展较高水平。郑珍《轮舆私笺》被收入《清经解续编》《续修四库全书》，《凫氏为钟图说》《仪礼私笺》《亲属记》被收入《续修四库全书》，显示了近代贵州礼学研究之精审。清代贵州《四书》研究著述30部，其中宦懋庸的《论语稽》二十卷被收入《续修四库全书》。而近代贵州的小学研究在海内影响巨大，如黎庶昌《春秋左传杜注校勘记》，郑珍父子的《说文》研究系列著述及古文字研究著述《汗简笺正》等，莫友芝的《韵学源流》《唐写本说文木部笺异》、傅寿彤的《古音类表》、雷廷珍《音韵旁通》《文字旁通》等。其三，儒学人才泉涌。近代88年中，贵州举人、进士数量占建省以来的一半。其中贵州的两个文状元都出自光绪时期。一时著名学者众多，诸如李端棻、丁宝桢、张之洞、郑珍、莫友芝、黎庶昌、姚华、朱启钤等等。这是近代贵州儒学高度发展之结果。其四，儒学的影响深刻。近代贵州的儒学影响到社会生活中的方方面面，可以说近代儒学渗透至贵州的每一个角落，影响到每一个人。近代贵州儒学繁荣推动了史学、文学等领域的巨大发展。

近代贵州儒学发展属于儒学南传的重要内容。儒学南传有自己的路径与方式。近代贵州儒学传播的主要手段是通过教育来实现。近代贵州的教育形式多样，有府、州、县设置的官方儒学，有半官方半民间性质的书院，有纯粹民间性质的社学、义学和私塾。正是这些多方位的教育平台实现了儒学传播的普及化。中国文化于近代而不绝，贵州文脉于近代而不断,真得归功于教育。旧式教育,虽然是为了教化目的,但这种强有力的制度保障和财力支撑,在提升文化素质和推动一方文化发展水平方面也起到了积极作用。即使在民国初期贵州新式教育发展中,在接受西化教育内容的同时,传统儒学教育的篇幅占比也不小。儒学与新式教育的有机结合,促进了近代贵州文化的发展繁荣。

2. 近代贵州文化发展实属不易。近代中国,社会不安宁,而在贵州表现得尤为突出。咸丰、同治时期,贵州经历了一场史无前例的社会动乱,对贵州社会文化发展产生了深刻影响。自明代永乐十一年(1413)贵州建省,历代贵州文人为贵州文化发展各尽所能。近代贵州文人群体对贵州文化发展贡献巨大。面对信息与交通闭塞,近代贵州文人利用一切可能的机会为建构贵州文化殚精竭虑。有一批有识之士,能在近代西南僻壤的贵州为弘扬儒学而努力。特别是在史无前例的社会动乱中,在水深火热中坚守对儒学之追求,这种精神可歌可泣。正是因为有这些文人群体在近代贵州大地上的坚守,方才使得近代贵州文化能持续不断地发展。近代贵州社会动荡,深深触及每一个文人的灵魂。近代贵州的每一个文人,都不同程度地在其著述中对这场社会灾难有所记叙。或以诗歌,诗可以怨,以诗志史,这是中国传统诗学的使命与责任。或以散文,弘扬国史实录精神,记录下当时的所见所闻。这些优良的传统文化精神在近代贵州文学中得到充分发展。近代贵州的文学家,以亲身经历,用生动文笔,高张儒家风雅大旗,不但构筑了近代贵州文学发展的优良品质,而且对推动近代贵州文化的发展产生了重要作用。

3. 文化交融是近代贵州文化发展的重要动因。文化发展绝对不能封闭,贵州虽然偏处西南僻壤,但其文化发展却突破了贵州地域的藩篱。这表现在:一方面,贵州与外省频繁的文化互动。自东汉尹珍游学中原,还乡教授,揭开西南文化发展序幕。明代改土归流,外省入黔的流官带来先进的文化理念,特别是晚清时期,以贺长龄、黎培敬等入黔湘人为代表的官吏,直接将湖湘文化的经世致用用在贵州这片文化试验场,对近代贵州文化迅速发展产生直接推动作用。郑珍、莫友芝、黎庶昌等,正是在与程恩泽、曾国藩等的交流中确立了自己的发展方向与风格。黎庶昌、黎汝谦、陈矩、姚华、夏同龢等贵州人走出国门,用文笔记录下近代中西文化碰撞的具体表现。中西文化的交融,提升了近代贵州文化与文学的发展品格,而如黎庶昌、黎汝谦等更是站在世界文化发展视野审视中国儒学发展的困境与命运,显示了跨文化视域下对贵州文化乃至中国文化发展路径的深刻思考。

4.以经学为发展基础的文学底蕴深厚,内涵丰富。自汉代开始,文学的发展就理所当然地以经学为范型。经学的理论和范畴,在文学创作与批评中得到不断转换。形成了很多具有经学特色的文学理论与风格,诸如诗言志、温柔敦厚、以诗志史、风雅精神等等。近代贵州文人,经过私塾以及各类学校教育的儒学熏陶,从心灵深处烙上了儒家思想的印记。诗书传家、耕读并重,儒家思想深入到人们生活中的方方面面。儒家思想不但成为人们的行动指南,而且也成为文学描写的主题和对象。符合儒家思想的人与事,诸如忠孝节义等成为诗文讴歌的重要题材。这些也同时构成了近代贵州文学的内涵。以郑珍、萧光远等为代表的著名文学家,将其诗文创作建立在深厚的经学素养之上,形成了意蕴丰富的文学创作风格。近代贵州文学作品中的儒学内涵,又主要表现在如下方面:

第一,科举文学作品中浓郁的儒学色彩。科举文学作品主要有制艺和试帖诗等,其中制艺的儒学表现突出。制艺选题均来自《四书》《五经》,所呈现的既是一个地区儒学教育水平,也是一个士子对儒家经典的熟悉程度与理解能力。能在科举中脱颖而出,说明了儒学教育在人才培养和科举文学发展中的作用。《黔南三书院课艺初集》就是最好证明。这是正习、正本、贵山三书院平时课考最优秀的科举文学作品汇编,其中绝大部分人最后获得科举功名,也在政治、文化中做出了较好成绩。这是儒学与文学互动结出的丰硕果实。而家族文化与文学中的重要内容之一也表现在鲜明的科举文学作品中,如《屏风山庄箕裘集》中的制艺与试帖诗成为宦氏家族文学的重要特征。

第二,家族文学作品中丰富的儒学内涵。近代贵州的文化家族众多,这些文化家族着力构建以儒学为内核的家族文化,建藏书楼,制定家风家规,告诫一代又一代子孙以弘扬儒学为己任。在家族文化熏陶下,近代贵州家族文学作家众多,形成了一系列以儒学为底蕴的诗文作品。如遵义沙滩黎氏家族的诗文创作中,几乎每一个家族成员的诗歌作品中都充满浓郁的儒学色彩。黎汝谦的散文作品更是站在世界文化视野审视儒学发展问题,将儒学发展提升至较高的文化境界。而如郑珍、郑知同、宦懋庸等的诗文创作,也是建立在深厚的儒学基础之上。这是近代贵州文学发展的重要特征。

第三,史志编纂中的鲜明儒学倾向。近代贵州史学发达,尤其表现在方志编纂上。在方志艺文编纂中,以儒学为衡量和选择诗文的标准,有关风化的诗文作品得到传扬,一味堆砌辞藻的风花雪月作品则被拒之门外。对儒学的肯定与弘扬,在方志艺文编纂中得到明确体现。这既是儒学与文学之互动,也是史学与儒学、文学三者之间的碰撞与交融。诸如道光《平远州志》、光绪《黔西州续志》以及道光《仁怀直隶厅志》中的艺文编纂均呈现典型的儒学化特征。近代贵州方志艺文编纂的儒学原则不仅是近代贵州史学发展,也是近代贵州文化发展的重要特征。

这些对新方志编纂不无启迪意义。

　　第四，女性文学中的强烈儒学特征。在中国传统文化与文学中，男女关系及其范型一直是儒家着力构建的内容。以《诗经·二南》为代表的儒家经典，在妇女形象塑造中确立了延续几千年的封建时代的女德典范。近代贵州妇女，在族权、夫权、神权的束缚下，成为文学作品描写的重要对象。以贞女节妇、孝女贤媳为代表的女性被近代诗文不断赞美与推崇，这些文学作品被载入史册，不断传诵，又无形中加大了儒家妇女观的宣传力度。而近代贵州的女性作家也不少，我们从《绣余集》《树萱背遗诗》等闺秀集题目，便可看出这些妇女作品的自我儒家道德约束。在从事家务活动、孝顺公婆、相夫教子的闲暇时光，能从事文学创作本身已经很不容易。这些妇女的诗歌创作，其中有很大一部分是对伦理亲情的叙说，特别是其中对在外奔波的丈夫的思念，显示了近代贵州女性的美好品质。而少数守节妇女的诗歌创作，除了抒发孤独凄苦的守寡心理外，也同时表达了坚贞执着的儒家伦理规范。特别是众多男性作家，将文学创作的主题与题材瞄准贞女节妇，以文学来经夫妇、成孝敬、美人伦、易风俗。将文学弘扬儒家思想的作用发挥得淋漓尽致。这种对贞女节妇的推崇，亦影响至女性作家和少数民族作家，显示了近代贵州儒学传播与影响的普遍性。女性文学的繁荣及其丰富的儒学内涵也是近代贵州文学与文化发展的重要特征。

　　5. 一个地域文化的发展，教育是基础，学术是立足之本，文学是传播的重要手段。莫友芝《巢经巢诗集序》论郑珍："论吾子平生著述，经训第一，文章第二，诗歌第三，而惟诗为易见才，将恐他日流传，转压两端耳。"这正揭示了近代贵州文学与文化发展的基本特征。没有学术的深厚底蕴，诗文创作则成为无源之水、无本之木。而诗文等文学作品容易流传的特征，无疑在传播地域文化方面发挥了十分重要的作用。从近代贵州儒学与文学发展实际看，儒学的繁荣是根本，而儒学的繁荣则主要依靠教育的充分发展,这是地域文化发展的基础与条件。儒学与文学的有机结合,相辅相成,相得益彰,在建构近代贵州文化品格方面发挥了重要作用。

本课题第一次从儒学与文学关系入手,探究贵州文化与文学的发展特点及动因。第一次对近代边省地区儒学与文学发展情况进行探析,从微观层面揭示了近代社会激烈变革时期,僻壤底层社会文化及文学变动的特点、动因及影响,揭示出儒学的发展繁荣是近代贵州文化与文学获得迅速发展的根本动因。通过对黎汝谦等出使海外贵州文人思想的分析,从世界视野探讨近代贵州文化与文学发展的前瞻性和近代儒学发展的焦虑与困境。通过探析近代贵州家族文化与文学密切互动关系,揭示近代贵州文化与文学发展的贵州地域特色。本课题涉及的研究领域较广,涉及家族、科举、史学、经学和女性文学领域。许多研究领域属第一次探析,如近代贵州书院的儒学教育与影响、近代贵州科举文学中的儒学内涵、近代贵州方志艺文编纂的儒学内涵、近代贵州经学著述的文学内涵以及近代贵州女性文学的儒学内涵等。选取的研究对象具有典型性,取得的研究结论具有较好的学术与文化价值,对进一步研究儒学与文学关系以及近代贵州乃至中国社会文化的发展具有重要作用。

关于近代贵州文化发展的文献资料十分丰富,但一直缺乏系统的收集与整理。本课题尝试对近代贵州各类型文献资料进行归并和梳理,初步建立经学、史学、子学和集部的文献资料库。本课题所收集到的很多资料较为罕见。从国家图书馆、贵州省图书馆、博物馆、遵义市图书馆、贵州师范大学图书馆等文献藏所获取了大量珍稀贵州文献,为进一步研究贵州文化与中国近代社会文化打下了重要基础。

参考文献

［汉］刘向编撰：《古列女传》，中华书局，1985 年。

［汉］司马迁：《史记》，中华书局，1959 年。

［汉］郑玄注，［唐］孔颖达等正义：《礼记正义》，上海古籍出版社，1990 年。

［三国魏］何晏集解，［南朝梁］皇侃义疏：《论语集解义疏》，中华书局，1985 年。

［晋］常璩撰，刘琳校注：《华阳国志校注》，巴蜀书社，1984 年。

［晋］陆机：《陆士衡集》，中华书局，1985 年。

［南朝宋］范晔：《后汉书》，中华书局，1965 年。

［南朝宋］刘义庆：《世说新语》，中华书局，1954 年。

［南朝梁］徐陵编，吴兆宜注：《玉台新咏》，上海书店，1988 年。

［南朝梁］钟嵘：《诗品》，中华书局，1991 年。

［唐］杜甫著，［清］仇兆鳌注：《杜诗详注》，中华书局，1979 年。

［唐］韩愈著，马其昶校注，马茂元整理：《韩昌黎文集校注》，上海古籍出版社，1987 年。

［宋］欧阳修：《欧阳修全集》，中国书店，1986 年。

［宋］苏轼：《苏轼文集》，中华书局，1986 年。

［宋］郑樵：《通志》，中华书局，1987 年。

［宋］朱熹：《论语集注》，《四书五经》（下），世界书局，1936 年。

［宋］朱熹：《诗经集传》，影印文渊阁《四库全书》第 72 册，上海古籍出版社，1987 年。

［宋］朱熹：《朱子文集》，中华书局，1985 年。

［明］孙应鳌：《淮海易谈》，《黔南丛书》第 1 集，贵阳文通书局，1922 年。

［明］孙应鳌：《淮海易谈》，《四库全书存目丛书·经部》第 7 册，齐鲁书社，1997 年。

［明］孙应鳌撰，刘宗碧等点校：《孙应鳌文集》，贵州教育出版社，1996 年。

［明］王守仁撰，吴光等编校：《王阳明全集》，上海古籍出版社，1992 年。

［清］安履贞：《圆灵阁遗草》，清光绪七年（1881）刻本。

［清］陈法：《易笺》，《黔南丛书》第 1 集，贵阳文通书局，1922 年。

［清］陈矩编：《灵峰草堂丛书》，光绪刻本。

［清］陈夔龙：《花近楼诗存》，民国刻本。

［清］陈士珂辑：《孔子家语疏证》，上海书店，1987 年。

［清］陈枕云：《滴碎愁心集》，毕节地委宣传部、毕节报社、毕节乌蒙诗社编，黔新出（96）内图资准字第 7-062。

［清］傅潢：《一朵山房诗集》，《清代诗文集汇编》第 514 册，上海古籍出版社，2010 年。

［清］傅梦琼：《紫荆花馆诗》，民国二十四年（1935）存素堂铅印本。

［清］傅寿彤：《澹勤室全集》，同治刻本。

［清］顾履均：《梅南诗草》，光绪二十三年（1897）刻本。

［清］何绍基：《东洲草堂诗钞》，《清代诗文集汇编》第 604 册，上海古籍出版社，2010 年。

［清］贺长龄：《耐菴文存》《耐菴诗存》，《续修四库全书》第 1511 册，上海古籍出版社，1997 年。

［清］宦懋庸：《论语稽》，《续修四库全书》第 157 册，上海古籍出版
　　社，1996 年。

［清］宦应清：《屏凤山庄箕裘集》，民国六年（1917）武汉铅印本。

［清］黄彭年著，黄益整理：《陶楼诗文辑校》，齐鲁书社，2015 年。

［清］黄清宪：《半弓居文集》，上海社会科学院出版社，2015 年。

［清］黄宗羲原著，全祖望补修，陈金生、梁运华点校：《宋元学案》，
　　中华书局，1986 年。

［清］蹇谔：《秦晋游草》，咸丰十一年（1861）刻本。

［清］蹇念恒：《痛仆吟》，民国二年（1913）铅印本。

［清］雷廷珍：《雷氏遗书》，光绪二十八年（1902）贵阳刻本。

［清］黎安理：《长山公自书年谱》，光绪十五年（1889）《黎氏家集》
　　刻本。

［清］黎培敬：《黎文肃公遗书》，《清代诗文集汇编》第 702 册，上海
　　古籍出版社，2010 年。

［清］黎培敬：《黔中校士录》，清同治六年（1867）刻本。

［清］黎培敬编：《黔南三书院课艺初集》，同治壬申（1872）刻本。

［清］黎汝谦：《夷牢溪庐诗钞》，《续修四库全书》第 1567 册，上海
　　古籍出版社，1997 年。

［清］黎庶昌：《黎氏家集》，光绪十五年（1889）黎氏日本使署刻本。

［清］黎庶昌：《拙尊园丛稿》，（台北）文海出版社，1967 年。

［清］黎庶昌：《遵义沙滩黎氏家谱》，光绪十五年（1889）南京刻本。

［清］黎庶蕃：《椒园诗钞》，《丛书集成三编》第 45 册，（台北）新文
　　丰出版公司，1996 年。

［清］黎庶焘：《慕耕草堂诗钞》，《丛书集成三编》第 45 册，（台北）
　　新文丰出版公司，1996 年。

［清］黎恂：《铃石斋诗钞》，光绪十五年（1889）《黎氏家集》刻本。

［清］黎兆祺：《息影山房诗钞》，同治刻本。

［清］黎兆勋：《侍雪堂诗钞》，《丛书集成三编》第45册，（台北）新文丰出版公司，1996年。

［清］李端棻等：《贵阳五家诗钞》，贵州教育出版社，1995年。

［清］李元度：《天岳山馆文钞》，《清代诗文集汇编》第683册，上海古籍出版社，2010年。

［清］路朝霖：《红鹅馆诗钞》，民国十四年（1925）徐氏退耕堂铅印本。

［清］路秀贞：《吟荭馆遗诗》，民国戊辰（1928）武进涉园石印本。

［清］罗绵纤：《香草楼诗》，民国四年（1915）成都铅印本。

［清］马国翰：《玉函山房辑佚书》，《续修四库全书·子部杂家类》第1203册，上海古籍出版社，1997年。

［清］莫庭芝、黎汝谦、陈田编纂：《黔诗纪略后编》，清宣统三年（1911）刻本。

［清］莫友芝、莫与俦：《莫氏四种》，（台北）文海出版社，1969年。

［清］莫友芝撰，张剑整理：《莫友芝日记》，凤凰出版社，2014年。

［清］彭定求、沈三曾、杨中讷等：《全唐诗》，中华书局，1960年。

［清］阮元校刻：《十三经注疏》，中华书局，1980年。

［清］唐炯：《成山庐稿》，《清代诗文集汇编》第710册，上海古籍出版社，2010年。

［清］唐树义：《梦砚斋遗稿》，《清代诗文集汇编》第581册，上海古籍出版社，2010年。

［清］唐树义审例，黎兆勋采诗，莫友芝传证，关贤柱点校：《黔诗纪略》，贵州人民出版社，1993年。

［清］唐贞：《云英吟卷》，清光绪成都排印本。

［清］完颜恽珠：《国朝闺秀正始集》，道光辛卯（1831）红香馆刻本。

［清］王先谦编：《清经解续编》，上海书店，1988 年。

［清］王粤麟修，曹维祺纂：《普安直隶厅志》，成文出版社，1974 年。

［清］卫既齐等：《贵州通志》，清康熙三十六年（1697）刻本。

［清］魏承枞：《也居山房诗集》《也居山房文集》，《清代诗文集汇编》第 617 册，上海古籍出版社，2010 年。

［清］魏源：《诗古微》，《续修四库全书》第 77 册，上海古籍出版社，1977 年。

［清］吴振棫：《花宜馆诗钞》，《清代诗文集汇编》第 576 册，上海古籍出版社，2010 年。

［清］萧琯等：《思南府续志》，思南县志编纂委员会办公室，1991 年。

［清］萧光远：《鹿山诗钞》，同治三年（1864）刻本。

［清］萧光远：《毛诗异同》，同治六年（1867）成都刻本。

［清］萧光远：《周易属辞》，《续修四库全书》第 32 册，上海古籍出版社，1996 年。

［清］徐鋐主修，萧管纂修，龙云清校注：《松桃厅志校注》，贵州民族出版社，2006 年。

［清］许禧身：《亭秋馆诗钞》十卷、《词钞》四卷、《外集》一卷，民国元年（1912）京师铅印本。

［清］许秀贞：《枣香山房诗集》，道光二十六年（1846）刻本。

［清］严修：《蟫香馆使黔日记》，（台北）文海出版社，1968 年。

［清］颜嗣徽：《望眉草堂全集》，《清代诗文集汇编》第 732 册，上海古籍出版社，2010 年。

［清］杨莲之：《集圣教序述祖德诗百首》，贵阳文通书局铅印本。

［清］于钟岳：《伯英遗稿》《西笑山房诗钞》，《清代诗文集汇编》第 711 册，上海古籍出版社，2010 年。

［清］余家驹著，余宏模编注：《时园诗草》，贵州民族出版社，1993 年。

［清］余昭、安履贞：《大山诗草》，四川民族出版社，1994 年。

［清］余珍著，余宏模编注：《四余诗草》，贵州民族出版社，1993 年。

［清］喻勋纂辑：(光绪)《铜仁府志》，贵州民族出版社，1992 年。

［清］张廷玉等：《明史》，中华书局，1974 年。

［清］张锳纂修：《兴义府志》，清宣统元年（1909）贵阳文通书局铅印本。

［清］章永康：《瑟庐诗草》，贵阳文通书局校印。

［清］赵尔巽等：《清史稿》，中华书局，1977 年。

［清］赵崧：《含光石室诗草》，中国书店，1980 年。

［清］赵旭：《播川诗钞》，民国六年（1917）刻本。

［清］赵彝凭：《桐梓耆旧诗》，民国丁巳（1917）刻本。

［清］郑淑昭：《树萱背遗诗》，清光绪二十年（1894）京师刻本。

［清］郑珍、郑知同：《巢经巢全集》，贵州印刷所承印，民国二十九年（1940）。

［清］郑珍：《轮舆私笺》(附图)，《续修四库全书》第 85 册，上海古籍出版社，1997 年。

［清］郑珍撰，王锳等点校：《郑珍集·文集》，贵州人民出版社，1994 年。

［清］郑珍撰，杨元桢注释：《巢经巢诗集校注》，贵州人民出版社，1992 年。

［清］郑知同：《屈庐诗集》，《丛书集成续编》第 180 册，(台北)新文丰出版公司，1988 年。

［清］周际华：《家荫堂尺牍》《家荫堂文钞》《家荫堂诗钞》，《清代诗文集汇编》第 511 册，上海古籍出版社，2010 年。

［清］周婉如：《吟秋山馆诗钞》一卷(附词钞一卷)，清光绪二十二年（1896）黄锡彪刻本。

［清］周婉如著，盛郁文注评：《吟秋山馆诗词钞》，贵州人民出版社，1995年。

《贵州省墓志选集》，贵州省博物馆编印，1986年。

《贵州通史》编委会编：《贵州通史·清代的贵州》，当代中国出版社，2002年。

《黔西南文物精华》，贵州省黔西南布依族苗族自治州人民政府编，黔新出（图书）内资字第225号，1999年。

《清代诗文集汇编》编纂委员会：《清代诗文集汇编》第749册，上海古籍出版社，2010年。

北京图书馆金石组编：《北京图书馆藏中国历代石刻拓本汇编》第95册，中州古籍出版社，1989年。

陈琳主编：《贵州省古籍联合目录》，贵州人民出版社，2007年。

陈寅恪：《陈寅恪诗集》，清华大学出版社，1993年。

成桂珍：《木樨香室诗集》，民国元年（1912）石印本。

程树德撰，程俊英、蒋见元点校：《论语集释》，中华书局，1990年。

樊浩：《中国伦理精神的历史建构》，江苏人民出版社，1992年。

冯楠总编：《贵州通志·人物志》，贵州人民出版社，2001年。

高时良编：《中国近代教育史资料汇编》（洋务运动时期），上海教育出版社，1992年。

贵州省地方志编纂委员会：《贵州省教育志》，贵州人民出版社，1991年。

贵州文献征辑馆：《贵州文献季刊》第1—3期，1938年。

何建菊、谭梅：《〈黔南三书院课艺初集〉与晚清贵州的书院教育》，《教育文化论坛》2017年第3期。

侯绍庄等：《贵州古代民族关系史》，贵州民族出版社，1991年。

华忱之、喻学才校注：《孟郊诗集校注》，人民文学出版社，1995 年。

黄加服、段志洪主编：《中国地方志集成·贵州府县志辑》，巴蜀书社，2006 年。

黄万机：《黎庶昌评传》，贵州人民出版社，1989 年。

黄万机：《莫友芝评传》，贵州人民出版社，1992 年。

黄永堂点校：《贵州通志·艺文志》，贵州人民出版社，1989 年。

李芳：《大定县志》，贵州省大方县志编纂委员会办公室重印，1985 年。

卢葆华：《抗争》，1932 年杭州铅印出版。

卢葆华：《哭父》，1933 年杭州铅印出版。

卢葆华：《飘零集》，苍山书店，1933 年。

卢葆华：《飘零人自传》，说文社出版部，1945 年。

卢葆华：《相思词》，1933 年杭州铅印出版。

卢葆华：《血泪》，1932 年杭州铅印出版。

莫予勋：《陈熙晋和他的〈之溪棹歌〉》，《贵州文史丛刊》2003 年第 2 期。

欧蕾：《萧光远诗文研究》，武汉大学出版社，2015 年。

谭德兴：《贵州历代著述考》（经部），贵州大学出版社，2015 年。

谭德兴：《汉代〈诗〉学研究》，贵州人民出版社，2003 年。

谭德兴：《近代贵州的儒学与文化》，贵州大学出版社，2009 年。

谭德兴：《论〈孔子诗论〉的情性观》，《武陵学刊》2011 年第 1 期。

谭德兴：《石韫玉而山晖，水怀珠而川媚——论清代贵州妇女的诗歌创作》，《贵州大学学报》（社会科学版）2012 年第 1 期。

汤志钧、陈祖恩编：《中国近代教育史资料汇编》（戊戌时期教育），上海教育出版社，1993 年。

王云五编：《最近三十五年之中国教育》，商务印书馆，1931 年。

吴承仕：《经典释文序录疏证》，中华书局，1984 年。

武晓娟：《明清时期贵州女性著述研究》，贵州大学硕士论文，2017年。

徐丽华主编：《中国少数民族古籍集成》（汉文版）第90册，四川民族出版社，2002年。

徐世昌编，闻石点校：《晚晴簃诗汇》，中华书局，1990年。

许维遹：《韩诗外传集释》，中华书局，1980年。

杨恩元：《并陇纪程诗》，民国十二年（1923）贵阳文通书局铅印本。

杨恩元：《三不惑斋诗集》《文稿》，民国十二年（1923）贵阳文通书局铅印本。

杨恩元：《万里鸿泥集》，民国十二年（1923）贵阳文通书局铅印本。

杨兆麟：《守拙斋诗集》，民国十九年（1930）遵义广文石印本。

杨兆麟：《杨次典先生文集》，民国铅印本。

姚华：《弗堂类稿》，民国十九年（1930）中华书局聚珍仿宋本。

张剑：《莫友芝年谱长编》，中华书局，2008年。

周春元、何长凤、张祥光主编：《贵州近代史》，贵州人民出版社，1987年。

周春元、张祥光、王燕玉、胡克敏编著：《贵州古代史》，贵州人民出版社，1982年。

周鼎主编：《贵州古旧文献提要目录》，贵州省图书馆印刷厂印刷，1996年。

周振甫：《文心雕龙译注》，中华书局，1986年。

朱启钤：《蠖园文存》，民国二十五年（1936）朱氏铅印本。

朱启钤等：《紫江朱氏家乘》，民国二十四年（1935）存素堂铅印本。

遵义市地方志编纂委员会办公室编：《郑珍家集》，中国文史出版社，2006年。

遵义市政协文史与学习委员会编：《遵义文化世家》，中国文史出版社，2013年。